【传世经典 文白对照】

资治通鉴

十

梁纪　陈纪

〔宋〕司马光　　编撰

沈志华　张宏儒　主编

中华书局

目录

卷第一百五十七　梁纪十三

起乙卯(535)尽丁巳(537)凡三年

高祖武皇帝十三
大同元年(乙卯,535)

1　春,正月戊申朔,大赦,改元。

2　是日,魏文帝即位于城西,大赦,改元大统,追尊父京兆王为文景皇帝,姒杨氏为皇后。

3　魏渭州刺史可朱浑道元先附侯莫陈悦,悦死,丞相泰攻之,不能克,与盟而罢。道元世居怀朔,与东魏丞相欢善,又母兄皆在邺,由是常与欢通。泰欲击之,道元帅所部三千户西北渡乌兰津抵灵州,灵州刺史曹泥资送至云州。欢闻之,遣资粮迎候,拜车骑大将军。

道元至晋阳,欢始闻孝武帝之丧,启请举哀制服。东魏主使群臣议之,太学博士潘崇和以为:"君遇臣不以礼则无反服,是以汤之民不哭桀,周武之民不服纣。"国子博士卫既隆、李同轨议以为:"高后于永熙离绝未彰,宜为之服。"东魏从之。

4　魏骁骑大将军、仪同三司李虎等招谕费也头之众,与之共攻灵州,凡四旬,曹泥请降。

5　己酉,魏进丞相略阳公泰为都督中外诸军、录尚书事、大行台,封安定王。泰固辞王爵及录尚书,乃封安定公。以尚书令斛斯椿为太保,广平王赞为司徒。

高祖武皇帝十三
梁武帝大同元年(乙卯,公元535年)

1 春季,正月戊申朔(初一),梁武帝下令大赦天下,改年号为大同。

2 这一天,西魏文帝在长安城西郊祭拜天地后登上了皇位,随即下令大赦天下,改年号为"大统",追认他的父亲京兆王为文景皇帝,已经过世的母亲杨氏为皇后。

3 原北魏渭州刺史可朱浑道元起先依附于侯莫陈悦,侯莫陈悦死后,西魏的丞相宇文泰对他发起了进攻,没能取得胜利,便与他订立盟约,自己放弃了占领渭州的念头。可朱浑道元一家世代居住在怀朔,本人与东魏的丞相高欢关系密切,又因为母亲、哥哥都在邺城,所以常常与高欢联系。宇文泰想要攻打他,可朱浑道元就率领手下的三千户人家从西北的乌兰津渡河到达灵州,灵州的刺史曹泥出资将他送到了云州。高欢听到这一消息,派人准备好粮食、财物前去迎接,还授予他车骑大将军的职位。

可朱浑道元来到晋阳之后,高欢才知道孝武帝已经去世,他就上书孝静帝请求为孝武帝举哀服丧。东魏国主叫各位大臣商议此事,太学博士潘崇和认为:"君主如果对臣子不以礼相待,那么在他死后,臣子就不用再为他服丧,所以商汤的百姓不哭吊夏朝的桀王,周武王的百姓也不为商朝的纣王服丧。"国子博士卫既隆、李同轨经过商议,认为:"高皇后与孝武帝断绝联系的事没有公布过,应该为孝武帝服丧。"孝静帝采纳了他们的意见。

4 西魏骁骑大将军、仪同三司李虎等人招抚费也头的兵马,与他们一道攻打灵州,共持续了四十天,曹泥坚守不住,请求投降。

5 己酉(初二),西魏提升丞相略阳公宇文泰为都督中外诸军、录尚书事、大行台,还封他为安定王。宇文泰坚决推辞掉王爵与录尚书的职务,西魏文帝就封他为安定公,还任命斛斯椿为太保、广平王元赞为司徒。

6　乙卯，魏主立妃乙弗氏为皇后，子钦为皇太子。后仁恕节俭，不妒忌，帝甚重之。

7　稽胡刘蠡升，自孝昌以来，自称天子，改元神嘉，居云阳谷。魏之边境常被其患，谓之"胡荒"。壬戌，东魏丞相欢袭击，大破之。

8　勃海世子澄通于欢妾郑氏，欢归，一婢告之，二婢为证。欢杖澄一百而幽之，娄妃亦隔绝不得见。欢纳魏敬宗之后尔朱氏，有宠，生子浟，欢欲立之。澄求救于司马子如。子如入见欢，伪为不知者，请见娄妃。欢告其故。子如曰："消难亦通子如妾，此事正可掩覆。妃是王结发妇，常以父母家财奉王。王在怀朔被杖，背无完皮，妃昼夜供侍。后避葛贼，同走并州，贫困，妃然马矢自作靴。恩义何可忘也！夫妇相宜，女配至尊，男承大业。且娄领军之勋，何宜摇动！一女子如草芥，况婢言不必信邪！"欢因使子如更鞫之。子如见澄，尤之曰："男儿何意畏威自诬！"因教二婢反其辞，胁告者自缢，乃启欢曰："果虚言也。"欢大悦，召娄妃及澄。妃遥见欢，一步一叩头，澄且拜且进，父子、夫妇相泣，复如初。欢置酒曰："全我父子者，司马子如也！"赐之黄金百三十斤。

9　甲子，魏以广陵王欣为太傅，仪同三司万俟寿洛干为司空。

6　乙卯(初八),西魏文帝把他的妃子乙弗氏立为皇后,儿子元钦立为皇太子。皇后仁爱宽厚,勤俭节约,从不妒忌,文帝非常敬重她。

7　稽胡人刘蠡升,从孝昌年间以来,就自封为皇帝,将年号改为"神嘉",居住在云阳谷。魏国的边境地区经常受到他的侵扰,称他们为"胡荒"。壬戌(十五日),东魏丞相高欢对刘蠡升发起袭击,将他们打得一败涂地。

8　勃海王高欢的世子高澄与高欢的小妾郑氏私通,高欢袭击稽胡人之后回来,一位婢女把这一情况告诉了他,还有两位婢女在一旁作证。高欢打了高澄一百大棍,并把他关押起来,娄妃也被隔离开来,不允许她见高欢。高欢以前把魏敬宗的皇后尔朱氏收纳为妾,非常宠爱她,他们生了一个儿子叫高湝,高欢想要立他做自己的继承人。高澄就向司马子如求救。司马子如来到王府拜见高欢,假装不知道内情,请求见一见娄妃。高欢就把详细情况告诉了司马子如。司马子如说道:"消难也和我的小妾私通了,这件事只能掩盖。娄妃是王爷的结发妻子,当初经常把父母亲家里的财物拿出来给您。您在怀朔的时候被人用木杖责打,背上没有一块完好的皮肉,娄妃在旁边不分白天黑夜地侍候您。后来为了躲避葛荣这个奸贼,你们一同出走到并州,生活贫困,王妃点燃马粪做饭,亲自制作靴子。这样的恩义怎么可以忘掉呀?你们夫妇二人非常般配,所生的女儿嫁给了最尊贵的皇帝,儿子高澄则继承了您的大业。况且王妃的弟弟娄领军功勋突出,怎么可以轻易动摇得了呢?一个女人就像小草一样,没有必要多么看重,何况婢女的话也没有必要去相信!"高欢听后,就叫司马子如重新查问这件事情。司马子如见到高澄,便责怪他道:"你身为男子汉,怎么可以因为畏惧威严就自己诬蔑自己!"与此同时,他又教那两位婢女推翻自己的证词,胁迫告状的婢女上吊自杀,然后向高欢报告说:"那些话果然是无中生有。"高欢听了非常高兴,派人去叫娄妃和高澄。娄妃远远看见高欢,便走一步叩一个头,高澄也是一边跪拜一边向前,父亲与儿子,丈夫与妻子相互都流下了眼泪,从此又和好如初。高欢安排了酒宴,说道:"成全我们父子两人关系的,是司马子如呀!"于是便赠给司马子如一百三十斤黄金。

9　甲子(十七日),西魏任命广陵王元欣为太傅,任命仪同三司万俟寿洛干为司空。

10　己巳，东魏以丞相欢为相国，假黄钺，殊礼。固辞。

11　东魏大行台尚书司马子如帅大都督窦泰、太州刺史韩轨等攻潼关，魏丞相泰军于霸上。子如与轨回军，从蒲津宵济，攻华州。时修城未毕，梯倚城外，比晓，东魏人乘梯而入。刺史王罴卧尚未起，闻阁外恟恟有声，袒身露髻徒跣，持白梃大呼而出，东魏人见之惊却。罴逐至东门，左右稍集，合战，破之，子如等遂引去。

12　二月辛巳，上祀明堂。

13　壬午，东魏以咸阳王坦为太傅，西河王悰为太尉。

14　东魏使尚书右仆射高隆之发十万夫撤洛阳宫殿，运其材入邺。

15　丁亥，上耕藉田。

16　东魏仪同三司娄昭等攻兖州，樊子鹄使前胶州刺史严思达守东平，昭攻拔之。遂引兵围瑕丘，久不下，昭以水灌城。己丑，大野拔见子鹄计事，因斩其首以降。始，子鹄以众少，悉驱老弱为兵，子鹄死，各散走。诸将劝娄昭尽捕诛之，昭曰："此州不幸，横被残贼，跂望官军以救涂炭，今复诛之，民将谁诉！"皆舍之。

17　戊戌，司州刺史陈庆之伐东魏，与豫州刺史尧雄战，不利而还。

18　三月辛酉，东魏以高盛为太尉，高敖曹为司徒，济阴王晖业为司空。

19　东魏丞相欢伪与刘蠡升约和，许以女妻其太子。蠡升不设备，欢举兵袭之，辛酉，蠡升北部王斩蠡升首以降。馀众

10　己巳（二十二日），东魏任命丞相高欢为相国，借给他皇帝专用的仪仗，赐以特殊礼遇。高欢坚决推辞不受。

11　东魏的大行台尚书司马子如率领大都督窦泰、太州刺史韩轨等人攻打潼关，西魏的丞相宇文泰在不远的霸上驻扎了军队。司马子如与韩轨带着人马回过头来，从蒲津连夜渡河，攻打华州。此时，华州城还没有修筑完毕，云梯倚在城墙的外边，拂晓，东魏的将士攀着云梯突袭进城。刺史王罴躺在床上还没起来，听到门外响起“恟恟”的喧扰声，顾不上穿衣服包发髻，赤着双脚，手持白杖，就大叫着冲了出去，东魏的将士见了他连忙惊慌地退却。王罴一直追逐到东门，部下渐渐集结起来，双方交战，打垮了敌人的进攻，于是司马子如人等便带领部队撤退了。

12　二月辛巳（初四），梁武帝在明堂举行祭祀典礼。

13　壬午（初五），东魏任命咸阳王元坦为太傅，西河王元悰为太尉。

14　东魏指派尚书右仆射高隆之征调十万民工拆除洛阳的宫殿，将拆下的材料运到邺城。

15　丁亥（初十），梁武帝举行亲耕藉田的仪式，以示劝农。

16　东魏的仪同三司娄昭等人攻打兖州，樊子鹄派遣以前的胶州刺史严思达守卫东平，娄昭攻克了该城。然后，他又指挥部队包围了瑕丘，由于很长时间攻不下来，便用水灌城。己丑（十二日），大野拔乘樊子鹄议事之机，便砍掉他的脑袋向娄昭投降。最初，樊子鹄因为部队人数少，把年老体弱的人都赶来当兵，樊子鹄一死，他们各自都散开逃走了。众位将领都劝娄昭把他们全都抓来杀掉，娄昭回答说：“该州很不幸，横遭残害，人们都踮起脚尖，盼望官家的军队把他们从水火之中解救出来，今天再杀掉他们，百姓将向谁申诉？”大家听了这番话，都放弃了追杀的打算。

17　戊戌（二十一日），梁朝司州刺史陈庆之讨伐东魏，与东魏豫州刺史尧雄交战，失利后返回。

18　三月辛酉（十五日），东魏任用高盛为太尉，高敖曹为司徒，济阴王元晖业为司空。

19　东魏的丞相高欢假装与刘蠡升订立和约，答应让自己的女儿做他的太子的妻子。刘蠡升没设防，高欢举兵袭击了他，辛酉，刘蠡升手下的北部王将刘蠡升斩首向高欢投降。刘蠡升残馀的将士

复立其子南海王,欢进击,擒之,俘其皇后、诸王、公卿以下四百馀人,华、夷五万馀户。

壬申,欢入朝于邺,以孝武帝后妻彭城王韶。

20 魏丞相泰以军旅未息,吏民劳弊,命所司斟酌古今可以便时适治者,为二十四条新制,奏行之。

泰用武功苏绰为行台郎中,居岁馀,泰未之知也,而台中皆称其能,有疑事皆就决之。泰与仆射周惠达论事,惠达不能对,请出议之。出,以告绰,绰为之区处,惠达入白之,泰称善,曰:"谁与卿为此议者?"惠达以绰对,且称绰有王佐之才,泰乃擢绰为著作郎。泰与公卿如昆明池观渔,行至汉故仓池,顾问左右,莫有知者。泰召绰问之,具以状对。泰悦,因问天地造化之始,历代兴亡之迹,绰应对如流。泰与绰并马徐行,至池,竟不设网罟而还。遂留绰至夜,问以政事,卧而听之。绰指陈为治之要,泰起,整衣危坐,不觉膝之前席,语遂达曙不厌。诘朝,谓周惠达曰:"苏绰真奇士,吾方任之以政。"即拜大行台左丞,参典机密,自是宠遇日隆。绰始制文案程式朱出、墨入及计帐、户籍之法,后人多遵用之。

又拥立他的儿子南海王为皇帝,高欢再加攻击,捉住了南海王,俘虏皇后、各位藩王、公卿以及以下的官员共四百馀人,另外还有华、夷各族的百姓五万馀户。

壬申(二十六日),高欢来到邺城的皇宫朝拜孝静帝,将自己的女儿即孝武帝的皇后许配给彭城王元韶做妻子。

20　西魏的丞相宇文泰考虑到战事得不到平息,官吏百姓已经疲劳,就命令有关部门斟酌参照古往今来既利于目前情况,又适合于治理天下的制度,制定出二十四项新的法令,上书得到魏文帝的批准后开始实行。

宇文泰任用武功人苏绰为行台郎中,一年多之后,宇文泰自己对苏绰还不大了解,但是行台官署中的人都称赞苏绰能力强,遇上有疑难的事情都去请他帮助决策。宇文泰与仆射周惠达讨论一件事,周惠达不能回答宇文泰的问题,就请求允许他出去跟别人一起商议此事。周惠达出门后,把情况告诉了苏绰,苏绰为周惠达做了分析解答,周惠达进去后按照苏绰的意见做出回答,宇文泰认为周惠达回答得非常好,问道:"谁帮你做出了这番议论?"周惠达说出了苏绰的名字,并且称赞苏绰具有辅佐君王、成就大业的才能,宇文泰便提拔苏绰为著作郎。宇文泰与公卿一起去昆明池观赏游鱼,走到汉代传下来的仓池时,回过头来询问身旁的人,他们中没有一个知道仓池的情况。宇文泰就把苏绰叫来,向他提问,苏绰把一件件事都讲得绘声绘色。宇文泰很高兴,就一直问到天地开始创造化育时有什么景象,历代兴盛与灭亡的经过如何,苏绰始终对答如流。宇文泰与苏绰一道骑着马慢慢地并行,到了昆明池,竟然没有撒网就返回了。在丞相府,宇文泰将苏绰一直留到晚上,就一些军政大事征求苏绰的意见,苏绰讲述,宇文泰躺着倾听。当苏绰指出治理国家有哪些关键之处的时候,宇文泰从睡榻上起来,整理好衣服端正地坐着,不知不觉他的膝头已经挨到了席子的前端,苏绰的话从晚上又持续到第二天清晨,宇文泰还听得不满足。次日清晨,宇文泰对周惠达说:"苏绰真是个奇特的人,我这就让他管理重要的政务。"他随即任命苏绰为大行台左丞,让他参与掌管处理机密大事,从此苏绰越来越受到宇文泰的宠信。苏绰开始制定处理文书的程序如用红笔批出,用黑笔签收,还有关于计账、户籍的一些办法,这些程序、办法,后来的人大多遵照沿用了。

21　东魏以封延之为青州刺史,代侯渊。渊既失州任而惧,行及广川,遂反,夜,袭青州南郭,劫掠郡县。夏,四月,丞相欢使济州刺史蔡儁讨之。渊部下多叛,渊欲南奔,于道为卖浆者所斩,送首于邺。

22　元庆和攻东魏城父,丞相欢遣高敖曹帅三万人趣项,窦泰帅三万人趣城父,侯景帅三万人趣彭城,以任祥为东南道行台仆射,节度诸军。

23　五月,魏加丞相泰柱国。

24　元庆和引兵逼东魏南兖州,东魏洛州刺史韩贤拒之。六月,庆和攻南顿,豫州刺史尧雄破之。

25　秋,七月甲戌,魏以开府仪同三司念贤为太尉,万俟寿洛干为司徒,开府仪同三司越勒肱为司空。

26　益州刺史鄱阳王范、南梁州刺史樊文炽合兵围晋寿,魏东益州刺史傅敬和来降。范,恢之子;敬和,竖眼之子也。

27　魏下诏数高欢二十罪,且曰:"朕将亲总六军,与丞相扫除凶丑。"欢亦移檄于魏,谓宇文黑獭、斛斯椿为逆徒,且言"今分命诸将,领兵百万,刻期西讨。"

28　东魏遣行台元晏击元庆和。

29　或告东魏司空济阴王晖业与七兵尚书薛琡贰于魏,八月辛卯,执送晋阳,皆免官。

30　甲午,东魏发民七万六千人作新宫于邺,使仆射高隆之与司空胄曹参军辛术共营之,筑邺南城周二十五里。术,琛之子也。

21　东魏任用封延之为青州刺史,取代侯渊。侯渊失去了一州长官的职务后心里惧怕,走到广川的时候就造反了。在夜间,他袭击了青州城南的外城,又到郡县大肆抢劫掠夺。夏季,四月,丞相高欢派遣济州刺史蔡儁讨伐侯渊。侯渊的部下大多数都背叛了他,他自己想要跑到南方去,在路上被一个卖酒浆的人杀死,首级被送到邺城。

22　梁朝的元庆和攻打东魏的城父城,东魏丞相高欢派遣高敖曹统率三万人马赶往项地,窦泰统率三万人赶往城父城,侯景统率三万人马赶往彭城,又任命任祥为东南道行台仆射,统一指挥管辖这几支军队。

23　五月,西魏加封丞相宇文泰为柱国大将军。

24　元庆和指挥兵马逼近东魏的南兖州,东魏洛州刺史韩贤进行了抵抗。六月,元庆和又进攻南顿,东魏豫州刺史尧雄打败了他。

25　秋季,七月甲戌(三十日),西魏任命开府仪同三司念贤为太尉,万俟寿洛干为司徒,开府仪同三司越勒肱为司空。

26　梁朝益州刺史鄱阳王萧范、南梁州刺史樊文炽带领部队联合行动,包围了晋寿,西魏的东益州刺史傅敬和前来投降。萧范是萧恢的儿子。傅敬和是傅竖眼的儿子。

27　西魏文帝颁下诏书,数说了高欢的二十条罪行,并且声明:“朕将亲自统率六军,与宇文丞相一道扫除凶恶的国贼。”高欢也向西魏传布声讨文书,说宇文黑獭、斛斯椿是叛徒,并且扬言:“现在我将分头命令各位将领,统率百万人马,定下日期西讨逆贼。”

28　东魏派遣行台元晏袭击梁朝的元庆和。

29　有人告发东魏的司空济阴王元晖与七兵尚书薛琡与西魏有勾结,八月辛卯(十七日),他们被捉住并且押送到晋阳,高欢将二人的官职都免去了。

30　甲午(二十日),东魏征调七万六千名民工在邺城建造新的皇宫,叫仆射高隆之与司空胄曹参军辛术一道负责营建,在邺城的南面又修筑起一座周长二十五里的新城。辛术是辛琛的儿子。

31　赵刚自蛮中往见东魏东荆州刺史赵郡李愍,劝令附魏,愍从之,刚由是得至长安。丞相泰以刚为左光禄大夫。刚说泰召贺拔胜、独孤信等于梁,泰使刚来请之。

32　九月丁巳,东魏以开府仪同三司襄城王旭为司空。

33　冬,十月,魏太师上党文宣王长孙稚卒。

34　魏秦州刺史王超世,丞相泰之内兄也,骄而黩货,泰奏请加法,诏赐死。

35　十一月丁未,侍中、中卫将军徐勉卒。勉虽骨鲠不及范云,亦不阿意苟合,故梁世言贤相者称范、徐云。

36　癸丑,东魏主祀圜丘。

37　甲午,东魏闻阊门灾。门之初成也,高隆之乘马远望,谓其匠曰:"西南独高一寸。"量之果然。太府卿任忻集自矜其巧,不肯改。隆之恨之,至是谮于丞相欢曰:"忻集潜通西魏,令人故烧之。"欢斩之。

38　北梁州刺史兰钦引兵攻南郑,魏梁州刺史元罗举州降。

39　东魏以丞相欢之子洋为骠骑大将军、开府仪同三司,封太原公。洋内明决而外如不慧,兄弟及众人皆嗤鄙之。独欢异之,谓长史薛琡曰:"此儿识虑过吾。"幼时,欢尝欲观诸子意识,使各治乱丝,洋独抽刀斩之,曰:"乱者必斩!"又各配兵四出,使都督彭乐帅甲骑伪攻之,兄澄等皆怖挠,洋独勒众与乐相格,乐免胄言情,犹擒之以献。

31 赵刚从蛮人住的地方去见东魏的东荆州刺史、赵郡人李愍,规劝他归附西魏。李愍听从了赵刚的规劝,赵刚因此得到机会去长安。丞相宇文泰任命赵刚为左光禄大夫。赵刚劝说宇文泰将贺拔胜、独孤信等人从梁朝叫回来,宇文泰委托赵刚前去邀请。

32 九月丁巳(十四日),东魏任命开府仪同三司襄城王元旭为司空。

33 冬季,十月,西魏的太师上党文宣王长孙稚逝世。

34 西魏的秦州刺史王超世是丞相宇文泰的内兄,他骄横自大,而且贪污了国家的财物,宇文泰上书请求绳之以法,西魏文帝颁下诏书命令王超世自杀。

35 十一月丁未(初五),梁朝的侍中、中卫将军徐勉逝世。徐勉的骨气虽然还不像范云那么硬朗,但是也从不阿谀奉承,所以梁朝公认的贤相只有范云和徐勉二人。

36 癸丑(十一日),东魏的孝静帝在圜丘举行祭祀典礼。

37 甲午,东魏的阊阖门发生了火灾。阊阖门刚刚建成的时候,高隆之骑着马从远处一望,就对修门的工匠说:"西南面比其他地方高了一寸。"一量果然如此。但是太府卿任忻集很看重这个门的精巧,不肯改动。因此,高隆之便怀恨在心,到火灾发生后便去丞相高欢那儿进谗言,说:"任忻集暗中与西魏联络,故意叫人烧掉了阊阖门。"于是,高欢就下令杀掉了任忻集。

38 梁朝的北梁州刺史兰钦指挥将士攻打南郑,西魏的梁州刺史元罗率领全州军民投降。

39 东魏任命丞相高欢的儿子高洋为骠骑大将军、开府仪同三司,并封他为太原公。高洋内心既果断而又精明,可是外表上看起来好像智力不够,他的兄弟以及其他的许多人都嗤笑鄙视他。唯独高欢认为他与众不同,曾和长史薛琡谈道:"这孩子的见识与思考问题的能力都超过我。"还在高洋幼小的时候,高欢曾经想观察一下各位儿子的智能如何,让他们各自整理一团乱丝,唯独高洋一人抽出刀来砍断了乱丝,说:"乱的东西就一定要砍断!"高欢还给儿子们各自配备了兵力让他们四面出击,又叫都督彭乐率领戴盔裹甲的骑兵假装进攻,长兄高澄等人都害怕得乱了阵脚,只有高洋布置大家与彭乐对抗,彭乐脱去盔甲叙述情况时,高洋还擒拿了彭乐,将他献给高欢。

　　初,大行台右丞杨愔从兄岐州刺史幼卿,以直言为孝武帝所杀,愔同列郭秀害其能,恐之曰:"高王欲送卿于帝所。"愔惧,变姓名逃于田横岛。久之,欢闻其尚在,召为太原公开府司马,顷之,复为大行台右丞。

40　十二月甲午,东魏文武官量事给禄。

41　魏以念贤为太傅,河州刺史梁景叡为太尉。

42　是岁,鄱阳妖贼鲜于琛改元上愿,有众万馀人。鄱阳内史吴郡陆襄讨擒之,按治党与,无滥死者。民歌之曰:"鲜于平后善恶分,民无枉死赖陆君。"

43　柔然头兵可汗求婚于东魏,丞相欢以常山王妹为兰陵公主,妻之。柔然数侵魏,魏使中书舍人库狄峙奉使至柔然,与约和亲,由是柔然不复为寇。

二年(丙辰,536)

1　春,正月辛亥,魏祀南郊,改用神元皇帝配。

2　甲子,东魏丞相欢自将万骑袭魏夏州,身不火食,四日而至,缚稍为梯,夜入其城,擒刺史斛拔俄弥突,因而用之,留都督张琼将兵镇守,迁其部落五千户以归。

3　魏灵州刺史曹泥与其婿凉州刺史普乐刘丰复叛降东魏,魏人围之,水灌其城,不没者四尺。东魏丞相欢发阿至罗三万骑径度灵州,绕出魏师之后,魏师退。欢帅骑迎泥及丰,拔其遗户五千以归,以丰为南汾州刺史。

当初,大行台右丞杨愔的堂兄、岐州刺史杨幼卿,因为言语直率,被孝武帝下令杀害。同僚郭秀妒嫉杨愔的才能,就吓唬杨愔说:"高王爷要把您送到皇上那里去。"杨愔害怕了,便更改了姓名逃到田横岛。久而久之,高欢听说他还在人世,把他叫了回来,任命他为太原公开府司马,没有多少时间,又恢复了他的大行台右丞的职务。

40　十二月甲午(二十二日),东魏根据文武百官所任职务之轻重,给予相应的俸禄。

41　西魏任命念贤为太傅,河州刺史梁景叡为太尉。

42　这一年,鄱阳地区的妖贼鲜于琛将年号改为"上愿",他的属下共有一万多人。吴郡籍的梁朝鄱阳内史陆襄前去讨伐,捉住了鲜于琛,并按照罪行大小分别惩治了他的同伙,没有出现滥杀无辜的现象。老百姓都歌唱道:"鲜于平后善恶分,民无枉死赖陆君。"

43　柔然的头兵可汗向东魏求婚,丞相高欢封常山王的妹妹为兰陵公主,将她许配给头兵可汗做妻子。柔然多次侵扰西魏,西魏委派中书舍人库狄峙带着使命到达柔然,与头兵可汗订立了和亲条约,从此柔然不再入侵西魏。

梁武帝大同二年(丙辰,公元536年)

1　春季,正月辛亥(初九),西魏文帝在南郊举行祭祀典礼,改以神元皇帝为享受祭祀的对象。

2　甲子(二十二日),东魏丞相高欢亲自率领一万名骑兵袭击西魏的夏州,一路急行军,没有停下生火做饭,跑了四天便赶到了目的地,他们将长矛绑起来结成云梯,连夜攻入城中,抓住了刺史斛拔俄弥突,高欢设法把斛拔俄弥突争取过来后又起用了他。接着,高欢留下都督张琼领兵镇守夏州,又下令迁移斛拔俄弥突部落中的五千户人家,由自己带着返回晋阳。

3　西魏的灵州刺史曹泥与他的女婿凉州刺史、普乐人刘丰又投降了东魏,西魏的兵马包围了他们,用水灌他们的州城,城外积水只差四尺就要淹过城头了。东魏的丞相高欢派阿至罗率领三万名骑兵越过灵州,绕到西魏军队的背后出击,西魏的军队撤退了。高欢领着骑兵迎接曹泥与刘丰,并把他们遗留下的五千户人家迁到了晋阳,任命刘丰为南汾州的刺史。

4　东魏加丞相欢九锡,固让而止。

5　上为文帝作皇基寺以追福,命有司求良材。曲阿弘氏自湘州买巨材东下,南津校尉孟少卿欲求媚于上,诬弘氏为劫而杀之,没其材以为寺。

6　二月乙亥,上耕藉田。

7　东魏勃海世子澄,年十五,为大行台、并州刺史,求入邺辅朝政,丞相欢不许。丞相主簿乐安孙搴为之请,乃许之。丁酉,以澄为尚书令,加领军、京畿大都督。魏朝虽闻其器识,犹以年少期之。既至,用法严峻,事无凝滞,中外震肃。引并州别驾崔暹为左丞、吏部郎,亲任之。

8　司马子如、高季式召孙搴剧饮,醉甚而卒。丞相欢亲临其丧。子如叩头请罪,欢曰:"卿折我右臂,为我求可代者!"子如举中书郎魏收,欢以收为主簿。收,子建之子也。他日,欢谓季式曰:"卿饮杀我孙主簿,魏收治文书不如我意。司徒尝称一人谨密者为谁?"季式以司徒记室广宗陈元康对,曰:"是能夜中缮书,快吏也。"召之,一见,即授大丞相功曹,掌机密,迁大行台都官郎。时军国多务,元康问无不知。欢或出,临行,留元康在后,马上有所号令九十馀条,元康屈指数之,尽能记忆。与功曹平原赵彦深同知机密,时人谓之陈、赵。而元康势居赵前,性又柔谨,欢甚亲之,曰:"如此人,诚难得,天赐我也。"彦深名隐,以字行。

4　东魏的孝静帝赠给丞相高欢九锡,高欢坚决推让,于是孝静帝只好作罢。

5　梁武帝为了使他已故的父亲文皇帝在另一个世界里得到幸福,准备给他建造一座皇基寺,于是命令有关的官员去寻找良好的木材。曲阿人弘氏从湘州买了巨型木材往东边运送,南津的校尉孟少卿想用这些木材向梁武帝献媚,就诬蔑弘氏是抢劫犯,杀掉了他,将他的木材没收后用来建造寺庙。

6　二月乙亥(初四),梁武帝在藉田耕作。

7　东魏勃海王的世子高澄,年仅十五岁,就已经成为大行台、并州刺史,他要求到国都邺城辅助皇帝处理朝中的政务,丞相高欢没有答应。乐安籍的丞相主簿孙搴替高澄请求,高欢这才同意。丁酉(二十六日),孝静帝任命高澄为尚书令兼领军、京畿大都督。魏朝上下虽然都曾经耳闻他的才能与识见,但还是把他看成孩子。没想到高澄上任之后,执法严厉,办起事来雷厉风行,朝廷内外的人们都为此感到震惊,同时肃然起敬。高澄引荐并州别驾崔暹为左丞、吏部郎,非常亲近信任他。

8　司马子如、高季式叫了孙搴一同痛饮,孙搴醉得不省人事,一命呜呼了。丞相高欢亲自到孙搴的灵堂哀悼。司马子如向高欢叩头请罪,高欢说道:"你折断了我的右臂,现在得替我找一个能够代替他的人!"司马子如举荐中书郎魏收,高欢便任命魏收为丞相主簿。魏收是魏子建的儿子。有一天,高欢对高季式说道:"你喝酒时害死了我的孙主簿,眼下魏收处理公文不合我的意。司徒你曾经说一个人办事谨慎、严密,指的是谁?"高季式回答说是广宗籍的司徒记室陈元康,还介绍道:"他能够在夜间昏暗无光的情况下撰写公文,是一个办事麻利、效率很高的官员。"高欢把陈元康叫来,一见,就授予他大丞相功曹的官职,让他掌握机密要事,很快又提升为大行台都官郎。当时,国家的军政事务繁多,只要问到陈元康,陈元康没有不知道的。高欢有一次外出,临行前把陈元康带在身后,自己在马上下达了九十多条指示,陈元康屈着指头一一道来,都记得一清二楚。他与平原籍的功曹赵彦深一同掌握重要机密,当时的人们把他们称作陈、赵。从才能方面的情况看,陈元康排在赵彦深的前头,而且陈元康生性又很柔顺严谨,所以高欢跟他非常亲近,曾感叹道:"这样一个人实在难得,是上天恩赐给我的。"赵彦深名叫赵隐,他通常用表字。

9　东魏丞相欢令阿至罗逼魏秦州刺史万俟普,欢以众应之。

10　三月戊申,丹杨陶弘景卒。弘景博学多艺能,好养生之术。仕齐为奉朝请,弃官,隐居茅山。上早与之游,及即位,恩礼甚笃,每得其书,焚香虔受。屡以手敕招之,弘景不出。国家每有吉凶征讨大事,无不先谘之,月中尝有数信,时人谓之"山中宰相"。将没,为诗曰:"夷甫任散诞,平叔坐论空。岂悟昭阳殿,遂作单于宫!"时士大夫竞谈玄理,不习武事,故弘景诗及之。

11　甲寅,东魏以华山王鸷为大司马。

12　魏以凉州刺史李叔仁为司徒,万俟洛为太宰。

13　夏,四月乙未,以骠骑大将军、开府同三司之仪元法僧为太尉。

14　尚书右丞考城江子四上封事,极言政治得失。五月癸卯,诏曰:"古人有言,'屋漏在上,知之在下',朕有过失,不能自觉,江子四等封事所言,尚书可时加检括,于民有蠹患者,宜速详启!"

15　戊辰,东魏高盛卒。

16　魏越勒肱卒。

17　魏秦州刺史万俟普与其子太宰洛、幽州刺史叱干宝乐、右卫将军破六韩常及督将三百人奔东魏,丞相泰轻骑追之,至河北千馀里,不及而还。

18　秋,七月庚子,东魏大赦。

9 东魏丞相高欢命令阿至罗进逼西魏的秦州刺史万俟普,高欢本人又组织了大队人马策应阿至罗。

10 三月戊申(初七),梁朝的丹阳人陶弘景去世。陶弘景学识渊博,多才多艺,对养生术有特殊的兴趣。他在南齐担任过奉朝请的官职,后来又主动放弃,在茅山隐居起来。梁武帝早年曾经和他一同出游,等到登上皇位以后,总是给予他很不寻常的恩惠与礼遇,每次收到他的信,都要点上香后才虔诚地阅读。梁武帝多次亲自写信邀请陶弘景到朝廷做官,陶弘景始终没有出山。每当国家出现吉祥或不祥的征兆的时候,或有出征、讨伐这样大事的时候,梁武帝必定要先向他咨询,有时一个月里面两人要通好几封信,当时的人们称他是"山中宰相"。陶弘景去世之前,写了这样一首诗:"夷甫任散诞,平叔坐论空。岂悟昭阳殿,遂作单于宫。"那个时代,大小官员都竞相谈论玄理,不愿意学习练兵打仗方面的东西,所以陶弘景写诗用魏晋时期的事情来影射南梁的现状与前景。

11 甲寅(十三日),东魏任命华山王元鸷为大司马。

12 西魏任命凉州刺史李叔仁为司徒,万俟洛为太宰。

13 夏季,四月乙未(二十五日),梁朝任命骠骑大将军、开府同三司之仪元法僧为太尉。

14 梁朝尚书右丞考城人江子四向梁武帝呈上用袋封好的秘密奏折,里面详尽地论述了国家在政治方面的得失。五月癸卯(初三),梁武帝颁下诏书,说:"古人有一句话,叫作'屋漏在上,知之在下',朕有过失的话,自己不一定察觉得到,江子四等人在密封的奏折中说到的情况,尚书可时时加以检查,凡是于人民有害的事,应该及时启奏。"

15 戊辰(二十八日),东魏的高盛去世。

16 西魏的越勒肱去世。

17 西魏的秦州刺史万俟普与他担任太宰的儿子万俟洛、幽州刺史叱干宝乐、右卫将军破六韩常以及他们所督率的将领三百人一起投奔了东魏,丞相宇文泰带着轻装的骑兵追赶,一直追到黄河以北一千多里的地方,但是没有追上,只好返回。

18 秋季,七月庚子(初一),东魏孝静帝下令大赦天下。

19　上待魏降将贺拔胜等甚厚,胜请讨高欢,上不许。胜等思归,前荆州大都督抚宁史宁谓胜曰:"朱异言于梁主无不从,请厚结之。"胜从之。上许胜、宁及卢柔皆北还,亲饯之于南苑。胜怀上恩,自是见禽兽南向者皆不射之。行至襄城,东魏丞相欢遣侯景以轻骑邀之,胜等弃舟自山路逃归,从者冻馁,道死者太半。既至长安,诣阙谢罪,魏主执胜手歔欷曰:"乘舆播越,天也,非卿之咎。"丞相泰引卢柔为从事中郎,与苏绰对掌机密。

20　九月壬寅,东魏以定州刺史侯景兼尚书右仆射、南道行台,督诸将入寇。

21　魏以扶风王孚为司徒,斛斯椿为太傅。

22　冬,十月乙亥,诏大举伐东魏。东魏侯景将兵七万寇楚州,虏刺史桓和。进军淮上,南、北司二州刺史陈庆之击破之,景弃辎重走。十一月己亥,罢北伐之师。

23　魏复改始祖神元皇帝为太祖,道武皇帝为烈祖。

24　十二月,东魏以并州刺史尉景为太保。

25　壬申,东魏遣使请和,上许之。

26　东魏清河文宣王亶卒。

27　丁丑,东魏丞相欢督诸军伐魏,遣司徒高敖曹趣上洛,大都督窦泰趣潼关。

28　癸未,东魏以咸阳王坦为太师。

29　是岁,魏关中大饥,人相食,死者什七八。

三年(丁巳,537)

1　春,正月,上祀南郊,大赦。

19 梁武帝给予北魏降将贺拔胜等人优厚的待遇,贺拔胜请求带兵讨伐高欢,梁武帝没有允许。贺拔胜等人想回到北方去,抚宁籍的前荆州大都督史宁对贺拔胜说:"凡是朱异讲的话,皇上没有不听从的,请你好好地结交他。"贺拔胜接受了他的意见。后来,梁武帝允许贺拔胜、史宁以及卢柔都返回北方,还亲自在南苑为他们饯行。贺拔胜牢记着梁武帝的大恩,从此再看见往南面去的飞禽走兽,都不放箭射杀。他们路过襄城的时候,东魏的丞相高欢派遣侯景带着轻装骑兵前来拦截,贺拔胜等人丢弃了木船沿着小路逃了回去,跟随的人又冷又饿,有一大半死在了路上。他们历尽千辛万苦,到达长安之后,去皇宫请罪,西魏文帝拉住贺拔胜的手,一边抽泣一边说:"朕流离颠沛,这是天意,不是你们自己的过错。"丞相宇文泰推荐卢柔为从事中郎,与苏绰一道掌握重要机密。

20 九月壬寅(初四),东魏任命定州刺史侯景兼任尚书右仆射、南道行台,督率各位将领侵犯梁朝。

21 西魏任命扶风王元孚为司徒,斛斯椿为太傅。

22 冬季,十月乙亥(初八),梁武帝颁下诏书命令大举讨伐东魏。东魏的侯景统率七万兵马入侵楚州,俘虏了刺史桓和。接着又向淮河的上游地区进军,南、北司二州的刺史陈庆之击败了这支东魏部队,侯景丢弃了各种不便随身携带的军用物资,逃跑了。十一月己亥(初二),梁武帝下令让讨伐北方的部队停止进军。

23 西魏又重新改尊始祖神元皇帝为太祖,道武皇帝为烈祖。

24 十二月,东魏任命并州刺史尉景为太保。

25 壬申(初六),东魏派遣使者去梁朝求和,梁武帝答应了。

26 东魏的清河文宣王元亶去世。

27 丁丑(十一日),东魏的丞相高欢督率各路军队讨伐西魏,派遣司徒高敖曹前往上洛,大都督窦泰前往潼关。

28 癸未(十七日),东魏任命咸阳王元坦为太师。

29 这一年,西魏的关中地区发生了大饥荒,出现了人吃人的现象,每十人之中就七八个死去。

梁武帝大同三年(丁巳,公元 537 年)

1 春季,正月,梁武帝在国都的南郊举行祭祀典礼,大赦天下。

2　东魏丞相欢军蒲坂,造三浮桥,欲渡河。魏丞相泰军广阳,谓诸将曰:"贼㨿吾三面,作浮桥以示必渡,此欲缀吾军,使窦泰得西入耳。欢自起兵以来,窦泰常为前锋,其下多锐卒,屡胜而骄,今袭之,必克,克泰,则欢不战自走矣。"诸将皆曰:"贼在近,舍而袭远,脱有蹉跌,悔何及也!不如分兵御之。"丞相泰曰:"欢再攻潼关,吾军不出灞上,今大举而来,谓吾亦当自守,有轻我之心,乘此袭之,何患不克!贼虽作浮桥,未能径渡,不过五日,吾取窦泰必矣!"行台左丞苏绰、中兵参军代人达奚武亦以为然。庚戌,丞相泰还长安,诸将意犹异同。丞相泰隐其计,以问族子直事郎中深,深曰:"窦泰,欢之骁将,今大军攻蒲坂,则欢拒守而泰救之,吾表里受敌,此危道也。不如选轻锐潜出小关,窦泰躁急,必来决战,欢持重未即救,我急击泰,必可擒也。擒泰则欢势自沮,回师击之,可以决胜。"丞相泰曰:"此吾心也。"乃声言欲保陇右,辛亥,谒魏主而潜军东出,癸丑旦,至小关。窦泰猝闻军至,自风陵渡,丞相泰出马牧泽,击窦泰,大破之,士众皆尽,窦泰自杀,传首长安。丞相欢以河冰薄,不得赴救,撤浮桥而退,仪同代人薛孤延为殿,一日斫十五刀折,乃得免。丞相泰亦引军还。

2　东魏的丞相高欢把部队驻扎在蒲坂,建造了三座浮桥,准备渡黄河。西魏的丞相宇文泰把部队驻扎在广阳,他对手下的各位将领说:"贼兵从三个方向牵制我们,又制作了浮桥来表明他们一定要渡河,其实他们的用意不过是想诱引我军在此设防,使窦泰得以西进。高欢自从起兵以来,窦泰经常充当他的先锋,手下有许多精锐的士兵,他们打了几次胜仗以后已变得骄傲起来,现在要是进行袭击的话,一定能够打败他们,而打垮了窦泰,高欢就会不战而撤逃。"各位将领都说:"贼兵就在近处,我们舍弃近处的敌人而去袭击远处的,假如出现失误,那就后悔莫及了! 不如分兵抵御他们。"丞相宇文泰又说道:"高欢第二次攻打潼关的时候,我们的军队始终没有离开灞上,现在他们向我们发起大规模的进攻,会认为我们当然也要做自我防守,由此产生轻视我们的意识,借这个机会袭击他们,还怕不能取得胜利吗? 贼兵虽然搭起了浮桥,但还不能径直渡河,用不了五天,我将一定捉住窦泰!"行台左丞苏绰、中兵参军代人达奚武也认为宇文泰的话很有道理。庚戌(十四日),丞相宇文泰返回长安,各位将领中有同意宇文泰观点的,也有不同意的。丞相宇文泰先不提自己的计谋,而是找到担任直事郎中的侄子宇文深,问他有什么打退故军的办法,宇文深回答说:"窦泰是高欢手下骁勇的将领,如今我们的大军要是攻打蒲坂,高欢坚守不出,窦泰前来救援,那么我们就会出现里里外外受敌人威胁的局面,这是一条危险的道路。不如选出一支轻装的精锐部队悄悄地从小关出去,窦泰性格急躁,必定要来同我们进行决战,而高欢老成持重不会立即救援,这样的话,我们迅速出击窦泰,就一定能够捉住他。捉住了窦泰,高欢的进攻自然就被阻止,我们再调过头来袭击他们,就可以取得决定性的胜利。"丞相宇文泰听了之后说道:"这也是我的想法。"于是他就声称要保住陇右地区,辛亥(十五日),拜见了西魏文帝后悄悄地带领部队从东面出去了,癸丑(十七日)早上,到达了小关。窦泰突然听说故军到了,连忙从风陵渡过了黄河,丞相宇文泰冲出马牧泽,攻击窦泰,打得他一败涂地,手下的士兵统统杀光,最后窦泰自杀了,宇文泰叫人把他头颅送到了长安。东魏的丞相高欢因为黄河上的冰太薄,无法赶去救援,只好拆除浮桥撤退,仅同代人薛孤延担任全军后卫,一天之内连续激战,砍坏了十五把战刀,才得以撤回。西魏的丞相宇文泰也率领部队返回长安了。

　　高敖曹自商山转斗而进,所向无前,遂攻上洛。郡人泉岳及弟猛略与顺阳人杜窋等谋翻城应之,洛州刺史泉企知之,杀岳及猛略。杜窋走归敖曹,敖曹以为向导而攻之。敖曹被流矢,通中者三,殒绝良久,复上马,免胄巡城。企固守旬馀,二子元礼、仲遵力战拒之,仲遵伤目,不堪复战,城遂陷。企见敖曹曰:"吾力屈,非心服也。"敖曹以杜窋为洛州刺史。敖曹创甚,曰:"恨不见季式作刺史。"丞相欢闻之,即以季式为济州刺史。

　　敖曹欲入蓝田关,欢使人告曰:"窦泰军没,人心恐动,宜速还,路险贼盛,拔身可也。"敖曹不忍弃众,力战全军而还,以泉企、泉元礼自随,泉仲遵以伤重不行。企私戒二子曰:"吾馀生无几,汝曹才器足以立功,勿以吾在东,遂亏臣节。"元礼于路逃还。泉、杜虽皆为土豪,乡人轻杜而重泉。元礼、仲遵阴结豪右,袭窋,杀之,魏以元礼世袭洛州刺史。

　　3　二月丁亥,上耕藉田。
　　4　己丑,以尚书左仆射何敬容为中权将军,护军将军萧渊藻为左仆射,右仆射谢举为右光禄大夫。
　　5　魏槐里获神玺,大赦。
　　6　三月辛未,东魏迁七帝神主入新庙,大赦。
　　7　魏斛斯椿卒。
　　8　夏,五月,魏以广陵王欣为太宰,贺拔胜为太师。
　　9　六月,魏以扶风王孚为太保,梁景叡为太傅,广平王赞为太尉,开府仪同三司武川王盟为司空。

高敖曹从商山辗转而行，一路所向无敌，于是他就攻打上洛。本郡人泉岳和他弟弟猛略，还有顺阳人杜窋等密谋翻城出去响应高敖曹，洛州的刺史泉企知道了这一情况后，杀掉了泉岳和猛略。杜窋逃跑后归附了高敖曹，高敖曹以他为向导攻打上洛。高敖曹中了流箭，射穿的有三支，他昏死过去很久，醒过来后又骑上马，没有穿戴盔甲就巡视全城。泉企坚守了十几天，他的两个儿子泉元礼、泉仲遵奋力战斗抵抗敌人的进攻，后来泉仲遵的眼睛受伤，无法继续打仗，于是上洛城陷落了。泉企见到高敖曹时说："我是没有力量了，不是心里对你服气了。"高敖曹任用杜窋为洛州刺史。高敖曹的伤势很重，他说道："遗憾的是我见不到我的弟弟季式当刺史了。"丞相高欢闻讯之后，立即任命高季式为济州刺史。

高敖曹想要进入蓝田县，高欢派人告诉他说："窦泰全军覆没，你们的人心恐怕会有所浮动，现在你应该迅速返回，道路险峻，贼兵势大，你可以独自脱身。"高敖曹不忍心丢下大家，经过奋力拼杀，终于带着全部人马回来，他让泉企、泉元礼跟着自己，泉仲遵因为伤势严重没有让他同行。泉企曾经暗中告诫两个儿子："我这一辈子剩不下几年了，以你们俩的才能，足以建功立业，你们不要因为我在东魏，就缺少做臣子的气节。"泉元礼在途中逃了回去。泉企、杜窋虽然都是本地豪强，但是乡里人都轻视杜窋而尊重泉企。后来，泉元礼、泉仲遵兄弟暗中联络一批豪门大族，袭击了杜窋，并且杀掉了他，西魏就让泉元礼一家世袭洛州刺史。

3 二月丁亥（二十二日），梁武帝在藉田耕作。

4 己丑（二十四日），梁武帝任命尚书左仆射何敬容为中权将军，护军将军萧渊藻为左仆射，右仆射谢举为右光禄大夫。

5 西魏的槐里县得到一块神玺，文帝下令大赦天下。

6 三月辛未，东魏将七位已故皇帝的灵位移进了新庙，大赦天下。

7 西魏的斛斯椿去世。

8 夏季，五月，西魏任命广陵王元欣为太宰，贺拔胜为太师。

9 六月，西魏任命扶风王元孚为太保，梁景叡为太傅，广平王元赞为太尉，开府仪同三司、武川王元盟为司空。

10 东魏丞相欢游汾阳之天池,得奇石,隐起成文曰“六王三川”。以问行台郎中阳休之,对曰:“六者,大王之字;王者,当王天下。河、洛、伊为三川,泾、渭、洛亦为三川。大王若受天命,终应奄有关、洛。”欢曰:“世人无事常言我反,况闻此乎! 慎勿妄言!”休之,固之子也。行台郎中中山杜弼承间劝欢受禅,欢举杖击走之。

11 东魏遣兼散骑常侍李谐来聘,以吏部郎卢元明、通直侍郎李业兴副之。谐,平之孙;元明,旭之子也。秋,七月,谐等至建康,上引见,与语,应对如流。谐等出,上目送之,谓左右曰:“朕今日遇劲敌。卿辈尝言北间全无人物,此等何自而来!”是时邺下言风流者,以谐及陇西李神儁、范阳卢元明、北海王元景、弘农杨遵彦、清河崔赡为首。神儁名挺,宝之孙;元景名昕,宪之曾孙也。皆以字行。赡,悛之子也。

时南、北通好,务以俊乂相夸,衔命接客,必尽一时之选,无才地者不得与焉。每梁使至邺,邺下为之倾动,贵胜子弟盛饰聚观,礼赠优渥,馆门成市。宴日,高澄常使左右觇之,一言制胜,澄为之拊掌。魏使至建康亦然。

12 独孤信求还北,上许之。信父母皆在山东,上问信所适,信曰:“事君者不敢顾私亲而怀贰心。”上以为义,礼送甚厚。信与杨忠皆至长安,上书谢罪。魏以信有定三荆之功,

10　东魏的丞相高欢游玩汾阳的天池时,得到了一块奇异的石头,隐隐约约形成文字"六王三川"。他向行台郎中阳休之询问其意,阳休之回答说:"'六'是指大王您的表字,'王'的意思是应该统治天下。河、洛、伊是三条河流,泾、渭、洛也是三条河流。大王您要是接受上天赋予您的使命,终究应该拥有关、洛的大片土地。"高欢听后说道:"世上的人们在没事的时候,都常常说我要谋反,何况听了这番话之后! 请你慎重些,不要胡说!"阳休之是阳固的儿子。中山籍的行台郎中杜弼乘机劝说高欢接受禅让,高欢举起手杖打跑了他。

11　东魏派遣兼任散骑常侍的李谐为正使,吏部郎卢元明、通直侍郎李业兴为副使,出使梁朝。李谐是李平的孙子,卢元明是卢旭的儿子。秋季,七月,李谐等人抵达建康,梁武帝接见了他们,并和他们做了交谈,他们都对答如流。李谐等人出门了,梁武帝目送着他们远去后,对身旁的人说道:"我今天可遇上了劲敌。你们这些人曾经说北方没有一个像样的人物,那么现在这几位是从哪里来的呢?"当时,东魏的国都邺城内够得上称作"风流人物"的,要以李谐以及陇西人李神㑺、范阳人卢元明、北海人王元景、弘农人杨遵彦、清河人崔赡为最。李神㑺的名字叫李挺,是李宝的孙子;王元景的名字叫王昕,是王宪的曾孙子。他们通常都用表字。崔赡是崔㥄的儿子。

此时,南方与北方已经沟通和好,在交往中,务必要让对方夸己方的人贤能,所以奉命出使或接待客人的,必定是精选出的当时最杰出的人,没有才能的参与不了这些事情。每当梁朝的使者来到邺城的时候,城内都要为之轰动,那些高贵优越家庭的子弟都要打扮得珠光宝气,聚集在一起围观,赠送给对方的都是优厚的礼品,旅馆的门口简直变成了集市。举行宴会的日子,高澄经常叫身旁的人看他们,每当有惊人妙语压倒了来使,高澄就为他们鼓掌。东魏的使者到梁朝的建康时也是这样。

独孤信要求回到北方,梁武帝允许了。独孤信的父母都在山东,梁武帝问他将去哪里,他回答说:"为君王服务的人不敢因顾念自己的亲人而对君王三心二意。"梁武帝听了认为独孤信很忠义,送给他非常丰厚的礼物。独孤信与杨忠都到了长安,向西魏文帝呈上请罪的文书。文帝认为独孤信有平定三荆地区的功劳,

迁骠骑大将军,加侍中、开府仪同三司,馀官爵如故。丞相泰爱杨忠之勇,留置帐下。

13 魏宇文深劝丞相泰取恒农,八月丁丑,泰帅李弼等十二将伐东魏,以北雍州刺史于谨为前锋,攻盘豆,拔之。戊子,至恒农,庚寅,拔之,擒东魏陕州刺史李徽伯,俘其战士八千。

时河北诸城多附东魏,左丞杨檦自言父猛尝为邵郡白水令,知其豪杰,请往说之,以取邵郡。泰许之,檦乃与土豪王覆怜等举兵,收邵郡守程保及县令四人,斩之。表覆怜为郡守,遣谍说谕东魏城堡,旬月之间,归附甚众。东魏以东雍州刺史司马恭镇正平,司空从事中郎闻喜裴邃欲攻之,恭弃城走,泰以杨檦行正平郡事。

14 上修长干寺阿育王塔,出佛爪发舍利。辛卯,上幸寺,设无碍食,大赦。

15 九月,柔然为魏侵东魏三堆,丞相欢击之,柔然退走。

行台郎中杜弼以文武在位多贪污,言于丞相欢,请治之。欢曰:"弼来,我语尔!天下贪污,习俗已久。今督将家属多在关西,宇文黑獭常相招诱,人情去留未定;江东复有吴翁萧衍,专事衣冠礼乐,中原士大夫望之以为正朔所在。我若急正纲纪,不相假借,恐督将尽归黑獭,士子悉奔萧衍,人物流散,何以为国!尔宜少待,吾不忘之。"

晋升他为骠骑大将军,加侍中、开府仪同三司,其馀的官爵跟过去一样。丞相宇文泰喜爱杨忠的勇猛,将他留在身边。

13 西魏的宇文深劝说丞相宇文泰夺取恒农,八月丁丑(十四日),宇文泰统率李弼等十二位将领讨伐东魏,他叫北雍州的刺史于谨担任先锋,攻打并占领了盘豆。戊子(二十五日),到达恒农,庚寅(二十七日),攻下该城,捉住东魏的陕州刺史李徽伯,俘虏了他的八千名士兵。

当时,黄河以北地区的各城大多依附于东魏,左丞杨㯶自称他的父亲杨猛曾经当过邵郡的白水县令,与那里的一些豪杰有交结,所以请求去游说他们,以便夺取邵郡。宇文泰答应了,杨㯶就与土豪王覆怜等人开始起兵,捉住了邵郡的郡守程保以及四位县令,把他们都杀了。杨㯶上书请求任命王覆怜为郡守,让王覆怜带着西魏的文告去游说东魏的城堡,在旬月之间,归附西魏的城堡非常多。东魏派东雍州的刺史司马恭镇守正平,闻喜籍的司空从事中郎裴邃准备攻打正平,司马恭弃城而逃,宇文泰叫杨㯶兼管正平郡的事务。

14 梁武帝派人修缮长干寺的阿育王塔时,挖出了佛爪发舍利。辛卯(二十八日),梁武帝来到长干寺,安排了无碍食,大赦天下。

15 九月,柔然人替西魏入侵东魏的三堆,东魏的丞相高欢发起攻击后,柔然人撤退了。

行台郎中杜弼发现文武百官中的许多人在位时都贪污公家的财产,就将这一情况告诉了丞相高欢,请他好好管一管。高欢说道:"杜弼你过来,我对你讲吧! 天下的官员贪污公家的财物,很久以前就已经成为一种习俗。眼下都督、将军们的家属大多数在西魏的关西地区,宇文黑獭经常对他们进行招抚和引诱,从他们的内心来说,以后是离开还是留在这里都还确定不了;江东地区还有老头儿萧衍,他专门倡导推行儒家礼乐,以致中原地区的士大夫们产生向往之情,认为他那里才是正宗之所在。假如我操之过急地整顿法制,不采取宽容态度的话,那么都督、将军们都得归附宇文黑獭,文官们全去投奔萧衍,人才都失去了,还怎么成为一个国家呀? 你最好暂且等待一段时间,我不会忘掉你的提议的。"

　　欢将出兵拒魏,杜弼请先除内贼。欢问内贼为谁,弼曰:"诸勋贵掠夺百姓者是也。"欢不应,使军士皆张弓注矢,举刀,按矟,夹道罗列,命弼冒出其间,弼战栗流汗。欢乃徐谕之曰:"矢虽注不射,刀虽举不击,矟虽按不刺,尔犹亡魄失胆。诸勋人身犯锋镝,百死一生,虽或贪鄙,所取者大,岂可同之常人也!"弼乃顿首谢不及。

　　欢每号令军士,常令丞相属代郡张华原宣旨,其语鲜卑则曰:"汉民是汝奴,夫为汝耕,妇为汝织,输汝粟帛,令汝温饱,汝何为陵之?"其语华人则曰:"鲜卑是汝作客,得汝一斛粟、一匹绢,为汝击贼,令汝安宁,汝何为疾之?"

　　时鲜卑共轻华人,唯惮高敖曹。欢号令将士,常鲜卑语,敖曹在列,则为之华言。敖曹返自上洛,欢复以为军司、大都督,统七十六都督。以司空侯景为西道大行台,与敖曹及行台任祥、御史中尉刘贵、豫州刺史尧雄、冀州刺史万俟洛同治兵于虎牢。敖曹与北豫州刺史郑严祖握槊,贵召严祖,敖曹不时遣,枷其使者。使者曰:"枷则易,脱则难。"敖曹以刀就枷刎之,曰:"又何难!"贵不敢校。明日,贵与敖曹坐,外白治河役夫多溺死,贵曰:"一钱汉,随之死!"敖曹怒,拔刀斫贵。贵走出还营,敖曹鸣鼓会兵,欲攻之,侯景、万俟洛共解谕,久之乃止。敖曹尝诣相府,门者不纳,敖曹引弓射之,欢知而不责。

高欢将要出兵抵抗西魏,杜弼请求先清除内部的奸贼。高欢问他谁是内部的奸贼,杜弼回答说:"就是那些掠夺老百姓的所谓功勋权贵们。"高欢听了没有吭声,转身吩咐士兵们拉开弓,安上箭,举起刀,握住矛,排成面对面的两行,又叫杜弼从他们中间通过,杜弼吓得浑身发抖,冷汗直流。高欢这才慢慢地告诉他:"箭虽然安在了弓上但还没有发射,刀虽然举起但还没攻击,矛虽然握在手里但还没有刺出,你就已经吓得失魂落魄,胆战心惊。而那些立下战功的人身体要和刀锋和箭头打交道,真是百死一生,他们中间有的人确实贪婪卑鄙,但是可取之处还是比缺点多得多,我们怎么可以像要求普通人那样要求他们呢?"杜弼连忙向高欢叩头谢罪。

　　高欢每次向将士们发布命令的时候,常常叫代郡籍的丞相属张华原宣读他的旨意,要是面对鲜卑人就说:"汉人是你们的奴隶,男人为你们耕作,妇女为你们纺织,输送给你们粮食和绸缎,让你们得到温饱,你们为什么还欺侮他们?"要是面对汉族人就说:"鲜卑人是你们的客人,得到你们十斗粮食、一匹绸缎,就为你们打击奸贼,让你们获得安宁,你们为什么还要痛恨他们?"

　　当时鲜卑人普遍轻视汉族人,但是唯独害怕高敖曹。高欢向将士们发布号令的时候,经常说的是鲜卑话,不过只要高敖曹在队列里,就专门为他说汉话。高敖曹从上洛返回以后,高欢又任命他为军司、大都督,让他统率七十六都督。同时任命侯景为西道大行台,与高敖曹以及行台任祥、御史中尉刘贵、豫州刺史尧雄、冀州刺史万俟洛一同在虎牢整顿部队。高敖曹与北豫州刺史郑严祖两人正在进行握槊的博戏,刘贵派人来叫郑严祖,高敖曹没立即放他,还把刘贵的使者用木枷锁住了。使者说道:"用木枷锁上我容易,到您想要给我开枷时就难了。"听到这话,高敖曹就拔出刀来,顺着木枷砍断了使者的脖子,然后说道:"这又有什么难的?"刘贵对此不敢计较。第二天,刘贵与高敖曹坐在一起,外面有人说治理河道的民工有很多都淹死了,刘贵说道:"只值一个钱的汉人,死就死了吧!"高敖曹一听非常愤怒,拔出刀就向刘贵砍去。刘贵赶紧跑开,返回了营寨。高敖曹下令敲响军鼓,集合部队,准备攻打刘贵,侯景、万俟洛一同劝解了很久,高敖曹才没有发兵。高敖曹曾有一次去丞相府,守门的人不放他进去,高敖曹就拉弓射死了他,高欢知道后也不责怪高敖曹。

16 闰月甲子,以武陵王纪为都督益梁等十三州诸军事、益州刺史。

17 东魏丞相欢将兵二十万自壶口趣蒲津,使高敖曹将兵三万出河南。时关中饥,魏丞相泰所将将士不满万人,馆谷于恒农五十馀日,闻欢将济河,乃引兵入关,高敖曹遂围恒农。欢右长史薛琡言于欢曰:"西贼连年饥馑,故冒死来入陕州,欲取仓粟。今敖曹已围陕城,粟不得出,但置兵诸道,勿与野战,比及麦秋,其民自应饿死,宝炬、黑獭何忧不降!愿勿渡河。"侯景曰:"今兹举兵,形势极大,万一不捷,猝难收敛。不如分为二军,相继而进,前军若胜,后军全力;前军若败,后军承之。"欢不从,自蒲津济河。

丞相泰遣使戒华州刺史王罴,罴语使者曰:"老罴当道卧,貉子那得过!"欢至冯翊城下,谓罴曰:"何不早降!"罴大呼曰:"此城是王罴家,死生在此。欲死者来!"欢知不可攻,乃涉洛,军于许原西。

泰至渭南,征诸州兵,皆未会。欲进击欢,诸将以众寡不敌,请待欢更西以观其势。泰曰:"欢若至长安,则人情大扰。今及其远来新至,可击也。"即造浮桥于渭,令军士赍三日粮,轻骑渡渭,辎重自渭南夹渭而西。冬,十月壬辰,泰至沙苑,距东魏军六十里。诸将皆惧,宇文深独贺。泰问其故,对曰:"欢镇抚河北,甚得众心,以此自守,未易可图。今悬师渡河,非众所欲,

16　闰月甲子（初二），梁武帝任命武陵王萧纪为都督益、梁等十三州诸军事、益州刺史。

17　东魏的丞相高欢统率二十万兵马从壶口赶往蒲津，又叫高敖曹率领三万人马从河南出发。此时关中地区发生饥荒，西魏丞相宇文泰手下的将士还不到一万人，在恒农吃住呆了五十多天，听说高欢将要渡过黄河，就带领部队进入关中，于是高敖曹开始包围恒农。高欢的右长史薛琡对高欢说："西魏敌人连年饥饿，所以这次冒死来到陕州，想要取得仓库中的粮食。现在高敖曹已经包围了陕城，粮食无法再运出去，所以我们只要在各条道路上布置兵力，而不要和他们在旷野作战，等到麦子熟了的时候，他们的百姓很自然地要饿死，这一下我们还愁元宝炬、宇文黑獭不投降吗？希望丞相您不要下令渡黄河。"侯景则对高欢说："我们眼下这一次出兵，规模非常大，万一不能取得胜利，就很难控制住局面了。不如分成两支部队，相继前进，如果前面的部队得胜，后面的就全力支持；如果前面的部队失败，后面的就顶替它上去。"高欢没有听从他们的劝告，从蒲津渡过了黄河。

西魏的丞相宇文泰派遣使者向华州刺史王黑发布命令，王黑对使者说道："有老黑我在道路中间躺着，狗獾哪里能够通过？"高欢到达冯翊城下以后，对王黑说道："你为什么不尽早投降？"王黑大声喊道："这座城就是我王黑的坟墓，生死都在这里。想要送死的就来吧！"看到这种架势，高欢知道无法进攻，就渡过洛河，在许原的西部安营扎寨。

宇文泰到达渭河南岸，向各州征召兵马，可是他们都没有到来。他想要进攻高欢，手下的将领们都认为敌众我寡，无法打击对方，请求等高欢再往西时，观察一下动向再做打算。宇文泰对他们说："高欢如果到了长安，那么人们的心绪就会受到很大干扰。现在他刚刚从远道而来，我们可以出击。"他立即下令在渭河建造浮桥，又叫将士们准备三天的干粮，然后带着他们骑着马轻装渡过渭河，辎重物资则让人从渭河南岸沿着渭河往西运送。冬季，十月壬辰（初一），宇文泰到达了沙苑，离东魏的部队仅仅六十里路。各位将领都感到恐惧，唯独宇文深为此而庆贺。宇文泰问为什么要庆贺，宇文深回答说："高欢镇守安抚河北一带，很得人心，假如他凭借这一点守卫原有的疆土，倒还不容易算计他。但是眼下他率领一支孤军渡过黄河深入我方，这并不是许多人所愿意的，

独欢耻失窦泰,愎谏而来,所谓忿兵,可一战擒也。事理昭然,何为不贺！愿假深一节,发王罴之兵邀其走路,使无遗类。"泰遣须昌县公达奚武觇欢军,武从三骑,皆效欢将士衣服,日暮,去营数百步下马,潜听得其军号,因上马历营,若警夜者,有不如法,往往挞之,具知敌之情状而还。

欢闻泰至,癸巳,引兵会之。候骑告欢军且至,泰召诸将谋之。开府仪同三司李弼曰:"彼众我寡,不可平地置陈,此东十里有渭曲,可先据以待之。"泰从之,背水东西为陈,李弼为右拒,赵贵为左拒,命将士皆偃戈于苇中,约闻鼓声而起。晡时,东魏兵至渭曲,都督太安斛律羌举曰:"黑獭举国而来,欲一死决,譬如猘狗,或能噬人。且渭曲苇深土泞,无所用力,不如缓与相持,密分精锐径掩长安,巢穴既倾,则黑獭不战成擒矣。"欢曰:"纵火焚之,何如?"侯景曰:"当生擒黑獭以示百姓,若众中烧死,谁复信之!"彭乐盛气请斗,曰:"我众贼寡,百人擒一,何忧不克!"欢从之。东魏兵望见魏兵少,争进击之,无复行列。兵将交,丞相泰鸣鼓,士皆奋起,于谨等六军与之合战,李弼帅铁骑横击之。东魏兵中绝为二,遂大破之。李弼弟㭬,身小而勇,

唯独高欢一人对失去窦泰一事觉得耻辱,不接受劝告坚持要来,这就是所谓的愤怒出兵,只要一次交战即可擒拿。这道理明明白白,为什么不庆贺呢?希望丞相您能够授予我一个符节,让我作为使者去调王罴的部队,要他们在高欢逃跑的路上拦截,不叫一个东魏的人漏网。"听完宇文深的话,宇文泰派须昌县公达奚武去侦察高欢的军队,达奚武带领三名骑兵,都穿上跟高欢的将士一样的衣服。在夜幕降临的时候,他们在距离敌营几百步的地方下了马,偷偷听到了对方的军中口令,然后就上马穿越军营,好像是夜间执行警戒任务的,发现有不守军规的士兵,往往上去抽打一顿,通过这种方式详细了解了敌情之后返回了。

　　高欢听到了宇文泰已经来临的消息,便于癸巳(初二),指挥兵马准备与宇文泰交战。西魏军队那边,外出侦察的骑兵回来报告说高欢的部队快要到达,宇文泰马上召集各位将领商量对策。开府仪同三司李弼说道:"眼下敌众我寡,所以我们不能在平坦的地方布置战阵,此处以东十里地有一个叫渭曲的地方,可以先占据那里等待高欢的人马。"宇文泰根据李弼的意见,在渭曲背靠河水的东西两面布置了战阵,由李弼指挥右边的方阵,赵贵指挥左边的方阵,同时命令将士们持长兵器隐蔽在芦苇丛中,约定听到鼓声响起之后再起来。大约在午后三时至五时之间,东魏的兵马来到了渭曲,太安籍的都督斛律羌举对高欢说道:"宇文黑獭把全国的部队都差不多带了出来,要和我们决一死战,就好像一条疯狗一样,有时候也能咬人一口。况且渭曲这个地方芦苇丛深,烂泥淤积,无法用力,我们还不如暂缓与他们相持,先秘密地分出精锐部队径直突袭长安,一旦他们的老窝翻倒之后,则宇文黑獭可以不战而擒。"高欢问道:"放火焚烧芦苇丛,怎么样?"侯景接上去说道:"我们应当活捉宇文黑獭,把他带到老百姓面前展示,如果他被烧死在人群中,谁会相信他真的完了?"彭乐更是盛气凌人地请求出战,他说:"我们人多,敌军人少,一百人抓一个人,还有什么必要忧虑打败不了他们?"高欢接受了他的意见。东魏的士兵看到西魏的士兵人数少,便争先恐后地冲上前去袭击对方,原来的队列已经不复存在。等两方的人马刚要交战的时候,西魏的丞相宇文泰敲响了战鼓,战士们都奋勇而起,于谨等人的六支部队与敌兵展开作战,李弼率领裹着铁甲的骑兵横向打击敌军。东魏部队的中间被切开,成为两部分,于是一败涂地。李弼的弟弟李檦虽然身材瘦小但勇猛异常,

每跃马陷陈，隐身鞍甲之中，敌见皆曰："避此小儿！"泰叹曰："胆决如此，何必八尺之躯！"征虏将军武川耿令贵杀伤多，甲裳尽赤，泰曰："观其甲裳，足知令贵之勇，何必数级！"彭乐乘醉深入魏陈，魏人刺之，肠出，内之复战。丞相欢欲收兵更战，使张华原以簿历营点兵，莫有应者，还，白欢曰："众尽去，营皆空矣！"欢犹未肯去。阜城侯斛律金曰："众心离散，不可复用，宜急向河东。"欢据鞍未动，金以鞭拂马，乃驰去，夜，渡河，船去岸远，欢跨橐驼就船，乃得渡，丧甲士八万人，弃铠仗十有八万。丞相泰追欢至河上，选留甲士二万馀人，馀悉纵归。都督李穆曰："高欢破胆矣，速追之，可获。"泰不听，还军渭南，所征之兵甫至，乃于战所人植柳一株以旌武功。

侯景言于欢曰："黑獭新胜而骄，必不为备，愿得精骑二万，径往取之。"欢以告娄妃，妃曰："设如其言，景岂有还理！得黑獭而失景，何利之有！"欢乃止。

魏加丞相泰柱国大将军，李弼十二将皆进爵增邑有差。

高敖曹闻欢败，释恒农，退保洛阳。

己酉，魏行台宫景寿等向洛阳，东魏洛州大都督韩贤击走之。州民韩木兰作乱，贤击破之。一贼匿尸间，贤自按检收铠仗，贼歘起斫之，断胫而卒。

他屡屡跃马冲入敌阵,把自己的身体隐藏在鞍甲之中,敌兵看见了都要叫道:"避开这个小孩子!"宇文泰感叹道:"胆量、决心都大到这种程度,何必还非得要八尺长的身躯呀!"武川籍的征虏将军耿令贵杀伤的人数很多,铠甲与衣裳都成了红颜色,宇文泰说道:"光看他的铠甲与战袍,就足以使人知道令贵的勇敢,何必再数他砍下的头颅呢?"彭乐带着酒意深入到西魏的军阵之中,西魏人刺伤了他的腹部,肠子都流了出来,但是他把肠子塞回腹中,继续作战。东魏的丞相高欢准备暂且收兵另外再组织战役,于是派遣张华原带着登记簿穿梭在各个军营之中清点官兵人数,可是没有答应之声,只好回去向高欢报告:"大家都已经跑光,各处军营全空了!"高欢还是不肯离去。阜城侯斛律金劝高欢,说:"众人的心已经离散,无法再利用了,我们应该尽快赶往河东。"高欢依然坐在马鞍上一动不动,斛律金干脆挥鞭抽打他的马,高欢这才迅速离开。夜幕降临,开始渡黄河了,船距离河岸较远,高欢骑着骆驼挨到船边,这才得以渡过黄河。这一仗,高欢丧失了八万名士兵,丢弃了十八万副盔甲与兵器。西魏的丞相宇文泰追赶高欢一直到了黄河边上,他在被打散的东魏的军人中挑选留下了两万多名士兵,其余的都释放回去。都督李穆对宇文泰说:"高欢这下子吓破胆了,我们迅速追赶的话,可以俘虏他。"宇文泰没有听取李穆的意见,带领军队回到了渭河以南,那些刚刚征收的士兵刚到,就让他们在交战的地方每人栽种一棵柳树,以纪念这场战役的胜利。

侯景对高欢说道:"宇文黑獭新近取得了胜利,难免会有些骄傲,肯定不会进行防备,我愿意率领两万名精锐的骑兵,径直去捉住他。"高欢将侯景的话讲给他的妻子娄妃听,娄妃说道:"假如结果真的能够像侯景所说的那样,他哪里还有回来的道理! 得到了宇文黑獭而失去侯景,能有什么好处?"高欢就没有让侯景出兵。

西魏加封丞相宇文泰为柱国大将军,李弼等十二位将领则根据功劳的大小,分别封爵增邑。

高敖曹听到高欢战败的消息,放弃了恒农,退后一步守护洛阳。

己酉(十八日),西魏的行台宫景寿等人来到洛阳城外,东魏的洛州大都督韩贤带兵出击,赶走了他们。该州的百姓韩木兰领人犯上作乱,韩贤打败了他们。一名乱贼躲藏在尸体之间,韩贤亲自检查验收铠甲兵器,乱贼忽然跳起来向韩贤砍去,韩贤因小腿被砍断而死去。

　　魏复遣行台冯翊王季海与独孤信将步骑二万趣洛阳,洛州刺史李显趣三荆,贺拔胜、李弼围蒲坂。

　　东魏丞相欢之西伐也,蒲坂民敬珍谓其从祖兄祥曰:"高欢迫逐乘舆,天下忠义之士皆欲剚刃于其腹。今又称兵西上,吾欲与兄起兵断其归路,此千载一时也。"祥从之,纠合乡里,数日,有众万馀。会欢自沙苑败归,祥、珍帅众邀之,斩获甚众。贺拔胜、李弼至河东,祥、珍帅猗氏等六县十馀万户归之,丞相泰以珍为平阳太守,祥为行台郎中。

　　东魏秦州刺史薛崇礼守蒲坂,别驾薛善,崇礼之族弟也,言于崇礼曰:"高欢有逐君之罪,善与兄忝衣冠绪馀,世荷国恩,今大军已临,而犹为高氏固守。一旦城陷,函首送长安,署为逆贼,死有馀愧,及今归款,犹为愈也。"崇礼犹豫不决。善与族人斩关纳魏师,崇礼出走,追获之。丞相泰进军蒲坂,略定汾、绛,凡薛氏预开城之谋者,皆赐五等爵。善曰:"背逆归顺,臣子常节,岂容阖门大小俱叨封邑!"与其弟慎固辞不受。

　　东魏行晋州事封祖业弃城走,仪同三司薛脩义追至洪洞,说祖业还守,祖业不从。脩义还据晋州,安集固守。魏仪同三司长孙子彦引兵至城下,脩义开门伏甲以待之。子彦不测虚实,遂退走。丞相欢以脩义为晋州刺史。

西魏再次派遣冯翊王元季海与独孤信一起统率两万名步兵和骑兵赶往洛阳,洛州刺史李显逃到三荆,贺拔胜、李弼围攻蒲坂。

东魏的丞相高欢前去讨伐西魏的时候,蒲坂的百姓敬珍对他的族兄敬祥说道:"高欢赶走了皇上,天下的忠义之士都想把刀刺进他的腹部。现在他又向西大举兴兵,我想和兄长您一道起兵,切断他回归的路途,这可是千载难逢的好时机。"敬祥接受了敬珍的建议,他们便在邻近的乡村召集人马,几天里面,响应他们的已经有一万多人。没多久,刚好遇上高欢在沙苑吃了败仗后回来,敬祥、敬珍率领兵马在路上迎候,结果杀死、俘虏了许多人。贺拔胜、李弼到达河东地区之后,敬祥、敬珍又带着猗氏等六个县的十几万户百姓归附了他们,西魏的丞相宇文泰任命敬珍为平阳太守,敬祥为行台郎中。

东魏的泰州刺史薛崇礼负责守卫蒲坂,他手下的别驾薛善是他的同族弟弟,薛善对薛崇礼说:"高欢犯有驱逐君王的大罪,我薛善和兄长您得到朝廷的赏赐,世世代代都得到国家给予的恩惠,现在大军已经来临,而我们还替姓高的努力防守。这座城一旦被攻破的话,我们的脑袋就得被人用匣子装着送到长安,外面还得被定为叛贼,那可真是死而有愧,现在我们弃暗投明,还不晚啊。"薛崇礼听了有些犹豫不决。薛善就和他同族的人杀掉守卫关卡的将士迎接西魏的部队,薛崇礼逃跑了,后来又被追上抓获。西魏的丞相宇文泰进军蒲坂,初步平定了汾、绛两地,他对所有参与打开城门之预谋的薛氏家族的人,都封了五等爵位。薛善对宇文泰说:"背弃叛逆者,归附君王,这是做臣子的必须具备的节操,怎么能允许我们所有的人都接受封地呢?"他和他的弟弟薛慎坚决推辞不接受。

东魏兼管晋州事务的封祖业丢弃州城逃跑,仪同三司薛脩义追他一直追到洪洞,劝他回去守城,但是他没有听从。于是薛脩义回兵占据晋州,安定百姓稳固防守。西魏的仪同三司长孙子彦指挥人马攻到城下,薛脩义打开城门,埋伏了将士等待对方。长孙子彦摸不透城中的虚实,就撤走了。东魏的丞相高欢任命薛脩义为晋州刺史。

　　独孤信至新安,高敖曹引兵北渡河。信逼洛阳,洛州刺史广阳王湛弃城归邺,信遂据金墉城。孝武之西迁也,散骑常侍河东裴宽谓诸弟曰:"天子既西,吾不可以东附高氏。"帅家属逃于大石岭。独孤信入洛,乃出见之。时洛阳荒废,人士流散,惟河东柳虬在阳城,裴诹之在颍川,信俱征之,以虬为行台郎中,诹之为开府属。

　　东魏颍州长史贺若统执刺史田迄,举城降魏,魏都督梁迥入据其城。前通直散骑侍郎郑伟起兵陈留,攻东魏梁州,执其刺史鹿永吉。前大司马从事中郎崔彦穆攻荥阳,执其太守苏淑,与广州长史刘志皆降于魏。伟,先护之子也。丞相泰以伟为北徐州刺史,彦穆为荥阳太守。

　　十一月,东魏行台任祥帅督将尧雄、赵育、是云宝攻颍川,丞相泰使大都督宇文贵、乐陵公辽西怡峰将步骑二千救之。军至阳翟,雄等军已去颍川三十里,祥帅众四万继其后。诸将咸以为"彼众我寡,不可争锋"。贵曰:"雄等谓吾兵少,必不敢进。彼与任祥合兵攻颍川,城必危矣。若贺若统陷没,吾辈坐此何为!今进据颍川,有城可守,又出其不意,破之必矣。"遂疾趋,据颍川,背城为陈以待。雄等至,合战,大破之,雄走,赵育请降,俘其士卒万馀人,悉纵遣之。任祥闻雄败,不敢进,贵与怡峰乘胜逼之,祥退保宛陵。贵追及,击之,祥军大败。是云宝杀其阳州刺史那椿,以州降魏。魏以贵为开府仪同三司,是云宝、赵育为车骑大将军。

独孤信到达新安,高敖曹则指挥部队北渡黄河。接着,独孤信逼近洛阳,担任洛州刺史的广阳王元湛丢弃了州城逃到国都邺城,独孤信就这么占据了金墉城。孝武帝当初迁往西边的时候,河东籍的散骑常侍裴宽对他弟弟们说:"皇上既然已经去了西面,我就不能去东面归附高欢。"于是带着全家逃到了大石岭。独孤信进入洛州之后,裴宽才出来与他相见。此时洛阳已经荒废,名门士族流亡离散,只有河东籍的柳虬还在阳城,裴诹之还在颍川,独孤信都征用了,任命柳虬为行台郎中,裴诹之为开府属。

东魏的颍州长史贺若统抓住了刺史田迅,率领全城军民投降西魏,西魏的都督梁迥进入并占据了这座州城。以前的通直散骑侍郎郑伟在陈留起兵,攻打东魏的梁州,捉住了梁州刺史鹿永吉。从前的大司马从事中郎崔彦穆攻打荥阳,捉住了荥阳太守苏淑,接着与广州长史刘志一起投降了西魏。郑伟是郑先护的儿子。西魏丞相宇文泰任命郑伟为北徐州刺史,崔彦穆为荥阳太守。

十一月,东魏行台任祥率领督将尧雄、赵育、是云宝攻打颍川。西魏丞相宇文泰派遣大都督宇文贵、辽西籍的乐陵公怡峰带着两千名步、骑兵前去救援。西魏部队到达阳翟的时候,尧雄等人的部队已距颍川只三十里远近了,任祥统率着四万兵马紧继其后。西魏的将领们都认为"敌军人多,我方人少,所以不可交战"。宇文贵则对大家说:"尧雄等人觉得我们的部队人数少,一定不敢进攻他们。要是让他们和任祥联合起来攻打颍川,这座城必定危险了。如果贺若统真的落了个城破人亡的结局,那我们坐在这儿干什么?现在我们要是提前占领颍川的话,有城可以防守,又能够出乎敌人的意料,这样我们就一定能够打败他们。"说罢,他便指挥部队快速进军,占领了颍川,然后背靠城墙,严阵以待。尧雄等人的部队来到了,宇文贵与贺若统联合作战,使敌人遭到了惨败。尧雄逃跑,赵育请求投降,这一仗共俘虏一万多名东魏的士兵,宇文贵把他们全部遣散了。任祥听到尧雄失败的消息,不敢继续前进,宇文贵与怡峰乘胜向他发起进攻,任祥撤退到宛陵进行防守。宇文贵追到宛陵,向任祥发起进攻,任祥的部队被打得一败涂地。是云宝杀掉了他所在的阳州的刺史那椿,和全州军民一道投降了西魏。西魏任命宇文贵为开府仪同三司,是云宝、赵育为车骑大将军。

都督杜陵韦孝宽攻东魏豫州,拔之,执其行台冯邕。孝宽名叔裕,以字行。

18　丙子,东魏以骠骑大将军、仪同三司万俟普为太尉。

19　司农张乐皋等聘于东魏。

20　十二月,魏行台杨白驹与东魏阳州刺史段粲战于蓼坞,魏师败绩。

21　魏荆州刺史郭鸾攻东魏东荆州刺史清都慕容俨,俨昼夜拒战,二百馀日,乘间出击鸾,大破之。时河南诸州多失守,唯东荆获全。

河间邢磨纳、范阳卢仲礼、仲礼从弟仲裕等皆起兵海隅以应魏。

东魏济州刺史高季式有部曲千馀人,马八百匹,铠仗皆备。濮阳民杜灵椿等为盗,聚众近万人,攻城剽野,季式遣骑三百,一战擒之,又击阳平贼路文徒等,悉平之,于是远近肃清。或谓季式曰:“濮阳、阳平乃畿内之郡,不奉诏命,又不侵境,何急而使私军远战!万一失利,岂不获罪乎!”季式曰:“君何言之不忠也!我与国家同安共危,岂有见贼而不讨乎!且贼知台军猝不能来,又不疑外州有兵击之,乘其无备,破之必矣。以此获罪,吾亦无恨。”

梁朝杜陵籍的都督韦孝宽攻打东魏的豫州，占领了州城，俘虏了行台冯邕。韦孝宽本名为韦叔裕，人们一般都叫他的表字。

18　丙子（十五日），东魏任命骠骑大将军、仪同三司万俟普为太尉。

19　梁朝司农张乐皋等人出使东魏。

20　十二月，西魏行台杨白驹与东魏阳州刺史段粲在蓼坞交战，西魏的军队遭到了失败。

21　西魏荆州刺史郭鸾攻打东魏东荆州刺史清都人慕容俨，慕容俨日夜抵抗，持续了两百多天之后，他瞅准空隙出击，打垮了郭鸾。当时东魏黄河以南地区的各个州大多数失守了，唯独东荆州得以保全。

河间人邢磨纳、范阳人卢仲礼，还有卢仲礼的堂弟卢仲裕等人都在海边起兵，策应西魏。

东魏济州刺史高季式有私家军队一千多人，战马八百匹，铠甲与兵器统统齐备。濮阳的百姓杜灵椿等人干起了强盗勾当，纠集了将近一万人，又是攻城又是在野外抢劫。高季式派出三百名骑兵一仗就捉住了杜灵椿，又袭击了阳平的盗贼路文徒等人，将那些盗贼一一平定，于是远近的盗贼都被肃清了。有人对高季式说："濮阳、阳平的两个郡属于京城管辖，你没有得到讨伐盗贼的命令，盗贼也没有侵犯济州的土地，你为什么这么着急，派出私家军队出远门作战！万一失利的话，岂不是要白白承担罪责？"高季式回答说："您怎么会说出这种不忠的话来！我和国家同安危，共命运，哪有见到盗贼不去讨伐的道理？而且盗贼知道朝廷军队仓促间不会到来，又不疑心别的州郡的官兵会打击他们，所以乘他们没有做准备，我们一定能够消灭他们。即使因为这事而承担罪责，那我也没有什么遗憾的。"

卷第一百五十八　梁纪十四

起戊午(538)尽甲子(544)凡七年

高祖武皇帝十四

大同四年(戊午,538)

1　春,正月辛酉朔,日有食之。

2　东魏砀郡获巨象,送邺。丁卯,大赦,改元元象。

3　二月己亥,上耕藉田。

4　东魏大都督善无贺拔仁攻魏南汾州,刺史韦子粲降之,丞相泰灭子粲之族。东魏大行台侯景等治兵于虎牢,将复河南诸州,魏梁迴、韦孝宽、赵继宗皆弃城西归。侯景攻广州,未拔,闻魏救兵将至,集诸将议之,行洛州事卢勇请进观形势。乃帅百骑至大隗山,遇魏师。日已暮,勇多置幡旗于树颠,夜,分骑为十队,鸣角直前,擒魏仪同三司程华,斩仪同三司王征蛮而还。广州守将骆超遂以城降东魏,丞相欢以勇行广州事。勇,辩之从弟也。于是南汾、颍、豫、广四州复入东魏。

5　初,柔然头兵可汗始得返国,事魏尽礼。及永安以后,雄据北方,礼渐骄倨,虽信使不绝,不复称臣。头兵尝至洛阳,

高祖武皇帝十四

梁武帝大同四年(戊午,公元538年)

1　春季,正月辛酉朔(初一),发生日食。

2　东魏的砀郡捕获到一头巨象,将它送往国都邺城。丁卯(初七),孝静帝下令大赦天下,并把年号改为元象。

3　二月己亥(初十),梁武帝在藉田耕作。

4　东魏善无籍的大都督贺拔仁攻打西魏南汾州,南汾州刺史韦子粲向贺拔仁投降,西魏丞相宇文泰闻讯后,屠杀了韦子粲家族的全体成员。东魏大行台侯景等人在虎牢整顿部队,准备收复黄河以南的各个州,看到势头不对,西魏的梁迥、韦孝宽、赵继宗都放弃他们所守的城跑回西部地区。侯景攻打广州,没有攻下来,他听说西魏的救兵将要赶到,就召集全体将领一道商议对策。兼管洛州事务的卢勇请求去前方观察形势,在征得侯景同意后,他便带领一百名骑兵来到大隗山,在这里,他们遇上了西魏的部队。当时已是黄昏时刻,卢勇叫人在树木的顶端插上许多旗帜,等到夜幕完全降临的时候,他把手下的骑兵分成十队,大家吹着号角直向前冲去,抓获了西魏的仪同三司程华,杀死了仪同三司王征蛮,然后返回。广州的守将骆超于是打开城门向东魏投降,东魏的丞相高欢下令让卢勇再兼管广州的事务。卢勇是卢辩的堂弟。从此,南汾、颍、豫、广这四个州重新划入东魏的版图。

5　当初,柔然国的头兵可汗刚被放回国的时候,对北魏毕恭毕敬,礼仪周全。然而,到了永安之后,头兵可汗在他所占据的北方开始称雄,于是对北魏渐渐地变得傲慢起来,虽然仍旧和北魏保持书信与使者来往,但是不再以臣下自称了。头兵可汗曾经到过洛阳,

心慕中国，乃置侍中、黄门等官。后得魏汝阳王典签淳于覃，亲宠任事，以为秘书监，使典文翰。及两魏分裂，头兵转不逊，数为边患。魏丞相泰以新都关中，方有事山东，欲结婚以抚之，以舍人元翌女为化政公主，妻头兵弟塔寒。又言于魏主，请废乙弗后，纳头兵之女。甲辰，以乙弗后为尼，使扶风王孚迎头兵女为后。头兵遂留东魏使者元整，不报其使。

6　三月辛酉，东魏丞相欢以沙苑之败，请解大丞相，诏许之。顷之，复故。

7　柔然送悼后于魏，车七百乘，马万匹，驼二千头。至黑盐池，遇魏所遣卤簿仪卫。柔然营幕，户席皆东向，扶风王孚请正南面，后曰："我未见魏主，固柔然女也。魏仗南面，我自东向。"丙子，立皇后郁久闾氏。丁丑，大赦。以王盟为司徒。丞相泰朝于长安，还屯华州。

8　夏，四月庚寅，东魏高欢朝于邺。壬辰，还晋阳。

9　五月甲戌，东魏遣兼散骑常侍郑伯猷来聘。

10　秋，七月，东魏荆州刺史王则寇淮南。

11　癸亥，诏以东冶徒李胤之得如来舍利，大赦。

12　东魏侯景、高敖曹等围魏独孤信于金墉，太师欢帅大军继之。景悉烧洛阳内外官寺民居，存者什二三。魏主将如洛阳拜园陵，会信等告急，遂与丞相泰俱东，命尚书左仆射周惠达辅太子钦守长安，开府仪同三司李弼、车骑大将军达奚武帅千骑为前驱。

心里仰慕中国,就按照北魏的官制设置了侍中、黄门等官职。后来他得到了北魏汝阳王的典签淳于覃,对其非常亲近宠信,十分重用,委任为秘书监,使其主管文书。北魏分裂成东魏、西魏之后,头兵可汗又由傲慢转化为放肆,多次在边境地区制造事端。西魏的丞相宇文泰考虑到刚在关中地区建立新都,同时正和东魏发生摩擦,就想用联姻的办法来安抚头兵可汗,请文帝将舍人元翌的女儿封为化政公主,让她嫁给头兵可汗的弟弟塔寒为妻。宇文泰又劝说文帝,请他废掉乙弗皇后,娶头兵可汗的女儿。甲辰(十五日),文帝叫乙弗皇后削发为尼,又派遣扶风王元孚去迎接头兵可汗的女儿来当西魏的新皇后。头兵可汗于是扣留了东魏的使者元整,不让他回国汇报。

6 三月辛酉(初二),东魏的丞相高欢由于沙苑战役失利,请求解除他的大丞相职务,孝静帝颁下诏书,表示同意。没过多久,高欢又重新担任大丞相。

7 柔然国将悼后送往西魏,陪嫁品有七百辆车、一万匹马、两千头骆驼。他们到达黑盐池的时候,遇上了西魏派来迎接新皇后的仪仗队与侍卫队。柔然人宿营时,门户与席子都朝向东方,扶风王元孚请他们朝向正南方,悼后说道:“我还没有见到魏主,依然算是柔然国的女子,你们魏国的仪仗队面向南方,我自己面向东方。”丙子(十七日),文帝正式册封郁久闾氏为皇后。丁丑(十八日),大赦天下。文帝又任用王盟为司徒。丞相宇文泰来到长安朝拜文帝之后,又返回华州屯兵。

8 夏季,四月庚寅(初二),东魏的高欢来到邺城朝拜孝静帝。壬辰(初四),高欢返回晋阳。

9 五月甲戌(十六日),东魏派遣兼散骑常侍郑伯猷出使梁朝。

10 秋季,七月,东魏荆州刺史王则侵犯淮河以南地区。

11 癸亥(初六),由于东冶的犯人李胤之得到了如来佛的舍利,梁武帝颁下诏书,大赦天下。

12 东魏的侯景、高敖曹等人在金墉包围了西魏的独孤信,太师高欢率领大军跟在后头。侯景放火焚烧了洛阳城内外所有的官衙与居民住宅,只有十分之二三的房子得以幸存。西魏的文帝正要去洛阳祭拜列祖列宗的园陵,刚好收到独孤信等人的告急文书,就和丞相宇文泰一道东行,命令尚书左仆射周惠达辅佐太子元钦守卫长安,又叫开府仪同三司李弼、车骑大将军达奚武率领一千名骑兵作为自己的先头部队。

八月庚寅，丞相泰至谷城，侯景等欲整陈以待其至，仪同三司太安莫多娄贷文请帅所部击其前锋，景等固止之。贷文勇而专，不受命，与可朱浑道元以千骑前进，夜，遇李弼、达奚武于孝水。弼命军士鼓噪，曳柴扬尘，贷文走，弼追斩之，道元单骑获免，悉俘其众送恒农。

泰进军瀍东，侯景等夜解围去。辛卯，泰帅轻骑追景至河上，景为陈，北据河桥，南属邙山，与泰合战。泰马中流矢惊逸，遂失所之。泰坠地，东魏兵追及之，左右皆散，都督李穆下马，以策扶泰背骂曰："笼东军士！尔曹王何在，而独留此？"追者不疑其贵人，舍之而过。穆以马授泰，与之俱逸。

魏兵复振，击东魏兵，大破之。东魏兵北走。京兆忠武公高敖曹，意轻泰，建旗盖以陵陈，魏人尽锐攻之，一军皆没，敖曹单骑走投河阳南城。守将北豫州刺史高永乐，欢之从祖兄子也，与敖曹有怨，闭门不受。敖曹仰呼求绳，不得，拔刀穿阖未彻而追兵至。敖曹伏桥下，追者见其从奴持金带，问敖曹所在，奴指示之。敖曹知不免，奋头曰："来！与汝开国公。"追者斩其首去。高欢闻之，如丧肝胆，杖高永乐二百，赠敖曹太师、大司马、太尉。泰赏杀敖曹者布绢万段，岁岁稍与之，比及周亡，犹未能足。魏又杀东魏西兖州刺史宋显等，虏甲士万五千人，赴河死者以万数。

八月庚寅(初三),西魏丞相宇文泰到达谷城,侯景等人准备排列好军阵等待宇文泰前来,太安籍的仪同三司莫多娄贷文请求带领自己的部属去袭击宇文泰的先遣部队,侯景等人坚决阻止了他。莫多娄贷文生性勇敢而执拗,不接受上司的命令,和可朱浑道元两人领着一千名骑兵向前方进发,夜间,他们在孝水遇见了李弼、达奚武。李弼命令士兵们擂鼓呐喊,在地上拖树枝扬灰尘,莫多娄贷文以为对方是大部队,转身逃跑,李弼追上去杀掉了他。可朱浑道元单人匹马逃了回去,手下的人都被俘虏,被送往恒农。

宇文泰进军瀍水东部地区,侯景等人闻讯后连夜解围撤走。辛卯(初四),宇文泰统率轻装骑兵追击侯景一直到了黄河边上,侯景布置了军阵,在北面占据了河桥,在南面连接邙山,与宇文泰交战。宇文泰的战马中了流箭,受惊了,于是胡乱地狂奔起来。宇文泰从马上跌了下来,东魏的士兵追到跟前,身边的人都逃散了。都督李穆见到这种情景,跳下马来,挥鞭抽打宇文泰的后背,骂道:"你这狼狈不堪的小兵,你们的头子在哪里,为什么你一个人待在这儿?"追赶的东魏兵也就没想到宇文泰是贵人,放弃了他从旁边过去。李穆将自己的马让宇文泰骑上,两人一起逃掉了。

西魏的部队重新振作之后,又向东魏的部队发起了攻击,后者遭到了惨败,将士们纷纷逃往北方。京兆忠武公高敖曹心里轻视宇文泰,他树起旗盖以显示军阵的威风,西魏的将士们都迅猛地攻过去,打得他全军覆没,高敖曹单人匹马逃奔河阳南城。该城的守将北豫州刺史高永乐,是高欢族兄的儿子,与高敖曹有怨仇,关紧城门不放高敖曹进去。高敖曹仰头大喊要求上面放一根绳子下来,见不被理睬,就拔出腰刀砍门,可是门还没有砍开,追兵就赶到了,高敖曹只好藏到桥的下面。追赶的西魏兵看见他的奴仆手里拿着一条金带,就问高敖曹的下落,奴仆指出了主人藏的地方。高敖曹知道自己已无法免除一死,便昂起脑袋对追兵说道:"来吧!送给你一个当开国公的机会。"追兵砍下他的脑袋离去了。高欢听到这个噩耗,好像丧失了肝胆一样,打了高永乐两百大棍,又追封高敖曹为太师、大司马、太尉。宇文泰奖赏杀高敖曹的人一万段布匹与绸缎,每年给他一部分,一直到北周灭亡的时候,还没有给足。西魏的部队又杀死了东魏西兖州的刺史宋显等人,俘虏士兵一万五千人,淹死在黄河里的东魏兵更是数以万计。

　　初，欢以万俟普尊老，特礼之，尝亲扶上马。其子洛免冠稽首曰："愿出死力以报深恩。"及邙山之战，诸军北渡桥，洛独勒兵不动，谓魏人曰："万俟受洛干在此，能来可来也！"魏人畏之而去，欢名其所营地为回洛。

　　是日，东、西魏置陈既大，首尾悬远，从旦至未，战数十合，氛雾四塞，莫能相知。魏独孤信、李远居右，赵贵、怡峰居左，战并不利。又未知魏主及丞相泰所在，皆弃其卒先归。开府仪同三司李虎、念贤等为后军，见信等退，即与俱去。泰由是烧营而归，留仪同三司长孙子彦守金墉。

　　王思政下马，举长矟左右横击，一举辄踣数人。陷陈既深，从者尽死，思政被重创，闷绝，会日暮，敌亦收兵。思政每战常著破衣弊甲，敌不知其将帅，故得免。帐下督雷五安于战处哭求思政，会其已苏，割衣裹创，扶思政上马，夜久，始得还营。

　　平东将军蔡祐下马步斗，左右劝乘马以备仓猝，祐怒曰："丞相爱我如子，今日岂惜生乎！"帅左右十馀人合声大呼，击东魏兵，杀伤甚众。东魏围之十馀重，祐弯弓持满，四面拒之。东魏人募厚甲长刀者直进取之，去祐可三十步，左右劝射之，祐曰："吾曹之命，在此一矢，岂可虚发！"将至十步，祐乃射之，应弦而倒，东魏兵稍却，祐徐引还。

当初,高欢因为万俟普爵位高年龄大,所以给予他特殊的礼遇,曾经亲自扶他上马。万俟普的儿子万俟洛摘下帽子向高欢叩头,表示:"我愿拼死来报答您的大恩大德。"在邙山战役中,其他部队都跨过河桥跑向北方,唯独万俟洛命令自己的部属停留在原地,他对西魏的将士喊道:"我万俟受洛干在此,你们能过来的就来吧!"西魏的将士都感到害怕,离开了。后来,高欢将万俟洛安营扎寨的地方命名为回洛。

这一天,东、西魏布置的军阵都非常庞大,头尾相距很远,从早晨到晚上,双方一共打了几十个回合,直打得烟雾尘土四处弥漫,相互都看不清楚。西魏的独孤信、李远处在右面,赵贵、怡峰处在左面,交战过程中都失利了。他们又不知道文帝与丞相宇文泰在哪里,于是都扔下了自己率领的士兵先跑回来了。开府仪同三司李虎、念贤等人属于后续部队,看到独孤信等人退却了,就和他们一道离开了战场。宇文泰因此只好烧掉营帐返回,留下仪同三司长孙子彦镇守金墉。

王思政跳下马来,举起长矛左右出击,一抬手就得倒下几个人。慢慢地,他陷入敌军的阵营已经很深,跟随着他的人都死光了,他自己也身受重伤,昏迷过去,此刻已临近夜晚,敌人也开始收兵了。王思政每次打仗都穿着破旧的衣袍与盔甲,敌人看不出他是将帅,因此他幸免于难。他的帐下督雷五安在战场上哭着寻找他,刚好他也已经苏醒过来,雷五安就从衣服上割下一块布,为他包扎好伤口,然后扶他上马,入夜很久了,他们才返回营地。

平东将军蔡祐跳下马徒步格斗,身边的下属都劝他再上马,以便遇上紧急情况时赶紧离开,蔡祐怒气冲冲地说:"宇文丞相就像爱他自己的儿子一样爱我,今天我怎么能在乎自己的性命!"说罢,他带着身边的十几个人齐声大喊着,向东魏的将士冲击,杀伤了许多人。东魏的部队把他们围了足足十几层,蔡祐拉弓搭箭,抵抗四面八方的敌人。东魏出重金悬赏身穿厚甲手持长刀的人一直向前猛冲,想要捉住他们,大约只有三十步远了,蔡祐身边的部属都劝他放箭,蔡祐回答说:"我们的性命,全在这一枝箭上头,绝对不能射不中!"直到敌人离他只有十步远的时候,蔡祐才将箭射出,随着弓弦一动,打头的东魏兵倒在地上,后面的人向后退了一些,蔡祐慢慢地带领自己的部下返回营地。

　　魏主至恒农，守将已弃城走，所虏降卒在恒农者相与闭门拒守，丞相泰攻拔之，诛其魁首数百人。

　　蔡祐追及泰于恒农，夜，见泰，泰曰："承先，尔来，吾无忧矣。"泰惊不得寝，枕祐股，然后安。祐每从泰战，常为士卒先，战还，诸将皆争功，祐终无所言。泰每叹曰："承先口不言勋，我当代其论叙。"泰留王思政镇恒农，除侍中、东道行台。

　　魏之东伐，关中留守兵少，前后所虏东魏士卒散在民间，闻魏兵败，谋作乱。李虎等至长安，计无所出，与太尉王盟、仆射周惠达等奉太子钦出屯渭北。百姓互相剽掠，关中大扰。于是沙苑所虏东魏都督赵青雀、雍州民于伏德等遂反，据长安子城，伏德保咸阳，与咸阳太守慕容思庆各收降卒以拒还兵。长安大城民相帅以拒青雀，日与之战，大都督侯莫陈顺击贼，屡破之，贼不敢出。顺，崇之兄也。

　　扶风公王罴镇河东，大开城门，悉召军士谓曰："今闻大军失利，青雀作乱，诸人莫有固志。王罴受委于此，以死报恩。有能同心者可共固守。必恐城陷，任自出城。"众感其言，皆无异志。

　　魏主留阌乡。丞相泰以士马疲弊，不可速进，且谓青雀等乌合，不能为患，曰："我至长安，以轻骑临之，必当面缚。"通直散骑常侍吴郡陆通谏曰："贼逆谋久定，必无迁善之心，

西魏的文帝来到恒农的时候，守将已经放弃该城逃跑了，城里原来被西魏俘虏的东魏兵一同关闭城门，进行抵抗，西魏丞相宇文泰攻下了该城，杀掉了几百名领头造反的人。

到处寻找宇文泰的蔡祐一直追到了恒农，在晚上终于见到宇文泰，宇文泰叫着蔡祐的表字说道："承先，你一来，我就没有什么可忧虑的了。"宇文泰由于受到惊吓无法入睡，枕了蔡祐的大腿之后才平静地入梦乡。蔡祐每次跟随宇文泰作战，总是身先士卒，打仗回来，其他将领都争着邀功请赏，而蔡祐不说一句表现自己的话。宇文泰常常感慨地说："承先嘴里不提自己的功劳，可我应当替他把一切谈明白。"宇文泰留下王思政镇守恒农，任命他为侍中、东道行台。

西魏这次东伐，在关中地区留守的兵员很少，前前后后俘虏的东魏士兵都被分散在民间，他们一听说西魏的部队遭到了失败，纷纷图谋作乱。李虎等人来到长安，想不出好的对策，便和太尉王盟、仆射周惠达等人侍奉太子元钦出城，到渭北地区驻防。百姓们相互剽窃掠夺，关中地区被惊扰得非常厉害。在沙苑战役中被俘虏的东魏都督赵青雀，雍州的百姓于伏德等人趁机造反，占据了长安所属的小城，于伏德又占有了咸阳，与咸阳太守慕容思庆各自召集东魏的降兵，以便抵抗从战场上返回的西魏将士。长安主城中的百姓互相组织起来，共同抵抗赵青雀，每天同他交战。大都督侯莫陈顺袭击了东魏的那些降兵，多次打败他们，吓得降兵们不敢出城。侯莫陈顺是侯莫陈崇的兄长。

镇守河东的扶风公王罴大开城门，叫来所有的将士，对他们说道："今天我听说咱们的大部队在前线失利，赵青雀在京城作乱，许多人已经丧失了信心。我王罴受委托守卫河东，决心以死来报答皇上与宇文丞相的恩德。你们中间能够跟我同心协力的可以和我一道坚守此城。实在害怕本城陷落的，可以随便出城。"大家都被他的话感动了，就一心与他守城。

西魏的文帝留在了阌乡。丞相宇文泰考虑到士兵与马匹都已疲惫不堪，不能快速前进，并且认为赵青雀等人不过是一群乌合之众，不会成为大的祸患，就说道："我到达长安，让轻装的骑兵直冲进去，赵青雀这些人一定会自缚而降。"吴郡籍的通直散骑常侍陆通劝告说："那些奸贼很久之前就已图谋叛乱，一定没有改恶从善的心思，

蜂虿有毒,安可轻也!且贼诈言东寇将至,今若以轻骑临之,百姓谓为信然,益当惊扰。今军虽疲弊,精锐尚多,以明公之威,总大军以临之,何忧不克!"泰从之,引兵西入。父老见泰至,莫不悲喜,士女相贺。华州刺史宇文导引兵入咸阳,斩思庆,禽伏德,南渡渭,与泰会,攻青雀,破之。太保梁景睿以疾留长安,与青雀通谋,泰杀之。

13　东魏太师欢自晋阳将七千骑至孟津,未济,闻魏师已遁,遂济河,遣别将追魏师至崤,不及而还。欢攻金墉,长孙子彦弃城走,焚城中室屋俱尽,欢毁金墉而还。

东魏之迁邺也,主客郎中裴让之留洛阳。独孤信之败也,让之弟诹之随丞相泰入关,为大行台仓曹郎中。欢因让之兄弟五人,让之曰:"昔诸葛亮兄弟,事吴、蜀各尽其心,况让之老母在此,不忠不孝,必不为也。明公推诚待物,物亦归心;若用猜忌,去霸业远矣。"欢皆释之。

九月,魏主入长安,丞相泰还屯华州。
14　东魏大都督贺拔仁击邢磨纳、卢仲礼等,平之。

卢景裕本儒生,太师欢释之,召馆于家,使教诸子。景裕讲论精微,难者或相诋诃,大声厉色,言至不逊,而景裕神采俨然,风调如一,从容往复,无际可寻。性清静,历官

蜂、蝎是有毒的,怎么可以轻视? 况且那些奸贼欺骗百姓,说东魏人将要到达,我们现在如果派轻装骑兵冲进城去,老百姓就会觉得情况真的像那些奸贼说的那样,于是就会更加惊慌不安。眼下我们的部队虽然已经疲劳,但是精锐兵马还比较多,凭着您的威望,带着大部队进长安城,哪里用得着忧虑打败不了敌人呢?"宇文泰听从了陆通的意见,指挥部队向西入城。城里的父老们看见宇文泰回来了,没有一个不是悲喜交加,大家都相互庆贺。华州刺史宇文导带领人马攻进咸阳,杀掉了慕容思庆,捉住了于伏德,又南渡渭河,与宇文泰汇合,然后向赵青雀发起了进攻,挫败了对方。西魏的太保梁景睿因病留在长安,与赵青雀一同密谋叛乱,宇文泰杀掉了他。

13 东魏的太师高欢带领七千名骑兵从晋阳赶到孟津,还没有开始渡黄河,就听说西魏的部队已经逃走,于是立即渡过黄河,又派遣其他将领追击西魏的兵马,一直追到崤县还没有赶上,这才返回。高欢向金墉发起了进攻,长孙子彦放弃该城逃跑了,临行前把城里的房屋烧得干干净净,高欢拆毁了金墉城之后回到东魏。

东魏将国都迁往邺城的时候,主客郎中裴让之留在了洛阳。独孤信在邙山之战中失败以后,裴让之的弟弟裴诹之跟随西魏的丞相宇文泰进入关中,被任命为大行台仓曹郎中。高欢囚禁了裴让之兄弟五人,裴让之对高欢说:"昔日诸葛亮兄弟二人,一个帮助吴国,一个为蜀国服务,各自都尽心尽力,何况我裴让之还有老母亲在这里,不忠不孝之事我是绝对不会干的。您要是诚心诚意地对待一个人,他自然也会把心交给您;如果您喜欢猜疑人,那么就很难建立起霸业。"高欢听罢,将裴让之兄弟都释放了。

九月,西魏的文帝返回长安,丞相宇文泰也回到华州屯兵。

14 东魏的大都督贺拔仁袭击并消灭了邢磨纳、卢仲礼等人的兵马。

卢景裕本是一位儒生,太师高欢释放他之后,把他叫到家里,让他开设书塾,教自己的几个儿子。卢景裕的讲解议论精辟入微,和他辩论的人有的诋毁呵斥他,大声嚷嚷,表情严厉,言语很不礼貌,但卢景裕依然神情庄严,风度不变,从容不迫地讲论,看不出一点情绪受到影响的痕迹。他生性喜欢清静,为官生涯中

屡有进退,无得失之色。弊衣粗食,恬然自安,终日端严,如对宾客。

15　冬,十月,魏归高敖曹、窦泰、莫多娄贷文之首于东魏。

16　散骑常侍刘孝仪等聘于东魏。

17　十二月,魏是云宝袭洛阳,东魏洛州刺史王元轨弃城走。都督赵刚袭广州,拔之。于是自襄、广以西城镇复为魏。

18　魏自正光以后,四方多事,民避赋役,多为僧尼,至二百万人,寺有三万馀区。至是,东魏始诏"牧守、令长,擅立寺者,计其功庸,以枉法论。"

19　初,魏伊川土豪李长寿为防蛮都督,积功至北华州刺史。孝武帝西迁,长寿帅其徒拒东魏,魏以长寿为广州刺史。侯景攻拔其壁,杀之。其子延孙复收集父兵以拒东魏,魏之贵臣广陵王欣、录尚书长孙稚等皆携家往依之,延孙资遣卫送,使达关中。东魏高欢患之,数遣兵攻延孙,不能克。魏以延孙为京南行台、节度河南诸军事、广州刺史。延孙以澄清伊、洛为己任,魏以延孙兵少,更以长寿之婿京兆韦法保为东洛州刺史,配兵数百以助之。法保名祐,以字行,既至,与延孙连兵置栅于伏流。独孤信之入洛阳也,欲缮修宫室,使外兵郎中天水权景宣帅徒兵三千出采运。会东魏兵至,河南皆叛,景宣间道西走,与李延孙相会,攻孔城,拔之,洛阳以南寻亦西附。

多次被提升或降职,可从来不表露出得意或失意的样子。他穿劣质的衣服,吃粗陋的食物,也恬淡安然,整天端庄严肃,好像老在面对宾客一样。

15　冬季,十月,西魏将高敖曹、窦泰、莫多娄贷文的头颅归还给东魏。

16　梁朝散骑常侍刘孝仪等人出使东魏。

17　十二月,西魏的是云宝向洛阳发起攻击,东魏洛州刺史王元轨丢弃该城逃跑了。都督赵刚袭击了广州并攻克了该城。于是,襄州、广州以西的城镇重新归属西魏。

18　北魏自从正光年间之后,四面八方经常发生各种事端,百姓为了躲避赋税与徭役,许多人出家当了和尚与尼姑,整个国家的出家人达到两百万,寺庙也足有三万多处。到此时,东魏颁下诏书宣布:“各位牧守、令长,凡是擅自建立寺庙的,根据所花费劳工的多少,以枉法论处。”

19　当初,西魏伊川当地豪强李长寿出任防蛮都督,后来积累了不少功劳,被提升为北华州刺史。孝武帝西迁的时候,李长寿率领手下抵抗东魏的部队,西魏又任命他为广州刺史。侯景攻克了他的营垒,杀掉了他。他的儿子李延孙重新召集起他父亲的人马,继续抗拒东魏,西魏显贵的大臣广陵王元欣、录尚书长孙稚等人都携带了家眷前去依靠他,李延孙送给他们钱财,又派了卫队护送,使他们安全到达关中。东魏的高欢对李延孙的存在感到忧虑,多次派遣部队攻打他,都没有取得成功。西魏任命李延孙为京南行台、节度河南诸军事、广州刺史。李延孙将平定伊、洛地区作为自己的责任,西魏朝廷认为他的兵力不足,又委派李长寿的女婿、京兆人韦法保任东洛州刺史,配置了数百名士兵来帮助李延孙。韦法保的本名叫韦祐,平时通用表字,他到达后,与李延孙的部队合到一块,在伏流城安营扎寨。独孤信进入洛阳的时候,曾经打算修缮已经荒废的宫殿,他派遣天水籍外兵郎中权景宣带领三千名步兵出去采伐树木,然后运入洛阳城。不久,东魏的部队赶到,河南各州郡都反叛了,权景宣抄小路向西逃跑,与李延孙会师,他们一同攻打并占领了孔城,洛阳以南的州郡也都连续不断地归附西魏。

丞相泰即留景宣守张白坞,节度东南诸军应关西者。是岁,延孙为其长史杨伯兰所杀,韦法保即引兵据延孙之栅。

东魏将段琛等据宜阳,遣阳州刺史牛道恒诱魏边民。魏南兖州刺史韦孝宽患之,乃诈为道恒与孝宽书,论归款之意,使谍人遗之于琛营,琛果疑道恒。孝宽乘其猜阻,出兵袭之,擒道恒及琛,崤、渑遂清。东道行台王思政以玉壁险要,请筑城自恒农徙镇之,诏加都督汾晋并州诸军事、并州刺史,行台如故。

20　东魏以高澄摄吏部尚书,始改崔亮年劳之制,铨擢贤能。又沙汰尚书郎,妙选人地以充之。凡才名之士,虽未荐擢,皆引致门下,与之游宴、讲论、赋诗,士大夫以是称之。

五年(己未,539)

1　春,正月乙卯,以尚书左仆射萧渊藻为中卫将军,丹杨尹何敬容为尚书令,吏部尚书张缵为仆射。缵,弘策之子也。自晋、宋以来,宰相皆以文义自逸,敬容独勤簿领,日旰不休,为时俗所嗤鄙。自徐勉、周舍既卒,当权要者,外朝则何敬容,内省则朱异。敬容质愨无文,以纲维为己任;异文华敏洽,曲营世誉:二人行异而俱得幸于上。异善伺候人主意为阿谀,用事三十年,广纳货赂,欺罔视听,远近莫不忿疾。园宅、玩好、饮膳、声色穷一时之盛。每休下,车马填门,唯王承、王稚及褚翔不往。承、稚,暕之子;翔,渊之曾孙也。

西魏丞相宇文泰随即留下权景宣镇守张白坞,让他统管东南地区的军队中响应关西的人马。这一年,李延孙被他手下的长史杨伯兰杀害,韦法保马上指挥部队占据了李延孙的营盘。

东魏将领段琛等人占据着宜阳,他们派遣阳州刺史牛道恒去引诱西魏边境地带的百姓。西魏南兖州刺史韦孝宽对此感到忧虑,就伪造了一封牛道恒给自己的信,其中谈到有归附西魏的意思,又派间谍故意将信遗留在段琛的营地,段琛果然对牛道恒产生了怀疑。韦孝宽趁他胡乱猜疑的时候,出兵袭击宜阳,活捉了牛道恒和段琛,于是崤山与渑水地区都得以平定。东道行台王思政认为玉壁地势险要,请求在那里修筑新城,并要求从恒农前去镇守,文帝颁下诏书,加封他为都督汾、晋、并州诸军事、并州刺史,原先担任的行台职务不变。

20　东魏委任高澄代理吏部尚书的职务,他开始改变崔亮制定的按待职年限提拔官员的制度,根据品德与才能提拔官职。又淘汰原有的尚书郎,精选出有才能的人来充当。凡是有才能与声望的人士,即使没有推荐提拔,他也都把他们吸引到自己的门下,与他们一道游玩饮酒,说古道今,写诗作赋,士族官员因此都称赞他。

梁武帝大同五年(己未,公元 539 年)

1　春季,正月乙卯(初一),梁武帝任命尚书左仆射萧渊藻为中卫将军,丹杨尹何敬容为尚书令,吏部尚书张缵为仆射。张缵是张弘策的儿子。从晋、宋以来,凡是担任宰相的,都以文章、义理而自娱,唯独何敬容勤勉于各种文书,日夜不停,受到习俗的嗤笑鄙视。自从徐勉、周舍逝世以后,掌握国家大权的,在三公、卿、监、尚书这些外朝官员中要算何敬容,在门下省里则是朱异。何敬容本性忠厚而缺少文才,以维护国家的法纪作为自己的责任;朱异文思敏捷,见多识广,善于用各种手段,博得世间的赞誉。他们两个人的品行不同,但是都得到梁武帝的宠信。朱异善于迎合皇帝的意思,进行阿谀奉承,在掌权的三十年里,广泛地收纳别人的贿赂,欺上瞒下,远近的人中没有一个不痛恨他的。他的园林住宅的气派、古玩珍宝的华贵、饮食的精致,还有音乐与妻妾的美丽动人,都代表着当时的最高水准。每到他从省中还家中休息的日子,前去拜会的各类车马多得把家门都堵塞住了,只有王承、王稚以及褚翔不去他那里。王承、王稚是王暕的儿子。褚翔是褚渊的曾孙子。

2　丁巳,御史中丞参礼仪事贺琛奏:"南、北二郊及藉田,往还并宜御辇,不复乘辂。"诏从之,祀宗庙仍乘玉辇。琛,玚之弟子也。

3　辛酉,东魏以尚书令孙腾为司徒。

4　辛未,上祀南郊。

5　魏丞相泰于行台置学,取丞郎、府佐德行明敏者充学生,悉令旦治公务,晚就讲习。

6　东魏丞相欢,以徐州刺史房谟、广平太守羊敦、广宗太守窦瑗、平原太守许惇有政绩清能,与诸刺史书,褒称谟等以劝之。

7　夏,五月甲戌,东魏立丞相欢女为皇后。乙亥,大赦。

8　魏以开府仪同三司李弼为司空。秋,七月,以扶风王孚为太尉。

9　九月甲子,东魏发畿内十万人城邺,四十日罢。冬,十月癸亥,以新宫成,大赦,改元兴和。

10　魏置纸笔于阳武门外以求得失。

11　十一月乙亥,东魏使散骑常侍王元景、魏收来聘。

12　东魏人以《正光历》浸差,命校书郎李业兴更加修正,以甲子为元,号曰《兴光历》,既成,行之。

13　散骑常侍朱异奏:"顷来置州稍广,而小大不伦,请分为五品,其位秩高卑,参僚多少,皆以是为差。"诏从之。于是上品二十州,次品十州,次品八州,次品二十三州,下品二十一州。时上方事征伐,恢拓境宇,北逾淮、汝,东距彭城,

2　丁巳(初三),梁朝御史中丞参礼仪事贺琛向梁武帝递上奏折,建议:"皇上往返南郊、北郊以及去藉田举行耕种仪式时,应该都乘坐御辇而不应乘坐马车。"梁武帝同意了,去祭祀宗庙时仍旧乘坐玉辇。贺琛是贺玚的侄子。

3　辛酉(初七),东魏任命尚书令孙腾为司徒。

4　辛未(十七日),梁武帝在南郊举行祭祀典礼。

5　西魏丞相宇文泰在行台设置了学堂,选拔丞郎、府佐中品德出众,心思灵敏的人充当学生,命令他们全都在白天处理公务,晚上去学堂上课学习。

6　东魏丞相高欢认为徐州刺史房谟、广平太守羊敦、广宗太守窦瑗、平原太守许惇政绩显著,廉洁而有能力,特地向各州刺史去信,表扬了房谟等人,以便激励他们。

7　夏季,五月甲戌(二十二日),东魏孝静帝策立丞相高欢的女儿为皇后。乙亥(二十三日),大赦天下。

8　西魏任用仪同三司李弼为司空。秋季,七月,又任用扶风王元孚为太尉。

9　九月甲子(十四日),东魏征调了京畿内十万人修筑邺城,四十天即完工。冬季,十月癸亥,由于新的宫殿建成,孝静帝下令大赦天下,并改年号为兴和。

10　西魏在阳武门外放置了纸与笔,让人们评论朝廷政治之得失。

11　十一月乙亥(二十六日),东魏派遣散骑常侍王元景、魏收出使梁朝。

12　东魏由于所采用的《正光历》渐渐出现了误差,就让校书郎李业兴进一步加以修正,新历以甲子为元,命名为《兴光历》,制成之后,就开始实行了。

13　梁朝散骑常侍朱异向梁武帝呈上奏折,说道:"近来,州的建置稍微多了一些,而且还不分大小,现在请求皇上把各州分为五个等级,州长官地位俸禄的高低,参佐幕僚人数的多少,都根据各州的等级形成差别。"梁武帝颁下诏书,表示同意。于是全国的各个州区分成:第一等级二十个,第二等级十个,第三等级八个,第四等级二十三个,第五等级二十一个。此时,梁武帝正在进行征战讨伐,收复失土,拓展国境,在北方越过了淮、汝地区,在东方到达彭城,

西开牂柯,南平俚洞,纷纭甚众,故异请分之。其下品皆异国之人,徒有州名而无土地,或因荒徼之民所居村落置州及郡县,刺史守令皆用彼人为之,尚书不能悉领,山川险远,职贡罕通。五品之外,又有二十馀州不知处所。凡一百七州。又以边境镇戍,虽领民不多,欲重其将帅,皆建为郡,或一人领二三郡太守,州郡虽多而户口日耗矣。

14　魏自西迁以来,礼乐散逸,丞相泰命左仆射周惠达、吏部郎中北海唐瑾损益旧章,至是稍备。

六年(庚申,540)

1　春,正月壬申,东魏以广平公库狄干为太保。

2　丁丑,东魏主入新宫,大赦。

3　魏扶风王孚卒。

4　二月己亥,上耕藉田。

5　魏铸五铢钱。

6　东魏大行台侯景出三鸦,将复荆州。魏丞相泰遣李弼、独孤信各将五千骑出武关,景乃还。

7　魏文后既为尼,居别宫,悼后犹忌之,乃以其子武都王戊为泰州刺史,使文后随之官。魏主虽限以大计,而恩好不忘,密令养发,有追还之意。会柔然举国渡河南侵,时颇有言柔然以悼后故兴师者,帝曰:"岂有兴百万之众为一女子邪!虽然,致人此言,朕亦何颜以见将帅!"乃遣中常侍曹宠赍手敕赐文后自尽。

在西方开发了牂柯,在南方平定了俚洞,各方面的争端很多,所以朱异请求区分各州的等级。第五等州都还为他国所占有,所以空有州名而没有土地,也有的在僻远蛮荒之地根据百姓所居住的村落设置州以及郡、县,刺史、郡守、县令都让当地的土人担任,尚书无法统管起来,由于山川险峻遥远,赋税贡品很难送到朝廷。在五个等级以外,还有二十个州不知道设在什么地方。梁朝共有一百零七个州。又因为在边境地区驻兵守卫,虽然管理的百姓数量不多,但是为了显示对这些地方的将帅的重视,就把不该建立郡的地方都建成郡,官员中有的一个人就担任两三个郡的太守,州郡虽然多,可是百姓的户口却日益减少了。

14　魏国自从迁到西边成为西魏以来,典礼乐章都散失了,丞相宇文泰便命令左仆射周惠达、北海籍的吏部郎中唐瑾对旧的章程进行增减加工,到现时稍为具备。

梁武帝大同六年(庚申,公元 540 年)

1　春季,正月壬申(二十三日),东魏任命广平公库狄干为太保。

2　丁丑(二十八日),东魏孝静帝迁入新的皇宫,大赦天下。

3　西魏扶风王元孚去世。

4　二月己亥(二十一日),梁武帝来到藉田举行耕种仪式。

5　西魏铸造五铢钱。

6　东魏大行台侯景从三鵶出发,准备收复荆州。西魏丞相宇文泰派遣李弼、独孤信各自率领五千名骑兵驰出武关增援,侯景这才返回。

7　西魏文后做了尼姑之后,居住在别宫之中,但悼后还妒忌她,于是朝廷就任用文后的儿子武都王元戊为秦州刺史,让她跟随儿子,到任职的地方去。文帝虽然为了国家大计,废文后而立悼后,但是并没有忘记文后对自己的恩情好处,他悄悄地叫文后留长头发,表现出要把她接回来的意思。此时刚好遇到柔然倾全国的兵力渡过黄河,而向南侵犯,当时不少人都说柔然人是因为悼后的缘故才兴师动众的,文帝听了说道:"哪有为了一个女子而征发百万人的事情呢? 虽然如此,可是让人说出这样的话,我还有什么面目见将帅?"于是,他就派遣中常侍曹宠将他亲手写的诏书送给文后,叫她自尽。

文后泣谓宠曰："愿至尊千万岁,天下康宁,死无恨也!"遂自杀。凿麦积崖而葬之,号曰寂陵。

夏,丞相泰召诸军屯沙苑以备柔然。右仆射周惠达发士马守京城,堑诸街巷,召雍州刺史王罴议之,罴不应召,谓使者曰："若蠕蠕至渭北者,王罴自帅乡里破之,不烦国家兵马,何为天子城中作如此惊扰!由周家小儿恇怯致此。"柔然至夏州而退。未几,悼后遇疾殂。

8 五月乙酉,魏行台宫延和、陕州刺史宫延庆降于东魏,东魏以河北马场为义州以处之。

9 东魏阳州武公高永乐卒。

10 闰月丁丑朔,日有食之。

11 己丑,东魏封皇兄景植为宜阳王,皇弟威为清河王,谦为颍川王。

12 六月壬子,东魏华山王鸷卒。

13 秋,七月丁亥,东魏使兼散骑常侍李象等来聘。

14 八月戊午,大赦。

15 九月戊戌,司空袁昂卒,遗疏不受赠谥,敕诸子勿上行状及立铭志。上不许,赠本官,谥穆正公。

16 冬,十一月,魏太师念贤卒。

17 吐谷浑自莫折念生之乱,不通于魏。伏连筹卒,子夸吕立,始称可汗,居伏俟城。其地东西三千里,南北千馀里,官有王、公、仆射、尚书、郎中、将军之号。是岁,始遣使假道柔然,聘于东魏。

七年(辛酉,541)

1 春,正月辛巳,上祀南郊,大赦。辛丑,祀明堂。

文后哭着对曹宓说道:"愿皇上活千万岁,天下得以平安,如果这一切都能实现,我死了也没有什么怨恨。"于是便自杀了。文帝叫人在麦积崖上凿一个墓穴,将她埋葬了,并命名为寂陵。

夏季,西魏丞相宇文泰召集各路大军到沙苑驻守,防备柔然人入侵。右仆射周惠达征调兵马守卫京城,他在大街小巷挖掘壕沟陷阱,又叫雍州刺史王罴到长安商议对策,王罴没有服从命令,对使者说道:"如果柔然人真的攻到渭河北面的话,我王罴自然会率领乡里的父老兄弟去打败他们,不用麻烦国家的兵马,为什么要使京城人心惶惶?这完全是因为姓周的小子怯懦才造成这样的局面。"柔然到达夏州之后开始后退。没有多久,悼后生病逝世了。

8 五月乙酉,西魏行台宫延河、陕州刺史宫延庆向东魏投降,东魏在黄河之北的马场建立了义州,派他们二人掌管。

9 东魏的阳州武公高永乐逝世。

10 闰月丁丑朔(初一),发生日食。

11 己丑(十三日),东魏的孝静帝封他的哥哥元景植为宜阳王,弟弟元威为清河王,元谦为颍川王。

12 六月壬子(初六),东魏的华山王元鸷逝世。

13 秋季,七月丁亥(十二日),东魏派遣兼散骑常侍李象等人出使梁朝。

14 八月戊午(十三日),梁朝大赦天下。

15 九月戊戌(二十四日),梁朝司空袁昂去世,他留下一份呈给梁武帝的奏折,里面表示死后不接受任何赠谥,他还告诫几个儿子不要向朝廷递交叙述他的生平和请求赠谥的材料,也不要立铭树碑。梁武帝没有允许,还是追赠他原来担任的职务,谥为穆正公。

16 冬季,十一月,西魏的太师念贤去世。

17 吐谷浑自从莫折念生发动叛乱以来,不再与魏国进行联系。伏连筹逝世之后,他的儿子夸吕继承了他的位置,开始自称可汗,居住在伏俟城。该国的土地从东到西有三千里,从南到北有一千多里,官职中有王、公、仆射、尚书、郎中、将军等。这一年,他们才派遣使者借道柔然,到东魏访问。

梁武帝大同七年(辛酉,公元541年)

1 春季,正月辛巳,梁武帝在南郊举行祭祀典礼,大赦天下。辛丑(二十九日),在明堂举行祭祀典礼。

2　宕昌王梁弥定为其下所杀,弟弥定立。二月乙巳,以弥定为河梁二州刺史、宕昌王。

3　辛亥,上耕藉田。

4　魏幽州刺史顺阳王仲景坐事赐死。

5　三月,魏夏州刺史刘平伏据上郡反,大都督于谨讨禽之。

6　夏,五月,遣兼散骑常侍明少遐等聘于东魏。

7　秋,七月己卯,东魏宜阳王景植卒。

8　魏以侍中宇文测为大都督、行汾州事。测,深之兄也,为政简惠,得士民心。地接东魏,东魏人数来寇抄,测擒获之,命解缚,引与相见,为设酒肴,待以客礼,并给粮饩,卫送出境。东魏人大惭,不复为寇,汾、晋之间遂通庆吊,时论称之。或告测交通境外者,丞相泰怒曰:"测为我安边,我知其志,何得间我骨肉!"命斩之。

9　魏丞相泰欲革易时政,为强国富民之法,大行台度支尚书兼司农卿苏绰尽其智能,赞成其事,减官员,置二长,并置屯田以资军国。又为六条诏书,九月,始奏行之:一曰清心,二曰敦教化,三曰尽地利,四曰擢贤良,五曰恤狱讼,六曰均赋役。泰甚重之,尝置诸坐右,又令百司习诵之,其牧守令长非通六条及计帐,不得居官。

2 梁朝的宕昌王梁仚定被他的下属杀死,他的弟弟梁弥定继承了他的位置。二月乙巳(初三),梁武帝任命梁弥定为河、梁二州的刺史,并封他为宕昌王。

3 辛亥(初九),梁武帝来到藉田耕作。

4 西魏的幽州刺史顺阳王元仲景犯罪被文帝命令自杀。

5 三月,西魏的夏州刺史刘平伏占据了上郡,在那里发动叛乱,大都督于谨前去讨伐,捉住了他。

6 夏季,五月,梁武帝派遣兼散骑常侍明少遐等人出使东魏。

7 秋季,七月己卯(初九),东魏的宜阳王元景植去世。

8 西魏委派侍中宇文测出任大都督,兼管汾州的事务。宇文测是宇文深的兄长,他处理政务时简明仁慈,受到百姓的拥戴。他管辖的地域与东魏相连,东魏人多次前来掠夺,宇文测抓住了他们之后,叫人给他们松绑,带他们来和自己见面,专门安排了美酒佳肴,像招待客人一样招待他们,还给他们粮食,派人护送他们出境。东魏人觉得非常惭愧,不再与宇文测为敌,汾州与晋州两方各自遇上喜事或丧事时,还相互派人前去祝贺或凭吊,当时的舆论给予了好评。有人控告宇文测交结联系国境以外的人,西魏丞相宇文泰听了愤怒地说:"宇文测替我安定边境地区,我了解他的心思,你怎么能够离间我们骨肉兄弟?"他下令杀掉了控告者。

9 西魏丞相宇文泰想要改革当时的政治,采取有利于国家强盛、人民富裕的制度,大行台度支尚书兼司农卿苏绰想尽一切办法,使出浑身解数支持这件事,裁减了多余的官员,设置了两个令长,并且实行屯田,以便增加军用开支。苏绰又撰写了六条诏书,在九月份经文帝同意后开始付诸实施,内容是:第一,纯洁心灵;第二,整顿政教风化;第三,发挥土地资源效用;第四,提拔品德高尚的人才;第五,慎重对待刑案诉讼方面的事情;第六,公平地收纳赋税,指派劳役。宇文泰对这六条诏书非常重视,曾经专门摆在自己座位的右边,又命令各个部门的官员学习背诵,并规定凡是担任牧守令长的,如果不熟悉这六条和计账,不能再担任这些官职。

10　东魏诏群官于麟趾阁议定法制,谓之《麟趾格》,冬,十月甲寅,颁行之。

11　乙巳,东魏发夫五万筑漳滨堰,三十五日罢。

12　十一月丙戌,东魏以彭城王韶为太尉,度支尚书胡僧敬为司空。僧敬名虔,以字行,国珍之兄孙,东魏主之舅也。

13　十二月,东魏遣兼散骑常侍李骞来聘。

14　交趾李贲世为豪右,仕不得志。同郡有并韶者,富于词藻,诣选求官,吏部尚书蔡撙以并姓无前贤,除广阳门郎;韶耻之。贲与韶还乡里,会交州刺史武林侯谘以刻暴失众心,时贲监德州,因连结数州豪杰俱反。谘输贿于贲,奔还广州。上遣谘与高州刺史孙冏、新州刺史卢子雄将兵击之。谘,恢之子也。

15　是岁,魏又益新制十二条。

16　东魏丞相欢以诸州调绢不依旧式,民甚苦之,奏令悉以四十尺为匹。

魏自丧乱以来,农商失业,六镇之民相帅内徙,就食齐、晋,欢因之以成霸业。东西分裂,连年战争,河南州郡鞠为茂草,公私困竭,民多饿死。欢命诸州滨河及津、梁皆置仓积谷以相转漕,供军旅,备饥馑,又于幽、瀛、沧、青四州傍海煮盐,军国之费,粗得周赡。至是,东方连岁大稔,谷斛至九钱,山东之民稍复苏息矣。

10 东魏的孝静帝颁下诏书,叫文武百官在麟趾阁商议制定法律制度,命名为《麟趾格》,冬季,十月甲寅(十六日),新法开始颁布实行。

11 乙巳,东魏征调五万名民工修筑漳滨堰,三十五天即完工。

12 十一月丙戌(十八日),东魏任命彭城王元韶为太尉,度支尚书胡僧敬为司空。胡僧敬本名叫胡虔,平时一般使用他的表字,他是胡国珍的兄长的孙子,孝静帝的舅舅。

13 十二月,东魏派遣兼散骑常侍李骞出使梁朝。

14 梁朝交趾人李贲一家世世代代都是豪门大族,他本人在仕途上一直不大得志。有位与他同郡的人叫作并韶,擅长赋诗作文,为了求得官职,特意到建康接受朝廷的选拔,吏部尚书蔡撙认为姓并的以前从未出过有名望的人,就授予他广阳门郎这样小小的官职,并韶对此感到耻辱。李贲与并韶返回家乡时,正赶上交州刺史、武林侯萧谘由于苛刻残暴而失去民心,当时李贲正在执行监察德州的任务,他就联合了几个州的豪杰一起造反。萧谘送给李贲财物之后,跑回了广州。梁武帝派遣萧谘与高州刺史孙同、新州刺史卢子雄一同率领部队攻打李贲。萧谘是鄱阳王萧恢的儿子。

15 这一年,西魏又增加了十二条新的制度。

16 东魏丞相高欢发现各个州征收用作赋税的绢时,都不按照原来的规定办事,老百姓为此吃了许多苦头,就上书请求孝静帝颁布命令,规定一律以四十尺为一匹。

北魏从孝昌年间国内发生动乱以后,农民、商人失业,六镇的百姓相继向内地迁移,到齐、晋之地寻求生路,高欢因此成就了霸业。北魏分裂成东魏、西魏之后,连年爆发战争,在黄河以南的各个州郡,全都变为一片荒芜,公家和个人都贫困不堪,许多老百姓都饿死了。高欢命令各州在河岸以及有渡口和桥梁的地方,都设置仓库储存粮食,然后通过水道转运,供应部队,防备应付饥荒,又在幽、瀛、沧、青四个州的海边煮盐,由于采取了这些措施,军事国政方面的开支,大致能够周转开了。到现时,东部地区的庄稼连年好收成,一斛谷子的价格降到了九个钱,东方的百姓在经历了长时间的困顿之后能够稍稍地休养生息了。

17 东魏尚书令高澄尚静帝妹冯翊长公主,生子孝琬,朝贵贺之,澄曰:"此至尊之甥,先贺至尊。"三日,帝幸其第,赐锦彩布绢万匹。于是诸贵竞致礼遗,货满十室。

18 东魏临淮王孝友表曰:"令制百家为族,二十五家为闾,五家为比。百家之内有帅二十五,征发皆免,苦乐不均,羊少狼多,复有蚕食,此之为弊久矣。京邑诸坊,或七八百家唯一里正、二史,庶事无阙,而况外州乎!请依旧置三正之名不改,而每闾止为二比,计族省十一丁,赍绢、番兵,所益甚多。"事下尚书,寝不行。

19 安成望族刘敬躬以妖术惑众,人多信之。

八年(壬戌,542)

1 春,正月,敬躬据郡反,改元永汉,署官属,进攻庐陵,逼豫章。南方久不习兵,人情扰骇,豫章内史张绾募兵以拒之。绾,缵之弟也。二月戊戌,江州刺史湘东王绎遣司马王僧辩、中兵曹子郢讨敬躬,受绾节度。二月戊辰,擒敬躬,送建康,斩之。僧辩,神念之子也,该博辩捷,器宇肃然,虽射不穿札,而志气高远。

2 魏初置六军。

3 夏,四月丙寅,东魏使兼散骑常侍李绘来聘。绘,元忠之从子也。

4 东魏丞相欢朝于邺。司徒孙腾坐事免。乙酉,以彭城王韶录尚书事,侍中广阳王湛为太尉,尚书右仆射高隆之为司徒。

17 东魏的尚书令高澄与孝静帝的妹妹冯翊长公主结婚,生了一个儿子叫高孝琬,朝中的显贵们纷纷向他祝贺,高澄回答说:"这孩子是皇上外甥,应该先向皇上祝贺。"三天之后,孝静帝来到高澄的家中,赠送给他一万匹绣锦上彩的绢布。于是显贵们竞相前来赠送礼品,货物整整堆满了十个房间。

18 东魏的临淮王元孝友上书给孝静帝说:"规定以一百户人家为一族,二十五户人家为一闾,五家为一比。一百户人家里有族帅、闾帅、比帅共二十五人,都免除了兵役、劳役,他们与普通百姓相比苦乐不均,在这种羊少狼多的情况下,又有互相蚕食的现象,这一制度造成危害已经很久了。京城的各个街道里,有的是七八百户人家才有一个里正、两个史,而许多事都做得不错,何况京城外的各个州呢?请求照旧设置三正,名称不做改动。每个闾只设两个比,算起来一个族就减少十一丁,这样可以增加许多税帛和兵役。"孝静帝将此事交给尚书办理,但是没有得到实行。

19 出身于安成名门望族的刘敬躬用妖术迷惑众人,许多人都相信他的花招。

梁武帝大同八年(壬戌,公元542年)

1 春季,正月,刘敬躬占据了安成郡发动叛乱,将年号改为永汉,任命了大小官员,又带兵攻打庐陵,随后逼近豫章。南方地区已经很长时间没有练兵,人心惶惶,无法安宁,豫章内史张绾招募士兵进行抵抗。张绾是张缵的弟弟。二月戊戌(初二),江州刺史、湘东王萧绎派遣司马王僧辩、中兵曹子郢讨伐刘敬躬,接受张绾的指挥。二月戊辰,他们活捉了刘敬躬,把他押送到建康处死了。王僧辩是王神念的儿子,他学问渊博,辩才明捷,器宇肃然,虽然射不穿札,在武力方面不行,但是志气高远,超群出众。

2 西魏开始设置六军。

3 夏季,四月丙寅,东魏派遣兼散骑常侍李绘出使梁朝。李绘是李元忠的侄子。

4 东魏丞相高欢到国都邺城朝拜孝静帝。司徒孙腾正好工作失误被免去了职务。乙酉,孝静帝任命彭城王元韶为录尚书事,任命侍中、广阳王元湛为太尉,尚书右仆射高隆之为司徒。

初,太尉尉景与丞相欢同归尔朱荣,其妻,欢之姊也,自恃勋戚,贪纵不法,为有司所劾,系狱。欢三诣阙泣请,乃得免死,丁亥,降为骠骑大将军、开府仪同三司。欢往造之,景卧不起,大叫曰:"杀我时趣邪!"欢抚而拜谢之。辛卯,以库狄干为太傅,以领军将军娄昭为大司马,封祖裔为尚书右仆射。六月甲辰,欢还晋阳。

5　八月庚戌,东魏以开府仪同三司、吏部尚书侯景为兼尚书仆射、河南道大行台,随机防讨。

6　魏以王盟为太保。

7　东魏丞相欢击魏,入自汾、绛,连营四十里,丞相泰使王思政守玉壁以断其道。欢以书招思政曰:"若降,当授以并州。"思政复书曰:"可朱浑道元降,何以不得?"冬,十月己亥,欢围玉壁,凡九日,遇大雪,士卒饥冻,多死者,遂解围去。魏遣太子钦镇蒲坂。丞相泰出军蒲坂,至皂荚,闻欢退渡汾,追之,不及。十一月,东魏以可朱浑道元为并州刺史。

8　十二月,魏主狩于华阴,大享将士,丞相泰帅诸将朝之。起万寿殿于沙苑北。

9　辛亥,东魏遣兼散骑常侍杨斐来聘。

10　孙冏、卢子雄讨李贲,以春瘴方起,请待至秋。广州刺史新渝侯映不许,武林侯谘又趣之。冏等至合浦,死者什六七,众溃而归。映,憺之子也。武林侯谘奏冏及子雄与贼交通,

当初,太尉尉景曾经与丞相高欢一同投靠尔朱荣,他的妻子就是高欢的姐姐,尉景依仗自己是国家元勋的亲戚,贪婪放纵,不守法纪,被有司弹劾,关进了监狱。高欢连续三次来到宫中哭着向皇帝求情,尉景才得以免除一死。丁亥,他被降为骠骑大将军、开府仪同三司。高欢来到尉景家中,他正卧床不起,大声喊叫:"杀我的时候快要到了呀!"高欢安慰和拜谢了他。辛卯,孝静帝任命库狄干为太傅,任命领军将军娄昭为大司马,封祖裔为尚书右仆射。六月甲辰(初十),高欢返回晋阳。

5 八月庚戌(十六日),东魏任命开府仪同三司、吏部尚书侯景为兼尚书仆射、河南道大行台,授权让他根据情况自行决定防守或讨伐。

6 西魏任命王盟为太保。

7 东魏丞相高欢带兵攻打西魏,从汾、绛进入西魏的土地,营垒连结起来长达四十里,西魏丞相宇文泰命令王思政守卫玉壁,以便切断高欢的道路。高欢写信给王思政,要招降他,说:"你如果愿意投降的话,我就让你掌管并州。"王思政回信问道:"可朱浑道元已经向你投降,可他为什么没有得到并州呢?"冬季,十月己亥(初六),高欢指挥部队包围了玉壁,一共持续了九天,遇上天降大雪,士兵们饥寒交迫,死了许多,于是东魏的部队解除包围撤退了。西魏派皇太子元钦镇守蒲坂。丞相宇文泰带领部队赶往蒲坂,到达皂荚的时候,听说高欢已经撤退,正在渡汾河,就下令追赶,结果没有赶上。十一月,东魏任命可朱浑道元为并州刺史。

8 十二月,西魏的文帝在华阴狩猎,安排盛大的酒宴招待将士,丞相宇文泰率领各位将领向文帝朝拜。在沙苑北部盖起了一座万寿殿。

9 辛亥(十九日),东魏派遣兼散骑常侍杨斐出使梁朝。

10 梁朝的孙同、卢子雄讨伐李贲,由于时值春天,瘴气正在弥漫,所以他们请求等到秋季再进军。广州刺史、新渝侯萧映不予同意,武林侯萧谘又催促出征。孙同等人到达合浦时,因为瘴气的侵害,死亡的已经有十分之六七了,部队溃散,只好返回。萧映是萧憺的儿子。武林侯萧谘上书梁武帝,说孙同与卢子雄跟反贼勾结,

逗留不进，敕于广州赐死。子雄弟子略、子烈、主帅广陵杜天合及弟僧明、新安周文育等帅子雄之众攻广州，欲杀映、谘，为子雄复冤。西江督护、高要太守吴兴陈霸先帅精甲三千救之，大破子略等，杀天合，擒僧明、文育。霸先以僧明、文育骁勇过人，释之，以为主帅。诏以霸先为直阁将军。

11　魏丞相泰妻冯翊公主生子觉。

12　东魏以光州刺史李元忠为侍中。元忠虽处要任，不以物务干怀，唯饮酒自娱。丞相欢欲用为仆射，世子澄言其放达常醉，不可委以台阁。其子搔闻之，请节酒，元忠曰："我言作仆射不胜饮酒乐，尔爱仆射，宜勿饮酒。"

九年（癸亥，543）

1　春，正月壬戌，东魏大赦，改元武定。

2　东魏御史中尉高仲密取吏部郎崔暹之妹，既而弃之，由是与暹有隙。仲密选用御史，多其亲戚乡党，高澄奏令改选。暹方为澄所宠任，仲密疑其构己，愈恨之。仲密后妻李氏艳而慧，澄见而悦之，李氏不从，衣服皆裂，以告仲密，仲密益怨。寻出为北豫州刺史，阴谋外叛。丞相欢疑之，遣镇城奚寿兴典军事，仲密但知民务。仲密置酒延寿兴，伏壮士，执之。二月壬申，以虎牢叛，降魏。魏以仲密为侍中、司徒。

逗留在原地不进军,梁武帝下令叫孙同、卢子雄在广州自杀。卢子雄的弟弟卢子略、卢子烈,广陵籍的主帅杜天合以及他的弟弟杜僧明,还有新安籍的周文育等人率领卢子雄的兵马攻打广州,想杀死萧映、萧谘,为卢子雄报仇。西江督护、高要太守吴兴人陈霸先率领三千精锐士兵前来营救,大败卢子略等人,杀掉了杜天合,活捉了杜僧明、周文育。陈霸先因为杜僧明、周文育骁勇过人,就释放了他们,让他们担任主帅。梁武帝颁下诏书,任命陈霸先为直阁将军。

11　西魏丞相宇文泰的妻子冯翊公主生下了儿子宇文觉。

12　东魏任命光州刺史李元忠为侍中。李元忠虽然担任着显要的官职,但是并不让各类事务干扰自己的心怀,成天以喝酒自娱。丞相高欢想任用李元忠为仆射,他的嫡长子高澄说李元忠行为放纵,常常喝得酩酊大醉,不可以让他入尚书台辅佐皇帝。李元忠的儿子李搔听到这话以后,请求父亲节制喝酒的嗜好,李元忠回答说:"对我来说,当一个仆射可没有喝酒快活,你喜欢仆射这种职位的话,就应该不喝酒。"

梁武帝大同九年(癸亥,公元543年)

1　春季,正月壬戌(初一),东魏大赦天下,改年号为"武定"。

2　东魏的御史中尉高仲密娶了吏部郎崔暹的妹妹做妻子,不久之后又将她遗弃了,所以高仲密与崔暹之间产生了矛盾。高仲密选用的御史,许多是他的亲戚同乡,高澄将这一情况报告给孝静帝,孝静帝下令另外再挑选御史。此时崔暹正受到高澄的宠信,高仲密怀疑是他在罗织陷害自己,对他更加痛恨。高仲密后来的妻子李氏美丽而又聪慧,高澄见了不禁喜上心头,想同她亲热,李氏没有答应,在挣扎过程中衣服都被撕破了,她将这一切都对高仲密说了,高仲密心头的怨恨又深了一层。很快他离开京城担任了北豫州刺史,暗中准备叛离。丞相高欢对他产生了怀疑,派遣防城都督奚寿兴去主管北豫州的军事,高仲密只能负责一些民政事务。高仲密安排酒宴与奚寿兴一同喝酒,暗中埋伏了精壮的武士,活捉了奚寿兴。二月壬申(十二日),高仲密占领虎牢进行反叛,投降了西魏。西魏任命高仲密为侍中、司徒。

欢以仲密之叛由崔暹,将杀之,高澄匿暹,为之固请,欢曰:"我丐其命,须与苦手。"澄乃出暹,而谓大行台都官郎陈元康曰:"卿使崔暹得杖,勿复相见。"元康为之言于欢曰:"大王方以天下付大将军,大将军有一崔暹不能免其杖,父子尚尔,况于他人!"欢乃释之。

高季式在永安戍,仲密遣信报之。季式走告欢,欢待之如旧。

魏丞相泰帅诸军以应仲密,以太子少傅李远为前驱,至洛阳,遣开府仪同三司于谨攻柏谷,拔之。三月壬申,围河桥南城。

东魏丞相欢将兵十万至河北,泰退军瀍上,纵火船于上流以烧河桥。斛律金使行台郎中张亮以小艇百馀载长锁,伺火船将至,以钉钉之,引锁向岸,桥遂获全。

欢渡河,据邙山为陈,不进者数日。泰留辎重于瀍曲,夜,登邙山以袭欢。候骑白欢曰:"贼距此四十馀里,蓐食干饭而来。"欢曰:"自当渴死!"乃正阵以待之。戊申,黎明,泰军与欢军遇。东魏彭乐以数千骑为右甄,冲魏军之北垂,所向奔溃,遂驰入魏营。人告彭乐叛,欢甚怒。俄而西北尘起,乐使来告捷,虏魏侍中、开府仪同三司、大都督临洮王东、蜀郡王荣宗、江夏王升、钜鹿王阐、谯郡王亮、詹事赵善及督将僚佐四十八人。诸将乘胜击魏,大破之,斩首三万馀级。

欢使彭乐追泰,泰窘,谓乐曰:"汝非彭乐邪?痴男子,今日无我,明日岂有汝邪!何不急还营,收汝金宝!"乐从其言,

高欢认为高仲密叛变的起因在崔暹身上,准备杀掉崔暹,高澄把崔暹藏起来,再三为他求情,高欢回答说:"我可以给他一次活命的机会,但是必须狠狠地打他一顿板子。"高澄这才交出崔暹,但是对大行台都官郎陈元康说道:"你要是让崔暹挨板子的话,那我们就不要再见面了。"陈元康听了这句话,就为高澄而劝高欢说道:"大王您刚刚把天下托付给大将军,大将军有这么一个崔暹,却不能使他免除一顿板子,在人们眼里,你们父亲与儿子之间相处都这样,何况对别人呢?"于是高欢就释放了崔暹。

高季式在永安驻防,高仲密写信给他,叙述了他自己投降的情况。高季式跑去告诉了高欢,高欢待他跟以往一样。

西魏丞相宇文泰统率各路大军来策应高仲密,让太子少傅李远担任先锋,到达洛阳之后,派遣开府仪同三司于谨攻打柏谷,夺取了该城。三月壬申,包围了河桥南城。

东魏丞相高欢率领十万人马到达黄河北岸,宇文泰把部队撤到瀍水的上游,从那里放出火船要烧掉河桥。斛律金派行台郎中张亮用一百多只小船装载着长锁链,待火船将要到来,就用钉子钉住它,然后牵拉锁链拖到岸边,桥梁就这样得以保全。

高欢渡过河,占据了邙山布置军阵,连续几天没有进军。宇文泰把辎重留在了瀍曲,夜里,指挥部队登上邙山,准备袭击高欢。候骑向高欢报告说:"贼兵距离这儿有四十多里地,他们是饱餐了一顿干饭之后来的。"高欢说道:"他们一定会渴死的!"接着,他下令摆正阵势等待敌人的到来。戊申(十八日)黎明,宇文泰的部队与高欢的部队遭遇了。东魏的彭乐率领几千名骑兵作为右翼,冲击西魏部队的北边,冲到哪里,哪里就溃散,于是直驰入西魏的军营。有人报告说彭乐反叛了,高欢非常恼怒。没多久西北部尘土飞扬,彭乐的使者跑来报捷,说已经俘虏了西魏的侍中、开府仪同三司、大都督、临洮王元柬、蜀郡王元荣宗、江夏王元升、钜鹿王元阐、谯郡王元亮、詹事赵善以及督将僚佐四十八人。将领们乘胜追击西魏的人马,打得敌人一败涂地,共斩首三万多。

高欢派彭乐追赶宇文泰,宇文泰的处境危急,他对彭乐说:"你不是彭乐吗? 真是痴汉子,今天要是没有我了,明天哪里还会有你! 你为什么不赶快回到营地,收取属于你的金银财宝!"彭乐听取了他的意见,

获泰金带一囊以归，言于欢曰："黑獭漏刃，破胆矣！"欢虽喜其胜而怒其失泰，令伏诸地，亲捽其头，连顿之，并数以沙苑之败，举刃将下者三，噤龁良久。乐曰："乞五千骑，复为王取之。"欢曰："汝纵之何意，而言复取邪？"命取绢三千匹压乐背，因以赐之。

明日，复战，泰为中军，中山公赵贵为左军，领军若干惠等为右军。中军、右军合击东魏，大破之，悉俘其步卒。欢失马，赫连阳顺下马以授欢。欢上马走，从者步骑七人，追兵至，亲信都督尉兴庆曰："王速去，兴庆腰有百箭，足杀百人。"欢曰："事济，以尔为怀州刺史，若死，用尔子。"兴庆曰："儿少，愿用兄。"欢许之。兴庆拒战，矢尽而死。

东魏军士有逃奔魏者，告以欢所在，泰募勇敢三千人，皆执短兵，配大都督贺拔胜以攻之。胜识欢于行间，执槊与十三骑逐之，驰数里，槊刃垂及，因字之曰："贺六浑，贺拔破胡必杀汝！"欢气殆绝，河州刺史刘洪徽从傍射胜，中其二骑，武卫将军段韶射胜马，毙之，比副马至，欢已逸去。胜叹曰："今日不执弓矢，天也！"

魏南郢州刺史耿令贵，大呼，独入敌中，锋刃乱下，人皆谓已死，俄奋刀而还。如是数四，当令贵前者死伤相继，乃谓左右曰："吾岂乐杀人！壮士除贼，不得不尔。若不能杀贼，

就获取了宇文泰遗留下来的一袋子金条返回,他对高欢说道:"宇文黑獭从我的刀刃下漏网,已经吓破胆了!"高欢虽然对彭乐取胜感到高兴,但同时也恼怒他没将宇文泰捉到手,就命令他趴到地上,自己亲手揪住他的头髻,连连往下磕,并且数落他在沙苑战役中失败的事,三次举起刀子要向他劈去,直气得咬牙切齿,心中的愤怒持续很长时间不能平息下来。彭乐告饶道:"求您拨给我五千名骑兵,我再去为大王您捉宇文泰。"高欢说道:"你放掉他是出于什么目的,怎么现在又对我说要再去捉?"接着,他叫人拿来三千匹绢压到彭乐的背上,就算是奖给他的。

第二天,双方又一次交战,宇文泰率领部队居于中间,中山公赵贵指挥左翼部队,领军若干惠等人指挥右翼部队。中间部队与右翼部队联合攻击东魏的部队,狠狠打击了对方,俘虏了所有步兵。战斗中高欢失去了坐骑,赫连阳顺跳下马让高欢骑。高欢跨上马就跑,身后跟随的步、骑兵只有七个人,眼看追兵赶到了,高欢的亲信都督尉兴庆对高欢说:"王爷您快跑,我的腰间还挂着一百枝箭,足可以杀死一百个人。"高欢说道:"如果我能摆脱这次劫难,我就任命你为怀州刺史,要是你不幸牺牲,我就把这个职位给你的儿子。"尉兴庆回答说:"我的儿子年龄还小,您就任用我的兄长吧。"高欢表示同意。尉兴庆上前抵抗,身上的箭用尽后被追兵杀死。

东魏的将士中有逃跑到西魏部队里去的,他们说出了高欢所在的地方,宇文泰招募了三千名勇敢的壮士,让他们手持短兵器,由大都督贺拔胜率领着攻打高欢。贺拔胜从队伍中认出了高欢,就抓起长矛与十三名骑兵一道追赶上去,追了几里路后,长矛的尖头都快要触及高欢的身体了,因此贺拔胜说道:"贺六浑,贺拔破胡一定要杀掉你!"高欢又惊又怒,几乎背过气去,河州刺史刘洪徽抓起弓箭向贺拔胜射去,射中了他的两名骑兵,武卫将军段韶射死了他的马。等到贺拔胜的备用马赶到,高欢已经逃跑了。贺拔胜叹息道:"今天我没有带弓箭,这是天意呀!"

西魏的南郢州刺史耿令贵大声喊叫着,一个人冲进了敌群中,敌人的刀剑向他身上乱砍乱刺,人们都以为他已经死去,可是一会儿工夫之后,他又举着刀返回自己的营地。像这样来来去去多次,挡在他前头的敌人不断死伤,他对身边的人说道:"我哪里乐意杀人?大丈夫杀贼,不能不这样。如果不能够杀贼,

又不为贼所伤,何异逐坐人也!"

左军赵贵等五将战不利,东魏兵复振,泰与战,又不利。会日暮,魏兵遂遁,东魏兵追之。独孤信、于谨收散卒自后击之,追兵惊扰,魏诸军由是得全。若干惠夜引去,东魏兵追之;惠徐下马,顾命厨人营食,食毕,谓左右曰:"长安死,此中死,有以异乎!"乃建旗鸣角,收散卒徐还,追骑疑有伏兵,不敢逼。泰遂入关,屯渭上。

欢进至陕,泰遣开府仪同三司达奚武等拒之。行台郎中封子绘言于欢曰:"混壹东西,正在今日。昔魏太祖平汉中,不乘胜取巴、蜀,失在迟疑,后悔无及。愿大王不以为疑。"欢深然之,集诸将议进止,咸以为"野无青草,人马疲瘦,不可远追。"陈元康曰:"两雄交争,岁月已久。今幸而大捷,天授我也,时不可失,当乘胜追之。"欢曰:"若遇伏兵,孤何以济?"元康曰:"王前沙苑失利,彼尚无伏。今奔败若此,何能远谋!若舍而不追,必成后患。"欢不从,使刘丰生将数千骑追泰,遂东归。

泰召王思政于玉壁,将使镇虎牢,未至而泰败,乃使守恒农。思政入城,令开门解衣而卧,慰勉将士,示不足畏。后数日,刘丰生至城下,惮之,不敢进,引军还。思政乃修城郭,起楼橹,营农田,积刍粟,由是恒农始有守御之备。

又不能被贼兵打伤,那我跟那些靠舞文弄墨,谈天说地吃饭的人有什么两样?"

指挥左翼部队的赵贵等五位将军在战斗中遇到挫折,东魏的兵将又振作起来,宇文泰与他们交战,再次受挫。恰好天黑下来了,因此西魏的人马撤退逃跑,东魏的将士乘胜追击。独孤信、于谨召集了一批掉队的士兵在东魏部队的后面进行袭击,使这些东魏追兵受到惊扰,西魏的各路军队因此得以保全。若干惠在夜间指挥部队逃跑,东魏的人马在后面追赶,若干惠慢慢地从马上下来,回头命令厨师埋锅做饭,吃完之后,他对身边的人说道:"在长安死还是在这里死,有什么不同吗?"于是,他就叫人竖起战旗,吹响号角,聚集起离散的士兵缓缓地返回,追赶的东魏骑兵怀疑路上有埋伏,不敢逼近。宇文泰于是进入关中,命令部队,驻扎在渭河边上。

高欢进入陕地,宇文泰派遣开府仪同三司达奚武等人进行抵抗。东魏的行台郎中封子绘对高欢说:"将东魏、西魏合为一体的机会就在今天。昔日魏太祖平定汉中地区的时候,不乘胜占领巴、蜀,失误就失误在犹豫不决上,后悔也没有办法。希望大王您不要对此怀疑。"高欢非常赞成他的意见,就召集各位将领商议是前进还是就此打住,大家都认为:"野地里没有青草,人和马都已经疲乏消瘦,不能再做长距离的追赶。"陈元康说道:"两个强大的国家交战争斗,已经持续不少岁月。现在我们有幸取得了辉煌的胜利,这是上天给予我们的好机会,不能够失去,我们应该乘胜追击他们。"高欢问道:"如果遇上埋伏,我将怎样取得成功?"陈元康回答说:"大王您以前在沙苑战役中失利的时候,他们都还没有埋伏。现在他们遭受惨败,正疲于奔命,怎么还能够深谋远虑?假如舍弃他们不进行追击,必然要留下后患。"高欢不以为然,仅仅派了刘丰生率领几千名骑兵追击宇文泰,自己向东返回。

宇文泰派人去玉壁叫王思政,准备让他镇守虎牢,王思政还没有赶到,宇文泰已经失败,他就派王思政镇守恒农。王思政入城之后,下令打开城门,脱了衣服睡觉,又慰问勉励了将士们一番,表示眼下的情况没什么可怕的。几天以后,刘丰生来到恒农城下,对眼前的一切感到害怕,不敢进去,带着部队回去了。王思政就下令修筑内城与外城,建起用以侦察、防御的高台,营造农田,囤积草料与粮食,从这个时候起,恒农才开始有了守御设施。

丞相泰求自贬,魏主不许。是役也,魏诸将皆无功,唯耿令贵与太子武卫率王胡仁、都督王文达力战功多。泰欲以雍、岐、北雍三州授之,以州有优劣,使探筹取之,仍赐胡仁名勇,令贵名豪,文达名杰,用彰其功。于是广募关、陇豪右以增军旅。

高仲密之将叛也,阴遣人扇动冀州豪杰,使为内应,东魏遣高隆之驰驿慰抚,由是得安。高澄密书与隆之曰:"仲密枝党与之俱西者,宜悉收其家属,以惩将来。"隆之以为恩旨既行,理无追改,若复收治,示民不信,脱致惊扰,所亏不细,乃启丞相欢而罢之。

3 以太子詹事谢举为尚书仆射。

4 夏,四月,林邑王攻李贲,贲将范修破林邑于九德。

5 清水氐酋李鼠仁,乘魏之败,据险作乱。陇右大都督独孤信屡遣军击之,不克。丞相泰遣典签天水赵昶往谕之,诸酋长聚议,或从或否。其不从者欲加刃于昶,昶神色自若,辞气逾厉,鼠仁感悟,遂相帅降。氐酋梁道显叛,泰复遣昶谕降之,徙其豪帅四千馀人并部落于华州,泰即以昶为都督,使领之。

6 泰使谍潜入虎牢,令守将魏光固守,侯景获之,改其书云:"宜速去。"纵谍入城,光宵遁。景获高仲密妻子送邺,北豫、洛二州复入于东魏。五月壬辰,东魏以克复虎牢,

西魏丞相宇文泰请求降职,文帝没有答应。在这一战役中,西魏的各位将领都没有功劳,只有耿令贵与太子武卫率王胡仁、都督王文达奋力拼搏,立下不少功劳。宇文泰想把雍、岐、北雍三个州交给他们掌管,因为这三个州有好有坏,就让他们用抓阄的办法决定谁管哪个州,他还分别给他们三人起了新名字,将王胡仁叫作王勇,耿令贵叫作耿豪,王文达叫作王杰,以此来表彰他们的功绩。于是西魏广泛招募关、陇地区豪门大族的子弟来增强部队的力量。

高仲密准备叛变的时候,暗中派人去煽动冀州的豪杰,让他们响应自己,东魏派遣高隆之骑着驿站的快马赶到那里,对他们进行慰问安抚,这一地区因此得以平安。高澄给高隆之写了一封密信,说道:“高仲密的党徒中,凡是跟他一道叛变西魏的,应该把他们的家属全部扣留,可以戒止他们将来的不良行为。”高隆之认为朝廷表明恩惠的旨意既然已经执行,按理不应该回过头来改变,如果再扣留、处置这些家属,就等于向百姓显示朝廷言而无信,假若因此引起人心动摇,这样损失就大了,于是他在征得丞相高欢准许后,没按高澄的意思去做。

3 梁朝任命太子詹事谢举为尚书仆射。

4 夏季,四月,梁朝的林邑王攻打李贲,李贲的部将范修在九德击败了林邑王。

5 清水郡的氐族酋长李鼠仁乘西魏战败之机,占据了险要的地方胡作非为。陇右大都督独孤信多次派遣部队前去攻打,都没有取得成功。丞相宇文泰派遣天水籍的典签赵昶前往清水告谕李鼠仁,各位酋长聚集在一起商议,有的人主张顺从西魏,有的人持否定态度。那些不愿顺从的人想要杀掉赵昶,赵昶表情泰然自若,言辞语气却越来越严厉,李鼠仁觉悟过来,就和别的酋长各自带领人马向西魏投降。氐族酋长梁道显反叛了,宇文泰再次派遣赵昶前去劝告招降,并将他手下的部落四千多人连同他们的部落迁到了华州,宇文泰随即任命赵昶为都督,让他管理这些氐族人。

6 宇文泰派遣暗探潜入虎牢,命令守城的将领魏光坚决防守,侯景捉住了这个间谍,把宇文泰的信改成这样:“应该尽快离开。”然后将间谍放进城去,魏光看到信以后连夜逃跑了。侯景俘虏了高仲密的夫人、儿子,将他们送到邺城,北豫、洛这两个州又重为东魏所有。五月壬辰(初三),东魏由于收复了虎牢的缘故,

降死罪已下囚,唯不赦高仲密家。丞相欢以高乾有义勋,高昂死王事,季式先自告,皆为之请,免其从坐。仲密妻李氏当死,高澄盛服见之,曰:"今日何如?"李氏默然,遂纳之。乙未,以侯景为司空。

7 秋,七月,魏大赦。以王盟为太傅,广平王赞为司空。

8 八月乙丑,东魏以汾州刺史斛律金为大司马。

9 东魏遣兼散骑常侍李浑等来聘。

10 冬,十一月甲午,东魏主狩于西山。乙巳,还宫。高澄启解侍中,东魏主以其弟并州刺史太原公洋代之。

11 丞相欢筑长城于肆州北山,西自马陵,东至土墱,四十日罢。

12 魏诸牧守共谒丞相泰,泰命河北太守裴侠别立,谓诸牧守曰:"裴侠清慎奉公,为天下最,有如侠者,可与俱立!"众默然,无敢应者。泰乃厚赐侠,朝野叹服,号为"独立君"。

十年(甲子,544)

1 春,正月,李贲自称越帝,置百官,改元大德。

2 三月癸巳,东魏丞相欢巡行冀、定二州,校河北户口损益,因朝于邺。

3 甲午,上幸兰陵,谒建宁陵,使太子入守京城。辛丑,谒修陵。

4 丙午,东魏以开府仪同三司孙腾为太保。

对那些已宣布判为死罪的囚犯做了宽大处理,唯独不赦免高仲密的家人。丞相高欢考虑到当年高乾在信都起义拥戴自己,高昂战死在河阳,高季式先从永安戍跑来将情况告诉自己,就在孝静帝面前一一替他们说情,没让他们的家人连坐。高仲密的妻子李氏本来应当被处死,高澄穿戴整齐地去见她,问道:"今日怎么样?"李氏默默无语,于是高澄将她收纳为妾。乙未(初六),东魏任命侯景为司空。

7 秋季,七月,西魏大赦天下,并任命王盟为太傅,广平王元赞为司空。

8 八月乙丑(初八),东魏任命汾州刺史斛律金为大司马。

9 东魏派遣兼散常侍李浑等人出使梁朝。

10 冬季,十一月甲午(初八),东魏的孝静帝来到西山狩猎。乙巳(十九日),返回皇宫。高澄上书孝静帝,请求解除自己的侍中职务,孝静帝让高澄的弟弟并州刺史、太原公高洋代替他。

11 丞相高欢下令在肆州的北山修建长城,这条长城西面从马陵开始,东面一直到达土墱,四十天即完工。

12 西魏的各位州郡长官一同去进见丞相宇文泰,宇文泰命令河北太守裴侠单独站出来,并对其他牧守们说:"论清廉、审慎、尽职尽责,裴侠在天下可以排在第一位。你们中间要是有跟裴侠一样的人,可以同他站在一起。"大家都默不作声,没有一个人敢回答宇文泰的话。于是宇文泰就给了裴侠优厚的赏赐,朝廷与民间都对此而感叹服气,称裴侠为"独立君"。

梁武帝大同十年(甲子,公元544年)

1 春季,正月,李贲自封为越帝,设置了文武百官,将年号改为大德。

2 三月癸巳(初九),东魏丞相高欢巡视冀州、定州,查点河北地区的户口是增加还是减少了,因而来到邺城朝拜孝静帝。

3 甲午(初十),梁武帝来到兰陵,祭拜了建宁陵,派太子入守京城。辛丑(十七日),又祭拜了修陵。

4 丙午(二十二日),东魏任命开府仪同三司孙腾为太保。

5　己酉，上幸京口城北固楼，更名北顾。庚戌，幸回宾亭，宴乡里故老及所经近县迎候者，少长数千人，各赍钱二千。

6　壬子，东魏以高澄为大将军、领中书监，元弼为录尚书事，左仆射司马子如为尚书令，侍中高洋为左仆射。

丞相欢多在晋阳，孙腾、司马子如、高岳、高隆之，皆欢之亲党也，委以朝政，邺中谓之四贵，其权势熏灼中外，率多专恣骄贪。欢欲损夺其权，故以澄为大将军、领中书监，移门下机事总归中书，文武赏罚皆禀于澄。

孙腾见澄，不肯尽敬，澄叱左右牵下于床，筑以刀环，立之门外。太原公洋于澄前拜高隆之，呼为叔父。澄怒，骂之。欢谓群公曰："儿子浸长，公宜避之。"于是公卿以下，见澄无不耸惧。库狄干，澄姑之婿也，自定州来谒，立于门外，三日乃得见。

澄欲置腹心于东魏主左右，擢中兵参军崔季舒为中书侍郎。澄每进书于帝，有所谏请，或文辞繁杂，季舒辄修饰通之。帝报澄父子之语，常与季舒论之，曰："崔中书，我乳母也。"季舒，挺之从子也。

7　夏，四月乙卯，上还自兰陵。
8　五月甲申朔，魏丞相泰朝于长安。
9　甲午，东魏遣散骑常侍魏季景来聘。季景，收之族叔也。
10　尚书令何敬容姜弟盗官米，以书属领军河东王誉。丁酉，敬容坐免官。

5　己酉(二十五日),梁武帝来到京口城的北固楼,将北固楼改为北顾楼。庚戌(二十六日),又来到回宾亭,宴请家乡的父老乡亲以及所经过的附近县里前来迎接的人,男女老少达几千人,梁武帝赏给每个人两千铜钱。

6　壬子(二十八日),东魏任命高澄为大将军、领中书监,元弼为录尚书事,左仆射司马子如为尚书令,侍中高洋为左仆射。

丞相高欢大部分时间待在晋阳,孙腾、司马子如、高岳、高隆之都是高欢的亲信党羽,朝中的政务高欢交给他们去管理,邺城的人称他们为"四贵",这四个人权势在朝廷内外炙手可热,他们大都专横、放肆、骄蛮而又贪婪。高欢想要削弱他们的权力,所以委任高澄为大将军、领中书监,将原来属于门下省处理的机要大事统统移交给中书省,对文武百官进行奖赏与惩罚,事先都必须向高澄禀报。

孙腾见高澄时,不愿意表现得毕恭毕敬,高澄便命令左右把孙腾从床上拉下来,在他身边围上刀环,让他立在门外。太原公高洋当着高澄的面向高隆之跪拜,称他为叔父。高澄见了愤怒地责骂高洋。高欢对王公大臣们说道:"我这个儿子渐渐长大了,你们应该避免与他冲突。"于是公卿以下的官员见了高澄,无不毛骨悚然感到惧怕。高澄的姑父库狄干从定州到邺城来拜谒他,在门外站了三天才得到召见。

高澄想在孝静帝的身边安插自己的心腹,就提拔中兵参军崔季舒为中书侍郎。高澄经常向孝静帝递交奏折,进行劝谏、请示,有时奏折的文辞过于繁杂,崔季舒总是要为他修饰疏通一番。孝静帝批复高澄父子的条陈时也常和崔季舒一道议论,孝静帝说:"崔中书真是我的乳母啊。"崔季舒是崔挺的侄子。

7　夏季,四月乙卯(初一),梁武帝从兰陵返回都城。

8　五月甲申朔(初一),西魏丞相宇文泰在长安朝拜文帝。

9　甲午(十一日),东魏派遣散骑常侍魏季景来梁朝访问。魏季景是魏收的同族叔叔。

10　尚书令何敬容小妾的弟弟盗窃了官家的大米,何敬容写信给领军河东王元誉说情。丁酉(十四日),何敬容受到牵连被免去官职。

11　东魏广阳王湛卒。

12　魏琅邪贞献公贺拔胜诸子在东者，丞相欢尽杀之，胜愤恨发疾而卒。丞相泰常谓人曰："诸将对敌神色皆动，唯贺拔公临陈如平时，真大勇也！"

13　秋，七月，魏更权衡度量，命尚书苏绰损益三十六条之制，总为五卷，颁行之。搜简贤才为牧守令长，皆依新制而遣焉。数年之间，百姓便之。

14　魏自正光以后，政刑弛纵，在位多贪污。丞相欢启以司州中从事宋遊道为御史中尉，澄固请以吏部郎崔暹为之，以遊道为尚书左丞。澄谓暹、遊道曰："卿一人处南台，一人处北省，当使天下肃然。"暹选毕义云等为御史，时称得人。义云，众敬之曾孙也。

澄欲假暹威势，诸公在坐，令暹后至，通名，高视徐步，两人挈裾而入。澄分庭对揖，暹不让而坐，觞再行，即辞去。澄留之食，暹曰："适受敕在台检校。"遂不待食而去，澄降阶送之。他日，澄与诸公出，之东山，遇暹于道，前驱为赤棒所击，澄回马避之。

尚书令司马子如以丞相欢故人，当重任，意气自高，与太师咸阳王坦黩货无厌。暹前后弹子如、坦及并州刺史可朱浑道元等罪状，无不极笔。宋遊道亦劾子如、坦及太保孙腾、司徒高隆之、司空侯景、尚书元羡等。澄收子如系狱，一宿，发尽白，辞曰："司马子如从夏州策杖投相王，王给露车一乘，羸牸牛犊，犊在道死，

11　东魏广阳王元湛去世。

12　西魏琅琊贞献公贺拔胜留在东魏的几个儿子，都被丞相高欢杀掉了，贺拔胜愤怒不已，发病而死。西魏丞相宇文泰常常对人说："各位将领面对敌人的时候，神色都会有所变化，唯独贺拔胜上战场时就跟平时一样，真可算是英勇过人啊。"

13　秋季，七月，西魏改革度量衡制度，尚书苏绰受命在原来的二十四条制度的基础上，又增加了十二条新制度，一共形成三十六条制度，定为五卷，在全国颁布实行。同时寻求挑选贤能的人才担任牧、守、令、长等官职，这些人都是按照新的制度被派遣的。几年之中，百姓都从中得到了好处。

14　北魏自从正光年间以来，政务刑律松懈宽容，在位的官员大都贪污。丞相高欢启奏孝静帝，要求任命司州中从事宋遊道为御史中尉，高澄坚决请求让吏部郎崔暹担任这一职务，让宋遊道任尚书左丞。高澄对崔暹、宋遊道说道："你们两人一个在南面的御史台，一个在北面的尚书省，将会使天下安定。"崔暹挑选了毕义云等人担任御史，当时人称用人得当。毕义云是毕众敬的曾孙。

高澄想要树立崔暹的权威，当各位王公大臣在座的时候，他令崔暹后到，通报姓名之后，昂着头慢慢地迈步，两人提着崔暹的衣裾走进大厅。高澄隔着一段距离就起身对他作揖，崔暹不表示谦让便坐了下来，酒才饮两杯，崔暹便起身告辞离去。高澄留他吃饭，他回答说："皇上刚刚下令，要我到御史台检校重要文书。"于是他不等吃过饭便离去了，高澄降阶相送。还有一天，高澄与各位王公大臣外出到东山，在路上遇见了崔暹，前面的马被他用红棒击打，高澄马上掉转马头避开。

尚书令司马子如因为自己是丞相高欢的老朋友，又肩负重任，就傲慢自大，与担任太师的咸阳王元坦一道无休止地贪污国家的财物。崔暹先后多次弹劾司马子如、元坦以及并州刺史可朱浑道元等人的罪行，每一份奏折语气都很严厉。宋遊道也弹劾司马子如、元坦以及太保孙腾、司徒高隆之、司空侯景、尚书元美等人。高澄将司马子如投入监狱，仅仅一个晚上，司马子如的头发就白了，他写信给高澄，说："我司马子如从夏州拄杖投奔高丞相，大王给了我一辆上无篷盖，四边无车衣的车子，还有一只弯角的雌牛犊，牛犊在路上死了，

唯犓角存,此外皆取之于人。"丞相欢以书敕澄曰:"司马令,吾之故旧,汝宜宽之。"澄驻马行街,出子如,脱其锁。子如惧曰:"非作事邪?"八月癸酉,削子如官爵。九月甲申,以济阴王晖业为太尉。太师咸阳王坦以王还第,元羡等皆免官,其馀死黜者甚众。久之,欢见子如,哀其憔悴,以膝承其首,亲为择虱,赐酒百瓶、羊五百口、米五百石。

高澄对诸贵极言褒美崔暹,且戒属之。丞相欢书与邺下诸贵曰:"崔暹居宪台,咸阳王、司马令皆吾布衣之旧,尊贵亲昵,无过二人,同时获罪,吾不能救,诸君其慎之!"

宋遊道奏驳尚书违失数百条,省中豪吏王儒之徒并鞭斥之,令、仆已下皆侧目。高隆之诬遊道有不臣之言,罪当死。给事黄门侍郎杨愔曰:"畜狗求吠;今以数吠杀之,恐将来无复吠狗。"遊道竟坐除名。澄谓遊道曰:"卿早从我向并州,不尔,彼经略杀卿。"遊道从澄至晋阳,以为大行台吏部。

15 己丑,大赦。

16 东魏以丧乱之后,户口失实,徭赋不均。冬,十月丁巳,以太保孙腾、大司徒高隆之为括户大使,分行诸州,得无籍之户六十馀万,侨居者皆勒还本属。十一月甲申,以高隆之录尚书事,以前大司马娄昭为司徒。

17 庚子,东魏主祀圜丘。

只有这只牛犊的弯角我留了下来,除此以外的东西都是我从别人手中拿来的。"丞相高欢写信吩咐高澄:"司马尚书令是我的旧友,你应该对他宽大一些。"高澄于是把马停到街上,放出司马子如,打开了他的枷锁。司马子如惶恐地问道:"不是要处决我吧?"八月癸酉(二十一日),朝廷撤销了司马子如的官职与爵位。九月甲申(初三),任命济阴王元晖业为太尉。咸阳王元坦被罢免太师职务后,回到自己的府第只当他的王爷了,元美等人都失去了官职,其馀被处死或被贬官的人很多。过了许久之后,高欢见到司马子如面目憔悴,不禁怜悯起来,用自己的膝盖托住他的头,亲自为他捉虱子,又送给他一百瓶酒、五百头羊、五百石米。

高澄在权贵们面前对崔暹赞不绝口,并告诫他们要接受崔暹的支配。丞相高欢写信给邺城的权贵们,对他们说:"崔暹掌管着御史台,咸阳王、司马尚书令都是我当平民时的老朋友,要论尊贵以及和我的亲密程度,谁也无法超过这两个人,但是他们俩同时犯罪受到处理,而我却不能相救,你们都应该谨慎从事!"

宋遊道上书孝静帝,列举了尚书省的数百条失误并进行批评,尚书省强横的吏员王儒之流都鞭打辱骂他,令、仆以下的官员也都对他侧目而视。高隆之诬蔑他说过作为臣子不能说的话,犯了死罪。给事黄门侍郎杨愔说道:"养狗就是为了让它叫,现在要是因为一条狗叫了几声便杀掉它,恐怕将来再也没有能叫的狗了。"宋遊道最终还是被革职除名了。高澄对宋遊道说:"你趁早跟我到并州去,假如不这样的话,他们就会图谋杀掉你。"宋遊道跟随高澄来到晋阳,被任命为大行台吏部。

15 己丑(初八),梁朝大赦天下。

16 东魏在经过丧乱之后,国家登记的户口数与实际情况已经不符,徭役与赋税也摊派得不平均。冬季,十月丁巳(初六),朝廷委派太保孙腾、大司徒高隆之出任括户大使,分别到各个州去,经过查访,他们一共找到了六十多万户没有登记的家庭,侨居在外的人被勒令回原来所属的地方。十一月甲申(初四),朝廷下令由高隆之为录尚书事,任命前大司马娄昭为司徒。

17 庚子(二十日),东魏孝静帝在圜丘主持祭祀典礼。

18　东魏丞相欢袭击山胡，破之，俘万馀户，分配诸州。

19　是岁，东魏以散骑常侍魏收兼中书侍郎，修国史。自梁、魏通好，魏书每云："想彼境内宁静，此率土安和。"上复书，去"彼"字而已。收始定书云："想境内清晏，今万里安和。"上亦效之。

18 东魏丞相高欢派兵袭击山胡,并打败了他们,俘虏了一万多户人家,将他们分配到了各个州。

19 这一年,东魏让散骑常侍魏收兼任中书侍郎,编修国史。自从梁、魏两国相互往来友好之后,魏国的国书上总是写道:"想彼境内宁静,此率土安和。"梁武帝复信时,仅仅去掉了一个"彼"字而已。魏收起草国书才确定了这样的用语:"想境内清晏,今万里安和。"梁武帝在撰写书信时也仿效了这句话。

卷第一百五十九　梁纪十五

起乙丑(545)尽丙寅(546)凡二年

高祖武皇帝十五
大同十一年(乙丑,545)

1　春,正月丙申,东魏遣兼散骑常侍李奖来聘。

2　东魏仪同尔朱文畅与丞相司马任胄、都督郑仲礼等,谋因正月望夜观打簇戏作乱,杀丞相欢,奉文畅为主。事泄,皆死。文畅,荣之子也。其姊,敬宗之后,及仲礼姊大车,皆为欢妾,有宠,故其兄弟皆不坐。

欢上书言:"并州,军器所聚,动须女功,请置宫以处配没之口。又纳吐谷浑之女以招怀之。"丁未,置晋阳宫。二月庚申,东魏主纳吐谷浑可汗从妹为容华。

3　魏丞相泰遣酒泉胡安诺槃陀始通使于突厥。突厥本西方小国,姓阿史那氏,世居金山之阳,为柔然铁工。至其酋长土门,始强大,颇侵魏西边。安诺槃陀至,其国人皆喜曰:"大国使者至,吾国其将兴矣。"

4　三月乙未,东魏丞相欢入朝于邺,百官迎于紫陌。欢握崔暹手而劳之曰:"往日朝廷岂无法官,莫肯举劾。中尉尽心徇国,不避豪强,遂使远迩肃清。冲锋陷阵,大有其人;

高祖武皇帝十五

梁武帝大同十一年(乙丑,公元545年)

1 春季,正月丙申(十七日),东魏派兼任散骑常侍的李奖出使梁国。

2 东魏仪同尔朱文畅和丞相司马任胄、都督郑仲礼等人,打算趁正月十五的晚上观看打簇戏的机会谋反叛乱,杀掉丞相高欢,推奉文畅为主上。事情泄露以后,他们全被处死。文畅是尔朱荣的儿子。他的姐姐是敬宗的皇后,现在与郑仲礼的姐姐大车都是高欢的妾,她们受到高欢的宠爱,所以她们的兄弟都没有受牵连。

高欢向孝静帝上书说:"并州是聚集了众多军需武器的地方,若要对它有所行动,则必须借助女人的功力,请您建造一座宫殿来安置被分配到当地没籍的女人。再请陛下纳吐谷浑的女子入宫,以便招降吐谷浑国,对它实施怀柔政策。"丁未(二十八日),东魏设置了晋阳宫。二月庚申(十一),东魏孝静帝纳吐谷浑可汗的堂妹,封她为容华。

3 西魏丞相宇文泰派酒泉的胡人安诺槃陀开始出使突厥,并与之沟通。突厥原本是西方的小国,以阿史那氏为姓,世世代代居住在金山的南面,为柔然国充当打铁工。到了酋长土门统治时期,突厥才开始强大起来,它多次侵犯西魏西部边疆。安诺槃陀来到突厥,突厥人都高兴地说:"大国的使者一来,我们国家就要兴盛了。"

4 三月乙未(十六日),东魏丞相高欢到邺都朝拜国主,文武百官在紫陌迎候他。高欢握着崔暹的手慰劳他说:"以前朝廷里不是没有法官,但却没人能举报弹劾。中尉你尽心尽力报效国家,不畏强暴,才使天下四方平安无事。为国家的利益而冲锋陷阵大有人在;

当官正色,今始见之。富贵乃中尉自取,高欢父子无以相报。"赐遄良马。遄拜,马惊走,欢亲拥之,授以辔。东魏主宴于华林园,使欢择朝廷公直者劝之酒。欢降阶跪曰:"唯遄一人可劝,并请以臣所射赐物千段赐之。"高澄退,谓遄曰:"我尚畏羡,何况馀人!"

然遄中怀颇挟巧诈。初,魏高阳王斌有庶妹玉仪,不为其家所齿,为孙腾妓,腾又弃之。高澄遇诸涂,悦而纳之,遂有殊宠,封琅邪公主。澄谓崔季舒曰:"崔遄必造直谏,我亦有以待之。"及遄咨事,澄不复假以颜色。居三日,遄怀刺坠之于前。澄问:"何用此为?"遄悚然曰:"未得通公主。"澄大悦,把遄臂,入见之。季舒语人曰:"崔遄常忿吾佞,在大将军前,每言叔父可杀。及其自作,乃过于吾。"

5 夏,五月甲辰,东魏大赦。

6 魏王盟卒。

7 晋氏以来,文章竞为浮华,魏丞相泰欲革其弊。六月丁巳,魏主飨太庙。泰命大行台度支尚书、领著作苏绰作《大诰》,宣示群臣,戒以政事。仍命"自今文章皆依此体。"

8 上遣交州刺史杨㬓讨李贲,以陈霸先为司马,命定州刺史萧勃会㬓于西江。勃知军士惮远役,因诡说留㬓。㬓集诸将问计,霸先曰:"交趾叛换,罪由宗室,遂使涠乱数州,逋诛累岁。定州欲偷安目前,不顾大计。节下奉辞伐罪,当死生以之,岂可逗桡不进,长寇沮众也!"遂勒兵先发。

做官做得正派,这样的人我今天才见到。今天的荣华富贵是中尉你自己取得的,我们高欢父子俩没有什么能相报的。"于是,赏赐给崔暹一匹好马。崔暹连忙叩谢,不料马惊跑起来,高欢便亲自拦住它,拉过马头,把辔头交给崔暹。东魏孝静帝在华林园设宴,让高欢在朝廷中选择一位正直的官员向他劝酒。高欢退下一级台阶跪着说:"只有崔暹可以向您劝酒,同时,请您把赐予我的千段绢帛转赐给他。"高澄从朝廷上退下之后对崔暹说:"我尚且对您非常敬畏美慕,何况其他人呢?"

然而崔暹内心却很奸诈。当初,西魏高阳王元斌有一个庶出的妹妹玉仪,在元斌家里是个微不足道的人,做了孙腾的歌舞妓,后来孙腾又抛弃了她。高澄在路上遇到了她,很喜爱她,便收她为妾,备受高澄宠爱,被封为琅邪公主。高澄对崔季舒说:"崔暹一定会对我直言相谏,但是我也有办法对付他。"等到崔暹来询问政事,高澄不再对他和颜悦色。三天之后,崔暹怀里揣着的名帖掉了下来,高澄问:"你何必带着名帖见我?"崔暹胆怯地说:"因为我没能和公主认识。"高澄非常高兴,拉着崔暹的胳膊,把他带入室内与公主相见。事后,崔季舒对别人说:"崔暹常常认为我是个奸佞小人,他每次在大将军面前时都说他的叔父应该被杀掉。而他自己的所作所为,却早已超过我了。"

5　夏季,五月甲辰(二十六日),东魏大赦天下。

6　西魏的王盟去世。

7　从晋朝以来,天下文章竞相以辞藻繁富相夸,西魏丞相宇文泰想革除这一不良风气。六月丁巳(初十),西魏文帝带酒食到太庙祭祖。宇文泰命令大行台度支尚书、领著作苏绰写了一篇《大诰》,宣读给文武大臣们听,劝诫大臣们勤于政事。西魏还下命令:"从今以后,文章都要按照这种方式来写。"

8　梁武帝派遣交州刺史杨晔讨伐李贲,并让陈霸先担任司马,命令定州刺史萧勃领兵与杨晔的军队在西江会合。萧勃知道军中将士害怕远征打仗,就诡秘地劝说杨晔原地待命停止不前。杨晔召集各位将领寻问计策,陈霸先说:"交趾郡的反叛,其罪责在于宗室,因而使许多州混乱不堪,随意捕人杀戮多年。现在定州刺史只想苟且偷安于眼前,不顾大的方面。现在您奉皇上之命讨伐有罪之人,应当生死不顾,全力以赴,怎么可以逗留不进,长敌人志气而灭自己威风呢!"于是,陈霸先率自己的部队首先出发。

嘌以霸先为前锋。至交州,贲帅众三万拒之,败于朱鸢,又败于苏历江口,贲奔嘉宁城,诸军围之。勃,眆之子也。

9　魏与柔然头兵可汗谋连兵伐东魏,丞相欢患之,遣行台郎中杜弼使于柔然,为世子澄求婚。头兵曰:"高王自娶则可。"欢犹豫未决。娄妃曰:"国家大计,愿勿疑也。"世子澄、尉景亦劝之。欢乃遣镇南将军慕容俨往聘之,号曰蠕蠕公主。秋,八月,欢亲迎于下馆。公主至,娄妃避正室以处之,欢跪而拜谢,妃曰:"彼将觉之,愿绝勿顾。"头兵使其弟秃突佳来送女,且报聘,仍戒曰:"待见外孙乃归。"公主性严毅,终身不肯华言。欢尝病,不得往,秃突佳怨恚,欢舆疾就之。

10　冬,十月乙未,诏有罪者复听入赎。

11　东魏遣中书舍人尉瑾来聘。

12　乙未,东魏丞相欢请释邙山俘囚桎梏,配以民间寡妇。

13　十二月,东魏以侯景为司徒,中书令韩轨为司空。戊子,以孙腾录尚书事。

14　魏筑圜丘于城南。

15　散骑常侍贺琛启陈四事:其一,以为:"今北边稽服,正是生聚教训之时,而天下户口减落,关外弥甚。郡不堪州之控总,县不堪郡之裒削,更相呼扰,惟事征敛,民不堪命,各务流移,此岂非牧守之过欤!东境户口空虚,皆由使命繁数,穷幽极远,无不皆至,每有一使,所属搔扰。驽困守宰,

杨暄让陈霸先做先锋。到了交州,李贲统率三万军队抵抗,在朱鸢被打败,后来又在苏历江口被打败,李贲逃往嘉宁城,各路军队将他围住。萧勃,是萧㫋的儿子。

9　西魏与柔然国头兵可汗密谋联合起兵讨伐东魏,东魏丞相高欢为此事很担心,便派行台郎中杜弼出使柔然国,替他的长子高澄求婚。头兵可汗对使者说:"高丞相如果为自己娶亲就可以。"高欢犹豫不决。娄妃对他说:"这是国家大事,希望您不要犹豫。"长子高澄与尉景也劝他。高欢于是派遣镇南将军慕容俨前往柔然国,去聘娶被称为柔然公主的女子。秋季,八月,高欢亲自在下馆迎接柔然公主。公主来到了东魏,娄妃将自己居住的正室让给柔然公主住,高欢向娄妃跪拜感谢她,娄妃说:"公主会发现我们的关系,希望你和我断绝来往,不要再来看我。"头兵可汗派他的弟弟秃突佳前来护送他的女儿,并且作为对东魏的回访,又告诫他说:"等到看见外孙之后你再回来。"公主性格严肃刚毅,终身不肯说汉语。高欢有一次病了,不能前往她的住处,秃突佳很有怨气,高欢便立即抱病登车去公主那里。

10　冬季,十月乙未,梁朝颁下诏书:重新允许有罪的人交钱赎罪。

11　东魏派中书舍人尉瑾来梁朝通问修好。

12　乙未,东魏丞相高欢请求释放邙山的战俘,把民间的寡妇许配给他们。

13　十二月,东魏任命侯景为司徒,任命中书令韩轨为司空。戊子(十四日),任命孙腾为录尚书事。

14　西魏在长安城南面建造了祭天的圜丘。

15　散骑常侍贺琛向梁武帝启奏了四件事:其一,认为"现在北方的东魏已与我通和,该是让百姓繁衍后代,积蓄物资,对他们实行教育训导的时候了,而天下的户口却减少了,关外户口减少得更厉害。郡不堪忍受州的控制,县不堪忍受郡的搜刮,千方百计地互相骚扰,只知道横征暴敛,百姓不堪重压,各家纷纷流离失所,这难道不是州郡长官的过错吗?东部地区户口空虚,都是由于国家政令太繁多引起的,即使是偏僻边远的地方,也无所不至,每次来一位使者,所属地区便受到骚扰。那些无能的地方官员,

则拱手听其渔猎，桀黠长吏，又因之重为贪残，纵有廉平，郡犹掣肘。如此，虽年降复业之诏，屡下蠲赋之恩，而民不得反其居也。"其二，以为："今天下所以贪残，良由风俗侈靡使之然也。今之燕喜，相竞夸豪，积果如丘陵，列肴同绮绣，露台之产，不周一燕之资，而宾主之间，裁取满腹，未及下堂，已同臭腐。又，畜妓之夫，无有等秩，为吏牧民者，致赀巨亿，罢归之日，不支数年，率皆尽于燕饮之物、歌谣之具。所费事等丘山，为欢止在俄顷，乃更追恨向所取之少。如复傅翼，增其搏噬，一何悖哉！其馀淫侈，著之凡百，习以成俗，日见滋甚，欲使人守廉白，安可得邪！诚宜严为禁制，道以节俭，纠奏浮华，变其耳目。夫失节之嗟，亦民所自患，正耻不能及群，故勉强而为之。苟以纯素为先，足正凋流之弊矣。"其三，以为："陛下忧念四海，不惮勤劳，至于百司，莫不奏事。但斗筲之人，既得伏奏帷扆，便欲诡竞求进，不论国之大体，心存明恕，惟务吹毛求疵，擘肌分理，以深刻为能，以绳逐为务。迹虽似于奉公，事更成其威福，犯罪者多，巧避滋甚，长弊增奸，实由于此。诚愿责其公平之效，黜其谗慝之心，则下安上谧，无侥幸之患矣。"其四，以为："今天下无事，而犹日不暇给，宜省事、

就只好拱手听命，让他们渔猎搜刮，强暴狡诈的地方长官，又趁机更加贪婪地剥削，纵然遇到廉洁正直的官员，郡守还要加以阻挠。像这样皇帝尽管年年降旨要人民恢复生产，多次下令免除赋税，但百姓却不能回到他们原来的住所。"其二，认为："当今天下官吏之所以贪婪、残暴，确实是由于奢侈糜烂的风俗造成的。当今，在喜庆饮酒的日子里，人们竞相攀比奢华，果品堆积得如同小山，美味佳肴摆在席上如同美丽的刺绣一样，百两黄金的资产，还不够他们一次酒宴所用的钱，来宾与主人各自才吃饱，没等到走下殿堂，那些食物便已经腐臭了。再者，无论是什么等级的官，都蓄养妓女，而当官统治百姓的人，得到了巨大的财富，他们离职回家之后，这些银两也维持不了几年，全都用在操办饮酒、歌舞的花销中了。他们所浪费的东西像小山一样多，而寻欢作乐只在一时，于是他们更加悔恨以往在做官时向百姓索取得少了。如果能重新做官的话，他们便加倍地攫取、吞噬百姓的财物。这是多么违背道义啊！其馀淫侈之事，数不胜数，这种习惯渐渐成了风气，而且日渐滋长，一天比一天严重，要想使人们恪守廉正清白，怎么能办到呢？真应该严格制定禁止的措施，用节俭来引导人们，纠正虚浮不实的弊端，使其耳目一新。我对官吏失去节操的感叹，也是人民自己忧虑的，我正羞愧官吏还不及百姓，所以要强制让他们做到。如果国家能以正直清白为前导，足能纠正那些凋残失节官吏的弊病。"其三，认为："陛下您忧国忧民，挂念天下，不畏辛劳，以至于各部门都直接向您奏事。但是那些才短识浅气量狭小的人，既能靠近您，向您启奏，便想骗得您的信任，争相飞黄腾达，而不顾国家大局，应该心存宽恕，只一味地吹毛求疵，擘肌分理，过分苛细，以严酷为能干，把纠举别人的过错并且呵斥驱逐人看成是自己的任务。他们的作为，表面上虽然似乎在为公办事，实际上是更实现了他们自己的作威作福。结果使犯罪的人增多，用巧妙的办法逃避刑罚的人也产生了很多，滋长了弊病，增加了邪恶，实际上就因为这个原因啊！我真诚地希望能达到公平的效果，革除奸佞小人妄进谗言的邪恶念头，那样，全国上下就会安定，就没有侥幸心理带来的忧患了。"其四，认为："现在天下太平无事，但官府百姓仍没有一点空闲时间，应该马上精简事务，

息费，事省则民养，费息则财聚。应内省职掌各检所部：凡京师治、署、邸、肆及国容、戎备，四方屯、传、邸治，有所宜除，除之，有所宜减，减之。兴造有非急者，征求有可缓者，皆宜停省，以息费休民。故畜其财者，所以大用之也；养其民者，所以大役之也。若言小事不足害财，则终年不息矣；以小役不足妨民，则终年不止矣。如此，则难可以语富强而图远大矣。"

启奏，上大怒，召主书于前，口授敕书以责琛。大指以为："朕有天下四十馀年，公车谠言，日关听览，所陈之事，与卿不异，每苦佺偬，更增惛惑。卿不宜自同阘茸，止取名字，宣之行路，言'我能上事，恨朝廷之不用。'何不分别显言：某刺史横暴，某太守贪残，尚书、兰台某人奸猾，使者渔猎，并何姓名？取与者谁？明言其事，得以诛黜，更择材良。又，士民饮食过差，若加严禁，密房曲屋，云何可知？傥家家搜检，恐益增苛扰。若指朝廷，我无此事。昔之牲牢，久不宰杀，朝中会同，菜蔬而已。若复减此，必有《蟋蟀》之讥。若以为功德事者，皆是园中之物，变一瓜为数十种，治一菜为数十味。以变故多，何损于事！我自非公宴，不食国家之食，多历年所。乃至宫人，亦不食国家之食。凡所营造，不关材官及以国匠，皆资雇借以成其事。勇怯不同，贪廉各用，亦非朝廷为之傅翼。

停掉一些花费。减少了事务,百姓就能休养生息,停掉一些开销,国家就可以聚集资财。各机构应该自己对照职责范围,分别检查下属部门;凡是京师的官府、衙门、官邸、市肆以及朝廷仪仗、武事装备,地方上的屯戍、驿传、地方官衙等,有应该革除的,就要革除它,有应该削减的,就要削减掉它。兴建的工程有不急的,征收的赋税劳役有可以暂缓的,都应该停止,以停止开销,让百姓得到休息。因此,储蓄财货是为能有大的作为;让人民休养生息,是为了能让他们服大役。如果说小事不足以破费多少钱财,就任意花费的话,那就会终年不止;如果认为小的劳役不会妨碍百姓的话,那就会终年有劳役,百姓没有停止服役的时候了。像这样,就很难谈到国富民强,并且图谋远大的事业了。"

贺琛上奏之后,梁武帝勃然大怒,把主书召到面前,口授敕书指责贺琛。大致内容是:"我有江山已四十多年,每天都耳闻目睹许多从公车机构中转来的臣民直言不讳的上书,他们所陈述的事情,与你所说的没有什么不同,我常常苦于时间仓促,现在你的奏折更增添了我的糊涂和迷惑不解。你不该把自己和才能低下的软弱之人混同在一起,只图个虚名而已,好向路人炫耀说:'我可以向皇帝上书陈述意见,遗憾的是朝廷不采纳。'为什么不分别明着说:某位刺史横征暴敛,某位太守贪婪残酷,某位尚书、兰台奸诈虚猾,渔猎百姓的皇差姓什么叫什么?从谁那里夺取?给了谁?如果你能明白地指出这些,我就能杀掉、罢免他们,再选择好的人才。还有,官吏百姓的饮食豪华过度,如果加以严格禁止,房屋密集、曲折,你又怎么知道呢?倘若挨家挨户搜查,恐怕更增加了对百姓的骚扰,如果你指的是朝廷中生活奢侈,我是没有这种情况的。以前饲养的祭祀用的牲畜,很久没有宰杀了。朝廷召开会议,也只是吃一些蔬菜罢了。如果再削减这些蔬菜,一定会被讥讽为是《诗经·蟋蟀》所讽刺的晋僖公那样的人。如果你认为供佛、事佛奢侈的话就错了,都是园子里的东西,把一种瓜改为几十个品种,把一种菜做成几十个味道。只因为变着花样做才有了许多菜肴,对事物又有什么损害呢?我如果不是公宴,从不吃国家的酒食,已有很多年了。甚至宫中的人,也不吃国家的粮食。凡是营造的建筑,都与材官和国匠无关,都是用钱雇人来完成的。官员们有勇敢的,也有胆怯的,有贪婪的,也有廉正的,也不是朝廷为他们增添羽翼。

卿以朝廷为悖，乃自甘之，当思致悖所以！卿云'宜导之以节俭'，朕绝房室三十馀年，至于居处不过一床之地，雕饰之物不入于宫，受生不饮酒，不好音声，所以朝中曲宴，未尝奏乐，此群贤之所见也。朕三更出治事，随事多少，事少午前得竟，事多日昃方食，日常一食，若昼若夜。昔要腹过于十围，今之瘦削才二尺馀，旧带犹存，非为妄说。为谁为之？救物故也。卿又曰'百司莫不奏事，诡竞求进'，今不使外人呈事，谁尸其任！专委之人，云何可得？古人云'专听生奸，独任成乱'，二世之委赵高，元后之付王莽，呼鹿为马，又可法欤？卿云'吹毛求疵'，复是何人？'擘肌分理'，复是何事？治、署、邸、肆等，何者宜除？何者宜减？何处兴造非急？何处征求可缓？各出其事，具以奏闻！富国强兵之术，息民省役之宜，并宜具列！若不具列，则是欺罔朝廷。倚闻重奏，当复省览，付之尚书，班下海内，庶惟新之美，复见今日。"琛但谢过而已，不敢复言。

上为人孝慈恭俭，博学能文，阴阳、卜筮、骑射、声律、草隶、围棋，无不精妙。勤于政务，冬月四更竟，即起视事，执笔触寒，手为皴裂。自天监中用释氏法，长斋断鱼肉，日止一食，惟菜羹、粝饭而已，或遇事繁，日移中则嗽口以过。身衣布衣，木绵皂帐，一冠三载，一衾二年，后宫贵妃以下，衣不曳地。

你认为朝廷是有错误的就自以为是,你应该想一想导致朝廷犯错误的原因!你说'应该以节俭引导百姓',我已经三十多年没有房事,至于居住,不过只有能放下一张床的地方,宫中没有雕梁画栋,我平生不爱饮酒,不喜好声色,因此,朝廷中设宴,不曾演奏过乐曲,这些都是诸位贤臣们所看到的。我三更便起,治理国家大事,处理政务的时间依据国家事务的多少来定,事务不多时,中午之前就能把它们处理完,事务繁忙时太阳偏西时才能吃饭,常常每天只吃一顿饭,既像在过白天,又像在过黑夜。往日,我的腰和腹超过了十围,现在瘦得才只有两尺多点,我以前围的腰带还保存着,不是乱说。这是为了谁工作?是为了拯救万民的缘故。你又说:'官员们没有不凡事都向您禀奏的,一些人用尽伎俩想升官发财。'现在不让外人奏报事情,那么谁来担负这个责任呢?委托管理国事的专人,怎么能够得到呢?古人常说:'只听一方面的话就会出现奸佞小人,专任一人必定要出乱。'秦二世把国家大事委托给了赵高,元后把一切托付给了王莽,结果赵高指鹿为马,颠倒是非,又怎么能效法他们呢!你说'吹毛求疵',又是指谁?'擘肌分理',又是指哪件事?官府、衙门、官邸、市肆等等,哪个应该革除?哪些该削减?哪些地方兴建的工程不急?哪些征收的赋税可以迟缓?你要分别举出具体事实,详细启奏给我听!用什么办法使国家富裕,军队强大,应该如何让百姓休养生息,减除劳役,这些都该具体地列出,如果不具体地一一列出,那你就是蒙蔽欺骗朝廷。朕正在准备侧耳细听你按上述要求重新奏报,届时自当认真拜读,并把你的高见批转给尚书省,正式向全国颁布,只希望除旧布新的善政美德,能因此而出现在今世。"贺琛只是向梁武帝谢了罪,不敢再说什么。

梁武帝为人很守孝道,待人慈悲,彬彬有礼,生活又节俭,他博学多才,善写文章,对阴阳、卜筮、骑射、声律、书法、围棋无所不精。他对国家事务很勤勉,冬天,四更一过,他就起来工作。由于天气严寒,握笔的手都粗糙得裂口子了。自从天监年间信仰释迦牟尼的佛教以来,长期斋戒吃素食,不再吃鱼肉,每天只吃一顿饭,也只不过是些菜羹、粗米饭罢了。有时遇到事务繁多,太阳移过头顶了,就漱一漱口算吃过饭了。他身穿布衣,用的是木棉织的黑色帐子,一顶帽子戴三年,被子盖二年才换一床。后宫里贵妃以下,不穿拖地的衣裙。

性不饮酒,非宗庙祭祀、大飨宴及诸法事,未尝作乐。虽居暗室,恒理衣冠,小坐、盛暑,未尝褰袒,对内竖小臣,如遇大宾。然优假士人太过,牧守多浸渔百姓,使者干扰郡县。又好亲任小人,颇伤苛察。多造塔庙,公私费损。江南久安,风俗奢靡,故琛启及之。上恶其触实,故怒。

　　臣光曰:梁高祖之不终也,宜哉!夫人君听纳之失,在于丛脞;人臣献替之病,在于烦碎。是以明主守要道以御万机之本,忠臣陈大体以格君心之非,故身不劳而收功远,言至约而为益大也。观夫贺琛之谏未至于切直,而高祖已赫然震怒,护其所短,矜其所长;诘贪暴之主名,问劳费之条目,困以难对之状,责以必穷之辞。自以蔬食之俭为盛德,日昃之勤为至治,君道已备,无复可加,群臣箴规,举不足听。如此,则自馀切直之言过于琛者,谁敢进哉! 由是奸佞居前而不见,大谋颠错而不知,名辱身危,覆邦绝祀,为千古所闵笑,岂不哀哉!

　　16　上敦尚文雅,疏简刑法,自公卿大臣,咸不以鞫狱为意。奸吏招权弄法,货赂成市,枉滥者多。大率二岁刑已上岁至五千人。徒居作者具五任,其无任者著升械。若疾病,

他生性不喝酒,如果不是在宗庙搞祭祀活动,或是办大宴席以及进行其他的拜佛等活动,就不奏乐。尽管他居住在幽暗的房子中,却一直衣冠楚楚,坐在宫中便座上,或在酷暑的日子里,也没有袒胸露怀,对待宫中太监小臣,像对待尊贵的宾客一样。但是宽待官吏太过分了,牧守大多渔猎百姓,皇帝的使臣又干扰郡县。梁武帝本人又爱亲近任用奸诈的小人,很失之于苛刻严暴。他还兴建了许多塔和庙,使公家和私人费用都破费损耗了。江南一带长期较安定,形成了生活奢侈的风俗,所以贺琛在奏折中提到了此事。武帝不喜欢他触及实质东西,所以大为恼怒。

臣司马光说:梁武帝不得善终,是应该的。国君之所以在听取意见、接纳进谏方面出现过失,就是因为只注意了琐碎细小的事情而没有雄才大略;大臣进谏时所犯的毛病,也在于烦琐。因此开明的君主要抓住最主要的问题以驾驭万事之本,忠心耿耿的大臣要陈述大的方针政策来劝阻君主想得不对的地方,所以作为君主不需亲自动手操劳,就能取得大的功效,作为大臣说得简明扼要便能收到很大的效益。纵观贺琛的进谏,可以说还未达到直言极谏的地步,而梁武帝却已经勃然大怒,袒护自己的短处,夸耀自己的长处,质问贺琛贪婪暴虐的官吏名字,追问徭役过重、费用铺张的具体项目,用难以回答的问题来困扰他,胁迫他写成无法对答的奏章。梁武帝自认为每顿饭只吃蔬菜的节俭作风是极大的美德,忙到太阳偏西才吃饭这种勤勉的工作态度是最好的治国办法,为君之道他已具备,再没有什么需要增加的了。因而对于诸位大臣的规劝,认为全不值得去听。这样一来,那么其馀比贺琛的进谏更恳切、直率、激烈的话,谁还敢去对皇帝说呢!因此,奸佞小人在眼前也视而不见,重大决策颠倒错误也不知道,声名遭受辱没,自己处于危险的境地,国家被颠覆,祭祀被停止,被千古人怜悯讥笑,难道不很悲哀吗?

16 梁武帝真心崇尚文雅的东西,对刑法则疏远忽视从简,公卿大臣们,都不重视审判刑案。奸佞之官便擅权弄法,受贿赂的东西多得像市场出售的商品一样,无辜受害扩大冤狱的事很多。大约被判两年以上刑罚的人每年多达五千。判罚劳役的人各自运用技巧服役劳作,那些没有一技之长的人就要被套上枷锁。如果有人病了,

权解之,是后囚徒或有优、剧。时王侯子弟,多骄淫不法。上年老,厌于万几。又专精佛戒,每断重罪,则终日不怿。或谋反逆,事觉,亦泣而宥之。由是王侯益横,或白昼杀人于都街,或暮夜公行剽劫,有罪亡命者,匿于王家,有司不敢搜捕。上深知其弊,溺于慈爱,不能禁也。

17　魏东阳王荣为瓜州刺史,与其婿邓彦偕行。荣卒,瓜州首望表荣子康为刺史,彦杀康而夺其位。魏不能讨,因以彦为刺史,屡征不至,又南通吐谷浑。丞相泰以道远难于动众,欲以计取之,以给事黄门侍郎申徽为河西大使,密令图彦。

徽以五十骑行,既至,止于宾馆。彦见徽单使,不以为疑。徽遣人微劝彦归朝,彦不从。徽又使赞成其留计。彦信之,遂来至馆。徽先与州主簿敦煌令狐整等密谋,执彦于坐,责而缚之。因宣诏慰谕吏民,且云"大军续至",城中无敢动者,遂送彦于长安。泰以徽为都官尚书。

中大同元年(丙寅,546)

1　春,正月癸丑,杨㬓等克嘉宁城,李贲奔新昌獠中,诸军顿于江口。

就暂时为他解开枷锁,这以后,囚徒中有能力行贿的人借此得到优待,没有能力行贿的人就会痛苦加剧。当时,王公贵族的子弟,大多骄奢淫逸,不遵守法规。武帝年纪已老,厌烦处理日常的各种事务。又专心研究佛教戒律,每次裁决了重大罪犯,就一天不高兴。有人密谋反叛朝廷,事情被发觉后,他也哭泣悲伤一番并且原谅了这个人。由于这样,王公贵族们更加专横,有人在都市街道于光天化日之下把人杀死,有人在夜晚时分公开抢劫,有罪在身的亡命之徒,藏在王侯家中,有关官吏不敢前去搜捕。梁武帝深深知道这些弊端,由于沉溺于佛教的慈悲之中,也不能禁止这些现象。

17　西魏东阳王元荣任瓜州刺史,与他的女婿邓彦一同前往瓜州。元荣死后,瓜州最有威望的大姓人家上表请求让元荣的儿子元康做刺史。邓彦于是杀掉了元康,篡夺了这个职位。西魏无力讨伐他,便任命邓彦为瓜州刺史,但多次征召他,他都不来,又与南面的吐谷浑勾结。西魏丞相宇文泰因为离瓜州路途遥远,很难兴师动众地讨伐他,便想用智谋征服邓彦,他派给事黄门侍郎申徽担任河西大使,密令申徽除掉邓彦。

申徽带领五十名骑兵前往瓜州,来到了瓜州后,就住在宾馆里了。邓彦见申徽没带随从,没有怀疑他。申徽派人暗中劝说邓彦归顺朝廷,邓彦不听从劝告。申徽又派人表示赞成邓彦留在瓜州的计策。邓彦听信了这些话,于是来到申徽住的宾馆。申徽事先已与瓜州的主簿敦煌人令狐整等密谋策划好了,在座位上捉住了邓彦,斥责他并把他捆绑了起来。接着就宣读诏书安抚百姓和官吏,并且说:“大批人马随后就要来到。”瓜州城里没有敢乱动的。于是,申徽便把邓彦押送到了长安。宇文泰任命申徽为都官尚书。

梁武帝中大同元年(丙寅,公元546年)

1　春季,正月癸丑(初十),杨暐等人攻克了嘉宁城,李贲逃奔新昌獠,各路人马便停留在江口。

2　二月，魏以义州刺史史宁为凉州刺史；前刺史宇文仲和据州，不受代，瓜州民张保杀刺史成庆以应之，晋昌民吕兴杀太守郭肆，以郡应保。丞相泰遣太子太保独孤信、开府仪同三司怡峰与史宁讨之。

3　三月乙巳，大赦。

4　庚戌，上幸同泰寺，遂停寺省，讲《三慧经》。夏，四月丙戌，解讲，大赦，改元。是夜，同泰寺浮图灾，上曰："此魔也，宜广为法事。"群臣皆称善。乃下诏曰："道高魔盛，行善鄣生，当穷兹土木，倍增往日。"遂起十二层浮图。将成，值侯景乱而止。

5　魏史宁晓谕凉州吏民，率皆归附，独宇文仲和据城不下。五月，独孤信使诸将夜攻其东北，自帅壮士袭其西南，迟明，克之，遂擒仲和。

初，张保欲杀州主簿令狐整，以其人望，恐失众心，虽外相敬，内甚忌之。整阳为亲附，因使人说保曰："今东军渐逼凉州，彼势孤危，恐不能敌，宜急分精锐以救之。然成败在于将领，令狐延保，兼资文武，使将兵以往，蔑不济矣！"保从之。

整行及玉门，召豪杰述保罪状，驰还袭之。先克晋昌，斩吕兴。进击瓜州，州人素信服整，皆弃保来降。保奔吐谷浑。

众议推整为刺史，整曰："吾属以张保逆乱，恐阖州之人俱陷不义，故相与讨诛之。今复见推，是效尤也。"乃推魏所遣使波斯者张道义行州事，具以状闻。丞相泰以申徽为瓜州刺史。召整为寿昌太守，

2　二月,西魏任命义州刺史史宁为凉州刺史,前任刺史宇文仲和依然占据着凉州,不接受新刺史的取代。瓜州人张保也杀掉了瓜州刺史成庆来与宇文仲和呼应,晋昌郡人吕兴杀掉了太守郭肆,以此来响应张保。丞相宇文泰派遣太子太保独孤信、开府仪同三司怡峰和史宁一同讨伐叛逆。

3　三月乙巳(初三),梁朝大赦天下。

4　庚戌(初八),梁武帝临幸同泰寺,就住在寺中便省,讲读《三慧经》。夏季,四月丙戌(十四日),梁武帝讲经结束,实行大赦,改变年号。这天夜里,同泰寺的塔起火,梁武帝说:"这是魔鬼造成的,应该大规模地做一些佛事活动。"文武大臣们都说好。于是,梁武帝下诏说:"道高魔盛,行善发生了障碍,应该大兴土木,建造规模要超过以往。"于是便开始起造一座高十二层的佛塔。将要建成之时,正赶上侯景叛乱,修建便中止了。

5　西魏史宁慰问安抚凉州的百姓和官吏,全州吏民都归顺了他,唯有宇文仲和占据着凉州城不肯投降。五月,独孤信派遣将领们在夜晚攻打城的东北角,自己统率壮士袭击城的西南角,黎明时分,攻克了凉州城,擒获了宇文仲和。

当初,张保想要杀掉瓜州主簿令狐整,因令狐整很有声望,害怕杀掉他会失去民心,所以张保尽管表面上尊敬令狐整,但在内心却非常忌恨他。令狐整假装亲近,依附于张保,便派人劝张保说:"现在独孤信的军队正在渐渐逼近凉州,凉州的形势孤立无援,十分危险,恐怕不能抵挡住独孤信的军队。应该赶快分派一些精锐部队援救凉州。但是,成功或失败的关键在于将领的能力,令狐整是个文武兼备的人才,如果派他率领军队前往凉州,没有不成的事。"张保采纳了令狐整的建议。

令狐整带领军队行军到了玉门,他召集起英雄豪杰,历数张保的罪状,带领骑兵返回瓜州袭击张保。他先攻克了晋昌,斩除了吕兴。然后攻打瓜州,当地人平素都信服令狐整,因此都叛离张保,向令狐整投降。张保逃往吐谷浑。

大家商议后,一致推举令狐整担任瓜州刺史。令狐整对大家说:"我们因为张保叛逆作乱,恐怕使全瓜州人都陷入了不义的境地,所以才共同讨伐他。今天我又被大家推举为瓜州刺史,这是明知有错误而仿效之,会罪上加罪啊。"于是,他便推举西魏派来出使波斯的张道义暂且主持瓜州的日常事务,并将情况上报朝廷。西魏丞相宇文泰让申徽担任瓜州刺史。召令狐整担任寿昌太守,

封襄武男。整帅宗族乡里三千馀人入朝,从泰征讨,累迁骠骑大将军、开府仪同三司,加侍中。

6　六月庚子,东魏以司徒侯景为河南大将军、大行台。

7　秋,七月壬寅,东魏遣散骑常侍元廓来聘。

8　甲子,诏:"犯罪非大逆,父母、祖父母不坐。"

9　先是,江东唯建康及三吴、荆、郢、江、湘、梁、益用钱,其馀州郡杂以谷帛,交、广专以金银为货。上自铸五铢及女钱,二品并行,禁诸古钱。普通中,更铸铁钱。由是民私铸者多,物价腾踊,交易者至以车载钱,不复计数。又自破岭以东,八十为百,名曰"东钱";江、郢以上,七十为百,名曰"西钱";建康以九十为百,名曰"长钱"。丙寅,诏曰:"朝四暮三,众狙皆喜,名实未亏而喜怒为用。顷闻外间多用九陌钱,陌减则物贵,陌足则物贱,非物有贵贱,乃心有颠倒。至于远方,日更滋甚,徒乱王制,无益民财。自今可通用足陌钱!令书行后,百日为期,若犹有犯,男子谪运,女子质作,并同三年。"诏下而人不从,钱陌益少。至于季年,遂以三十五为百云。

10　上年高,诸子心不相下,邵陵王纶为丹杨尹,湘东王绎在江州,武陵王纪在益州,皆权侔人主。太子纲恶之,常选精兵以卫东宫。八月,以纶为南徐州刺史。

加封为襄武男。令狐整率领他的宗族、同乡共三千多人进京入朝，跟随宇文泰征讨叛逆，他逐步升官为骠骑大将军，开府仪同三司，又加官侍中。

6　六月庚子(二十九日)，东魏任命司徒侯景为河南大将军和大行台。

7　秋季，七月壬寅(初一)，东魏派散骑常侍元廓来到梁国访问。

8　甲子(二十三日)，梁武帝颁布诏书："罪犯如果不犯有大逆不道的罪行，他的父母以及祖父母不被连坐。"

9　在此以前，长江以东只有建康及三吴、荆州、郢州、江州、湘州、梁州、益州等地使用货币，其他的州和郡用谷物或帛等实物交换东西，交、广两地专门使用金银来买东西。梁武帝自己铸造了五铢钱和女钱，让这两种货币一起在市场流通，并且禁止使用各种古代货币。普通年间，又铸造了铁钱。从此民间私下里铸造货币的人很多，造成物价飞涨，做买卖的人竟至于用车来拉钱，而不再逐个算计。还有，从破岭往东，每八十文折合一百文，人们称它为"东钱"；江州、郢州以西每七十文折合一百文，被称为"西钱"；建康地区每九十文折合一百文，被称为"长钱"。丙寅(二十五日)，梁武帝颁布诏书说："朝四暮三，众猴便都高兴，名称的叫法不同实际意思其实一样，但喜怒却不一样。近来我听说外界大多用九陌钱，这样陌数减少了，那么物价就会昂贵，陌数充足了，物价就会低贱。并不是东西本身有贵有贱，而是人们的思想颠来倒去。说到边远地区，那里货币混乱的状况更是一天比一天厉害。这只能扰乱国家的制度，不会使百姓的财富增多。从今以后，应该在全国通用足陌钱。颁布命令的文书发出以后，以一百天为期限，在百日之外如果还有人违犯这一制度，男子被罚到边远地区搬运东西，女子要以身抵押服劳役，刑期都是三年。"诏书颁布下去之后，百姓却不按这种制度去做，钱陌变得更少了。到了末年，竟以三十五文算作一百文了。

10　梁武帝年事已高，他的儿子们彼此互不相服，邵陵王萧纶做丹杨府尹，湘东王萧绎任江州刺史，武陵王萧纪做益州刺史，他们的权力都跟皇帝一般。太子萧纲很忌恨他们，常常挑选一些精锐军队来保卫东宫。八月，梁武帝任命萧纶担任南徐州刺史。

11 东魏丞相欢如邺。高澄迁洛阳石经五十二碑于邺。

12 魏徙并州刺史王思政为荆州刺史,使之举诸将可代镇玉壁者。思政举晋州刺史韦孝宽,丞相泰从之。东魏丞相欢悉举山东之众,将伐魏。癸巳,自邺会兵于晋阳。九月,至玉壁,围之。以挑西师,西师不出。

13 李贲复帅众二万自獠中出,屯典澈湖,大造船舰,充塞湖中。众军惮之,顿湖口,不敢进。陈霸先谓诸将曰:"我师已老,将士疲劳。且孤军无援,入人心腹,若一战不捷,岂望生全! 今藉其屡奔,人情未固,夷、獠乌合,易为摧殄,正当共出百死,决力取之。无故停留,时事去矣!"诸将皆默然莫应。是夜,江水暴起七丈,注湖中。霸先勒所部兵乘流先进,众军鼓噪俱前。贲众大溃,窜入屈獠洞中。

14 冬,十月乙亥,以前东扬州刺史岳阳王詧为雍州刺史。上舍詧兄弟而立太子纲,内尝愧之,宠亚诸子。以会稽人物殷阜,故用詧兄弟迭为东扬州以慰其心。詧兄弟亦内怀不平。詧以上衰老,朝多秕政,遂蓄聚货财,折节下士,招募勇敢,左右至数千人。以襄阳形胜之地,梁业所基,遇乱可以图大功。乃克己为政,抚循士民,数施恩惠,延纳规谏,所部称治。

11 东魏丞相高欢前往邺城。他的儿子高澄将洛阳五十二块刻有石经的石碑迁到了邺城。

12 西魏调并州刺史王思政担任荆州刺史,并让他从诸将中推举一位可以代替自己镇守并州州治玉壁的将领。王思政推举了晋州刺史韦孝宽,丞相宇文泰采纳了他的意见。东魏丞相高欢率领崤山以东的全部兵马将要讨伐西魏。癸巳(二十三日),高欢便带兵从邺出发,到晋阳与其他将领会师。九月,到达了玉壁,将玉壁包围起来。他们向西魏的军队挑战,西魏的军队却不出来应战。

13 李贲又率领两万人马从獠族居住区出发,把军队屯集在典澈湖一带,他在那里建造了大量战船,充满了整个典澈湖。进攻李贲的各路军队都害怕了,便停在了典澈湖口,不敢进入湖内。陈霸先对将领们说:"我军出征时间已经很长了,将士们疲惫不堪。况且我孤军无援,进入敌人的心脏地区,如果这一仗打不胜的话,怎能指望活着回来!现在我们应该趁着他多次失利,人心没有稳定,而夷、獠都是些乌合之众,很容易被摧毁消灭的时候,共同出生入死,竭尽全力打败李贲。如果无缘无故地停留在湖口,机会就要失去了!"将领们听完陈霸先的话,都默默无语,没有响应。这天夜里,江水暴涨了七丈高,流到了典澈湖中。陈霸先率他的军队顺着流向湖中的水流先进入湖中,众多人马在鼓声中一起呐喊冲杀。李贲的军队被打得惨败,他也逃进了屈獠洞里。

14 冬季,十月己亥(初六),梁朝任命前东扬州刺史岳阳王萧詧为雍州刺史。梁武帝没有选择萧詧他们几个兄弟,而立太子萧纲作为接班人,他在内心里觉得有愧,对他们的宠爱仅次于对他的其他几个儿子。由于会稽这一地区人口稠密,物产丰富,所以梁武帝让萧詧他们几个兄弟轮流担任东扬州刺史,用此来安抚他们。萧詧几兄弟在心里也感到怏怏不平。萧詧认为,皇帝人已经衰老,朝廷的政治中有许多毛病,于是,他便开始储备物资和财产,屈己下人,礼贤下士,在天下招募勇敢善战的人,他身边的人已达到几千人。因为襄阳的地理优势很大,它是梁朝大业的根基,梁武帝就是从襄阳起兵才夺取天下的,所以如果遇到天下大乱,就可以在此图谋大业。于是,萧詧便严格要求自己,抚慰、顺应百姓与官员们的心理,多次对他们实施恩惠,广泛听取大家的规劝和意见,他所管辖的地区被治理得井井有条。

15　东魏丞相欢攻玉壁,昼夜不息,魏韦孝宽随机拒之。城中无水,汲于汾,欢使移汾,一夕而毕。欢于城南起土山,欲乘之以入。城上先有二楼,孝宽缚木接之,令常高于土山以御之。欢使告之曰:"虽尔缚楼至天,我当穿地取尔。"乃凿地为十道,又用术士李业兴孤虚法,聚攻其北,北,天险也。孝宽掘长堑,邀其地道,选战士屯堑上。每穿至堑,战士辄禽杀之。又于堑外积柴贮火,敌有在地道内者,塞柴投火,以皮排吹之,一鼓皆焦烂。敌以攻车撞城,车之所及,莫不摧毁,无能御者。孝宽缝布为幔,随其所向张之,布既悬空,车不能坏。敌又缚松、麻于竿,灌油加火以烧布,并欲焚楼。孝宽作长钩,利其刃,火竿将至,以钩遥割之,松、麻俱落。敌又于城四面穿地为二十道,其中施梁柱,纵火烧之,柱折,城崩。孝宽于崩处竖木栅以扦之,敌不得入。城外尽攻击之术,而城中守御有馀。孝宽又夺据其土山。欢无如之何,乃使仓曹参军祖珽说之曰:"君独守孤城而西方无救,恐终不能全,何不降也?"孝宽报曰:"我城池严固,

15　东魏丞相高欢的军队日夜不停地进攻玉璧，西魏的韦孝宽随机应变地抵抗东魏的进攻。玉璧城中没有水源，城中的人要从汾河汲水，高欢于是派人在汾河上游另开新渠，让汾水改道，远离玉璧城，他们在一个晚上便完成了这一工程。高欢在玉璧城的南面堆起了一座土山，想利用这座土山攻进城里。玉璧城上原来就有两座城楼，韦孝宽让人把木头绑在楼上接高，让它的高度始终高于东魏堆的土山，以抵御东魏的进攻。高欢见到这种情况，便派人告诉韦孝宽说：“即使你把木头绑在楼上，使楼高到天上，我还会凿地洞攻克你。”于是，高欢便派人掘地，挖了十条地道，又采用术士李业兴的“孤虚法”，调集人马，一齐进攻玉璧城北面，城的北面，是山高谷深的非常险要的地方。韦孝宽叫人挖了一条长长的大沟，以此长沟来阻截高欢挖的地道，他挑选了精兵良将驻守在大沟上面。每当有敌人穿过地道来到大沟里，战士们便都能把他们抓住或杀掉。韦孝宽又叫人在沟的外面堆积了许多木柴，贮备了一些火种，一旦地道里有敌人，便把柴草塞入地道，把火种投掷进去，并用皮排吹火，一经鼓风吹火，地道里的敌人全部被烧得焦头烂额。敌人又用一种坚固的攻城战车撞击城墙，战车所到之处，没有不被摧毁撞坏的，西魏没有一种武器可以抵挡它。韦孝宽便把布匹缝制成一条很大的幔帐，顺着攻车撞城的方向张开它，因为布是悬在空中的，攻车无法撞坏它。敌军又把松枝和麻秆之类的易燃物品绑在车前的一根长竿上，又在其中灌油，点起火，用来烧毁韦孝宽的幔帐，并且还想烧毁城楼。韦孝宽便让人制造了一种很长的钩，并把它的刀刃磨得很锋利，等火竿快要到时，用长钩远远地切断它，附着在火竿上的松枝和麻秆便都纷纷坠落。敌人又在玉璧城墙下四面八方挖了二十条地道，并在地道中用木柱支撑地上的城墙，然后放火烧掉这些木柱，木柱烧断，城墙坍塌。韦孝宽在城墙坍塌的地方竖起一些木栅栏来保卫玉璧城，敌人无法攻进城去。城外东魏攻打玉璧城的方法已经用尽，而城内韦孝宽抵御敌人的办法还绰绰有余。他又从高欢手里夺占了那座堆起的土山。高欢不知道怎么办好，就派仓曹参军祖珽劝说韦孝宽：“您独自一个人守卫这座孤城，西面又没有救兵，恐怕最终也不能保全它。为什么不投降呢？”韦孝宽回答他说：“我的城池坚固无比，

兵食有馀。攻者自劳,守者常逸,岂有旬朔之间已须救援!适忧尔众有不返之危。孝宽关西男子,必不为降将军也!"斑复谓城中人曰:"韦城主受彼荣禄,或复可尔。自外军民,何事相随入汤火中!"乃射募格于城中云:"能斩城主降者,拜太尉,封开国郡公,赏帛万匹。"孝宽手题书背,返射城外云:"能斩高欢者准此。"斑,莹之子也。东魏苦攻凡五十日,士卒战及病死者共七万人,共为一家。欢智力皆困,因而发疾。有星坠欢营中,士卒惊惧。十一月庚子,解围去。

先是,欢别使侯景将兵趣齐子岭,魏建州刺史杨檦镇车厢,恐其寇邵郡,帅骑御之。景闻檦至,斫木断路六十馀里,犹惊而不安,遂还河阳。

庚戌,欢使段韶从太原公洋镇邺。辛亥,征世子澄会晋阳。

魏以韦孝宽为骠骑大将军、开府仪同三司,进爵建忠公。时人以王思政为知人。

十一月己卯,欢以无功,表解都督中外诸军,东魏主许之。

欢之自玉壁归也,军中讹言韦孝宽以定功弩射杀丞相。魏人闻之,因下令曰:"劲弩一发,凶身自陨。"欢闻之,勉坐见诸贵,使斛律金作《敕勒歌》,欢自和之,哀感流涕。

士兵和粮食都绰绰有余。进攻的人是白白辛苦,而守城的人却以逸待劳,哪有一个月之内就已需别人援助的。我倒是担心你们这么多人有回不去的危险。我韦孝宽是个关西男子汉,一定不会做投降的将军的!"祖珽又对城里的人说:"韦孝宽享受着西魏的荣华富贵和功名利禄,倒还可以这样做。但其馀的士兵和百姓,为什么还要跟他一起赴汤蹈火呢?"于是,便向城里射去赏悬捉拿韦孝宽所定的报酬数额,上面写道:"凡是能斩杀韦孝宽而投降的人,就拜他为太尉,并且加封他为开国郡公,赏赐万匹丝帛。"韦孝宽见到赏格,便在它的背面提笔写道:"能杀掉高欢的人,也能得到这么多赏金。"然后把它射回城外。祖珽是祖莹的儿子。东魏的军队对玉壁城苦苦攻打了五十天,战死以及病死的士兵总共达到七万人,全都埋在一个大坟墓里。高欢的智谋用尽了,也未攻下玉壁城,又气又急,因此得了疾病。这时,有颗流星坠落在了高欢的军营中,东魏的士兵们都很惊怕。十一月庚子(初一),东魏军队解除了对玉壁城的围攻离开了。

原先,高欢曾另外派遣侯景率领军队进兵齐子岭,西魏建州刺史杨檦正在镇守车厢这个地方,他听到东魏向齐子岭进军的消息之后,害怕东魏侵犯邵郡,就率领骑兵前去抵御东魏军队。侯景听说杨檦来到,就让人砍了许多树木堆在路上,阻断了六十多里道路,仍惴惴不安,于是便回到了河阳。

庚戌(十一日),东魏丞相高欢派遣段韶跟从太原公高洋镇守邺城。辛亥(十二日),高欢召长子高澄到晋阳相会。

西魏任命韦孝宽为骠骑大将军,开府仪同三司,并晋升爵位为建忠公。当时人们都认为王思政很能识人。

十一月己卯,高欢认为此次出征没有取得赫赫战绩,就上书要求解除都督中外诸军的职务,东魏国主同意了他的请求。

高欢从玉壁回到东魏之后,他的军中传言说韦孝宽用定功弩射杀了丞相高欢。西魏的人听到这一传言后,便颁布命令说:"强劲的弩一射,元凶自己就死了。"高欢听到了这些话,勉强坐起来召见权贵们,他让斛律金作了一首《敕勒歌》,高欢自己也跟着和唱,悲哀之感油然而生,不禁痛哭流涕。

16 魏大行台度支尚书、司农卿苏绰,性忠俭,常以丧乱未平为己任,纪纲庶政。丞相泰推心任之,人莫能间。或出游,常预署空纸以授绰。有须处分,随事施行,及还,启知而已。绰常谓:"为国之道,当爱人如慈父,训人如严师。"每与公卿论议,自昼达夜,事无巨细,若指诸掌,积劳成疾而卒。泰深痛惜之,谓公卿曰:"苏尚书平生廉让,吾欲全其素志,恐悠悠之徒有所未达。如厚加赠谥,又乖宿昔相知之心。何为而可?"尚书令史麻瑶越次进曰:"俭约,所以彰其美也。"泰从之。归葬武功,载以布车一乘,泰与群公步送出同州郭外。泰于车后酹酒言曰:"尚书平生为事,妻子、兄弟所不知者,吾皆知之。唯尔知吾心,吾知尔志,方与共定天下,遽舍吾去,奈何!"因举声恸哭,不觉厄落于手。

17 东魏司徒、河南大将军、大行台侯景,右足偏短,弓马非其长,而多谋算。诸将高敖曹、彭乐等皆勇冠一时,景常轻之,曰:"此属皆如豕突,势何所至!"景尝言于丞相欢:"愿得兵三万,横行天下,要须济江缚取萧衍老公,以为太平寺主。"欢使将兵十万,专制河南,杖任若己之半体。

景素轻高澄,尝谓司马子如曰:"高王在,吾不敢有异。王没,吾不能与鲜卑小儿共事!"子如掩其口。及欢疾笃,澄诈为欢书以召景。

16 西魏大行台度支尚书、司农卿苏绰,秉性忠厚俭朴,他常常把消除人民的死丧祸乱当作是自己的责任,每天处理许多国家大事。丞相宇文泰对他推心置腹,非常信任,没有人能离间他们的关系。有时丞相外出,常常预先把一些签上名的空白纸交给苏绰。如果有必须要安排的事,可以根据情况加以处理,等宇文泰回来之后,苏绰告知宇文泰就行了。苏绰常常说:"治国之道,应该像慈父爱护孩子一样爱护百姓,要像老师训导学生一样训导百姓。"他经常与王公大臣们商议国家政务,从白天谈到夜晚,无论国事是大是小,他都了如指掌,最后积劳成疾而死。宇文泰对他的死深感悲痛和惋惜,他对王公大臣们说:"苏尚书一生廉洁谦让,我想按照他平素的志向办理他的后事,只怕众多吏民不理解我的用意。如果对他厚加追赠,又违背了我们以往的相知之心。该怎么办才好呢?"尚书令史麻瑶越次进谏说:"节俭办理他的后事,便是表彰苏尚书美德的最好办法。"宇文泰采纳了麻瑶的意见。用一辆装有布篷的车载着苏绰的遗体,把他送回老家武功安葬,宇文泰和大臣们步行护送灵车走出同州城外。宇文泰在灵车后面把酒洒向大地,他悲恸地说:"尚书一生做的事,你的妻子、兄弟不知道的,我都知道。这世上只有你最了解我的心意,也只有我了解你的志向,我正要与你一同平定天下,你却这么快就离开我而去,这如何是好!"于是便放声痛哭起来,不知不觉中,酒杯从手上滑落到地上。

17 东魏司徒、河南大将军、大行台侯景,右脚比左脚短,所以,骑马射箭对他来说并不擅长,但是他足智多谋。高敖曹、彭乐等将领都是当时最勇猛的,侯景常常很轻视他们,对人说:"这些人就像受惊的猪一样横冲直撞,流窜侵扰,能有多大的威力呢!"侯景曾对丞相高欢说:"我愿意率领三万人马,横扫天下,必定能渡过长江把萧衍那老头子绑来,让他做太平寺的寺主。"高欢派他带领十万兵马,全权管理黄河以南地区,对他的依靠、任用,就好像他是自己的半个身体一样。

侯景一贯轻视高澄,他曾对司马子如说:"高王在世的时候,我不敢存有异心。如果高王去世了,我不能与那个鲜卑族的小子高澄在一起共事!"司马子如赶快捂住了侯景的嘴巴。到了高欢已病入膏肓的时候,高澄便假借高欢的名义写了一封书信召侯景前来。

先是,景与欢约曰:"今握兵在远,人易为诈,所赐书皆请加微点。"欢从之。景得书无点,辞不至。又闻欢疾笃,用其行台郎颍川王伟计,遂拥兵自固。

欢谓澄曰:"我虽病,汝面更有馀忧,何也?"澄未及对,欢曰:"岂非忧侯景叛邪?"对曰:"然。"欢曰:"景专制河南,十四年矣,常有飞扬跋扈之志,顾我能畜养,非汝所能驾御也。今四方未定,勿遽发哀。库狄干鲜卑老公,斛律金敕勒老公,并性遒直,终不负汝。可朱浑道元、刘丰生,远来投我,必无异心。潘相乐本作道人,心和厚,汝兄弟当得其力。韩轨少戆,宜宽借之。彭乐心腹难得,宜防护之。堪敌侯景者,唯有慕容绍宗,我故不贵之,留以遗汝。"又曰:"段孝先忠亮仁厚,智勇兼备,亲戚之中,唯有此子,军旅大事,宜共筹之。"又曰:"邙山之战,吾不用陈元康之言,留患遗汝,死不瞑目。"相乐,广宁人也。

以前,侯景曾与高欢有过约定,他对高欢说:"现在我在远处掌握着军队,人们很容易从中搞鬼,以后凡是您赐给我的书信都请您加一个小黑点。"高欢同意了侯景的要求。现在,侯景拿到了高欢的书信后,信上却没有黑点,便推托没有去。后来他又听说高欢的病情已经很严重了,就采纳了他的行台郎颍川人王伟的计谋,聚集军队,巩固自己的势力。

　　高欢问高澄:"虽然是我病了,可你的脸上却忧虑更多,这是为什么?"没等到高澄回答,高欢又说:"莫不是担心侯景要反叛?"高澄回答说:"是的。"高欢又说:"侯景专制河南已有十四年了,他一直有飞扬跋扈、夺取天下的志向,只有我能驾驭他,你很难驾驭他。现在,天下还没有安定,如果我死了,你不要马上发表。库狄干这位鲜卑老人,斛律金这位敕勒老人,他们俩都是性格耿直、强劲有力的人,终不会对你负心的。可朱浑道元、刘丰生他们俩远道前来投奔我,也一定没有背离我们的心意。潘相乐原来是个道人,心地和善厚道,你们兄弟几个人会得到他的帮助的。韩轨性情有点刚直,你们应宽容待他,会有助于你。彭乐的内心很难推测,应该提防他。所有人中,能够与侯景对抗的,只有慕容绍宗一人。我故意不让他得到富贵,就是要把他留下给你。"高欢接着又说:"段孝先这个人忠实、正直、坦白、仁慈、厚道,既有勇又有谋,在所有内外亲属中,只有这个人,军机大事要和他一起商量。"高欢又说道:"邙山战役时,我没有采纳陈元康的忠告,给你留下了隐患,我死不瞑目。"潘相乐是广宁人。

卷第一百六十　梁纪十六

丁卯(547)—年

高祖武皇帝十六
太清元年(丁卯,547)

1　春,正月朔,日有食之,不尽如钩。

2　壬寅,荆州刺史庐陵威王续卒。以湘东王绎为都督荆雍等九州诸军事、荆州刺史。续素贪婪,临终,有启遣中录事参军谢宣融献金银器千馀件,上方知其富,因问宣融曰:"王之金尽此乎?"宣融曰:"此之谓多,安可加也! 大王之过如日月之食,欲令陛下知之,故终而不隐。"上意乃解。

初,湘东王绎为荆州刺史,有微过,续代之,以状闻,自此二王不通书问。绎闻其死,入阁而跃,屦为之破。

3　丙午,东魏勃海献武王欢卒。欢性深密,终日俨然,人不能测,机权之际,变化若神。制驭军旅,法令严肃。听断明察,不可欺犯。擢人受任,在于得才,苟其所堪,无问厮养,有虚声无实者,皆不任用。雅尚俭素,刀剑鞍勒无金玉之饰。少能剧饮,自当大任,不过三爵。知人好士,

高祖武皇帝十六
太清元年(丁卯,公元547年)

1　春季,正月朔(初一),发生日偏食,未被遮尽的太阳像钩一样。

2　壬寅(初四),荆州刺史庐陵威王萧续去世。梁武帝任命湘东王萧绎为都督荆、雍等九州诸军事以及荆州刺史。萧续平素很贪婪,临终之时,他留下一封送交皇帝的书信,让中录事参军谢宣融献给朝廷一千多件金银器皿,梁武帝这才知道萧续如此富有,便问谢宣融:"庐陵威王萧续的金银财宝只有这些吗?"谢宣融回答说:"这些已可以说是非常多了,怎么可以更多呢!大王的过失就像日食月食一样,是有目共睹的,他想让陛下您了解这一切,所以最终没有对您隐瞒。"梁武帝心里的疙瘩这才解开了。

当初,湘东王萧绎担任荆州刺史,因为他犯下了一些小过错,萧续便取而代之,他把萧绎的过错汇报朝廷,从此以后,这两个王爷就彼此不通书信,互相不往来了。萧绎听到萧续去世的消息,进门后高兴得跳了起来,连鞋都弄破了。

3　丙午(初八),东魏勃海献武王高欢去世。高欢性格深沉谨细,一天到晚总是一副很庄严的样子,谁都不能猜测到他内心想些什么,在掌握机会和权力方面,他能千变万化,富有神通。在治理、驾驭军队方面,又能做到法令严格。他听取和断决事情,能做到明察秋毫,谁也不敢冒犯、欺骗他。在选拔人才,提升任用官员时,只注重其才能,如果能担当此任,不管其门望出身,那些徒有虚名而无实际能力的人,都不被任用。高欢平时喜好节俭朴素,所用的刀、剑、马鞍以及缰绳都没用金银玉器装饰。他年轻时很能饮酒,自从担当大任之后,饮酒便不超过三杯。他了解下属,喜欢人才,

全护勋旧。每获敌国尽节之臣,多不之罪。由是文武乐为之用。世子澄秘不发丧,唯行台左丞陈元康知之。

侯景自念己与高氏有隙,内不自安。辛亥,据河南叛,归于魏,颍州刺史司马世云以城应之。景诱执豫州刺史高元成、襄州刺史李密、广州刺史怀朔暴显等。遣军士二百人载仗暮入西兖州,欲袭取之。刺史邢子才觉之,掩捕,尽获之,因散檄东方诸州,各为之备,由是景不能取。

诸将皆以景之叛由崔暹,澄不得已,欲杀暹以谢景。陈元康谏曰:"今虽四海未清,纲纪已定。若以数将在外,苟悦其心,枉杀无辜,亏废刑典,岂直上负天神,何以下安黎庶!晁错前事,愿公慎之。"澄乃止。遣司空韩轨督诸军讨景。

4　辛酉,上祀南郊,大赦。甲子,祀明堂。

5　三月,魏诏:"自今应宫刑者,直没官,勿刑。"

6　魏以开府仪同三司若干惠为司空,侯景为太傅、河南道行台、上谷公。

庚辰,景又遣其行台郎中丁和来,上表言:"臣与高澄有隙,请举函谷以东,瑕丘以西,豫、广、郢、荆、襄、兖、南兖、济、东豫、洛、阳、北荆、北扬等十三州内附,惟青、徐数州,仅须折简。且黄河以南,皆臣所职,易同反掌。若齐、宋一平,徐事燕、赵。"上召群臣廷议。

对有功勋者和老部下都极力保护、成全。每次俘获到敌国的那些为本国尽忠尽节的大臣,大多不处罚他们。由于这样,文武百官都乐意被他使用。世子高澄封锁了高欢去世的消息,秘而不宣,只有行台左丞陈元康知道。

侯景想到自己与高家有隔阂,心里感到惴惴不安。辛亥(十三日),侯景倚仗河南而反叛东魏,归属了西魏,颍州刺史司马世云带领全城百姓响应他的行动。侯景引诱并捉住了豫州刺史高元成、襄州刺史李密、广州刺史怀朔人暴显等人。他派遣了两百人的军队,用战车载着刀、戟等兵器在黄昏时分进入了西兖州,想用偷袭的方法夺取这个州。西兖州刺史邢子才发觉了,趁敌人不备而捕捉之,侯景派出的两百人马全部被擒,于是邢子才向东方的各个州都散发了檄文,这些州各自都做了准备,因此侯景未能夺取这些地方。

各位将领都认为侯景之所以反叛是由崔暹引起的,高澄出于不得已,想要杀掉崔暹,以此向侯景道歉。陈元康劝谏高澄说:"现在虽然天下还未太平,但国家法纪已经确定。如果因为几个将领外叛,为了讨得他们的欢心,便枉杀无辜、破坏刑典,岂止有负于上苍神灵,而且又用什么来安抚黎民百姓呢!晁错之事已有前车之鉴,希望大人您慎重处理此事。"高澄听完这番话,便打消了杀崔暹的念头。高澄派遣了司空韩轨督率各路军队去讨伐侯景。

4 辛酉(二十三日),梁武帝在南郊祭祀,大赦天下。甲子(二十六日),在明堂祭祀。

5 三月,西魏朝廷诏令:"从今开始,凡是应该受到宫刑处罚的人,只把犯罪者没收入官为奴,不再用刑。"

6 西魏任命开府仪同三司若干惠为司空,侯景为太傅、河南道行台、上谷公。

庚辰,侯景又派遣他的行台郎中丁和前来梁朝,在上表中讲道:"我与高澄之间有隔阂,请允许我率领函谷关以东,瑕丘以西,豫州、广州、郢州、荆州、襄州、兖州、南兖州、济州、东豫州、洛州、阳州、北荆州、北扬州等十三个州来归附,而青州、徐州等几个州,我只要随便写封信过去就能来归降。况且黄河以南,都是我管辖的范围,行动起来易如反掌。倘若青州、徐州一旦平定,就可以随后慢慢攻取燕、赵之地了。"梁武帝召集大臣们来朝廷商议此事。

尚书仆射谢举等皆曰："顷岁与魏通和,边境无事,今纳其叛臣,窃谓非宜。"上曰："虽然,得景则塞北可清。机会难得,岂宜胶柱!"

是岁,正月乙卯,上梦中原牧守皆以其地来降,举朝称庆。旦,见中书舍人朱异,告之,且曰："吾为人少梦,若有梦必实。"异曰："此乃宇宙混壹之兆也。"及丁和至,称景定计以正月乙卯,上愈神之。然意犹未决,尝独言："我国家如金瓯,无一伤缺,今忽受景地,讵是事宜?脱致纷纭,悔之何及?"朱异揣知上意,对曰："圣明御宇,南北归仰,正以事无机会,未达其心。今侯景分魏土之半以来,自非天诱其衷,人赞其谋,何以至此!若拒而不内,恐绝后来之望。此诚易见,愿陛下无疑。"上乃定议纳景。

壬午,以景为大将军,封河南王,都督河南、北诸军事、大行台,承制如邓禹故事。平西谘议参军周弘正,善占候,前此谓人曰："国家数年后当有兵起。"及闻纳景,曰："乱阶在此矣!"

7　丁亥,上耕藉田。

8　三月庚子,上幸同泰寺,舍身如大通故事。

9　甲辰,遣司州刺史羊鸦仁督兖州刺史桓和、仁州刺史湛海珍等,将兵三万趣悬瓠,运粮食应接侯景。

尚书仆射谢举等人都说："近年来，我们与魏友好往来，边境地区一直平安无事，现在若要收留其叛逆之臣，我们私下都认为不太合适。"梁武帝回答说："尽管如此，如果得到侯景的话，塞北就可以到手了。机会难得，怎么能胶柱鼓瑟而不知变通呢。"

这一年的正月乙卯(十七日)，梁武帝梦见中原地区的牧守们都献地来投降，举朝上下一片欢庆。早晨起来，梁武帝遇见中书舍人朱异，便把做梦的事告诉了他，并说："我这个人很少做梦，如果做了梦，梦中之事就一定会应验。"朱异忙说："这是天下要统一的征兆。"等到丁和前来告诉梁武帝，说侯景定下计策要在正月乙卯(十七)这天行动，梁武帝就更相信这种巧合充满了神秘。但是他的决心还没有完全定下，曾自言自语地说："我的国家像金瓯一样，无一伤缺之处，现在忽然要接受侯景送来的土地，这难道是合乎事理的吗？倘若因此而引起混乱，后悔怎么来得及呢？"朱异揣摩到了梁武帝的心思，便对梁武帝说："陛下圣明无比，君临天下，南北方的人都仰慕、归心于您，只是因为没有机会奉事您，所以其心意一直没有实现。现在，侯景把魏的一半土地分割出来归附您，如果不是天意引导他的心，人们又赞助他的打算，怎么会走到这一步呢！如果拒绝侯景，不收留他，恐怕就会堵绝了随后准备来归降的人的希望。这些实在是显而易见的，希望陛下您不要犹豫。"梁武帝听完这席话，于是决定接纳侯景。

壬午，梁武帝任命侯景为大将军，封他为河南王，让他担任都督河南、北诸军事及大行台之职，并特意授权他可以如后汉的邓禹那样秉承皇帝的旨意发号施令。平西谘议参军周弘正擅长观察天象变化而预测吉凶，他在侯景投奔梁朝之前曾对人说："几年之后国内会有兵戈之乱。"等他听说梁武帝接纳了侯景，便说："祸乱的根子就此而种下了。"

7 丁亥，梁武帝耕种藉田。

8 三月庚子(初三)，梁武帝临幸同泰寺，举行舍身仪式，和大通元年那次一样。

9 甲辰(初九)，梁武帝派司州刺史羊鸦仁督率兖州刺史桓和、仁州刺史湛海珍等人，带领三万人马向悬瓠方向靠近，运送粮食以接应侯景。

10　魏大赦。

11　东魏高澄虑诸州有变，乃自出巡抚。留段韶守晋阳，委以军事。以丞相功曹赵彦深为行台都官郎中。使陈元康豫作丞相欢条教数十纸付韶及彦深，在后以次行之。临发，握彦深手泣曰："以母、弟相托，幸明此心！"夏，四月壬申，澄入朝于邺。东魏主与之宴，澄起舞，识者知其不终。

12　丙子，群臣奉赎。丁亥，上还宫，大赦，改元，如大通故事。

13　甲午，东魏遣兼散骑常侍李係来聘。係，绘之弟也。

14　五月丁酉朔，东魏大赦。

15　戊戌，东魏以襄城王旭为太尉。

高澄遣武卫将军元柱等将数万众昼夜兼行以袭侯景，遇景于颍川北，柱等大败。景以羊鸦仁等军犹未至，乃退保颍川。

16　甲辰，东魏以开府仪同三司库狄干为太师，录尚书事孙腾为太傅，汾州刺史贺拔仁为太保，司徒高隆之录尚书事，司空韩轨为司徒，青州刺史尉景为大司马，领军将军可朱浑道元为司空，仆射高洋为尚书令、领中书监，徐州刺史慕容绍宗为尚书左仆射，高阳王斌为右仆射。戊午，尉景卒。

17　韩轨等围侯景于颍川。景惧，割东荆、北兖州、鲁阳、长社四城赂魏以求救。尚书左仆射于谨曰："景少习兵，奸诈难测，不如厚其爵位以观其变，未可遣兵也。"荆州刺史王思政以为："若不因机进取，后悔无及。"即以荆州步骑万馀从鲁阳关向阳翟。丞相泰闻之，加景大将军兼尚书令，遣太尉李弼、仪同三司赵贵将兵一万赴颍川。

10　西魏大赦天下。

11　东魏高澄担心各州会出现变故，便亲自外出巡视各地，安抚下属。他让段韶留下守卫晋阳，并委以军事重任。又让丞相功曹赵彦深担任了大行台都官郎中。并让陈元康把事先写在几十张纸上，以丞相高欢的名义发布的命令，交给段韶和赵彦深，让他们在自己走后按顺次去执行。临出发之前，高澄握住赵彦深的手，哭着对他说："我把自己的母亲、弟弟托付给你了，希望你明白我的心思！"夏季，四月壬申（初六），高澄到邺城去朝见东魏国主。东魏孝静帝设宴招待他，席间，高澄翩翩起舞，有识之人都知道高澄不会有好下场。

12　丙子（初十），梁朝文武百官给佛门捐钱为梁武帝赎身。丁亥（二十一日），梁武帝回到了皇宫，大赦天下，改换年号为太清，就像大通年间那样。

13　甲午（二十八日），东魏派兼散骑常侍李係出使梁朝。李係是李绘的弟弟。

14　五月丁酉朔（初一），东魏大赦天下。

15　戊戌（初二），东魏任命襄城王元旭当太尉。

东魏高澄派遣武卫将军元柱等人率领几万大军日夜兼程去袭击侯景，在颍川北面与侯景相遇，结果元柱等人遭到惨败。侯景因为羊鸦仁等人的军队还没有赶到，于是，便退守颍川。

16　甲辰（十八日），东魏任命开府仪同三司库狄干为太师，录尚书事孙腾为太傅，汾州刺史贺拔仁为太保，司徒高隆之为录尚书事，司空韩轨为司徒，青州刺史尉景为大司马，领军将军可朱浑道元为司空，仆射高洋为尚书令、领中书监，徐州刺史慕容绍宗为尚书左仆射，高阳王元斌为右仆射。戊午（二十二日），尉景去世。

17　韩轨等人率军把侯景包围在颍川。侯景见这种状况，害怕了，便把东荆、北兖州、鲁阳、长社四座城割让给了西魏，用此来贿赂西魏，以便取得其援救。西魏尚书左仆射于谨说："侯景从少年时就习武练兵，为人奸诈，难以揣测，所以不如封以他高官厚禄，看看他的变化再说，先不要派兵去援救他。"荆州刺史王思政却认为："如果不抓住时机进取，后悔就来不及了。"于是便派荆州的一万多名步兵和骑兵经鲁阳关向阳翟进发。西魏丞相宇文泰知道情况之后便封侯景为大将军兼尚书令，并派遣太尉李弼、仪同三司赵贵率领一万人马赶赴颍川去为侯景解围。

景恐上责之,遣中兵参军柳昕奉启于上,以为:"王旅未接,死亡交急,遂求援关中,自救目前。臣既不安于高氏,岂见容于宇文!但螫手解腕,事不得已,本图为国,愿不赐咎!臣获其力,不容即弃,今以四州之地为饵敌之资,已令宇文遣人入守。自豫州以东,齐海以西,悉臣控压。见有之地,尽归圣朝,悬瓠、项城、徐州、南兖,事须迎纳。愿陛下速敕境上,各置重兵,与臣影响,不使差互!"上报之曰:"大夫出境,尚有所专。况始创奇谋,将建大业,理须适事而行,随方以应。卿诚心有本,何假词费!"

18 魏以开府仪同三司独孤信为大司马。

19 六月戊辰,以鄱阳王范为征北将军,总督汉北征讨诸军事,击穰城。

20 东魏韩轨等围颍川,闻魏李弼、赵贵等将至,乙巳,引兵还邺。侯景欲因会执弼与贵,夺其军。贵疑之,不往。贵欲诱景入营而执之,弼止之。羊鸦仁遣长史邓鸿将兵至汝水,弼引兵还长安。王思政入据颍川。景阳称略地,引兵出屯悬瓠。

景复乞兵于魏,丞相泰使同轨防主韦法保及都督贺兰愿德等将兵助之。大行台左丞蓝田王悦言于泰曰:"侯景之于高欢,始敦乡党之情,终定君臣之契,任居上将,位重台司。今欢始死,景遽外叛,盖所图甚大,终不为人下故也。且彼能背德于高氏,岂肯尽节于朝廷!今益之以势,援之以兵,窃恐贻笑将来也。"泰乃召景入朝。

侯景怕梁武帝责怪他向西魏求援一事,便派中兵参军柳昕给梁武帝送去一封信,上面说道:"陛下您派出的军队还没有来到,而我这里生死攸关,情况十分危急,便向关中求援,以便挽救自己所面临的危机。我既不能安处于高澄手下,又怎么会被宇文泰所容纳?但是手遭毒蛇螫咬而连手腕去掉,这是万不得已之事,本心是想着为国,希望您不要怪罪我!我得到了关中的帮助,所以不能马上就背弃他们,现在我把四个州的地方当作引敌人上钩的诱饵,已经让宇文泰派了军队进入颍川,帮助我守卫这里。从豫州以东到旧齐国沿海以西的地区,都在我的控制范围之内。我的这些现在实有的土地,都归于梁朝所有,悬瓠、项城、徐州、南兖这些地方,只需要派人去劝降,加以接管就可以了。希望陛下您迅速向边境下发命令,让他们各置重兵,与我呼应,相互之间不要发生差错误会!"梁武帝回答说:"大夫离开国境,还有自作主张的权限呢。何况你始创奇谋,将建大业,理应根据事情的发展而行事,随机应变。您一片诚意,心系朝廷,何须多加解释呢?"

18 西魏任命开府仪同三司独孤信为大司马。

19 六月戊辰(初三),西魏委任鄱阳王元范为征北将军,令他总督汉北征讨诸军事,去进攻穰城。

20 东魏的韩轨等人包围了颍川,得知西魏的李弼、赵贵等人将要领兵到来时,便在乙巳那天,带领军队撤回邺城。侯景想趁会面之机抓获李弼和赵贵二人,夺取他们的军队。赵贵对侯景产生怀疑,不去颍川与侯景相会。赵贵想把侯景诱入军营而趁机拘捕他,李弼制止了赵贵这一做法。这时,羊鸦仁派长史邓鸿率领军队到了汝水,李弼便率领军队回到了长安。王思政带兵占据颍川。侯景假称要攻取州郡,带领军队出颍川城,驻扎在悬瓠。

侯景又向西魏乞求援兵,丞相宇文泰让同轨郡的防主韦法保以及都督贺兰愿德等人率领军队前去帮助他。大行台左丞蓝田人王悦对宇文泰说:"侯景同高欢之间,开始是亲密的乡党关系,最终变成了君臣关系,侯景位居上将,权倾朝廷。而今高欢刚刚死去,侯景便很快外叛,这是因为他的图谋很大,终不甘居人下的缘故。况且他能对高氏背信弃义,又怎么会为西魏朝廷尽忠尽节呢?现在您扩大他的势力,派兵去援助他,我私下担心这样会让后人耻笑的。"于是宇文泰便派人召侯景入朝。

景阴谋叛魏,事计未成,厚抚韦法保等,冀为己用,外示亲密无猜间。每往来诸军间,侍从至少,魏军中名将,皆身自造诣。同轨防长史裴宽谓法保曰:"侯景狡诈,必不肯入关,欲托款于公,恐未可信。若伏兵斩之,此亦一时之功也。如其不尔,即应深为之防,不得信其诳诱,自贻后悔。"法保深然之,不敢图景,但自为备而已。寻辞还所镇。王思政亦觉其诈,密召贺兰愿德等还,分布诸军,据景七州、十二镇。景果辞不入朝,遗丞相泰书曰:"吾耻与高澄雁行,安能比肩大弟!"泰乃遣行台郎中赵士宪悉召前后所遣诸军援景者。景遂决意来降。魏将任约以所部千馀人降于景。

泰以所授景使持节、太傅、大将军、兼尚书令、河南大行台、都督河南诸军事回授王思政,思政并让不受。频使敦谕,唯受都督河南诸军事。

21 高澄将如晋阳,以弟洋为京畿大都督,留守于邺,使黄门侍郎高德政佐之。德政,颢之子也。丁丑,澄还晋阳,始发丧。

22 秋,七月,魏长乐武烈公若干惠卒。

23 丁酉,东魏主为丞相欢举哀,服缌缞,凶礼依汉霍光故事,赠相国、齐王,备九锡殊礼。戊戌,以高澄为使持节、大丞相、都督中外诸军、录尚书事、大行台、勃海王。澄启辞爵位。壬寅,诏太原公洋摄理军国,遣中使敦谕澄。

24 庚申,羊鸦仁入悬瓠城。甲子,诏更以悬瓠为豫州,寿春为南豫州,改合肥为合州。以鸦仁为司、豫二州刺史,镇悬瓠;西阳太守羊思达为殷州刺史,镇项城。

侯景暗中打算反叛西魏，但计划没有实现，便优抚韦法保等人，希望他们能替自己效力，对外界也做出亲密无间的样子。侯景每每来往于各个军队之间，带的侍从极少，对于西魏军队中的各个著名将领，他都亲自去拜访他们。同轨防长史裴宽对韦法保说："侯景为人奸诈狡猾，一定不肯应宇文丞相之召而入关，他肯定要通过您向朝廷讲情，恐怕不可以相信他。如果埋伏兵士斩了他，这也是一时的功劳啊。如果你不这样，我们就应该深深地提防他，不能轻信他的欺骗和引诱，以致为自己留下悔恨。"韦法保非常赞同裴宽的话，不敢杀掉侯景，只是自己加强了防卫罢了。后来，他找了个借口便回自己的镇所去了。王思政也觉得侯景在欺骗他，就秘密把贺兰愿德等人召回来，分别部署了各路军队，占领了侯景所管辖的七个州，十二个镇。侯景果然推辞而不肯入朝，他在给宇文泰的信中说："我耻于同高澄并行，又怎么能同大弟您比肩呢！"宇文泰收到了这封信后，便派行台郎中赵士宪将以前派去的救援侯景的各路军队全部召回。于是，侯景便决心投降梁朝。西魏将领任约带领所属的一千多名将士投降了侯景。

西魏丞相宇文泰把以前授给侯景的使持节、太傅、大将军、兼尚书令、河南大行台、都督河南诸军事等官职收回并转授给了王思政，王思政一并推辞不受。宇文泰频繁地派人带着他的谕旨敦促王思政走马上任，最后，王思政只接受了都督河南诸军事这一职务。

21　高澄将要去晋阳，便任命他的弟弟高洋为京畿大都督，让他留守邺城，并让黄门侍郎高德政来辅佐他。高德政是高颢的儿子。丁丑（十二日），高澄回到晋阳，方才开始为高欢发丧。

22　秋季，七月，西魏长乐武烈公若干惠去世。

23　丁酉（初二），东魏孝静帝为丞相高欢举行哀悼仪式，穿上了缌缞丧服，丧礼依照汉代霍光去世时的规格而进行，追封高欢为相国、齐王，并备之九锡之礼。戊戌（初三），东魏孝静帝任命高澄为使持节、大丞相、都督中外诸军、录尚书事、大行台、勃海王。高澄启奏孝静帝，请求辞去封给他的爵位。壬寅（初七），孝静帝颁下诏书，令太原公高洋摄理军政大事，并派宦官敦促高澄听从圣旨，走马上任。

24　庚申（二十五日），羊鸦仁进入了悬瓠城。甲子（二十九日），梁武帝诏令改悬瓠为豫州，改寿春为南豫州，改合肥为合州。任命羊鸦仁为司、豫两州刺史，镇守悬瓠；任命西阳太守羊思达为殷州刺史，镇守项城。

25　八月乙丑，下诏大举伐东魏。遣南豫州刺史贞阳侯渊明、南兖州刺史南康王会理分督诸将。渊明，懿之子；会理，续之子也。始，上欲以鄱阳王范为元帅。朱异取急在外，闻之，遽入曰："鄱阳雄豪盖世，得人死力，然所至残暴，非吊民之材。且陛下昔登北顾亭以望，谓江右有反气，骨肉为戎首，今日之事，尤宜详择。"上默然，曰："会理何如？"对曰："陛下得之矣。"会理懦而无谋，所乘襻舆，施板屋，冠以牛皮。上闻，不悦。贞阳侯渊明时镇寿阳，屡请行，上许之。会理自以皇孙，复为都督，自渊明已下，殆不对接。渊明与诸将密告朱异，追会理还，遂以渊明为都督。

26　辛未，高澄入朝于邺，固辞大丞相，诏为大将军如故，馀如前命。

甲申，虚葬齐献武王于漳水之西。潜凿成安鼓山石窟佛寺之旁为穴，纳其枢而塞之，杀其群匠。及齐之亡也，一匠之子知之，发石取金而逃。

27　戊子，武州刺史萧弄璋攻东魏磧泉、吕梁二戍，拔之。

28　或告东魏大将军澄云："侯景有北归之志。"会景将蔡道遵北归，言"景颇知悔过"。景母及妻子皆在邺，澄乃以书谕之，语以阖门无恙，若还，许以豫州刺史终其身，还其宠妻、爱子，所部文武，更不追摄。景使王伟复书曰："今已引二邦，

25　八月乙丑(初一),梁武帝诏令派大量军队去讨伐东魏。他派遣南豫州刺史贞阳侯萧渊明、南兖州刺史南康王萧会理分别督率各位将领进攻东魏。萧渊明是萧懿的儿子,萧会理是萧续的儿子。开始,梁武帝想让鄱阳王萧范担任元帅。朱异正在外面休假,听说梁武帝要让萧范担任元帅,急忙进朝对梁武帝说:"鄱阳王虽然是英雄豪杰,盖世无双,许多人为他竭尽全力地效劳,但他所到之处非常残忍凶暴,不是个能爱惜百姓的人。况且陛下您往日登上北顾亭眺望远方时曾说长江西边的地区有反气,骨肉之亲为戎首,所以由谁挂帅之事尤其应该仔细选择一下。"梁武帝沉默不语,又问道:"萧会理如何呢?"朱异回答说:"陛下选对人了。"萧会理怯懦而又少谋,他所乘坐的抬轿,用木板屋子的形状,外面蒙着牛皮。梁武帝知道之后,很不高兴。贞阳侯萧渊明此时正镇守寿阳,他多次向梁武帝请求去带兵打仗,梁武帝允许了。而萧会理自恃是皇帝的孙子,又担任了都督,便不把众人放在眼里,自萧渊明以下的人,一概不与理睬。萧渊明便和诸位将领一起把这件事秘密通报给了朱异,朱异派人把萧会理追了回来,就让萧渊明担任了都督。

26　辛未(初七),东魏高澄来到邺城朝拜,坚定地辞去了大丞相的职务,东魏孝静帝又像从前一样诏令他为大将军,其他职务还同以前任命的那样。

甲申(二十日),东魏把齐献武王高欢先虚葬在漳水之西。又在成安县鼓山石窟佛寺旁边秘密挖了一个墓穴,把齐献武王的灵柩放进穴内,然后把所有工匠都杀掉了。等到北齐灭亡时,一位工匠的儿子知道了齐献武王的安葬地点,撬开了石板,取出了墓穴中的黄金便逃走了。

27　戊子(二十四日),武州刺史萧弄璋带兵去攻打东魏的碛泉、吕梁二座城堡,并占领了它们。

28　有人告诉东魏大将军高澄:"侯景有北归之意。"这时正好侯景的将领蔡道遵回到了东魏,讲道:"侯景有所悔过。"侯景的母亲和妻子儿女都住在邺城,高澄便写信告诉侯景,说他的全家人都安然无恙,如果他肯回到东魏,便许诺让他终身担任豫州刺史,并还他宠妻爱子,对于他手下的文武官员,更是既往不咎。侯景指使手下人王伟给高澄回信说:"现在,我已经带领梁和西魏的军队,

扬旌北讨,熊豹齐奋。克复中原,幸自取之,何劳恩赐! 昔王陵附汉,母在不归,太上囚楚,乞羹自若,矧伊妻子,而可介意! 脱谓诛之有益,欲止不能,杀之无损,徒复坑戮,家累在君,何关仆也!"

戊子,诏以景录行台尚书事。

29 东魏静帝,美容仪,旅力过人,能挟石师子逾宫墙,射无不中。好文学,从容沈雅。时人以为有孝文风烈,大将军澄深忌之。

始,献武王自病逐君之丑,事静帝礼甚恭,事无大小必以闻,可否听旨。每侍宴,俯伏上寿。帝设法会,乘辇行香,欢执香炉步从,鞠躬屏气,承望颜色,故其下奉帝莫敢不恭。

及澄当国,倨慢顿甚,使中书黄门郎崔季舒察帝动静,大小皆令季舒知之。澄与季舒书曰:"痴人比复何似? 痴势小差未? 宜用心检校。"帝尝猎于邺东,驰逐如飞,监卫都督乌那罗受工伐从后呼曰:"天子勿走马,大将军嗔!"澄尝侍饮酒,举大觞属帝曰:"臣澄劝陛下酒。"帝不胜忿,曰:"自古无不亡之国,朕亦何用此生为!"澄怒曰:"朕? 朕? 狗脚朕!"使崔季舒殴帝三拳,奋衣而出。明日,澄使季舒入劳帝,帝亦谢焉,赐季舒绢百匹。

举旗北伐,兵卒们士气高涨。恢复中原地区,我希望能自己攻取,怎么能有劳您来恩赐给我呢!从前王陵归附了刘邦,母亲被项羽抓去他仍不肯回去;刘邦的父亲被项羽囚禁了,项羽威胁要杀掉其父,刘邦却坦然地向项羽讨要煮他父亲的肉汤喝,父母尚且如此,何况是妻子儿女,那就更不介意了!如果说杀掉我的母亲、妻子和孩子对你有利的话,我想阻止你也是阻止不了的,如果杀掉他们对我毫无损害,那么您杀戮了他们也是徒然,反正我的家室全在您手中,如何处置,与我有什么相关啊!"

戊子(二十四日),梁武帝诏令委任侯景为录行台尚书事。

29 东魏孝静帝容貌、仪表俊美,力大无比,能把石狮子夹在胳膊下面飞身跳过宫墙,射箭百发百中。他还喜好文学,行止从容沉稳,性情高雅。当时的人都认为他有北魏孝文帝之风范,因此大将军高澄特别防范他。

以前,献武王高欢自恨背上了驱逐君主的丑名,所以侍奉孝静帝时执礼甚恭,事无大小都一定汇报给孝静帝,听旨而行,自己从不专权。每次侍宴,他都俯下身子向皇帝祝寿。孝静帝举办法会,乘坐銮驾去进香时,他手持香炉,徒步跟在后面,屏住气息,弯腰鞠躬,看皇上的眼色行事,所以他的下属在侍奉孝静帝时也没有人敢不恭。

高澄执掌国家大权后,很快就骄傲自大起来,他让中书黄门郎崔季舒暗中窥探皇帝的举动,孝静帝所做的大大小小的事都让崔季舒知道了。高澄写给崔季舒的信中说:"那疯子比以前怎么样了?他疯癫的程度比以前稍好一点了没有?你应该用心去检查、核对一下。"孝静帝曾在邺城的东边打猎,骑马逐兽如飞,监卫都督乌那罗受工伐跟在孝静帝的马后高声呼喊着:"皇上不要让马跑起来,大将军要怪罪的!"高澄曾经陪着孝静帝饮酒,他举起一尊大酒杯向孝静帝劝酒说:"臣高澄劝陛下喝一杯。"那样子好像他们是平起平坐一样,孝静帝不胜愤怒,对高澄说:"自古以来没有不灭亡的国家,朕还要这一生干什么?"高澄恼羞成怒地说:"什么朕、朕的,是长着狗脚的朕!"又让崔季舒打了孝静帝三拳,然后奋衣而出。第二天,高澄让崔季舒进宫去慰问孝静帝,孝静帝也对崔季舒的来视看表示感谢,并且赏赐给他一百匹绢。

帝不堪忧辱，咏谢灵运诗曰："韩亡子房奋，秦帝仲连耻。本自江海人，忠义动君子。"常侍、侍讲颍川荀济知帝意，乃与祠部郎中元瑾、长秋卿刘思逸、华山王大器、淮南王宣洪、济北王徽等谋诛澄。大器，鸷之子也。帝谬为敕问济曰："欲以何日开讲？"乃诈于宫中作土山，开地道向北城。至千秋门，门者觉地下响，以告澄。澄勒兵入宫，见帝，不拜而坐，曰："陛下何意反？臣父子功存社稷，何负陛下邪！此必左右妃嫔辈所为。"欲杀胡夫人及李嫔。帝正色曰："自古唯闻臣反君，不闻君反臣。王自欲反，何乃责我！我杀王则社稷安，不杀则灭亡无日，我身且不暇惜，况于妃嫔！必欲弑逆，缓速在王！"澄乃下床叩头，大啼谢罪。于是酣饮，夜久乃出。居三日，幽帝于含章堂。壬辰，烹济等于市。

初，济少居江东，博学能文。与上有布衣之旧，知上有大志，然负气不服，常谓人曰："会于盾鼻上磨墨檄之。"上甚不平。及即位，或荐之于上，上曰："人虽有才，乱俗好反，不可用也。"济上书谏上崇信佛法、为塔寺奢费，上大怒，欲集朝众斩之，朱异密告之，济逃奔东魏。澄为中书监，欲用济为侍读，献武王曰："我爱济，欲全之，故不用济。济入宫，必败。"澄固请，乃许之。及败，侍中杨遵彦谓之曰："衰暮何苦复尔？"

孝静帝忍受不了这种侮辱,便借吟咏谢灵运的诗来抒发自己的情怀:"韩亡子房奋,秦帝仲连耻。本自江海人,忠义动君子。"常侍、侍讲颍川人荀济了解孝静帝的心思,便和祠部郎中元瑾、长秋卿刘思逸、华山王元大器、淮南王元宣洪,济北王元徽等人一起密谋杀掉高澄。元大器是元鸷的儿子。孝静帝降旨假意问荀济:"您打算在什么时间开讲?"于是便借口要在皇宫里修一座土山,挖了一条通向城北的地道。地道挖到了千秋门时,守门的兵卒发觉地下有响动,便把这一情况告诉了高澄。高澄带着兵士入宫,见到了孝静帝,没有叩拜便坐下来,问道:"陛下为什么要谋划反叛?我们父子有保存国家的功绩,有什么对不起陛下的地方呢?这一定是您身边侍卫人员和嫔妃们所搞的鬼。"说完便要杀掉胡夫人以及李嫔。孝静帝板起面孔说道:"自古以来只听说过臣子反叛君王,没听说过君王反叛臣子。你自己要造反,又何必还要责怪我呢!我杀掉你江山社稷就会安定,不杀则国家就会很快灭亡。我对自己都没时间去爱惜,何况对这些嫔妃呢!如果你一定要反叛弑杀我的话,是早动手还是晚动手就在于你自己了!"高澄听完这些话,便离开坐床向孝敬帝叩头,痛哭流涕地向孝静帝道歉、请罪。于是,一起痛饮,直到深夜,高澄才离开皇宫。隔了三天,高澄便把孝静帝囚禁在了含章堂里。壬辰(二十八日),把荀济等人在街市上用大锅煮死了。

　　当初,荀济年轻时住在江东,他学识渊博,擅长诗文。他与梁武帝有布衣交情,知道梁武帝有远大的志向,但心里却不服气,常常对别人说:"如果他真有不凡作为的话,我也将起兵,在战场的盾鼻上磨墨写檄文来声讨他的罪孽。"梁武帝知道后非常愤愤不平。等到梁武帝即位后,有人将荀济推荐给他,梁武帝说:"这个人虽然有才,但他常常做违犯俗规的事,喜好造反,不可以任用他。"荀济上书梁武帝劝谏他不该崇信佛法,而大兴土木,为建造寺塔而靡费天下,梁武帝勃然大怒,要召集朝臣斩杀荀济,朱异将这一消息密告荀济,荀济便逃往东魏。高澄担任中书监之职时,想让荀济担任侍读,献武王高欢对高澄说:"我喜爱荀济,想保全他,所以才不任用他。荀济一旦进入皇宫,必定会失败。"高澄坚决请求允许让荀济做侍读,高欢才答应了。等到密谋杀掉高澄一事败露,侍中杨遵彦对荀济说:"你已是衰暮之年,何必再如此呢?"

济曰："壮气在耳!"因下辨曰："自伤年纪摧颓,功名不立,故欲挟天子,诛权臣。"澄欲宥其死,亲问之曰："荀公何意反?"济曰："奉诏诛高澄,何谓反!"有司以济老病,鹿车载诣东市,并焚之。

澄疑谘议温子昇知瑾等谋,方使之作《献武王碑》,既成,饿于晋阳狱,食弊襦而死。弃尸路隅,没其家口,太尉长史宋遊道收葬之。澄谓遊道曰："吾近书与京师诸贵论及朝士,以卿僻于朋党,将为一病。今乃知卿真是重故旧、尚节义之人,天下人代卿怖者,是不知吾心也。"九月辛丑,澄还晋阳。

30　上命萧渊明堰泗水于寒山以灌彭城,俟得彭城,乃进军与侯景掎角。癸卯,渊明军于寒山,去彭城十八里,断流立堰。侍中羊侃监作堰,再旬而成。东魏徐州刺史太原王则婴城固守,侃劝渊明乘水攻彭城,不从。诸将与渊明议军事,渊明不能对,但云"临时制宜"。

31　冬,十一月,魏丞相泰从魏主狩于岐阳。

32　东魏大将军澄使大都督高岳救彭城,欲以金门郡公潘乐为副。陈元康曰："乐缓于机变,不如慕容绍宗。且先王之命也。公但推赤心于斯人,景不足忧也。"时绍宗在外,澄欲召见之,恐其惊叛。元康曰："绍宗知元康特蒙顾待,新使人来饷金。元康欲安其意,受之而厚答其书,保无异也。"乙酉,

苟济回答说:"我年纪虽大了,但壮气还在!"于是杨遵彦便在狱辞中写道:"苟济自伤年纪衰老,还没有建立功名,所以便挟持天子,诛杀权臣。"高澄想宽宥苟济,免他一死,亲自去问他:"苟公为什么要谋反?"苟济回答说:"我奉皇帝的诏令去捕杀高澄,怎么叫谋反呢!"有司认为苟济年老多病,就用鹿车载着他来到东市,用火烧死了他。

高澄怀疑谘议温子昇知道元瑾等人的阴谋,便让他撰写《献武王碑》,作好之后,就把他关进了晋阳监狱,不给饭吃,饿极了,便吃自己穿的破短袄,终于死去。高澄叫人把他的尸体抛在路边,又把他的家口没收入官府为奴婢,太尉长史宋遊道收葬了他。高澄对宋遊道说:"我最近写信给京师的各位达官贵人,谈论到了一些朝廷中的人,认为你疏远朋党,将会给你带来祸灾。现在才知道你是注重老交情、崇尚气节、讲义气的人,天底下那些替你惶恐不安的人,是因为不了解我的心思啊!"九月辛丑(初七),高澄回到了晋阳。

30 梁武帝命令萧渊明在寒山一带筑堰挡泗水淹灌彭城,等到夺取了彭城,便进军与侯景形成掎角之势而夹击敌人。癸卯(初九),萧渊明驻军于寒山,他在离彭城十八里远的地方修堰截流。侍中羊侃负责监督修建堰坝,只用了二十天时间便建成。东魏徐州刺史太原人王则环城固守。羊侃奉劝萧渊明趁着水势攻打彭城,萧渊明没有听从。众将领与萧渊明一起商议军机大事,萧渊明不能做出决断,只是说:"到时再根据情况采取相应措施。"

31 冬季,十一月,西魏丞相宇文泰跟随西魏文帝到岐阳打猎。

32 东魏大将军高澄派遣大都督高岳去援救彭城,并想让金门郡公潘乐担任高岳的副手。陈元康对高澄说:"潘乐反应比较迟缓,不能随机应变,不如慕容绍宗。何况让慕容绍宗去对付侯景也是先王高欢的命令。您只要赤诚对待慕容绍宗,侯景是不足为虑的。"当时慕容绍宗正在外地,高澄想召见他,又怕他受惊起疑心反叛。陈元康对高澄说:"慕容绍宗知道我陈元康特别受您的照顾和优待,最近慕容绍宗又派人来馈赠我黄金。我为了让他放心,便接受了这些黄金并在给他的回信中厚谢了他,所以可以保证他不会另有异心。"乙酉,

以绍宗为东南道行台,与岳、乐偕行。初,景闻韩轨来,曰:"啖猪肠儿何能为!"闻高岳来,曰:"兵精人凡。"诸将无不为所轻者。及闻绍宗来,叩鞍有惧色,曰:"谁教鲜卑儿解遣绍宗来! 若然,高王定未死邪?"

澄以廷尉卿杜弼为军司,摄行台左丞,临发,问以政事之要、可为戒者,使录一二条。弼请口陈之,曰:"天下大务,莫过赏罚。赏一人使天下之人喜,罚一人使天下之人惧,苟二事不失,自然尽美。"澄大悦,曰:"言虽不多,于理甚要。"

绍宗帅众十万据橐驼岘。羊侃劝贞阳侯渊明乘其远来击之,不从,旦日,又劝出战,亦不从。侃乃帅所领出屯堰上。

丙午,绍宗至城下,引步骑万人攻潼州刺史郭凤营,矢下如雨。渊明醉,不能起,命诸将救之,皆不敢出。北兖州刺史胡贵孙谓谯州刺史赵伯超曰:"吾属将兵而来,本欲何为,今遇敌而不战乎?"伯超不能对。贵孙独帅麾下与东魏战,斩首二百级。伯超拥众数千不敢救,谓其下曰:"虏盛如此,与战必败,不如全军早归。"皆曰"善!"遂遁还。

初,侯景常戒梁人曰:"逐北不过二里。"绍宗将战,以梁人轻悍,恐其众不能支,一一引将卒谓之曰:"我当阳退,诱吴儿使前,尔击其背。"东魏兵实败走,梁人不用景言,乘胜深入。魏将卒以绍宗之言为信,争共掩击之,梁兵大败,贞阳侯渊明及胡贵孙、

东魏让慕容绍宗担任了东南道行台,使他与高岳、潘乐一起去援救彭城。当初,侯景听说韩轨要来,便说:"这个吃猪肠子的小子能干些什么!"当侯景听说高岳要来,又说:"兵士倒是很精锐,但领兵的人很一般。"各位将领没有不被侯景轻视的。但是,当侯景听说慕容绍宗要来时,便敲打着马鞍,脸上露出恐惧的神色,说:"谁使高澄这个鲜卑小子懂得派遣慕容绍宗来呢! 如果这样,高王就一定没有死去!"

高澄任命廷尉卿杜弼为军司,代理行台左丞,临出发时,高澄询问了他一些政事要点以及需要防备之处,并让他写出一两条来。杜弼请求口述给高澄,他说:"天下的大事,没有比赏罚更重要的了。奖赏一人而使天下的人都高兴,惩罚一人而使天下的人都害怕,如果做到了这两点,自然就会尽善尽美了。"高澄听后非常高兴,说:"话虽然说得不多,道理却很重要。"

慕容绍宗率领十万人马占据了橐驼岘。羊侃劝贞阳侯萧渊明趁着慕容绍宗远道而来,人困马乏之时去攻打他,萧渊明没有听从羊侃的劝告。第二天,羊侃又规劝萧渊明出战,萧渊明还是没有听从他的话。于是羊侃率领他的部下离开了萧渊明驻扎到了新修好的堰坝上。

丙午(十三日),慕容绍宗的军队来到城下,他带领一万多名步兵和骑兵攻打潼州刺史郭凤的军营,箭像雨点一样纷纷射来。萧渊明饮酒醉了,不能起床,他命令将领们去援救郭凤,但没有人敢出战。北兖州刺史胡贵孙对谯州刺史赵伯超说:"我们这些人带兵来这里,是来做什么的,现在遇到了敌人,难道不去应战吗?"赵伯超无以对答。胡贵孙便独自率领自己的军队与东魏的军队作战,斩了两百名东魏人。赵伯超拥有几千人马却不敢前去救援,对自己的部下说:"敌军如此强盛,与他们交战一定会失败,倒不如保全军队早日回去。"他的手下人都说:"好!"于是,赵伯超便逃回去了。

当初,侯景常常告诫梁朝人说:"追杀溃退的军队不要超过二里地。"慕容绍宗将要出战,他认为梁朝士兵轻巧灵活,且又很勇敢,害怕自己的军队打不过他们,便一一召见手下的将士们,对他们说:"我假装败退,引诱梁军向前追,你们从背后攻打他们。"交战中,东魏的军队果真败退逃跑,但梁朝军队没有听从侯景的话,乘胜而深入追击。东魏的将士都听信了慕容绍宗的话,争相从背后对梁朝军队忽然发起攻击,梁朝军队大败,贞阳侯萧渊明以及胡贵孙、

赵伯超等皆为东魏所虏,失亡士卒数万人。羊侃结陈徐还。

上方昼寝,宦者张僧胤白朱异启事,上骇之,遽起升舆,至文德殿阁。异曰:"韩山失律。"上闻之,恍然将坠床。僧胤扶而就坐,乃叹曰:"吾得无复为晋家乎!"

郭凤退保潼州,慕容绍宗进围之。十二月甲子朔,凤弃城走。

东魏使军司杜弼作檄移梁朝曰:"皇家垂统,光配彼天,唯彼吴、越,独阻声教。元首怀止戈之心,上宰薄兵车之命,遂解絷南冠,喻以好睦。虽嘉谋长算,爰自我始,罢战息民,彼获其利。侯景竖子,自生猜贰,远托关、陇,依凭奸伪,逆主定君臣之分,伪相结兄弟之亲,岂曰无恩,终成难养,俄而易虑,亲寻干戈。衅暴恶盈,侧首无托,以金陵逋逃之薮,江南流寓之地,甘辞卑礼,进贽图身,诡言浮说,抑可知矣。而伪朝大小,幸灾忘义,主荒于上,臣蔽于下,连结奸恶,断绝邻好,征兵保境,纵盗侵国。盖物无定方,事无定势,或乘利而受害,或因得而更失。是以吴侵齐境,遂得句践之师,赵纳韩地,终有长平之役。矧乃鞭挞疲民,侵轶徐部,筑垒拥川,舍舟徼利。是以援枹秉麾之将,拔距投石之士,含怒作色,如赴私雠。彼连营拥众,依山傍水,举螳螂之斧,被蛞蝓之甲,当穷辙以待轮,坐积薪而候燎。及锋刃才交,埃尘且接,

赵伯超等人都被东魏俘虏,伤亡失散的士兵有几万之多。羊侃摆开阵式,徐缓撤退而返。

梁武帝正在白天睡觉,宦官张僧胤禀告说朱异要启奏事情,梁武帝不禁惊恐万分,他马上起床,登上车,来到文德殿的殿堂上。朱异启奏说:"韩山失守了。"梁武帝听了之后,神情恍惚,简直要从坐床上倒下去。张僧胤忙把他扶着坐下,于是梁武帝感叹道:"我难道也要落到江山被夷狄所夺取的晋朝那样的下场吗?"

郭凤退守潼州,慕容绍宗进兵包围了他。十二月甲子朔(初一),郭凤弃城而逃。

东魏让军司杜弼撰写檄文送给梁朝,檄文写道:"皇家一统天下,光德配于上苍,唯独你们吴、越地区尚违命顽抗,未从圣教。我们的圣上有心停止兵戈,大丞相也已很少下达出征命令,于是我们对南方俘虏一律放还,以表明我朝欲与你们和睦相处的态度。虽然这样的好主意,是我们首先想到的,但是休战养民,你们实获其利。侯景这小子自己胡乱猜疑,起了异心,托身于远方关、陇地区的西魏,依靠奸伪之朝,关中的叛逆首领与他确定君臣名分,伪丞相宇文泰同他结为兄弟,怎么能说他们没有给他恩惠?但是侯景终于还是成了叛逆小人,很快又另有所谋,亲手挑起了战端。这个人好斗而又残暴,恶贯满盈,转头四处张望,没有托身之处,于是又把金陵作为逃亡之处,将江南作为寄身之地,以甜言蜜语和谦卑的礼节,软泡硬磨,想在梁朝找到立身之地,他的那些虚假浮夸的话语,其用意是不难知道的。而伪朝的大小官员们都幸灾乐祸,忘却大义,主子在上面荒淫无道,臣子在下面隐瞒真相,勾结奸恶之徒,断绝邻好之交,征调军队保卫边境,纵容强盗侵犯他国。事物事态的发展变化是没有一定态势的,有的国君为了追逐利益而受害,有的国君则因贪小利而酿成大的损失。所以才有吴国侵略齐国,结果使越王句践率军乘虚而入,灭掉吴国,赵国接受韩国的土地,终于导致了长平之战,赵国衰微。况且你们驱使疲惫之民,侵略我土徐州,修筑堡垒,拦截河流,阻断水运而追求一时的利益,能不遭到惨败的下场吗?所以,那些击鼓挥旗的将领,那些勇力无比的士卒,出征时都面带怒容,好像要去报自己的私仇一样。他们营垒一个紧挨一个,兵马众多,依山傍水,地势优越,举着螳螂前臂一样的斧头,披着蜣螂虫一样的甲衣,立在车辙上面等待车轮压来,坐在柴禾堆上等候大火燃烧,仿佛很有气势,很不怕死。但是,等到两军刚刚相交,战尘才起,

已亡戟弃戈，土崩瓦解，掬指舟中，衿甲鼓下，同宗异姓，缧绁相望。曲直既殊，强弱不等，获一人而失一国，见黄雀而忘深阱，智者所不为，仁者所不向。诚既往之难逮，犹将来之可追。侯景以鄙俚之夫，遭风云之会，位班三事，邑启万家，揣身量分，久当止足。而周章向背，离披不已，夫岂徒然，意亦可见。彼乃授之以利器，诲之以慢藏，使其势得容奸，时堪乘便。今见南风不竞，天亡有征，老贼奸谋，将复作矣。然推坚强者难为功，摧枯朽者易为力，计其虽非孙、吴猛将，燕、赵精兵，犹是久涉行陈，曾习军旅，岂同剽轻之师，不比危脆之众。拒此则作气不足，攻彼则为势有馀，终恐尾大于身，踵粗于股，倔强不掉，狼戾难驯，呼之则反速而衅小，不征则叛迟而祸大。会应遥望廷尉，不肯为臣，自据淮南，亦欲称帝。但恐楚国亡猿，祸延林木，城门失火，殃及池鱼，横使江、淮士子，荆、扬人物，死亡矢石之下，夭折雾露之中。彼梁主者，操行无闻，轻险有素，射雀论功，荡舟称力，年既老矣，耄又及之，政散民流，礼崩乐坏。加以用舍乖方，废立失所，矫情动俗，饰智惊愚，毒螫满怀，妄敦戒业，躁竞盈胸，谬治清净。灾异降于上，怨讟兴于下，人人厌苦，家家思乱，履霜有渐，坚冰且至。传险躁之风俗，任轻薄之子孙，朋党路开，兵权在外。必将祸生骨肉，

便纷纷丢戟弃戈,土崩瓦解,抢着上船而逃时被砍下落在舱里的手指多得可以掬起来,官兵们一个个听命受绑,不管是同宗还是异姓的人,都被囚禁起来,只能默默对视。是非分明,强弱不等,为了得到一个人而失去一个国家,只见黄雀却忘掉下面有深深的陷阱,这种事情是智者不做、仁者不为的。诚然,已经过去的事情便无法挽回了,但将来之事则是可以防止的。侯景本是一个出身低贱的乡野之夫,刚好赶上风云变幻之际,因此借机而位列三卿,食邑万户,他要是能掂量清自己的身份,便早就应该满足了。但是他自始至终反复无常,朝秦暮楚,最后众叛亲离,不可收拾。他这么做岂能无所用心,其用意是很容易看出来的,但是你们还授予他兵权,引诱他去干坏事,使他得势而能够行使奸计,乘机实现自己的野心。现在他看到南方势力衰微,这是天将要灭亡梁朝的征兆,侯景这老贼恐怕又要实施他的阴谋了。然而欲推倒坚强之物者难以成功,而推倒枯朽之物者则容易达到目的,侯景虽然算不上是孙子、吴起那样的猛将,他率领的也不是燕国、赵国的精兵,可是毕竟久驰疆场,熟于军事,既非脆弱之师,又非无力之众。他如果要与我朝相抗则底气不足,但是攻打你们则力量有馀,他最终恐怕会尾大于身,脚跟粗过大腿,倔强而不听调遣,狠戾而难以驯服,如果召他回朝,削掉兵权的话,他会立即反叛,但是只能引起小的事端;如果不召回的话,虽然他可能反叛得迟一些,但是会酿出更大的祸患。他一定会像苏峻那样不会听任廷尉捕治而束手待毙,最终不肯为臣,也一定会像黥布占据淮南那样,也想自己称帝。只恐怕会有楚国亡猿、祸延林木,城门失火,殃及池鱼那样的灾祸发生,使江淮士子、荆扬人物,横死于乱箭飞石之下,丧生于迷雾湿露之中。你们梁朝的君主,没有什么操行,却一向轻薄阴险,就像晋平公因一只鹡鸰乌而要杀掉竖襄,又如齐桓公因蔡姬在船上使他摇晃便要休掉她那样,以显示自己的权威,专在小事上斤斤计较。他年纪已经老了,头脑也糊涂了,搞得政务散乱,民众流失,礼崩乐坏。加上他任免官员背离原则,废立太子违反次序,违背常情煽动俗人,弄巧设诈以惊服愚人,蛇蝎之毒满怀,却假奉佛祖,争权之心盈胸,却诳称清净。上天降下灾异以示警告,百姓怨谤于下,人人厌苦,家家思乱,冰冻三尺,非一日之寒,这也不是一朝一夕的事了。他还倡导邪异的风俗,任用言行轻薄的子孙,朝内众臣结党营私,兵权落到外人手里。这样必然导致亲骨肉之间酿出灾祸,

衅起腹心,强弩冲城,长戈指阙。徒探雀捄,无救府藏之虚,空请熊蹯,讵延晷刻之命。外崩中溃,今实其时,鹬蚌相持,我乘其弊。方使骏骑追风,精甲辉日,四七并列,百万为群,以转石之形,为破竹之势。当使钟山渡江,青盖入洛,荆棘生于建业之宫,麋鹿游于姑苏之馆。但恐革车之所辖辀,剑骑之所蹂践,杞梓于焉倾折,竹箭以此摧残。若吴之王孙,蜀之公子,归款军门,委命下吏,当即授客卿之秩,特加骠骑之号。凡百君子,勉求多福。"其后梁室祸败,皆如弼言。

侯景围谯城不下,退攻城父,拔之。壬申,遣其行台左丞王伟等诣建康说上曰:"邺中文武合谋,召臣共讨高澄,事泄,澄幽元善见于金墉,杀诸元六十馀人。河北物情,俱念其主,请立元氏一人以从人望,如此,则陛下有继绝之名,臣景有立功之效。河之南北,为圣朝之郏、莒,国之男女,为大梁之臣妾。"上以为然,乙亥,下诏以太子舍人元贞为咸阳王,资以兵力,使还北主魏,须渡江,许即位,仪卫以乘舆之副给之。贞,树之子也。

萧渊明至邺,东魏主升闾阖门受俘,让而释之,送于晋阳,大将军澄待之甚厚。

慕容绍宗引军击侯景,景辎重数千两,马数千匹,士卒四万人,退保涡阳。绍宗士卒十万,旗甲耀日,鸣鼓长驱而进。景使谓之曰:

心腹人中间制造出事端,强弩射向都城,长戈指向宫殿。到时候就是如赵武灵王那样去捉雏鸟来吃也是白搭,无法补救府藏的空虚;就是像楚成王那样请求吃了熊掌再死也是无济于事,又怎么能使生命延长片刻。你们朝廷外部分崩离析,里面溃败不堪,现在正是这样的时候,你们内部正在鹬蚌相争,我们乘机而得利。我们正要派遣追风逐电的骑兵、铠甲闪闪发光的步兵,威武大将列阵,百万大军云集,如同高山滚石,势如破竹地攻击你们。一定可以使建业陷落,梁主被俘,以致建业城的宫殿里长满荆棘,姑苏城的馆舍中有麋鹿漫游。只担心战车所到之处碾压一切,铁骑跃过之处踩践群物,以致杞梓倾折,竹箭摧残。如果你们能像左思《三都赋》中的东吴王孙和西蜀公子那样,前来我们的军门投诚,听命于我们的下级官吏,我们就会像秦国任用从楚国而来的李斯为客卿以及晋朝加封从吴国而来的孙秀为骠骑将军那样,立即授予你们高官厚禄。各位君子,希望你们认真思量,自求多福。"其后,梁朝遭祸失败,情况正如杜弼所说的那样。

侯景围攻谯城,不能攻克,便退攻城父,打下了该城。壬申(初九),侯景派遣他的行台左丞相王伟等人到建康游说梁武帝:"邺城中的文武百官们一起谋划,召我与他们一起讨伐高澄,事情泄露了,高澄把元善见囚禁在金墉,杀死了六十多个元氏家族的人。河北的民心所向,都思念他们的主人,请求立元氏一人为主,以便顺应百姓的愿望,这样一来,则陛下有兴亡继绝之美名,我侯景也有立功建勋的成就。黄河的南边和北边,便成为圣朝附属国,那里的男男女女,都成为大梁的奴仆。"梁武帝认为侯景讲的是对的,便于乙亥(十二日),颁布诏书封立太子舍人元贞为咸阳王,并给他军队,让他回到北方入主魏国,等到元贞渡过了长江,梁武帝就允许他登上王位,按仅次于皇帝的规格配给他仪仗和卫士。元贞是元树的儿子。

萧渊明被押送到了邺城,东魏孝静帝登上了阊阖门接收战俘,责备之后就给他松绑,然后送到了晋阳,大将军高澄非常厚待萧渊明。

慕容绍宗带领军队攻打侯景,侯景带着几千辆辎重,几千匹马,四万名兵卒,退守涡阳。慕容绍宗统帅十万士兵,旌旗、铠甲在阳光下闪闪发光,敲着战鼓长驱直进。侯景派人对慕容绍宗说:

"公等为欲送客,为欲定雌雄邪?"绍宗曰:"欲与公决胜负。"遂顺风布陈。景闭垒,俟风止乃出。绍宗曰:"侯景多诡计,好乘人背。"使备之,果如其言。景命战士皆被短甲,执短刀,入东魏陈,但低视,斫人胫马足。东魏兵遂败,绍宗坠马,仪同三司刘丰生被伤,显州刺史张遵业为景所擒。

绍宗、丰生俱奔谯城,裨将斛律光、张恃显尤之,绍宗曰:"吾战多矣,未见如景之难克者也。君辈试犯之!"光等被甲将出,绍宗戒之曰:"勿渡涡水。"二人军于水北,光轻骑射之。景临涡水谓光曰:"尔求勋而来,我惧死而去。我,汝之父友,何为射我?汝岂自解不渡水南,慕容绍宗教汝也。"光无以应。景使其徒田迁射光马,洞胸,光易马隐树,又中之,退入于军。景擒恃显,既而舍之。光走入谯城,绍宗曰:"今定何如,而尤我也!"光,金之子也。

开府仪同三司段韶夹涡而军,潜于上风纵火,景帅骑入水,出而却走,草湿,火不复然。

33 魏岐州久经丧乱,刺史郑穆初到,有户三千,穆抚循安集,数年之间,至四万馀户,考绩为诸州之最。丞相泰擢穆为京兆尹。

34 侯景与东魏慕容绍宗相持数月,景食尽,司马世云降于绍宗。

"你们这是想送客人,还是想决一雌雄?"慕容绍宗回答说:"想和你决一胜负。"于是,他顺着风势摆了阵式,侯景关闭了营垒,等风停了才出来。慕容绍宗说:"侯景诡计多端,喜欢从人的背后进攻。"他派人加强防备,结果确如他所说的那样。侯景命令战士们身披短小的铠甲,手持短刀,从背后进入东魏军队的阵营,只是低头而视,瞄准东魏士兵的小腿和马腿砍去。东魏的军队于是溃败了。慕容绍宗从马上坠下来,仅同三司刘丰生被砍伤,显州刺史张遵业被侯景擒获。

慕容绍宗、刘丰生一起逃往谯城。禅将斛律光、张恃显责怪他们,慕容绍宗说:"我身历多次战斗,没有见到像侯景这样难以对付的敌手。你们试着去斗他一斗吧!"斛律光等人披上铠甲要去出战,慕容绍宗告诫他们说:"不要渡过涡水。"斛律光与张恃显两个人把军队驻扎在了涡水北面,斛律光乘轻骑用弓箭射侯景,侯景在涡水边对斛律光说:"你为求取功勋而来,我因害怕死而离去。我是你父亲的朋友,你为什么用箭射我?你哪里能懂得不可渡涡水到南面来的道理?一定是慕容绍宗教你的。"斛律光无言以对。侯景让他的手下人田迁用箭射斛律光的马,箭穿透了马的胸膛,斛律光又换了匹马躲在了树后,田迁的箭又射中了他的马,斛律光便退回了军营。侯景捉住了张恃显,很快又放了他。斛律光跑到了谯城,慕容绍宗说:"今天你们交兵究竟如何?你还责怪我!"斛律光是斛律金的儿子。

开府仪同三司段韶驻军于涡水两岸偷偷地顺风纵火,侯景率领骑兵进入水中,从水中出来向后撤退,草被打湿以后,火便不能再燃烧。

33 西魏岐州长期经受战乱,刺史郑穆初到任时,只有三千户人家,郑穆安抚百姓,让他们休养生息,并让他们聚集而居,几年之间,岐州便有了四万多户人家,朝廷考绩时在所有州刺史中他的政绩最好。丞相宇文泰提拔郑穆为京兆尹。

34 侯景与东魏的慕容绍宗相持了几个月,侯景的粮食吃完了,司马世云投降了慕容绍宗。

卷第一百六十一　梁纪十七

戊辰(548)一年

高祖武皇帝十七
太清二年(戊辰,548)

1　春,正月己亥,慕容绍宗以铁骑五千夹击侯景,景诳其众曰:"汝辈家属,已为高澄所杀。"众信之。绍宗遥呼曰:"汝辈家属并完,若归,官勋如旧。"被发向北斗为誓。景士卒不乐南渡,其将暴显等各帅所部降于绍宗。景众大溃,争赴涡水,水为之不流。景与腹心数骑自硖石济淮,稍收散卒,得步骑八百人,南过小城,人登陴诟之曰:"跛奴!欲何为邪!"景怒,破城,杀诟者而去。昼夜兼行,追军不敢逼。使谓绍宗曰:"景若就擒,公复何用!"绍宗乃纵之。

2　辛丑,以尚书仆射谢举为尚书令,守吏部尚书王克为仆射。

3　甲辰,豫州刺史羊鸦仁以东魏军渐逼,称粮运不继,弃悬瓠,还义阳。殷州刺史羊思达亦弃项城走。东魏人皆据之。上怒,责让鸦仁;鸦仁惧,启申后期,顿军淮上。

4　侯景既败,不知所适,时鄱阳王范除南豫州刺史,未至。马头戍主刘神茂,素为监州事韦黯所不容,闻景至,故往候之,景问曰:

高祖武皇帝十七
梁武帝太清二年(戊辰,公元 548 年)

1 春季,正月己亥(初七),东魏慕容绍宗带领五千精锐骑兵前后夹击侯景的军队,侯景欺骗他的士兵们说:"你们这些人的家属,已经被高澄杀掉了。"侯景手下的士兵都相信了他的话。慕容绍宗从远方高喊着:"你们的家属都平安无事,如果你们回到东魏,官职和勋爵会像从前一样加封给你们。"说完,他披散着头发面向北斗星发誓。侯景的士兵们不愿意南渡,他的将领暴显等人各自统率自己的部队投降了慕容绍宗。侯景的人马全面溃败,士兵们争相抢渡涡水,河水都被败兵们阻断,不再奔流了。侯景与自己的几个心腹之人骑马从硖石渡过了淮河,他们稍稍收集了一些溃散的士兵,步兵、骑兵共有八百人,他们向南经过一座小城时,有人登上了城墙上面呈凸凹形的短墙对侯景谩骂道:"跛脚的奴才!看你还想做什么!"侯景听完恼羞成怒,攻破了这座小城,杀掉了骂他的人之后带兵离去。他们昼夜兼行,追击他们的东魏军队不敢逼近。侯景派人对慕容绍宗说:"侯景如果被抓去,您还有什么用呢?"慕容绍宗于是便放过了他。

2 辛丑(初九),梁武帝任命尚书仆射谢举为尚书令,任命守吏部尚书王克为仆射。

3 甲辰(十二日),豫州刺史羊鸦仁因东魏军队逐渐逼近,声称粮草运输接济不上,舍弃了悬瓠城,回到了义阳。殷州刺史羊思达也丢弃了项城逃走。这些地方都被东魏军队占领了。梁武帝十分恼怒,斥责了羊鸦仁,羊鸦仁很害怕,启奏梁武帝申请宽限一段时期,并把军队驻扎在了淮河上游。

4 侯景战败后,不知道该投奔哪里。这时,鄱阳王萧范被任命为南豫州刺史,还没有上任。马头戍主刘神茂,平素不被监州事韦黯所容,当他听说侯景来到,便前去迎候侯景,侯景问他:

"寿阳去此不远,城池险固,欲往投之,韦黯其纳我乎?"神茂曰:"黯虽据城,是监州耳。王若驰至近郊,彼必出迎,因而执之,可以集事。得城之后,徐以启闻,朝廷喜王南归,必不责也。"景执其手曰:"天教也。"神茂请帅步骑百人先为向导。壬子,景夜至寿阳城下。韦黯以为贼也,授甲登陴。景遣其徒告曰:"河南王战败来投此镇,愿速开门!"黯曰:"既不奉敕,不敢闻命。"景谓神茂曰:"事不谐矣。"神茂曰:"黯懦而寡智,可说下也。"乃遣寿阳徐思玉入见黯曰:"河南王,朝廷所重,君所知也。今失利来投,何得不受?"黯曰:"吾之受命,唯知守城。河南自败,何预吾事!"思玉曰:"国家付君以阃外之略,今君不肯开城,若魏兵来至,河南为魏所杀,君岂能独存!何颜以见朝廷?"黯然之。思玉出报,景大悦曰:"活我者,卿也。"癸丑,黯开门纳景,景遣其将分守四门,诘责黯,将斩之。既而抚手大笑,置酒极欢。黯,叡之子也。

　　朝廷闻景败,未得审问。或云:"景与将士尽没。"上下咸以为忧。侍中、太子詹事何敬容诣东宫,太子曰:"淮北始更有信,侯景定得身免,不如所传。"敬容曰:"得景遂死,深为朝廷之福。"太子失色,问其故,敬容曰:"景翻覆叛臣,终当乱国。"太子于玄圃自讲《老》《庄》,敬容谓学士吴孜曰:"昔西晋祖尚玄虚,使中原沦于胡、羯。今东宫复尔,江南亦将为戎乎!"

"寿阳离这个地方路途不远,城池险要、坚固,我想要前往投奔,韦黯他能接纳我吗?"刘神茂回答说:"韦黯虽然占据着寿阳城,但他只是监州官罢了。如果您率兵到了寿阳近郊,韦黯一定会出来迎接,趁此机会拘捕他,事情就可以成功。得到寿阳城之后,再慢慢地启奏皇上,让武帝知道此事,朝廷对大王南来归顺很高兴,一定不会责怪你的。"侯景握住刘神茂的手说:"真是天教我啊。"刘神茂请求率领一百名步兵和骑兵先去做向导。壬子(二十日),侯景夜间来到了寿阳城下。韦黯以为是贼盗来了,披上铠甲登上了城墙。侯景派手下人告诉韦黯说:"河南王侯景战败前来投奔此镇,希望赶快打开城门!"韦黯说:"我因为没有接到皇帝的圣旨,不敢听从你的命令。"侯景对刘神茂说:"事情不妙了。"刘神茂回答说:"韦黯懦弱并且缺少智谋,可以让人劝说他改变主意。"于是,侯景派寿阳人徐思玉进城拜见韦黯说:"河南王是朝廷所器重的人,您是知道的。现在他失利前来投奔你,怎么能不接纳他呢?"韦黯说:"我所接受的命令,只知道要守卫寿阳城。河南王战败了,与我有什么相干!"徐思玉说:"国家给予你统兵在外的权力,现在你不肯打开城门,如果西魏的军队追来,河南王被西魏人杀掉,你怎能独自生存呢!你还有什么脸面去见朝廷?"韦黯认为徐思玉说得很对。徐思玉出城禀报侯景,侯景非常高兴地说:"救活我的人,正是你啊。"癸丑(二十一日),韦黯打开城门接纳侯景。侯景派他的将领分别把守四个城门,他斥责韦黯不马上接纳他,要斩杀韦黯。不久,侯景又拍手放声大笑起来,摆出酒宴,尽情欢乐。韦黯是韦叡的儿子。

朝廷听说侯景战败,没有能详细地查问。有人说:"侯景与他的将士全军覆没了。"朝廷上上下下都为此而担忧。侍中、太子詹事何敬容来到东宫,太子说:"淮河北面又有消息了,侯景一定会免于身亡,并不像人们所传说的那样。"何敬容说:"得知侯景终于死了,这实在是朝廷的福分啊。"太子听完大惊失色,问他为什么这样说,何敬容说:"侯景是个反复无常的叛臣,他终将会使国家大乱。"太子在玄圃亲自讲读《老子》《庄子》,何敬容对学士吴孜说:"昔日,西晋崇尚玄言、虚无之说,结果使中原沦丧在胡人、羯人手中。现在东宫太子又这样做,江南恐怕也将成为胡人的天下了吧!"

甲寅，景遣仪同三司于子悦驰以败闻，并自求贬削。优诏不许。景复求资给，上以景兵新破，未忍移易。乙卯，即以景为南豫州牧，本官如故。更以鄱阳王范为合州刺史，镇合肥。光禄大夫萧介上表谏曰："窃闻侯景以涡阳败绩，只马归命，陛下不悔前祸，复敕容纳。臣闻凶人之性不移，天下之恶一也。昔吕布杀丁原以事董卓，终诛董而为贼；刘牢反王恭以归晋，还背晋以构妖。何者？狼子野心，终无驯狎之性，养虎之喻，必见饥噬之祸矣。侯景以凶狡之才，荷高欢卵翼之遇，位忝台司，任居方伯，然而高欢坟土未干，即还反噬。逆力不逮，乃复逃死关西；宇文不容，故复投身于我。陛下前者所以不逆细流，正欲比属国降胡以讨匈奴，冀获一战之效耳。今既亡师失地，直是境上之匹夫，陛下爱匹夫而弃与国。若国家犹待其更鸣之辰，岁暮之效，臣窃惟侯景必非岁暮之臣。弃乡国如脱屣，背君亲如遗芥，岂知远慕圣德，为江、淮之纯臣乎！事迹显然，无可致惑。臣朽老疾侵，不应干预朝政。但楚囊将死，有城郢之忠；卫鱼临亡，亦有尸谏之节。臣忝为宗室遗老，敢忘刘向之心！"上叹息其忠，然不能用。介，思话之孙也。

5　己未，东魏大将军澄朝于邺。

6　魏以开府仪同三司赵贵为司空。

7　魏皇孙生，大赦。

甲寅(二十二日),侯景派遣仪同三司于子悦飞马返回建业,把自己战败的事禀奏朝廷,并且自己请求革职贬官。梁武帝下诏没有答应。侯景又请求为他补充财物和给养,梁武帝因为侯景的军队刚刚被打败,没有忍心拒绝他的要求。乙卯(二十三日),梁武帝让侯景担任南豫州牧,他原来的官职还依然保持。又任命鄱阳王萧范为合州刺史,镇守合肥。光禄大夫萧介上表进谏说:"我私下听说侯景在涡阳打了败仗,单枪匹马前来归顺,陛下您不追悔他从前造成的灾难,又赦免并容纳了他。我听说恶人的秉性不会改变,天下的恶人是一样的。昔日吕布杀死了丁原来侍奉董卓,最终又杀死了董卓,成为叛贼;刘牢反叛王恭归附晋朝,但又背弃了晋朝,制造邪恶事端。为什么呢?因为狼子野心,最终也不会有驯服、顺从的秉性,以喂养老虎为例,一定会出现被饥饿的老虎吃掉的祸患。侯景凭借着他的凶狠与狡猾的才能,受高欢的豢养和保护,身居高位,独据一方,然而,高欢死后坟土还未干,他就反叛了高氏。只是因为叛逆的力量还不足,他又逃奔到了关西;宇文泰没有收容他,所以他才投靠了我们。陛下您以往之所以不拒细流,接纳了侯景,正是为了像汉代在边境上设置属国安置投降的胡人来对付匈奴那样,欲让侯景来对付东魏,希望他同东魏打一仗。而现在侯景既然丢掉军队失去土地,吃了败仗,那么他便只是边境上的一个平常之人,陛下您舍不得区区一个侯景,却失去了与东魏的和好。如果国家还等待他自新之时,晚年效力,我私下认为侯景必定不是晚年效力的臣子。他抛弃家国像脱掉鞋一样轻率,背弃国君、亲人像丢掉草芥一样容易,你怎么能知道他是远慕圣德而来,是我们梁朝纯贞的臣子呢!他的所作所为很明显,没人会感到迷惑不解。我已衰老,又受疾病侵扰,本不应该干预朝廷政事。但是,楚国令尹子囊在临死时,还叮嘱子庚修筑郢都的城墙,不忘保卫社稷;卫国的史鱼将死之时,尚有让儿子置尸窗下进谏卫灵公之举。我身为皇族遗老,怎么敢忘记刘向的一片忠心!"梁武帝很赞赏萧介的一片忠心,但是却未听从他的忠告。萧介是萧思话的孙子。

5　己未(二十七日),东魏大将军高澄来到邺城朝拜国主。

6　西魏任命开府仪同三司赵贵为司空。

7　西魏文帝的孙子降生,大赦天下。

8　二月，东魏杀其南兖州刺史石长宣，讨侯景之党也；其馀为景所胁从者，皆赦之。

9　东魏既得悬瓠、项城，悉复旧境。大将军澄数遣书移，复求通好，朝廷未之许。澄谓贞阳侯渊明曰："先王与梁主和好，十有馀年。闻彼礼佛文云：'奉为魏主，并及先王。'此乃梁主厚意。不谓一朝失信，致此纷扰，知非梁主本心，当是侯景扇动耳，宜遣使谘论。若梁主不忘旧好，吾亦不敢违先王之意，诸人并即遣还，侯景家属亦当同遣。"渊明乃遣省事夏侯僧辩奉启于上，称"勃海王弘厚长者，若更通好，当听渊明还。"上得启，流涕，与朝臣议之。右卫将军朱异、御史中丞张绾等皆曰："静寇息民，和实为便。"司农卿傅岐独曰："高澄何事须和？必是设间，故命贞阳遣使，欲令侯景自疑。景意不安，必图祸乱。若许通好，正堕其计中。"异等固执宜和，上亦厌用兵，乃从异言，赐渊明书曰："知高大将军礼汝不薄，省启，甚以慰怀。当别遣行人，重敦邻睦。"

僧辩还，过寿阳，侯景窃访知之，摄问，具服。乃写答渊明之书，陈启于上曰："高氏心怀鸩毒，怨盈北土，人愿天从，欢身殒越。子澄嗣恶，计灭待时，所以昧此一胜者，盖天荡澄心以盈凶毒耳。澄苟行合天心，腹心无疾，又何急急奉璧求和？

8　二月,东魏杀掉了南兖州刺史石长宣,以讨伐侯景的同党。其馀被侯景所威胁,迫不得已随从他反叛的人都被赦免了。

9　东魏得到了悬瓠、项城后,完全恢复了原有的地理区域。大将军高澄多次派人送交国书,再次请求与梁朝通和、修好,朝廷没有允许。高澄对贞阳侯萧渊明说:"先王与梁主和睦相处,有十多年了。听说他拜佛的文字中写着:'为魏国国主及高丞相祝福。'这是梁主的真情厚意。没想到一朝失信,竟导致如此纷乱,我知道这并不是梁主的本意,一定是侯景煽风点火罢了,我们应该派遣使者去商讨一下。如果梁主没有忘记旧日两国之间的友好关系,我也不敢违背先王的意愿与梁朝为敌,我会立即遣返留在北方的人,侯景的家属也会同时得到遣返。"萧渊明于是派遣省事夏侯僧辩向梁武帝呈递了奏书,声称:"勃海王高澄是宽宏大量、十分厚道的长者,如果梁朝再次与东魏关系友好的话,高澄会允许我回到梁朝的。"梁武帝看到萧渊明的启奏后,流下了眼泪,便与朝中大臣们共同商议此事。右卫将军朱异、御史中丞张绾等人都说:"平息敌寇,安息百姓,讲和对于我们来说确实很好。"只有司农卿傅岐认为:"高澄为什么要和我们讲和? 这一定是他设下的离间计,之所以让贞阳侯萧渊明派来使者,目的是想让侯景自己产生猜疑。侯景心神不定,就一定会图谋叛乱引起灾祸。如果您答应与东魏友好往来,就正好堕入了高澄的圈套,中了他的奸计。"朱异等人固执地主张应该与东魏和好,梁武帝也厌倦了战争,于是便同意了朱异的意见,赐给萧渊明一封信,信上说:"知道高大将军待你不错,我看了你的奏折,心里感到很宽慰。自当另外派遣使者到魏国,以便重新建立两国之间的和睦友好关系。"

夏侯僧辩返回东魏,路过寿阳城,侯景私下查访知道了这件事,便拘捕了他,向他询问情况,夏侯僧辩把一切都告诉了侯景。侯景于是写了一封回复萧渊明的书信向梁武帝陈述启奏说:"高氏内心像毒酒一样狠毒,北方人民对他怨恨至极,天从人愿,高欢终于死去。他的儿子高澄继承了他父亲的恶毒,灭亡的时间已经不长了,高澄侥幸打胜了涡阳战役的原因,大概是上天要动荡其心,好让他恶贯满盈吧。高澄的行为如果合乎上天的意愿,内心假如没另有打算的话,又为什么要急急忙忙地捧璧求和呢?

岂不以秦兵扼其喉，胡骑迫其背，故甘辞厚币，取安大国。臣闻'一日纵敌，数世之患'，何惜高澄一竖，以弃亿兆之心！窃以北魏安强，莫过天监之始，钟离之役，匹马不归。当其强也，陛下尚伐而取之。及其弱也，反虑而和之。舍已成之功，纵垂死之虏，使其假命强梁，以遗后世，非直愚臣扼腕，实亦志士痛心。昔伍相奔吴，楚邦卒灭；陈平去项，刘氏用兴，臣虽才劣古人，心同往事。诚知高澄忌贾在翟，恶会居秦，求盟请和，冀除其患。若臣死有益，万殒无辞。唯恐千载，有秽良史。"景又致书于朱异，饷金三百两。异纳金而不通其启。

己卯，上遣使吊澄。景又启曰："臣与高氏，衅隙已深，仰凭威灵，期雪仇耻。今陛下复与高氏连和，使臣何地自处！乞申后战，宣畅皇威！"上报之曰："朕与公大义已定，岂有成而相纳，败而相弃乎！今高氏有使求和，朕亦更思偃武。进退之宜，国有常制，公但清静自居，无劳虑也！"景又启曰："臣今蓄粮聚众，秣马潜戈，指日计期，克清赵、魏，不容军出无名，故愿以陛下为主耳。今陛下弃臣遐外，南北复通，将恐微臣之身，不免高氏之手。"上又报曰："朕为万乘之主，岂可失信于一物！想公深得此心，不劳复有启也。"

景乃诈为邺中书，求以贞阳侯易景，上将许之。舍人傅岐曰：

还不是因为关中的军队卡住了他的咽喉，柔然的军队在他的背后步步紧逼的缘故，所以他才用甜言蜜语、丰厚的钱财，来换取同梁朝之间关系的安定。我听说'一天放纵敌人，就会成为几代人的祸患'，您何必要怜悯高澄这小子，而背弃亿万人民的心愿呢！我私下认为北魏安定强大的时期，莫过于天监初年，但钟离战役，北魏却片甲未回。当它强大之时，陛下尚且还讨伐并战胜了它。现在东魏力量薄弱了，您反而顾虑重重与它讲和。舍弃已经成就的功业，去放纵东魏这个濒临死亡的敌人，使其委政于强臣，把祸患留给后世，这不仅让我扼腕叹息，也让有志之士感到痛心啊。以前，楚国丞相伍奢投奔了吴国，楚国终于被吴国灭掉；陈平离开项羽，刘邦任用了他从而使国家兴盛起来，我虽然比古人才疏学浅，但是，我的忠心却和他们一样。我知道高澄是忌恨我投奔梁朝，就像忌恨贾季投奔翟，随会投奔秦一样，他请求讲和结成盟国，只是希望除掉他的心腹之患。如果我死了能对国家有益，我万死不辞。只恐怕千百年后，在史册上留下陛下的污点。"侯景又写信给朱异，并赠给朱异三百两黄金。朱异收下了侯景的钱财却没有把侯景的奏折向梁武帝通报。

己卯（十七日），梁武帝派遣使者去慰问高澄，吊唁高欢。侯景又向梁武帝启奏说："我与高氏之间的嫌隙和仇恨已经很深，我仰仗您的威灵，期待着报仇雪耻。现在陛下又与高氏修好讲和，让我何处安身！请求您让我再次与高澄交战，来显示梁朝的皇威！"梁武帝写信回答侯景说："我与你之间君臣大义已定，怎会有你打了胜仗就接纳你，打了败仗就抛弃你的道理呢！现在，高澄派遣使者来求和，我也想停止干戈。应该进还是应该退，国家有正常的制度，你只管清静自居就行了，无须费心去考虑这些！"侯景又向梁武帝启奏说："我现在已储备了粮草，聚集了士兵，喂饱了战马，藏好了武器，不日便可收复赵、魏控制的北方，我不能出师无名，所以希望陛下您能为我做主。现在，陛下把我弃之在外，南北双方又开始互相沟通，只怕微臣的性命，将难免死在高澄之手。"梁武帝又写信给侯景说："我是大国之君主，怎么可以失信于人呢！我想你深深知道我的这番苦心，你不必再启奏了。"

侯景于是假造了一封来自东魏都城邺城的书信，信中写道要用贞阳侯萧渊明交换侯景，梁武帝打算答应这一要求。舍人傅岐说：

"侯景以穷归义,弃之不祥。且百战之馀,宁肯束手就絷!"谢举、朱异曰:"景奔败之将,一使之力耳。"上从之,复书曰:"贞阳旦至,侯景夕返。"景谓左右曰:"我固知吴老公薄心肠!"王伟说景曰:"今坐听亦死,举大事亦死,唯王图之!"于是始为反计:属城居民,悉召募为军士,辄停责市估及田租,百姓子女,悉以配将士。

10　三月癸巳,东魏以太尉襄城王旭为大司马,开府仪同三司高岳为太尉。辛亥,大将军澄南临黎阳,自虎牢济河至洛阳。魏同轨防长史裴宽与东魏将彭乐等战,为乐所擒,澄礼遇甚厚,宽得间逃归。澄由太行返晋阳。

11　屈獠洞斩李贲,传首建康。贲兄天宝遁入九真,收馀兵二万围爱州,交州司马陈霸先帅众讨平之。诏以霸先为西江督护、高要太守、督七郡诸军事。

12　夏,四月甲子,东魏吏部令史张永和等伪假人官,事觉,纠检、首者六万馀人。

13　甲戌,东魏遣太尉高岳、行台慕容绍宗、大都督刘丰生等将步骑十万攻魏王思政于颍川。思政命卧鼓偃旗,若无人者。岳恃其众,四面陵城。思政选骁勇开门出战,岳兵败走。岳更筑土山,昼夜攻之,思政随方拒守,夺其土山,置楼堞以助防守。

14　五月,魏以丞相泰为太师,广陵王欣为太傅,李弼为大宗伯,赵贵为大司寇,于谨为大司空。

"侯景因为山穷水尽才归至正道,投奔梁朝,舍弃了他是不吉祥的。况且侯景也身经百战,他怎么肯束手就擒呢?"谢举、朱异说:"侯景是败军之将,用一个使者就会把他召回来。"梁武帝听从了谢举、朱异的话,给邺城回信说:"贞阳侯早上一到,侯景晚上就会被押送回去。"侯景对左右的人说:"我就知道这个老家伙是个薄情寡义之人!"王伟劝侯景道:"现在,我们等着听候梁国安排也是死,图谋大业也不过一死,希望大王您考虑一下这件事!"于是侯景才开始有反叛之计:将寿阳城内所有的居民,都招募为军队的士兵,立即停止收取市场税及田租,百姓之女,都被分派给将士们。

10 三月癸巳(初二),东魏任命太尉襄城王元旭为大司马,任命开府仪同三司高岳为太尉。辛亥(二十日),大将军高澄南巡至黎阳,从虎牢渡过黄河到达洛阳。西魏同轨防长史裴宽与东魏将领彭乐等人交战,被彭乐抓获,高澄以礼相待,待他很优厚,裴宽找了个机会逃回了西魏。高澄由太行出发,返回晋阳。

11 在屈獠洞有人将李贲斩杀了,他的首级被送到建康城。李贲的哥哥李天宝逃到九真郡,收聚剩馀的两万人马包围了爱州,交州司马陈霸先率领军队讨伐并扫平了李天宝。梁武帝下诏任命陈霸先为西江督护、高要太守、督七郡诸军事。

12 夏季,四月甲子(初三),东魏吏部令史张永和等人伪造任官文书授人官职,事情败露之后,由别人纠查、检举出的人以及自首的人达六万多。

13 甲戌(十三日),东魏派遣太尉高岳、行台慕容绍宗、大都督刘丰生等人,率领十万步兵和骑兵到颍川攻打西魏王思政的军队。王思政命令部队把战鼓和军旗都放倒在地,好像没有人一样。高岳自恃人马众多,从四个方向攻打颍川城。王思政挑选了一些骁勇善战的将士打开城门出去应战,高岳的军队被打败逃走了。高岳改变了战术,又修筑了一座土山,日夜不停地攻城。王思政随机应变守卫颍川城,并且夺取了土山,在土山上修筑了岗楼和凹凸的短墙来辅助颍川的防守。

14 五月,西魏文帝任命丞相宇文泰为太师,任命广陵王元欣为太傅,任命李弼为大宗伯,任命赵贵为大司寇,任命于谨为大司空。

太师泰奉太子巡抚西境,登陇,至原州,历北长城,东趣五原,至蒲州,闻魏主不豫而还。及至,已愈,泰还华州。

15　上遣建康令谢挺、散骑常侍徐陵等聘于东魏,复修前好。陵,摛之子也。

16　六月,东魏大将军澄巡北边。

17　秋,七月庚寅朔,日有食之。

18　乙卯,东魏大将军澄朝于邺。以道士多伪滥,始罢南郊道坛。八月庚寅,澄还晋阳,遣尚书辛术帅诸将略江、淮之北,凡获二十三州。

19　侯景自至寿阳,征求无已,朝廷未尝拒绝。景请娶于王、谢,上曰:“王、谢门高非偶,可于朱、张以下访之。”景恚曰:“会将吴儿女配奴!”又启求锦万匹为军人作袍,中领军朱异议以青布给之。又以台所给仗多不能精,启请东冶锻工,欲更营造。景以安北将军夏侯夔之子谯为长史,徐思玉为司马,谯遂去“夏”称“侯”,托为族子。

上既不用景言,与东魏和亲,是后景表疏稍稍悖慢。又闻徐陵等使魏,反谋益甚。元贞知景有异志,累启还朝。景谓曰:“河北事虽不果,江南何虑失之,何不小忍!”贞惧,逃归建康,具以事闻;上以贞为始兴内史,亦不问景。

临贺王正德,所至贪暴不法,屡得罪于上,由是愤恨,阴养死士,储米积货,幸国家有变。景知之。正德在北与徐思玉相知,

太师宇文泰侍奉太子巡视安抚西部边境地区,他们先进入陇地,然后到达了原州,经过北长城,向东至五原,到达蒲州,后来他们听说西魏文帝身体不适就返回国都。等回到都城后,西魏文帝的身体已经痊愈了,宇文泰便返回华州。

15　梁武帝派遣建康令谢挺、散骑常侍徐陵等人到东魏去访问,恢复从前的友好关系。徐陵是徐摛的儿子。

16　六月,东魏大将军高澄到北部边境地区巡视。

17　秋季,七月庚寅朔(初一),这一天出现日食现象。

18　乙卯(二十六日),东魏大将军高澄到邺城上朝。因为道士中有许多是假冒的,东魏便将南郊的道坛废除了。八月庚寅(初二),高澄返回晋阳,他派尚书辛术统率诸将夺取长江、淮河以北的地区,一共占领了二十三个州。

19　侯景自从来到寿阳,就不断地提出要求,朝廷都未曾拒绝过他。侯景请求梁武帝,要娶王家或谢家的女子为妻,梁武帝说:"王家和谢家门第高贵,你与他们不相配,你可以从朱、张以下的家族中寻访、聘娶。"侯景为此心中十分怨恨梁武帝,他说:"将来,我要让你的女儿许配给奴隶!"他又向梁武帝启奏,要求朝廷赐给他一万匹锦缎,给官兵制作战袍,中领军朱异建议给侯景青布。侯景又以武器不精良为理由,向梁武帝启奏请求派来东冶的锻造工人,打算再营造一些武器。侯景任命安北将军夏侯夔的儿子夏侯谱为长史,任命徐思玉为司马,夏侯谱于是去掉了姓氏中的"夏"字,只称"侯"字,假托是侯景的同族子孙。

梁武帝既然没有采纳侯景的意见,与东魏进行友好往来,和睦相亲,这以后,侯景写给梁武帝的奏折态度渐渐不恭傲慢起来。后来他又听说徐陵等人出使东魏,心里反叛的念头就更强烈了。元贞知道侯景对梁朝有异心,多次向侯景请求返回朝廷。侯景对元贞说:"黄河北边的事虽然没有成功,长江南边又何必担心会失掉呢,何不稍稍忍耐一下!"元贞听后十分恐惧,逃回了建康城,把这些事都告诉了梁武帝,梁武帝任命元贞为始兴内史,也没有再追问侯景这些事。

临贺王萧正德,无论到哪里都贪婪残暴,不遵守法令,多次受到梁武帝的怪罪,因为这些,萧正德心里对梁武帝很是愤恨,他暗中豢养一批肯为他效忠的敢死之人,储存粮食,积攒财物,希望国家发生意外事变。侯景知道了萧正德的心思。萧正德在北方时与徐思玉是知己,

景遣思玉致笺于正德曰:"今天子年尊,奸臣乱国,以景观之,计日祸败。大王属当储贰,中被废黜,四海业业,归心大王。景虽不敏,实思自效,愿王允副苍生,鉴斯诚款!"正德大喜曰:"侯公之意,暗与吾同,天授我也!"报之曰:"朝廷之事,如公所言。仆之有心,为日久矣。今仆为其内,公为其外,何有不济! 机事在速,今其时矣。"

鄱阳王范密启景谋反。时上以边事专委朱异,动静皆关之,异以为必无此理。上报范曰:"景孤危寄命,譬如婴儿仰人乳哺,以此事势,安能反乎!"范重陈之曰:"不早剿扑,祸及生民。"上曰:"朝廷自有处分,不须汝深忧也。"范复请以合肥之众讨之,上不许。朱异谓范使曰:"鄱阳王遂不许朝廷有一客!"自是范启,异不复为通。

景邀羊鸦仁同反,鸦仁执其使以闻。异曰:"景数百叛虏,何能为!"敕以使者付建康狱,俄解遣之。景益无所惮,启上曰:"若臣事是实,应罹国宪;如蒙照察,请戮鸦仁!"景又言:"高澄狡猾,宁可全信! 陛下纳其诡语,求与连和,臣亦窃所笑也。臣宁堪粉骨,投命雠门,乞江西一境,受臣控督。如其不许,即帅甲骑,临江上,向闽、越,非唯朝廷自耻,亦是三公旰食。"

侯景于是便派徐思玉给萧正德送去了一封书信,信上说:"现在天子年纪已大,奸臣乱国,依我看梁朝没有多少日子就会出现灾祸,遭到失败。大王您实是君位的继承人,中途却被废黜,四海之人都归心于您。侯景虽不聪敏,实在想亲自为您效劳,希望大王您答应人民的要求,上天可鉴我的诚心!"萧正德喜形于色地说:"侯公的心愿,正好与我相同,这真是上天帮助我啊!"于是给侯景回信说:"朝廷中的事,正如你所讲的那样。我有这个打算已很久了。今天,我在朝廷里面,你在朝廷外面,我们相互呼应,一定会成功! 事不宜迟,现在正是好时机。"

鄱阳王萧范秘密启奏梁武帝,告诉他侯景要密谋反叛。当时,梁武帝把有关边境方面的事全都委托给了朱异,边境有什么动静都直通朱异,朱异认为萧范所说的一定没有道理。梁武帝于是给萧范写回信说:"侯景孤单一人,境况危险才寄身于我们,这好像是刚出生的婴儿要仰仗人的乳汁来哺育一样,由此看来,他怎么能反叛呢!"萧范再次向梁武帝陈述说:"如果不早些把他消灭,就会给百姓带来灾祸。"梁武帝回答说:"朝廷对这件事自有处置,你不必再过多忧虑此事了。"萧范又请求梁武帝动用合肥的军队去讨伐侯景,梁武帝没有同意。朱异对萧范的使者说:"鄱阳王萧范竟不允许朝廷养一个食客!"从此以后,萧范给梁武帝的奏表,朱异便不再为他通报给梁武帝了。

侯景邀羊鸦仁一同反叛梁朝,羊鸦仁拘捕了侯景派来劝他反叛的信使,并把这件事报告了朝廷。朱异说:"侯景的反叛军队只有几百人,能有什么作为!"梁武帝命令把侯景的信使送到建康的监狱里,不久,又释放了他。侯景更加肆无忌惮,向梁武帝启奏说:"如果我的事是事实,我应该受到国家法律的制裁;如果我能承蒙您的关照和详察,请您杀掉羊鸦仁!"侯景又启奏说:"高澄为人十分狡猾,怎么可以完全相信他的话! 陛下听信了他的谎言,力求与他和好,我在私下里对这件事也感到很可笑。我怎敢冒粉身碎骨的危险,投身我的仇人高澄呢,请求您将长江西部的一块地区,划归我控制。如果您不答应我这一要求,我就统率兵马,来到长江之上,杀向闽、越地区,这样的话不仅朝廷蒙受耻辱,也会使三公大臣们忧虑不安。"

上使朱异宣语答景使曰:"譬如贫家,畜十客、五客,尚能得意。朕唯有一客,致有怨言,亦朕之失也。"益加赏赐锦彩钱布,信使相望。

戊戌,景反于寿阳,以诛中领军朱异、少府卿徐驎、太子右卫率陆验、制局监周石珍为名。异等皆以奸佞骄贪,蔽主弄权,为时人所疾,故景托以兴兵。驎、验,吴郡人;石珍,丹杨人。驎、验迭为少府丞,以苛刻为务,百贾怨之,异尤与之昵,世人谓之"三蠹"。

司农卿傅岐,梗直士也,尝谓异曰:"卿任参国钧,荣宠如此。比日所闻,鄙秽狼籍,若使圣主发悟,欲免得乎!"异曰:"外间谤黩,知之久矣。心苟无愧,何恤人言!"岐谓人曰:"朱彦和将死矣。恃诏以求容,肆辩以拒谏,闻难而不惧,知恶而不改,天夺之鉴,其能久乎!"

景西攻马头,遣其将宋子仙东攻木栅,执戍主曹璆等。上闻之,笑曰:"是何能为!吾折箠笞之。"敕购斩景者,封三千户公,除州刺史。甲辰,诏以合州刺史鄱阳王范为南道都督,北徐州刺史封山侯正表为北道都督,司州刺史柳仲礼为西道都督,通直散骑常侍裴之高为东道都督,以侍中开府仪同三司邵陵王纶持节董督众军以讨景。正表,宏之子;仲礼,庆远之孙;之高,邃之兄子也。

20　九月,东魏濮阳武公娄昭卒。

梁武帝让朱异代替他向侯景的信使回答说:"比如一个贫寒的家庭,蓄着了十个、五个食客,还有得志的时候。我只有一个客人,就招致了你这些愤慨的话,这也是我的过失啊!"这之后,梁武帝对侯景的赏赐更多了,赏给了他许多鲜艳华美的彩帛及钱币,信使往来不断,道路相望。

戊戌(初十),侯景在寿阳反叛,他以杀掉中领军朱异、少府卿徐驎、太子右卫率陆验、制局监周石珍为借口反叛了梁朝。朱异等人由于为人奸诈,善于花言巧语阿谀奉承,骄奢淫逸而又贪婪,欺骗梁武帝、玩弄权术,被当时的人所痛恨,因此侯景以此为借口起兵叛乱。徐驎、陆验是吴郡人。周石珍是丹杨人。徐驎与陆检曾轮流担任少府丞,因为他们做事苛刻,商人们都怨恨他们,朱异与他俩的关系尤其亲昵,因此,世上的人都称他们三个人是"三蠹"。

司农卿傅岐,是个为人耿直的官吏,他曾对朱异说:"你掌握朝政大权,得到的荣誉和受到的宠幸如此多。近来传闻都是些污秽、狼藉之事,如果这些让圣明的君主知道了的话,你能得到解脱吗!"朱异回答说:"外面对我的诽谤和玷污,我很久以前就知道了。如果我心里无惭愧之事,又何必忧虑别人讲些什么呢!"傅岐事后对别人说:"朱异快要完了。他仗着自己能巴结奉承梁武帝来求得欢心,肆意为自己狡辩,拒绝别人的劝告,他听到灾难要降临而不怕,知道自己的罪恶,却不思改悔,上天要惩罚他,他还能活得长么!"

侯景向西进攻马头,派遣他的将领宋子仙向东去攻打木栅,并捉住了戍主曹璆等人。梁武帝听说这件事以后,笑着说:"这算什么能耐! 我折断一根木棍就能鞭打他。"于是,梁武帝下令悬赏能杀掉侯景的人,封为三千户公并授予州刺史之职。甲辰(十六日),梁武帝下诏,任命合州刺史鄱阳王萧范为南道都督,北徐州刺史封山侯萧正表为北道都督,司州刺史柳仲礼为西道都督,通直散骑常侍裴之高为东道都督,侍中开府仪同三司、邵陵王萧纶持节监督各路军队以讨伐侯景。萧正表是萧宏的儿子。柳仲礼是柳庆远的孙子。裴之高是裴邃哥哥的儿子。

20　九月,东魏濮阳武公娄昭去世。

21　侯景闻台军讨之,问策于王伟,伟曰:"邵陵若至,彼众我寡,必为所困。不如弃淮南,决志东向,帅轻骑直掩建康。临贺反其内,大王攻其外,天下不足定也。兵贵拙速,宜即进路。"景乃留外弟中军大都督王显贵守寿阳。癸未,诈称游猎,出寿阳,人不之觉。冬,十月庚寅,景扬声趣合肥,而实袭谯州,助防董绍先开城降之。执刺史丰城侯泰。泰,范之弟也,先为中书舍人,倾财以事时要,超授谯州刺史。至州,遍发民丁,使担腰舆、扇、伞等物,不限士庶。耻为之者,重加杖责,多输财者,即纵免之,由是人皆思乱。及侯景至,人无战心,故败。

庚子,诏遣宁远将军王质帅众三千巡江防遏。景攻历阳太守庄铁,丁未,铁以城降。因说景曰:"国家承平岁久,人不习战,闻大王举兵,内外震骇,宜乘此际速趋建康,可兵不血刃而成大功。若使朝廷徐得为备,内外小安,遣羸兵千人直据采石,大王虽有精甲百万,不得济矣。"景乃留仪同三司田英、郭骆守历阳,以铁为导,引兵临江。江上镇戍相次启闻。上问讨景之策于都官尚书羊侃,侃请"以二千人急据采石,令邵陵王袭取寿阳。使景进不得前,退失巢穴,乌合之众,自然瓦解。"朱异曰:"景必无渡江之志。"遂寝其议。侃曰:"今兹败矣!"

21　侯景听说官军前来讨伐他,便向王伟询问策略,王伟说:"邵陵王的军队如果到来,他们人多,我们人少,一定会被他的军队所围困。我们不如放弃淮南,专心一意向东进军,统率轻装骑兵直袭建康。临贺王萧正德在建康内部反叛,大王你在建康城外发动攻势,天下不难平定。军队贵在行动迅速,您应该马上上路。"侯景于是让自己的外弟中军大都督王显贵守卫寿阳城。癸未(二十五日),侯景诈称出外巡游、打猎,出了寿阳城,人们都没有发觉这件事。冬季,十月庚寅(初三),侯景扬言要到合肥,但实际上却袭击了谯州,谯州助防董绍先打开城门,投降了侯景。侯景拘捕了刺史丰城侯萧泰。萧泰是萧范的弟弟,他以前曾担任中书舍人,花费了大量钱财贿赂当时的达官贵人,被破格提拔为谯州刺史。到了谯州,他到处征发民夫,让他们为他抬着高到人腰部的轿子,手持障尘蔽日的扇子,以及雨伞等物,不论是官员还是百姓。如果谁耻于做这些事,就会遭到木棍的加重毒打,谁多送给他钱财,就免除谁的劳役,由于这些,人们都希望天下大乱。等到侯景来到谯州时,人人都没有作战的愿望,所以被俘了。

庚子(十三日),梁武帝下诏派遣宁远将军王质统率三千人马沿长江防卫和阻止侯景的进攻。侯景向历阳太守庄铁的军队发动了进攻,丁未(二十日),庄铁率全城军民投降了侯景。并对侯景说:"国家连续平安许多年了,人们都已不习惯作战,听说大王您起兵,朝廷内外都感到很震惊和害怕,应该乘机迅速逼近建康,那样,不经过流血打仗就能取得成功。如果让朝廷渐渐有所防备,朝廷内外也稍稍安定一些,只要派遣一千名瘦弱的士兵径直占据采石的话,大王虽然有百万精锐军队,也不会成功。"侯景于是留下了仪同三司田英以及郭骆守卫历阳,让庄铁担任向导,带领军队来到了长江边上。防卫长江的官员依次把侯景反叛的近事启奏给了梁武帝。梁武帝向都官尚书羊侃询问讨伐侯景的计策,羊侃则请求:"请派两千人马快速占据采石,并命令邵陵王袭击、夺取寿阳。让侯景不能前进,退又失去巢穴,这些乌合之众,自然也就土崩瓦解了。"朱异却说:"侯景一定没有渡过长江的打算。"于是,没有采纳羊侃的建议。羊侃说:"现在梁朝就要败亡了。"

戊申，以临贺王正德为平北将军，都督京师诸军事，屯丹杨郡。正德遣大船数十艘，诈称载荻，密以济景。景将济，虑王质为梗，使谍视之。会临川太守陈昕启称："采石急须重镇，王质水军轻弱，恐不能济。"上以昕为云旗将军，代质戍采石，征质知丹杨尹事。昕，庆之之子也。质去采石，而昕犹未下渚。谍告景云："质已退。"景使折江东树枝为验，谍如言而返，景大喜曰："吾事办矣！"己酉，自横江济于采石，有马数百匹，兵八千人。是夕，朝廷始命戒严。

景分兵袭姑孰，执淮南太守文成侯宁。南津校尉江子一帅舟师千馀人，欲于下流邀景。其副董桃生，家在江北，与其徒先溃走。子一收馀众，步还建康。子一，子四之兄也。

太子见事急，戎服入见上，禀受方略，上曰："此自汝事，何更问为！内外军事，悉以付汝。"太子乃停中书省，指授军事，物情惶骇，莫有应募者。朝廷犹不知临贺王正德之情，命正德屯朱雀门，宁国公大临屯新亭，大府卿韦黯屯六门，缮修宫城，为受敌之备。大临，大器之弟也。

己酉，景至慈湖。建康大骇，御街人更相劫掠，不复通行。赦东、西冶、尚方钱署及建康系囚，以扬州刺史宣城王大器都督城内诸军事，以羊侃为军师将军副之，南浦侯推守东府，西丰公大春守石头，轻车长史谢禧、始兴太守元贞守白下，韦黯与右卫将军柳津等分守宫城诸门及朝堂。推，秀之子；大春，大临之弟；津，仲礼之父也。摄诸寺库公藏钱，聚之德阳堂，以充军实。

戊申(二十一日)，梁武帝任命临贺王萧正德为平北将军、都督京师诸军事，把军队驻扎在丹杨郡。萧正德派遣了几十艘大船，欺骗别人说这些船是用来运荻草的，而暗中却用来载侯景的军队过江。侯景将要渡过江时，担心王质从中作梗，便派侦探观察监视他。正好这时临川太守陈昕向梁武帝启奏说："采石急需重兵把守，王质的水军力量薄弱，恐怕不能顶事。"梁武帝于是任命陈昕为云旗将军，代替王质守卫采石，征调王质到丹杨任丹杨尹。陈昕，是陈庆之的儿子。王质离开了采石，而陈昕还没有去采石就任。侦探把这一情况告诉了侯景："王质已经离开采石。"侯景让人把长江东岸的树枝折断进行验证，侦探按照他的吩咐做了之后返回。侯景非常高兴地说："我的事能成了！"己酉(二十二日)，侯景从横江渡过长江到达采石，一共有几百匹马和八千士兵。这天夜里，朝廷才下令实行戒严。

　　侯景分几路人马袭击姑孰城，抓住了淮南太守文成侯萧宁。南津校尉江子一统率千馀水军，想在长江下流拦击侯景的军队。江子一的副将董桃生，家住在长江北面，他与手下人率先溃败逃走。江子一聚集了剩下的人马，徒步回到了建康。江子一是江子四的哥哥。

　　太子见情况紧急，便身穿戎装进入皇宫见梁武帝，领受梁武帝的指示，梁武帝对他说："这些事是你自己的事，又何必问我！朝廷内外的军政事务，我全都交给你了。"太子于是进驻中书省，指挥布置军事事务，人们情绪惶惶不安，没有人敢应募出征。朝廷还不知道临贺王萧正德已暗中投降了侯景这一情况，仍命令萧正德驻兵把守朱雀门，命宁国公萧大临驻守新亭，大府卿韦黯率兵驻守六个城门，修缮皇宫的城墙，为一旦遭受敌人进攻做好准备。萧大临是萧大器的弟弟。

　　己酉(二十二日)，侯景的军队到达慈湖。建康全城都非常惊恐，御街上人们互相抢夺掳掠，街道已不能通行。朝廷赦免了东西冶、尚书钱署以及建康城拘押的囚犯，任命扬州刺史宣城王萧大器为都督城内诸军事，任命羊侃担任军师将军辅助萧大器，命南浦侯萧推守卫东府，命西丰公萧大春守卫石头，命轻车长史谢禧、始兴太守元贞守卫白下，命韦黯与右卫将军柳津等人分别守卫宫城的各个城门以及朝廷的殿堂。萧推是萧秀的儿子。萧大春是萧大临的弟弟。柳津是柳仲礼的父亲。梁武帝把诸寺庙仓库里贮藏的朝廷的钱财聚集起来，集中在德阳堂，用来补充军需。

庚戌，侯景至板桥，遣徐思玉来求见上，实欲观城中虚实。上召问之。思玉诈称叛景请间陈事，上将屏左右，舍人高善宝曰："思玉从贼中来，情伪难测，安可使独在殿上！"朱异侍坐，曰："徐思玉岂刺客邪！"思玉出景启，言"异等弄权，乞带甲入朝，除君侧之恶。"异甚惭悚。景又请遣了事舍人出相领解，上遣中书舍人贺季、主书郭宝亮随思玉劳景于板桥。景北面受敕，季曰："今者之举何名？"景曰："欲为帝也！"王伟进曰："朱异等乱政，除奸臣耳。"景既出恶言，遂留季，独遣宝亮还宫。

百姓闻景至，竞入城，公私混乱，无复次第，羊侃区分防拟，皆以宗室间之。军人争入武库，自取器甲，所司不能禁，侃命斩数人，方止。是时，梁兴四十七年，境内无事，公卿在位及闾里士大夫罕见兵甲，贼至猝迫，公私骇震。宿将已尽，后进少年并出在外，军旅指拟，一决于侃，侃胆力俱壮，太子深仗之。

辛亥，景至朱雀桁南，太子以临贺王正德守宣阳门，东宫学士新野庾信守朱雀门，帅宫中文武三千馀人营桁北。太子命信开大桁以挫其锋，正德曰："百姓见开桁，必大惊骇，可且安物情。"太子从之。俄而景至，信帅众开桁，始除一舶，见景军皆著铁面，退隐于门。信方食甘蔗，有飞箭中门柱，

庚戌(二十三日),侯景的军队到达板桥,他派遣徐思玉前来拜见梁武帝,实际上是想探听一下建康城里的虚实。梁武帝召见他并问了他一些事。徐思玉假称他背叛了侯景,请求单独向梁武帝报告情况,梁武帝要屏退左右,舍人高善宝说:"徐思玉从叛贼那里来,真假难以推测,怎么可以让他单独留在殿堂之上!"朱异正坐在梁武帝身边侍奉,他说:"徐思玉难道是刺客吗!"徐思玉拿出了侯景的启奏,上面写道:"朱异等人玩弄权术,我请求带兵入朝,除掉国君身边的坏人。"朱异感到非常惭愧和恐惧。侯景又请求梁武帝派一名懂得事理的舍人出来总录侯景要说的事并且分辨是非,梁武帝于是派中书舍人贺季、主书郭宝亮跟随徐思玉一起到板桥来慰劳侯景。侯景面向北方承接了诏书,贺季问:"你现在的举动到底要干什么?"侯景回答说:"是想称皇帝!"王伟上前说道:"朱异等人搞乱了国家政务,我们是要除掉奸臣的。"侯景已经说出了他的罪恶目的,于是便拘留了贺季,只打发郭宝亮返回皇宫。

　　百姓听说侯景的军队来到,争相逃入城里,官员与百姓混杂在一起,不再有秩序,羊侃布置防守计划,每处都安排皇室成员来监督。军队的官兵争相进入武器库,自己拿兵器和盔甲,掌管武器库的人不能禁止,羊侃下令斩杀了几个人,才制止了这种混乱。这年,是梁朝建立后的第四十七年,国内一直平安无事,在职的公卿以及闾里士大夫都很少见到兵器和铠甲,现在,叛贼突然来到,形势紧迫,官员与百姓都很震惊。朝廷中的老将已经没有了,后来晋升的青年将领都正在外面征战或防守边境,军队的指挥权,完全由羊侃一人决定,羊侃有胆有谋,太子深深地仰仗他。

　　辛亥(二十四日),侯景来到朱雀门浮桥的南面,太子命临贺王萧正德把守宣阳门,命东宫学士新野人庾信把守朱雀门,统率皇宫中的三千多名文武官员在浮桥北面安营扎寨。太子命令庾信断开浮桥以挫败侯景的先锋部队,萧正德说:"百姓看到断开浮桥,一定会非常惊恐,应该暂且先安抚百姓的情绪。"太子采纳了萧正德的意见。一会儿,侯景的部队来到,庾信率领人马断开了浮桥,刚除掉一艘大船,看到侯景的士兵都戴着铁面具,于是便后退,隐藏到城门楼上。庾信正在吃甘蔗,一支箭飞来射中了城门柱子,

信手甘蔗，应弦而落，遂弃军走。南塘游军沈子睦，临贺王正德之党也，复闭桁渡景。太子使王质将精兵三千援信，至领军府，遇贼，未陈而走。正德帅众于张侯桥迎景，马上交揖，既入宣阳门，望阙而拜，歔欷流涕，随景渡淮。景军皆著青袍，正德军并著绛袍，碧里，既与景合，悉反其袍。景乘胜至阙下，城中恟惧，羊侃诈称得射书云："邵陵王、西昌侯援兵已至近路。"众乃小安。西丰公大春弃石头，奔京口；谢禧、元贞弃白下走；津主彭文粲等以石头城降景，景遣其仪同三司于子悦守之。

壬子，景列兵绕台城，幡旗皆黑，射启于城中曰："朱异等蔑弄朝权，轻作威福，臣为所陷，欲加屠戮。陛下若诛朱异等，臣则敛辔北归。"上问太子："有是乎？"对曰："然。"上将诛之。太子曰："贼以异等为名耳，今日杀之，无救于急，适足贻笑将来，俟贼平诛之未晚。"上乃止。

景绕城既匝，百道俱攻，鸣鼓吹唇，喧声震地。纵火烧大司马、东西华诸门。羊侃使凿门上为窍，下水沃火。太子自捧银鞍，往赏战士。直阁将军朱思帅战士数人逾城出外洒水，久之方灭。贼又以长柯斧斫东掖门，门将开，羊侃凿扇为孔，以槊刺杀二人，斫者乃退。景据公车府，正德据左卫府，景党宋子仙据东宫，范桃棒据同泰寺。景取东宫妓数百，分给军士。东宫近城，景众登其墙射城内。至夜，景于东宫置酒奏乐，太子遣人焚之，台殿及所聚图书皆尽。

庾信手中的甘蔗随着弓弦的响声坠落到了地上,于是,他抛弃了军队逃走了。南塘游军沈子睦,是临贺王萧正德的同党,他们趁机闭合了浮桥,让侯景渡江。太子派遣王质率领三千精兵去增援庾信,王质的军队到了领军府,遭遇到了侯景的军队,王质的军队还没有摆开阵势就逃走了。萧正德率领他的人马在张侯桥迎接侯景,他们在马上相互作揖,进入宣阳门后,萧正德面向皇宫叩拜,哽咽流泪,跟随侯景一起渡过了淮河。侯景军队的士兵都穿青色战袍,萧正德军队的士兵都穿绛色战袍,战袍里子是青绿色的,与侯景部队会合后,萧正德就命令他的士兵全部将战袍衬里朝外反过来穿。侯景乘胜进军来到城楼下面,城里的人十分恐惧,羊侃谎称得到了一封射进来的书信,书信上说:"邵陵王和西昌侯的援兵已经到达附近。"大家这才稍稍安定下来。西丰公萧大春放弃了石头,逃奔京口;谢禧、元贞等人放弃了白下逃走;津主彭文粲等人率石头城军民投降了侯景,侯景便派遣仪同三司于子悦来守卫石头城。

壬子(二十五日),侯景让士兵列队围绕在台城周围,他的战旗都是黑色,他叫人向城内射去了一封书信,信上说:"朱异等人专权,作威作福,我被他所陷害,想杀掉我。如果陛下您杀掉朱异等人,那么我就收兵回北方。"梁武帝问太子:"有这样的事吗?"太子回答说:"有。"梁武帝于是要斩杀朱异。太子对梁武帝说:"侯景这个叛贼只是以杀朱异等人为借口罢了,今天您即使杀掉了朱异,对当前的紧急情况也无济于事,只会被后人耻笑,等到平定侯景之后再来杀掉他也不晚!"梁武帝于是才没有杀掉朱异。

侯景将城包围起来后,各处一齐攻城,他们敲着战鼓,吹起了口哨,喧嚣的声音震撼了大地。侯景叫人放火烧大司马以及东华、西华等门。羊侃派人在门上凿出一些洞,用水灌入其中去浇灭火焰。太子亲自捧着银制的马鞍,前去犒赏那些勇敢杀敌的战士。直阁将军朱思率领几名士兵翻过宫墙到外面去洒水,过了很久火才被浇灭。侯景又让人用长柄斧子砍东掖门,门快要被砍开了,羊侃叫人在门扇上凿出小孔,用槊刺杀了两名敌人,砍门的士兵才退了回去。侯景占领了公车府,萧正德占领了左卫府,侯景的党羽宋子仙占领了东宫,范桃棒占领了同泰寺。侯景把东宫里的几百名歌女分给了他手下的官兵。东宫靠近台城,侯景的士兵登上了东宫城墙向台城内射箭。到了夜晚,侯景在东宫摆设酒宴,奏起音乐,太子叫人用火烧东宫,台殿以及殿内收藏的图书全部化为灰烬。

景又烧乘黄厩、士林馆、太府寺。癸丑,景作木驴数百攻城,城上投石碎之。景更作尖项木驴,石不能破。羊侃使作雉尾炬,灌以膏蜡,丛掷焚之,俄尽。景又作登城楼,高十馀丈,欲临射城中。侃曰:"车高堑虚,彼来必倒,可卧而观之。"及车动,果倒。

景攻既不克,士卒死伤多,乃筑长围以绝内外,又启求诛朱异等。城中亦射赏格出外曰:"有能送景首者,授以景位,并钱一亿万,布绢各万匹。"朱异、张绾议出兵击之,问羊侃,侃曰:"不可。今出人若少,不足破贼,徒挫锐气;若多,则一旦失利,门隘桥小,必大致失亡。"异等不从,使千馀人出战。锋未及交,退走,争桥赴水死者大半。

侃子鷟,为景所获,执至城下,以示侃,侃曰:"我倾宗报主,犹恨不足,岂计一子,幸早杀之!"数日,复持来,侃谓鷟曰:"久以汝为死矣,犹在邪!"引弓射之。景以其忠义,亦不之杀。

庄铁虑景不克,托称迎母,与左右数十人趣历阳,先遣书绐田英、郭骆曰:"侯王已为台军所杀,国家使我归镇。"骆等大惧,弃城奔寿阳,铁入城,不敢守,奉其母奔寻阳。

十一月戊午朔,刑白马,祀蚩尤于太极殿前。

侯景又派人去焚烧乘黄厩、士林馆以及太府寺。癸丑(二十七日),侯景制作了几百个木驴用来攻打皇城,城上的人向木驴投掷石块把它们击碎了。侯景又改制了一种尖颈的木驴,石头无法将它砸破。羊侃让人制作了一种像鸡尾形状的火炬,把油脂和蜡灌注在火炬中,然后聚集众多火炬,点上火一起投向木驴,很快木驴就全部被烧掉了。侯景又制造了一种攀登城墙的高楼战车,高十多丈,想用它居高临下向城里射箭。羊侃说:"战车很高,地上的壕沟土很虚,战车一来一定会倒下,我们可以埋伏起来观看它。"等到战车一动,果然倒下了。

侯景攻城既没有成功,死亡、受伤的士兵又很多,于是便修筑起一条长长的围子来隔断皇城内外,同时又向梁武帝启奏请求杀掉朱异等人。皇城里也向城外射出赏格,上面写道:"有能把侯景的首级送来的,就把侯景的爵位授予他,并赏赐一亿万钱,一万匹布,一万匹绢。"朱异、张绾商议要出兵攻打侯景,征询羊侃的意见,羊侃说:"不可以。现在,如果派出少量人马,不能攻破贼兵,只会白白挫伤自己的锐气;如果派出的人马很多,一旦失利,城门狭窄、浮桥又小,一定会导致重大伤亡。"朱异等人不听从羊侃的劝告,派遣一千多人出去与侯景的军队作战。还没交锋,就退了回来,在争夺浮桥的过程中掉进水中淹死的人有半数以上。

羊侃的儿子羊鷟被侯景俘获,侯景把他带到了城墙下面给羊侃看,羊侃说:"我羊氏豁出整个宗族报效君主,尚恨不够,怎么会在乎一个儿子,希望你早点杀掉他!"几天以后,侯景又把羊侃的儿子押来,羊侃对羊鷟说:"我还以为你早就死了,怎么还活着呢!"于是便拉弓射羊鷟。侯景因羊侃是个忠义之人,也没有杀掉羊鷟。

庄铁担心侯景不能攻克皇城,便推托说要去迎接母亲,同手下几十人一起奔向历阳,他先给田英、郭骆发了封信说:"侯王已经被官兵杀死,朝廷派我回来镇守历阳。"郭骆等人看到信后大惊失色,丢弃了历阳城逃奔寿阳,庄铁进入历阳城后,不敢据守,便侍奉他的母亲一起逃往寻阳。

十一月戊午朔(初一),梁武帝让人杀死一匹白马,在太极殿前祭祀蚩尤,以求福祥。

临贺王正德即帝位于仪贤堂，下诏称："普通以来，奸邪乱政，上久不豫，社稷将危。河南王景，释位来朝，猥用朕躬，绍兹宝位，可大赦，改元正平。"立其世子见理为皇太子，以景为丞相，妻以女，并出家之宝货悉助军费。

于是景营于阙前，分其兵二千人攻东府。南浦侯推拒之，三日，不克。景自往攻之，矢石雨下，宣城王防阁许伯众潜引景众登城。辛酉，克之。杀南浦侯推及城中战士三千人，载其尸聚于杜姥宅，遥语城中人曰："若不早降，正当如此！"

景声言上已晏驾，虽城中亦以为然。壬戌，太子请上巡城，上幸大司马门，城上闻跸声，皆鼓噪流涕，众心粗安。

江子一之败还也，上责之。子一拜谢曰："臣以身许国，常恐不得其死。今所部皆弃臣去，臣以一夫安能击贼！若贼遂能至此，臣誓当碎首以赎前罪，不死阙前，当死阙后。"乙亥，子一启太子，与弟尚书左丞子四、东宫主帅子五帅所领百馀人开承明门出战。子一直抵贼营，贼伏兵不动。子一呼曰："贼辈何不速出！"久之，贼骑出，夹攻之。子一径前，引槊刺贼。从者莫敢继，贼解其肩而死。子四、子五相谓曰："与兄俱出，何面独旋！"皆免胄赴贼。子四中稍，洞胸而死。子五伤脰，还至堑，一恸而绝。

景初至建康，谓朝夕可拔，号令严整，士卒不敢侵暴。及屡攻不克，人心离沮。景恐援兵四集，一旦溃去。又食石头常平诸仓既尽，

临贺王萧正德在仪贤堂登上皇帝宝位,下诏:"从普通年间以来,奸佞小人扰乱了朝政,皇上长期患病,国家危难将至。河南王侯景,放弃自己的爵位来到朝廷,扶持我继承了皇位,令实行大赦,改年号为'正平'。"萧正德立自己的世子萧见理为皇太子,任命侯景为丞相,把自己的女儿嫁给了侯景,并将家中财宝全部拿出来,资助军需。

　　于是,侯景在皇城前安营扎寨,分兵两千攻打东府。南浦侯萧推带兵抵抗侯景,侯景的部队进攻了三天,没有攻克东府。侯景便亲自带兵攻打东府,箭和石块像雨点一般地落下,宣城王防阁许伯众暗中引导侯景的军队登上了城墙。辛酉(初四),攻克了东府。侯景杀死了南浦侯萧推以及守城战士三千人,把他们的尸体用车拉到杜姥宅堆积起来,从远处向城里的人喊道:"如果不早点投降,便是这样下场!"

　　侯景声称梁武帝已经去世,就连城里的人也以为侯景的话是真的。壬戌(初五),太子请梁武帝巡视全城,梁武帝巡幸到大司马门时,城上的守军听到皇帝来到,都喧闹起来,流下了眼泪,军心这才稍稍安定下来。

　　江子一战败回到了朝廷,梁武帝责怪他。江子一向梁武帝叩拜谢罪说:"我以身许国,常担心不能为国尽忠而死。现在,我的下属都背弃我离去,我一个人怎么能迎战侯景!如果侯景竟能攻打到这儿来的话,我发誓会粉身碎骨以赎前罪,我不死在皇宫前面,也会死在皇宫后面。"乙亥(十八日),江子一向太子启奏,要求与他的弟弟尚书左丞江子四、东宫主帅江子五一起率领一百多人打开承明门出战贼兵。江子一带领人马一直抵达侯景的军营,贼兵按兵不动。江子一高呼:"你们这些叛贼为什么不快些出来应战!"过了很久,侯景的骑兵出来了,从两面夹击江子一。江子一径直向前冲,挥槊杀敌。随同江子一一起来的人不敢随他继续向前冲,敌人剖开了江子一的肩膀把他杀死了。江子四、江子五相互说道:"我们和哥哥一起出来,有什么脸面独自回去!"于是,他们俩都脱下甲胄冲向敌人。江子四被敌人的长矛穿透胸膛而死。江子五被刺伤了颈项,回到战壕时,大哭一声也死去了。

　　侯景当初刚到建康时,以为很快就能攻克建康城,所以刚开始他的军队号令严格,仪容整齐,士兵们不敢侵扰、凌暴百姓。后来等到多次攻打建康城都没有攻克时,人心开始离散、沮丧。侯景担心救援建康的军队从四面八方汇集到这里,迟早会有溃退的一天。另外,由于石头城备用粮仓的粮食已经吃完了,

军中乏食。乃纵士卒掠夺民米及金帛子女。是后米一升至七八万钱,人相食,饿死者什五六。

乙丑,景于城东、西起土山,驱迫士民,不限贵贱,乱加殴捶,疲羸者因杀以填山,号哭动地。民不敢窜匿,并出从之,旬日间,众至数万。城中亦筑土山以应之。太子、宣城王已下,皆亲负土,执畚锸,于山上起芙蓉层楼,高四丈,饰以锦罽。募敢死士二千人,厚衣袍铠,谓之"僧腾客",分配二山,昼夜交战不息。会大雨,城内土山崩。贼乘之,垂入,苦战不能禁。羊侃令多掷火,为火城以断其路,徐于内筑城,贼不能进。

景募人奴降者,悉免为良。得朱异奴,以为仪同三司,异家赀产悉与之。奴乘良马,衣锦袍,于城下仰诟异曰:"汝五十年仕宦,方得中领军。我始事侯王,已为仪同矣!"于是三日之中,群奴出就景者以千数,景皆厚抚以配军,人人感恩,为之致死。

荆州刺史湘东王绎闻景围台城,丙寅,戒严,移檄所督湘州刺史河东王誉、雍州刺史岳阳王詧、江州刺史当阳公大心、郢州刺史南平王恪等,发兵入援。大心,大器之弟;恪,伟之子也。

朱异遗景书,为陈祸福。景报书,并告城中士民,以为:"梁自近岁以来,权幸用事,割剥齐民,以供嗜欲。如曰不然,公等试观:今日国家池苑,王公第宅,僧尼寺塔。及在位庶僚,

军队缺乏食物。于是,侯景便纵容他的士兵去掠夺百姓的米粮以及金银、丝织品和百姓的儿女。从这以后,米的价格一升涨到七八万钱,以致造成人吃人的情况,被饿死的人达到十分之五六。

乙丑(初八),侯景在城东、城西堆起两座土山,他驱赶、逼迫百姓去劳动,不论以前身份高贵或低贱,都乱加棒打、拳击,那些疲惫不堪、瘦弱生病的人就被杀掉填入土山中,百姓的哭喊嚎叫声惊天动地。百姓们不敢逃走或隐藏起来,全出来顺从了侯景,十天的时间,人数达到几万。建康城中也建造起土山来对付侯景建造的土山。太子、宣城王以下的人都亲自背土,手握簸箕与铁锹挖土和装土,在土山上筑起了几层芙蓉高楼,楼有四丈高,用彩帛和氂布装饰起来。梁朝又招募了两千名敢于拼死战斗的士兵,给他们穿上厚厚的战袍和铠甲,称之为"僧腾客",梁朝把这些战士分配在东土山和西土山上,他们日夜不停地与侯景的军队交战。这时,赶上大雨滂沱,城内的土山崩溃了。贼兵趁此机会,从高处往城内垂吊士兵,梁朝的士兵与贼兵浴血奋战,但也没有能拦住敌人。羊侃命令部队多多投掷火把,形成一道火墙以切断贼兵的来路,接着在城内筑起城墙,侯景的军队无法攻进来。

侯景招募那些投降了他,原来身为奴仆的人,免除了他们的奴隶身份,让他们成为平民。侯景得到朱异的奴仆后任命他为仪同三司,并把朱异家的资产都赏赐给了他。这个奴仆骑着好马,穿着锦袍,在城墙下仰头骂朱异:"你做了五十年的官,才只做到中领军。我刚投降侯王,就已经担任仪同了!"这样一来,三天之内,数以千计的奴隶都出城投奔了侯景,侯景都给予他们丰厚的赏赐,并把他们分配在自己的军队中,这些奴隶们人人感激侯景的大恩,愿意为他拼死效力。

荆州刺史湘东王萧绎听说侯景包围了台城,便于丙寅(初九),实行了戒严,他写了檄文派人送给他所管辖的湘州刺史河东王萧誉、雍州刺史岳阳王萧詧、江州刺史当阳公萧大心、郢州刺史南平王萧恪等人,让他们派遣军队进京救援。萧大心是萧大器的弟弟。萧恪是萧伟的儿子。

朱异让人送给侯景一封书信,向侯景陈述了当前的祸福利害。侯景给朱异回了信,并且告诉城中的官兵,信中说:"梁朝最近几年来,奸臣当权,搜刮平民,以满足他们自己的嗜好和欲望。如果你们认为不是这样,请你们来看看这些:今天国家的池塘和供帝王游玩及打猎的风景园林,王公贵族的住宅,僧侣尼姑的寺塔。还有那些在位的官员,

姬姜百室,仆从数千,不耕不织,锦衣玉食。不夺百姓,从何得之! 仆所以趋赴阙庭,指诛权佞,非倾社稷。今城中指望四方入援,吾观王侯、诸将,志在全身,谁能竭力致死,与吾争胜负哉! 长江天险,二曹所叹,吾一苇航之,日明气净。自非天人允协,何能如是! 幸各三思,自求元吉!"

景又奉启于东魏主,称:"臣进取寿春,暂欲停憩。而萧衍识此运终,自辞宝位。臣军未入其国,已投同泰舍身。去月二十九日,届此建康。江海未苏,干戈暂止,永言故乡,人马同恋。寻当整辔,以奉圣颜。臣之母、弟,久谓屠灭,近奉明敕,始承犹在。斯乃陛下宽仁,大将军恩念,臣之弱劣,知何仰报! 今辄赍启迎臣母、弟、妻、儿,伏愿圣慈,特赐裁放!"

己巳,湘东王绎遣司马吴晔、天门太守樊文皎等将兵发江陵。

陈昕为景所擒,景与之极饮,使昕收集部曲,欲用之。昕不可,景使其仪同三司范桃棒囚之。昕因说桃棒,使帅所部袭杀王伟、宋子仙,诣城降。桃棒从之,潜遣昕夜缒入城。上大喜,敕镌银券赐桃棒曰:"事定之日,封汝河南王,即有景众,并给金帛女乐。"太子恐其诈,犹豫不决,上怒曰:"受降常理,何忽致疑!"太子召公卿会议,朱异、傅岐曰:"桃棒降必非谬。桃棒既降,贼景必惊,乘此击之,可大破也。"太子曰:"吾坚城自守以俟外援,援兵既至,贼岂足平! 此万全策也。

他们妻妾成群，随从和仆人达几千人，他们既不耕作，又不织布，穿的却是锦绣衣服，吃的是珍贵食物。如果他们不掠夺百姓，从哪儿会得到这些东西呢！我之所以来到都城，是想来杀掉掌权的奸佞之人，并不是想推翻国家。现在城中的人指望四方的援兵，我看这些王侯、诸将，他们的心思只在于保全自己，谁会竭尽全力、战斗到死，与我争夺胜负呢！长江天险，连曹操、曹丕都感叹无能为力，我却轻易渡过，扫除尘雾，重见光明。如果不是上天保佑、百姓协助，怎会如此！希望各位三思而行，自求吉祥！"

侯景又向东魏孝静帝启奏说："我进攻并已夺取了寿春，想暂时停下来休息一下。但萧衍知道他的气数已尽，自己辞掉了皇帝的宝座。我的军队没有进入梁都，他就已舍身同泰寺了。上月二十九日，我军来到建康。天下未平，战事暂停，谈起故乡，人、马都很依恋。不久，我就要整顿队伍，回到北方朝拜皇上。我的母亲和弟弟，很早就听人说被杀害了，最近收到皇上的诏书，才知道母亲和弟弟还在人间。这是因为陛下待人宽厚、仁慈，高大将军念往日旧恩，我能力弱劣，不知道该如何报答！今天特地送去奏折想接我的母亲、弟弟、妻子、儿女，希望圣上大发慈悲，释放他们。"

己巳(十三日)，湘东王萧绎派遣司马吴晔和天门太守樊文皎等人率领军队从江陵出发。

陈昕被侯景抓获，侯景与陈昕一起畅饮，侯景让陈昕聚集起部曲，想任用他。陈昕没有答应，侯景便派他的仪同三司范桃棒把陈昕关押起来。陈昕便趁机劝说范桃棒，让他率自己的部下袭击王伟、宋子仙并杀掉他们，然后到建康城去投降。范桃棒听从了陈昕的劝说，夜间暗中将陈昕用绳子缒到建康城内。梁武帝知道了这一情况后非常高兴，下令赐给范桃棒银券，上面刻着："事情成功的那天，封你为河南王，并拥有侯景的人马，并且赐给你金银、锦帛以及歌伎。"太子担心陈昕欺骗梁武帝，对此事犹豫不决，梁武帝生气地说："接受对方投降是常理之中的事，你为什么突然又疑神疑鬼的！"太子召集公卿大臣们开会商议此事，朱异、傅岐说："范桃棒投降梁朝一定不是假的。范桃棒投降后，叛贼侯景一定会惊慌，乘此机会攻击他，可以大败叛贼。"太子说："我们坚守城池，等候外面的援兵，援兵到来后，叛贼何愁不平！这才是万全之策。

今开门纳桃棒,桃棒之情,何易可知!万一为变,悔无所及。社稷事重,须更详之。"异曰:"殿下若以社稷之急,宜纳桃棒;如其犹豫,非异所知。"太子终不能决。桃棒又使昕启曰:"今止将所领五百人,若至城门,皆自脱甲,乞朝廷开门赐容。事济之后,保擒侯景。"太子见其恳切,愈疑之。朱异抚膺曰:"失此,社稷事去矣!"俄而桃棒为部下所告,景拉杀之。陈昕不知,如期而出,景邀得之,逼使射书城中曰:"桃棒且轻将数十人先入。"景欲衷甲随之,昕不肯,期以必死,乃杀之。

景使萧见理与仪同三司卢晖略戍东府。见理凶险,夜,与群盗剽劫于大桁,中流矢而死。

邵陵王纶行至钟离,闻侯景已渡采石,纶昼夜兼道,旋军入援,济江,中流风起,人马溺者什一二。遂帅宁远将军西丰公大春、新涂公大成、永安侯确、安南侯骏、前谯州刺史赵伯超、武州刺史萧弄璋等,步骑三万自京口西上。大成,大春之弟;确,纶之子;骏,懿之孙也。

景遣军至江乘拒纶军。赵伯超曰:"若从黄城大路,必与贼遇,不如径指钟山,突据广莫门,出贼不意,城围必解矣。"纶从之,夜行失道,迂二十馀里,庚辰旦,营于蒋山。景见之大骇,悉送所掠妇女、珍货于石头,具舟欲走。分兵三道攻纶,纶与战,破之。时山巅寒雪,乃引军下爱敬寺。景陈兵于覆舟山北,乙酉,纶进军玄武湖侧,与景对陈,不战。

现在如果打开城门接纳范桃棒,范桃棒的情况,怎么会那么容易就能知道! 万一情况发生变故,后悔莫及。事关江山社稷,必须再仔细地考虑。"朱异说:"殿下若以国家危机为重,就应该接纳范桃棒;如果您犹豫不决,我不知道结果会怎样。"太子始终不能下定决心。范桃棒又派陈昕启奏说:"现在,我只率领我的部下五百人前来,如果到达城门时,我们会全部自动脱下铠甲,请朝廷开门接纳我们。事情成功之后,我保证抓获侯景。"太子看到范桃棒很恳切地要求进城,就更加怀疑他。朱异捶胸感叹道:"失去这次机会,国家就完了!"不久,范桃棒被他的部下告发了,侯景把他拉出去杀掉了。陈昕不知道范桃棒已被杀死,仍按照原定日期从城内出来,侯景阻截并拘捕了他,逼迫他向建康城里射一封书信,信上说:"范桃棒暂且轻装率领几十人先进入建康。"侯景想把铠甲穿在里面跟随这些人进入建康城,陈昕不肯答应,决心一死,侯景就把他杀掉了。

侯景派遣萧见理和仪同三司卢晖略一起镇守东府。萧见理为人凶恶、阴险,夜里,他与一群强盗一起到大桁去偷窃、抢劫,被飞来的乱箭射中死去。

邵陵王萧纶走到钟离,听说侯景已经从采石渡过了长江,萧纶便日夜兼程,赶往建康救援朝廷,渡长江时,船到了江中心却刮起风来,落入水里淹死的人、马有十分之一二。于是,萧纶便率领宁远将军西丰公萧大春、新涂公萧大成、永安侯萧确、安南侯萧骏、前谯州刺史赵伯超、武州刺史萧弄璋等人及三万步兵、骑兵从京口向西进军。萧大成是萧大春的弟弟。萧确是萧纶的儿子。萧骏是萧懿的孙子。

侯景派遣军队来到江乘阻击萧纶的军队。赵伯超对萧纶说:"如果从黄城的大路上走,一定会与敌人相遇,我们不如径直进军钟山,突然占领广莫门,出其不意地出现在敌人面前,建康城之围一定会解除。"萧纶采纳了赵伯超的建议,夜间行军,迷失了道路,多走了二十多里地,庚辰(二十三日)早上,在蒋山安营扎寨。侯景见到这种情况十分惊恐,把他所掠夺来的妇女和珍宝全部运送到石头城,他准备好船只想要逃走。同时又分兵三路攻打萧纶,萧纶的军队与侯景的军队交战,打败了侯景的军队。这时,山峰上还有寒冷的积雪,萧纶便把军队带到了爱敬寺。侯景把军队布置在了覆舟山北面,乙酉(二十八日),萧纶进军到了玄武湖畔,与侯景对面摆开战阵,但没有交战。

至暮，景更约明日会战，纶许之。安南侯骏见景军退，以为走，即与壮士逐之。景旋军击之，骏败走，趣纶军。赵伯超望见，亦引兵走，景乘胜追击之，诸军皆溃。纶收馀兵近千人，入天保寺。景追之，纵火烧寺。纶奔朱方，士卒践冰雪，往往堕足。景悉收纶辎重，生擒西丰公大春、安前司马庄丘慧、主帅霍俊等而还。丙戌，景陈所获纶军首虏铠仗及大春等于城下，使言曰："邵陵王已为乱兵所杀。"霍俊独曰："王小失利，已全军还京口。城中但坚守，援军寻至。"贼以刀殴其背，俊辞色弥厉。景义而释之，临贺王正德杀之。

是日晚，鄱阳王范遣其世子嗣与西豫州刺史裴之高、建安太守赵凤举各将兵入援，军于蔡洲，以待上流诸军，范以之高督江右援军事。景悉驱南岸居民于水北，焚其庐舍，大街已西，扫地俱尽。

北徐州刺史封山侯正表镇钟离，上召之入援，正表托以船粮未集，不进。景以正表为南兖州刺史，封南郡王。正表乃于欧阳立栅以断援军，帅众一万，声言入援，实欲袭广陵。密书诱广陵令刘询，使烧城为应，询以告南兖州刺史南康王会理。十二月，会理使询帅步骑千人夜袭正表，大破之。正表走还钟离。询收其兵粮，归就会理，与之入援。

癸巳，侍中、都官尚书羊侃卒，城中益惧。侯景大造攻具，陈于阙前，大车高数丈，一车二十轮，丁酉，复进攻城，以虾蟆车运土填堑。

到了黄昏,侯景提出改到明天再交战,萧纶答应了。安南侯萧骏看到侯景退兵了,以为他逃跑,就与精壮的士兵一起追赶侯景的军队。侯景回转军队攻击萧骏的人马,萧骏战败逃走,奔向萧纶的军营。赵伯超看见了这一情况,也带领军队逃跑,侯景乘胜追击,梁军全部溃败。萧纶收集了将近一千残兵,逃进了天保寺。侯景步步紧追,放火焚烧了天保寺。萧纶逃往朱方,士兵们踩着冰雪前进,有很多人冻坏了脚。侯景把萧纶的物资全部收缴,活捉了西丰公萧大春、安前司马庄丘慧和主帅霍俊等人返回原地。丙戌(二十九日),侯景把他所抓获的俘虏和斩杀的首级、铠甲、武器以及萧大春等人带到建康城下向城内展示,并让人对城里人说:"邵陵王已经被乱兵杀死!"只有霍俊反驳说:"邵陵王只是遇到了小小的挫折,他已经率领全部军队返回京口。城中的士兵只要坚守城池,援军很快就会到来。"贼兵用刀殴打霍俊的后背,霍俊的言辞更尖锐,脸色更严厉。侯景认为霍俊是位义士便释放了他,临贺王萧正德把他杀害了。

这天晚上,鄱阳王萧范派遣他的长子萧嗣与西豫州刺史裴之高、建安太守赵凤举等人各自率军救援建康,军队驻扎在蔡州,等待长江上游的各路人马,萧范让裴之高统领长江右边援军的军务。侯景把住在秦淮河南岸的居民全部赶到了秦淮河北岸,烧毁了他们的房屋,沿河大街以西的居民房产全部被清除掉了。

北徐州刺史封山侯萧正表镇守钟离,梁武帝征召他前来援救朝廷,萧正表推托说船只和粮草还没收集起来,不肯派兵前去。侯景任命萧正表为南兖州刺史,封他为南郡王。萧正表于是在欧阳设立栅栏以阻断增援朝廷的军队,他率领一万人马,表面上声称是进兵援救建康,实际上想要偷袭广陵。他写了封密信引诱广陵县令刘询,让他烧毁广陵城作为内应,刘询把此事告诉了南兖州刺史南康王萧会理。十二月,萧会理派遣刘询率领步兵、骑兵一千人夜间偷袭萧正表,把萧正表的军队打得一败涂地。萧正表逃回钟离。刘询收集了萧正表的残兵和粮食武器,把它们交给了萧会理,并和他一起率领军队去救援建康城。

癸巳(初七),担任侍中、都官尚书之职的羊侃去世,建康城里更是人心惶恐。侯景大造攻城器具,并把这些器具陈列在城楼前,高大的战车高达几丈,一辆车有二十个车轮,丁酉(十一日),侯景又向皇城发动进攻,用蛤蟆车运土填平战壕。

　　湘东王绎遣世子方等将步骑一万入援建康，庚子，发公安。绎又遣竟陵太守王僧辩将舟师万人，出自汉川，载粮东下。方等有俊才，善骑射，每战，亲犯矢石，以死节自任。

　　壬寅，侯景以火车焚台城东南楼。材官吴景，有巧思，于城内构地为楼，火才灭，新楼即立，贼以为神。景因火起，潜遣人于其下穿城。城将崩，乃觉之，吴景于城内更筑迂城，状如却月以拟之，兼掷火，焚其攻具，贼乃退走。

　　太子遣洗马元孟恭将千人自大司马门出荡，孟恭与左右奔降于景。

　　己酉，景土山稍逼城楼，柳津命作地道以取其土，外山崩，压贼且尽。又于城内作飞桥，悬罩二土山。景众见飞桥迥出，崩腾而走。城内掷雉尾炬，焚其东山，楼栅荡尽，贼积死于城下。乃弃土山不复修，自焚其攻具。材官将军宋嶷降于景，教之引玄武湖水以灌台城，阙前皆为洪流。

　　上征衡州刺史韦粲为散骑常侍，以都督长沙欧阳颁监州事。粲，放之子也，还，至庐陵，闻侯景乱，粲简阅部下，得精兵五千，倍道赴援。至豫章，闻景已出横江，粲就内史刘孝仪谋之，孝仪曰："必如此，当有敕。岂可轻信人言，妄相惊动！或恐不然。"时孝仪置酒，粲怒，以杯抵地曰："贼已渡江，便逼宫阙，水陆俱断，何暇有报！假令无敕，岂得自安！

湘东王萧绎派遣他的长子萧方等率领一万步兵、骑兵前来建康救援,庚子(十四日),援兵从公安出发。萧绎又派遣竟陵太守王僧辩率领一万名水军,从汉川出发,用船运载粮食顺水东下。萧方等才智过人,擅长骑马射箭,每次与敌人交战,他都亲自冒着箭林石雨杀敌,以为节义而死为己任。

　　壬寅(十六日),侯景用载有火种的车焚烧皇城东南楼。材官吴景心灵手巧,他让人在皇城里面的地上建起一座楼,大火刚灭,新建的楼就立起,贼兵认为是神帮助建立的楼。侯景趁大火燃烧起来的时候,偷偷派人从下面凿城挖洞。城墙将要崩塌时,城内的人才发觉,吴景让人们在城内修造了迂回曲折的城墙,它的形状好似半圆形的月亮,同时,还向敌人扔掷火把,焚烧了他们的进攻器具,贼兵这才退走。

　　太子派遣洗马元盂恭率领一千人马从大司马门冲杀出去,元盂恭与随从人员投降了侯景。

　　己酉(二十三日),侯景修筑的土山逐渐逼近皇城城楼,柳津命令士兵挖地道来掏空土山下面的土,城外的土山崩塌了,山四周的敌人几乎全被压死了。柳津又让人在城内修筑了一座飞桥,飞桥悬空笼罩在两座土山上。侯景的人马一见有座飞桥远远地伸出,一片混乱,争着逃走了。城里的人又向城外投掷鸡尾火炬,焚烧了东土山,东土山的楼和栅栏全部被烧尽,敌人尸体积在城下。于是,侯景放弃了土山,不再修建它,并自己把进攻用的器具给烧毁了。材官将军宋巍投降了侯景,并传授他引玄武湖水来淹灌台城,城楼前都是洪水。

　　梁武帝征调衡州刺史韦粲担任散骑常侍,任命都督长沙人欧阳颁为监州事。韦粲是韦放的儿子,当韦粲回到庐陵时,听说侯景叛乱,韦粲简拔部下,率领五千精锐士兵,加倍赶路前去援救朝廷。部队来到豫章,听说侯景已经出了横江,韦粲便到内史刘孝仪那里与他谋策此事,刘孝仪说:"如果情况真的是这样的话,皇上应该有命令传达下来。怎么可以轻信别人说的话,轻率地行动起来自相惊扰呢! 或许事情并不是这样。"这时,刘孝仪设置了酒宴,韦粲听完他的话勃然大怒,把酒杯摔在地上说:"叛贼已经渡过了长江,就要逼近皇宫了,水上、陆地的交通已全部被阻断,朝廷怎么会有空闲向我们通报情况呢! 假如朝廷无法发出命令,难道我们自己能够安心么!

韦粲今日何情饮酒!"即驰马出部分。将发,会江州刺史当阳公大心遣使邀粲,粲乃驰往见大心曰:"上游藩镇,江州去京最近,殿下情计诚宜在前。但中流任重,当须应接,不可阙镇。今宜且张声势,移镇湓城,遣偏将赐随,于事便足。"大心然之,遣中兵柳昕帅兵二千人随粲。粲至南洲,外弟司州刺史柳仲礼亦帅步骑万馀人至横江,粲即送粮仗赡给之,并散私金帛以赏其战士。

西豫州刺史裴之高自张公洲遣船渡仲礼,丙辰夜,粲、仲礼及宣猛将军李孝钦、前司州刺史羊鸦仁、南陵太守陈文彻,合军屯新林王游苑。粲议推仲礼为大都督,报下流众军。裴之高自以年位,耻居其下,议累日不决。粲抗言于众曰:"今者同赴国难,义在除贼。所以推柳司州者,正以久捍边疆,先为侯景所惮。且士马精锐,无出其前。若论位次,柳在粲下,语其年齿,亦少于粲,直以社稷之计,不得复论。今日形势,贵在将和,若人心不同,大事去矣。裴公朝之旧德,岂应复挟私情以沮大计!粲请为诸军解之。"乃单舸至之高营,切让之曰:"今二宫危逼,猾寇滔天,臣子当戮力同心,岂可自相矛盾!豫州必欲立异,锋镝便有所归。"之高垂泣致谢,遂推仲礼为大都督。

宣城内史杨白华遣其子雄将郡兵继至,援军大集,众十馀万,缘淮树栅,景亦于北岸树栅以应之。

裴之高与弟之横以舟师一万屯张公洲。景囚之高弟、侄、子、孙,临水陈兵,连镳列于陈前,以鼎镬、刀锯随其后,

韦粲今天哪儿有情绪饮酒！"于是，他骑着马飞快地出去布置军事行动。将要出发时，正赶上江州刺史当阳公萧大心派遣使者前来邀请韦粲，韦粲于是骑着快马前去会见萧大心，他对萧大心说："长江上游的藩镇，江州离京城最近，殿下按情理来说，应该行动在前面的。但江州处于长江中游，责任重大，应做后应，不能没有主将。现在，我们应该暂且虚张声势，移军镇守湓城，派遣你的副将随我一同去，就足够了。"萧大心同意了他的建议，便派遣中兵柳昕率领两千人马跟随韦粲一同前去。韦粲到达南洲时，他的表弟司州刺史柳仲礼也率领一万多步兵、骑兵到了横江，韦粲于是把粮食、武器提供给柳仲礼，并且把自己的金银、丝帛散发给柳仲礼的士兵用来奖赏他们。

西豫州刺史裴之高从张公洲派出船只把柳仲礼的军队渡过河，丙辰（三十日）夜里，韦粲、柳仲礼以及宣猛将军李孝钦、前司州刺史羊鸦仁、南陵太守陈文彻等人的军队会合在一起，驻扎在新林的王游苑。韦粲提议推举柳仲礼担任大都督，告知下游的军队。裴之高自认为年龄和官位比别人高，耻于居柳仲礼之下，韦粲的提议多日没有决定下来。韦粲高声对众人说："今天我们共赴国难，为了铲除叛贼。我之所以推举柳司州，只是因为他长期守卫边疆，以前曾让侯景畏惧。况且他的人马精锐，没有人能超过他。如果论地位、资格，柳仲礼在我下面，如果论年龄大小，他也比我年少，只是为国家考虑才这样做，大家不要再争论了。现在的形势，贵在将领团结，如果人心不统一，大事就完了。裴公是朝廷中有德望的老臣，怎么能夹带个人情感，败坏国家大计呢！我韦粲请求为各路军队解决这件事。"于是，韦粲单枪匹马乘船来到裴之高的军营，他语重心长地责备裴之高道："现在，皇上和太子危在旦夕，狡诈的敌人罪恶滔天，做臣子的应该齐心协力，怎么能自相矛盾！裴豫州一定要与大家离心异志的话，我们就要先消灭你。"裴之高流下眼泪向韦粲谢罪，于是大家推举柳仲礼为大都督。

宣城内史杨白华派遣他的儿子杨雄率领郡里的士兵随后赶来，众多援军汇集在一起，达十万多人。他们沿着秦淮河竖立栅栏，侯景也在河北岸竖立栅栏来对付援军。

裴之高与他的弟弟裴之横率一万水军驻扎在张公洲。侯景把裴之高的弟弟、侄子、儿子、孙子关押起来，临河水摆开了战阵，把裴之高的亲属锁在一起押在队列前面，将鼎镬、刀、锯放在他们身后，

谓曰:"裴公不降,今即烹之。"之高召善射者使射其子,再发,皆不中。

景帅步骑万人于后渚挑战,仲礼欲出击之。韦粲曰:"日晚我劳,未可战也。"仲礼乃坚壁不出,景亦引退。

湘东王绎将锐卒三万发江陵,留其子绥宁侯方诸居守,谘议参军刘之遴等三上笺请留,答教不许。

鄱阳王范遣其将梅伯龙攻王显贵于寿阳,克其罗城。攻中城,不克而退,范益其众,使复攻之。

22 东魏大将军澄患民钱滥恶,议不禁民私铸。但悬称市门,钱不重五铢,毋得入市。朝议以为年谷不登,请俟他年,乃止。

23 魏太师泰杀安定国臣王茂而非其罪。尚书左丞柳庆谏,泰怒曰:"卿党罪人,亦当坐!"执庆于前。庆辞色不挠,曰:"庆闻君蔽于事为不明,臣知而不争为不忠,庆既竭忠,不敢爱死,但惧公为不明耳。"泰寤,亟使赦茂,不及,乃赐茂家钱帛,曰:"以旌吾过。"

24 丙辰晦,柳仲礼夜入韦粲营,部分众军。且日,会战,诸将各有据守,令粲顿青塘。粲以青塘当石头中路,贼必争之,颇惮之。仲礼曰:"青塘要地,非兄不可。若疑兵少,当更遣军相助。"乃使直阁将军刘叔胤助之。

然后对裴之高说:"裴公如果不投降,今天就把他们煮了。"裴之高把善于射箭的人召来,让他用弓箭射自己的儿子,射了两次,都没有射中。

侯景率领一万名步兵、骑兵在后渚向援军挑战,柳仲礼想带兵出去攻打他。韦粲劝他说:"天色已晚,我军又很疲劳,不能应战。"柳仲礼于是坚守营垒不出来应战,侯景也领兵退了回去。

湘东王萧绎率领三万名精锐的士兵从江陵出发,让他的儿子绥宁侯萧方诸留守江陵,谘议参军刘之遴等人多次向萧绎上书请求留下,萧绎不同意。

鄱阳王萧范派遣他的将领梅伯龙在寿阳攻打王显贵的军队,攻克了外城。接着又攻打内城,没能攻克,便退了回来,萧范为他增加了军队,让他再次攻打寿阳。

22　东魏大将军高澄担心民间货币太粗劣、分量不足,便考虑不禁止百姓自己铸造钱。但在市场门口悬贴告示,凡是不够五铢重的钱,一律不能进入市场流通。朝廷官员商议后认为今年粮食歉收,请等其他年份再实行这一政策,高澄便没有实施此项措施。

23　西魏太师宇文泰要杀他的封地臣属王茂,但他并没有罪过。尚书左丞柳庆向宇文泰提出不同意见,宇文泰恼怒地说:"你党护罪人,也应当被治罪!"便把柳庆拘捕起来。柳庆言语神色毫不屈服,他说道:"柳庆我听说,做国君的被事情的假相蒙蔽,这就是不明,做臣子的知道事情真相而不去争辩就是对国君不忠,我既然竭尽全力为国进忠了,不敢吝惜自己的生命,只是我怕你不明啊。"宇文泰这才醒悟,急忙派人传令赦免王茂,结果没来得及,于是,宇文泰便赐给王茂的家属很多钱帛说:"用它来表明我的过失吧。"

24　丙辰晦(三十日),柳仲礼夜间进入韦粲的军营,部署各路军队。第二天早上,与侯景的军队交战,各个将领各有自己要把守的地方,柳仲礼命令韦粲屯驻在青塘。由于青塘处于通往石头的道路正中,叛贼一定会争夺此地,韦粲很害怕屯驻在那里。柳仲礼对韦粲说:"青塘是战略要地,非得哥哥你去不可。如果你担心兵力少的话,我会再派军队协助你。"于是,柳仲礼便派遣直阁将军刘叔胤协助韦粲。

卷第一百六十二　梁纪十八

己巳(549)一年

高祖武皇帝十八

太清三年(己巳,549)

1　春,正月丁巳朔,柳仲礼自新亭徙营大桁。会大雾,韦粲军迷失道,比及青塘,夜已过半,立栅未合,侯景望见之,亟帅锐卒攻粲。粲使军主郑逸逆击之,命刘叔胤以舟师截其后,叔胤畏懦不敢进,逸遂败。景乘胜入粲营,左右牵粲避贼,粲不动,叱子弟力战,遂与子尼及三弟助、警、构、从弟昂皆战死,亲戚死者数百人。仲礼方食,投箸被甲,与其麾下百骑驰往救之,与景战于青塘,大破之,斩首数百级,沉淮水死者千馀人。仲礼稍将及景,而贼将支伯仁自后斫仲礼中肩,马陷于淖,贼聚稍刺之,骑将郭山石救之,得免。仲礼被重疮,会稽人惠蒪吮疮断血,故得不死。自是景不敢复济南岸,仲礼亦气索,不复言战矣。

邵陵王纶复收散卒,与东扬州刺史临城公大连、新淦公大成等自东道并至。庚申,列营于桁南,亦推柳仲礼为大都督。大连,大临之弟也。

高祖武皇帝十八

梁武帝太清三年(己巳,公元 549 年)

1　春季,正月丁巳朔(初一),柳仲礼将新亭的军营迁往大桁。这一天遇上有大雾,韦粲的军队在路上迷失了方向,等他们到达青塘的时候,已经过了半夜,军营外围扎下的栅栏还没来得及合拢,侯景就已经望见,他迅速率领精锐部队前来攻打。韦粲派军主郑逸进行反击,又命令刘叔胤带着乘船的部队从后面截击,刘叔胤心里害怕不敢前进,郑逸于是遭到了失败。侯景乘胜攻进韦粲的军营,韦粲身边的下属都拉韦粲躲避贼兵,韦粲一动不动,大声命令子弟兵奋力战斗,最后他与儿子韦尼以及三个弟弟韦助、韦警、韦构,还有堂弟韦昂一起战死了,同时死去的亲戚共有几百人。战斗打响时,柳仲礼正在吃饭,他扔下筷子,穿上盔甲,与他的一百来名下属骑马赶去救援,在青塘和侯景展开了激战,将侯景的部队打得大败,斩敌人首级数百,敌人淹死在秦淮河的达一千多人。柳仲礼的槊眼看就要扎到侯景,正在这时,叛贼将领支伯仁从后面挥刀砍中柳仲礼的肩膀,柳仲礼骑的马陷入泥淖里,贼兵聚集起长矛向他刺去,幸好骑兵将领郭山石赶上去救援,柳仲礼才得免一死。见到柳仲礼身受重伤,会稽人惠䂮为他吸吮伤口止血,所以柳仲礼最后没有死去。从此,侯景不敢再渡河到南岸,柳仲礼也失去了原来的气势,不再提要和对方交战了。

邵陵王萧纶重新聚集逃散的士兵,与东扬州刺史、临城公萧大连、新淦公萧大成等人一起从东道赶到了。庚申(初四),他们在大桁的南面排列起营垒,也推举柳仲礼为大都督,萧大连即萧大临的弟弟。

朝野以侯景之祸共尤朱异,异惭愤发疾,庚申,卒。故事:尚书官不以为赠,上痛惜异,特赠尚书右仆射。

甲子,湘东世子方等及王僧辩军至。

2　戊辰,封山侯正表以北徐州降东魏,东魏徐州刺史高归彦遣兵赴之。归彦,欢之族弟也。

3　己巳,太子迁居永福省。高州刺史李迁仕、天门太守樊文皎将援兵万馀人至城下。台城与援军信命久绝,有羊车兒献策,作纸鸱,系以长绳,写敕于内,放以从风,冀达众军,题云:"得鸱送援军,赏银百两。"太子自出太极殿前乘西北风纵之,贼怪之,以为厌胜,射而下之。援军募人能入城送启者,鄱阳世子嗣左右李朗请先受鞭,诈为得罪,叛投贼,因得入城,城中方知援兵四集,举城鼓噪。上以朗为直阁将军,赐金遣之。朗缘钟山之后,宵行昼伏,积日乃达。

癸未,鄱阳世子嗣、永安侯确、庄铁、羊鸦仁、柳敬礼、李迁仕、樊文皎将兵渡淮,攻东府前栅,焚之。侯景退。众军营于青溪之东,迁仕、文皎帅锐卒五千独进深入,所向摧靡。至菰首桥东,景将宋子仙伏兵击之,文皎战死,迁仕遁还。敬礼,仲礼之弟也。

梁朝朝廷内外都因为侯景造成的祸患而责怪朱异,朱异愤恨不已,渐渐发病,于庚申(初四)去世。以往的典章制度规定:尚书官不能追封,梁武帝对朱异的死感到痛惜,特地追封他为尚书右仆射。

甲子(初八),梁朝湘东王的世子萧方等以及王僧辩的部队赶到。

2　戊辰(十二日),梁朝封山侯萧正表带领北徐州军民投降了东魏,东魏徐州刺史高归彦派遣部队赶到北徐州。高归彦是高欢的同族弟弟。

3　己巳(十三日),梁朝的皇太子搬到永福省居住。高州刺史李迁仕、天门太守樊文皎率领一万多名援兵赶到城下。朝廷与援军之间的书信往来已经中断很久,有一位叫羊车兒的人出了一个主意,即做一只纸鸢,在上面系上长绳,将敕令写在里头,顺风放出去,希望它能到达援军中的任何一支部队里,纸鸢上题道:"如果得到纸鸢后把它送给援军,奖赏一百两银子。"皇太子亲自走到太极殿的前面,乘着西北风放出纸鸢,贼兵见了觉得奇怪,以为这是一种能以诅咒制服人的巫术用品,就把它射了下来。援军那一边也在招募能进入都城呈送文书的人,鄱阳王世子萧嗣身边的下属李朗主动请求先打自己一顿鞭子,然后假装得罪了上司,叛逃到贼兵那里,因此得到机会进入城中,城中的军民这才知道援军已经聚集在周围,全城上下高兴得又是擂鼓又是呐喊。梁武帝任命李朗为直阁将军,赏赐给他金银后又派他出城。李朗沿着钟山的后面,晚上行走白天潜伏,几天之后才到达援军的营垒。

癸未(二十七日),鄱阳王的世子萧嗣、永安侯萧确、庄铁、羊鸦仁、柳敬礼、李迁仕、樊文皎率领部队渡过淮河,攻打并焚烧了东府前面的栅栏。侯景向后退却。援军的大部队在青溪的东面安营扎寨,李迁仕、樊文皎率领五千名精锐的士兵单独前进,一直深入到贼军营地,每到一个地方,都把敌人打得一败涂地。打到菰首桥东面的时候,侯景手下的将领宋子仙埋伏的部队袭击了他们,樊文皎战死,李迁仕逃了回去。柳敬礼是柳仲礼的弟弟。

仲礼神情傲狠,陵蔑诸将,邵陵王纶每日执鞭至门,亦移时弗见,由是与纶及临城公大连深相仇怨。大连又与永安侯确有隙,诸军互相猜阻,莫有战心。援军初至,建康士民扶老携幼以候之,才过淮,即纵兵剽掠。由是士民失望,贼中有谋应官军者,闻之,亦止。

4 王显贵以寿阳降东魏。

5 临贺王记室吴郡顾野王起兵讨侯景,二月己丑,引兵来至。初,台城之闭也,公卿以食为念,男女贵贱并出负米,得四十万斛,收诸府藏钱帛五十万亿,并聚德阳堂,而不备薪刍、鱼盐。至是,坏尚书省为薪,撤荐,剉以饲马,荐尽,又食以饭。军士无膔,或煮铠、熏鼠、捕雀而食之。御甘露厨有干苔,味酸咸,分给战士。军人屠马于殿省间,杂以人肉,食者必病。侯景众亦饥,抄掠无所获。东城有米,可支一年,援军断其路。又闻荆州兵将至,景甚患之。王伟曰:"今台城不可猝拔,援兵日盛,吾军乏食,若伪求和以缓其势,东城之米,足支一年,因求和之际,运米入石头,援军必不得动,然后休士息马,缮修器械,伺其懈怠击之,一举可取也。"景从之,遣其将任约、于子悦至城下,拜表求和,乞复先镇。太子以城中穷困,白上,请许之。上怒曰:

柳仲礼看上去总是一副傲慢狠毒的样子,平时经常欺侮怠慢各位将领,邵陵王萧纶按照部将求见主帅时的礼节,每天拿着鞭子来到他的门口,他也好长时间不见,由于这一点,他与萧纶以及临城公萧大连结下了深深的仇怨。萧大连又和永安侯萧确有矛盾,这些部队之间互相猜疑,给对方设置障碍,都没有打仗的心思。援军刚到的时候,建康的老百姓纷纷扶老携幼出来迎接,可是部队刚刚渡过秦淮河,就放纵将士们抢劫掠夺。老百姓们因此都感到失望,叛贼里面一些人原来打算响应官军,听到这一情况之后,也停止了自己的行动。

4　王显贵率领寿阳军民投降了东魏。

5　南梁临贺王的记室,吴郡人顾野王拉起队伍讨伐侯景,二月己丑(初五),顾野王率部队赶到了京城。当初,台城关闭大门的时候,公卿们将粮食问题记挂在自己的心上,男的、女的、尊贵的、低贱的都出来背米,一共得到四十万斛粮食,同时还收集了各个府第贮藏的钱和绸达五十万亿,它们全被集中在德阳堂,但是他们并没有储备柴禾、牲口草料,以及鱼、盐。到了此时,只好拆除尚书省的建筑做木柴,拿掉垫席,磨碎了以后喂马,垫席用光了,又用米饭喂马。士兵们没有肉吃之后,有的人都煮甲衣上的皮革、烤老鼠、捕捉鸟雀来吃。皇室的厨房里有一种干的海苔,味道又酸又咸,不得已拿出来分给战士。军人们在皇宫与各省的办公地点之间杀马,煮的马肉中还夹杂着人肉,吃得人无不得病。侯景的部队也很饥饿,四处搜寻掠夺没有取得什么收获。东府城里有不少大米,可以供应部队整整一年,可是去那里的路被援军切断了。在这种情况下,侯景又听说荆州的部队将要赶到,心里非常害怕。王伟对他说:"现在看来,台城不可能迅速攻克,对方的援军力量日益强大,而我们的部队缺少粮食,如果我们假装向他们求和的话,可以缓解他们逼近的势头,东城的大米,足够让我们吃一年,趁着求和的时候,把大米运进石头城,援军一定不敢行动,然后我们使将士与战马都得到休息,修理好有关器械,看到对方懈怠下来再攻击他们,一下子就可以夺取台城。"侯景接受了他的建议,派遣手下的将领任约、于子悦来到台城下面,恭敬地递上文书求和,请皇上允许他去恢复原先镇守的失地。皇太子考虑到城里已穷困不堪,就将此事禀报给梁武帝,请他答应侯景的要求。梁武帝愤怒地说道:

"和不如死！"太子固请曰："侯景围逼已久，援军相仗不战，宜且许其和，更为后图。"上迟回久之，乃曰："汝自图之，勿令取笑千载。"遂报许之。景乞割江右四州之地，并求宣城王大器出送，然后济江。中领军傅岐固争曰："岂有贼举兵围宫阙而更与之和乎！此特欲却援军耳。戎狄兽心，必不可信。且宣城嫡嗣之重，国命所系，岂可为质！"上乃以大器之弟石城公大款为侍中，出质于景。又敕诸军不得复进，下诏曰："善兵不战，止戈为武。可以景为大丞相，都督江西四州诸军事，豫州牧、河南王如故。"己亥，设坛于西华门外，遣仆射王克、上甲侯韶、吏部郎萧瑳与于子悦、任约、王伟登坛共盟。太子詹事柳津出西华门，景出栅门，遥相对，更杀牲歃血为盟。既盟，而景长围不解，专修铠仗，托云"无船，不得即发"，又云"恐南军见蹑"，遣石城公还台，求宣城王出送。邀求稍广，了无去志。太子知其诈言，犹羁縻不绝。韶，懿之孙也。

庚子，前南兖州刺史南康王会理、前青冀二州刺史湘潭侯退、西昌侯世子彧众合三万，至于马卬洲，景虑其自白下而上，启云："请北军聚还南岸，不尔，妨臣济江。"太子即勒会理自白下城移军江潭苑。退，恢之子也。

辛丑，以邵陵王纶为司空，鄱阳王范为征北将军，柳仲礼为侍中、尚书右仆射。景以于子悦、任约、傅士悲皆为仪同三司，夏侯谲为豫州刺史，董绍先为东徐州刺史，徐思玉为北徐州刺史，

"跟侯景和好,还不如死!"皇太子再三请求说:"侯景围困逼迫我们已经很久,我们的援军又相互推诿不投入战斗,应该暂且答应与侯景媾和,以后再做其他打算。"梁武帝犹豫了很久才说:"你自己考虑这件事吧,不要让后人取笑。"于是朝廷派人告诉侯景,说皇上已答应他的请求。侯景乞求朝廷割让长江西面的四个州给他,又表示得让宣城王萧大器出来相送,然后他才渡过长江。中领军傅岐态度坚决地争辩说:"哪有叛贼兴兵包围宫殿,而我们转过头来跟他们媾和的道理!侯景现在的这一行动是想让援军撤走而已。戎狄侯景人面兽心,绝对不能相信。况且宣城王是皇上的直系后裔,地位重要,国家的命运维系在他的身上,怎么可以叫他去当人质!"梁武帝于是便任命萧大器的弟弟石城公萧大款为侍中,派他去侯景部做人质。他又命令各路援军一律不得再前进,同时还颁下这样的诏书:"善于用兵的人不必以刀兵定胜负,止与戈两字合成为'武',正说明了武道的精华。我可以再任命侯景为大丞相,统管江西四个州各类军中事务,仍照旧担任豫州牧、河南王之职。"己亥(十三日),梁武帝在西华门外设立神坛,派遣仆射王克、上甲侯萧韶、吏部郎萧瑳与于子悦、任约、王伟一同登上神坛订立盟约。太子詹事柳津来到西华门外,侯景则来到栅门外,遥遥相对,双方再屠宰牲畜,口中含血,订立盟誓。盟约订立以后,侯景却长时间地不解除原来的包围,集中精力专门修缮铠甲与兵器,还找借口说"没有船只,不能立即出发",又说"害怕那些屯驻在秦淮河南岸的援军追击我们",他叫石城公返回台城,要宣城王出来相送。提的要求越来越多,丝毫没有离去的意思。皇太子明知他说的都是假话,却还是不停地笼络他。萧韶是萧懿的孙子。

庚子(十四日),前南兖州刺史南康王萧会理、前青冀二州的刺史湘潭侯萧退、西昌侯的嫡长子萧彧率领合起来数量为三万的人马来到马印洲,侯景担心他们从白下攻打上来,就向梁武帝呈交奏折,说:"请让驻扎在北面马印洲的部队聚集起来,回到南岸去,如果不这样的话,就会妨碍我们渡长江。"皇太子便命萧会理将部队从白下城转移到江潭苑。萧退是萧恢的儿子。

辛丑(十五日),梁武帝任命邵陵王萧纶为司空,鄱阳王萧范为征北将军,柳仲礼为侍中、尚书右仆射。侯景任命于子悦、任约、傅士㐹三人为仪同三司,夏侯谱为豫州刺史,董绍先为东徐州刺史,徐思玉为北徐州刺史,

王伟为散骑常侍。上以伟为侍中。

乙卯,景又启曰:"适有西岸信至,高澄已得寿阳、钟离,臣今无所投足,求借广陵并谯州,俟得寿阳,即奉还朝廷。"又云:"援军既在南岸,须于京口渡江。"太子并答许之。

癸卯,大赦。

庚戌,景又启曰:"永安侯确、直阁赵威方频隔栅见诉云:'天子自与汝盟,我终当破汝。'乞召侯及威方入,即当引路。"上遣吏部尚书张绾召确,辛亥,以确为广州刺史,威方为盱眙太守。确累启固辞,不入,上不许。确先遣威方入城,因欲南奔。邵陵王纶泣谓确曰:"围城既久,圣上忧危,臣子之情,切于汤火,故欲且盟而遣之,更申后计。成命已决,何得拒违!"时台使周石珍、东宫主书左法生在纶所,确谓之曰:"侯景虽云欲去而不解长围,意可见也。今召仆入城,何益于事!"石珍曰:"敕旨如此,郎那得辞!"确意尚坚,纶大怒,谓赵伯超曰:"谯州为我斩之!持其首去!"伯超挥刃眄确曰:"伯超识君侯,刀不识也。"确乃流涕入城。

上常蔬食,及围城日久,上厨蔬茹皆绝,乃食鸡子。纶因使者暂通,上鸡子数百枚,上手自料简,歔欷哽咽。

湘东王绎军于郢州之武城,湘州刺史河东王誉军于青草湖,信州刺史桂阳王慥军于西峡口,托云俟四方援兵,淹留不进。中记室参军萧贲,骨鲠士也,以绎不早下,心非之,

王伟为散骑常侍。梁武帝又任命王伟为侍中。

乙卯(二十九日),侯景又启奏梁武帝,说:"刚才我接到一封来自西岸的信,上面说高澄已经取得了寿阳、钟离这两个地方,我现在没有地方可以立足,请求皇上将广陵和谯州借给我,等我夺取了寿阳,马上会把广陵和谯州奉还给朝廷。"又说:"援军既然在南岸,我军就必须在京口渡江。"对这些要求,皇太子全都答应了。

癸卯(十七日),南梁大赦天下。

庚戌(二十四日),侯景又递上奏折,说:"永安侯萧确,直阁赵威方频繁地隔着栅栏骂我说:'皇上同你订立盟约是他自己的事,我反正终究要打败你。'我乞求皇上叫永安侯与赵威方入城,我将立即指挥部队上路返回北方。"梁武帝派遣吏部尚书张绾去召回萧确,辛亥(二十五日),梁武帝任命萧确为广州刺史,赵威方为盱眙太守。萧确屡次启奏梁武帝,坚决推辞,不进台城,但是梁武帝没有答应。萧确先派遣赵威方进城,自己想奔向南面的荆、江二镇。邵陵王萧纶流着眼泪对萧确说:"台城已经被围困很久,皇上的处境危险,让人忧虑,我们这些臣子的心情,就跟沸水与大火差不多,所以我们想暂且与侯景订立盟约,打发他离开,以后再做其他打算。这一决定已经做出,怎么能够抗拒与违反!"此时,台使周石珍、东宫主书左法生正在萧纶的住所,萧确对他们说:"侯景虽然说要撤离,但又不解除长长的包围圈,他的意图由此可见。现在皇上叫我进城,对现在的局势能有什么好处啊!"周石珍回答说:"皇上的圣旨叫你这么做,你哪能推辞!"萧确的主意还是不动摇,萧纶非常愤怒,对赵伯超说道:"你替我把他杀了,提着他的头颅进城!"赵伯超挥起腰刀斜眼看着萧确说:"我本人认识君侯您,可是手中的刀却不认识您。"萧确这才流着眼泪进入台城。

梁武帝平时经常吃蔬菜,随着台城被包围的时间一长,皇帝专用厨房里的蔬菜都吃光了,他就开始吃鸡蛋。萧纶趁着使者能够与台城取得短时间的联系的机会,呈送给梁武帝几百个鸡蛋,梁武帝一边亲手料理,一边哽咽抽泣。

湘东王萧绎的部队驻扎在郢州的武城,湘州刺史河东王萧誉的部队驻扎在青草湖,信州刺史桂阳王萧慥的部队驻扎在西峡口,他们都借口要等待四面来的援兵,久留在原地不前进。中记室参军萧贲是位耿直的人,看到萧绎不尽早向下游进发,心里反感,

尝与绎双六,食子未下,贲曰:"殿下都无下意。"绎深衔之。及得上敕,绎欲旋师,贲曰:"景以人臣举兵向阙,今若放兵,未及渡江,童子能斩之矣,必不为也。大王以十万之众,未见贼而退,奈何!"绎不悦,未几,因事杀之。愷,懿之孙也。

6　东魏河内民四千馀家,以魏北徐州刺史司马裔,其乡里也,相帅归之。丞相泰欲封裔,裔固辞曰:"士大夫远归皇化,裔岂能帅之!卖义士以求荣,非所愿也。"

7　侯景运东府米入石头,既毕,王伟闻荆州军退,援军虽多,不相统壹,乃说景曰:"王以人臣举兵,围守宫阙,逼辱妃主,残秽宗庙,擢王之发,不足数罪。今日持此,欲安所容身乎!背盟而捷,自古多矣,愿且观其变。"临贺王正德亦谓景曰:"大功垂就,岂可弃去!"景遂上启,陈帝十失,且曰:"臣方事睽违,所以冒陈说直。陛下崇饰虚诞,恶闻实录,以祅怪为嘉祯,以天谴为无咎。敷演六艺,排摈前儒,王莽之法也。以铁为货,轻重无常,公孙之制也。烂羊镌印,朝章鄙杂,更始、赵伦之化也。豫章以所天为血雠,邵陵以父存而冠布,石虎之风也。修建浮图,百度糜费,使四民饥馁,笮融、姚兴之代也。"又言:"建康宫室崇侈,陛下唯与主书参断万机,政以贿成,诸阉豪盛,众僧殷实。皇太子珠玉是好,酒色是耽,吐言止于轻薄,赋咏不出《桑中》。

他曾经和萧绎玩一种叫作双六的赌博游戏,吃了子却不拿下,对萧绎说:"殿下您全然没有下的意思。"萧绎深深地恨上了萧贲,等得到梁武帝诏书,萧绎准备回师原地,萧贲对他说:"侯景以臣子的身份带兵攻打皇宫,现在他如果退兵,那么等不到渡江,一个小孩子就能杀掉他,所以他必定不会这么做。大王您拥有十万大军,还没看见叛贼就撤退,这是为什么!"萧绎听了很不高兴,没有多久,就找了一个理由杀掉了萧贲。萧恺是萧懿的孙子。

6 东魏河内地区有四千多家百姓,因为西魏的北徐州刺史司马裔是他们的同乡,所以都相互领着归附于他。丞相宇文泰想要授司马裔爵位,司马裔坚决推辞,说:"读书人远道而来归附到皇上的政令、教化所能达到的地方,我司马裔哪里能够率领他们! 出卖忠义之士以追求荣华富贵,不是我愿意做的事情。"

7 侯景将东府的大米运进石头城,事情办完之后,王伟听说来自荆州的部队已经撤退,援军的人数虽然多,但是相互不统一,于是就劝侯景道:"大王您以臣子的身份发动兵变,包围皇宫,逼迫污辱妃嫔,毁坏弄脏宗庙,犯下的罪行之多,就是拔掉大王您的头发来数也不够。今天弄到这种地步,您还想平平安安地待在一个地方吗! 背弃盟约而取得胜利这类事情,自古以来就很多,希望您暂且观察事态的发展。"临贺王萧正德也对侯景说:"大功眼看就要告成,怎么可以放弃!"侯景于是上书梁武帝,陈述梁武帝的十大过失,并且说:"我刚刚违背为臣之道提出了圣上的十大过失,所以冒昧地陈述以下谠直之言。陛下您喜欢推崇虚妄怪诞之说,不喜欢倾听真实的声音,将妖怪视为吉祥的象征,而对上天的谴责却置若罔闻。您解说六艺,排斥前儒之说,这是王莽的做法。您用铁来铸造货币,轻重时常变化,这是公孙述所采用的办法。您还滥授官爵,乱刻官印,使官职像烂羊头、烂羊胃一样不值钱,弄得朝纲混乱,这是西汉更始年间、晋代司马伦篡位时期的风气。豫章王萧综将父皇视为仇敌,邵陵王萧纶在父皇在世之时,便把一个老头装扮成自己的父亲而加以捶打,这是晋代石虎的做法。您还大肆建造佛塔,造成极大的浪费,使得四方的百姓饥饿不堪,这分明又是当年苻融、姚兴佞佛的再演。"侯景又说:"建康的皇宫中推崇奢侈的风气,陛下您只跟主书一道决断各种机要大事,政务要通过贿赂才能办成,宦官们豪奢富足,僧人们产业殷实。皇太子一味喜好珠宝,沉湎于酒宴与女色之中,说出的都是轻薄的话语,撰写与吟咏的都是淫荡的诗赋。

邵陵所在残破,湘东群下贪纵,南康、定襄之属,皆如沐猴而冠耳。亲为孙侄,位则藩屏,臣至百日,谁肯勤王！此而灵长,未之有也。昔鬻拳兵谏,王卒改善,今日之举,复奚罪乎！伏愿陛下小惩大戒,放谗纳忠,使臣无再举之忧,陛下无婴城之辱,则万姓幸甚！"

　　上览启,且惭且怒。三月丙辰朔,立坛于太极殿前,告天地,以景违盟,举烽鼓噪。初,闭城之日,男女十馀万,擐甲者二万馀人。被围既久,人多身肿气急,死者什八九,乘城者不满四千人,率皆羸喘。横尸满路,不可瘗埋,烂汁满沟。而众心犹望外援。柳仲礼唯聚妓妾、置酒作乐,诸将日往请战,仲礼不许。安南侯骏说邵陵王纶曰:"城危如此,而都督不救,若万一不虞,殿下何颜自立于世！今宜分军为三道,出贼不意攻之,可以得志。"纶不从。柳津登城谓仲礼曰:"汝君父在难,不能竭力,百世之后,谓汝为何！"仲礼亦不以为意。上问策于津,对曰:"陛下有邵陵,臣有仲礼,不忠不孝,贼何由平！"

　　戊午,南康王会理与羊鸦仁、赵伯超等进营于东府城北,约夜渡军。既而鸦仁等晓犹未至,景众觉之,营未立,景使宋子仙击之,赵伯超望风退走。会理等兵大败,战及溺死者五千人。景积其首于阙下,以示城中。

邵陵王到处残害百姓,湘东王的官员们贪婪放纵,南康王、定襄王的下属个个沐猴而冠。像孙子、侄子一类的亲人,都封王封侯,我到这里都一百天了,又有谁真的前来保卫王室!像你这样的天子,以前从来未曾有过。昔日鬻拳以发动兵变的形式劝诫楚王,楚王最终改正了自己的错误,我今天的举动,又有什么罪过呢!我希望陛下您受到这次小的惩罚之后,能够进一步警诫自己,放逐那些谗佞小人,接纳忠贞的臣子,这样就能使我不用忧虑再次发动兵变,陛下您也不用蒙受被围困在城中的耻辱了,这对百姓来说也是非常幸运的!"

梁武帝阅读着这份文书,又羞惭又愤怒。三月丙辰朔(初一),他下令在太极殿前设立祭坛,禀告天地,以侯景违背盟约为由,举起烽火擂鼓呐喊,准备与侯景继续战斗。当初,城门关闭的时候,城里有男男女女十几万人,披盔带甲的将士有两万多人。被围困的时间一长,大多数人身体浮肿,气喘吁吁,十个人中有八九个死亡,登上城墙的不满四千人,他们都瘦弱不堪。城里的道路上到处横躺着尸体,无法掩埋,腐烂后的尸体流出的汁液积满了阴沟。在这样的时刻,大家将希望还寄托在外面的援军身上。柳仲礼只知聚集歌舞妓女、终日设酒宴寻欢作乐,将领们天天去向他请战,他都没有答应。安南侯萧骏劝说邵陵王萧纶道:"台城面临的危险已经如此严重,但是都督却还不去救援,如果万一真的发生了料想不到的事,那么殿下您还有什么脸面在这个世界上立身!现在我们应该把部队分成三路,出其不意地攻打叛贼,一定可以取胜。"萧纶没有听从他的意见。柳津登上城楼对柳仲礼说:"你的君王与父亲正在受难,而你却不能竭尽全力救援,百世以后,人们将会把你说成什么人!"柳仲礼听了也不在意。梁武帝向柳津询问计策,柳津回答说:"陛下您有邵陵王这样的儿子,我有柳仲礼这样的儿子,他们不忠又不孝,叛贼怎能平定!"

戊午(初三),南康王萧会理与羊鸦仁、赵伯超等人把军营推进到东府城的北面,约定晚上指挥部队渡江。到了拂晓,羊鸦仁等人还未到达指定地点,侯景的部队就已发现,没等援军建立营地,侯景便派遣宋子仙前来攻击,赵伯超望风而逃。萧会理等人的部队遭到惨重的失败,战死以及淹死的达五千人。侯景把这些人的头颅堆到宫门下面,向城里的人展示。

　　景又使于子悦求和,上使御史中丞沈浚到景所。景实无去志,谓浚曰:“今天时方热,军未可动,乞且留京师立效。”浚发愤责之,景不对,横刀叱之。浚曰:“负恩忘义,违弃诅盟,固天地所不容! 沈浚五十之年,常恐不得死所,何为以死相惧邪!”因径去不顾。景以其忠直,舍之。

　　于是景决石阙前水,百道攻城,昼夜不息。邵陵世子坚屯太阳门,终日蒱饮,不恤吏士,其书佐董勋、熊昙朗恨之。丁卯,夜向晓,勋、昙朗于城西北楼引景众登城,永安侯确力战,不能却,乃排闼入启上云:“城已陷。”上安卧不动,曰:“犹可一战乎?”确曰:“不可。”上叹曰:“自我得之,自我失之,亦复何恨!”因谓确曰:“汝速去,语汝父:勿以二宫为念。”因使慰劳在外诸军。

　　俄而景遣王伟入文德殿奉谒,上命褰帷开户引伟入,伟拜呈景启,称:“为奸佞所蔽,领众入朝,惊动圣躬,今诣阙待罪。”上问:“景何在? 可召来。”景入见于太极东堂,以甲士五百人自卫。景稽颡殿下,典仪引就三公榻。上神色不变,问曰:“卿在军中日久,无乃为劳!”景不敢仰视,汗流被面。又曰:“卿何州人,而敢至此,妻子犹在北邪?”景皆不能对。任约从旁代对曰:“臣景妻子皆为高氏所屠,唯以一身归陛下。”上又问:“初渡江有几人?”景曰:“千人。”“围台城几人?”曰:“十万。”“今有几人?”曰:“率土之内,莫非己有。”上俯首不言。

侯景又派于子悦向梁武帝求和，梁武帝派御史中丞沈浚来到侯景处。侯景实际上并没有离去的想法，他对沈浚说："现在天气正是炎热的时候，我们的部队无法行动，请让我们暂且留在京城，我们会马上履行许下的诺言。"沈浚愤怒地谴责侯景，侯景不做正面回答，而是横刀呵斥沈浚。沈浚说道："你忘恩负义，违背盟誓，本身就被天地所不容！我沈浚已经五十岁，经常担心自己不能死得其所，你何必要用死来吓唬我！"说着，他头也不回就径直离去。侯景敬佩他忠诚正直，放掉了他。

侯景于是挖开皇宫石门前的玄武湖，引出里面的湖水灌城，开始从各处攻城，昼夜不停。邵陵王的世子萧坚屯驻在太阳门，终日不是赌博就是饮酒，不体恤手下官吏与将士的疾苦，他的书佐董勋、熊昙朗恨透了他。丁卯（十二日），下半夜临近拂晓的时候，董勋、熊昙朗从台城的西北楼引导侯景的人马攀登上来，永安侯萧确奋力拼搏，不能打退敌人，就推开宫中的小门启禀梁武帝道："台城已经陷落了。"梁武帝平静地躺着不动，问道："还可以打一仗吗？"萧确回答说："已经不行了。"梁武帝叹了一口气说道："这个国家的统治权从我这儿得到，又从我这儿失去，还有什么可遗憾的呢！"他于是对萧确说道："你快些离开，告诉你的父亲：不要记挂两宫之人。"于是便派萧确慰劳在外面的各路援军。

没有多久，侯景派王伟来到文德殿拜见梁武帝，梁武帝下令揭起帘幕，打开房门带王伟进来，王伟跪拜之后，将侯景的文书呈交给梁武帝，声称："我们受到一些奸佞的蒙蔽，带领人马进入朝堂，惊动了皇上，现在特地到宫中等候降罪。"梁武帝问道："侯景在什么地方？你可以把他叫来。"侯景来到太极殿的东堂晋见梁武帝，随身带了五百名披盔带甲的武士保护自己。侯景在大殿下面屈膝下拜，以额触地，典仪带着他走到三公榻前。梁武帝神色不变，问侯景道："你在军队里的时间很长，真是劳苦功高啊！"侯景不敢抬头正视梁武帝，汗水流了一脸。梁武帝又问道："你是哪个州的人，敢到这里来，你的妻儿还在北方吗？"对这些问题侯景都不能回答。任约在旁边代替侯景回答说："臣子侯景的妻儿都被高家屠杀光了，独身一人投靠了陛下您。"梁武帝又问道："当初你渡江过来的时候有多少人？"侯景说道："一千人。"再问道："包围台城时共有多少人？"回答说："十万人。"问："现在共有多少人？"回答："四海之内没有不属于我的人。"梁武帝低下头去，不再说话。

景复至永福省见太子,太子亦无惧容。侍卫皆惊散,唯中庶子徐摛、通事舍人陈郡殷不害侧侍。摛谓景曰:“侯王当以礼见,何得如此!”景乃拜。太子与言,又不能对。

景退,谓其厢公王僧贵曰:“吾常跨鞍对陈,矢刃交下,而意气安缓,了无怖心。今见萧公,使人自慑,岂非天威难犯!吾不可以再见之。”于是悉撤两宫侍卫,纵兵掠乘舆、服御、宫人皆尽。收朝士、王侯送永福省,使王伟守武德殿,于子悦屯太极东堂。矫诏大赦,自加大都督中外诸军、录尚书事。

建康士民逃难四出。太子洗马萧允,至京口,端居不行,曰:“死生有命,如何可逃!祸之所来,皆生于利。苟不求利,祸从何生!”

己巳,景遣石城公大款以诏命解外援军。柳仲礼召诸将议之,邵陵王纶曰:“今日之命,委之将军。”仲礼熟视不对。裴之高、王僧辩曰:“将军拥众百万,致宫阙沦没,正当悉力决战,何所多言!”仲礼竟无一言,诸军乃随方各散。南兖州刺史临成公大连、湘东世子方等、鄱阳世子嗣、北兖州刺史湘潭侯退、吴郡太守袁君正、晋陵太守陆经等各还本镇。君正,昂之子也。邵陵王纶奔会稽。仲礼及弟敬礼、羊鸦仁、王僧辩、赵伯超并开营降,军士莫不叹愤。仲礼等入城,先拜景而后见上。上不与言。仲礼见父津,津恸哭曰:“汝非我子,何劳相见!”

湘东王绎使全威将军会稽王琳送米二十万石以馈军,至姑孰,闻台城陷,沉米于江而还。

侯景又到永福省去拜见皇太子,皇太子也没有表现出害怕的神情。皇太子身边的侍卫都已惊慌地逃散了,唯独中庶子徐摛、陈郡籍的通事舍人殷不害在一旁侍奉。徐摛对侯景说:"你来拜见应当遵守礼节,怎么可以像现在这样!"侯景听了就跪下参拜。皇太子与侯景说话,侯景又不能回答。

侯景离开之后,对他的厢公王僧贵说道:"我经常跨上马鞍与敌人对阵,面临刀丛箭雨,心绪平稳如常,一点也不害怕。今天见到萧公,心里竟然不由自主地恐慌起来,这岂不是天子的威严难以触犯吗!我不能再见他们了。"于是他把两宫的侍卫都撤掉,放纵将士把皇帝及后妃使用的车辆、服装,还有宫女都抢得一干二净。又将朝士、王侯们捉了送到永福省,派王伟守卫武德殿,于子悦屯驻在太极殿的东堂。侯景接着又伪造梁武帝的诏书,下令大赦天下,还加封自己为都督中外诸军、录尚书事。

建康的老百姓往四面八方逃难。太子洗马萧允来到京口时,端坐不走,说道:"死生都是命中注定,怎么可以逃掉!灾祸都是由利而生的。如果不追求利益,灾祸怎会产生!"

己巳(十四日),侯景派石城公萧大款带上梁武帝的诏书,去下令解散外面的救援部队。柳仲礼召集各位将领商议此事,邵陵王萧纶对柳仲礼说道:"今天该下什么样的命令,我们都听将军您的了。"柳仲礼注目细看萧纶不做回答。裴之高、王僧辩说道:"将军您拥有百万人马,却致使皇宫沦陷,眼下正是应该投入全部力量决一死战的时候,何必多言!"柳仲礼始终不发一言,各路援军于是只好分散,回到各自原来驻守的地方去了。南兖州刺史临成公萧大连、湘东王世子萧方等、鄱阳王世子萧嗣、北兖州刺史湘潭侯萧退、吴郡太守袁君正、晋陵太守陆经等人都返回本来镇守的州郡。袁君正是袁昂的儿子。邵陵王萧纶逃往会稽。柳仲礼和他的弟弟柳敬礼,还有羊鸦仁、王僧辩、赵伯超一道打开营门向侯景投降,将士们没有不叹息愤恨的。柳仲礼等人进入京城之后,先拜会侯景然后才觐见梁武帝。梁武帝不跟他们说话。柳仲礼见到了父亲柳津,柳津痛哭道:"你不是我的儿子,何必来跟我相见!"

湘东王萧绎派遣全威将军会稽人王琳运送二十万石大米来馈赠援军,到达姑孰时,他们听说台城已经陷落,就将大米沉到江中,然后回去了。

景命烧台内积尸,病笃未绝者亦聚而焚之。

庚午,诏征镇牧守可复本任。景留柳敬礼、羊鸦仁,而遣柳仲礼归司州,王僧辩归竟陵。初,临贺王正德与景约:平城之日,不得全二宫。及城开,正德帅众挥刀欲入,景先使其徒守门,故正德不果入。景更以正德为侍中、大司马,百官皆复旧职。正德入见上,拜且泣。上曰:"'啜其泣矣,何嗟及矣!'"

秦郡、阳平、盱眙三郡皆降景,景改阳平为北沧州,改秦郡为西兖州。

8 东徐州刺史湛海珍、北青州刺史王奉伯并以地降东魏。青州刺史明少遐、山阳太守萧邻弃城走,东魏据其地。

9 侯景以仪同三司萧邕为南徐州刺史,代西昌侯渊藻镇京口。又遣其将徐相攻晋陵,陆经以郡降之。

10 初,上以河东王誉为湘州刺史,徙湘州刺史张缵为雍州刺史,代岳阳王詧。缵恃其才望,轻誉少年,迎候有阙。誉至,检括州府付度事,留缵不遣。闻侯景作乱,颇陵蔑缵。缵恐为所害,轻舟夜遁,将之雍部,复虑詧拒之。缵与湘东王绎有旧,欲因之以杀誉兄弟,乃如江陵。及台城陷,诸王各还州镇,誉自湖口归湘州。桂阳王慥以荆州督府留军江陵,欲待绎至拜谒,乃还信州。缵遗绎书曰:"河东戴楯上水,欲袭江陵,岳阳在雍,共谋不逞。"江陵游军主朱荣亦遣使告绎云:"桂阳留此,欲应誉、詧。"绎惧,凿船,沉米,斩缆,自蛮中步道驰归江陵,囚慥,杀之。

侯景下令焚烧掉台城内堆积的尸体,那些病重但是还没有断气的人,也都被堆集在一块烧掉了。

庚午(十五日),朝廷颁下诏书征召原来的镇牧守,恢复他们过去所担任的职务。侯景留下了柳敬礼、羊鸦仁,派柳仲礼返回司州,王僧辩回归竟陵。当初,临贺王萧正德与侯景约定:平定台城的那一天,不得保全皇上与太子。等到城门打开时,萧正德率领人马挥着刀准备进去,侯景先派手下的士兵把守大门,所以萧正德最终没能达到目的。侯景让萧正德改任侍中、大司马,文武百官都恢复了原来的职务。萧正德进入皇宫晋见梁武帝,一边跪拜一边哭泣。梁武帝说道:"你眼泪流个不停,为什么要这么激动呀!"

秦郡、阳平、盱眙三个郡都向侯景投降了,侯景把阳平改为北沧州,把秦郡改为西兖州。

8　东徐州刺史湛海珍、北青州刺史王奉伯都率领全城投降了东魏。青州刺史明少遐、山阳太守萧邻弃城逃跑,东魏占据了这些地方。

9　侯景任命仪同三司萧邕为南徐州刺史,代替西昌侯萧渊藻镇守京口。又派遣手下的将领徐相攻打晋陵郡,郡守陆经率领全郡军民投降。

10　当初,梁武帝任命河东王萧誉为湘州刺史,调湘州刺史张缵任雍州刺史,取代岳阳王萧詧。张缵依仗自己有一定的才能与名望,轻视萧誉年轻,在迎候对方时缺少应有的礼节。萧誉在到任之后,检查州府的交接事宜,留下了张缵没有让他走。他听到侯景犯上作乱的消息后,便常欺侮逼迫张缵。张缵害怕自己被萧誉害死,于是乘上轻捷的小船趁着夜色逃跑了,将要到达雍州时,他又担心萧詧会拒绝接受他。张缵与湘东王萧绎过去有交情,便想通过他来杀掉萧誉兄弟,于是来到了江陵。等到台城陷落后,分封王们都回到各自镇守的州郡,萧誉也从湖口返回了湘州。桂阳王萧慥因为荆州都督府的部队留在江陵,准备等萧绎来了之后,拜见了他,再回到信州。张缵送了一封书信给萧绎,说:"河东王和部队乘着挂帆的船只向上游开来,准备袭击江陵,岳阳王在雍州,他们两人一同密谋起事。"江陵的机动部队将领朱荣也派人告诉萧绎说:"桂阳王留在这里,是准备响应萧誉、萧詧。"萧绎很害怕,下令凿沉船只,将大米沉到江底,又砍断了缆绳,从蛮中的陆路上骑马赶回江陵,把萧慥囚禁起来,接着又杀掉了他。

侯景以前临江太守董绍先为江北行台,使赍上手敕,召南兖州刺史南康王会理。壬午,绍先至广陵,众不满二百,皆积日饥疲,会理士马甚盛,僚佐说会理曰:"景已陷京邑,欲先除诸藩,然后篡位。若四方拒绝,立当溃败,奈何委全州之地以资寇手!不如杀绍先,发兵固守,与魏连和,以待其变。"会理素懦,即以城授之。绍先既入,众莫敢动。会理弟通理请先还建康,谓其姊曰:"事既如此,岂可阖家受毙!前途亦思立效,但未知天命如何耳。"绍先悉收广陵文武部曲、铠仗、金帛,遣会理单马还建康。

11 湘潭侯退与北兖州刺史定襄侯祗出奔东魏。侯景以萧弄璋为北兖州刺史,州民发兵拒之。景遣直阁将军羊海将兵助之,海以其众降东魏,东魏遂据淮阴。祗,伟之子也。

12 癸未,侯景遣于子悦等将羸兵数百东略吴郡。新城戍主戴僧逷有精甲五千,说太守袁君正曰:"贼今乏食,台中所得,不支一旬,若闭关拒守,立可饿死。"土豪陆映公恐不能胜而资产被掠,皆劝君正迎之。君正素怯,载米及牛酒郊迎。子悦执君正,掠夺财物、子女,东人皆立堡拒之。景又以任约为南道行台,镇姑孰。

13 夏,四月,湘东世子方等至江陵,湘东王绎始知台城不守,命于江陵四旁七里树木为栅,掘堑三重而守之。

14 东魏高岳等攻魏颍川,不克。大将军澄益兵助之,道路相继,逾年犹不下。山鹿忠武公刘丰生建策,堰洧水以灌之,城多崩颓,

侯景任命前临江太守董绍先为江北行台,派他带着梁武帝的敕令,前去召请南兖州刺史、南康王萧会理。壬午(二十七日),董绍先到达广陵,他带的人马不满两百,由于连日赶路,都又累又饿,萧会理的人马却非常强盛,僚佐们劝萧会理:"侯景已经攻占了京城,如今准备先除去各位藩王,然后再篡夺皇位。如果四面八方都反对他,他立即就会溃败,怎么能把全州的土地交到强盗手里,使他的力量得以壮大呢! 我们不如杀掉董绍先,派兵固守我们的地盘,再和魏国联合起来,等待形势发生变化。"萧会理一向懦弱,立即将全城交给了董绍先。董绍先进城之后,大家都不敢轻举妄动。萧会理的弟弟萧通理请求先返回建康,对他的姐姐说:"事情既然已经如此,怎么可以让全家被人杀光! 我以后也想为国家效力,只是不知道天命到底怎样而已。"董绍先将广陵的文武官员的私有军队、铠甲兵器、金银绸缎都接管过来,派萧会理单人匹马回到建康。

　　11　湘潭侯萧退与北兖州刺史、定襄侯萧祇逃出来投奔了东魏。侯景任命萧弄璋为北兖州刺史,该州的百姓组成队伍将他挡在城外。侯景派遣直阁将军羊海统率部队前来相助,羊海却带领自己的人马投降了东魏,东魏于是占据了淮阴。萧祇是萧伟的儿子。

　　12　癸未(二十八日),侯景派遣于子悦等人率领几百名疲弱的士兵去东方强夺吴郡。新城县的戍卒主将戴僧逖拥有五千名精锐士兵,他劝太守袁君正道:"贼兵现在缺乏粮食,他们从台中所得到的粮食不够支持一个月,如果我们闭关防守,抗拒他们,他们马上就会饿死。"当地豪强陆映公害怕不能取得胜利,自己的资产遭到掠夺,便和其他人一道劝说袁君正去迎候于子悦。袁君正一向怯懦,于是就载着米、牛、酒到郊外迎接。于子悦扣押了袁君正,大肆掠夺该城百姓的财产、子女,东部的人都建起城堡抵抗他。侯景又任命任约为南道行台,镇守姑孰。

　　13　夏季,四月,湘东王的世子萧方等来到江陵,湘东王萧绎这才知道台城已经陷落,就下令砍伐江陵周围七里之内的树木设立栅栏,又挖掘三道壕沟进行防守。

　　14　东魏的高岳等人攻打西魏的颍川,没有成功。大将军高澄增派兵力前去相助,在通往颍川的道路上不断有东魏的援军行进,一年过去了,还是没有攻克颍川。山鹿忠武公刘丰生想出一个办法,在洧水之上建起拦河堰,提高水位灌城,致使该城的许多地方崩塌了,

岳悉众分休迭进。王思政身当矢石,与士卒同劳苦,城中泉涌,悬釜而炊。太师泰遣大将军赵贵督东南诸州兵救之,自长社以北,皆为陂泽,兵至穰,不得前。东魏使善射者乘大舰临城射之,城垂陷。燕郡景惠公慕容绍宗与刘丰生临堰视之,见东北尘起,同入舰坐避之。俄而暴风至,远近晦冥,缆断,飘船径向城。城上人以长钩牵船,弓弩乱发,绍宗赴水溺死,丰生游上,向土山,城上人射杀之。

15　甲辰,东魏进大将军勃海王澄位相国,封齐王,加殊礼。丁未,澄入朝于邺,固辞。不许。澄召将佐密议之,皆劝澄宜膺朝命。独散骑常侍陈元康以为未可,澄由是嫌之,崔暹乃荐陆元规为大行台郎以分元康之权。

16　湘东王绎之入援也,令所督诸州皆发兵,雍州刺史岳阳王詧遣府司马刘方贵将兵出汉口。绎召詧使自行,詧不从。方贵潜与绎相知,谋袭襄阳,未发,会詧以他事召方贵,方贵以为谋泄,遂据樊城拒命,詧遣军攻之。绎厚资遣张缵使赴镇,缵至大堤,詧已拔樊城,斩方贵。缵至襄阳,詧推迁未去,但以城西白马寺处之。詧犹总军府之政,闻台城陷,遂不受代。助防杜岸绐缵曰:"观岳阳势不容使君,不如且往西山以避祸。"岸既襄阳豪族,兄弟九人,皆以骁勇著名。缵乃与岸结盟,著妇人衣,乘青布舆,逃入西山。詧使岸将兵追擒之,缵乞为沙门,更名法缵,詧许之。

高岳将部队分成几部分,轮番休息与进攻。王思政亲自在箭石横飞的情况下指挥作战,与士兵同甘共苦,城里到处水如泉涌,他们就把锅挂起来做饭。西魏的太师宇文泰派遣大将军赵贵督率东南各州的部队赶来救援,但是长社以北的地区都成了河泽,部队到达穰城之后便无法继续前进了。东魏派箭术高超的人乘着大舰靠近颍川城发射羽箭,颍川城眼看着就要陷落。燕郡景惠公慕容绍宗与刘丰生一起来到拦河堰前视察,看见东北方向尘土飞扬,便都到舰上坐下躲避。一会儿暴风刮了起来,远近一片黑压压乌蒙蒙,缆绳被刮断了,船一直向颍川城飘去。城上的人用长钩拉住船,羽箭胡乱射出,慕容绍宗跳到水里淹死了,刘丰生浮在水面向土山游去,城上的人将他射死了。

15 甲辰(十九日),东魏晋升大将军、勃海王高澄为相国,并加封他为齐王,给予他特殊的礼遇。丁未(二十二日),高澄来到邺城朝拜孝静帝,坚决推辞。但是孝静帝没有同意。高澄召集手下的将领及其他辅佐官员秘密商议此事,大家都劝高澄应该接受朝廷的任命。唯独散骑常侍陈元康认为不可以这么做,高澄从此开始嫌恶他,崔暹就推荐陆元规出任大行台郎,以分陈元康之权。

16 湘东王萧绎去京城救援的时候,命令他所统管的各州都派兵,雍州刺史、岳阳王萧詧派遣府司马刘方贵带领人马从汉口出发。萧绎叫萧詧本人也出征,萧詧没有服从。刘方贵与萧绎暗地里有很深的交情,密谋袭击襄阳,但是没等出兵,就遇上萧詧为了别的事召见刘方贵,刘方贵以为计划泄露了,于是占据了樊城拒绝接受命令,萧詧就派遣部队攻打樊城。萧绎大大资助了一番张缵,叫他赶往雍州,张缵到达大堤时,萧詧已经攻占了樊城,并杀死了刘方贵。张缵来到襄阳,萧詧推三阻四不愿离开,只给了城西的白马寺让他住下。萧詧自己仍统管着军府的政务,他听到台城陷落的消息后,便不接受由张缵取代他官职的命令。助防杜岸欺骗张缵说:"看岳阳王这边的势头,他是不会容下您的,您不如暂时到西山去躲避灾祸。"杜岸一家是襄阳的豪门大族,兄弟九人都以骁勇著名。张缵于是与杜岸结成同盟,自己穿上女人的衣服,乘上青布围起来的车子,逃进了西山。萧詧派杜岸带领人马追上捉住了他,张缵请求让自己入寺为僧,把名字改为法缵,萧詧同意了。

17 荆州长史王冲等上笺于湘东王绎,请以太尉、都督中外诸军事承制主盟。绎不许。丙辰,又请以司空主盟;亦不许。

18 上虽外为侯景所制,而内甚不平。景欲以宋子仙为司空,上曰:"调和阴阳,安用此物!"景又请以其党二人为便殿主帅,上不许。景不能强,心甚惮之。太子入,泣谏,上曰:"谁令汝来!若社稷有灵,犹当克复;如其不然,何事流涕!"景使其军士入直省中,或驱驴马,带弓刀,出入宫庭,上怪而问之,直阁将军周石珍对曰:"侯丞相甲士。"上大怒,叱石珍曰:"是侯景,何谓丞相!"左右皆惧。是后上所求多不遂志,饮膳亦为所裁节,忧愤成疾。太子以幼子大圜属湘东王绎,并剪爪发以寄之。五月丙辰,上卧净居殿,口苦,索蜜不得,再曰"荷! 荷!"遂殂。年八十六。景秘不发丧,迁殡于昭阳殿,迎太子于永福省,使如常入朝。王伟、陈庆皆侍太子,太子呜咽流涕,不敢泄声,殿外文武皆莫之知。

19 东魏高岳既失慕容绍宗等,志气沮丧,不敢复逼长社城。陈元康言于大将军澄曰:"王自辅政以来,未有殊功,虽破侯景,本非外贼。今颍川垂陷,愿王自以为功。"澄从之。戊寅,自将步骑十万攻长社,亲临作堰,堰三决,澄怒,推负土者及囊并塞之。

20 辛巳,发高祖丧,升梓宫于太极殿。是日,太子即皇帝位,大赦,侯景出屯朝堂,分兵守卫。

17　荆州长史王冲等人向湘东王萧绎呈上书信,请他以太尉、都督中外诸军事的身份,按照以往的制度,出任由各位藩王组成的联盟的盟主。萧绎没有答应。丙辰,他们又请他以司空的身份出任盟主。萧绎也没有同意。

18　梁武帝虽然表面上被侯景控制,但是他的心里却非常不平。侯景想让宋子仙出任司空,梁武帝说道:"三公是要调和阴阳的,怎么可以任用宋子仙这种人!"侯景又请求让他的两位同党出任便殿主帅,梁武帝没有同意。侯景不能强迫梁武帝,心里非常害怕他。皇太子进来,流着眼泪劝告梁武帝,梁武帝说道:"谁让你来的!如果国家有灵的话,还可以恢复;如果不是这样,何必流泪!"侯景派他手下的士兵到几个省里值勤,有的人赶着驴马,带着弓刀,在宫廷中出出进进。梁武帝感到奇怪,询问这是怎么回事,直阁将军周石珍回答说:"这是侯丞相的卫兵。"梁武帝听了非常愤怒,斥责周石珍道:"是侯景,为什么管他叫丞相!"旁边的人都很害怕。从此以后梁武帝所提出的要求大多数都不能满足,饮料与膳食也被减少,在忧虑与气愤交加的情况下他病倒了。皇太子把小儿子萧大圜托付给了湘东王萧绎,并且将剪下的头发与指甲寄给他。五月丙辰(初二),梁武帝躺在净居殿,嘴里发苦,要喝蜂蜜却没人拿来,又发出了两声"荷!荷!"的声音,便死去了。享年八十六岁。侯景封锁消息不发丧,将梁武帝的遗体收殓后移到了昭阳殿,又从永福省接来皇太子,叫他像平常一样入朝。王伟、陈庆都在旁边监视皇太子,皇太子呜咽着泪流满面,不敢发出声音,殿堂外的文武百官都不知道这件事。

19　东魏的高岳失去了慕容绍宗等人以后,变得沮丧失去斗志,不敢再进攻长社城。陈元康对大将军高澄说道:"大王您自从辅佐皇上执政以来,还没有建立突出的功勋,虽然曾经打败过侯景,但是他本来就不是外贼。现在颍川快要陷落,希望大王您亲自去建立这一功业。"高澄采纳了这一建议。戊寅(二十四日),高澄自己统率步兵与骑兵共十万人攻打长社城,还亲自督造拦河堰,拦河堰三次决口,高澄大为恼怒,把背土的人以及袋子一齐推下去堵塞缺口。

20　辛巳(二十七日),侯景公布了梁武帝去世的消息,将棺材抬到太极殿。这一天,皇太子登上了皇位,大赦天下,侯景出屯朝堂,把士兵派到各处守卫。

21　壬午,诏北人在南为奴婢者,皆免之,所免万计。景或更加超擢,冀收其力。

高祖之末,建康士民服食、器用,争尚豪华,粮无半年之储,常资四方委输。自景作乱,道路断绝,数月之间,人至相食,犹不免饿死,存者百无一二。贵戚、豪族皆自出采稆,填委沟壑,不可胜纪。

癸未,景遣仪同三司来亮入宛陵,宣城太守杨白华诱而斩之。甲申,景遣其将李贤明攻之,不克。景又遣中军侯子鉴入吴郡,以厢公苏单于为吴郡太守,遣仪同宋子仙等将兵东屯钱塘,新城戍主戴僧逖拒之。御史中丞沈浚避难东归,至吴兴,太守张嵊与之合谋,举兵讨景。嵊,稷之子也。东扬州刺史临城公大连,亦据州不受景命。景号令所行,唯吴郡以西、南陵以北而已。

22　魏诏:"太和中代人改姓者皆复其旧。"

23　六月丙戌,以南康王会理为侍中、司空。

24　丁亥,立宣城王大器为皇太子。

25　初,侯景将使太常卿南阳刘之遴授临贺王正德玺绶,之遴剃发僧服而逃。之遴博学能文,尝为湘东王绎长史。将归江陵,绎素嫉其才,己丑,之遴至夏口,绎密送药杀之,而自为志铭,厚其赙赠。

26　壬辰,封皇子大心为寻阳王,大款为江陵王,大临为南海王,大连为南郡王,大春为安陆王,大成为山阳王,大封为宜都王。

21　壬午(二十八日),梁简文帝颁下诏书,指明凡是在南朝当奴婢的北方人,都免去他们的奴隶身份,被免的人数以万计。侯景对他们中的有些人还大加提拔,希望能笼络他们。

梁武帝末年,建康城的官民在吃、穿、用方面都争相崇尚豪华,储存的粮食不够半年用的,常常要靠各地运来粮食。自从侯景叛乱以来,道路断绝了,几个月内,便发展到了人吃人的地步,仍免不了有饿死之人,一百个人里面活下来的不到一两人。那些皇亲国戚、豪门大族都自己出来采割野生的稻子,一时间因饿死而埋在沟壑中的人,数不胜数。

癸未(二十九日),侯景派遣仪同三司萧来亮来到宛陵县,宣城太守杨白华将萧来亮诱来杀掉了他。甲申(三十日),侯景派遣手下的将领李贤明攻打宣城,未能成功。侯景又派遣中军侯子鉴进入吴郡,任命厢公苏单于为吴郡太守,派遣仪同宋子仙等人率领兵马屯驻在东部的钱塘,新城戍主戴僧逿带兵进行抵抗。御史中丞沈浚为了避难来到东部,到达吴兴县时,太守张嵊同他合谋,发兵讨伐侯景。张嵊是张稷的儿子。东扬州刺史、临城公萧大连也占据东扬州不接受侯景的命令。侯景号令能够得到执行的,仅限于吴郡以西、南陵以北的地区而已。

22　西魏文帝颁下诏书:"太和年间代郡人改姓的都恢复原来的姓氏。"

23　六月丙戌(初二),梁朝任命南康王萧会理为侍中、司空。

24　丁亥(初三),梁简文帝立宣城王萧大器为皇太子。

25　当初,侯景要派南阳籍的太常卿刘之遴去把印玺授给临贺王萧正德,刘之遴剃了头发,穿上和尚服装逃跑了。刘之遴学识广博,文才出众,曾经担任湘东王萧绎的长史。这次他准备回到江陵,但是一向妒嫉他的才能的萧绎,却在己丑(初三)他到达夏口的时候,暗中送药过去毒死了他,刘之遴死后,萧绎又亲自为他撰写墓志铭,还出了一大笔钱给他办丧事。

26　壬辰(初八),梁简文帝封皇子萧大心为寻阳王,萧大款为江陵王,萧大临为南海王,萧大连为南郡王,萧大春为安陆王,萧大成为山阳王,萧大封为宜都王。

27 长社城中无盐，人病挛肿，死者什八九。大风从西北起，吹水入城，城坏。东魏大将军澄令城中曰："有能生致王大将军者封侯；若大将军身有损伤，亲近左右皆斩。"王思政帅众据土山，告之曰："吾力屈计穷，唯当以死谢国。"因仰天大哭，西向再拜，欲自刎，都督骆训曰："公常语训等：'汝赍我头出降，非但得富贵，亦完一城人。'今高相既有此令，公独不哀士卒之死乎！"众共执之，不得引决。澄遣通直散骑赵彦深就土山遗以白羽扇，执手申意，牵之以下。澄不令拜，延而礼之。思政初入颍川，将士八千人，及城陷，才三千人，卒无叛者。澄悉散配其将卒于远方，改颍州为郑州，礼遇思政甚重。西阁祭酒卢潜曰："思政不能死节，何足可重！"澄谓左右曰："我有卢潜，乃是更得一王思政。"潜，度世之曾孙也。

初，思政屯襄城，欲以长社为行台治所，遣使者魏仲启陈于太师泰，并致书于淅州刺史崔猷。猷复书曰："襄城控带京、洛，实当今之要地，如有动静，易相应接。颍川既邻寇境，又无山川之固，贼若潜来，径至城下。莫若顿兵襄城，为行台之所。颍川置州，遣良将镇守，则表里胶固，人心易安，纵有不虞，岂能为患！"仲见泰，具以启闻。泰令依猷策。思政固请，且约："贼水攻期年，陆攻三年之内，朝廷不烦赴救。"泰乃许之。及长社不守，泰深悔之。猷，孝芬之子也。

27 长社城里没有盐吃,人人痉挛、浮肿,死的人有十分之八九。大风从西北方刮了起来,把水吹到了城里,城被冲坏了。东魏的大将军高澄向城里的人宣布:"有能够把王大将军王思政活捉送来的人,就封他为侯;如果王大将军身上受伤,那么他的亲属以及他身边的人都得被杀掉。"王思政率领人马占据了东魏人堆起的土山,告诉东魏人:"我的力气已经使尽,计策也已经用光,只能以一死来报答国家了。"说着他就仰面朝天大哭起来,向西面拜了两拜.然后准备自刎,都督骆训对他说道:"您常常对我们说:'你们带着我的头颅出去投降,不但能得到富贵,也能使全城的人保全性命。'现在高相国既然有这样的命令,您难道就不哀怜士兵们因您而死吗!"大家一起上去抓住王思政,王思政因此没能自杀成。高澄派了通直散骑赵彦深来到土山上,送给王思政白羽扇,握住他的手说明自己的意图,又把他拉了下来。高澄没有叫王思政下拜,对他彬彬有礼。王思政当初进入颍川的时候,手下的将士共有八千人,等到长社城陷落,才剩下三千人,但是他们中间最终没有一个叛变的。高澄把这些将士分散开来,都安排到遥远的地方,又将颍州改为郑州,给了王思政很高的礼遇。西阁祭酒卢潜说道:"王思政没能以死来保全气节,有什么值得看重的!"高澄对旁的人说道:"我有了卢潜,如同又得了一个王思政。"卢潜是卢度世的曾孙。

当初,王思政在襄城时,想把长社定为行台所在地,他派遣使者魏仲去向太师宇文泰请求批准,并且给淅州的刺史崔猷写了一封信。崔猷在回信中说道:"襄城控制连接着京、洛地区,实在是当今的战略要地,要是有什么变故,很容易相互接应。而颍川既邻近敌寇占领的地方,又没有山川之险,敌人如果悄悄过来,可以直接到达城下。不如让部队屯驻在襄城,将襄城作为行台所在地。再在颍川设置州,派优秀的将领前去镇守,这样里里外外就都牢固了,人心也容易安定,纵然出现意想不到的情况,怎么能成为祸患!"魏仲见到宇文泰,把王思政的意见向他做了汇报。宇文泰下令按照崔猷的策略去做。王思政再三请求,并且约定:"敌人如果从水上进攻,那么在一年之内;如果从陆地上进攻,那么在三年之内,朝廷都不必派兵赶来救援。"宇文泰这才答应。等到长社城陷落,宇文泰对此深感后悔。崔猷是崔孝芬的儿子。

侯景之南叛也,丞相泰恐东魏复取景所部地,使诸将分守诸城。及颍川陷,泰以诸城道路阻绝,皆令拔军还。

28 上甲侯韶自建康出奔江陵,称受高祖密诏征兵,以湘东王绎为侍中、假黄钺、大都督中外诸军事、司徒、承制,自馀藩镇并加位号。

29 宋子仙围戴僧逖,不克。丙午,吴盗陆缉等起兵袭吴郡,杀苏单于,推前淮南太守文成侯宁为主。

30 临贺王正德怨侯景卖己,密书召鄱阳王范,使以兵入。景遮得其书,癸丑,缢杀正德。景以仪同三司郭元建为尚书仆射、北道行台、总江北诸军事,镇新秦;封元罗等诸元十馀人皆为王。景爱永安侯确之勇,常置左右。邵陵王纶潜遣人呼之,确曰:“景轻佻,一夫力耳,我欲手刃之,正恨未得其便,卿还启家王,勿以确为念。”景与确游钟山,引弓射鸟,因欲射景,弦断,不发,景觉而杀之。

31 湘东王绎娶徐孝嗣孙女为妃,生世子方等。妃丑而妒,又多失行,绎二三年一至其室。妃闻绎当至,以绎目眇,为半面妆以待之,绎怒而出,故方等亦无宠。及自建康还江陵,绎见其御军和整,始叹其能,入告徐妃,妃不对,垂泣而退。绎怒,疏其秽行,榜于大阃,方等见之,益惧。湘州刺史河东王誉,骁勇得士心,绎将讨侯景,遣使督其粮众,誉曰:“各自军府,何忽隶人!”使者三返,誉不与。方等请讨之,绎乃以少子安南侯方矩为湘州刺史,使方等将精卒二万送之。方等将行,

侯景叛逃梁朝之后,西魏丞相宇文泰害怕东魏又来夺取侯景原来管辖的地方,就派将领们分别把守各城。等到颍川陷落,各城的道路都被隔断,宇文泰便下令叫将领们率领部队返回。

28　梁朝的上甲侯萧韶从建康逃奔到江陵,声称他是拿着梁武帝的秘密诏书来征兵的,任命湘东王萧绎为侍中、假黄钺、大都督中外诸军事、司徒、承制,其馀的藩王也都增加了职位与名号。

29　宋子仙包围了戴僧逖,但没有打垮对方。丙午(二十二日),吴郡的强盗陆绲等人起兵攻打吴郡,杀掉苏单于,推举前淮南太守、文成侯萧宁为他们的首领。

30　梁朝的临贺王萧正德怨恨侯景出卖自己,秘密写信召请鄱阳王萧范,叫他带兵前来。侯景截住了这封信,癸丑(二十九日),勒死了萧正德。侯景任命仪同三司郭元建为尚书仆射、北道行台、总江北诸军事,让他镇守新秦;又封元罗等十几位元姓人为王。侯景很欣赏永安侯萧确的勇敢,经常把他安排在自己的身边。邵陵王萧纶秘密派人叫萧确回去,萧确对来人说:"侯景为人轻佻,一夫之勇而已,我想亲手用刀杀掉他,只是恨没有便于下手的机会,你回去告诉我的父王,叫他不要把我挂在心上。"侯景与萧确一同游览钟山,拉弓射鸟,萧确就准备射死侯景,不料弓弦拉断,箭没有射出去,侯景发觉了萧确的企图,于是杀掉了他。

31　湘东王萧绎娶了徐孝嗣的孙女为王妃,生下了世子萧方等。徐王妃容貌丑陋又好妒嫉,行为还常常有失检点,萧绎两三年才去徐王妃房间一次。徐王妃听说萧绎要来,因为他瞎了一只眼,于是便仅仅在自己的半边脸上化了妆,等他前来,萧绎发现后愤怒地离开了徐王妃的房间,所以萧方等也不受萧绎的宠信。等到萧方等从建康返回江陵,萧绎见他驾驭部队有条有理,这才称赞他有能力,萧绎进去把这一情况告诉了徐王妃,徐王妃没有回答,只是流着眼泪转身离开。萧绎愤怒起来,陈述徐王妃的肮脏行为,在大阁中张榜公布,萧方等见了之后,更加害怕。湘州刺史、河东王萧誉骁勇善战,很得士兵们的拥戴,萧绎将要讨伐侯景,派遣使者去督察他的粮食和人马,萧誉说道:"各自有各自的军府,为什么你忽然来察看人!"使者往返了多次,萧誉就是不给粮食与人马。萧方等请求讨伐萧誉,萧绎于是任命他的小儿子安南侯萧方矩为湘州刺史,派萧方等率领两万名精兵护送他上任。萧方等临行之前,

谓所亲曰:"是行也,吾必死之。死得其所,吾复奚恨!"

32　侯景以赵威方为豫章太守,江州刺史寻阳王大心遣军拒之,擒威方,系州狱,威方逃还建康。

33　湘东世子方等军至麻溪,河东王誉将七千人击之,方等军败,溺死。安南侯方矩收馀众还江陵,湘东王绎无戚容。绎宠姬王氏,生子方诸。王氏卒,绎疑徐妃为之,逼令自杀,妃赴井死,葬以庶人礼,不听诸子制服。

34　西江督护陈霸先欲起兵讨侯景,景使人诱广州刺史元景仲,许奉以为主,景仲由是附景,阴图霸先。霸先知之,与成州刺史王怀明等集兵南海,驰檄以讨景仲曰:"元景仲与贼合从,朝廷遣曲阳侯勃为刺史,军已顿朝亭。"景仲所部闻之,皆弃景仲而散。秋,七月甲寅,景仲缢于阁下。霸先迎定州刺史萧勃镇广州。

前高州刺史兰裕,钦之弟也,与其诸弟扇诱始兴等十郡,攻监衡州事欧阳颁。勃使霸先救之,悉擒裕等,勃因以霸先监始兴郡事。

35　湘东王绎遣竟陵太守王僧辩、信州刺史东海鲍泉击湘州,分给兵粮,刻日就道。僧辩以竟陵部下未尽至,欲俟众集然后行,与泉入白绎,求申期。绎疑僧辩观望,按剑厉声曰:"卿惮行拒命,欲同贼邪? 今日唯有死耳!"因斫僧辩,中其左髀,闷绝,久之方苏,即送狱。泉震怖,不敢言。僧辩母徒行流涕入谢,

对他亲近的人说道："这次出行，我一定会死。但是死得其所，我又有什么可遗憾的呢？"

32　侯景任命赵威方为豫章太守，江州刺史寻阳王萧大心派部队进行抵抗，活捉了赵威方，把他关在该州的监狱里，后来赵威方又逃回了建康。

33　湘东王的世子萧方等的部队到达麻溪时，河东王萧誉率领七千人马攻击他，萧方等的部队遭到了失败，他本人淹死在江里。安南侯萧方矩收拾剩馀的人马返回江陵，湘东王萧绎没有任何悲戚的表情。萧绎宠爱的姬妾王氏，生下了儿子萧方诸。王氏去世，萧绎疑心是徐王妃下毒杀害的，逼迫徐王妃自杀，徐王妃就投井而死，萧绎用对庶人的礼仪埋葬了徐王妃，不让儿子们为她穿丧服。

34　西江督护陈霸先打算带兵讨伐侯景，侯景派人诱劝广州刺史元景仲，答应要拥戴他为帝，元景仲因此归附了侯景，阴谋算计陈霸先。陈霸先知道了这件事，便与成州刺史王怀明等人在南海郡集中部队，然后传布声讨元景仲的檄文，说："元景仲与叛贼勾结，朝廷任命曲阳侯萧勃为广州刺史，现在部队已经屯驻在朝亭。"元景仲的部属们听说之后，都离弃元景仲逃散了。秋季，七月甲寅（初一），元景仲在阁下上吊自杀。陈霸先迎来定州刺史萧勃镇守广州。

前高州刺史兰裕是兰钦的弟弟，他与他的弟弟们煽动引诱始兴等十郡，一起攻打监衡州事欧阳頠。萧勃派遣陈霸先赶去救援，将兰裕等人全都抓获了，萧勃便委派陈霸先为监始兴郡事。

35　梁朝湘东王萧绎派遣竟陵太守王僧辩、东海籍的信州刺史鲍泉攻打湘州，分别给予他们人马与粮食，叫他们在指定日期上路。王僧辩考虑到他在竟陵的部下还没有到齐，打算等到部队全部集中之后再出兵，就和鲍泉来到江陵向萧绎反映情况，要求延缓行动日期。萧绎怀疑王僧辩是要采取观望态度，就按住剑柄厉声说道："你害怕出兵，抗拒命令，是想和叛贼结成一伙吗？今天你只有死路一条！"说着拔出佩剑朝王僧辩砍去，砍中了他的左腿，王僧辩昏厥过去，很久才苏醒过来，接着马上被送进监狱。鲍泉很是震惊、恐惧，不敢说一句话。王僧辩的母亲流着眼泪徒步来到萧绎的府第谢罪，

自陈无训,绎意解,赐以良药,故得不死。丁卯,鲍泉独将兵伐湘州。

36　陆缉等竞为暴掠,吴人不附,宋子仙自钱塘旋军击之。壬戌,缉弃城奔海盐,子仙复据吴郡。戊辰,侯景置吴州于吴郡,以安陆王大春为刺史。

37　庚午,以南康王会理兼尚书令。

38　鄱阳王范闻建康不守,戒严,欲入,僚佐或说之曰:"今魏人已据寿阳,大王移足,则虏骑必窥合肥。前贼未平,后城失守,将若之何!不如待四方兵集,使良将将精卒赴之,进不失勤王,退可固本根。"范乃止。会东魏大将军澄遣西兖州刺史李伯穆逼合肥,又使魏收为书谕范。范方谋讨侯景,藉东魏为援,及帅战士二万出东关,以合州输伯穆,并遣谘议刘灵议送二子勤、广为质于东魏以乞师。范屯濡须以待上游之军,遣世子嗣将千馀人守安乐栅,上游诸军皆不下,范粮乏,采芘稗、菱藕以自给。勤、广至邺,东魏人竟不为出师。范进退无计,乃溯流西上,军于枞阳。景出屯姑孰,范将裴之悌以众降之。之悌,之高之弟也。

39　东魏大将军澄诣邺,辞爵位殊礼,且请立太子。澄谓济阴王晖业曰:"比读何书?"晖业曰:"数寻伊、霍之传,不读曹、马之书。"

40　八月甲申朔,侯景遣其中军都督侯子鉴等击吴兴。

陈说自己平时对儿子缺乏训导,萧绎心中的不快这才解开,赐给王僧辩一些好药,因此王僧辩才没有死去。丁卯(十四日),鲍泉单独率领人马讨伐湘州。

36　陆缉等人竞相掠夺,制造暴行,吴郡一带的百姓都不归附他们,宋子仙从钱塘率领部队调头对他们发起了攻击。壬戌(初九),陆缉放弃郡城逃到海盐,宋子仙重新占据了吴郡。戊辰(十五日),侯景在吴郡设置了吴州,任命安陆王萧大春为刺史。

37　庚午(十七日),梁朝任命南康王萧会理兼任尚书令。

38　梁朝的鄱阳王萧范听到建康失守的消息,下令戒严,准备打进建康,他的僚佐中有人劝他:"现在魏人已经占据了寿阳,大王您一旦动身离开,这些胡骑一定会窥伺合肥。前面的贼兵还没有平定,后面的州城又失守,那将怎么办!不如等四面的部队集中之后,派良将率领精锐的士兵赶赴建康,这样进不耽误卫国勤王,退可以巩固自己的根基。"萧范听到这才放了原来的念头。这时刚好遇上东魏的大将军高澄派遣西兖州刺史李伯穆带兵逼迫合肥,高澄又叫魏收写信把情况告诉萧范。萧范这才谋划讨伐侯景,借助东魏的人马,使他们成为援助自己的力量,于是萧范率领两万人马从东关出发,同时把合州献给李伯穆,还派遣谘议刘灵议将自己的两个儿子萧勤、萧广送到东魏当人质,以此作为请求东魏出兵的条件。萧范屯驻在濡须,等待上游的部队到来,又派遣世子萧嗣带领一千多人守卫安乐栅,可是上游的各路部队都不下来,萧范的粮食开始缺乏,只好采摘蘑菇、稗子、菱角、莲藕为食。萧勤、萧广到达邺城之后,东魏竟然不为萧范出兵。萧范进退两难,无计可施,于是只好逆江西上,驻扎在枞阳。侯景出兵屯驻在姑孰,萧范的部将裴之悌率领大队人马投降了他。裴之悌是裴之高的弟弟。

39　东魏的大将军高澄来到邺城,要辞去孝静帝授予他的爵位和特殊待遇,并且请求确立皇太子。他问济阴王元晖业:"近来你读了什么书?"元晖业回答说:"我读了许多遍伊尹、霍光的传记,不读曹、马的书。"

40　八月甲申朔(初一),侯景派遣他的中军都督侯子鉴等人攻打吴兴。

41 己亥,鲍泉军于石椁寺,河东王誉逆战而败。辛丑,又败于橘洲,战及溺死者万馀人。誉退保长沙,众引军围之。

42 辛卯,东魏立皇子长仁为太子。

勃海文襄王澄以其弟太原公洋次长,意常忌之。洋深自晦匿,言不出口,常自贬退,与澄言,无不顺从。澄轻之,常曰:“此人亦得富贵,相书亦何可解!”洋为其夫人赵郡李氏营服玩小佳,澄辄夺取之。夫人或恚未与,洋笑曰:“此物犹应可求,兄须何容吝惜!”澄或愧不取,洋即受之,亦无饰让。每退朝还第,辄闭阁静坐,虽对妻子,能竟日不言。或时祖跣奔跃,夫人问其故,洋曰:“为尔漫戏。”其实盖欲习劳也。

澄获徐州刺史兰钦子京,以为膳奴,钦请赎之,不许。京屡自诉,澄杖之,曰:“更诉,当杀汝!”京与其党六人谋作乱。澄在邺,居北城东柏堂,嬖琅邪公主,欲其往来无间,侍卫者常遣出外。辛卯,澄与散骑常侍陈元康、吏部尚书侍中杨愔、黄门侍郎崔季舒屏左右,谋受魏禅,署拟百官。兰京进食,澄却之,谓诸人曰:“昨夜梦此奴斫我,当急杀之。”京闻之,置刀盘下,冒言进食,澄怒曰:“我未索食,何为遽来!”京挥刀曰:“来杀汝!”澄自投伤足,入于床下,贼去床,弑之。愔狼狈走,遗一靴;季舒匿于厕中;元康以身蔽澄,与贼争刀被伤,肠出;库直王纮冒刃御贼;纥奚舍乐斗死。

41　己亥(十六日)，鲍泉的部队驻扎在石椁寺，河东王萧誉进行反击失败。辛丑(十八日)，又在橘洲战败，战死和溺死的有一万多人。萧誉只好向后撤退以保卫长沙，鲍泉等将领指挥部队包围了长沙。

42　辛卯(初二)，东魏确立皇子元长仁为皇太子。

勃海文襄王高澄由于他的弟弟太原公高洋在兄弟中年龄仅次于自己，心里常常忌恨他。高洋处处倍加小心、谨慎，有话也不轻易说出来，常常自己贬低自己，与高澄说话，无不顺从高澄的意志。高澄很轻视高洋，经常对人说："这个人也能享受到荣华富贵，相书上怎么解释得通呀！"高洋经常为他的赵郡籍夫人李氏做一些精巧的小玩意，高澄见了总是要过来占为己有。高洋的夫人有时很气愤，不想给高澄，高洋笑着对她说："这种东西还可以再弄到，现在兄长需要，我们怎能如此吝啬呢！"高澄有时也很惭愧，便不要，高洋就拿了过来，也不做出谦让的样子。每次退朝之后，高洋一回到自己的府第，就关闭楼阁的门在里面静坐，即便对自己的妻子儿女，也能整天不说一句话。有时候他还赤着脚又跑又跳，夫人问他为什么这么做，高洋回答说："随便给你做做游戏。"其实他是要锻炼身体。

高澄抓获了徐州刺史兰钦的儿子兰京，让他充当服侍自己用餐的奴仆，兰钦请求用钱财赎兰京出去，但是高澄不答应。兰京自己多次提出请求，高澄就用木杖打他，对他说："你要是再求诉的话，就杀掉你！"兰京与他的六个同伙密谋犯上作乱。高澄呆在邺城，住在北城东侧的柏堂，很宠幸琅邪公主，他为了使自己与公主之间的来往方便，经常把侍卫们派到外面。辛卯(初八)，高澄与散骑常侍陈元康、吏部尚书侍中杨愔、黄门侍郎崔季舒一起打发走身边的人，密谋逼东魏皇帝禅让皇位给高澄，还议定了对文武百官的安排。兰京送来食品，高澄叫他退下，对众人说："昨天夜里，我梦见这个奴才用刀砍我，应该赶快把他杀掉。"兰京听到这句话，便将刀子放在盘子底下，假装说要送食物过来，高澄恼怒地说道："我没要食物，你为什么突然进来！"兰京挥着刀说道："是来杀你！"高澄扑过去，不料自己的脚受了伤，他就钻到了床下，兰京冲到床边杀掉了他。杨愔狼狈逃走，一只靴子还丢在房间里；崔季舒藏到了厕所里面；陈元康用自己的身体掩护高澄，在和兰京争夺刀子时被砍伤，肚肠流了出来；库直王纮迎着刀刃抵御叛贼；纥奚舍乐在搏斗中死去。

时变起仓猝,内外震骇。太原公洋在城东双堂,闻之,颜色不变,指挥部分,入讨群贼,斩而脔之,徐出,曰:"奴反,大将军被伤,无大苦也。"内外莫不惊异。洋秘不发丧。陈元康手书辞母,口占使功曹参军祖珽作书陈便宜,至夜而卒。洋殡之第中,诈云出使,虚除元康中书令。以王纮为领左右都督。纮,基之子也。

勋贵以重兵皆在并州,劝洋早如晋阳,洋从之。夜,召大将军督护太原唐邕,使部分将士,镇遏四方。邕支配须臾而毕,洋由是重之。

癸巳,洋讽东魏主以立太子大赦。澄死问渐露,东魏主窃谓左右曰:"大将军今死,似是天意,威权当复归帝室矣!"洋留太尉高岳、太保高隆之、开府仪同三司司马子如、侍中杨愔守邺,馀勋贵皆自随。甲午,入谒东魏主于昭阳殿,从甲士八千人,登阶者二百馀人,皆攘袂扣刃,若对严敌。令主者传奏曰:"臣有家事,须诣晋阳。"再拜而出。东魏主失色,目送之曰:"此人又似不相容,朕不知死在何日!"晋阳旧臣、宿将素轻洋。及至,大会文武,神彩英畅,言辞敏洽,众皆大惊。澄政令有不便者,洋皆改之。高隆之、司马子如等恶度支尚书崔暹,奏暹及崔季舒过恶,鞭二百徙边。

43 侯景以宋子仙为司徒、郭子建为尚书左仆射,与领军任约等四十人并开府仪同三司,仍诏:"自今开府仪同不须更加将军。"是后开府仪同至多,不可复记矣。

当时这一事变发生得很突然,朝廷内外都感到震惊、害怕。太原公高洋正在城东的双堂,听到这一消息,面不改色,立即指挥部队到出事地点讨伐这群叛贼,把他们杀死并将尸体切成了肉块,接着慢慢地走出来说道:"奴才造反,大将军受了伤,但是伤势不严重。"朝廷内外都对高洋的镇定自若感到惊异。高洋封锁了高澄的死讯,秘不发丧。陈元康亲笔给母亲写了封诀别信,又向功曹参军祖珽口授,叫他整理出论述国家当务之急的文书,到了夜里,陈元康便死了。高洋把陈元康收殓在自己的府第里,假装说派他出使到外地了,还授予他中书令的职务。高洋任命王纮为领左右都督。王纮是王基的儿子。

功臣权贵们考虑到大部队都在并州,劝高洋尽快赶到晋阳,高洋接受了这一意见。连夜召来太原籍的大将军督护唐邕,叫唐邕部署安排将士们镇守四方。唐邕很快分配安排完毕,高洋从此很器重唐邕。

癸巳(初十),高洋劝说东魏国主以确立了太子的名义大赦天下。高澄的死讯渐渐透露出来,孝静帝悄悄地对身边的人说:"现在大将军死了,似乎是天意,权威应当重新归皇室了!"高洋留下太尉高岳、太保高隆之、开府仪同三司司马子如、侍中杨愔守卫邺城,其馀的功臣权贵都让他们跟随着自己。甲午(十一日),高洋来到昭阳殿拜见孝静帝,身后跟着八千名披甲戴盔的士兵,登上宫殿台阶的就有两百多人,他们都将着袖子按住刀剑,就像面对厉害的敌人一样。高洋叫主持朝仪的官员向孝静帝转报:"我有一些家事,必须赶到晋阳。"说完,他拜了两拜离开皇宫。孝静帝大惊失色,他目送着高洋远去的身影说道:"此人看来还是不能相容于我的,我真不知道会死在哪一天!"晋阳原来的文官武将们一向轻视高洋。等到高洋抵达晋阳,他们看到高洋大会文武官员,神采英伟不凡,言语敏锐周到,都觉得非常吃惊。高澄以往制定的政策、下达的命令中有不便于执行的,高洋都做了修改。高隆之、司马子如等人憎恨度支尚书崔暹,向上汇报他与崔季舒的过失与罪恶,结果他们都被打了两百鞭子,然后给发配到边远地区了。

43 侯景任命宋子仙为司徒、郭子建为尚书左仆射,与领军任约等四十个人一起任开府仪同三司,还下达诏书:"从今以后开府仪同不必再增加将军名号。"此后开府仪同多得数不胜数。

44 鄱阳王范自枞阳遣信告江州刺史寻阳王大心,大心遣信邀之。范引兵诣江州,大心以湓城处之。

45 吴兴兵力寡弱,张嵊书生,不闲军旅。或劝嵊效袁君正以郡迎侯子鉴。嵊叹曰:"袁氏世济忠贞,不意君正一旦隳之。吾岂不知吴郡既没,吴兴势难久全。但以身许国,有死无贰耳!"九月癸丑朔,子鉴军至吴兴,嵊战败,还府,整服安坐,子鉴执送建康。侯景嘉其守节,欲活之,嵊曰:"吾忝任专城,朝廷倾危,不能匡复,今日速死为幸。"景犹欲全其一子,嵊曰:"吾一门已在鬼录,不就尔虏求恩!"景怒,尽杀之;并杀沈浚。

46 河东王誉告急于岳阳王詧,詧留谘议参军济阳蔡大宝守襄阳,帅众二万、骑二千伐江陵以救湘州。湘东王绎大惧,遣左右就狱中问计于王僧辩,僧辩具陈方略,绎乃赦之,以为城中都督。乙卯,詧至江陵,作十三营以攻之。会大雨,平地水深四尺,詧军气沮。绎与新兴太守杜崱有旧,密邀之。乙丑,崱与兄岌、岸、弟幼安、兄子龛各帅所部降于绎。岸请以五百骑袭襄阳,昼夜兼行。去襄阳三十里,城中觉之,蔡大宝奉詧母龚保林登城拒战。詧闻之,夜遁,弃粮食、金帛、铠仗于漞水,不可胜纪。张缵病足,詧载以随军。及败走,守者恐为追兵所及,杀之,弃尸而去。詧至襄阳,岸奔广平,依其兄南阳太守巚。

44 鄱阳王萧范从枞阳派人送信给江州刺史、寻阳王萧大心，萧大心闻讯后就派人带着信前去邀请萧范。萧范带领人马到达江州，萧大心将湓城让给他屯驻。

45 吴兴兵员少力量弱，张嵊是一介书生，不熟习军中事务。有人劝张嵊仿效袁君正，也率领全郡军民迎接侯子鉴。张嵊叹道："袁家世世代代都以忠贞著称，没想到这名声被袁君正毁于一旦。我怎么不知道吴郡陷落之后，吴兴也就势必难以长久保全的道理；只是我既然已经把一切都献给了国家，那么我就只能选择这么一条死路罢了！"九月癸丑朔(初一)，侯子鉴的部队到达吴兴，张嵊迎战失败，返回府中，穿戴整齐然后安然地坐着，侯子鉴将他捉住，押送到建康。侯景赞许张嵊能够守节，想保全他的性命。张嵊却说道："我有愧于担任吴兴郡守，在朝廷危亡之际，不能进行挽救，使之转危为安，今天我只求马上死，也算是一件幸事。"侯景还想留下他的一个儿子，张嵊说道："我们一家人都已经上了鬼籍，我才不会向你胡虏乞求恩惠呢！"侯景听了大为恼怒，杀光了他全家老小，并且还杀掉了沈浚。

46 河东王萧誉向岳阳王萧詧告急，萧詧留下济阳籍的谘议参军蔡大宝守卫襄阳，自己统率两万人马，其中包括两千名骑兵，讨伐江陵以援救湘州。湘东王萧绎非常害怕，派身边的人来到狱中向王僧辩询问对策，王僧辩详细地陈述了用兵策略，萧绎于是赦免了王僧辩，叫他担任城中的都督。乙卯(初三)，萧詧赶到江陵，安置了十三个军营，向守城的部队发起了进攻。正好遇上大雨，平地上都积起四尺深的水，萧詧的部队士气低落。萧绎与新兴太守杜崱过去有交情，暗中请他赶来援助。乙丑(十三日)，杜崱与他的哥哥杜岌、杜岸、弟弟杜幼安、侄子杜龛各自率领部属投降了萧绎。杜岸请求带领五百名骑兵去袭击襄阳，征得同意后，就夜以继日地赶路。当他们距离襄阳三十里的时候，城里的人发现了他们，蔡大宝帮着萧詧的母亲龚保林登上城墙进行防守。萧詧听到这一消息，连夜逃跑，丢弃在溠水中的粮食、金银、绸缎、铠甲、兵器，数不胜数。张缵脚上有伤，萧詧用车马载上他，让他跟随部队行动。等他们败逃的时候，看守张缵的人恐怕让追兵赶上，就把张缵杀了，然后丢下他的尸体离开了。萧詧一到襄阳，杜岸就逃到广平，依附他的哥哥南阳太守杜巘去了。

47　湘东王绎以鲍泉围长沙久不克，怒之，以平南将军王僧辩代为都督，数泉十罪，命舍人罗重懽与僧辩偕行。泉闻僧辩来，愕然曰："得王竟陵来助我，贼不足平。"拂席待之。僧辩入，背泉而坐，曰："鲍郎，卿有罪，令旨使我锁卿，卿勿以故意见期。"使重懽宣令，锁之床侧。泉为启自申，且谢淹缓之罪，绎怒解，遂释之。

48　冬，十月癸未朔，东魏以开府仪同三司潘相乐为司空。

49　初，历阳太守庄铁帅众归寻阳王大心，大心以为豫章内史。铁至郡即叛，推观宁侯永为主。永，范之弟也。丁酉，铁引兵袭寻阳，大心遣其将徐嗣徽逆击，破之。铁走，至建昌，光远将军韦构邀击之，铁失其母弟妻子，单骑还南昌，大心遣构将兵追讨之。

50　宋子仙自吴郡趣钱塘。刘神茂自吴兴趣富阳，前武州刺史富阳孙国恩以城降之。

51　十一月乙卯，葬武皇帝于修陵，庙号高祖。

52　百济遣使入贡，见城阙荒圮，异于向来，哭于端门。侯景怒，录送庄严寺，不听出。

53　壬戌，宋子仙急攻钱塘，戴僧逖降之。

54　岳阳王詧使将军薛晖攻广平，拔之，获杜岸，送襄阳。詧拔其舌，鞭其面，支解而烹之。又发其祖父墓，焚其骸而扬之，以其头为漆碗。

47　湘东王萧绎因鲍泉包围长沙后，很长时间都没把它打下来，对此感到很愤怒，就让平南将军王僧辩代替鲍泉为都督，还列举了鲍泉十条罪状，命令舍人罗重懂与王僧辩同行。鲍泉听到王僧辩来的消息，惊愕地说道："王竟陵能够来帮助我，贼兵就不愁不能平定了。"然后他便掸净席子等待王僧辩。王僧辩走进屋里，背着鲍泉坐了下来，说道："鲍郎，你有罪，萧绎命令我把你锁起来，你可不要认为我是有意的。"说着他就叫罗重懂宣读萧绎的命令，然后将鲍泉锁在床旁边。鲍泉为自己的罪责申辩，并且请求对自己进展缓慢进行处罚，萧绎的怒气平息下来，于是就释放了他。

48　冬季，十月癸未朔(初一)，东魏任命开府仪同三司潘相乐为司空。

49　当初，历阳太守庄铁率领人马归附了寻阳王萧大心，萧大心任命他为豫章内史。庄铁到达郡城之后就叛变了，推举观宁侯萧永为首领。萧永即萧范的弟弟。丁酉(十五日)，庄铁指挥部队袭击寻阳，萧大心派遣手下的将领徐嗣徽进行反击，打垮了庄铁。庄铁逃到了建昌，光远将军韦构半道拦击，这一仗庄铁失去了母亲、弟弟以及妻儿，单骑返回南昌，萧大心派遣韦构率领人马继续追击庄铁。

50　宋子仙从吴郡赶到钱塘。刘神茂从吴兴赶到富阳，前武州刺史富阳人孙国恩打开城门向他投降。

51　十一月乙卯(初四)，梁武帝被安葬在修陵，庙号高祖。

52　百济派遣使者来到建康进贡，使者看到城关已经荒废毁坏，同以前大不一样，就在端门前哭了起来。侯景闻讯后大怒，扣留了使者，把他押送到庄严寺，不让他出城。

53　壬戌(十一日)，宋子仙向钱塘发起迅猛的攻击，戴僧逖投降了宋子仙。

54　岳阳王萧詧派将军薛晖攻打广平，薛晖占领了该城，并俘虏了杜岸，将他送到了襄阳。萧詧拔掉了杜岸的舌头，用鞭子抽打他的面孔，然后将他肢解烹煮了。接着萧詧又挖开杜岸祖父的坟墓，烧掉了他的遗骸，扔掉了剩下的骨灰，还把死者的头盖骨做成漆碗。

　　詧既与湘东王绎为敌，恐不能自存，遣使求援于魏，请为附庸。丞相泰令东阁祭酒荣权使于襄阳，绎使司州刺史柳仲礼镇竟陵以图詧，詧惧，遣其妃王氏及世子嶚为质于魏。丞相泰欲经略江、汉，以开府仪同三司杨忠都督三荆等十五州诸军事，镇穰城。仲礼至安陆，安陆太守柳勰以城降之。仲礼留长史马岫与其弟子礼守之，帅众一万趣襄阳，泰遣杨忠及行台仆射长孙俭将兵击仲礼以救詧。

　　55　宋子仙乘胜渡浙江，至会稽。邵陵王纶闻钱塘已败，出奔鄱阳，鄱阳内史开建侯蕃以兵拒之，范进击蕃，破之。

　　56　魏杨忠将至义阳，太守马伯符以下溠城降之，忠以伯符为向导。伯符，岫之子也。

　　57　南郡王大连为东扬州刺史。时会稽丰沃，胜兵数万，粮仗山积，东土人惩侯景残虐，咸乐为用，而大连朝夕酣饮，不恤军事。司马东阳留异，凶狡残暴，为众所患，大连悉以军事委之。十二月庚寅，宋子仙攻会稽，大连弃城走，异奔还乡里，寻以其众降于子仙。大连欲奔鄱阳，异为子仙向导，追及大连于信安，执送建康，帝闻之，引帷自蔽，掩袂而泣。于是三吴尽没于景，公侯在会稽者，俱南度岭。景以留异为东阳太守，收其妻子为质。

　　58　乙酉，东魏以并州刺史彭乐为司徒。

　　59　邵陵王纶进至九江，寻阳王大心以江州让之，纶不受，引兵西上。

　　60　始兴太守陈霸先结郡中豪杰欲讨侯景，郡人侯安都、张偲等各帅众千馀人归之。霸先遣主帅杜僧明将二千人顿于岭上，广州刺史萧勃遣人止之曰：“侯景骁雄，天下无敌，前者援军十万，

萧詧与湘东王萧绎为敌之后,害怕自己难以生存,就派出使者去向西魏求援,请求充当西魏的附庸。西魏的丞相宇文泰命令东阁祭酒荣权出使襄阳,萧绎派遣司州刺史柳仲礼镇守竟陵,图谋对付萧詧,萧詧害怕了,就派他的妃子王氏以及他的嫡子萧嶚到西魏当人质。丞相宇文泰想占领江、汉地区,便任命开府仪同三司杨忠为都督三荆等十五州诸军事,镇守穰城。柳仲礼到达安陆,安陆的太守柳勔打开城门向他投降。柳仲礼留下长史马岫与自己的弟弟柳子礼一道镇守该城,然后率领一万人马赶往襄阳,宇文泰派遣杨忠和行台仆射长孙俭带领人马袭击柳仲礼,以援救萧詧。

　　55　宋子仙乘胜渡过浙江,到达会稽。邵陵王萧纶听说钱塘的部队已经失败,就出逃至鄱阳,鄱阳内史、开建侯萧蕃带兵拒绝萧纶入城,萧纶进军攻击萧蕃,打败了对方。

　　56　西魏的杨忠将要到达义阳的时候,太守马伯符率下溠城军民向他投降,杨忠让马伯符充当向导。马伯符是马岫的儿子。

　　57　南郡王萧大连担任东扬州刺史。当时会稽物产丰富,土地肥沃,拥有兵员多达几万,粮食、兵器堆成了山,东部地区的人苦于侯景的残酷暴虐,都乐意为萧大连效力,可是萧大连整天大量喝酒,对军事一点也不用心。东阳籍的司马留异凶狠、狡诈、残暴,大家都很痛恨他,而萧大连却将军事大权都交给了他。十二月庚寅(初九),宋子仙向会稽发起进攻,萧大连弃城逃跑了,留异逃回家乡,很快率其部众投降了宋子仙。萧大连准备逃到鄱阳,留异充当宋子仙的向导,在信安追上了萧大连,将他活捉后押送到建康,简文帝听到这一消息,拉起帷幕躲在里面,用袖子捂住脸哭泣。于是三吴地区都被侯景占领,在会稽的公侯们都越过南岭避难而逃。侯景任命留异为东阳太守,但把他的妻儿留下充当人质。

　　58　乙酉(初四),东魏任命并州刺史彭乐为司徒。

　　59　邵陵王萧纶进军到九江,寻阳王萧大心将江州让给他,萧纶没有接受,又指挥部队沿江西上。

　　60　始兴太守陈霸先集结郡中豪杰准备讨伐侯景,郡人侯安都、张偲等各自率领一千多人来归附他。陈霸先派遣主帅杜僧明率两千人到大庾岭上屯驻,广州刺史萧勃派人来制止他说:"侯景骁勇强悍有力,天下无敌,前一段时间,来援救朝廷的部队多达十万人,

士马精强，犹不能克，君以区区之众，将何所之！如闻岭北王侯又皆鼎沸，亲寻干戈，以君疏外，讵可暗投！未若且留始兴，遥张声势，保太山之安也。"霸先曰："仆荷国恩，往闻侯景渡江，即欲赴援，遭值元、兰，梗我中道。今京都覆没，君辱臣死，谁敢爱命！君侯体则皇枝，任重方岳，遣仆一军，犹贤乎已，乃更止之乎！"乃遣使间道诣江陵，受湘东王绎节度。时南康土豪蔡路养起兵据郡，勃乃以腹心谭世远为曲江令，与路养相结，同遏霸先。

61 魏杨忠拔随郡，执太守桓和。

62 东魏使金门公潘乐等将兵五万袭司州，刺史夏侯强降之。于是东魏尽有淮南之地。

兵强马壮,尚且不能打败他,现在您只有这么一点人,能对他怎么样呢! 听说岭北地区的王侯那里局势又很不稳定,这些皇亲之间都相互开战,您只不过是跟萧家没什么关系的外人,怎么可以明珠暗投呢! 您不如暂且留在始兴,远远地张扬自己的声势,保证太山的安全。"陈霸先回答说:"我蒙受国恩,以前听到侯景渡江的消息,我就准备前去救援,可是在途中让元仲景与兰裕给阻拦住了。如今国都沦陷,国君受到污辱,做臣子的就应为国君而死,谁还敢顾惜自己的性命! 君侯您是皇亲国戚,承担着重任,您派我带领一支军队去讨伐国贼,还比不派要好得多,怎么又来制止我呢!"于是他就派使者抄小路赶到江陵,表示接受湘东王萧绎的指挥调度。当时南康的当地豪强蔡路养拉起武装占据了郡城,萧勃就派自己的心腹谭世远出任曲江县令,与蔡路养联合起来,共同遏制陈霸先。

61 西魏的杨忠攻占了随郡,活捉了太守桓和。

62 东魏派金门公潘乐等人率领五万人马袭击司州,司州刺史夏侯强投降了东魏。于是东魏占据了淮河以南的所有土地。

卷第一百六十三　梁纪十九

庚午(550)一年

太宗简文皇帝上
大宝元年(庚午,550)

1　春,正月辛亥朔,大赦,改元。

2　陈霸先发始兴,至大庾岭,蔡路养将二万人军于南野以拒之。路养妻侄兰陵萧摩诃,年十三,单骑出战,无敢当者。杜僧明马被伤,陈霸先救之,授以所乘马。僧明上马复战,众军因而乘之,路养大败,脱身走。霸先进军南康,湘东王绎承制授霸先明威将军、交州刺史。

3　戊辰,东魏进太原公高洋位丞相、都督中外诸军、录尚书事、大行台、齐郡王。

4　庚午,邵陵王纶至江夏,郢州刺史南康王恪郊迎,以州让之,纶不受。乃推纶为假黄钺,都督中外诸军事,承制置百官。

5　魏杨忠围安陆,柳仲礼驰归救之。诸将恐仲礼至则安陆难下,请急攻之,忠曰:“攻守势殊,未可猝拔。若引日劳师,表里受敌,非计也。南人多习水军,不闲野战,仲礼师在近路,吾出其不意,以奇兵袭之,彼怠我奋,一举可克。克仲礼,则安陆不攻自拔,诸城可传檄定也。”乃选骑二千,衔枚夜进,败仲礼于漴头,获仲礼及其弟子礼,尽俘其众。马岫以安陆,

太宗简文皇帝上

梁简文帝大宝元年(庚午,公元 550 年)

1　春季,正月辛亥朔(初一),梁朝大赦天下,改年号为大宝。

2　陈霸先率军从始兴出发,抵达大庾岭,蔡路养统率两万人驻扎在南野进行抵抗。蔡路养的妻侄兰陵人萧摩诃,年方十三,单骑出战,没人敢抵挡他。杜僧明的战马受了伤,陈霸先救了他,并把自己骑的马给他。杜僧明跃上马又投入战斗,众军乘着他的气势勇猛进击,蔡路养大败,脱身逃跑了。陈霸先于是进军南康,湘东王萧绎以皇帝之令授予陈霸先明威将军、交州刺史。

3　戊辰(十八日)东魏晋升太原公高洋为丞相、都督中外诸军、录尚书事、大行台、齐郡王。

4　庚午(二十日)邵陵王萧纶率人马到达江夏,郢州刺史南康王萧恪带人到郊外恭迎,并表示要把郢州让给他,萧纶不接受。于是推举萧纶为假黄钺、都督中外诸军事,以皇帝的旨意设置百官。

5　西魏杨忠围攻安陆,柳仲礼急忙率军驰归救援。诸将担心柳仲礼的援兵抵达后安陆就难以攻克了,都要求赶快加紧进攻,杨忠说:"攻和守所处的情势很不相同,安陆是不能一下子就攻克的。如果我军拖延时日,久攻疲劳,援兵一来,里外受敌,这可不是好办法。南方人大都习惯于水战,对陆地野战不熟悉,柳仲礼的军队就在附近,我军出其不意,以奇兵突袭,敌军懈怠,我军奋勇,一举可克。打败了柳仲礼,那么安陆就不攻自破了,诸城也就可以传檄而定。"于是精选两千骑兵,为了防止喧嚣而暴露意图,令所有的人口中衔着小木棍,乘夜偷袭,在漴头把柳仲礼打败了,捉获了柳仲礼和他弟弟柳子礼,把他的军队全部俘虏了。马岫献出了安陆,

别将王叔孙以竟陵，皆降于忠。于是汉东之地尽入于魏。

6　广陵人来嶷，说前广陵太守祖皓曰："董绍先轻而无谋，人情不附，袭而杀之，此壮士之任也。今欲纠帅义勇，奉戴府君。若其克捷，可立桓、文之勋，必天未悔祸，犹足为梁室忠臣。"皓曰："此仆所愿也。"乃相与纠合勇士，得百馀人。癸酉，袭广陵，斩南兖州刺史董绍先。据城，驰檄远近，推前太子舍人萧勔为刺史，仍结东魏为援。皓，暅之子；勔，勃之兄也。乙亥，景遣郭元建帅众奄至，皓婴城固守。

7　二月，魏杨忠乘胜至石城，欲进逼江陵，湘东王绎遣舍人庾恪说忠曰："詧来伐叔而魏助之，何以使天下归心！"忠遂停湄北。绎遣舍人王孝祀等送子方略为质以求和，魏人许之。绎与忠盟曰："魏以石城为封，梁以安陆为界，请同附庸，并送质子，贸迁有无，永敦邻睦。"忠乃还。

8　宕昌王梁弥定为其宗人獠甘所袭，弥定奔魏，獠甘自立。羌酋傍乞铁恩据渠株川，与渭州民郑五丑合诸羌以叛魏。丞相泰使大将军宇文贵、凉州刺史史宁讨之，擒斩铁恩、五丑。宁别击獠甘，破之，獠甘将百骑奔生羌巩廉玉。宁复纳弥定于宕昌，置岷州于渠株川，进击巩廉玉，斩獠甘，虏廉玉送长安。

9　侯景遣任约、于庆等帅众二万攻诸藩。

10　邵陵王纶欲救河东王誉而兵粮不足，乃致书于湘东王绎曰："天时、地利，不及人和，况于手足肢支，岂可相害！今社稷危耻，创巨痛深，唯应剖心尝胆，泣血枕戈，其馀小忿，

别将王叔孙献出了竟陵，都投降了杨忠。从此汉东之地全部归于西魏。

6　广陵人来嶷去游说前广陵太守祖皓说："董绍先为人轻慢而缺乏谋略，人心不归附他，如果您发兵袭击并歼灭他，这可是壮士应有的义举呀。现在我想召集率领义勇之士，尊奉拥戴您去做这件大事。如果这件事成功了，可以建立齐桓公、晋文公那样的千古勋业；即使他气数未尽，此事未成，也足以表示您是梁室的忠臣。"祖皓说："这正是我的心愿。"于是和来嶷一起策划纠合勇士一百多人。于癸酉（二十三日）之时，袭击广陵，杀了南兖州刺史董绍先。占据南兖州，向远近各方发布告示，推举前太子舍人萧勔为刺史，仍与东魏联合。祖皓是祖暅的儿子。萧勔是萧勃的哥哥。乙亥（二十五日），侯景派郭元建带兵攻打南兖州，祖皓环城固守。

7　二月，西魏杨忠乘胜率兵抵达石城，意欲进逼江陵，湘东王萧绎派舍人庾恪去劝说杨忠，说："萧詧目无尊长，竟然进攻叔父，而西魏帮助他，这怎么能使天下人心归附！"杨忠听了，就停兵于建北。萧绎派舍人王孝祀送儿子萧方略为人质以求讲和，西魏人答应了。萧绎与杨忠订立盟约，约定："西魏以石城为封疆，梁朝以安陆为国界，彼此互相依附，互送儿子为人质，发展贸易以通有无，永远作为邻邦和睦相处。"杨忠于是退兵回去了。

8　宕昌王梁弥定被他宗族里的人獠甘所袭击，梁弥定奔逃到西魏，獠甘自立为王。羌族酋长傍乞铁忽盘踞株川，与渭州人郑五丑纠合诸羌起兵背叛西魏。丞相宇文泰派大将军宇文贵、凉州刺史史宁发兵征讨，擒斩傍乞铁忽和郑五丑。史宁又移兵攻打獠甘，打败了他，獠甘带领百名骑兵投奔远在塞外而不辖属于西魏的羌族首领巩廉玉。史宁重新迎立梁弥定为宕昌王，在渠株川设置岷州，派兵攻打巩廉玉，斩獠甘，俘虏了巩廉玉，把他送往长安。

9　侯景派任约、于庆等带兵两万攻打梁室诸藩王。

10　邵陵王萧纶想救援河东王萧誉，但兵粮不足，于是写信给湘东王萧绎说："天时、地利也比不上人和，何况弟兄犹如手足股肱，岂可相互损害！现在国家处于危局，蒙受耻辱，创伤巨大，痛苦殊深，我辈只有剖心尝胆，泣血枕戈，发奋救危雪耻，其馀的小怨恨，

或宜容贳。若外难未除,家祸仍构,料今访古,未或不亡。夫
征战之理,唯求克胜。至于骨肉之战,愈胜愈酷,捷则非功,
败则有丧,劳兵损义,亏失多矣。侯景之军所以未窥江外者,
良为藩屏盘固,宗镇强密。弟若陷洞庭,不戢兵刃,雍州疑
迫,何以自安,必引进魏军以求形援。弟若不安,家国去矣。
必希解湘州之围,存社稷之计。"绎复书,陈誉过恶不赦,且
曰:"誉引杨忠来相侵逼,颇遵谈笑,用却秦军,曲直有在,不
复自陈。临湘旦平,暮便即路。"纶得书,投之于案,慷慨流涕
曰:"天下之事,一至于斯,湘州若败,吾亡无日矣!"

11　侯景遣侯子鉴帅舟师八千,自帅徒兵一万,攻广陵,
三日克之,执祖皓,缚而射之,箭遍体,然后车裂以徇。城中
无少长皆埋之于地,驰马射而杀之。以子鉴为南兖州刺史,
镇广陵。景还建康。

12　丙戌,以安陆王大春为东扬州刺史。省吴州。

13　乙巳,以尚书仆射王克为左仆射。

14　庚寅,东魏以尚书令高隆之为太保。

15　宣城内史杨白华进据安吴,侯景遣于子悦帅众攻
之,不克。

16　东魏行台辛术将兵入寇,围阳平,不克。

17　侯景纳上女溧阳公主,甚爱之。三月甲申,景请上
禊宴于乐游苑,帐饮三日。上还宫,景与公主共据御床,南面
并坐,群臣文武列坐侍宴。

18　庚申,东魏进丞相洋爵为齐王。

应该能互相谅解才是。如果外难没有消除,仍然在家族中构祸不止,观今鉴古,没有不灭亡的道理。战争的规律是不顾一切,只求能胜。至于骨肉相残的战争,愈是获胜则愈加残酷,大捷也不是什么功劳,战败则必然有人丧身,动用武力,损害人伦道义,亏失实在是太多了。侯景的军队之所以未敢进犯长江以南,实在是因为我们梁朝诸藩互为屏护,像磐石一样牢固,宗室的镇守强大而严密。您如果攻陷洞庭而不约束兵刃,雍州方面必然怀疑您将要进逼,无以自安,势必引进东魏的军队以为援手。您如果感到不安定,那么梁朝的天下就完了。请您一定解除湘州之围,以保存国家社稷。"萧绎复信,逐条陈述萧誉过大恶极,法所不赦,并且说:"萧誉如果勾引杨忠来相侵逼的话,那我将像鲁仲连谈笑退秦军一样轻而易举地打败他们,是非曲直明摆着,我就不再自陈了。临湘早晚就会被攻下,今晚我军就上路出征了。"萧纶收到信,看后扔到案几上,慷慨流涕地说:"天下之事,竟然糟到这个地步,湘州如果陷落,我就快灭亡了!"

11 侯景派侯子鉴率领水军八千人,自率步兵一万人,攻打广陵,打了三天,城破,抓住祖皓,把他缚住用箭射他,箭镞丛集遍体,然后再把他车裂示众。城中民众不分老少都被埋在地里,让士兵来回纵马奔驰,用箭射杀他们。侯景任命侯子鉴当南兖州刺史,镇守广陵。他自己回建康。

12 丙戌(初六),侯景任命安陆王侯大春为东扬州刺史。在吴州建省。

13 乙巳(二十五日),侯景任命尚书仆射王克为左仆射。

14 庚寅,东魏任命尚书令高隆之为太保。

15 宣城内史杨白华占据安吴,侯景派遣于子悦率众攻打安吴,没打下。

16 东魏行台辛术带兵入境进犯,围困阳平,没打下。

17 侯景娶简文帝的女儿溧阳公主,非常喜爱她。三月甲申,侯景请皇上修禊宴集于乐游苑,在帐幕里宴饮三天。简文帝还宫后,侯景与溧阳公主一起占据御床,南面并坐,让群臣文武列坐侍宴。

18 庚申(十一日),东魏晋升丞相高洋为齐王。

19　临川内史始兴王毅等击庄铁,鄱阳王范遣其将巴西侯瑱救之,毅等败死。

20　鄱阳世子嗣与任约战于三章,约败走。嗣因徙镇三章,谓之安乐栅。

21　夏,四月庚辰朔,湘东王绎以上甲侯韶为长沙王。

22　丙午,侯景请上幸西州,上御素辇,侍卫四百馀人,景浴铁数千,翼卫左右。上闻丝竹,凄然泣下,命景起舞,景亦请上起舞。酒阑坐散,上抱景于床曰:"我念丞相。"景曰:"陛下如不念臣,臣何得至此!"逮夜乃罢。

时江南连年旱蝗,江、扬尤甚,百姓流亡,相与入山谷、江湖,采草根、木叶、菱芡而食之,所在皆尽,死者蔽野。富室无食,皆鸟面鹄形,衣罗绮,怀珠玉,俯伏床帷,待命听终。千里绝烟,人迹罕见,白骨成聚,如丘陇焉。

景性残酷,于石头立大碓,有犯法者捣杀之。常戒诸将曰:"破栅平城,当净杀之,使天下知吾威名。"故诸将每战胜,专以焚掠为事,斩刈人如草芥,以资戏笑。由是百姓虽死,终不附之。又禁人偶语,犯者刑及外族。为其将帅者,悉称行台;来降附者,悉称开府。其亲寄隆重者曰左右厢公,勇力兼人者曰库直都督。

23　魏封皇子儒为燕王,公为吴王。

24　侯景召宋子仙还京口。

25　邵陵王纶在郢州,以听事为正阳殿,内外斋阁,悉加题署。其部下陵暴军府,郢州将佐莫不怨之。谘议参军江仲举,南平王恪之谋主也,说恪图纶,恪惊曰:"若我杀邵陵,

19　临川内史始兴人王毅等进攻庄铁,鄱阳王萧范派他的部将巴西人侯填去救援,王毅等兵败身死。

20　鄱阳王的世子萧嗣与任约在三章开战,任约败走。萧嗣乘势迁移,镇守三章,称之为"安乐栅"。

21　夏季,四月庚辰朔(初一),湘东王萧绎违制任命上甲侯萧韶为长沙王。

22　丙午(二十七日),侯景请简文帝巡视西州,简文帝乘坐不加雕漆的素辇,带四百多名侍卫人员,而侯景则率几千名铁甲铮亮的武士,翼卫在左右。简文帝听到丝竹之声,凄然流泪,传命侯景起舞,侯景也请简文帝起舞。酒阑人散,简文帝在床上抱着侯景说:"我心里念着丞相。"侯景回答说:"陛下如不念顾我,我哪能得到现在的地位!"直到夜色降临才分手。

这时江南连年闹旱灾、蝗灾,江州、扬州尤其严重,老百姓流离失所,成群结队逃入山谷之中、江湖之滨,采集草根、树叶、菱角、鸡头米为食物,饥民所至,这些东西一扫而空,饿死的人横陈田野,比比皆是。富裕人家也没有吃的,一个个饿得鸟面鹄形,穿着罗绮衣裳,怀里藏着珍珠美玉,俯伏在床帷之间,等待命运的播弄、死神的降临。千里之内,炊烟断绝,人迹罕见,白骨成堆,像丘陇一样。

侯景生性残酷,他在石头城设立大碓,犯法的人被抓住,就用大碓捣杀。平常总是告诫诸将说:"一旦攻破栅栏,踏平城市,就杀它个干干净净,使天下人知道我的厉害。"所以他手下的诸将每次战胜,就专门以烧杀抢掠为能事,杀人如刈草芥,以此作为游戏取乐。因此老百姓即使死,也绝不归附他。侯景又禁止人民在一起交头接耳,有违犯的刑罚波及他的外族。当他的将帅的,都称为行台;来投降归附他的,都称为开府。他所特别亲信看重的称为左右厢公,勇气力量超人的称为库直都督。

23　西魏封皇子元儒为燕王,元公为吴王。

24　侯景召宋子仙回京口。

25　邵陵王萧纶在郢州,以处理公事为由修建正阳殿,内外斋门阁门,都加上题签署名。他的部下在军府里作威作福,郢州将士官佐没有不怨恨的。谘议参军江仲举,是南平王萧恪的主要谋士,他鼓励萧恪反对萧纶,取而代之,萧恪大惊,说:"如果我杀了邵陵王,

宁静一镇,荆、益兄弟必皆内喜,海内若平,则以大义责我矣。且巨逆未枭,骨肉相残,自亡之道也。卿且息之。"仲举不从,部分诸将,刻日将发,谋泄,纶压杀之。恪狼狈往谢,纶曰:"群小所作,非由兄也。凶党已毙,兄勿深忧!"

26　王僧辩急攻长沙,辛巳,克之。执河东王誉,斩之,传首江陵,湘东王绎反其首而葬之。初,世子方等之死,临蒸周铁虎功最多,誉委遇甚重。僧辩得铁虎,命烹之,呼曰:"侯景未灭,奈何杀壮士!"僧辩奇其言而释之,还其麾下。绎以僧辩为左卫将军,加侍中、镇西长史。

绎自去岁闻高祖之丧,以长沙未下,故匿之。壬寅,始发丧,刻檀为高祖像,置于百福殿,事之甚谨,动静必咨焉。绎以为天子制于贼臣,不肯从大宝之号,犹称太清四年。丙午,绎下令大举讨侯景,移檄远近。

27　鄱阳王范至湓城,以晋熙为晋州,遣其世子嗣为刺史,江州郡县多辄改易。寻阳王大心,政令所行,不出一郡。大心遣兵击庄铁,嗣与铁素善,请发兵救之,范遣侯瑱帅精甲五千助铁。由是二镇互相猜忌,无复讨贼之志。大心使徐嗣徽帅众二千,筑垒稽亭以备范,市籴不通,范数万之众,无所得食,多饿死。范愤恚,疽发于背,五月乙卯,卒。范众秘不发丧,奉范弟安南侯恬为主,有众数千人。

28　丙辰,侯景以元思虔为东道大行台,镇钱唐。丁巳,以侯子鉴为南兖州刺史。

郢州也许可以宁静,但荆州、益州的宗室兄弟必然内心窃喜。海内如果平定,他们就会以君臣大义责备我。而且最大的逆贼没有杀掉,就骨肉相残,这是自取灭亡之道。你的想法不妥,还是算了吧。"但江仲举不听,他安排部署手下的将领们,定好日子就要举事,但是事情泄漏,萧纶镇压屠杀了他们。萧恪非常狼狈不安地前往谢罪,萧纶说:"这都是一群小人所干的,不是由您策划的。凶党已经消灭,您不必深忧!"

26 王僧辩猛烈地进攻长沙,辛巳(初二),攻破城池。抓住了河东王萧誉,杀了他,并把首级送到江陵,湘东王萧绎让人把首级送回长沙,和身子合在一起安葬。当初,世子萧方等被杀死,临蒸人周铁虎功劳最大,萧誉对他委任恩遇很重。王僧辩抓获周铁虎,命令手下烹杀他,周铁虎大叫:"侯景未灭,为什么杀壮士!"王僧辩觉得他吐言奇伟,就释放了他,让他回到军帐下。萧绎任命王僧辩为左卫将军,加侍中、镇西长史。

萧绎自去年就听到了高祖驾崩的消息,因为当时长沙还没打下,所以就封锁这一消息。壬寅(二十三日),才发丧,用檀木雕刻了高祖的像,安放在百福殿里,服侍朝拜,很是恭谨,一举一动都前往咨求。萧绎认为天子被贼臣挟制,所以不肯采用大宝的年号,还是照旧年号称太清四年。丙午(二十七日),萧绎下令大举讨伐侯景,檄文传遍远近。

27 鄱阳王萧范率众进抵湓城,把晋熙郡改为晋州,派他的世子萧嗣为晋州刺史,江州所属郡县守令大部分都改换了。寻阳王萧大心,政令所行,不出寻阳一郡之外。萧大心派兵进击庄铁,萧嗣与庄铁一向关系很好,就请求萧范发兵救援他,萧范派侯瑱率领精锐甲兵五千人去帮助庄铁。从此鄱阳、寻阳二镇互相猜忌,再也没有讨贼的心思了。萧大心让徐嗣徽率两千人马,在稽亭筑垒以防备萧范,这一来切断了鄱阳的粮食流通,萧范数万军队,没地方找到粮食,大多饿死。萧范愤恨大怒,背上痈疽破裂,五月,乙卯(初七),病逝。萧范的部下秘不发丧,推举萧范的弟弟安南侯萧恬为主帅,有部众数千人。

28 丙辰(初八),侯景任命元思虔为东道大行台,镇守钱唐。丁巳(初九),任命侯子鉴为南兖州刺史。

29　东魏齐王洋之为开府也,勃海高德政为管记,由是亲昵,言无不尽。金紫光禄大夫丹杨徐之才、北平太守广宗宋景业,皆善图谶,以为太岁在午,当有革命,因德政以白洋,劝之受禅。洋以告娄太妃,太妃曰:"汝父如龙,兄如虎,犹以天位不可妄据,终身北面,汝独何人,欲行舜、禹之事乎!"洋以告之才,之才曰:"正为不及父兄,故宜早升尊位耳。"洋铸像卜之而成,乃使开府仪同三司段韶问肆州刺史斛律金,金来见洋,固言不可,以宋景业首陈符命,请杀之。洋与诸贵议于太妃前,太妃曰:"吾儿懦直,必无此心,高德政乐祸,教之耳。"洋以人心不壹,遣高德政如邺察公卿之意,未还。洋拥兵而东,至平都城,召诸勋贵议之,莫敢对。长史杜弼曰:"关西,国之勍敌,若受魏禅,恐彼挟天子,自称义兵而东向,王何以待之!"徐之才曰:"今与王争天下者,彼亦欲为王所为,纵其屈强,不过随我称帝耳。"弼无以应。高德政至邺,讽公卿,莫有应者。司马子如逆洋于辽阳,固言未可。洋欲还,仓丞李集曰:"王来为何事,而今欲还?"洋伪使于东门杀之,而别令赐绢十匹,遂还晋阳。自是居常不悦。徐之才、宋景业等日陈阴阳杂占,云宜早受命。高德政亦敦劝不已。洋使术士李密卜之,遇《大横》,曰:"汉文之卦也。"又使宋景业筮之,

29　东魏齐王高洋在设置官署的时候,任命勃海人高德政为管记,因此两人关系很亲密,什么话都可以交谈。金紫光禄大夫丹杨人徐之才、北平太守广宗人宋景业,都精通图谶占验之术,他们看到太岁星在午,认为这意味着帝室不详,会有改朝换代的事发生,就把这种预言通过高德政告诉高洋,劝他接受禅让。高洋把这事禀告娄太妃,太妃说:"你父亲和哥哥都是如龙似虎一样的英才,尚且认为皇位天授,不能妄图窃据,终其一生,北面事君,你是何等样人,想效法舜、禹禅让的事吗!"高洋把娄太妃的话告诉徐之才,徐之才说:"正因为您才能影响都比不上父兄,所以才应该早日升上尊位呀!"高洋通过铸铜像进行占卜,像成,意味着事情可成,于是让开府仪同三司段韶去征求肆州刺史斛律金的意见,斛律金听了后来求见高洋,坚决地认为这件事干不得,并以宋景业带头宣讲符命惑主为由,要求高洋杀了他。高洋和各位贵戚一起在娄太妃面前商议这件事,娄太妃说:"我儿子懦弱性直,肯定不会有这种念头,高德政喜欢弄出祸端,唯恐天下不乱,这都是他教唆的。"高洋因为人心不能一致,就派高德政去邺州观察公卿大臣们的意向,去了后还没返回。高洋就率军队向东进发,抵达平都城,召集诸位元勋重臣一起商议,但没有人敢吱声。长史杜弼说:"关西宇文氏,是我国的强敌,如果您接受魏的禅让,恐怕宇文氏会挟持天子,自称为勤王义兵而向东讨伐,大王拿什么来对付他们!"徐之才说:"现在和大王争天下的人,他也是想做大王所做的事的,即使他倔强不顺从,不过也随着大王的样子自己称帝罢了。"杜弼听了,无言以对。高德政抵达邺州,把高洋准备接受禅让的事暗示给公卿大臣,但没有响应的。司马子如到辽阳去迎接高洋,坚决地认为这事行不得。高洋想返回晋阳,仓丞李集说:"大王来这一趟是干什么的,现在就想回去?"高洋假装派他到东门去办事,在那儿杀了他,同时另外发令,赏赐他十匹绢,于是返回到晋阳。从此高洋日常起居总是郁郁不乐。徐之才、宋景业等每天在他耳边讲陈阴阳之理、占验之事,嘀嘀咕咕说应该早点接受禅让,应承天命。高德政也使劲劝说个没完。高洋让术士李密占卜这件事,结果得到《大横》卦,李密说:"这可是汉孝文帝得到过的吉卦呀,'大横庚庚,余为天主',正应在您身上了。"高洋又让宋景业用筮草占卜,

遇《乾》之《鼎》,曰:"《乾》,君也。《鼎》,五月卦也。宜以仲夏受禅。"或曰:"五月不可入官,犯之,终于其位。"景业曰:"王为天子,无复下期,岂得不终于其位乎!"洋大悦,乃发晋阳。

高德政录在邺诸事,条进于洋,洋令左右陈山提驰驿赍事条,并密书与杨愔。是月,山提至邺,杨愔即召太常卿邢卲议造仪注,秘书监魏收草九锡、禅让、劝进诸文。引魏宗室诸王入北宫,留于东斋。甲寅,东魏进洋位相国,总百揆,备九锡。洋行至前亭,所乘马忽倒,意甚恶之,至平都城,不复肯进。高德政、徐之才苦请曰:"山提先去,恐其漏泄。"即命司马子如、杜弼驰驿续入,观察物情。子如等至邺,众人以事势已决,无敢异言。洋至邺,召夫赍筑具集城南。高隆之请曰:"用此何为?"洋作色曰:"我自有事,君何问为! 欲族灭邪!"隆之谢而退。于是作圜丘,备法物。

丙辰,司空潘乐、侍中张亮、黄门郎赵彦深等求入启事,东魏孝静帝在昭阳殿见之。亮曰:"五行递运,有始有终,齐王圣德钦明,万方归仰,愿陛下远法尧、舜。"帝敛容曰:"此事推挹已久,谨当逊避。"又曰:"若尔,须作制书。"中书郎崔劼、裴让之曰:"制已作讫。"使侍中杨愔进之。东魏主既署,曰:"居朕何所?"愔对曰:"北城别有馆宇。"乃下御坐,

结果占到《乾》卦,《乾》卦又变化为《鼎》卦。宋景业说:"《乾》卦,意味着君主之象。《鼎》卦,是说在五月发生变化。您在仲夏受禅让最适宜了。"有人进言说:"按阴阳家的说法,五月不能入居官位,如果违犯这一条,就会死在官位上。"宋景业说:"大王贵为天子,当然没有下台离位的时候,哪能不死在自己的皇位上呢!"高洋听了非常高兴,于是又从晋阳向东进发了。

高德政把在邺州察访到的情况、动向逐条记录下来,呈送给高洋,高洋命令身边的侍从陈山提沿驿路驰马急行,带着高德政进呈的事条和一封密信去给杨愔。就在这个月,陈山提抵达邺州,杨愔就召集太常卿邢邵负责商议制定礼仪制度,秘书监魏收起草加九锡、禅让、劝进等文告。并召集东魏宗室诸王进入北宫,留宿东斋。甲寅(初六),东魏拥戴高洋位居相国,总领百官,加九锡。高洋行进到前亭时,他所乘骑的马忽然倒下,高洋很厌恶这件事,抵达平都城后,就不肯再前进了。高德政、徐之才苦苦请求说:"陈山提已经先去邺城了,我们若不前进,时间拖长了,怕他会泄漏消息。"高洋听了,就命令司马子如、杜弼沿驿道跟着奔驰入邺,以观察事态发展,人心动向。司马子如等人抵达邺城,众人以为大势已定,没有敢表示异议的。高洋抵达邺城,召集民夫带着建筑工具集中在城南。高隆之问道:"召集民夫干什么?"高洋勃然作色,说:"我自然有事,你问这干什么? 难道想自取灭族吗!"高隆之连声谢罪,唯唯而退。于是众民夫开始修筑祭天用的圜丘,准备登基大典用的法器物事。

丙辰(初八),司空潘乐、侍中张亮、黄门郎赵彦深等要求入宫奏事,东魏孝静帝在昭阳殿召见他们。张亮说:"金木水火土五行互相递代地运行,帝命有始有终,这是天意,齐王高洋天资圣明,道德崇高,天下归心,万众钦仰,希望陛下效法尧、舜,把帝位禅让给齐王。"孝静帝神色凝重地说:"这件事推让很久了,我谨遵众意,理当逊位让贤。"张亮又说:"如果是这样,必须写成正式文告。"中书郎崔劼、裴让之说:"文告已经准备好了。"便让侍中杨愔把让位的文告进呈孝静帝。孝静帝签署之后,说:"退位之后,让我住到哪去?"杨愔回答说:"北城另外有一套楼馆房舍。"于是孝静帝走下御座,

步就东廊,咏范蔚宗《后汉书》赞曰:"献生不辰,身播国屯,终我四百,永作虞宾。"所司请发,帝曰:"古人念遗簪弊履,朕欲与六宫别,可乎?"高隆之曰:"今日天下犹陛下之天下,况在六宫。"帝步入,与妃嫔已下别,举宫皆哭。赵国李嫔诵陈思王诗云:"王其爱玉体,俱享黄发期。"直长赵道德以车一乘候于东阁,帝登车,道德超上抱之,帝叱之曰:"朕自畏天顺人,何物奴敢逼人如此!"道德犹不下。出云龙门,王公百僚拜辞,高隆之洒泣。遂入北城,居司马子如南宅,遣太尉彭城王韶等奉玺绶,禅位于齐。

戊午,齐王即皇帝位于南郊,大赦,改元天保。自魏敬宗以来,百官绝禄,至是始复给之。己未,封东魏主为中山王,待以不臣之礼。追尊齐献武王为献武皇帝,庙号太祖,后改为高祖;文襄王为文襄皇帝,庙号世宗。辛酉,尊王太后娄氏为皇太后。乙丑,降魏朝封爵有差,其宣力霸朝及西、南投化者,不在降限。

30　文成侯宁起兵于吴,有众万人,己巳,进攻吴郡。行吴郡事侯子荣逆击,杀之。宁,范之弟也。子荣因纵兵大掠郡境。

自晋氏渡江,三吴最为富庶,贡赋商旅,皆出其地。及侯景之乱,掠金帛既尽,乃掠人而食之,或卖于北境,遗民殆尽矣。

是时,唯荆、益所部尚完实,太尉、益州刺史武陵王纪移告征、镇,使世子圆照帅兵三万受湘东王节度。圆照军至巴水,绎授以信州刺史,令屯白帝,未许东下。

步行走向东廊,口里吟咏着范晔所作的《后汉书》中对汉献帝的一段赞辞:"献生不辰,身播国屯,终我四百,永作虞宾。"掌管禅位事宜的人要孝静帝马上出发到为他准备的别馆去,孝静帝说:"古人有顾念遗簪敝屦的遗风,我想效法,和六宫的妃嫔们告别一下,可以吗?"高隆之说:"今天天下还是陛下的天下,何况六宫。"孝静帝步行进宫,与妃嫔及其下属告别,整个皇宫都痛哭失声。赵国人李嫔诵读陈思王曹植的诗:"王其爱玉体,俱享黄发期。"直长赵道德准备好一乘牛车于东门,孝静帝登车,赵道德赶上车去抱住他,孝静帝呵斥他说:"我自己畏天命,顺人心,让出帝位,你是什么东西,敢这样肆无忌惮地逼我!"赵道德仍然不下车。孝静帝出云龙门,王公大臣们向他拜辞,高隆之流泪哭泣。就这样孝静帝进入北城,住在司马子如的南宅,众官派太尉彭城王段韶等人捧着玉玺印绶,把皇帝位禅让给齐王。

戊午(初十),齐王高洋在邺城南郊即皇帝位,宣布大赦天下,改年号为天保。自魏敬宗以来,朝廷百官都已经断了俸禄,到这时候才又重新给俸禄了。己未(十一日),北齐封孝静帝为中山王,不把他作为大臣对待。同时追尊齐献武王为献武皇帝,庙号太祖,后来又改称为高祖;追尊文襄王为文襄皇帝,庙号世宗。辛酉(十三日),尊王太后娄氏为皇太后。乙丑(十七日),北齐把原来魏朝给大臣们的封爵按不同情况降了级,但其中随高欢起兵以来以武力威震朝廷的勋贵大臣以及关西和江南来投降归附的臣子不在降级之列。

30　文成侯萧宁在吴县起兵,拥有士兵一万馀人,己巳(二十一日),进攻吴郡。代理吴郡政事的侯子荣出兵迎击,杀了萧宁。萧宁是萧范的弟弟。侯子荣因此纵容士兵在吴郡境内大肆抢掠。

自从晋朝司马氏渡过长江以来,三吴之地是天下最为富庶的地区,供给朝廷的贡品、租赋,以及客商行旅,都出在这个地区。到侯景作乱时,乱军把民间的金银财帛抢掠一空,接着就抢掠人口,有的杀了吃掉,有的卖到北方去,三吴之地的老百姓所剩无几了。

这时候,只有荆州、益州所管辖的地区还比较完整充实,太尉、益州刺史武陵王萧纪移文通告各征、镇,让世子萧圆照率兵三万接受湘东王指挥。萧圆照的军队抵达巴水时,萧绎授给他信州刺史之职,命令他驻扎在白帝城,不许他继续东下。

31 六月辛巳,以南郡王大连行扬州事。

32 江夏王大款、山阳王大成、宜都王大封自信安间道奔江陵。

33 齐主封宗室高岳等十人、功臣库狄干等七人皆为王。癸未,封弟浚为永安王,淹为平阳王,浟为彭城王,演为常山王,涣为上党王,淯为襄城王,湛为长广王,湝为任城王,湜为高阳王,济为博陵王,凝为新平王,润为冯翊王,洽为汉阳王。

34 鄱阳王范既卒,侯瑱往依庄铁,铁忌之。瑱不自安,丙戌,诈引铁谋事,因杀之,自据豫章。

35 寻阳王大心遣徐嗣徽夜袭湓城,安南侯恬、裴之横等击走之。

36 齐主娶赵郡李希宗之女,生子殷及绍德,又纳段韶之妹。及将建中宫,高隆之、高德政欲结勋贵之援,乃言:"汉妇人不可为天下母,宜更择美配。"帝不从。丁亥,立李氏为皇后,以段氏为昭仪,子殷为皇太子。庚寅,以库狄干为太宰,彭乐为太尉,潘相乐为司徒,司马子如为司空。辛卯,以清河王岳为司州牧。

37 侯景以羊鸦仁为五兵尚书。庚子,鸦仁出奔江西,将赴江陵,至东莞,盗疑其怀金,邀杀之。

38 魏人欲令岳阳王詧发哀嗣位,詧辞,不受。丞相泰使荣权册命詧为梁王,始建台,置百官。

39 陈霸先修崎头古城,徙居之。

40 初,燕昭成帝奔高丽,使其族人冯业以三百人浮海奔宋,因留新会。自业至孙融,世为罗州刺史,融子宝为高凉太守。

31 六月辛巳(初三)，梁朝任命南郡王萧大连掌管扬州政事。

32 江夏王萧大款、山阳王萧大成、宜都王萧大封从信安抄小路投奔江陵。

33 北齐国主高洋封皇室高岳等十人、功臣库狄干等七人为王。癸未(初五)，封弟弟高浚为永安王，高淹为平阳王，高淑为彭城王，高演为常山王，高涣为上党王，高济为襄城王，高湛为长广王，高湝为任城王，高湜为高阳王，高济为博陵王，高凝为新平王，高润为冯翊王，高洽为汉阳王。

34 鄱阳王萧范死了以后，侯瑱去依附庄铁，庄铁对他心怀猜忌。侯瑱心里不安稳，丙戌(初八)，假称约庄铁一块商量事情，乘机谋杀了他，自己占据了豫章。

35 寻阳王萧大心派徐嗣徽乘夜袭击溢城，安南侯萧恬、裴之横等把他打跑了。

36 北齐国主高洋娶了赵郡人李希宗的女儿，生下儿子高殷、高绍德，又把段韶的妹妹纳为妃子。等到要确立中宫之主的时候，高隆之、高德政想勾结宫中勋贵以为援手，就进言说："汉族妇女不能当天下之母，应该另外选择美人为皇后。"皇上没有采纳这种意见。丁亥(初九)，高洋立李希宗之女为皇后，以段韶之女为昭仪，立皇子高殷为皇太子。庚寅(十二日)，任命库狄干为太宰，彭乐为太尉，潘相乐为司徒，司马子如为司空。辛卯(十三日)，任命清河王高岳为司州牧。

37 侯景任命羊鸦仁为五兵尚书。庚子(二十二日)，羊鸦仁出奔到江西，将奔赴江陵，走到东莞时，强盗怀疑他带着重金，于是拦劫并杀了他。

38 西魏人想让岳阳王萧詧发丧示哀，继承王位，萧詧推辞了，没有接受。丞相宇文泰派遣荣权为使者，册封萧詧为梁王，萧詧这才建立台省，设置百官。

39 陈霸先重修了崎头古城，搬到那儿住下。

40 当初，燕国昭成帝投奔高丽，派他的同宗族的人冯业带三百人渡海投奔宋国，因此冯业及其部属就留在新会。从冯业到他的孙子冯融，世代都任罗州刺史，冯融的儿子冯宝任高凉太守。

高凉冼氏，世为蛮酋，部落十馀万家，有女，多筹略，善用兵，诸洞皆服其信义。融聘以为宝妇。融虽累世为方伯，非其土人，号令不行。冼氏约束本宗，使从民礼，每与宝参决辞讼，首领有犯，虽亲戚无所纵舍，由是冯氏始得行其政。

　　高州刺史李迁仕据大皋口，遣使召宝，宝欲往，冼氏止之曰："刺史无故不应召太守，必欲诈君共反耳。"宝曰："何以知之?"冼氏曰："刺史被召援台，乃称有疾，铸兵聚众而后召君。此必欲质君以发君之兵也，愿且无往以观其变。"数日，迁仕果反，遣主帅杜平虏将兵入灨石，城鱼梁以逼南康，霸先使周文育击之。冼氏谓宝曰："平虏，骁将也，今入灨石与官军相拒，势未得还，迁仕在州，无能为也。君若自往，必有战斗，宜遣使卑辞厚礼告之曰：'身未敢出，欲遣妇参。'彼闻之，必意而无备。我将千馀人，步担杂物，唱言输赆，得至栅下，破之必矣。"宝从之。迁仕果不设备，冼氏袭击，大破之，迁仕走保宁都。文育亦击走平虏，据其城。冼氏与霸先会于灨石，还，谓宝曰："陈都督非常人也，甚得众心，必能平贼，君宜厚资之。"

　　湘东王绎以霸先为豫州刺史，领豫章内史。

41　辛丑，裴之横攻稽亭，徐嗣徽击走之。

42　秋，七月辛亥，齐立世宗妃元氏为文襄皇后，宫曰静德。又封世宗子孝琬为河间王，孝瑜为河南王。乙卯，以尚书令封隆之录尚书事，尚书左仆射平阳王淹为尚书令。

高凉冼氏,世代都是蛮族的酋长,拥有部落十馀万家,冼氏有一个女儿,很懂得运筹韬略,善于用兵,各部落的蛮族都佩服她的信义。冯融聘她为冯宝的妻子。冯融虽然世世为一方的酋长,但因自己不是土著,因此号令行不通。冼氏和冯宝结婚后,约束本宗族的人,使他们遵守老百姓应遵守的礼仪,每当她和冯宝一起研究诉讼之事,参与判决意见时,如果蛮族首领有犯法之处,虽然是自己的亲戚也毫不宽容,从此之后冯氏的政令才得以实施。

高州刺史李迁仕占据大皋口,派使者去召见冯宝,冯宝想应召而行,冼氏夫人制止他说:"刺史无缘无故不应该召见太守,这次召见,一定是要骗您一块去谋反。"冯问道:"你怎么知道的?"冼氏夫人说:"刺史受诏令去支援朝廷,但他声称自己有病不去,同时又铸造兵器,聚集队伍,然后又召您去。这一定是要拿您做人质好协逼您的军队一起出发去作乱,希望您先别去,观察一下事态的变化之后再说。"过了几天,李迁仕果然反叛了,他派主帅杜平虏带兵攻入灨石,在鱼梁修城以威胁南康。陈霸先派周文育去进攻他。冼氏夫人对冯宝说:"杜平虏可是一员勇猛善战的将领,现在进据灨石与官军相对抗,看这形势他一时是回不去了,李迁仕一个人在高州是不能有什么作为的。您要是自己带兵前去,一定有一场猛烈的战斗,所以不如派使者带着厚礼,用谦卑的言辞对他说:'我自己不敢出头露面,想派我的妻子去参加您的义举。'他一听这话,肯定大喜过望而没有戒备。那时,我带一千多人,步行挑担,带上各种杂物,声言要去交纳财物以抵罪您,这样进到他们军营的栅栏,突然发起攻击,破敌那是必然的。"冯宝听从了她的计策,李迁仕果然不曾戒备,冼氏夫人挥兵袭击,大破李军,李迁仕逃跑到宁都自保。同时,周文育也击退了杜平虏,占据了他的城堡。冼氏夫人与陈霸先在灨石会面,回来后,对冯宝说:"陈都督可不是一般的庸常之辈,他很得人心,肯定能够平定贼乱,您可得多给他一些军资,和他结好关系。"

湘东王萧绎任命陈霸先为豫州刺史,兼领豫章内史的职务。

41 辛丑(二十三日),裴之横攻打稽亭,徐嗣徽打跑了他。

42 秋季,七月辛亥(初三),北齐国主高洋立齐世宗的妃子元氏为文襄皇后,宫名静德。又封齐世宗的儿子高孝琬为河间王,高孝瑜为河南王。乙卯,任命尚书令封隆之为录尚书事,尚书左仆射平阳王高淹为尚书令。

43　辛酉,梁王詧入朝于魏。

44　初,东魏遣仪同武威牒云洛等迎鄱阳世子嗣,使镇皖城。嗣未及行,任约军至,洛等引去。嗣遂失援,出战,败死。约遂略地到溢城,寻阳王大心遣司马韦质出战而败,帐下犹有战士千馀人,咸劝大心走保建州。大心不能用,戊辰,以江州降约。先是,大心使太子洗马韦臧镇建昌,有甲士五千,闻寻阳不守,欲帅众奔江陵,未发,为麾下所杀。臧,粲之子也。

45　于庆略地至豫章,侯瑱力屈,降之,庆送瑱于建康。景以瑱同姓,待之甚厚,留其妻子及弟为质,遣瑱随庆徇蠡南诸郡,以瑱为湘州刺史。

46　初,巴山人黄法氍,有勇力,侯景之乱,合徒众保乡里。太守贺诩下江州,命法氍监郡事。法氍屯新淦,于庆自豫章分兵袭新淦,法氍败之。陈霸先使周文育进军击庆,法氍引兵会之。

47　邵陵王纶闻任约将至,使司马蒋思安将精兵五千袭之,约众溃。思安不设备,约收兵袭之,思安败走。

48　湘东王绎改宜都为宜州,以王琳为刺史。

49　是月,以南郡王大连为江州刺史。

50　魏丞相泰以齐主称帝,帅诸军讨之。以齐王廓镇陇右,征秦州刺史宇文导为大将军、都督二十三州诸军事,屯咸阳,镇关中。

51　益州沙门孙天英帅徒数千人夜攻州城,武陵王纪与战,斩之。

52　邵陵王纶大修铠仗,将讨侯景。湘东王绎恶之,八月甲午,遣左卫将军王僧辩、信州刺史鲍泉等帅舟师一万东趣江、郢。

43 辛酉(十四日),梁王萧詧去西魏朝见西魏国主。

44 当初,东魏曾派遣仪同武威人牒云洛等人迎接鄱阳王的世子萧嗣,让他镇守皖城。萧嗣还没来得及出发,任约的军队就到了,牒云洛等人抽身退走了。萧嗣失去援手,出兵迎战任约,兵败身死。任约于是把地盘扩大到溢城,寻阳王萧大心派司马韦质出战,战败,手下还剩下士兵一千多人,众人都劝说萧大心退保建州。萧大心不采纳众人的意见,戊辰(二十一日),献出江州投降任约。早先,萧大心让太子洗马韦臧镇守建昌,拥有士兵五千人,韦臧听说寻阳已经失守,想率这支军队投奔江陵,但是还没出发,就被部下杀死了。韦臧是韦粲的儿子。

45 于庆把地盘扩大到豫章一带,侯瑱兵力不济,就投降了于庆,于庆送侯瑱去建康。侯景因为侯瑱与自己同姓,所以对待他很优厚,把他的妻子、儿子和弟弟留为人质,派他随于庆去攻打蠡南诸郡,并任命他为湘州刺史。

46 当初,巴山人黄法氍,勇猛有力,侯景作乱时,他纠合徒众自保乡里。太守贺诩乘船下江州,命令黄法氍留下来监管郡中政事。黄法氍驻扎在新淦,于庆从豫章出发,分兵袭击新淦,黄法氍击败了他。陈霸先派周文育进军攻打于庆,黄法氍带领军队和他配合。

47 邵陵王萧纶听说任约的军队要来进犯,便派司马蒋思安率精兵五千人去袭击,任约的军队被打散。蒋思安以为已经胜利了,故不加戒备,任约把溃散的士兵收集起来,反过来袭击蒋军,蒋思安败退了。

48 湘东王萧绎把宜都改为宜州,派王琳当刺史。

49 同一月,梁朝派南郡王萧大连为江州刺史。

50 西魏丞相宇文泰因为齐主高洋称帝,就率各路人马去征讨他。西魏命令齐王元廓镇守陇右,征召秦州刺史宇文导为大将军,都督二十三州诸军事,驻扎在咸阳,镇守关中。

51 益州和尚孙天英率徒弟几千人乘夜攻打州城,武陵王萧纪与他交战,杀了他。

52 邵陵王萧纶大修铠甲器仗,准备讨伐侯景。湘东王萧绎担心萧纶兵力增大,很厌恶他,八月甲午(十七日),萧绎派左卫将军王僧辩、信州刺史鲍泉等率领水军一万人东赴江州、郢州一带。

声言拒任约,且云迎邵陵王还江陵,授以湘州。

53　齐主初立,励精为治。赵道德以事属黎阳太守清河房超,超不发书,榜杀其使。齐主善之,命守宰各设榜以诛属请之使。久之,都官中郎宋轨奏曰:"若受使请赇,犹致大戮,身为枉法,何以加罪!"乃罢之。

司都功曹张老上书请定齐律,诏右仆射薛琡等取魏《麟趾格》,更讨论损益之。

齐主简练六坊之人,每一人必当百人,任其临陈必死,然后取之,谓之"百保鲜卑"。又简华人之勇力绝伦者,谓之"勇士",以备边要。

始立九等之户,富者税其钱,贫者役其力。

54　九月丁巳,魏军发长安。

55　王僧辩军至鹦鹉洲,郢州司马刘龙虎等潜送质于僧辩,邵陵王纶闻之,遣其子威正侯碩将兵击之,龙虎败,奔于僧辩。纶以书责僧辩曰:"将军前年杀人之侄,今岁伐人之兄,以此求荣,恐天下不许!"僧辩送书于湘东王绎,绎命进军。辛酉,纶集其麾下于西园,涕泣言曰:"我本无他,志在灭贼,湘东常谓与之争帝,遂尔见伐。今日欲守则交绝粮储,欲战则取笑千载,不容无事受缚,当于下流避之。"麾下壮士争请出战,纶不从,与碩自仓门登舟北出。僧辩入据郢州。绎以南平王恪为尚书令、开府仪同三司,世子方诸为郢州刺史,王僧辩为领军将军。

声言是为了抵抗任约进犯,而且说要迎接邵陵王萧纶回江陵,准备把湘州授给他。

53 北齐国主高洋刚刚登基,很是励精图治。赵道德为了私事派人暗暗投书求助黎阳太守清河人房超,房超不看求情信,而且用木杖打死使者。高洋知道了此事,很是称许,并命令各地地方官各设木杖,以杀敢于请托的使者。过了很久,都官中郎宋轨向高洋启奏说:"假如官吏接受了请托的使者,勒取贿赂之后,还是把使者杀了,那么,官吏自己就贪赃枉法,怎么能加罪于使者呢!"高洋听了,才废除了这一重刑。

司都功曹张老给齐王高洋上书请求制定北齐法律。高洋下诏命令右仆射薛琡等人拿北魏律书《麟趾格》为底本,在此基础上增减而成。

齐主高洋精选六坊的宿卫之士,每一个人要能抵挡一百个人,经过考察试验,那些临阵抱必死决心的人才能录用,起名为"百保鲜卑"。又精选华人中勇气力量超凡绝伦的人,叫作"勇士",以充实边境要害之地。

开始设立户分九等的制度,富户纳税交钱,贫户任役出力。

54 九月丁巳(初十),西魏军队从长安出发兵东伐北齐。

55 王僧辩的部队抵达鹦鹉洲,郢州司马刘龙虎等偷偷地送人质到王僧辩那儿以表示友好,邵陵王萧纶听到此事,派他的儿子威正侯萧礩率兵去攻打他们,刘龙虎兵败,逃到王僧辩那儿。萧纶写信责备王僧辩,信里说:"将军前年杀了人家的侄儿萧誉,今年又讨伐人家的兄长,这样去邀功求荣,恐怕天下之人都不会允许的吧!"王僧辩把信送到湘东王萧绎那儿,萧绎命令他别理睬,继续进军。辛酉(十四日),萧纶把他的部下集中在西园,泪流满面地说:"我其实别无所图,一心只想消灭侯景乱贼,湘东王常常以为我要和他争帝位,于是就被他兴兵讨伐。今天如想坚守城池则储存粮食的道路已经断绝,想作战则贻笑千古,无缘无故被俘受缚是我无法接受的,我还是逃往长江下游避避风头吧。"萧纶部下的壮士争着请求出战,萧纶不允许他们妄动,终于与萧礩登船从郢城北门逃走了。王僧辩进占了郢州。萧绎任命南平王萧恪为尚书令、开府仪同三司,任命世子萧方诸为郢州刺史,王僧辩为领军将军。

纶遇镇东将军裴之高于道,之高之子畿掠其军器,纶与左右轻舟奔武昌涧饮寺,僧法馨匿纶于岩穴之下。纶长史韦质、司马姜律等闻纶尚存,驰往迎之,说七栅流民以求粮仗。纶出营巴水,流民八九千人附之,稍收散卒,屯于齐昌。遣使请和于齐,齐以纶为梁王。

56 湘东王绎改封皇子大款为临川王,大成为桂阳王,大封为汝南王。

57 癸亥,魏军至潼关。

58 庚午,齐主如晋阳,命太子殷居凉风堂监国。

59 南郡王中兵参军张彪等起兵于若邪山,攻破浙东诸县,有众数万。吴郡人陆令公等说太守南海王大临往依之,大临曰:"彪若成功,不资我力;如其桡败,以我自解,不可往也。"

60 任约进寇西阳、武昌。初,宁州刺史彭城徐文盛募兵数万人讨侯景,湘东王绎以为秦州刺史,使将兵东下,与约遇于武昌。绎以庐陵王应为江州刺史,以文盛为长史行府州事,督诸将拒之。应,续之子也。邵陵王纶引齐兵未至,移营马栅,距西阳八十里,任约闻之,遣仪同叱罗子通等将铁骑二百袭之,纶不为备,策马亡走。时湘东王绎亦与齐连和,故齐人观望,不助纶。定州刺史田祖龙迎纶,纶以祖龙为绎所厚,惧为所执,复归齐昌。行至汝南,魏所署汝南城主李素,纶之故吏也,开城纳之,任约遂据西阳、武昌。

61 裴之高帅子弟部曲千馀人至夏首,湘东王绎召之,以为新兴、永宁二郡太守。又以南平王恪为武州刺史,镇武陵。

萧纶在逃亡路上遇到镇东将军裴之高,裴之高的儿子裴畿把萧纶的军队装备掠走了,萧纶与他的左右乘轻舟逃奔武昌涧饮寺,僧人法馨把萧纶藏在一个岩洞之中。萧纶的长史韦质、司马姜律等听说萧纶还活着,驰马前往迎接他,并游说北江州结七栅以自保的流民为萧纶提供粮草兵器。萧纶从岩穴出来,在巴水结营,有八、九千流民依附他,又慢慢收集了一部分散失的士卒,在齐昌屯驻下来。萧纶派使者向北齐求和,北齐封萧纶为梁王。

56　湘东王萧绎改封皇子萧大款为临川王,萧大成为桂阳王,萧大封为汝南王。

57　癸亥(十二日),西魏军队进至潼关。

58　庚午(十九日),北齐国主驾临晋阳,命令太子高殷住入凉风堂监守国都。

59　南郡王中兵参军张彪等人在若邪山起兵,一气攻破浙东好几个县,拥有数万人马。吴郡人陆令公等人游说太守南海王萧大临去依附张彪。萧大临说:"张彪如果成功,并没依靠我的力量;如果他遭到挫败,却可以以我不中用为由来自我开脱责任,我不能去依附他。"

60　任约进犯西阳、武昌。当初,宁州刺史彭城人徐文盛曾招募士兵几万人去讨伐侯景,湘东王萧绎任命他为秦州刺史,让他带兵东下,与任约会师于武昌。萧绎任命庐陵王萧应为江州刺史,任命徐文盛为长史行府州事,统驭诸将抵抗任约。萧应是萧续的儿子。邵陵王萧纶引领的齐兵还没抵达,自己移动军营到了马栅,这个地方距离西阳八十里,任约听到消息,派仪同叱罗子通等带铁骑两百人去袭击萧纶。萧纶毫无准备,扬鞭催马逃跑了。这时湘东王萧绎也和北齐联合,所以北齐人站在一边观望,不发兵帮助萧纶。定州刺史田祖龙出迎萧纶,但萧纶认为田祖龙被萧绎所厚待,害怕被他抓住,所以又回齐昌去了。当他走到汝南时,西魏所封的汝南城长官李素原是萧纶的老部下,所以开城门接纳了他。任约于是占据了西阳、武昌。

61　裴之高率领子弟部属一千多人行进到夏首,湘东王萧绎召见他,任命他为新兴、永宁两郡太守。又任命南平王萧恪为武州刺史,镇守武陵。

62　初，邵陵王纶以衡阳王献为齐州刺史，镇齐昌，任约击擒之，送建康，杀之。献，畅之孙也。

63　乙亥，进侯景位相国，封二十郡，为汉王，加殊礼。

64　岳阳王詧还襄阳。

65　黎州民攻刺史张贲，贲弃城走。州民引氏酋北益州刺史杨法琛据黎州，命王、贾二姓诣武陵王纪请法琛为刺史。纪深责之，囚法琛质子崇颜、崇虎。冬，十月丁丑朔，法琛遣使附魏。

66　己卯，齐主至晋阳宫。广武王长弼与并州刺史段韶不协，齐主将如晋阳，长弼言于帝曰：“韶拥强兵在彼，恐不如人意，岂可径往投之！”帝不听。既至，以长弼语告之，曰：“如君忠诚，人犹有谗，况其馀乎！”长弼，永乐之弟也。乙酉，以特进元韶为尚书左仆射，段韶为右仆射。

67　乙未，侯景自加宇宙大将军、都督六合诸军事，以诏文呈上。上惊曰：“将军乃有宇宙之号乎！”

68　立皇子大钧为西阳王，大威为武宁王，大球为建安王，大昕为义安王，大挚为绥建王，大圜为乐梁王。

69　齐东徐州刺史行台辛术镇下邳。十一月，侯景征租入建康，术帅众渡淮断之，烧其谷百万石，遂围阳平，景行台郭元建引兵救之。壬戌，术略三千馀家，还下邳。

70　武陵王纪帅诸军发成都，湘东王绎遣使以书止之曰：“蜀人勇悍，易动难安，弟可镇之，吾自当灭贼。”又别纸曰：“地拟孙、刘，各安境界；情深鲁、卫，书信恒通。”

62 当初,邵陵王萧纶任命衡阳王萧献为齐州刺史,镇守齐昌,任约进攻并捉住了他,送到建康,杀了他。萧献是萧畅的孙子。

63 乙亥(二十四日),晋升侯景位居相国,封二十郡,为汉王,给以特殊礼遇。

64 岳阳王萧詧回到襄阳。

65 黎州老百姓聚众攻打刺史张贲,张贲弃城逃跑。黎州民众引领氏族酋长北益州刺史杨法琛占据黎州,派王姓、贾姓的两个人去求见武陵王萧纪,请求让杨法琛当黎州刺史。萧纪很严厉地斥责这种要求,把杨法琛的两个当人质的儿子杨崇颢、杨崇虎抓了起来。冬季,十月丁丑朔(初一),杨法琛派使者去对西魏表示依附。

66 己卯(初三),北齐国主到了晋阳宫。当初,广武王高长弼与并州刺史段韶不和,北齐国主将去晋阳,高长弼对皇上说:"段韶在晋阳拥有强大的兵力,恐怕他的行动会出人意料之外,岂可直接去投奔他!"皇上不听。等到抵达晋阳,皇上把高长弼的谗言告诉段韶,说:"像您这样忠诚的臣子,人们尚且有谗言,何况其他人呢!"高长弼是高永乐的弟弟。乙酉(初九)北齐破格提拔封元韶为尚书左仆射,段韶为右仆射。

67 乙未(十九日),侯景给自己加封宇宙大将军、都督六合诸军事等职,写成诏书呈给简文帝看。简文帝惊讶地说:"您已经有了宇宙这样的称号了呀!"

68 简文帝册立皇子萧大钧为西阳王,萧大威为武宁王,萧大球为建安王,萧大昕为义安王,萧大挚为绥建王,萧大圚为乐梁王。

69 北齐东徐州刺史行台辛术镇守下邳。十一月,侯景为征收租赋进入建康,辛术率军队渡过淮河以断其后路,烧掉他的粮食百万馀石,并包围了阳平。侯景手下的行台郭元建带兵去救援。壬戌(十六日),辛术抢掠了三千馀户人家,回到下邳。

70 武陵王萧纪率领各路人马从成都进发,意欲进攻侯景,湘东王萧绎派使者送一封信劝止他,信中说:"蜀地民性勇猛剽悍,容易骚动而难以安定,老弟你要好好镇守成都,我自己有能力消灭乱贼。"又用另一张纸写道:"我们之间疆界依照当年孙权、刘备各自的疆界来划分即可,各自安守自己的地盘;我们之间的情谊则像春秋时鲁国、卫国的友谊那样深厚,希望常通书信。"

71　甲子,南平王恪帅文武拜笺推湘东王绎为相国,总百揆;绎不许。

72　魏丞相泰自弘农为桥,济河,至建州。丙寅,齐主自将出顿东城。泰闻其军容严盛,叹曰:"高欢不死矣!"会久雨,自秋及冬,魏军畜产多死,乃自蒲阪还。于是河南自洛阳,河北自平阳已东,皆入于齐。

73　丁卯,徐文盛军贝矶,任约帅水军逆战,文盛大破之,斩叱罗子通、赵威方,仍进军大举口。侯景遣宋子仙等将兵二万助约,以约守西阳,久不能进,自出屯晋熙。

南康王会理以建康空虚,与太子左卫将军柳敬礼、西乡侯劝、东乡侯勔谋起兵诛王伟。安乐侯乂理出奔长芦,集众得千馀人。建安侯贲、中宿世子子邕知其谋,以告伟。伟收会理、敬礼、劝、勔及会理弟祁阳侯通理,俱杀之。乂理为左右所杀。钱塘褚冕,以会理故旧,捶掠千计,终无异言。会理隔壁谓之曰:"褚郎,卿岂不为我致此?卿虽忍死明我,我心实欲杀贼!"冕竟不服,景乃宥之。劝,晒之子;贲,正德之弟子;子邕,憺之孙也。

帝自即位以来,景防卫甚严,外人莫得进见,唯武林侯谘及仆射王克、舍人殷不害,并以文弱得出入卧内,帝与之讲论而已。及会理死,克、不害惧祸,稍自疏。谘独不离帝,朝请无绝。景恶之,使其仇人刁戍刺杀谘于广莫门外。

帝之即位也,景与帝登重云殿,礼佛为誓云:"自今君臣两无猜贰,

71　甲子(十八日),南平王萧恪率文武官员共进奏章推举湘东王萧绎为相国,总领百官,萧绎不许可。

72　西魏丞相宇文泰在弘农建桥,跨黄河,到达建州。丙寅(二十日),北齐国主高洋亲率军队出发驻扎于晋阳之东城。宇文泰听说高洋军容严整,军威强盛,不禁感叹说:"高欢并没有死去呵!"当时正逢久雨成灾,从秋天到冬天,西魏军队中的战马死了不少,于是只好从蒲阪撤退。从此黄河以南从洛阳往东、黄河以北从平阳往东,都纳入了北齐的版图。

73　丁卯(二十一日),徐文盛驻军于贝矶,任约率水师迎战,徐文盛把他打得大败,杀了叱罗子通、赵威方,并继续进军大举口。侯景派宋子仙等率兵两万人去帮助任约,因为任约驻守西阳,久久不能前进,侯景自己出兵屯驻于晋熙。

南康王萧会理见建康空虚,就与太子左卫将军柳敬礼、西乡侯萧劝、东乡侯萧勔等人密谋起兵杀掉王伟。安乐侯萧义理出逃到长芦,集结军队一千余人等待举事。建安侯萧贲、中宿世子萧子邕得知他们的密谋,就向王伟告发。王伟抓住了萧会理、柳敬礼、萧劝、萧勔以及萧会理的弟弟祁阳侯萧通理,把他们全都杀了。萧义理则被身边部下杀死。钱塘人褚冕,因为是萧会理的故交旧友,虽然被王伟拷打得死去活来,到底也没有说出告发萧会理的话来。萧会理在隔壁对褚冕说:"褚郎,你不为了我怎能被打成这样的啊?你虽然忍受着死亡的威胁想开脱我,但我是真想杀贼除乱啊!"褚冕终于没有屈服,侯景看拿他没办法,就放了他。萧劝是萧晒的儿子。萧贲是萧正德的弟弟的儿子。萧子邕是萧憺的孙子。

简文帝自从即帝位以来,侯景对他防卫很严密,外人没法得到觐见的机会。只有武林侯萧谘和仆射王克、舍人殷不害三人,因为他们身体文弱才得以在皇上居处进进出出,简文帝和他们也只是闲谈而已。待到萧会理被杀死,王克、殷不害害怕自己也惹祸,就慢慢和简文帝疏远了。只有萧谘不离开简文帝,每天上朝问安,从不停止。侯景为此很厌恶他,指使他的仇人刁戍把萧谘刺杀在广莫门外。

当简文帝就位的时候,侯景和他一起登上重云殿,向着佛像行礼发誓说:"从今天起我们君臣两人互相不能有猜忌和二心,

臣固不负陛下,陛下亦不得负臣。"及会理谋泄,景疑帝知之,故杀谘。帝自知不久,指所居殿谓殷不害曰:"庞涓当死此下。"

景自帅众讨杨白华于宣城,白华力屈而降,景以其北人,全之,以为左民尚书,诛其兄子彬以报来亮之怨。

十二月丙子朔,景封建安侯贲为竟陵王,中宿世子子邕为随王,仍赐姓侯氏。

74 辛丑,齐主还邺。

75 邵陵王纶在汝南,修城池,集士卒,将图安陆。魏安州刺史马祐以告丞相泰,泰遣杨忠将万人救安陆。

76 武陵王纪遣潼州刺史杨乾运、南梁州刺史谯淹合兵二万讨杨法琛,法琛发兵据剑阁以拒之。

77 侯景还建康。

78 初,魏敬宗以尔朱荣为柱国大将军,位在丞相上。荣败,此官遂废。大统三年,文帝复以丞相泰为之。其后功参佐命,望实俱重者,亦居此官,凡八人,曰安定公宇文泰,广陵王欣,赵郡公李弼,陇西公李虎,河内公独孤信,南阳公赵贵,常山公于谨,彭城公侯莫陈崇,谓之八柱国。泰始籍民之才力者为府兵,身租庸调,一切蠲之,以农隙讲阅战陈,马畜粮备,六家供之。合为百府,每府一郎将主之,分属二十四军。泰任总百揆,督中外诸军。欣以宗室宿望,从容禁闼而已。馀六人各督二大将军,凡十二大将军,每大将军各统开府二人,开府各领一军。是后功臣位至柱国大将军、开府仪同三司。仪同三司者甚众,率为散官,无所统御,虽有继掌其事者,闻望皆出诸公之下云。

79 齐主命散骑侍郎宋景业造《天保历》,行之。

我固然不应有负于陛下,陛下也不能有负于我。"待到萧会理的密谋泄漏,侯景怀疑简文帝知道这件事,所以就杀死萧谘以示警告。简文帝知道自己也活不长了,指着自己居住的宫殿对殷不害说:"庞涓将死在这里。"

侯景自己亲率军队在宣城讨伐杨白华,杨白华兵败力竭,就投降了,侯景因为他是北方魏国人,就留了他一条命,还任命他当左民尚书,只是杀了杨白华哥哥的儿子杨彬,算是报了杨白华杀来亮的仇。

十二月丙子朔(初一),侯景封建安侯萧贲为竟陵王,中宿世子萧子邕为随王,仍然赐他们姓侯。

74　辛丑(二十六日),北齐国主高洋从晋阳回到邺城。

75　邵陵王萧纶在汝南修筑城池召集士兵,准备夺取安陆。西魏安州刺史马祐把这一动向报告了丞相宇文泰,宇文泰派杨忠带领一万人去救安陆。

76　武陵王萧纪派潼州刺史杨乾运、南梁州刺史谯淹两人合兵两万去讨伐杨法琛,杨法琛派兵占据剑阁以抵抗他们。

77　侯景从晋熙回到建康。

78　当初,魏敬宗任命尔朱荣为柱国大将军,其地位在丞相之上。尔朱荣势败之后,这个官职也就废止了。大统三年,魏文帝又任命丞相宇文泰当柱国大将军。这以后凡是有辅佐皇帝之功,名望和实绩并重的大臣,也给封上这个官职,共有八个人当过柱国大将军,即安定公宇文泰,广陵王元欣,赵郡公李弼,陇西公李虎,河内公独孤信,南阳公赵贵,常山公于谨,彭城公侯莫陈崇,统称为八柱国。宇文泰开始选才智力气出众的人入府兵籍,一当府兵,其该交纳的租粮、帛、银,该服的劳役,一切都免去了,入籍的府兵在农闲时学习操练战斗本领及战争阵法,他所需要的马匹粮草,由六个家庭负责供给。一百个府兵合成一个百府,每个百府选一郎将当头领,分别隶属于二十四军。宇文泰总领百官,督中外诸军。元欣是皇帝宗室中资格老声望高的人物,不过是在皇宫内从容优游地出入而已。其他六个人每个人各统率两个大特军,共有十二个大将军,每个大将军又各统率开府两人,每个开府各领一军。从这以后有功之臣官职升到柱国大将军、开府仪同三司。仪同三司有很多,但大抵都是闲散之官,没有统率军队,虽然也有继续掌管军队的,可是其声名威望都在这八柱国之下。

79　北齐国主高洋命令散骑侍郎宋景业制定《天保历》,并颁布实行。

卷第一百六十四　梁纪二十

起辛未(551)尽壬申(552)凡二年

太宗简文皇帝下
大宝二年(辛未,551)

1　春,正月,新吴余孝顷举兵拒侯景,景遣于庆攻之,不克。

2　庚戌,湘东王绎遣护军将军尹悦、安东将军杜幼安、巴州刺史王珣将兵二万自江夏趣武昌,受徐文盛节度。

3　杨乾运攻拔剑阁,杨法昌退保石门,乾运据南阴平。

4　辛亥,齐主祀圜丘。

5　张彪遣其将赵稜围钱塘,孙凤围富春,侯景遣仪同三司田迁、赵伯超救之,稜、凤败走。稜,伯超之兄子也。

6　癸亥,齐主耕藉田。乙丑,享太庙。

7　魏杨忠围汝南,李素战死。二月乙亥,城陷,执邵陵携王纶,杀之,投尸江岸。岳阳王詧取而葬之。

8　或告齐太尉彭乐谋反。壬辰,乐坐诛。

9　齐遣散骑常侍曹文皎使于江陵,湘东王绎使兼散骑常侍王子敏报之。

10　侯景以王克为太师,宋子仙为太保,元罗为太傅,郭元建为太尉,张化仁为司徒,任约为司空,王伟为尚书左仆射,索超世为右仆射。景置三公官,动以十数,仪同尤多。以子仙、

太宗简文皇帝下

梁简文帝大宝二年(辛未,公元551年)

1 春季,正月,新吴人余孝顷率领军队抵抗侯景,侯景派于庆去攻打他,没有打赢。

2 庚戌(初五),湘东王萧绎派护军将军尹悦、安东将军杜幼安、巴州刺史王珣率兵两万从江夏急行军去武昌,接受徐文盛指挥。

3 杨乾运攻下了剑阁,杨法昌退却守卫石门,杨乾运进据南阴平。

4 辛亥(初六),北齐国主高洋在圜丘上祭天。

5 张彪派他的部将赵稜包围钱塘,孙凤包围富春,侯景派仪同三司田迁、赵伯超去救援,赵稜、孙凤兵败逃跑。赵稜,是赵伯超哥哥的儿子。

6 癸亥(十七日),北齐国主高洋去藉田举行耕种仪式。乙丑(十九日),用祭品、珍品祭祀太庙的祖先。

7 西魏杨忠围困汝南,李素战死。二月乙亥(初一),汝南城被攻破,杨忠抓住了邵陵携王萧纶,杀了他,把他的尸体扔在江岸边。岳阳王萧詧取回尸体予以埋葬。

8 有人告发北齐太尉彭乐阴谋造反。壬辰(十八日),彭乐因此而获罪被杀。

9 北齐派散骑常侍曹文皎出使江陵,湘东王萧绎派兼散骑常侍王子敏回访。

10 侯景任命王克为太师,宋子仙为太保,元罗为太傅,郭元建为太尉,张化仁为司徒,任约为司空,王伟为尚书左仆射,索超世为尚书右仆射。侯景设置三公一级的官,一次任命的人数往往以十人计,而任命为仪同的官员则尤其多。侯景把宋子仙、

元建、化仁为佐命元功,伟、超世为谋主,于子悦、彭隽主击断,陈庆、吕季略、卢晖略、丁和等为爪牙。梁人为景用者,则故将军赵伯超,前制局监周石珍,内监严亘,邵陵王记室伏知命。自馀王克、元罗及侍中殷不害、太常周弘正等,景从人望,加以尊位,非腹心之任也。

11　北兖州刺史萧邕谋降魏,侯景杀之。

12　杨乾运进据平兴,平兴者,杨法琛所治也。法琛退保鱼石洞,乾运焚平兴而归。

13　李迁仕收众还击南康,陈霸先遣其将杜僧明等拒之,生擒迁仕,斩之。湘东王绎使霸先进兵取江州,以为江州刺史。

14　三月丙午,齐襄城王淯卒。

15　庚戌,魏文帝殂,太子钦立。

16　乙卯,徐文盛等克武昌,进军芦洲。

17　己未,齐以湘东王绎为梁相国,建梁台,总百揆,承制。

18　齐司空司马子如自求封王,齐主怒,庚子,免子如官。

19　任约告急,侯景自帅众西上,携太子大器从军以为质,留王伟居守。闰月,景发建康,自石头至新林,舳舻相接。约分兵袭破定州刺史田龙祖于齐安。壬寅,景军至西阳,与徐文盛夹江筑垒。癸卯,文盛击破之,射其右丞库狄式和,坠水死,景遁走还营。

20　夏,四月甲辰,魏葬文帝于永陵。

21　郢州刺史萧方诸,年十五,以行事鲍泉和弱,常侮易之,或使伏床,骑背为马。恃徐文盛军在近,不复设备,日以蒱酒为乐。

郭元建、张化仁视为辅佐王命的第一等功臣,让王伟、索超世当军师负责谋略,让于子悦、彭㑺掌管军事上的决策,陈庆、吕季略、卢晖略、丁和等人充当爪牙。梁朝旧人被侯景重用的,有从前的将军赵伯超、前制局监周石珍、内监严亶、邵陵王的记室伏知命。其他的如王克、元罗以及侍中殷不害、太常周弘正等人,侯景由于他们深孚众望,因此给予尊位,但不让他们担任要害职务。

11 北兖州刺史萧邕密谋投降西魏,侯景杀了他。

12 杨乾运的部队进据平兴,平兴是杨法琛治理的地盘。杨法琛退却保卫鱼石洞,杨乾运烧毁平兴城后收兵返回。

13 李迁仕收罗部下,重整军队,回师进攻南康,陈霸先派他的部将杜僧明等迎战,活捉了李迁仕,砍了他的头。湘东王萧绎派陈霸先进兵攻克江州,任命他为江州刺史。

14 三月丙午(初二),北齐国襄城王高淯去世。

15 庚戌(初六),西魏文帝元宝炬去世,太子元钦立为皇帝。

16 乙卯(十一日),徐文盛等攻克武昌,进军芦洲。

17 己未(十五日),北齐任命湘东王萧绎为梁国的相国,让他设置台省,总领百官,承接朝制。

18 北齐司空司马子如自己要求封王,国主高洋勃然大怒,于庚子,撤掉了司马子如的官职。

19 任约报告他那儿军情危急,侯景亲自率领军队向西进发,携带太子萧大器作为人质随军出发,把王伟留下来守卫建康。闰月三月,侯景的军队从建康出发,从石头到新林,兵船密密麻麻,头尾相连。任约分出一支部队在齐安袭击打败了定州刺史田龙祖。壬寅(二十九日),侯景的军队抵达西阳地界,与徐文盛的部队对峙,双方在大江两岸修筑营垒。癸卯(三十日),徐文盛发动攻击,大破侯军,用箭射中了侯景的右丞库狄式和,使他坠水淹死。侯景悄悄逃跑回到兵营。

20 夏季,四月甲辰(初一),西魏把魏文帝安葬在永陵。

21 郢州刺史萧方诸,十五岁,行事鲍泉由于生性平和软弱,所以常常被萧方诸侮慢轻视,有时让他伏在床上,拿他当马骑。萧方诸仗着徐文盛的部队在近旁,不再设防,每天以玩樗蒱和喝酒来寻欢作乐。

侯景闻江夏空虚，乙巳，使宋子仙、任约帅精骑四百，由淮内袭郢州。丙午，大风疾雨，天色晦冥，有登陴望见贼者，告泉曰："虏骑至矣！"泉曰："徐文盛大军在下，贼何由得至！当是王珣军人还耳。"既而走告者稍众，始命闭门，子仙等已入城。方诸方踞泉腹，以五色彩辫其髯。见子仙至，方诸迎拜，泉匿于床下。子仙俯窥见泉素髯间彩，惊愕，遂擒之，及司马虞豫，送于景所。景因便风，中江举帆，遂越文盛等军，丁未，入江夏。文盛众惧而溃，与长沙王韶等逃归江陵。王珣、杜幼安以家在江夏，遂降于景。

湘东王绎以王僧辩为大都督，帅巴州刺史丹杨淳于量、定州刺史杜龛、宜州刺史王琳、郴州刺史裴之横东击景，徐文盛以下并受节度。戊申，僧辩等军至巴陵，闻郢州已陷，因留戍之。绎遗僧辩书曰："贼既乘胜，必将西下，不劳远击。但守巴丘，以逸待劳，无虑不克。"又谓将佐曰："贼若水步两道，直指江陵，此上策也。据夏首，积兵粮，中策也。悉力攻巴陵，下策也。巴陵城小而固，僧辩足可委任。景攻城不拔，野无所掠，暑疫时起，食尽兵疲，破之必矣。"乃命罗州刺史徐嗣徽自岳阳，武州刺史杜崱自武陵引兵会僧辩。

景使丁和将兵五千守夏首，宋子仙将兵一万为前驱，趣巴陵，分遣任约直指江陵，景帅大兵水步继进。于是缘江戍逻，望风请服，

侯景听说江夏守备空虚，乙巳（初二），派宋子仙、任约率领精锐骑兵四百人，渡过淮水去偷袭郢州。丙午（初三），刮着大风，下着暴雨，天色阴沉，郢州城里有人登上土坡望见贼兵已到，急忙报告鲍泉说："敌人的骑兵来了！"鲍泉说："徐文盛的大军就在城下，贼兵哪能飞到这里？可能是王珣手下的士兵回来了。"过了一阵，跑来报告军情危急的人多起来了，鲍泉才命令关上城门，但门未关上，宋子仙等人已经进城。这时，萧方诸刚刚坐在鲍泉肚子上，用五色彩线编结着鲍泉的胡子。看到宋子仙来了，萧方诸跪拜着迎接，而鲍泉则躲在床下。宋子仙低下头一探，看到鲍泉的白胡子间夹杂着彩线，感到很惊讶。于是把鲍泉抓起来，连同抓获的司马虞豫，一块送到侯景住的地方去。侯景因为遇到顺风，在长江中流扬帆急驶，这样就超越了徐文盛等人的军队，丁未（初四），进占江夏。徐文盛的军队因害怕溃散了，徐文盛和长沙王萧韶等人一起逃回江陵。王珣、杜幼安因为家在江夏，就投降了侯景。

湘东王萧绎任命王僧辩为大都督，率领巴州刺史丹阳人淳于量、定州刺史杜龛、宜州刺史王琳、郴州刺史裴之横向东出发进攻侯景，徐文盛以下的将领一并受王僧辩指挥。戊申（初五），王僧辩等人率领的军队抵达巴陵，听说郢州已经陷落，于是，就在巴陵驻扎下来。萧绎写信给王僧辩说："贼兵凭借着胜利的气势，必然会向西进攻，我军不用远出奔袭。只要守好巴陵，以逸待劳，不用担心打败不了敌人。"同时萧绎又对身边的将领谋士说："贼兵如果水陆两路齐头并进，直扑江陵，这是上策。如果据守夏首，蓄兵积粮，这是中策。如果他们尽力攻打巴陵，这是下策。巴陵城很小但很坚固，易守难攻，王僧辩足以胜任守城之职。侯景攻城不下，野外又没有什么可抢掠的东西，酷暑季节流行疾病不时发生，军粮吃完，士兵疲惫，我们打败他是必然的事！"于是命令罗州刺史徐嗣徽从岳阳出发，武州刺史杜崱从武陵出发，各率军队和王僧辩会合。

侯景派丁和带兵五千人守卫夏首，宋子仙带兵一万人为先锋，进逼巴陵，又另外派任约挥师直指江陵，自己则率大军从水陆两路齐头并进。于是侯景的军队沿着长江戍卫巡逻，所到之处，纷纷请求归降。

景拓逻至于隐矶。僧辩乘城固守,偃旗卧鼓,安若无人。壬戌,景众济江,遣轻骑至城下,问:"城内为谁?"答曰:"王领军。"骑曰:"何不早降?"僧辩曰:"大军但向荆州,此城自当非碍。"骑去。顷之,执王珣等至城下,使说其弟琳。琳曰:"兄受命讨贼,不能死难,曾不内惭,翻欲赐诱!"取弓射之,珣惭而退。景肉薄百道攻城,城中鼓噪,矢石雨下,景士卒死者甚众,乃退。僧辩遣轻兵出战,凡十馀返,皆捷。景被甲在城下督战,僧辩著绶、乘舆、奏鼓吹巡城,景望之,服其胆勇。

岳阳王詧闻侯景克郢州,遣蔡大宝将兵一万进据武宁,遣使至江陵,诈称赴援。众议欲答以侯景已破,令其退军。湘东王绎曰:"今语以退军,是趣之令进也。"乃使谓大宝曰:"岳阳累启连和,不相侵犯,卿那忽据武宁?今当遣天门太守胡僧祐精甲二万、铁马五千顿湅水,待时进军。"詧闻之,召其军还。僧祐,南阳人也。

22 五月,魏陇西襄公李虎卒。

23 侯景昼夜攻巴陵,不克,军中食尽,疾疫死伤太半。湘东王绎遣晋州刺史萧惠正将兵援巴陵,惠正辞不堪,举胡僧祐自代。僧祐时坐谋议忤旨系狱,绎即出之,拜武猛将军,令赴援,戒之曰:"贼若水战,但以大舰临之,必克。若欲步战,自可鼓棹直就巴丘,不须交锋也。"僧祐至湘浦,景遣任约帅锐卒五千据白塉以待之。僧祐由他路西上,

于是,侯景又把巡逻的范围扩大到隐矶。王僧辩依城固守,他命令卷起旗帜,藏起战鼓,城内安静得像没有人一样。壬戌(十九日),侯景的军队渡过了长江,派轻骑兵来到城下,问道:"城内守将是谁?"城内士兵回答:"是王领军。"轻骑兵高声喝问:"为什么不早早投降?"王僧辩从容回答:"大军如果指向荆州,我这城池自然不会构成遮碍。"轻骑兵听罢拍马回去了。过了一阵,侯景派军人把王珣等人抓到城下来,让他向城里的守将、弟弟王琳劝降。王琳高声对王珣喊道:"哥哥接受命令讨伐贼兵,不能以身殉难,竟然不知内疚,反而要来诱我投降!"说着拿过弓箭就射,王珣惭愧地退回去了。侯景派士卒袒露身体从很多通道攻打城池,城中鼓声大作,呐喊震天,飞箭、巨石像雨点一样打下来,侯景手下的士卒死去很多,不得不退下去。王僧辩又派轻便迅捷的小部队出城袭击,打胜了就跑,这样出击了十几次,都获得胜利。侯景披着铠甲在城下亲自督战,王僧辩身披绶带、乘着战车,奏着鼓乐,吹吹打打地巡视守城将士,侯景远远看着他,不禁叹服他的大胆勇敢。

岳阳王萧詧听到侯景攻下郢州的消息,派蔡大宝率领一万军队进占了武宁,并派使者来到江陵,假装说要前来支援。众谋士商议后,建议以侯景已被打败为理由,让萧詧退兵。湘东王萧绎听了后说:"倘若让他退兵,就等于催促他进军。"于是派使者去见蔡大宝,说:"岳阳王萧詧多次表白要和我们联合友好,互不侵犯,你为什么突然进占武宁?我军准备马上派天门太守胡僧祐带精锐甲兵两万、铁甲骑兵五千驻扎溠水,等候时机进军。"萧詧听了后,就把蔡大宝的军队召回了。胡僧祐是南阳人。

22 五月,西魏陇西襄公李虎去世。

23 侯景日夜不停地攻打巴陵城,攻不下来,军队没有吃的,又染上了疾病,死伤了一大半。湘东王萧绎派晋州刺史萧惠正率兵支援巴陵,萧惠正以自己担当不了这一重任为由推辞了,举荐胡僧祐代替自己。当时胡僧祐因为犯了进谏忤旨的罪正关在监狱里,萧绎就把他释放了,封他为武猛将军,命令他去救援巴陵,临走之时,萧绎告诫他说:"贼兵如果水战,你只管用大兵舰去对付它,一定能击败它。如果贼兵要在陆上以步兵作战,那你可以开船直抵巴丘,不必与之交锋。"胡僧祐抵达湘浦,侯景派任约率五千名精锐士卒据守白塉阻击他。胡僧祐避开任约,由别的路径直西进,

约谓其畏己,急追之,及于芊口,呼僧祐曰:"吴儿,何不早降,走何所之!"僧祐不应,潜引兵至赤沙亭。会信州刺史陆法和至,与之合军。法和有异术,隐于江陵百里洲,衣食居处,一如苦行沙门,或豫言吉凶,多中,人莫能测。侯景之围台城也,或问之曰:"事将何如?"法和曰:"凡人取果,宜待熟时,不撩自落。"固问之,法和曰:"亦克亦不克。"及任约向江陵,法和自请击之,绎许之。

壬寅,约至赤亭。六月甲辰,僧祐、法和纵兵击之,约兵大溃,杀溺死者甚众,擒约送江陵。景闻之,乙巳,焚营宵遁。以丁和为郢州刺史,留宋子仙等,众号二万,戍郢城。别将支化仁镇鲁山,范希荣行江州事,仪同三司任延和、晋州刺史夏侯威生守晋州。景与麾下兵数千,顺流而下。丁和以大石礚杀鲍泉及虞预,沉于黄鹤矶。任约至江陵,绎赦之。徐文盛坐怨望,下狱死。巴州刺史余孝顷遣兄子僧重将兵救鄱阳,于庆退走。

绎以王僧辩为征东将军、尚书令,胡僧祐等皆进位号,使引兵东下。陆法和请还,既至,谓绎曰:"侯景自然平矣,蜀贼将至,请守险以待之。"乃引兵屯峡口。庚申,王僧辩至汉口,先攻鲁山,擒支化仁送江陵。辛酉,攻郢州,克其罗城,斩首千级。宋子仙退据金城,僧辩四面起土山,攻之。

豫州刺史荀朗自巢湖出濡须邀景,破其后军,景奔归,船前后相失。太子船入枞阳浦,船中腹心皆劝太子因此入北,太子曰:"自国家丧败,志不图生,主上蒙尘,宁忍违离左右!吾今若去,是乃叛父,非避贼也。"因涕泗呜咽,即命前进。

任约以为他害怕自己,急忙挥师追赶,追到芊口之时,对胡僧祐呼喊:"吴儿,为什么不早早投降?要逃到哪里去?"胡僧祐不理睬他,偷偷把队伍带到赤沙亭。正好信州刺史陆法和也到了,两下里合成一军。陆法和有奇异的法术,隐居在江陵百里洲,衣食居处,一切都像苦修的和尚,有时预言吉凶祸福,往往应验,一般人不能测知其奥妙。侯景包围台城时,有人去问他:"事情将会怎样?"陆法和不做正面回答,却说:"人要是想摘果子,最好等待果子成熟的时候,那时不去碰它,它自己就掉下来。"问的人再三追问一定要他明言,陆法和高深莫测地回答:"也能胜也不能胜。"待到任约进攻江陵时,陆法和自动请缨,要求去攻打任约,萧绎答应了。

壬寅(三十日),任约抵达赤亭。六月甲辰(初二),胡僧祐、陆法和指挥军队发动进攻,打得任约的士兵四处逃散,被杀被淹死的很多,任约被抓住送往江陵。侯景听到兵败消息,于乙巳(初三),烧掉营帐,连夜逃跑了。任命丁和为郢州刺史,留下宋子仙等人率领两万部属,驻守郢城。又派别将支化仁镇守鲁山,范希荣代理江州事务,仪同三司任延和晋州刺史夏侯威生守晋州。侯景与部下兵卒几千人,顺流而下。丁和用大石头砸死了鲍泉和虞预,把尸体沉在黄鹤矶。任约被抓到江陵,萧绎赦免了他。徐文盛因心怀怨恨而获罪,下狱死去。巴州刺史余孝顷派他哥哥的儿子余僧重带兵去救鄱阳,于庆退兵逃跑。

萧绎任命王僧辩为征东将军、尚书令,对胡僧祐等人也都晋位封号,让他们带兵东下。陆法和要求回江陵,到达后,对萧绎说:"侯景乱党,自然很快就会被平定,不必挂心了。但蜀地的贼兵将到了,请派兵遣将守卫险要之地,等待贼兵到来。"于是他就带兵驻守峡口。庚申(十八日),王僧辩抵达汉口,先攻下鲁山,抓获了支化仁送往江陵。辛酉(十九日),攻打郢州,攻克罗城,斩首一千名。宋子仙退守金城,王僧辩在城四周堆起土山,猛烈攻城。

豫州刺史荀朗从巢湖出兵到濡须一带阻截侯景,击败侯景的后卫部队,侯景逃跑回来,船只前后失去了联络。太子乘坐的船进了枞阳浦,在船上心腹左右都劝太子从这里投奔北方,太子说:"自从亡国以来,我就立志报国,不图生存,现在皇上遭难,我怎么忍心离开他而去投奔北方!现在我如果跑了,就是背叛父亲,而不是躲避乱贼。"一边说一边痛哭流涕,同时命令继续前进。

甲子，宋子仙等困蹙，乞输郢城，身还就景。王僧辩伪许之，命给船百艘以安其意。子仙谓为信然，浮舟将发，僧辩命杜龛帅精勇千人攀堞而上，鼓噪奄进，水军主宋遥帅楼船，暗江云合。子仙且战且走，至白杨浦，大破之，周铁虎生擒子仙及丁和，送江陵，杀之。

24 庚午，齐主以司马子如，高祖之旧，复以为太尉。

25 江安侯圆正为西阳太守，宽和好施，归附者众，有兵一万。湘东王绎欲图之，署为平南将军。及至，弗见，使南平王恪与之饮，醉，因囚之内省，分其部曲，使人告其罪。荆、益之衅自此起矣。

26 陈霸先引兵发南康，灨石旧有二十四滩，会水暴涨数丈，三百里间，巨石皆没，霸先进顿西昌。

27 铁勒将伐柔然，突厥酋长土门邀击，破之，尽降其众五万馀落。土门恃其强盛，求婚于柔然，柔然头兵可汗大怒，使人詈辱之曰："尔，我之锻奴也，何敢发是言！"土门亦怒，杀其使者，遂与之绝，而求婚于魏；魏丞相泰以长乐公主妻之。

28 秋，七月乙亥，湘东王绎以长沙王韶监郢州事。丁亥，侯景还至建康。于庆自鄱阳还豫章，侯瑱闭门拒之，庆走江州，据郭默城。绎以瑱为兖州刺史。景悉杀瑱子弟。

辛丑，王僧辩乘胜下湓城，陈霸先帅所部三万人将会之，屯于巴丘。西军乏食，霸先有粮五十万石，分三十万石以资之。八月壬寅朔，王僧辩前军袭于庆，庆弃郭默城走，范希荣亦弃寻阳城走。

甲子(二十二日),宋子仙等感到困难窘迫,要求献出郢城,允许他们回到侯景那里。王僧辩装作答应他们的要求,命令给他们一百只船以稳定他们的情绪。宋子仙信以为真,乘上船正要走,王僧辩命令杜龛率领精兵勇士一千人攀着城墙上的雉堞爬了上去,边呐喊边袭击,水军主帅宋遥率领楼船进攻,楼船四合如云,长江水面为之变暗。宋子仙边战边逃,到白杨浦,被彻底打败了,周铁虎活捉了宋子仙和丁和,送到江陵,杀了他们。

24 庚午(二十八日),北齐国主高洋因为司马子如是高祖的旧臣,重新任命他为太尉。

25 江安侯萧圆正任西阳太守,他为人宽容和气,喜欢施舍,慕名去归附他的人很多,手中拥一万军队。湘东王萧绎想吞并他,封他为平南将军。等他前来晋见时,又不见他,而让南平王萧恪陪他喝酒,等他喝醉了,就把他关在内省,却把他的部队分散编入别的部队,又指使人告发他的罪行。这一来,荆州与益州之间,萧绎与萧纪之间的战端就开始了。

26 陈霸先带兵从南康出发,灨江上的怪石过去形成二十四滩,但这时刚好碰上水位暴涨了好几丈,三百里间,巨石都被水淹没了,陈霸先进驻西昌。

27 铁勒将要讨伐柔然国,突厥族酋长土门发兵截击,打败了铁勒,他属下的五万多部落全部降服。土门仗着自己强盛,就向柔然国求婚,柔然头兵可汗勃然大怒,派人去责骂羞辱土门,说:"你本来是我打铁的奴才,怎么胆敢说出这种求婚的话!"土门也勃然大怒,把柔然的使者杀了,从此与柔然绝交,转而求婚于西魏,西魏丞相宇文泰便把长乐公主嫁给了他。

28 秋季,七月乙亥(初四),湘东王萧绎任命长沙王萧韶监理郢州政事。丁亥(十六日),侯景回到建康。于庆从鄱阳回豫章,侯瑱关上城门不让他进,于庆跑到江州,占据了郭默城。萧绎任命侯瑱为兖州刺史。侯景把侯瑱的子弟全部杀了。

辛丑(三十日),王僧辩乘胜攻下湓城,陈霸先率部属三万人将要和他会师,屯驻在巴丘。王僧辩率领的西路军缺乏军粮,陈霸先有粮食五十万石,分出三十万石支援西路军。八月壬寅朔(初一),王僧辩的前锋部队袭击于庆,于庆扔掉郭默城逃跑,范希荣也扔下寻阳城逃跑。

晋熙、王僧振等起兵围郡城，僧辩遣沙州刺史丁道贵助之，任
延和等弃城走。湘东王绎命僧辩且顿寻阳以待诸军之集。

29　初，景既克建康，常言吴儿怯弱，易以掩取，当须拓
定中原，然后为帝。景尚帝女溧阳公主，嬖之，妨于政事，王
伟屡谏景，景以告主，主有恶言，伟恐为所谮，因说景除帝。
及景自巴陵败归，猛将多死，自恐不能久存，欲早登大位。王
伟曰："自古移鼎，必须废立，既示我威权，且绝彼民望。"景从
之。使前寿光殿学士谢昊为诏书，以为"弟侄争立，星辰失
次，皆由朕非正绪，召乱致灾，宜禅位于豫章王栋。"使吕季略
赍入，逼帝书之。栋，欢之子也。

戊午，景遣卫尉卿彭隽等帅兵入殿，废帝为晋安王，幽于
永福省，悉撤内外侍卫，使突骑左右守之，墙垣悉布枳棘。庚
申，下诏迎豫章王栋。栋时幽拘，廪饩甚薄，仰蔬茹为食。方
与妃张氏锄葵，法驾奄至，栋惊，不知所为，泣而升辇。

景杀哀太子大器、寻阳王大心、西阳王大钧、建平王大
球、义安王大昕及王侯在建康者二十馀人。太子神明端嶷，
于景党未尝屈意，所亲窃问之，太子曰："贼若于事义，未须见
杀，吾虽陵慢呵叱，终不敢言。若见杀时至，虽一日百拜，亦无
所益。"又曰："殿下今居困厄，而神貌怡然，不贬平日，何也？"

晋熙、王僧振等起兵围攻郡城，王僧辩派沙州刺史丁道贵去帮助他们，任延和等弃城而走。湘东王萧绎命令王僧辩暂且停顿在寻阳，等待各路大军汇集。

29　当初，侯景攻下建康之后，常常说吴儿生性胆怯软弱，很容易乘其不备就收拾掉，不足为患，所以重要的是收复、平定中原地区，然后当皇帝。侯景娶简文帝的女儿溧阳公主，很宠爱她，因而妨碍了处理政事，王伟多次劝谏侯景不要贪恋女色，侯景把这话告诉了溧阳公主，公主很不高兴，口吐恶言，王伟恐怕被她的谗言所害，就极力劝说侯景除去简文帝。等到侯景从巴陵兵败逃回，手下的猛将大部分战死了，自己担心活不长，想早日登上皇帝大位。王伟说："自古以来，凡是要夺取别人的政权，必须有废有立，这样既显示我方的威权，又断了对方的民望。"侯景听从了他的建议，让前寿光殿学士谢昊起草诏书，诏书说："我们梁朝出现皇弟们和皇侄们争夺帝位的自相残杀，星辰的运行也失去正常的秩序，这都是由于我不是正统的继承人，才招来这样的动乱和灾难，理应由我禅位给豫章王萧栋。"又派吕季略把诏书带入宫内，逼着简文帝抄写出来。豫章王萧栋是华容公萧欢的儿子。

戊午(十七日)，侯景派卫尉卿彭隽等人率领士兵进入宫殿，把简文帝废了，改封为晋安王，将其幽禁在永福省，还把他的内侍和卫兵都撤了，派精锐的骑兵把他严密看守起来，并在墙头插上枳、棘一类多刺的树枝。庚申(十九日)，侯景下诏书迎立豫章王萧栋。萧栋那时正被关在暗室里，饮食很差，每天吃的是蔬菜薯类。一天，他正与妃子张氏一块锄葵菜，迎接他即位的辇车突然来了，萧栋大吃一惊，不知道是怎么回事，哭着登上了车。

侯景杀了哀太子萧大器、寻阳王萧大心、西阳王萧大钧、建平王萧大球、义安王萧大昕，以及在建康居住的王侯二十多人。太子萧大器神色端严凝重，在侯景乱党面前从没曲意逢迎过，他的身边人私下里问他为什么要这样，太子说："贼党为了自己的目的，不一定就要杀掉我，所以我虽然对他们傲慢轻蔑，乃至呵斥他们，这班人也不敢说什么。如果杀我的时候到来了，我即使对他们一日百拜，俯首帖耳，也没有什么用处。"左右亲信又问："殿下如今处于困难艰危之境，但神色气度显得那么平静轻松，也不比平日差，这是为什么？"

太子曰："吾自度死日必在贼前，若诸叔能灭贼，贼必先见杀，然后就死。若其不然，贼亦杀我以取富贵，安能以必死之命为无益之愁乎！"及难，太子颜色不变。徐曰："久知此事，嗟其晚耳！"刑者将以衣带绞之，太子曰："此不能见杀"，命取帐绳绞之而绝。

壬戌，栋即帝位。大赦，改元天正。太尉郭元建闻之，自秦郡驰还，谓景曰："主上先帝太子，既无愆失，何得废之！"景曰："王伟劝吾，云'早除民望'。吾故从之以安天下。"元建曰："吾挟天子，令诸侯，犹惧不济，无故废之，乃所以自危，何安之有！"景欲迎帝复位，以栋为太孙。王伟曰："废立大事，岂可数改邪！"乃止。

乙丑，景又使杀南海王大临于吴郡，南郡王大连于姑孰，安陆王大春于会稽，高唐王大壮于京口。以太子妃赐郭元建，元建曰："岂有皇太子妃乃为人妾乎！"竟不与相见，听使入道。

丙寅，追尊昭明太子为昭明皇帝，豫章安王为安皇帝，金华敬妃为敬太皇太后，豫章太妃王氏为皇太后，妃张氏为皇后。以刘神茂为司空。

30   九月癸巳，齐主如赵、定二州，遂如晋阳。

31   己亥，湘东王绎以尚书令王僧辩为江州刺史，江州刺史陈霸先为东扬州刺史。

32   王伟说侯景弑太宗以绝众心，景从之。冬，十月壬寅夜，伟与左卫将军彭隽、王脩纂进酒于太宗曰："丞相以陛下幽忧既久，使臣等来上寿。"太宗笑曰："已禅帝位，

太子萧大器说:"我自己估计,我一定会死在贼人前头,因为,如果皇叔们能消灭贼党,贼人一定先把我杀了,然后自己再去死。如果贼党没有被消灭,贼人也会杀害我以换取富贵,既然这样,我怎么能用这一定会死的生命去做无益的犯愁呢?"临死时,太子萧大器果然神色泰然不变。他慢慢地说:"老早就知道会有这样的结果,我不过感叹它来得太晚了!"刽子手要用软软的衣带绞死他,太子萧大器说:"这带子太软,不能让我气绝。"他让刽子手拿系帐幕的绳子来绞死自己。

壬戌(二十一日),萧栋登上皇帝位。大赦天下,改换年号为天正。太尉郭元建听到这个消息,从秦郡急忙赶回建康,质问侯景:"简文帝是先帝的亲生太子,一向没有什么罪过,怎么能随便就废了他!"侯景回答说:"王伟劝我这样做的,他对我说:'早点消除梁室在老百姓中的声望。'我这才听从了他的意见,以便安定天下。"郭元建说:"我们现在挟持天子,用他的名义命令诸侯,还总担心不能成功,可是现在无缘无故把简文帝废了,这是自取危亡,有什么安定可言!"侯景听了,又想迎接简文帝回来复位,让萧栋当太孙。王伟说:"废旧帝立新主是国家大事,怎么可以来回改变主意!"侯景这才作罢。

乙丑(二十四日),侯景又派人在吴郡杀了南海王萧大临,在姑孰杀了南郡王萧大连,在会稽杀了安陆王萧大春,在京口杀了高唐王萧大壮。侯景还把太子萧大器的妃子赐给郭元建。郭元建说:"哪里有皇太子的妃子可以充当人家侍妾的道理!"最终不和她见面,由她的意愿去当道姑。

丙寅(二十五日),新皇帝萧栋追尊昭明太子为昭明皇帝,豫章安王为安皇帝,金华敬妃为敬太皇太后,豫章太妃王氏为皇太后,妃子张氏为皇后。又任命刘神茂为司空。

30 九月癸巳(二十三日),北齐国主高洋到赵州、定州去巡视,接着又到晋阳去巡视。

31 己亥(二十九日),湘东王萧绎任命尚书令王僧辩为江州刺史,任命江州刺史陈霸先为东扬州刺史。

32 王伟劝说侯景杀简文帝以断绝众人之心,侯景听从了。冬季,十月壬寅(初二)夜,王伟和左卫将军彭隽、王脩纂献酒给简文帝,说:"丞相侯景因为想到陛下心情忧郁已经很久了,特派我们来为陛下祝寿。"简文帝苦笑着说:"我已经把帝位禅让出去了,

何得言陛下！此寿酒，将不尽此乎！"于是隽等赍曲项琵琶，与太宗极饮。太宗知将见杀，因尽醉，曰："不图为乐之至于斯也！"既醉而寝。伟乃出，隽进土囊，俻篡坐其上而殂。伟撤门扉为棺，迁殡于城北酒库中。太宗自幽縶之后，无复侍者及纸，乃书壁及板障，为诗及文数百篇，辞甚凄怆。景谥曰明皇帝，庙号高宗。

33　侯景之逼江陵也，湘东王绎求援于魏，命梁、秦二州刺史宜丰侯循以南郑与魏，召循还江陵。循以无故输城，非忠臣之节，报曰："请待改命。"魏太师泰遣大将军达奚武将兵三万取汉中，又遣大将军王雄出子午谷，攻上津。循遣记室参军沛人刘璠求援于武陵王纪，纪遣潼州刺史杨乾运救之。循，恢之子也。

王僧辩等闻太宗殂，丙辰，启湘东王绎，请上尊号，绎弗许。

34　司空、东道行台刘神茂闻侯景自巴丘败还，阴谋叛景，吴中士大夫咸劝之。乃与仪同三司尹思合、刘归义、王晔、云麾将军元頵等据东阳以应江陵，遣頵及别将李占下据建德江口。张彪攻永嘉，克之。新安民程灵洗起兵据郡以应神茂。于是浙江以东皆附江陵。湘东王绎以灵洗为谯州刺史，领新安太守。

35　十一月乙亥，王僧辩等复上表劝进，湘东王绎不许。戊寅，绎以湘州刺史安南侯方矩为中卫将军以自副。方矩，方诸之弟也。以南平王恪为湘州刺史。侯景以赵伯超为东道行台，据钱塘；以田迁为军司，据富春；以李庆绪为中军都督，谢答仁为右厢都督，李遵为左厢都督，以讨刘神茂。

怎么还称我为陛下呢？这送来的寿酒，用意恐怕不完全是这样吧！"于是彭儁等人拿出带来的弯脖子琵琶弹奏起来，和简文帝尽情痛饮。简文帝知道自己将被杀害，就喝得酩酊大醉，说："没想到今天能痛饮取乐到这种程度！"醉倒后就入睡了。王伟退了出来，彭儁带进一个盛了土的大口袋压在简文帝面上，王脩纂坐在口袋上，把简文帝活活憋死了。王伟把门板卸下来当棺材，把简文帝的尸体搬到城北酒库中小殓和停枢。简文帝自从被关在暗室之后，再也没有侍者和纸张，于是他就把字写在墙壁和隔板上，写了几百篇诗文，辞意非常凄惨悲怆。侯景给简文帝的谥号是明皇帝，庙号为高宗。

33 侯景的军队逼近江陵的时候，湘东王萧绎向西魏求援，命令梁、秦二州刺史宜丰侯萧循把南郑城割让给西魏，把萧循召回江陵。萧循因为无缘无故献出城池，不符合忠臣的节义，就向上报告说："请让我等待一下，我要求修改成命。"西魏太师宇文泰派遣大将军达奚武率领三万军队去打汉中，又派大将军王雄从子午谷出兵攻打上津。萧循派记室参军沛人刘璠向武陵王萧纪求援，萧纪派潼州刺史杨乾运去救援他。萧循是萧恢的儿子。

王僧辩等听到简文帝已死，丙辰（十六日），启禀湘东王萧绎，请他给简文帝进献尊号，萧绎没有允许。

34 司空、东道行台刘神茂听说侯景从巴丘兵败逃回，便阴谋背叛侯景，而吴中的士大夫都鼓励他。于是刘神茂就和仪同三司尹思合、刘归义、王晔、云麾将军元颢等人占据东阳以呼应江陵，又派元颢和别将李占到下游占据建德、江口。张彪攻打永嘉，取得了胜利。新安的平民程灵洗起兵占据新安郡以响应刘神茂，于是浙江以东都依附了江陵。湘东王萧绎任命程灵洗为谯州刺史，兼新安太守。

35 十一月乙亥（初五），王僧辩等人又一次上表劝萧绎就皇帝位，湘东王萧绎不允许。戊寅（初八），萧绎任命湘州刺史安南侯萧方矩为中卫将军，充当自己的助手。萧方钜是萧方诸的弟弟。还任命南平王萧恪为湘州刺史。侯景任命赵伯超为东道行台，占据钱塘；任命田迁为军司，占据富春；任命李庆绪为中军都督，谢答仁为右厢都督，李遵为左厢都督，让他们一起出兵讨伐刘神茂。

36　己卯，加侯景九锡，汉国置丞相以下官。己丑，豫章
王栋禅位于景，景即皇帝位于南郊。还，登太极殿，其党数
万，皆吹唇呼噪而上。大赦，改元太始。封栋为淮阴王，并其
二弟桥、樛同锁于密室。

王伟请立七庙，景曰："何谓七庙？"伟曰："天子祭七世祖
考。"并请七世讳，景曰："前世吾不复记，唯记我父名标。且
彼在朔州，那得来啖此！"众咸笑之。景党有知景祖名乙羽周
者。自外皆王伟制其名位，追尊父标为元皇帝。

景之作相也，以西州为府，文武无尊卑皆引接。及居禁
中，非故旧不得见，由是诸将多怨望。景好独乘小马，弹射飞
鸟，王伟每禁止之，不许轻出。景郁郁不乐，更成失志，曰：
"吾无事为帝，与受摈不殊。"

37　壬辰，湘东王以长沙王韶为郢州刺史。

38　益州长史刘孝胜等劝武陵王纪称帝，纪虽未许，而
大造乘舆车服。

39　十二月丁未，谢答仁、李庆绪攻建德，擒元颖、李占
送建康，景截其手足以徇，经日乃死。

40　齐主每出入，常以中山王自随，王妃太原公主恒为
之饮食，护视之。是月，齐主饮公主酒，使人鸩中山王，杀之，
并其三子，谥王曰魏孝静皇帝，葬于邺西漳北。其后齐主忽
掘其陵，投梓宫于漳水。齐主初受禅，魏神主悉寄于七帝寺，
至是，亦取焚之。

36 己卯(初九),豫章王萧栋加封侯景九锡,汉国设置丞相以下的官职。己丑(十九日),豫章王萧栋把皇位禅让给侯景,侯景在南郊举行登基大典登上皇帝位。侯景从南郊回来之后,登上了太极殿,他的党徒好几万人,都欢喜若狂,喧喊不已,争先恐后地趋前朝拜。侯景下令大赦天下,改年号为太始。侯景封萧栋为淮阴王,把他和他的两个弟弟萧桥、萧樛一起关进密室之中。

王伟启奏要求建立七庙,侯景问:"什么叫七庙?"王伟说:"天子对自己的祖先要往上祭祀七代。"并请侯景说出他上七代祖先的名讳。侯景说:"上几辈子的祖先名字我不记得了,只记得我父亲名叫标。而且他在朔州,那能跑到这儿来吃祭饭!"说得大家都笑了。侯景党徒中有人知道侯景的祖父名叫乙羽周。再往上就都由王伟制定他们的名位,追尊侯景父亲侯标为元皇帝。

当侯景做丞相时,以西州为自己的府第,对文武百官,无论尊卑都接见交往。但是等到他当了皇帝,住在禁苑之中后,不是故旧不得参见,于是将领们都开始抱怨。侯景喜欢独自骑坐小马,用弹弓射杀飞鸟。王伟老是禁止他,不许他轻易出去。侯景行动不自由,郁郁不乐,更加深了失望情绪,便自言自语说:"我无端地当了这个皇帝,和受到摈弃没什么两样!"

37 壬辰(二十二日),湘东王任命长沙王萧韶为郢州刺史。

38 益州长史刘孝胜等劝武陵王萧纪称帝,萧纪虽然口头上还未允许,但却开始大举制造御用的乘舆车服等。

39 十二月丁未(初八),谢答仁、李庆绪攻打建德,活捉了元颛、李占并送到建康,侯景把他们的手、脚砍下来示众,过了几天才死去。

40 北齐国主高洋每次进进出出,常常让中山王即原东魏孝静帝跟着自己当随从,中山王的妃子太原公主经常为中山王准备饮食,保护照顾他。这月,北齐国主请太原公主喝酒,派人用毒酒害死了中山王,他的三个儿子也一并被害,给中山王的谥号是魏孝静皇帝,把他埋在邺城西边,漳水以北。后来高洋忽然又挖开他的陵墓,把棺材扔进漳水。齐主高洋刚接受禅让时,北魏宗室祖先的神主牌位都寄放在七帝寺,到了这时候,也都拿出来烧了。

彭城公元韶以高氏婿,宠遇异于诸元。开府仪同三司美阳公元晖业以位望隆重,又志气不伦,尤为齐主所忌,从齐主在晋阳。晖业于宫门外骂韶曰:"尔不及一老妪,负玺与人。何不击碎之!我出此言,知即死,尔亦讵得几时!"齐主闻而杀之,及临淮公元孝友,皆凿汾水冰,沉其尸。孝友,彧之弟也。齐主尝剃元韶鬓须,加之粉黛以自随,曰:"吾以彭城为嫔御。"言其懦弱如妇人也。

世祖孝元皇帝上
承圣元年(壬申,552)

1　春,正月,湘东王以南平内史王褒为吏部尚书。褒,骞之孙也。

2　齐人屡侵侯景边地,甲戌,景遣郭元建帅步军趣小岘,侯子鉴帅舟师向濡须,己卯,至合肥。齐人闭门不出,乃引还。

3　丙申,齐主伐库莫奚,大破之,俘获四千人,杂畜十馀万。

齐主连年出塞,给事中兼中书舍人唐邕练习军书,自督将以降劳效本末及四方军士强弱多少,番代往还,器械精粗,粮储虚实,靡不谙悉。或于帝前简阅,虽数千人,不执文簿,唱其姓名,未尝谬误。帝常曰:"唐邕强干,一人当千。"又曰:"邕每有军事,手作文书,口且处分,耳又听受,实异人也!"宠待赏赐,群臣莫及。

4　魏将王雄取上津、魏兴,东梁州刺史安康李迁哲军败,降之。

彭城公元韶因为当了高欢的女婿，所以受到与其他元姓成员不同的恩宠礼遇。开府仪同三司美阳公元晖业，因为位高望重，而且志向气概超群出众，所以特别为高洋所猜忌，他在晋阳跟随着高洋。一次，元晖业在宫门外骂元韶："你还不如一个老村妇，竟能背着皇帝玉玺送给人家。那时你为什么不去碎它！我说出这话，知道死期马上就到，但你又能苟活几时呢！"高洋听到这话，就杀了元晖业，还杀了临淮公元孝友，把他们的尸体都扔进汾河上凿开的冰窟窿里。元孝友是临淮王元彧的弟弟。高洋曾把元韶的鬓发胡须剃光，让他涂脂抹粉描画一番，做自己的随从，还说："我拿彭城王当我的宫女。"意思是说他懦弱得像妇女一样。

世祖孝元皇帝上
梁元帝承圣元年(壬申，公元 552 年)

　　1　春季，正月，湘东王任命南平内史王褒为吏部尚书。王褒是王骞的孙子。

　　2　北齐军队多次侵犯侯景的边疆地区，甲戌(初五)，侯景派郭元建率领步兵进军小岘，侯子鉴率领水军向濡须进发，己卯(初十)，抵达合肥。北齐人关着城门，不出来迎战，郭元建、侯子鉴只好引兵退回。

　　3　丙申(二十七日)，北齐国主高洋讨伐库莫奚，大获全胜，俘虏了四千人，缴获各种牲畜十几万头。

　　北齐国主高洋连年出塞用兵，给事中兼中书舍人唐邕钻研谙习兵书，举凡军队中自督将以下的将领们效劳军队的经历以及四方军士战斗力强弱、人数多少、轮流驻防调动往返情况、兵器精良与否、粮草储备多少，没有不熟谙于心的。有时在齐主文宣帝高洋面前检阅军队，虽然有好几千人，但他不拿文簿，高声点名，从没出过差错。文宣帝常说："唐邕精明强干，一个人顶一千人用。"又说："唐邕每当处理军中事务时，手里写着文书，口里条分缕析地说着处理意见，耳朵又听着汇报，手嘴耳并用，实在是个不寻常的人呀！"对唐邕特别恩宠赏赐，其他臣子没有比得上的。

　　4　西魏将领王雄攻取了上津、魏兴，东梁州刺史安康人李迁哲战败，投降了王雄。

5　突厥土门袭击柔然,大破之。柔然头兵可汗自杀,其太子庵罗辰及阿那瓌从弟登注俟利、登注子库提并帅众奔齐,馀众复立登注次子铁伐为主。土门自号伊利可汗,号其妻为可贺敦,子弟谓之特勒,别将兵者皆谓之设。

6　湘东王命王僧辩等东击侯景,二月庚子,诸军发寻阳,舳舻数百里。陈霸先帅甲士三万,舟舰二千,自南江出溢口,会僧辩于白茅湾,筑坛歃血,共读盟文,流涕慷慨。癸卯,僧辩使侯瑱袭南陵、鹊头二戍,克之。戊申,僧辩等军于大雷。丙辰,发鹊头。戊午,侯子鉴还至战鸟,西军奄至,子鉴惊惧,奔还淮南。

7　侯景仪同三司谢答仁攻刘神茂于东阳,程灵洗、张彪皆勒兵将救之,神茂欲专其功,不许,营于下淮。或谓神茂曰:"贼长于野战,下淮地平,四面受敌,不如据七里濑。贼必不能进。"不从。神茂偏裨多北人,不与神茂同心,别将王晔、郦通并据外营,降于答仁,刘归义、尹思合等弃城走。神茂孤危,辛未,亦降于答仁,答仁送之建康。

8　癸酉,王僧辩等至芜湖,侯景守将张黑弃城走。景闻之,甚惧,下诏赦湘东王绎、王僧辩之罪,众咸笑之。侯子鉴据姑孰南洲以拒西师,景遣其党史安和等将兵二千助之。三月己巳朔,景下诏欲自至姑孰,又遣人戒子鉴曰:"西人善水战,勿与争锋。往年任约之败,良为此也。若得步骑一交,必当可破,汝但结营岸上,引船入浦以待之。"子鉴乃舍舟登岸,闭营不出。僧辩等停军芜湖十馀日,景党大喜,

5　突厥人土门袭击柔然国,大获全胜。柔然头兵可汗自杀,他的太子庵罗辰和阿那瓌的堂弟登注俟利,还有登注俟利的儿子登注库提一起率领部落民众投奔北齐,剩下的部落民众又拥立登注俟利的次子登注铁伐为头领。土门自加封号为伊利可汗,给他妻子的封号是可贺敦,子弟们则叫作特勒,其他带兵的人都叫作设。

6　湘东王命令王僧辩等向东进军,攻击侯景,二月庚子(二十六日),各路大军从寻阳出发,兵船从头到尾达几百里。陈霸先率甲兵三万,舟舰两千只,从南江出溢口,和王僧辩会师于白茅湾,两军将士筑坛歃血,一起宣读盟文,人人都慷慨激昂,涕下沾衣。癸卯(初四),王僧辩派侯瑱袭击南陵、鹊头这两个敌军的戍所,取得了胜利。戊申(初九),王僧辩等驻扎在大雷。丙辰(十七日),从鹊头出发。戊午(十九日),侯子鉴率军从合肥回到战鸟,发现西边的湘东王萧绎的大军已经突然来了,他又惊又怕,赶快逃回了淮南。

7　侯景手下的仪同三司谢答仁在东阳攻打刘神茂,程灵洗、张彪都督率将士去救援,刘神茂想独占战功,就不许他们去援救,自己在下淮扎营。有人对刘神茂说:"贼兵最擅长野外作战,下淮地势平坦,易攻难守,四面受敌,不如占据七里濑为好。占了七里濑,贼兵肯定不能打进来。"但刘神茂不听。刘神茂手下的副将大多是北方人,和刘神茂不同心协力,别将王晔、郦通一起占据外营,投降了谢答仁,刘归义、尹思合等人弃城逃跑。刘神茂孤军陷入危境,于辛未,也投降了谢答仁,谢答仁把他押往建康。

8　癸酉,王僧辩等抵达芜湖,侯景守将张黑弃城逃跑。侯景听到消息,很害怕,连忙发布诏书赦免湘东王萧绎、王僧辩之罪,对此大家都暗自嘲笑。侯子鉴守姑孰、南洲以抵抗萧绎的军队,侯景派他的党羽史安和等带两千名士兵前去助战。三月己巳朔(初一),侯景发布诏书要亲自到姑孰前线去,又派人告诫侯子鉴说:"西边的士兵善于水战,你别和他们在水上争输赢。往年任约吃败仗,就因为和他们拼水战。如果能设法在陆地上和他们打一仗,就一定可以破敌。所以,你只须在岸上安营扎寨,把船只摆在水边等待他们前来就是了。"侯子鉴听了告诫,就舍舟登岸,关闭军营大门,不轻易出来。王僧辩等人在芜湖停兵十几天,侯景党徒大喜,

告景曰:"西师畏吾之强,势将遁矣,不击,且失之。"景乃复命子鉴为水战之备。

丁丑,僧辩至姑孰,子鉴帅步骑万馀人渡洲,于岸挑战,又以鹢舸千艘载战士。僧辩麾细船皆令退缩,留大舰夹泊两岸。子鉴之众谓水军欲退,争出趋之。大舰断其归路,鼓噪大呼,合战中江,子鉴大败,士卒赴水死者数千人。子鉴仅以身免,收散卒走还建康,据东府。僧辩留虎臣将军庄丘慧达镇姑孰,引军而前,历阳戍迎降。景闻子鉴败,大惧,涕下覆面,引衾而卧,良久方起,叹曰:"误杀乃公!"

庚辰,僧辩督诸军至张公洲,辛巳,乘潮入淮,进至禅灵寺前。景召石头津主张宾,使引淮中舸舰及海艟,以石缒之,塞淮口。缘淮作城,自石头至于朱雀街,十馀里中,楼堞相接。僧辩问计于陈霸先,霸先曰:"前柳仲礼数十万兵隔水而坐,韦粲在青溪,竟不渡岸,贼登高望之,表里俱尽,故能覆我师徒。今围石头,须渡北岸。诸将若不能当锋,霸先请先往立栅。"壬午,霸先于石头西落星山筑栅,众军次连八城,直出石头西北。景恐西州路绝,自帅侯子鉴等亦于石头东北筑五城以遏大路。景使王伟守台城。乙酉,景杀湘东王世子方诸、前平东将军杜幼安。

9 刘神茂至建康,丙戌,景命为大剉碓,先进其足,寸寸斩之,以至于头。留异外同神茂而潜通于景,故得免祸。

告诉侯景说:"西边来的军队害怕我军强大的实力,看样子要逃跑,如不出击,就会让他们溜了。"于是侯景又命令侯子鉴做水战的准备。

丁丑(初九),王僧辩的军队抵达姑孰,侯子鉴率领步、骑兵一万馀人渡过水洲,在岸上挑战,又以鹢舟千艘装载战士。王僧辩指挥小船,让它们都退缩到后头去,只留大兵舰在两岸夹江停泊。侯子鉴的士兵以为敌军水师要退却,争着出来追赶。这时,王僧辩指挥大兵舰截断了侯军的归路,王军呐喊鼓噪,从两边夹击侯军,把它们挤在江中,侯子鉴大败,士兵跳入水里淹死的有几千人。侯子鉴只身一人逃脱,收罗溃散的残兵逃回建康,据守东府。王僧辩留下虎臣将军庄丘慧达镇守姑孰,自己带兵乘胜挺进,历阳戍所的守将出迎而降。侯景听到侯子鉴大败的消息,大惊失色,泪流满面,拉过被子躺下,过了很久才起来,叹息着说:"侯子鉴,你可把老子给坑了!"

庚辰(十二日),王僧辩督率各路水兵抵达张公洲,辛巳(十三日),乘潮涨挥师入淮河,挺进到禅灵寺前面。侯景召来石头津的首领张宾,让他集中淮河里的大小船只和出海的巨舰,装满石头沉入江里,堵塞住秦淮河口。然后指挥军队凭借秦淮河防线修筑城墙,自石头到朱雀街,十几里长的防线,城墙和守望楼密密相连。王僧辩向陈霸先请教破敌之计,陈霸先说:"从前柳仲礼几十万大军隔水而坐,屯兵不前,韦粲驻在青溪,也竟然不渡江登岸进攻,这样,贼兵登高眺望,里里外外一览无遗,所以能打败我们的军队。现在我军包围石头,一定得渡江到北岸去才能合围。诸位将领如果不能抵挡敌军的锋芒,我要求先去北岸扎营立栅。"壬午(十四日),陈霸先在石头城西面落星山扎营筑栅,其他军队依次接连修了八个城堡,一直延伸到整个石头城西北面,形成包围之势。侯景担心西州退路被截断,亲自率领侯子鉴等也在石头城东北面筑起五个城堡以扼守大路。侯景派王伟守台城。乙酉(十七日),侯景杀了湘东王的长子萧方诸和前平东将军杜幼安。

9 刘神茂被押送到建康,丙戌(十八日),侯景命令准备一口大铡刀,先把刘神茂的脚塞进去,一寸一寸地铡他,一直铡到头。留异表面上与刘神茂合伙而实际上偷偷与侯景相通,所以能够免遭这场灾祸。

10　丁亥，王僧辩进军招提寺北，侯景帅众万馀人、铁骑八百馀匹陈于西州之西。陈霸先曰："我众贼寡，应分其兵势，以强制弱。何故聚其锋锐，令致死于我！"乃命诸将分处置兵。景冲将军王僧志陈，僧志小缩，霸先遣将军安陆徐度将弩手二千横截其后，景兵乃却。霸先与王琳、杜龛等以铁骑乘之，僧辩以大兵继进，景兵败退，据其栅。龛，岸之兄子也。景仪同三司卢晖略守石头城，开北门降，僧辩入据之。景与霸先殊死战，景帅百馀骑，弃矟执刀，左右冲陈。陈不动，众遂大溃，诸军逐北至西明门。

景至阙下，不敢入台，召王伟责之曰："尔令我为帝，今日误我！"伟不能对，绕阙而藏。景欲走，伟执鞚谏曰："自古岂有叛天子邪！宫中卫士，犹足一战，弃此，将欲安之！"景曰："我昔败贺拔胜，破葛荣，扬名河、朔，渡江平台城，降柳仲礼如反掌。今日天亡我也！"因仰观石阙，叹息久之。以皮囊盛其江东所生二子，挂之鞍后，与房世贵等百馀骑东走，欲就谢答仁于吴。侯子鉴、王伟、陈庆奔朱方。

僧辩命裴之横、杜龛屯杜姥宅，杜龛入据台城。僧辩不戢军士，剽掠居民。男女裸露，自石头至于东城，号泣满道。是夜，军士遗火，焚太极殿及东西堂，宝器、羽仪、辇辂无遗。

戊子，僧辩命侯瑱等帅精甲五千追景。

10　丁亥(十九日)，王僧辩向招提寺北面进军，侯景率领士兵一万多人，铁甲骑兵八百多骑排列在西州的西边严阵以待。陈霸先说："我军兵力多，贼党兵力少，应该设法分散贼兵的兵势，达到以强制弱的目的。为什么要让贼兵把精锐力量集中在一起，让它们来把我军置于死地呢！"于是命令将领们分头到几个地方布置部队。侯景冲击将军王僧志的战阵，王僧志有意稍稍退却，陈霸先派将军安陆人徐度带领弓箭手两千人横截侯军的后路，于是侯景的部队惊慌而退。侯景军退却时，陈霸先和王琳、杜龛等用铁甲骑兵迅速追击，王僧辩指挥大军跟进，侯景的士兵败退下去，缩入营栅固守。杜龛是杜岸的哥哥的儿子。侯景手下的仪同三司卢晖略负责守石头城，他打开北门投降，王僧辩长驱直入，占据了石头城。侯景与陈霸先展开了白刃战以决生死，侯景亲率一百多骑兵，扔了长矛，手执短刀，左冲右突地冲击陈霸先的阵脚。但陈军阵脚不动，侯景的兵众于是彻底崩溃，陈霸先指挥各路兵马追击败兵，一直追到西明门。

　　侯景逃到宫阙下，不敢入台，把王伟叫来责备他说："你一个劲儿地劝我称帝，你看，今天可让你害苦了！"王伟无言以对，绕着宫阙躲闪着。侯景要逃跑，王伟抓住他的鞍蹬劝他说："自古以来哪里有什么叛逆天子！宫中卫士很多，还足够再决一死战，扔下这地方，你将跑到哪儿去安身！"侯景叹息说："我过去打败贺拔胜，击破葛荣，扬名黄河、朔州之间，渡长江南下后又平定台城，降服柳仲礼几十万大军易如反掌。今天是天要亡我啊！"于是仰头看着石阙，久久地叹息不已。然后，侯景用皮袋子把他到建康后生的两个儿子装好，挂在马鞍后头，就带着房世贵等一百多骑兵逃跑了，想去吴地投奔谢答仁。侯子鉴、王伟、陈庆逃走投了朱方。

　　王僧辩命令裴之横、杜龛屯守杜姥宅，杜龛攻入并占据台城。王僧辩对士兵不加约束，放任他们抢劫掠夺建康居民。全城男女，衣服被剥光，裸露着被赶出家门，从石头城一直到东城，哭爹喊娘，一路上全是难民。当天晚上，士兵纵火，烧毁了太极殿和东西堂，宫殿中的珍宝神器、仪仗羽饰、车辆等，全被烧得干干净净。

　　戊子(二十日)，王僧辩命令侯瑱等率领精锐甲兵五千人追赶侯景。

　　王克、元罗等帅台内旧臣迎僧辩于道,僧辩劳克曰:"甚苦,事夷狄之君。"克不能对。又问:"玺绂何在?"克良久曰:"赵平原持去。"僧辩曰:"王氏百世卿族,一朝而坠。"僧辩迎太宗梓宫升朝堂,帅百官哭踊如礼。

　　己丑,僧辩等上表劝进,且迎都建业。湘东王答曰:"淮海长鲸,虽云授首;襄阳短狐,未全革面。太平玉烛,尔乃议之。"

　　庚寅,南兖州刺史郭元建,秦郡戍主郭正买,阳平戍主鲁伯和,行南徐州事郭子仲,并据城降。

　　僧辩之发江陵也,启湘东王曰:"平贼之后,嗣君万福,未审何以为礼?"王曰:"六门之内,自极兵威。"僧辩曰:"讨贼之谋,臣为己任,成济之事,请别举人。"王乃密谕宣猛将军朱买臣,使为之所。及景败,太宗已殂,豫章王栋及二弟桥、樛相扶出于密室,逢杜龛于道,为去其锁。二弟曰:"今日始免横死矣!"栋曰:"倚伏难知,吾犹有惧!"辛卯,遇朱买臣,呼之就船共饮,未竟,并沉于水。

　　僧辩遣陈霸先将兵向广陵受郭元建等降,又遣使者往安慰之。诸将多私使别索马仗,会侯子鉴渡江至广陵,谓元建等曰:"我曹,梁之深雠,何颜复见其主! 不若投北,可得还乡。"遂皆降齐。霸先至欧阳,齐行台辛术已据广陵。

王克、元罗等率领朝中旧臣在道路两旁迎接王僧辩,王僧辩嘲讽地慰劳王克说:"您侍奉夷狄君主可是辛苦了啊。"王克无言以对。王僧辩又问:"玉玺印绶在什么地方?"王克呆了好一会才回答说:"赵平原给拿走了。"王僧辩说:"王氏一家,百代都是公卿士族,今天到你这儿算是完了。"王僧辩把简文帝的棺材迎放在朝堂上,率百官按礼仪痛哭跪拜。

　　己丑(二十一日),王僧辩等人上表劝萧绎就皇帝位,并建议迎接萧绎来建业建都。湘东王萧绎回答说:"现在,盘踞淮海的大鲸鱼侯景,虽说已经低头了,但占据襄阳的短尾妖狐萧詧,却还没有洗心革面地归降。登基的事,等天下真正太平了,四时和畅,祥瑞纷呈,玉烛生辉时再说吧!"

　　庚寅(二十二日),南兖州刺史郭元建,秦郡守军主将郭正买,阳平守军主将鲁伯和,行南徐州事郭子仲,都纷纷献出自己镇守的城归降。

　　当初,王僧辩出发到江陵去的时候,对湘东王萧绎说:"平定侯景乱贼之后,继承君位的人的福气就大了,不知您将怎样对待侯景立的皇帝及遗族?"湘东王回答道:"台城六门之内,任你随意发挥兵威。"王僧辩说:"讨伐侯景乱贼的谋略战术,我义不容辞视为己任;至于像成济弑魏君那样的事,请让我另外推举别人去干。"于是,王僧辩就秘密告诉宣猛将军朱买臣,要他届时去简文帝宫中执行任务。待到侯景兵败,简文帝也死了,豫章王萧栋和他的两个弟弟萧桥、萧樛互相搀扶着从密室走出来,正好在路上碰上杜龛,杜龛为他们去掉锁链。两个弟弟说:"今天才算免了横死的灾祸了!"萧栋说:"祸与福互为倚伏,变化难知,我还有深深的恐惧!"辛卯(二十三日),三个人遇到朱买臣,朱买臣喊他们到船上一块饮酒,没到席散,三个人全被沉入水中。

　　王僧辩派陈霸先带兵去广陵接受郭元建等人的投降,又派使者去安慰他们。将领们都向使者私通关节想另外多勒索一些战马武器,这时正好侯子鉴渡江逃到广陵,他对郭元建说:"我们这些人,是梁朝的宿敌深仇,有什么面目再见到梁朝的主子! 不如投奔北方,还可以得到还乡的机会。"于是全都投降了北齐。当陈霸先军队抵达欧阳的时候,北齐行台辛术已经占据了广陵。

王伟与侯子鉴相失,直渎戍主黄公喜获之,送建康。王僧辩问曰:"卿为贼相,不能死节,而求活草间邪?"伟曰:"废兴,命也。使汉帝早从伟言,明公岂有今日!"尚书左丞虞骘尝为伟所辱,乃唾其面。伟曰:"君不读书,不足与语。"骘惭而退。僧辩命罗州刺史徐嗣徽镇朱方。

壬辰,侯景至晋陵,得田迁馀兵,因驱掠居民,东趋吴郡。

11　夏,四月齐主使大都督潘乐与郭元建将兵五万攻阳平,拔之。

12　王僧辩启陈霸先镇京口。

13　益州刺史、太尉武陵王纪,颇有武略,在蜀十七年,南开宁州、越巂,西通资陵、吐谷浑,内修耕桑盐铁之政,外通商贾远方之利,故能殖其财用,器甲殷积,有马八千匹。闻侯景陷台城,湘东王将讨之,谓僚佐曰:"七官文士,岂能匡济!"内寝柏殿柱绕节生花,纪以为己瑞。乙巳,即皇帝位,改元天正,立子圆照为皇太子,圆正为西阳王,圆满为竟陵王,圆普为谯王,圆肃为宜都王。以巴西、梓潼二郡太守永丰侯㧑为征西大将军、益州刺史,封秦郡王。司马王僧略、直兵参军徐怦固谏,不从。僧略,僧辩之弟;怦,勉之从子也。

初,台城之围,怦劝纪速入援,纪意不欲行,内衔之。会蜀人费合告怦反,怦有与将帅书云:"事事往人口具。"纪即以为反征,谓怦曰:"以卿旧情,当使诸子无恙。"对曰:"生儿悉如殿下,

王伟在逃跑路上和侯子鉴跑散了,直渎戍所的守将黄公喜抓住了他,把他押到建康。王僧辩审问他:"你身为贼党丞相,不能为贼党守节,还想在草野间求条活命吗?"王伟回答说:"朝代的废兴,这是天命。假使汉帝侯景早听从我的话,当年不放了你的话,你哪能还有今天!"尚书左丞虞鹭过去曾经被王伟羞辱过,趁这机会过来把唾沫吐在他脸上。王伟讽刺他说:"你是个不读书的人,不配和我说话。"虞鹭惭愧地退下来。王僧辩任命罗州刺史徐嗣徽镇守朱方。

壬辰(二十四日),侯景逃到晋陵,收集了田迁剩下的士兵,对居民大肆驱掠一番之后,就往东去了吴郡。

11　夏季四月,北齐国主高洋派大都督潘乐与郭元建带兵五万人攻打阳平,取得了胜利。

12　王僧辩请示让陈霸先镇守京口。

13　益州刺史、太尉武陵王萧纪,很有一点武艺韬略,他治理蜀地十七年,向南开发了宁州、越巂,向西打通了资陵、吐谷浑,对内努力兴办农业、纺织、食盐、冶铁等经济事业,对外发展与远方的通商贸易,所以蜀地财富增殖很快,兵器衣甲积累了很多,共拥有八千匹战马。萧纪听到侯景攻陷台城,湘东王萧绎将要出兵讨伐他的消息,就对身边官吏说:"七官萧绎是个文人,那能匡扶社稷,救济黎民!"萧纪住的宫殿里柏木做的殿柱环绕树节的地方开了花,他以为是应在自己身上的祥瑞。乙巳(初八),萧纪登基即皇位,改年号为天正,把大儿子萧圆照立为皇太子,并封儿子萧圆正为西阳王,萧圆满为竟陵王,萧圆普为谯王,萧圆肃为宜都王。他又任命巴西、梓潼二郡的太宁永丰侯萧扬为征西大将军、益州刺史,封为秦郡王。司马王僧略、直兵参军徐怦苦苦劝止,但萧纪不听。王僧略是王僧辩的弟弟。徐怦是徐勉的侄子。

当初,台城被侯景包围时,徐怦劝萧纪赶快去援救,萧纪不想去,心里不免怪徐怦多事,因此对徐怦暗暗怀恨。正好蜀人费合告发徐怦造反,证据是徐怦有一封写给将帅的信,说:"一件件事情都在人们口碑里刻着呢!"萧纪就用这句话作为他想造反的证明,萧纪把徐怦抓起来,对他说:"因为和你有些旧交情,所以我会让你的儿子们安然无恙的。"徐怦回答说:"我的儿子都很像殿下,

留之何益!"纪乃尽诛之,枭首于市,亦杀王僧略。永丰侯㧑叹曰:"王事不成矣! 善人,国之基也,今先杀之,不亡何待!"

纪征宜丰侯谘议参军刘璠为中书侍郎,使者八反,乃至。纪令刘孝胜深布腹心,璠苦求还。中记室韦登私谓璠曰:"殿下忍而蓄憾,足下不留,将致大祸,孰若共构大夏,使身名俱美哉!"璠正色曰:"卿欲缓颊于我邪? 我与府侯分义已定,岂以夷险易其心乎! 殿下方布大义于天下,终不逞志于一夫。"纪知必不为己用,乃厚礼遣之。以宜丰侯循为益州刺史,封随郡王,以璠为循府长史、蜀郡太守。

14 谢答仁讨刘神茂还,至富阳,闻侯景败走,帅万人欲北出候之,赵伯超据钱塘拒之。侯景进至嘉兴,闻伯超叛之,乃退据吴。己酉,侯瑱追及景于松江,景犹有船二百艘,众数千人,瑱进击,败之,擒彭㒞、田迁、房世贵、蔡寿乐、王伯丑。瑱生剖㒞腹,抽其肠,㒞犹不死,手自收之,乃斩之。

景与腹心数十人单舸走,推堕二子于水,将入海,瑱遣副将焦僧度追之。景纳羊侃之女为小妻,以其兄鹍为库直都督,待之甚厚。鹍随景东走,与景所亲王元礼、谢葳蕤密图之。葳蕤,答仁之弟也。景下海,欲向蒙山,己卯,景昼寝。鹍语海师:"此中何处有蒙山,汝但听我处分。"遂直向京口。至胡豆洲,景觉,大惊。

父亲有难竟在一边坐视不救,留下这些儿子有什么用处呢?"萧纪于是把他和儿子们全杀了,并在集市上割下首级示众。同时也杀了劝阻他登帝位的王僧略。永丰侯萧撝为此长叹说:"武陵王萧纪的帝业看样子不成了。善良的人,是国家的基础,而现在先杀了一批善人,不灭亡更待何时!"

萧纪征召宜丰侯萧循手下的谘议参军刘璠为中书侍郎,使者去了八趟,才把他请来。萧纪派刘孝胜去和他谈,把心里最机密的话全都对他说了,但刘璠苦苦要求放他回去。中记室韦登私下对刘璠说:"殿下这个人残忍而且记仇,你这次不留下为他效劳,将来定会惹来杀身大祸,何不和他一起成就帝业,使自己身贵名美,这多好呀!"刘璠严肃地说:"你想到我这儿当说客吗?我和宜丰侯萧循之间的名分已定,难道能因为逃避祸患而改变初心吗?殿下正要播扬大义于天下,我想不至于在我这一介武夫身上发泄自己骄纵之志吧!"萧纪知道他肯定不能为自己服务了,就赠以厚礼,放他回去。同时任命宜丰侯萧循为益州刺史,封为随郡王,任命刘璠为萧循王府里的长史、蜀郡太宁。

14 谢答仁讨伐刘神茂后回来,军队行至富阳时,听到侯景兵败逃跑的消息,就率领一万人马想从北边出兵去等候侯景,赵伯超据守钱塘,阻止侯景残兵前进。侯景行进到嘉兴,听到赵伯超背叛他的消息,就退回据守吴郡。己酉(十二日),侯瑱在松江追上了侯景,这时侯景还有两百只船,兵力数千人,侯瑱发动进攻,打败了侯景残部,抓获了彭隽、田迁、房世贵、蔡寿乐、王伯丑。侯瑱把彭隽活活剖腹,抽出他的肠子,彭隽还没死,用手扯回肠子,于是侯瑱就用刀砍死了他。

侯景与身边的亲信几十人乘一只小船逃跑,人多船小,他把两个儿子推到水中淹死了,小船将要入海时,侯瑱派副将焦僧度去追击。当初,侯景娶羊侃的女儿为妾,任命她哥哥羊鹍为库直都督,对待他很优厚。羊鹍跟着侯景往东跑,和侯景所信任的王元礼、谢葳蕤秘密商议反叛侯景。谢葳蕤是谢答仁的弟弟。侯景下海后,想逃回蒙山,己卯(十八日),侯景白天正睡觉。羊鹍对海上的向导说:"这海中哪里有蒙山,你别管,只听我调度指挥。"于是就让船直接驶向京口。船行进到胡豆洲时,侯景发现方向不对,大吃一惊。

问岸上人,云"郭元建犹在广陵",景大憙,将依之。鹢拔刀,叱海师向京口,因谓景曰:"吾等为王效力多矣,今至于此,终无所成,欲就乞头以取富贵。"景未及答,白刃交下。景欲投水,鹢以刀斫之。景走入船中,以佩刀抉船底,鹢以矟刺杀之。尚书右仆射索超世在别船,葳蕤以景命召而执之。南徐州刺史徐嗣徽斩超世,以盐内景腹中,送其尸于建康。僧辩传首江陵,截其手,使谢葳蕤送于齐。暴景尸于市,士民争取食之,并骨皆尽。溧阳公主亦预食焉。初,景之五子在北齐,世宗剥其长子面而烹之,幼者皆下蚕室。齐显祖即位,梦猕猴坐其御床,乃尽烹之。赵伯超、谢答仁皆降于侯瑱,瑱并田迁等送建康。王僧辩斩房世贵于市,送王伟、吕季略、周石珍、严亶、赵伯超、伏知命于江陵。

丁巳,湘东王下令解严。

15　乙丑,葬简文帝于庄陵,庙号太宗。

16　侯景之败也,以传国玺自随,使其侍中兼平原太守赵思贤掌之,曰:"若我死,宜沉于江,勿令吴儿复得之。"思贤自京口济江,遇盗,从者弃之草间,至广陵,以告郭元建。元建取之,以与辛术,壬申,术送之至邺。

17　甲申,齐以吏部尚书杨愔为右仆射,以太原公主妻之。公主,即魏孝静帝之后也。

18　杨乾运至剑北,魏达奚武逆击之,大破乾运于白马,陈其俘馘于南郑城下,且遣人辱宜丰侯循。循怒,出兵与战,都督杨绍伏兵击之,杀伤殆尽。刘璠还至白马西,

向岸上的人打听情况,他们说:"郭元建还在广陵呢!"侯景听了心中大喜,就准备去投奔郭元建。羊鹍拔刀威胁海上向导,呵斥他,让他把船开往京口,并对侯景说:"我们为大王出过不少力,现在到了这个地步,终于一事无成,想借借你的头来换点富贵享享。"侯景还没有回答,好几把白晃晃的刀争着砍下来。侯景想跳海,羊鹍用刀砍他。侯景窜入船里,用自己佩的刀去撬船的底板,羊鹍用长矛把他刺死了。尚书右仆射索超世在别的船上,谢葳蕤假传侯景的命令召他来议事,等他来了就把他捆起来。南徐州刺史徐嗣徽杀了索超世,又用盐填入侯景肚子里,把他的尸体送到建康。王僧辩把侯景的首级传送到江陵去,又砍下他的手,派谢葳蕤送到北齐去。然后把侯景尸体扔在市集上,士兵民众争着去挖他的肉来吃,连骨头都被抢光了。侯景宠爱过的溧阳公主也参加了吃侯景肉的行列。当初,侯景有五个儿子留在北齐,世宗把他长子的面皮剥下来然后用油锅烹了,其他四个小儿子都下蚕室割去生殖器。齐显祖即位之后,梦见猕猴坐他的御床上,于是把侯景的几个幼子全部下了油锅。赵伯超、谢答仁都投降了侯瑱,侯瑱把他们和田迁等人押送到建康。王僧辩把房世贵斩首于市,另把王伟、吕季略、周石珍、严亶、赵伯超、伏知命等人押送到江陵。

丁巳(二十日),湘东王萧绎下令解除戒严。

15 乙丑(二十八日),梁朝把简文帝埋葬在庄陵,定庙号为太宗。

16 侯景兵败时,自己携带着传国玉玺,让他的侍中兼平原太守赵思贤掌管,交代他说:"如果我死了,就把它扔到江里去,别让吴儿们又得到它!"赵思贤从京口渡江时,遇到盗贼,他的随从慌乱之中把传国玉玺扔在草中,他到达广陵之后,把这事告诉了郭元建。郭元建派人去找了回来,把它交给辛术。壬申,辛术把玉玺送到了邺城。

17 甲申,北齐任命吏部尚书杨愔为右仆射,把太原公主嫁给他。太原公主就是北魏孝静帝的皇后。

18 杨乾运率军队抵达剑北,西魏达奚武迎头阻击他,在白马把杨乾运打得大败,把斩获的首级陈列在南郑城下,而且派人去侮辱宜丰侯萧循。萧循大怒,出兵去和达奚武交战,都督杨绍设伏兵截击他,把他的军队连杀带伤,几乎消灭光。刘璠回到白马西边,

为武所获,送长安。太师泰素闻其名,待之如旧交。时南郑久不下,武请屠之,泰将许之。璠请之于朝,泰怒,不许。璠泣请不已,泰曰:"事人当如是。"乃从其请。

19　五月庚午,司空南平王恪等复劝进,湘东王犹不受,遣侍中丰城侯泰谒山陵,修复庙社。

戊寅,侯景首至江陵,枭之于市三日,煮而漆之,以付武库。庚辰,以南平王恪为扬州刺史。甲申,以王僧辩为司徒、镇卫将军,封长宁公。陈霸先为征房将军、开府仪同三司,封长城县侯。

乙酉,诛侯景所署尚书仆射王伟、左民尚书吕季略、少府周石珍、舍人严亶于市。赵伯超、伏知命饿死于狱。以谢答仁不失礼于太宗,特宥之。王伟于狱中上五百言诗,湘东王爱其才,欲宥之;有嫉之者,言于王曰:"前日伟作檄文甚佳。"王求而视之,檄云:"项羽重瞳,尚有乌江之败;湘东一目,宁为赤县所归!"王大怒,钉其舌于柱,剜腹、脔肉而杀之。

20　丙戌,齐合州刺史斛斯昭攻历阳,拔之。

21　丁亥,下令,以:"王伟等既死,自馀衣冠旧贵,被逼偷生,猛士勋豪,和光苟免者,皆不问。"

22　扶风民鲁悉达,纠合乡人以保新蔡,力田蓄谷。时江东饥乱,饿死者什八九,遗民携老幼归之。悉达分给粮廪,全济甚众,招集晋熙等五郡,尽有其地。使其弟广达将兵从王僧辩讨侯景,

被达奚武捉获,押送到了长安。西魏太师宇文泰平时就知道刘璠的名声,对待他像对待老朋友一样。当时南郑城久攻不下,达奚武要求城破后实行屠城,宇文泰准备答应他。刘璠请求宇文泰不要批准,宇文泰大怒,不答应。刘璠哭着不停地请求,宇文泰感叹地说:"臣子侍奉主子就应该这样。"于是听从了他的请求。

19 五月庚午(初三),司空南平王萧恪等人又劝萧绎即帝位,湘东王萧绎还是不接受,派侍中丰城侯萧泰去拜谒祖先陵墓,重新修复宗庙神社。

戊寅(十一日),侯景的首级被送到江陵,被挂在市上示众三天之后,又用火烤干,并油漆了后交付武库保管。庚辰(十三日),梁朝任命南平王萧恪为扬州刺史。甲申(十七日),任命王僧辩为司徒、镇卫将军,加封为长宁公。任命陈霸先为征虏将军、开府仪同三司,加封为长城县侯。

乙酉(十八日),侯景所任命的尚书仆射王伟、左民尚书吕季略、少府周石珍、舍人严亶等人被斩首于市。赵伯超、伏知命饿死在监狱之中。因为谢答仁对简文帝不失臣子之礼,所以特别下令赦免了他。王伟在狱中献了一首五十韵共五百字的长诗,湘东王萧绎爱他的才华,想宽宥他。但是有妒嫉王伟的人跑去告诉萧绎,说:"前些日子王伟作了一篇檄文,也很好。"萧绎让人找来看看。檄文中写道:"项羽有双眸珠,尚且有乌江之败;湘东王只有一只眼睛,怎么能使赤县民心归顺!"萧绎看了大怒,就把王伟的舌头钉在柱子上,将他剖腹,又一片片切他的肉,就这样杀了他。

20 丙戌(十九日),北齐的合州刺史斛斯昭攻打历阳,攻克了它。

21 丁亥(二十日),萧绎下令说:"王伟等人既然已经死了,其他的士大夫旧贵族中被逼依附苟且偷生的人,还有勇猛有功勋的豪杰为了免去一死而跟着跑的人,都不再追究了。"

22 扶风有一个平民叫鲁悉达,他把乡人纠合起来保卫新蔡,又组织农民努力种田,积蓄粮食。当时江东一带闹饥荒,社会动乱,百姓十个有八九个饿死,活下来的老百姓扶老携幼去归顺他。鲁悉达对投奔他的人,都分给粮食,救济了很多人,这样就把晋熙等五郡的人民都召集在了他的周围,这五郡的土地也都归他管理了。他还派自己的弟弟带兵跟随王僧辩去讨伐侯景,

景平,以悉达为北江州刺史。

23 齐主使其散骑常侍曹文皎等来聘,湘东王使散骑常侍柳晖等报之,且告平侯景。亦遣舍人魏彦告于魏。

24 齐主使潘乐、郭元建将兵围秦郡,行台尚书辛术谏曰:"朝廷与湘东王信使不绝。阳平,侯景之土,取之可也。今王僧辩已遣严超达守秦郡,于义何得复争之!且水潦方降,不如班师。"弗从。陈霸先命别将徐度引兵助秦郡固守。齐众七万,攻之甚急。王僧辩使左卫将军杜崱救之,霸先亦自欧阳来会。与元建大战于士林,大破之,斩首万馀级,生擒千馀人。元建收馀众北遁。犹以通好,不穷追也。

辛术迁吏部尚书。自魏迁邺以后,大选之职,知名者数人,互有得失:齐世宗少年高朗,所弊者疏;袁叔德沈密谨厚,所伤者细;杨愔风流辩给,取士失于浮华。唯术性尚贞明,取士必以才器,循名责实,新旧参举,管库必擢,门阀不遗,考之前后,最为折衷。

25 魏达奚武遣尚书左丞柳带韦入南郑,说宜丰侯循曰:"足下所固者险,所恃者援,所保者民。今王旅深入,所凭之险不足固也;白马破走,酋豪不进,所望之援不可恃也;长围四合,所部之民不可保也。且足下本朝丧乱,社稷无主,欲谁为为忠乎?岂若转祸为福,使庆流子孙邪!"循乃请降。

侯景之乱被平定之后,萧绎任命鲁悉达为北江州刺史。

23 北齐国主高洋派他的散骑常侍曹文皎等人出使梁朝,湘东王萧绎派散骑常侍柳晖等为使节回访北齐,而且把平定侯景之乱的情况通报对方。同时也派舍人魏彦把这事通报给西魏。

24 北齐国主高洋派潘乐、郭元建率兵去包围秦郡,行台尚书辛术进谏说:"我朝现在和湘东王之间和睦友好,信使往来不绝。阳平,是侯景的地盘,拿下它是可以的。现在王僧辩已经派严超达去守秦郡,从道义上讲怎么能再去争夺这个城市呢?而且现在正当雨季,天下大雨,地上积水,道路难走,所以不如班师回朝。"但高洋不听从。陈霸先命令别将徐度带兵去协助秦郡的防务,要求他们固守城池。北齐军队有七万之众,攻打得很猛烈。王僧辩派左卫将军杜崱去救援,陈霸先也亲自从欧阳赶来会师。他们和郭元建在士林大战一场,把郭元建打得惨败,斩下首级一万多,俘虏了一千多人。郭元建收拾残兵败将向北逃窜。因为双方还在讲友好,互通信使,所以就没有穷追不舍。

辛术升任吏部尚书。自东魏迁都到邺城以后,吏部负责选官的人,知名的有几个人,他们各有长短优劣:齐世宗年少有为,趾高气扬,但他的缺点是有些草率疏忽;袁叔德作风沉着细致,谨慎忠厚,他的缺点是有点琐细;杨愔文采风流,口齿伶俐,但他在录用人才时偏好浮华。只有辛术生性崇尚忠贞清明,录用人才一定看其才具器识,根据他的名望去责求他的实际品质、本领,新人和旧人都匀着提拔,即使管仓库的如有才能也一定提升,世家子弟也不遗漏,考察他前后选人的情况,是最为折中允当的了。

25 西魏达奚武派尚书左丞柳带韦到南郑去游说,对宜丰侯萧循说:"您所固守的是险要之地,所倚恃的是外援,所要保护的是老百姓。现在我们朝廷的军队已深入腹地,你所凭借的险要地势就不那么有用了;杨乾运在白马被打败逃跑了,酋长强豪畏葸不前,你所盼望的外援也靠不住了;我军将南郑城四面包围,密不透风,您所管辖的百姓也就保不住了。而且,您的朝廷动乱不已,社稷无主,您想尽忠,可忠于谁呢?所以还不如改变主意,转祸为福,使子孙后代也得到您这一决策的好处!"萧循听了,觉得有理,就请求投降。

带韦,庆子之也。开府仪同三司贺兰德愿闻城中食尽,请攻之,大都督赫连达曰:"不战而获城,策之上者,岂可利其子女,贪其货财,而不爱民命乎!且观其士马犹强,城池尚固,攻之纵克,则彼此俱伤。如困兽犹斗,则成败未可知也。"武曰:"公言是也。"乃受循降,获男女二万口而还,于是剑北皆入于魏。

26　六月丁未,齐主还邺。乙卯,复如晋阳。

27　庚寅,立安南侯方矩为王太子。

28　齐遣散骑常侍谢季卿来贺平侯景。

29　衡州刺史王怀明作乱,广州刺史萧勃讨平之。

30　齐政烦赋重,江北之民不乐属齐,其豪杰数请兵于王僧辩,僧辩以与齐通好,皆不许。秋,七月,广陵侨人朱盛等潜聚党数千人,谋袭杀齐刺史温仲邕,遣使求援于陈霸先,云已克其外城。霸先使告僧辩,僧辩曰:"人之情伪,未易可测,若审克外城,亟须应援,如其不尔,无烦进军。"使未报,霸先已济江,僧辩乃命武州刺史杜崱等助之。会盛等谋泄,霸先因进军围广陵。

31　八月,魏安康人黄众宝反,攻魏兴,执太守柳桧,进围东梁州。令桧诱说城中,桧不从而死。桧,虬之弟也。太师泰遣王雄与骠骑大将军武川宇文虬讨之。

32　武陵王纪举兵由外水东下,以永丰侯㧊为益州刺史,守成都,使其子宜都王圆肃副之。

33　九月甲戌,司空南平王恪卒。甲申,以王僧辩为扬州刺史。

柳带韦是柳庆的儿子。开府仪同三司贺兰德愿听说城里吃的东西已经没了,要求发动进攻,大都督赫连达说:"不打仗而能得到城池,这是上策,怎么可以看中他的僮仆丫鬟,贪图他的货物财产,而不珍惜城中百姓的生命呢? 而且据我观察,萧循的兵马还强壮,城池还坚固,我们攻城即使攻下来,也是彼此都大有伤亡。万一萧循来个困兽犹斗,拼命一搏,那么成败就很难说了。"达奚武称许说:"您说的道理很对。"于是接受萧循投降,停获男女人口两万人,然后凯旋,从此剑北一带全部归入了西魏的版图。

26 六月丁未(十一日),北齐国主高洋回到邺城。乙卯(十九日),又到晋阳去巡视。

27 庚寅,萧绎立安南侯萧方矩为王太子。

28 北齐派散骑常侍谢季卿来祝贺平定侯景之乱的胜利。

29 衡州刺史王怀明犯上作乱,广州刺史萧勃发兵讨伐,平定了动乱。

30 北齐政令繁多,赋税很重,长江以北的人民不愿意归属于北齐,其中的豪杰之士多次请求王僧辩出兵讨齐,王僧辩因为国家正和北齐发展友好关系,都没有允许。秋季,七月,侨居广陵的朱盛等人,暗中纠集党徒好几千人,阴谋袭击杀死北齐刺史温仲邕,派使者向陈霸先求援,要他作外应,并说已经攻下了外城。陈霸先派人报告王僧辩,王僧辩说:"人的诚意有真有假,很难看破,如果确实已攻下了外城,那倒很有必要去支援一下,如果没有这回事,就别劳师动众地进军了。"使者还没回去转达王僧辩的意见,陈霸先已经渡过长江了,王僧辩只好派武州刺史杜崱出兵去协助他。正在这时,朱盛等人的密谋泄漏了,陈霸先乘此进军并包围了广陵。

31 八月,西魏安康人黄众宝反叛,攻打魏兴,抓住了太守柳桧,又进而围困东梁州。黄众宝让柳桧向城里守将诱降,柳桧不服从命令,被杀。柳桧是柳虬的弟弟。太师宇文泰派王雄和骠骑大将军武川人宇文虬去讨伐黄众宝。

32 武陵王萧纪发兵从外水向东进发,他任命永丰侯萧㧑为益州刺史,留守成都,让自己的儿子宜都王萧圆肃做萧㧑的副职。

33 九月甲戌(初九),司空南平王萧恪去世。甲申(十九日),萧绎任命王僧辩为扬州刺史。

34 齐主使告王僧辩、陈霸先曰:"请释广陵之围,必归广陵、历阳两城。"霸先引兵还京口,江北之民从霸先济江者万馀口。湘东王以霸先为征北大将军、开府仪同三司、南徐州刺史,征霸先世子昌及兄子顼诣江陵,以昌为散骑常侍,顼为领直。

35 宜丰侯循之降魏也,丞相泰许其南还,久而未遣,从容问刘璠曰:"我于古谁比?"对曰:"璠常以公为汤、武,今日所见,曾桓、文之不如!"泰曰:"我安敢比汤、武,庶几望伊、周,何至不如桓、文!"对曰:"齐桓存三亡国,晋文公不失信于伐原。"语未竟,泰抚掌曰:"我解尔意,欲激我耳。"乃谓循曰:"王欲之荆,为之益?"循请还江陵,泰厚礼遣之。循以文武千家自随,湘东王疑之,遣使觇察,相望于道。始至之夕,命劫窃其财,及旦,循启输马仗,王乃安之,引入,对泣,以循为侍中、骠骑将军、开府仪同三司。

36 冬,十月,齐主自晋阳如离石,自黄栌岭起长城,北至社平戍,四百馀里,置三十六戍。

37 戊申,湘东王执湘州刺史王琳于殿中,杀其副将殷晏。
琳本会稽兵家,其姊妹皆入王宫,故琳少在王左右。琳好勇,王以为将帅。琳倾身下士,所得赏赐,不以入家。麾下万人,多江、淮群盗,从王僧辩平侯景,与杜龛功居第一。在建康,恃宠纵暴,僧辩不能禁。僧辩以宫殿之烧,恐得罪,欲以琳塞责,

34　北齐国主高洋派使者去向王僧辩、陈霸先讲和，说："请贵军撤了包围广陵的人马，我方一定把广陵、历阳两城还给你们。"陈霸先听了，就带兵回京口，江北的人民跟着陈霸先渡江的有一万多人。湘东王萧绎任命陈霸先为征北大将军、开府仪同三司、南徐州刺史，征召陈霸先的长子陈昌、侄子陈顼到江陵来朝见，任命陈昌为散骑常侍，陈顼为领直。

35　宜丰侯萧循投降西魏时，丞相宇文泰曾答应放他回南方，过了很久也没有放，宇文泰从容地问刘璠说："我能和古人中的什么人相比？"刘璠很不客气地说："过去我常常拿您和商汤、周武王相比，现在看来，您连齐桓公、晋文公也够不上！"宇文泰听了一愣，忙说："我怎么敢和商汤、周武相比！我自己觉得自己大概可以与伊尹、周公相比，怎么连齐桓公、晋文公也比不上呢？"刘璠回答说："齐桓公使三个灭亡的小国重新存在下去，晋文公对讨伐原国的事没有失信。"刘璠话还没说完，宇文泰就双手合掌说："我知道你话里的意思了，这是想激我呀！"于是对萧循说："您想去荆州，还是去益州？"萧循表示要回江陵，宇文泰就赠送了厚礼，让他走了。萧循带着手下文武官员一千家一同回去，湘东王萧绎有点怀疑，就派使者在道途打探侦察情况。在萧循到江陵的当天晚上，又派人去偷他的财物，第二天一早，萧循要求把兵器马匹献出来，萧绎这才放心了，让人把萧循带进来，相对流泪。萧绎任命萧循为侍中、骠骑将军、开府仪同三司。

36　冬季，十月，北齐国主高洋从晋阳到离石去督修长城。从黄栌岭开始修长城，向北修到社平戍所，共四百多里长，设置三十六个戍卫点。

37　戊申(十四日)，湘东王萧绎在宫殿上把湘州刺史王琳抓起来，杀了他的副将殷晏。

王琳本来是会稽的将门子弟，他的姐妹都被送入宫中，所以王琳自小在湘东王身边长大。王琳喜欢逞勇力，湘东王让他当将帅。王琳能屈身礼遇才智之士，所得到的赏赐也不拿回家里。他手下有一万人马，大多是长江、淮河上群盗出身的人。王琳跟随王僧辩去平定侯景，与杜龛并列，功居第一。在建康时，他仗恃自己受宠，放纵各种暴行，连王僧辩也无法禁止他。王僧辩因为士兵纵火烧了太极殿及东、西堂的事，恐怕会获罪，就想用王琳的过失来推卸自己的责任，

乃密启王,请诛琳。王以琳为湘州,琳自疑及祸,使长史陆纳帅部曲赴湘州,身诣江陵陈谢,谓纳等曰:"吾若不返,子将安之?"咸曰:"请死之。"相泣而别。至江陵,王下琳吏。

辛酉,以王子方略为湘州刺史,又以廷尉黄罗汉为长史,使与太舟卿张载至巴陵,先据琳军。载有宠于王,而御下峻刻,荆州人疾之如雠。罗汉等至琳军,陆纳及士卒并哭,不肯受命,执罗汉及载。王遣宦者陈旻往谕之,纳对旻刳载腹,抽肠以系马足,使绕而走,肠尽气绝。又脔割,出其心,向之抃舞,焚其馀骨。以黄罗汉清谨而免之。纳与诸将引兵袭湘州,时州中无主,纳遂据之。

38　公卿藩镇数劝进于湘东王,十一月丙子,世祖即皇帝位于江陵,改元,大赦。是日,帝不升正殿,公卿陪列而已。

39　丁丑,以宜丰侯循为湘州刺史。

40　己卯,立王太子方矩为皇太子,更名元良。皇子方智为晋安王,方略为始安王,方等之子庄为永嘉王。追尊母阮修容为文宣皇后。

侯景之乱,州郡太半入魏,自巴陵以下至建康,以长江为限,荆州界北尽武宁,西拒硖口,岭南复为萧勃所据,诏令所行,千里而近,民户著籍,不盈三万而已。

41　陆纳袭击衡州刺史丁道贵于渌口,破之。道贵奔零陵,其众悉降于纳。上闻之,遣使征司徒王僧辩、右卫将军杜崱、平北将军裴之横与宜丰侯循共讨纳,循军巴陵以待之。

于是就秘密向湘东王汇报了王琳的过失,要求杀掉王琳。湘东王命令王琳离开建康,到湘州去,王琳怀疑自己会遭祸,就派长史陆纳率领部属人员去湘州,自己亲身到江陵表达谢恩之情。走前,他对陆纳等人说:"我要是回不来,你将要怎么办?"大家都说:"跟你一块死。"大家相对而泣,然后分别了。王琳到了江陵,湘东王就把他抓起交给吏部处理。

辛酉(二十七日),萧绎任命王子萧方略为湘州刺史,又任命廷尉黄罗汉为长史,派他和太舟卿张载到巴陵去,先把王琳的军队接管过来。张载很得湘东王宠爱,但他管理手下部属很严厉苛刻,荆州人恨他像恨仇人一样。黄罗汉等人到了王琳的军队中,陆纳和士兵都痛哭流涕,不肯被收编,把黄罗汉、张载抓了起来。湘东王派宫中宦官陈旻去做说服工作,陆纳当着陈旻的面把张载的肚子剖开,抽出他的肠子系在马的脚上,让马绕来绕去走,直到肠子拽完气绝而死。又一片片割张载的肉,挖出他的心肝,向着尸体拍手跳舞,再把剩下的骨头全烧了。黄罗汉由于清廉谨严而免予加害。陆纳和将领们带兵袭击湘州,当时州里没有主事人,陆纳就占据了湘州。

38　公卿大臣、各路军事头领多次劝湘东王登帝位,十一月丙子(十二日),世祖在江陵登上皇帝位,改换年号,大赦天下。这一天,皇帝没有升坐正殿,只是让公卿大臣左右排列一下而已。

39　丁丑(十三日),梁元帝萧绎任命宜丰侯萧循为湘州刺史。

40　己卯(十五日),萧绎立王太子萧方矩为皇太子,把他的名字改叫萧元良。皇子萧方智封为晋安王,萧方略封为始安王,已战死的萧方等的儿子萧庄封为永嘉王。追尊母亲阮修容为文宣皇后。

侯景之乱以来,梁朝的州郡有一大半被并入西魏,自巴陵以下至建康这一线治理范围只在长江以南,荆州境内北边到武宁为止,西边到硖口为止,岭南又被萧勃占据着,朝廷诏令所到的地方,不过方圆千里以内,百姓户口登记在簿册上的,还不满三万户。

41　陆纳在渌口袭击衡州刺史丁道贵,击败了他。丁道贵逃奔到零陵,他的部众全部投降了陆纳。元帝听到消息之后,派使者征召司徒王僧辩、右卫将军杜崱、平北将军裴之横和宜丰侯萧循,命令他们一起讨伐陆纳。萧循的部队驻扎在巴陵等待截击敌军。

侯景之乱，零陵人李洪雅据其郡，上即以为营州刺史。洪雅请讨陆纳，上许之。丁道贵收馀众与之俱。纳遣其将吴藏袭击，破之，洪雅等退保空云城，藏引兵围之。顷之，纳请降，求送妻子。上遣陈旻至纳所，纳众皆泣，曰："王郎被囚，故我曹逃罪于湘州，非有他志也。"乃出妻子付旻。旻至巴陵，循曰："此诈也，必将袭我。"乃密为之备。纳果夜以轻兵继旻后，约至城下鼓噪。十二月壬午晨，去巴陵十里，众谓已至，即鼓噪，军中皆惊。循坐胡床，于垒门望之，纳乘水来攻，矢下如雨，循方食甘蔗，略无惧色，徐部分将士击之，获其一舰；纳退保长沙。

42　壬午，齐主还邺。戊午，复如晋阳。

侯景之乱时,零陵人李洪雅占据了该郡,元帝就此任命他为营州刺史。李洪雅请求参加讨伐陆纳,元帝答应了。丁道贵收拾残兵跟他一起出发。陆纳派他的将领吴藏袭击他们,击溃了他们的军队,李洪雅等人只好退入空云城以自保,吴藏带兵把空云城包围了起来。过一阵子,陆纳要求投降,请求送妻子、儿子到江陵为人质。元帝派陈昙到陆纳那里,陆纳等人都大哭,说:"王琳被抓起来,因此我们才到湘州去逃罪,不是有什么别的野心。"于是把妻子儿子交给陈昙带回。陈昙回到巴陵时,萧循听到消息,说:"这里有诈,他一定会来袭击我军。"于是秘密地做了充分准备。陆纳果然乘着黑夜掩护,派一支轻装士兵跟在陈昙后头,约好到巴陵城下一齐大声喧哗,乘其不备攻城。十二月壬午的早晨,陆纳的军队离巴陵还有十里路,大家以为已经到巴陵了,就大声喧哗起来,萧循军中无不受惊。萧循坐在胡床上,从垒门里望出去,只见陆纳乘着水势来发动进攻,箭头像雨一样飞来,而萧循正啃着甘蔗,一点害怕的神色也没有,慢慢指挥部分将士去截击,缴获了敌军一条兵舰。陆纳只好退守长沙。

42　壬午,北齐国主高洋回到邺城。戊午,又到晋阳去巡视。

卷第一百六十五　梁纪二十一

起癸酉(553)尽甲戌(554)凡二年

世祖孝元皇帝下
承圣二年(癸酉,553)

1　春,正月,王僧辩发建康,承制使陈霸先代镇扬州。

2　丙子,山胡围齐离石。戊寅,齐主讨之,未至,胡已走,因巡三堆,大猎而归。

3　以吏部尚书王褒为左仆射。

4　己丑,齐改铸钱,文曰"常平五铢"。

5　二月庚子,李洪雅力屈,以空云城降陆纳。纳囚洪雅,杀丁道贵。纳以沙门宝志诗谶有"十八子",以为李氏当王,甲辰,推洪雅为主,号大将军,使乘平肩舆,列鼓吹,纳帅众数千,左右翼从。

6　魏太师泰去丞相、大行台,为都督中外诸军事。

7　王雄至东梁州,黄众宝帅众降。太师泰赦之,迁其豪帅于雍州。

8　齐主送柔然可汗铁伐之父登注及兄库提还其国。铁伐寻为契丹所杀,国人立登注为可汗。登注复为其大人阿富提所杀,国人立库提。

世祖孝元皇帝下

梁元帝承圣二年(癸酉,公元553年)

1　春季,正月,王僧辩从建康出发,按朝制让陈霸先从京口回来替代他镇守扬州。

2　丙子(十三日),山胡包围了北齐的离石城。戊寅(十五日),北齐国主高洋出兵讨伐,还没到离石,山胡已经跑了,于是乘便巡视了三堆一带,痛快地打了一场猎后回来。

3　梁元帝任命吏部尚书王褒为左仆射。

4　己丑(二十六日),北齐修改铸钱的图样,上面铸的字为"常平五铢"。

5　二月庚子(初七),李洪雅兵力不济,献出空云城投降陆纳。陆纳把李洪雅关起来,杀了丁道贵。陆纳因为僧人宝志写的诗谶中有"十八子"字样,以为姓李的会当皇帝,便于甲辰(十一日),推举李洪雅为主子,封号为大将军,让他坐在平肩舆上,排列鼓吹乐队,自己则率领几千士兵在左右护卫。

6　西魏太师宇文泰辞去丞相、大行台等职,出任都督中外诸军事。

7　王雄进军东梁州,黄众宝率众投降。太师宇文泰赦免了黄众宝,把他手下骁勇的将领迁到了雍州。

8　北齐国主高洋送柔然可汗铁伐的父亲登注和哥哥库提回到了他们的国家。铁伐不久被契丹人杀害,其国人又立登注为可汗,登注又被头人阿富提杀死,国人又立库提为可汗。

9　突厥伊利可汗卒，子科罗立，号乙息记可汗。三月，遣使献马五万于魏。柔然别部又立阿那瓖叔父邓叔子为可汗。乙息记击破邓叔子于沃野北木赖山。乙息记卒，舍其子摄图而立其弟俟斤，号木杆可汗。木杆状貌奇异，性刚勇，多智略，善用兵，邻国畏之。

10　上闻武陵王纪东下，使方士画版为纪像，亲钉支体以厌之，又执侯景之俘以报纪。初，纪之举兵，皆太子圆照之谋也。圆照时镇巴东，执留使者，启纪云："侯景未平，宜急进讨。已闻荆镇为景所破。"纪信之，趣兵东下。

上甚惧，与魏书曰"子纠，亲也，请君讨之"。太师泰曰："取蜀制梁，在兹一举。"诸将咸难之。大将军代人尉迟迥，泰之甥也，独以为可克。泰问以方略，迥曰："蜀与中国隔绝百有馀年，恃其险，不虞我至，若以铁骑兼行袭之，无不克矣。"泰乃遣迥督开府仪同三司原珍等六军，甲士万二千，骑万匹，自散关伐蜀。

11　陆纳遣其将吴藏、潘乌黑、李贤明等下据车轮。王僧辩至巴陵，宜丰侯循让都督于僧辩，僧辩弗受。上乃以僧辩、循为东、西都督。夏，四月丙申，僧辩军于车轮。

12　吐谷浑可汗夸吕，虽通使于魏而寇抄不息，宇文泰将骑三万逾陇，至姑臧，讨之。夸吕惧，请服，既而复通使于齐。凉州刺史史宁觇知其还，袭之于赤泉，获其仆射乞伏触状。

9 突厥人伊利可汗去世,其子科罗立为可汗,封号是乙息记可汗。三月,科罗派使者献马匹五万给西魏。柔然另一个部落又立阿那瓌的叔父邓叔子为可汗。乙息记可汗在沃野北边木赖山一带把邓叔子打得大败。乙息记去世,没有立他的儿子摄图而立他的弟弟俟斤为可汗,封号为木杆可汗。木杆可汗相貌颇为奇特怪异,性格刚强勇猛,足智多谋,善于用兵打仗,邻国都怕他。

10 元帝听到武陵王萧纪出兵东下的消息,就派会妖术的方士在木版上画上萧纪的图像,亲自往图像的躯体四肢上钉钉子,以为可以厌杀他。又把侯景的俘虏押送到萧纪那儿,告诉他侯景已平。当初,萧纪举兵东进,全是太子萧圆照的主意。萧圆照这时镇守巴东,截获了使者,派人报告萧纪说:“侯景还没平定,应该赶快进军声讨。我已听到荆镇被侯景攻破的消息。”萧纪信以为真,就火速率兵东下。

元帝很害怕,就写信给西魏求援,信中引用了《左传》中鲍叔所说的“子纠,是我的亲族,请你不必顾虑,出兵讨伐他”,让宇文泰出兵打萧纪。太师宇文泰说:“夺取蜀地,制伏梁朝,就在这一次了。”但是,将领们都面有难色。大将军代京人尉迟迥是宇文泰的外甥,只有他以为能打下来。宇文泰问他有什么方法,尉迟迥说:“蜀地和中国别的地区隔绝有一百多年了,仗恃其地险要,从来不曾担心我军会去攻打,如果我们用铁甲骑兵,昼夜兼行去偷袭,没有打不下来的。”宇文泰深以为然,就派尉迟迥率领开府仪同三司原珍等六支部队,甲士一万两千人,骑兵一万,从散关进发讨伐蜀地。

11 陆纳派他的部将吴藏、潘乌黑、李贤明等人占据了车轮。王僧辩到了巴陵,宜丰侯萧循把都督让给王僧辩,王僧辩不接受。元帝就任命王僧辩、萧循为东西都督。夏季,四月丙申(初四),王僧辩把军队驻扎在车轮。

12 吐谷浑可汗夸吕,虽然和西魏互派使者修好,但仍然在西魏边境抢劫进犯不止,宇文泰带骑兵三万人越过陇地,抵达姑臧去讨伐夸吕。夸吕害怕了,请求降服,但不久又派使者去联通北齐。凉州刺史史宁侦察到夸吕回来了,就在赤泉设伏兵袭击了他,抓获了他的仆射乞伏触壮。

13　陆纳夹岸为城，以拒王僧辩。纳士卒皆百战之馀，僧辩惮之，不敢轻进，稍作连城以逼之。纳以僧辩为怯，不设备。五月甲子，僧辩命诸军水陆齐进，急攻之，僧辩亲执旗鼓，宜丰侯循亲受矢石，拔其二城。纳众大败，步走，保长沙。乙丑，僧辩进围之。僧辩坐垒上视筑围垒，吴藏、李贤明帅锐卒千人开门突出，蒙楯直进，趋僧辩。时杜崱、杜龛并侍左右，甲士卫者止百馀人，力战拒之。僧辩据胡床不动，裴之横从旁击藏等，藏等败退，贤明死，藏脱走入城。

14　武陵王纪至巴郡，闻有魏兵，遣前梁州刺史巴西谯淹还军救蜀。初，杨乾运求为梁州刺史，纪以为潼州刺史；杨法琛求为黎州刺史，以为沙州：二人皆不悦。乾运兄子略说乾运曰：“今侯景初平，宜同心戮力，保国宁民，而兄弟寻戈，此自亡之道也。夫木朽不雕，世衰难佐，不如送款关中，可以功名两全。”乾运然之，令略将二千人镇剑阁，又遣其婿乐广镇安州，与法琛皆潜通于魏。魏太师泰密赐乾运铁券，授骠骑大将军、开府仪同三司、梁州刺史。尉迟迥以开府仪同三司侯吕陵始为前军，至剑阁，略退就乐广，翻城应始，始入据安州。甲戌，迥至涪水，乾运以州降。迥分军守之，进袭成都。时成都见兵不满万人，仓库空竭，永丰侯㧑婴城自守，迥围之。谯淹遣江州刺史景欣、幽州刺史赵拔扈援成都，迥使原珍等击走之。

13 陆纳夹江岸修筑城垒,以抵抗王僧辩。陆纳的士兵都是身经百战的亡命之徒,王僧辩有点害怕,因此不敢大意轻进,慢慢修筑相连的城垒来逼近陆纳的部队。陆纳以为王僧辩胆怯,一点也不防备。五月甲子(初三),王僧辩命令水陆各路兵马齐头并进,猛烈发动进攻。王僧辩亲自举旗擂鼓,宜丰侯萧循亲自迎着飞箭乱石,从而攻下了陆纳的两座城垒。陆纳的队伍大败而逃,急跑退保长沙。乙丑(初四),王僧辩挥师进逼并把陆纳包围起来。王僧辩坐在土岸上督察兵士修筑围垒,吴藏、李贤明突然率领精锐将士一千人开门冲出来,拿着盾牌挥矛直进,朝王僧辩冲去。这时杜岿、杜龛两人都侍立在王僧辩身边,甲士、警卫人员只有一百多人,拼死抵抗。战斗异常激烈,但王僧辩坐在胡床上不动。裴之横从旁边率军袭击吴藏等人,吴藏才败退下去,李贤明战死,吴藏逃脱跑入城里。

14 武陵王萧纪的军队抵达巴郡,听说有西魏的士兵出现,就派前梁州刺史巴西人谯淹掉头回师救蜀。当初,杨乾运要求当梁州刺史,萧纪任命他为潼州刺史;杨法琛要求当黎州刺史,萧纪任命他为沙州刺史,两人都不高兴。杨乾运的侄子杨略向杨乾运进言说:"现在侯景之乱刚刚平定,应该同心协力,保卫国家,安抚黎民,而萧纪却起兵与萧绎争帝,兄弟打仗,争斗不已,这是自我灭亡的行为。人们说木头朽烂了就不能雕刻,世道衰颓了就难以扶救,我看咱们不如和西魏联络一下,派人到关中去表示归附的心迹,这样可以功名两全。"杨乾运深以为然,命令杨略带兵两千去镇守剑阁,又派他女婿乐广去镇守安州,连同杨法琛一起,暗暗和西魏打通了关系。西魏太师宇文泰秘密地把丹书铁券赐给杨乾运,并授予他骠骑大将军、开府仪同三司、梁州刺史的职位。西魏尉迟迥以开府仪同三司侯吕陵始为前军,抵达剑阁,杨略有意弃城退却,去投靠乐广,他从城墙翻出来接应侯吕陵始,这样,侯吕陵始就轻而易举地占据了安州。甲戌(十三日),尉迟迥进军到涪水,杨乾运献出潼州投降。尉迟迥分出一部分军队守潼州,大军继续挺进,袭击成都。这时成都的守军剩下不满一万人,仓库空虚,粮草兵器都用完了,永丰侯萧㧑环城防守,尉迟迥把成都包围起来。谯淹派江州刺史景欣、幽州刺史赵拔扈带兵去支援成都。尉迟迥派原珍等人击跑了他们。

武陵王纪至巴东,闻侯景已平,乃自悔,召太子圆照责之,对曰:"侯景虽平,江陵未服。"纪亦以既称尊号,不可复为人下,欲遂东进。将卒日夜思归,其江州刺史王开业以为宜还救根本,更思后图。诸将皆以为然。圆照及刘孝胜固言不可,纪从之,宣言于众曰:"敢谏者死!"己丑,纪至西陵,军势甚盛,舳舻翳川。护军陆法和筑二城于峡口两岸,运石填江,铁锁断之。

帝拔任约于狱,以为晋安王司马,使助法和拒纪,谓之曰:"汝罪不容诛,我不杀,本为今日!"因撤禁兵以配之,仍许妻以庐陵王续之女,使宣猛将军刘棻与之俱。

15 庚辰,巴州刺史余孝顷将兵万人会王僧辩于长沙。

16 豫章太守观宁侯永,昏而少断,左右武蛮奴用事,军主文重疾之。永将兵讨陆纳,至宫亭湖,重杀蛮奴,永军溃,奔江陵。重将其众奔开建侯蕃,蕃杀之而有其众。

17 六月壬辰,武陵王纪筑连城,攻绝铁锁,陆法和告急相继。上复拔谢答仁于狱,以为步兵校尉,配兵使助法和。又遣使送王琳,令说谕陆纳。乙未,琳至长沙,僧辩使送示之,纳众悉拜且泣,使谓僧辩曰:"朝廷若赦王郎,乞听入城。"僧辩不许,复送江陵。陆法和求救不已,上欲召长沙兵,恐失陆纳,乃复遣琳许其入城。琳既入,纳遂降,湘州平。上复琳官爵,使将兵西援峡口。

武陵王萧纪进军到巴东时,才听说侯景之乱已经平定,于是感到后悔,就把太子萧圆照找来,责备他,萧圆照回答说:"侯景之乱虽平,但江陵方面湘东王并没有臣服呀!"萧纪也认为自己既然已经称帝,就不能再臣服别人,于是就想继续东进。但是,他军中的将士们日夜思念故土,想回老家,他手下的江州刺史王开业认为应该回去,救援成都,巩固根本,慢慢再考虑今后的发展。将领们也都觉得这种想法是对的。只有萧圆照和刘孝胜固执地说不行,必须继续东进,萧纪听从了这两人的意见,当众宣布说:"敢再多说的就处死!"己丑,萧纪的军队到达西陵,军势看起来很强盛,战船把河道都遮蔽了。江陵方面派护军陆法和在峡口修筑了两座城堡,运来很多大石头填江,同时拉上铁索把江面航道切断。

元帝把任约从监狱里放出来,任命他为晋安王司马,让他协助陆法和抵抗萧纪,并对他说:"你本来是该得死罪的,我不杀你,就是为了今天让你戴罪立功。"于是,把宫庭警卫部队也撤销了,把他们发配给任约指挥,元帝仍然答应任约把庐陵王萧续的女儿嫁给他,还派宣猛将军刘棻和他一块儿出发。

15 庚辰(十九日),巴州刺史余孝顷带领一万士兵去长沙和王僧辩会合。

16 豫章太守观宁侯萧永,糊涂而缺少决断,把事情一概托给身边的亲信武蛮奴来掌管,军主文重对此很痛恨。萧永带兵去讨伐陆纳,抵达宫亭湖时,文重杀了武蛮奴,萧永的军队溃败下来,逃跑回江陵。文重带着他的部众投奔开建侯萧蕃,萧蕃杀了文重,吞并了他的军队。

17 六月壬辰(初一),武陵王萧纪修筑互相连接的城垒,攻断了拦江的铁锁,陆法和连连向江陵告急。元帝又把谢答仁从监狱里放出来,任命他为步兵校尉,配以士兵,让他去协助陆法和。又派使者送王琳去陆纳那里,让他去劝说陆纳归顺。乙未(初四),王琳到了长沙,王僧辩派人送他去前线,把他指给陆纳看,陆纳等部众都拜倒在地哭泣不止。陆纳派人对王僧辩说:"朝廷如果赦免了王琳,请你放他到城里来。"王僧辩不允许,又把王琳送回江陵。陆法和不断求救,元帝想把在长沙的王僧辩的军队调动来使用,又怕失去陆纳,于是又派王琳去,允许他到陆纳占据的城里去劝降。王琳进了城,陆纳就投降了,湘州从此被平定了。元帝恢复了王琳的官职爵位,让他带兵向西去支援峡口。

18　甲辰，齐章武景王库狄干卒。

19　武陵王纪遣将军侯叡将众七千筑垒与陆法和相拒。上遣使与纪书，许其还蜀，专制一方。纪不从，报书如家人礼。陆纳既平，湘州诸军相继西上，上复与纪书曰："吾年为一日之长，属有平乱之功，膺此乐推，事归当璧。傥遣使乎，良所迟也。如曰不然，于此投笔。友于兄弟，分形共气，兄肥弟瘦，无复相见之期，让枣推梨，永罢欢愉之日。心乎爱矣，书不尽言。"纪顿兵日久，频战不利，又闻魏寇深入，成都孤危，忧懑不知所为。乃遣其度支尚书乐奉业诣江陵求和，请依前旨还蜀。奉业知纪必败，启上曰："蜀军乏粮，士卒多死，危亡可待。"上遂不许其和。

纪以黄金一斤为饼，饼百为箧，至有百箧，银五倍于金，锦罽、缯彩称是，每战，悬示将士，不以为赏。宁州刺史陈智祖请散之以募勇士，弗听，智祖哭而死。有请事者，纪称疾不见，由是将卒解体。

秋，七月辛未，巴东民苻昇等斩峡口城主公孙晃，降于王琳。谢答仁、任约进攻侯叡，破之，拔其三垒。于是两岸十四城俱降。纪不获退，顺流东下，游击将军樊猛追击之，纪众大溃，赴水死者八千馀人，猛围而守之。上密敕猛曰："生还，不成功也。"

18　甲辰(十三日),北齐章武景王库狄干去世。

19　武陵王萧纪派将军侯叡带领七千人修筑城堡和陆法和对抗。元帝派使者送信给萧纪,准许他带头回蜀,可以专制一方。萧纪不听从,回信用兄弟之礼相称,不用君臣之礼。陆纳被平定后,湘州各路人马相继向西开来,元帝再次写信给萧纪,说:"我年纪比你大,又有平定侯景的功劳,有幸被众人心悦诚服地推举,登基称帝的事实乃天意。倘若你这时看清形势,派使者来朝见称臣,这已经有点晚了。如果不这样做,那么就此扔下笔动刀兵吧!兄弟之间,本该友好,因为大家形体虽分,血脉气质却是相通的。如果兵锋相见,从此我强你弱,再也没有相见的时候,让枣推梨的儿时欢乐往事,也就一去不复返了。兄弟之爱存于我心,文字是不能完全表达的。"萧纪看到军队屯驻日久,频繁地打仗,都不顺利,又听说西魏的军队深入后方,成都处于孤立而危险的态势之中,于是忧愁愤懑,不知该怎么办好。于是,他派手下的度支尚书乐奉业去江陵向萧绎求和,请求按照以前萧绎信中说的回师蜀地。乐奉业看到萧纪必败无疑,就报告元帝说:"蜀军缺乏粮食,士兵死亡很多,全军灭亡,指日可待。"元帝听到这个情况,就不允许萧纪求和了。

萧纪用一斤黄金做成一个饼,一百个黄金饼装为一箱,积下的黄金共有一百箱,银子五百箱,其他锦缎、缯彩一类的东西也很多,每次作战,他都把这些东西挂起来让将士们看,但不用它作奖赏之物。宁州刺史陈智祖要求把这些财物分发给军队,以招募勇士,但萧纪不听,陈智祖情知这样下去,必败无疑,终于痛哭而死。有事情要求见的,萧纪推说自己病了,不予接见,因此军队将士离心离德,逐渐解体。

秋季,七月辛未(十一日),巴东平民符昇等人杀了峡口城守将公孙晃,投降了王琳。谢答仁、任约进攻侯叡,大获全胜,攻下了他的三座堡垒。于是长江两岸十四座城市全部投降了。萧纪后路被切断,没有退路了,只好顺流东下,一路游击突击,准备驻扎在南阳。樊猛派兵去追击,萧纪的部众分崩离析,四处溃逃,跳到水里淹死的有八千多人,樊猛把萧纪密密包围起来,严守着不让他逃脱。元帝秘密地派人送旨令给樊猛,说:"如果让萧纪生还,那就是不成功。"

猛引兵至纪所,纪在舟中绕床而走,以金囊掷猛曰:"以此雇卿,送我一见七官。"猛曰:"天子何由可见! 杀足下,金将安之!"遂斩纪及其幼子圆满。陆法和收太子圆照兄弟三人送江陵。上绝纪属籍,赐姓饕餮氏。下刘孝胜狱,已而释之。上使谓江安侯圆正曰:"西军已败,汝父不知存亡。"意欲使其自裁。圆正闻之号哭,称世子不绝声。上频使觇之,知不能死,移送廷尉狱,见圆照,曰:"兄何乃乱人骨肉,使痛酷如此!"圆照唯云"计误"。上并命绝食于狱,至啮臂啖之,十三日而死,远近闻而悲之。

乙未,王僧辩还江陵。诏诸军各还所镇。

20　魏尉迟迥围成都五旬,永丰侯㧑屡出战,皆败,乃请降。诸将欲不许,迥曰:"降之则将士全,远人悦;攻之则将士伤,远人惧。"遂受之。八月戊戌,㧑与宜都王圆肃帅文武诣军门降,迥以礼接之,与盟于益州城北。吏民皆复其业,唯收奴婢及储积以赏将士,军无私焉。魏以㧑及圆肃并为开府仪同三司,以迥为大都督益、潼等十二州诸军事、益州刺史。

21　庚子,下诏将还建康,领军将军胡僧祐、太府卿黄罗汉、吏部尚书宗懔、御史中丞刘毅谏曰:"建业王气已尽,与虏正隔一江,若有不虞,悔无及也! 且古老相承云:'荆州洲数满百,当出天子。'今枝江生洲,百数已满,陛下龙飞,是其应也。"

樊猛带兵攻入萧纪住处，萧纪在船上绕床而跑，用装金子的口袋扔向樊猛，说："我用这袋金子雇你，送我去和七官萧绎见一面。"樊猛拒绝说："天子怎么能随便见面，杀了你，金子能跑到哪儿去呢？"于是就杀了萧纪和他的小儿子萧圆满。陆法和押送太子萧圆照兄弟三人去江陵。元帝取消了萧纪的族籍，另赐他姓饕餮氏。元帝把刘孝胜投入监狱，后来又释放了他。元帝派人对江安侯萧圆正说："西军已经失败，你父亲不知死活。"意思是想让他自杀。萧圆正听了后大声号哭，口里连连抱怨太子萧圆照，说他误了萧纪，替萧纪引错了路。元帝不断派人去观察他，知道他没有自杀的意思，就把他移送到廷尉管的大狱里，在监狱，萧圆正见了萧圆照，说："哥哥何必鼓动父亲，使他们兄弟骨肉相残，弄出这样痛苦残酷的结局呢？"萧圆照只是说："计策有误。"元帝断绝了他们在监狱里的食物，让他们饿得咬自己的臂膀，过了十三天终于死了，远近听到消息，都为他们感到悲伤。

乙未，王僧辩回到江陵。元帝下诏让各路兵马都回到各自的镇所去。

20 西魏尉迟迥把成都包围了五十天，永丰侯萧㧑多次出城迎战，都失败了，于是请求投降。但是，尉迟迥手下的将领们不允许，尉迟迥说："接受他投降，则我军将士完好无死伤，远方百姓也高兴；继续进攻则将士必有伤亡，远方百姓会害怕。"于是就接受了萧㧑的投降。八月戊戌（初八），萧㧑和宜都王萧圆肃带着文武官员到尉迟迥军营前投降，尉迟迥按礼仪迎接了他，和他在益州城北订立了受降盟约。凡官吏百姓都各安其业，只没收奴婢和仓库积粮赏赐给守城的将士们，而尉迟迥的军队没有自己独吞。西魏任命萧㧑和萧圆肃一并为开府仪同三司，任命尉迟迥为大都督益、潼等十二诸州军事，兼益州刺史。

21 庚子（初十），元帝下诏令，准备回建康。领军将军胡僧祐、太府卿黄罗汉、吏部尚书宗懔、御史中丞刘毅等人进谏劝止，说："建业那地方王气已尽，而且和敌房只隔一条长江，如果有什么不测之灾，后悔就来不及了！况且从古至今，就相传说：'荆州的沙洲满一百时，定会出天子。'现在枝江生出了一个新的沙洲，荆州的沙洲已经满一百了，所以陛下云腾龙飞，乘势而起，正是其应验呀。"

上令朝臣议之。黄门侍郎周弘正、尚书右仆射王褒曰:"今百姓未见舆驾入建康,谓是列国诸王。愿陛下从四海之望。"时群臣多荆州人,皆曰:"弘正等东人也,志愿东下,恐非良计。"弘正面折之曰:"东人劝东,谓非良计;西人欲西,岂成长策?"上笑。又议于后堂,会者五百人,上问之曰:"吾欲还建康,诸卿以为如何?"众莫敢先对。上曰:"劝吾去者左袒。"左袒者过半。武昌太守朱买臣言于上曰:"建康旧都,山陵所在。荆镇边疆,非王者之宅。愿陛下勿疑,以致后悔。臣家在荆州,岂不愿陛下居此,但恐是臣富贵,非陛下富贵耳!"上使术士杜景豪卜之,不吉,对上曰:"未去。"退而言曰:"此兆为鬼贼所留也。"上以建康凋残,江陵全盛,意亦安之,卒从僧祐等议。

22　以湘州刺史王琳为衡州刺史。

23　九月庚午,诏王僧辩还镇建康,陈霸先复还京口。丙子,以护军将军陆法和为郢州刺史。法和为政,不用刑狱,专以沙门法及西域幻术教化,部曲数千人,通谓之弟子。

24　契丹寇齐边。壬午,齐主北巡冀、定、幽、安,遂伐契丹。

25　齐主使郭元建治水军二万馀人于合肥,将袭建康,纳湘潭侯退,又遣将军邢景远、步大汗萨帅众继之。陈霸先在建康闻之,白上。上诏王僧辩镇姑孰以御之。

元帝让朝廷大臣们讨论这件事。黄门侍郎周弘正、尚书右仆射王
褒说:"现在老百姓还没看见皇上车辆仪仗进入建康,因此以为皇
上还是列国诸王之一。希望陛下依从四海黎民的瞩望,回建康定
都。"当时群臣大多是荆州人,都说:"周弘正等是东边的人,当然一
心要回东边去,他们的主张恐怕不是什么好主意。"周弘正当面争
辩说:"东边的人劝皇上去东边,就说不是好主意;西边的人想去西
边,难道倒成了妙策?"元帝听着他们争论,不禁笑了。定都建康的
问题又在后堂进行讨论,与会者共五百人,元帝问大家:"我想回建
康定都,各位大臣,你们对这件事有什么看法?"众人谁也不敢先回
答。元帝看大家都不吱声,就说:"劝我去建康的把左肩膀袒露出
来。"结果袒露左肩的人过了一半。武昌太守朱买臣向元帝进言,
说:"建康是我们梁朝的旧都,是帝室祖宗陵墓的所在地。而荆州
是边疆军事重镇,不是帝王居住的地方。希望陛下下决心回建康,
不要怀疑犹豫,以致将来后悔。我家就住在荆州,难道不愿陛下住
在这儿?但这样做恐怕是臣下富贵之计,不是陛下富贵之计了!"
元帝又让术士杜景豪占卜吉凶,结果不吉利,因此杜景豪对元帝
说:"别去建康。"退朝后他又说:"这个征兆是鬼贼所留下的。"元帝
认为建康经过战乱,凋敝残破,而江陵正处于全盛之时,心里的意
思也是安于此地,不想搬到建康去,于是听从了胡僧祐等人的意
见,留在江陵。

22 元帝任命湘州刺史王琳为衡州刺史。

23 九月庚午(十一日),元帝下诏命令王僧辩回建康镇守,陈
霸先再回京口。丙子(十七日),任命护军将军陆法和为郢州刺史。
陆法和处理政事,不用刑法,不用断狱,专门用佛法和西域传来的
幻术搞教化,他的部属几千人,都称为弟子。

24 契丹族在北齐边境虏掠。壬午(二十三日),北齐国主高
洋到北方巡视冀州、定州、幽州、安州,于是决定讨伐契丹。

25 北齐国主派郭元建在合肥训练水军两万馀人,准备袭击
建康,北齐接受了湘潭侯萧退的投降,又派将军邢景远、步大汗萨
率领部众跟进。陈霸先在建康听到消息,就向元帝报告。元帝下
诏调王僧辩镇守姑孰进行抵抗。

26 冬,十月丁酉,齐主至平州,从西道趣长堑,使司徒潘相乐帅精骑五千自东道趣青山。辛丑,至白狼城。壬寅,至昌黎城,使安德王韩轨帅精骑四千东断契丹走路。癸卯,至阳师水,倍道兼行,掩袭契丹。齐主露髻肉袒,昼夜不息,行千馀里,逾越山岭,为士卒先,唯食肉饮水,壮气弥厉。甲辰,与契丹遇,奋击,大破之,虏获十馀万口,杂畜数百万头。潘相乐又于青山破契丹别部。丁未,齐主还至营州。

27 己酉,王僧辩至姑孰,遣婺州刺史侯瑱、吴郡太守张彪、吴兴太守裴之横筑垒东关,以待齐师。

28 丁巳,齐主登碣石山,临沧海,遂如晋阳。以肆州刺史斛律金为太师,乃还晋阳,拜其子丰乐为武卫大将军,命其孙武都尚义宁公主,宠待之厚,群臣莫及。

29 闰月丁丑,南豫州刺史侯瑱与郭元建战于东关,齐师大败,溺死者万计。湘潭侯退复归于邺,王僧辩还建康。

30 吴州刺史开建侯蕃,恃其兵强,贡献不入,上密令其将徐佛受图之。佛受使其徒诈为讼者,诣蕃,遂执之。上以佛受为建安太守,以侍中王质为吴州刺史。质至鄱阳,佛受置之金城,自据罗城,掌门管,缮治舟舰甲兵,质不敢与争。故开建侯部曲数千人攻佛受,佛受奔南豫州,侯瑱杀之,质始得行州事。

31 十一月戊戌,以尚书右仆射王褒为左仆射,湘东太守张缵为右仆射。

32 己未,突厥复攻柔然,柔然举国奔齐。

26　冬季,十月丁酉(初八),北齐国主高洋抵达平州,又通过西边的道路到长堑,派司徒潘相乐率领精锐骑兵五千人从东边的道路逼近青山。辛丑(十二日),北齐军队抵达白狼城。壬寅(十三日),抵达昌黎城,并派安德王韩轨率领精锐骑兵四千人切断了契丹东边的逃跑道路。癸卯(十四日),抵达阳师水,一路上以加倍的速度前进,昼夜兼行,奔袭契丹。北齐国主高洋露着发髻,袒着臂膀,昼夜不息,一气行军一千多里,爬山越岭,走在前面给士卒做榜样,一路上只是大块吃肉,痛饮泉水,因此军中杀敌定边的壮志越来越高昂。甲辰(十五日),北齐军队与契丹相遇,契丹人大败,俘虏敌军十多万人,缴获各种牲畜几百万头。潘相乐又在青山打败另一支契丹军队。丁未(十八日),北齐国主高洋回到营州。

27　己酉(二十日),王僧辩到姑孰,派遣婺州刺史侯瑱、吴郡太守张彪、吴兴太守裴之横在东关筑营垒,以等待北齐的军队。

28　丁巳(二十八日),北齐国主高洋登上碣石山,东望沧海,然后就返回晋阳去。高洋任命肆州刺史斛律金为太师,回到晋阳后,又任命斛律金的儿子斛律丰乐为武卫大将军,让斛律金的孙子斛律武都娶了义宁公主,对他的宠爱优待之厚,其他臣子均无法相比。

29　闰十一月丁丑,南豫州刺史侯瑱与郭元建交战于东关,北齐军队大败,淹死的士兵数以万计。湘潭侯萧退又退回到邺城,王僧辩回建康。

30　吴州刺史开建侯萧蕡,仗恃自己兵力强大,不向朝廷进贡。元帝秘密命令他的将领徐佛受算计他。徐佛受派他的党徒假装成打官司的人,去求见萧蕡,趁机把萧蕡抓起来。元帝任命徐佛受为建安太守,任命侍中王质为吴州刺史。王质到了鄱阳,徐佛受把他安置在金城,自己占据罗城,掌握城门钥匙,致力于修缮船只,训练士兵,王质不敢和他争权。原来属于开建侯萧蕡的部属几千人哗变,进攻徐佛受,徐佛受逃往南豫州,侯瑱把他杀了,这样,王质才开始得以行使州政大权。

31　十一月戊戌,元帝任命尚书右仆射王褒为左仆射,湘东太守张绾为右仆射。

32　己未(初一),突厥人又进攻柔然,柔然全国都投奔了北齐。

33　癸亥，齐主自晋阳北击突厥，迎纳柔然，废其可汗库提，立阿那瓌子庵罗辰为可汗，置之马邑川，给其廪饩缯帛。亲追突厥于朔州，突厥请降，许之而还。自是贡献相继。

34　魏尚书元烈谋杀宇文泰，事泄，泰杀之。

35　丙寅，上使侍中王琛使于魏。太师泰阴有图江陵之志，梁王詧闻之，益重其贡献。

36　十二月，齐宿预民东方白额以城降，江西州郡皆起兵应之。

三年(甲戌,554)

1　春，正月癸巳，齐主自离石道讨山胡，遣斛律金从显州道，常山王演从晋州道夹攻，大破之，男子十三以上皆斩，女子及幼弱以赏军，遂平石楼。石楼绝险，自魏世所不能至，于是远近山胡莫不慑服。有都督战伤，其什长路晖礼不能救，帝命刳其五藏，令九人食之，肉及秽恶皆尽。自是始为威虐。

2　陈霸先自丹徒济江，围齐广陵，秦州刺史严超达自秦郡进围泾州，南豫州刺史侯瑱、吴郡太守张彪皆出石梁，为之声援。辛丑，使晋陵太守杜僧明帅三千人助东方白额。

3　魏太师泰始作九命之典，以叙内外官爵，改流外品为九秩。

4　魏主自元烈之死，有怨言，密谋诛太师泰；临淮王育、广平王赞垂涕切谏，不听。泰诸子皆幼，兄子章武公导、

33　癸亥(初五),北齐国主高洋从晋阳北边进攻突厥人,迎接并接受柔然的投靠,他把柔然可汗库提废了,另立阿那瓌的儿子庵罗辰为可汗,把他们安置在马邑川,供给他们俸禄、粮食、缯帛。北齐国主高洋亲自在朔州追击突厥人,突厥人请求投降,高洋答应了,于是回师。从此之后,突厥人就年年进贡了。

34　西魏尚书元烈阴谋杀害宇文泰,事情泄漏,宇文泰杀了他。

35　丙寅(初八),元帝派侍中王琛出使西魏。太师宇文泰暗地里有夺取江陵的野心,梁王萧詧听到这消息,给西魏的贡品越发多了。

36　十二月,北齐宿预的平民东方白额献出宿预城投降梁朝,江西各州郡都不堪北齐的苛政,起兵响应东方白额,投奔梁朝。

梁元帝承圣三年(甲戌,公元554年)

1　春季,正月癸巳(初六),北齐国主高洋从离石道出发讨伐山胡,派斛律金从显州道,常山王高演从晋州道夹攻,把山胡打得大败,男子十三岁以上的都被杀头,女子和孩子赏给士兵,于是平定了石楼。石楼这地方极其险要,自从北魏开国以来就没有被征服过。于是远近山胡各部落没有不慑于齐国声威而臣服的。有一位都督在战斗中受伤,他手下的什长路晖礼没有救他,文宣帝高洋便令人把这个什长的五脏六腑全掏出来,命令队中的其他九个人都来吃,结果把肉和内脏等腥秽的东西全吃了。从这以后高洋就开始以酷虐逞威了。

2　陈霸先从丹徒渡江,包围了北齐的广陵,秦州刺史严超达从秦郡出发去包围泾州,南豫州刺史侯瑱、吴郡太宁张彪都从石梁出发,援助陈霸先。辛丑(十四日),梁朝派晋陵太守杜僧明率领三千人去帮助东方白额。

3　西魏太师宇文泰开始让人效法周朝官制,制定九品典章,用来区分朝廷内外不同的官爵,改订朝廷外的命官为九级。

4　西魏国主元钦自从元烈被宇文泰杀死之后,颇有怨言,就密谋要处死太师宇文泰,临淮王元育、广平王元赞哭着再三劝止,但元钦不听。宇文泰的儿子们都年幼,侄子章武公宇文导、

中山公护皆出镇,唯以诸婿为心膂,大都督清河公李基、义城公李晖、常山公于翼俱为武卫将军,分掌禁兵。基,远之子;晖,弼之子;翼,谨之子也。由是魏主谋泄,泰废魏主,置之雍州,立其弟齐王廓,去年号,称元年,复姓拓跋氏,九十九姓改为单者,皆复其旧。魏初统国三十六,大姓九十九,后多灭绝。泰乃以诸将功高者为三十六姓,次者为九十九姓,所将士卒亦改从其姓。

5 三月丁亥,长沙王韶取巴郡。

6 甲辰,以王僧辩为太尉、车骑大将军。

7 丁未,齐将王球攻宿预,杜僧明出击,大破之,球归彭城。

8 郢州刺史陆法和上启自称司徒,上怪之。王褒曰:"法和既有道术,容或先知。"戊申,上就拜法和为司徒。

9 己酉,魏侍中宇文仁恕来聘。会齐使者亦至江陵,帝接仁恕不及齐使,仁恕归,以告太师泰。帝又请据旧图定疆境,辞颇不逊,泰曰:"古人有言,'天之所弃,谁能兴之',其萧绎之谓乎!"荆州刺史长孙俭屡陈攻取之策,泰征俭入朝,问以经略,复命还镇,密为之备。马伯符密使告帝,帝弗之信。

10 柔然可汗庵罗辰叛齐,齐主自将出击,大破之,庵罗辰父子北走。太保安定王贺拔仁献马不甚骏,齐主拔其发,免为庶人,输晋阳负炭。

11 齐中书令魏收撰《魏书》,颇用爱憎为褒贬,每谓人曰:"何物小子,敢与魏收作色!举之则使升天,按之则使入地!"既成,

中山公宇文护都出任外镇将领,宫廷中只有他的几个女婿充当得力心腹,大都督清河公李基、义城公李晖、常山公于翼都被任命为武卫将军,分头掌管宫廷宿卫部队。李基是李远的儿子。李晖是李弼的儿子。李翼是李谨的儿子。因此,西魏国主元钦的阴谋很快就被宇文泰诸婿察觉了,宇文泰废了西魏国主元钦,把他发落到雍州去,另立他的弟弟齐王元廓为帝,取消了原来的年号,另立年号,称元年,帝室重新恢复姓拓跋,原先改为单姓的九十九种姓氏,现在也都恢复了他们原来的复姓。北魏当初建国时,魏成帝统一了三十六个小国,共有九十九个大姓,后来大多灭绝了。宇文泰就把他手下各位将领中功劳大的人封为三十六姓,功劳低一点的封为九十九姓,他们部下的兵卒也改姓了主将的姓。

5　三月丁亥(初一),长沙王萧韶攻取了巴郡。

6　甲辰(十八日),元帝任命王僧辩为太尉,封车骑大将军。

7　丁未(二十一日),北齐将领王球攻打宿预城,杜僧明带兵出击,大获全胜,王球只好退回彭城。

8　郢州刺史陆法和给皇帝上书时自称司徒,元帝觉得奇怪。王褒替他解释说:"陆法和既然有道术,也许这是他预先知道自己会当司徒吧。"戊申(二十二日),元帝干脆封陆法和为司徒。

9　己酉(二十三日),西魏派侍中宇文仁恕出使梁朝。刚好北齐的使者也到了江陵,元帝对宇文仁恕的接待不如对北齐使者那样隆重,宇文仁恕回国后,把这事告诉了太师宇文泰。元帝又要求按过去的版图来划定边境线,使用的言辞颇为傲慢,宇文泰说:"古人说得好:'天意要是想抛弃他,谁能使他兴起呢!'这话说的就是萧绎吧!"荆州刺史长孙俭过去曾多次陈述进攻梁朝的方略,宇文泰就把长孙俭征召入朝,向他询问向南进攻的计策,然后又命令他回到所镇守的地方,秘密地进行南下攻梁的准备。降魏的梁朝旧臣马伯符秘密派使者把这危险情况报告给元帝,但元帝不相信他。

10　柔然可汗庵罗辰起兵反叛北齐,北齐文宣帝亲自带兵出击,把他打得大败,庵罗辰父子向北逃跑。太保安定王贺拔仁贡献的马匹不太强壮,就把他的头发拔掉,免去官职,废为平民,发配到晋阳去背炭。

11　北齐中书令魏收修撰《魏书》,很爱以自己的爱憎任意褒贬人物,常常对人说:"你是个什么东西,敢和我魏收摆脸色!我在写史书,抬举你能让你升天,贬低你能叫你入地。"《魏书》写成以后,

中书舍人卢潜奏"收诬罔一代,罪当诛"。尚书左丞卢斐、顿丘李庶皆言《魏史》不直。收启齐主云:"臣既结怨强宗,将为刺客所杀。"帝怒,于是斐、庶及尚书郎中王松年皆坐谤史,鞭二百,配甲坊。斐、庶死于狱中,潜亦坐系狱。然时人终不服,谓之"秽史"。潜,度世之曾孙;斐,同之子;松年,遵业之子也。

12 夏,四月,柔然寇齐肆州,齐主自晋阳讨之,至恒州,柔然散走。帝以二千馀骑为殿,宿黄瓜堆。柔然别部数万骑奄至,帝安卧,平明乃起,神色自若,指画形势,纵兵奋击。柔然披靡,因溃围而出。柔然走,追击之,伏尸二十馀里,获庵罗辰妻子,虏三万馀口,令都督善无高阿那肱帅骑数千塞其走路。时柔然军犹盛,阿那肱以兵少,请益,帝更减其半。阿那肱奋击,大破之。庵罗辰超越岩谷,仅以身免。

13 丙寅,上使散骑常侍庾信等聘于魏。

14 癸酉,以陈霸先为司空。

15 丁未,齐主复自击柔然,大破之。

16 庚戌,魏太师泰鸩杀废帝。

17 五月,魏直州人乐炽、洋州人黄国等作乱,开府仪同三司高平田弘、河南贺若敦讨之,不克。太师泰命车骑大将军李迁哲与敦共讨炽等,平之。仍与敦南出,徇地至巴州,巴州刺史牟安民降之,巴、濮之民皆附于魏。蛮酋向五子王陷白帝,迁哲击之,五子王遁去,迁哲追击,破之。泰以迁哲为信州刺史,镇白帝。

中书舍人卢潜启奏高洋,说:"魏收的史书诬蔑了一代人,他的罪应该处死。"尚书左丞卢斐、顿丘人李庶都说《魏史》写得不公正。魏收启奏文宣帝,说:"我既然因修史和强大的宗族结下仇怨,那么将会被刺客杀死。"文宣帝听了勃然大怒,于是卢斐、李庶和尚书郎中王松年都因诽谤史书而获罪,每人被鞭打两百下,被发配在甲坊里制造兵甲。结果卢斐、李庶死在监狱中,卢潜也犯罪关入监狱。但当时人终究不服气,把《魏书》说成"秽史"。卢潜是卢度世的曾孙。卢斐是卢同的儿子。王松年是王遵业的儿子。

12 夏季,四月,柔然人进犯北齐的肆州,齐主高洋从晋阳出发去讨伐。进军到恒州时,柔然人四散而逃。齐主高洋派两千多名骑兵殿后,宿营在黄瓜堆。柔然的另一支部队几万骑兵突然到来,文宣帝安然高卧,到天亮才起床,神色自若,指划山川地形,然后指挥战士奋勇猛击敌阵。柔然人望风披靡,突破包围圈逃跑。柔然人逃跑了,北齐军队追击,尸体扔满二十馀里的道路,捉获了庵罗辰的妻子儿女,俘虏了三万多人,高洋命令都督善无人高阿那肱率领几千骑兵去挡住柔然人逃跑的道路。当时柔然军势还很盛大,阿那肱因为兵力太少,要求多派一些人马,但是文宣帝不但不给,反而减少了一半。阿那肱奋勇进攻,大破敌军。庵罗辰越过了岩谷,幸免于一死。

13 丙寅(十一日),元帝派散骑常侍庾信等出使西魏。

14 癸酉(十八日),梁朝任命陈霸先为司空。

15 丁未,北齐国主高洋又一次亲自进攻柔然,大获全胜。

16 庚戌,西魏太师宇文泰用毒药毒死了废帝元钦。

17 五月,西魏直州人乐炽、洋州人黄国等叛乱,开府仪同三司高平田弘、河南人贺若敦奉命讨伐,失败。太师宇文泰命令车骑大将军李迁哲与贺若敦一起讨伐乐炽等人,平定了这次叛乱。平乱之后,李迁哲仍然与贺若敦一起向南方进发,一路攻城略地,直达巴州,巴州刺史牟安民投降了他们,巴州、濮州的民众都依附了西魏。蛮族酋长向五子王攻陷了白帝城,李迁哲发兵攻打他,向五子王逃跑了,李迁哲追击,打败了他。宇文泰任命李迁哲为信州刺史,镇守白帝城。

信州先无储蓄，迁哲与军士共采葛根为粮，时有异味，辄分尝之，军士感悦。屡击叛蛮，破之，群蛮慑服，皆送粮饩，遣子弟入质。由是州境安息，军储亦赡。

18　柔然乙旃达官寇魏广武，柱国李弼遣击，破之。

19　广州刺史曲江侯勃，自以非上所授，内不自安。上亦疑之。勃启求入朝。五月乙巳，上以王琳为广州刺史，勃为晋州刺史。上以琳部众强盛，又得众心，故欲远之。琳与主书广汉李膺厚善，私谓膺曰：“琳，小人也，蒙官拔擢至此。今天下未定，迁琳岭南，如有不虞，安得琳力！窃揆官意不过疑琳，琳分望有限，岂与官争为帝乎！何不以琳为雍州刺史、镇武宁，琳自放兵作田，为国御捍。”膺然其言而弗敢启。

20　散骑郎新野庾季才言于上曰：“去年八月丙申，月犯心中星，今月丙戌，赤气干北斗。心为天王，丙主楚分，臣恐建子之月有大兵入江陵，陛下宜留重臣镇江陵，整旆还都以避其患。假令魏虏侵蹙，止失荆、湘，在于社稷，犹得无虑。”上亦晓天文，知楚有灾，叹曰：“祸福在天，避之何益！”

21　六月壬午，齐步大汗萨将兵四万趣泾州，王僧辩使侯瑱、张彪自石梁引兵助严超达拒之，瑱、彪迟留不进。将军尹令思将万馀人谋袭盱眙。齐冀州刺史段韶将兵讨东方白额于宿预，广陵、泾州皆来告急，诸将患之。韶曰：“梁氏丧乱，

信州这个地方早先没有粮草储备，李迁哲和士兵一起采葛根之类的野菜野果做粮食，不时能采得到新奇味道的，就分给士兵品尝，士兵都很感动、高兴。李迁哲多次进攻叛变的蛮族，打败了他们，各部蛮族被他的军威慑服，都送粮食来进贡，并派子弟来当人质。从此以后信州边境安定，人民得以休养生息，军队粮草储备也丰富了。

18 柔然乙旃达官进犯西魏广武，柱国李弼派兵出击，把他打得大败。

19 广州刺史曲江侯萧勃，觉得自己的官职不是元帝所授予的，内心很不安稳。元帝也怀疑他。萧勃向上请示要求到江陵朝见元帝。五月乙巳（二十日），元帝任命王琳为广州刺史，萧勃为晋州刺史。元帝因为王琳手下兵势强盛，又得到民众拥护，所以想疏远他。王琳与主书广汉人李膺关系很深，一向亲善，私下对李膺说："我王琳出身平民，不过是个小百姓，承蒙皇上提拔到这个份上。现在天下还没安定，就把我远远迁徙到岭南去，如果形势有变，发生不测的灾祸，我王琳想出力也够不着了！我私下揣度皇上的意思不就是对我不放心吗？其实我的志向和期待也很有限，难道还能想和皇上争帝位吗？何不任命我为雍州刺史，镇守武宁，我自会带兵屯垦，为国御敌，捍卫梁朝。"李膺觉得他的话很对，但不敢启奏皇上。

20 散骑郎新野人庾季才进言给元帝，说："去年八月丙申（初六），月亮侵犯了心宿中间的一颗星，这个月丙戌（十一日），赤气干犯了北斗星。心宿就是天王星，丙的天干主管楚地的分野，我担心建子之月有大兵来犯江陵，陛下应该留下重臣镇守江陵，自己整顿旌旗仪仗回建康以避开兵患。假如西魏入侵，我方失地，也止限于荆州、湘州，至于整个国家，还能处于安全之境。"元帝也懂得天文，心知楚地会有兵灾，长叹一声，说："祸福都在天意，避灾躲祸也徒劳无益！"

21 六月壬午（二十七日），北齐步大汗萨带兵四万人逼近泾州，王僧辩派侯瑱、张彪从石梁带兵帮助严超达抵抗，侯瑱、张彪接到命令，却迟迟滞留，不肯前进。梁朝将军尹令思带一万多人准备袭击盱眙。当时北齐冀州刺史段韶带兵在宿预讨伐东方白额，正好广陵、泾州两地都来告急，将领们都很担心。段韶说："梁朝连遭丧主的动乱，

国无定主,人怀去就,强者从之。霸先等外托同德,内有离心,诸君不足忧,吾揣之熟矣!"乃留仪同三司敬显携等围宿预,自引兵倍道趣泾州,途出盱眙。令思不意齐师猝至,望风退走。韶进击超达,破之,回趣广陵,陈霸先解围走。杜僧明还丹徒,侯瑱、张彪还秦郡。吴明彻围海西,镇将中山郎基固守,削木为箭,剪纸为羽,围之十旬,卒不能克而还。

22　柔然帅馀众东徙,且欲南寇,齐主帅轻骑邀之于金川。柔然闻之,远遁,营州刺史灵丘王峻设伏击之,获其名王数十人。

23　邓至羌檐桁失国,奔魏,太师泰使秦州刺史宇文导将兵纳之。

24　齐段韶还至宿预,使辩士说东方白额,白额开门请盟,因执而斩之。

25　秋,七月庚戌,齐主还邺。

26　魏太师泰西巡,至原州。

27　八月壬辰,齐以司州牧清河王岳为太保,司空尉粲为司徒,太子太师侯莫陈相为司空,尚书令平阳王淹录尚书事,常山王演为尚书令,中书令上党王涣为左仆射。

28　乙亥,齐仪同三司元旭坐事赐死。丁丑,齐主如晋阳。齐主之未为魏相也,太保、录尚书事平原王高隆之常侮之,及将受禅,隆之复以为不可,齐主由是衔之。崔季舒谮"隆之每见诉讼者辄加哀矜之意,以示非己能裁。"帝禁之尚书省。隆之尝与元旭饮,谓旭曰:"与王交,当生死不相负。"

国家没有确定的主人,臣子们心里怀着或去或留的两种心思,看谁势强就归附谁。陈霸先等人外表上托口与梁朝同心同德,其实内心早有了分离自雄的念头。你们不必担心,我对这个中情形都揣摩透了!"于是留下仪同三司敬显㧑等人围攻宿预,自己带兵以加倍的速度直取泾州,路上还经过了盱眙。尹令思没想到北齐军队会突然降临,赶快望风逃跑。段韶进攻严超达,打败了他,又回过头来逼近广陵,陈霸先解围退走,杜僧明回丹徒,侯瑱、张彪回秦郡。吴明彻围困海西,守将中山人郎基固守城池,削木头做箭头,剪纸片做箭尾羽饰,顽强抵抗,吴明彻围困了一百天,到底没能打下来,就退回去了。

22 柔然率领被击溃后剩余的士兵向东迁徙,而且想要向南进犯。北齐国主高洋率轻骑兵在金川向敌挑战。柔然听到消息,远远逃跑了,营州刺史灵丘人王峻设下埋伏袭击他们,捉获了他们的几十个有名的首领。

23 邓至羌人檐桁失去政权,投奔西魏,太师宇文泰派秦州刺史宇文导带兵接纳了他。

24 北齐段韶回到宿预,派一个善于言辞的人去游说东方白额,东方白额被说动了,打开城门要求和段韶结盟,段韶趁机把他抓起来杀了。

25 秋季,七月庚戌(二十六日),北齐国主高洋回到邺城。

26 西魏太师宇文泰到西边巡视,到达原州。

27 八月壬辰,北齐任命司州的地方长官清河王高岳为太保,司空尉粲为司徒,太子太师侯莫陈相为司空,尚书令平阳王高淹为录尚书事,常山王高演为尚书令,中书令上党王高涣为左仆射。

28 乙亥(二十一日),北齐国仪同三司元旭因犯罪被赐死。丁丑(二十三日),北齐国主高洋去晋阳。当初,高洋还没有当上东魏丞相的时候,太保、录尚书事平原王高隆之常常轻侮他,待到高洋将接受禅让的时候,高隆之又认为不能这样做,高洋因此记恨在心。崔季舒乘机进谗言说:"高隆之每次见到吃官司的人就都表示同情哀怜,以表示这不是他自己就能裁断的,企图把怨恨引向陛下。"文宣帝高洋听了,就把高隆之软禁在尚书省。高隆之曾经和元旭一块儿饮酒,对王旭说:"我和您的交情,是生死之交,永不相负!"

人有密言之者,帝由是发怒,令壮士筑百馀拳而舍之,辛巳,卒于路。久之,帝追忿隆之,执其子慧登等二十人于前,帝以鞭叩鞍,一时头绝,并投尸漳水。又发隆之冢,出其尸,斩截骸骨焚之,弃于漳水。

29　齐主使常山王演、上党王涣、清河王岳、平原王段韶帅众于洛阳西南筑伐恶城、新城、严城、河南城。九月,齐主巡四城,欲以致魏师,魏师不出,乃如晋阳。

30　魏宇文泰命侍中崔猷开回车路以通汉中。

31　帝好玄谈,辛卯,于龙光殿讲《老子》。

32　曲江侯勃迁居始兴,王琳使副将孙玚先行据番禺。

33　乙巳,魏遣柱国常山公于谨、中山公宇文护、大将军杨忠将兵五万入寇,冬,十月壬戌,发长安。长孙俭问谨曰:"为萧绎之计,将如之何?"谨曰:"耀兵汉、沔,席卷渡江,直据丹杨,上策也;移郭内居民退保子城,峻其陴堞,以待援军,中策也;若难于移动,据守罗郭,下策也。"俭曰:"揣绎定出何策?"谨曰:"下策。"俭曰:"何故?"谨曰:"萧氏保据江南,绵历数纪,属中原多故,未遑外略。又以我有齐氏之患,必谓力不能分。且绎懦而无谋,多疑少断,愚民难与虑始,皆恋邑居,所以知其用下策也!"

有人把这话密告给文宣帝,文宣帝因此勃然大怒,命令壮士把他打了一百多拳,然后扔掉,辛巳(二十九日),高隆之就这样死在路边。过后很久,文宣帝对高隆之越想越恼怒,又把他的儿子慧登等二十人捉到自己面前处斩,文宣帝以马鞭击打马鞍为号,令人一下子砍下这二十人的头,然后把尸体一起扔到漳水里去。又把高隆之的坟墓挖开,把尸体刨出来,砍为好几段烧掉,然后扔入漳水。

29　北齐国主高洋派常山王高演、上党王高涣、清河王高岳、平原王段韶率领士兵民工在洛阳西南修筑伐恶城、新城、严城、河南城。九月,北齐国主高洋巡视这四座城堡,想以这一举动把西魏的军队吸引出来,但西魏军队不敢出来,于是高洋就到晋阳去了。

30　西魏宇文泰命令侍中崔猷开山填谷,修通通往汉中的车路。

31　梁元帝萧绎喜好玄谈,辛卯,在龙光殿开设讲座,讲论《老子》。

32　曲江侯萧勃迁居始兴,王琳派副将孙玚先去占据了番禺。

33　乙巳,西魏派柱国常山公于谨、中山公宇文护、大将军杨忠带兵五万人进犯梁朝,冬季,十月壬戌(初九),从长安出发。长孙俭问于谨,说:"假如咱们替萧绎谋划一下,他该怎样抵抗我军才好呢?"于谨回答说:"如果他能陈兵于汉江、沔水一带,从江陵收拾家当率领臣下全部渡过长江,先径直占据丹杨,这是上策;如果他能把江陵外城内的居民全部移往内城,退保固守,把城墙加高,等待援军,这是中策;如果他感到搬动起来很困难,就原地不动防守外城,这可是下策。"长孙俭问道:"您估计萧绎会采用那一种计策?"于谨说:"他只会采用下策。"长孙俭问:"那是为什么呢?"于谨回答说:"萧氏据守江南以自保,已经绵延经历了三四十年,正好这段时间里中原地区也处多事之秋,不能够向外扩张。萧氏又因为我国东边有北齐为患,认为我国必不可能分散兵力去进攻他们。而且萧绎这个人懦弱而没有谋略,多疑而少决断,而那些普通平民们又很难忧深虑远地想问题,都留恋自己的家园,所以我知道萧绎一定采用下策。"

癸亥，武宁太守宗均告魏兵且至，帝召公卿议之。领军胡僧祐、太府卿黄罗汉曰："二国通好，未有嫌隙，必应不尔。"侍中王琛曰："臣揣宇文容色，必无此理。"乃复使琛使魏。丙寅，于谨至樊、邓，梁王詧帅众会之。辛卯，帝停讲，内外戒严。王琛至石梵，未见魏军，驰书报黄罗汉曰："吾至石梵，境上帖然，前言皆儿戏耳。"帝闻而疑之。庚午，复讲，百官戎服以听。

辛未，帝使主书李膺至建康，征王僧辩为大都督、荆州刺史，命陈霸先徙镇扬州。僧辩遣豫州刺史侯瑱帅程灵洗等为前军，兖州刺史杜僧明帅吴明彻等为后军。甲戌，帝夜登凤皇阁，徙倚叹息曰："客星入翼、轸，今必败矣！"嫔御皆泣。

陆法和闻魏师至，自郢州入汉口，将赴江陵。帝使逆之曰："此自能破贼，但镇郢州，不须动也！"法和还州，垩其城门，著衰绖，坐苇席，终日，乃脱之。

十一月，帝大阅于津阳门外，遇北风暴雨，轻辇还宫。癸未，魏军济汉，于谨令宇文护、杨忠帅精骑先据江津，断东路。甲申，护克武宁，执宗均。是日，帝乘马出城行栅，插木为之，周围六十馀里。以领军将军胡僧祐都督城东诸军事，尚书右仆射张绾为之副，左仆射王褒都督城西诸军事，四厢领直元景亮为之副。王公已下各有所守。丙戌，命太子巡行城楼，令居人助运木石。夜，魏军至黄华，去江陵四十里，丁亥，至栅下。戊子，雋州刺史裴畿、畿弟新兴太守机、武昌太守朱买臣、衡阳太守谢答仁开枇杷门出战，裴机杀魏仪同三司胡文伐。畿，之高之子也。

癸亥（初十），武宁太守宗均向上报告西魏大军将要入侵，元帝召集公卿大臣商议对策。领军胡僧祐、太府卿黄罗汉说："西魏和我们梁朝一向友好来往，也没发生过什么不愉快的事情，我想不会向我们进攻吧。"侍中王琛也附和说："我曾于去年出使西魏，揣摩宇文泰的神色，很是友好，决不可能发兵来打我们。"于是又派王琛到西魏去访问。丙寅（十三日），于谨的队伍抵达樊、邓，梁王萧詧率部属去和他会合。辛卯，元帝停止讲论《老子》，朝廷内外宣布戒严。王琛抵达石梵，没有见到西魏的军队，派人送急信报告黄罗汉，说："我已来到石梵，边境上很安宁，上次说西魏要对我们发动进攻，简直是儿戏之言。"元帝听后感到疑惑。庚午（十七日），元帝又恢复讲《老子》，百官都穿着军装听讲。

辛未（十八日），元帝派主书李膺去建康，征召王僧辩为大都督、荆州刺史，命令陈霸先移兵驻守扬州。王僧辩派遣预州刺史侯瑱率领程灵洗等为先头部队，兖州刺史杜僧明率领吴明彻等人为后卫部队。甲戌（二十一日），元帝夜里登上凤皇阁，来回踱步，凭栏叹息说："客星冲犯翼宿、轸宿，看来这回一定失败了！"嫔妃和侍从听了都哭泣起来。

陆法和听说西魏大兵压境，从郢州出发到汉口，将赶赴江陵抗敌。元帝派人去拦住他，说："我这儿自能打败敌兵，你只管镇守郢州，不用动。"陆法和回到郢州，让人用白土涂城门，自己身穿丧服，坐在苇席上，静坐了一天，才把丧服脱下来。

十一月，元帝在津阳门外举行大阅兵，遇到北风挟暴雨袭击，赶快乘轻车便辇回宫。癸未（初一），西魏军队渡过汉水，于谨命令宇文护、杨忠率精锐骑兵先占领了江津，切断元帝东逃的道路。甲申（初二），宇文护攻克武宁，抓住了宗均。这一天，元帝骑马出城布置修筑栏栅。栏栅用木头插在地上组成，周围共六十多里长，又派领军将军胡僧祐都督城东诸军事，尚书右仆射张绾当他的副将，左仆射王褒都督城西诸军事，四厢领直元景亮当他的副将。王公已下各大臣各有守责。丙戌（初四），派太子在城楼上巡视督责，命令居民帮助军队搬运城防用的木头石头。夜里，西魏军队抵达黄华，这里离江陵才四十里路，丁亥（初五），魏兵到了梁军的栅栏下。戊子（初六），隽州刺史裴畿、裴畿的弟弟新兴太守裴机、武昌太守朱买臣、衡阳太守谢答仁打开枇杷门出战，裴机杀了西魏仪同三司胡文伐。裴畿是裴之高的儿子。

帝征广州刺史王琳为湘东刺史,使引兵入援。丁酉,栅内火,焚数千家及城楼二十五,帝临所焚楼,望魏军济江,四顾叹息。是夜,遂止宫外,宿民家,己亥,移居祇洹寺。于谨令筑长围,中外信命始绝。

庚子,信州刺史徐世谱、晋安王司马任约等筑垒于马头,遥为声援。是夜,帝巡城,犹口占为诗,群臣亦有和者。帝裂帛为书,趣王僧辩曰:“吾忍死待公,可以至矣!”壬寅,还宫。癸卯,出长沙寺。戊申,王褒、胡僧祐、朱买臣、谢答仁等开门出战,皆败还。己酉,帝移居天居寺。癸丑,移居长沙寺。朱买臣按剑进曰:“唯斩宗懔、黄罗汉,可以谢天下!”帝曰:“曩实吾意,宗、黄何罪!”二人退入众中。

王琳军到长沙,镇南府长史裴政请间道先报江陵,至百里洲,为魏人所获。梁王詧谓政曰:“我,武皇帝之孙也,不可为尔君乎?若从我计,贵及子孙;如或不然,腰领分矣。”政诡对曰:“唯命。”詧锁之至城下,使言曰:“王僧辩闻台城被围,已自为帝。王琳孤弱,不能复来。”政告城中曰:“援兵大至,各思自勉。吾以间使被擒,当碎身报国。”监者击其口,詧怒,使速杀之。西中郎参军蔡大业谏曰:“此民望也,杀之,则荆州不可下矣。”乃释之。政,之礼之子;大业,大宝之弟也。

时征兵四方,皆未至。甲寅,魏人百道攻城,城中负户蒙楯,胡僧祐亲当矢石,昼夜督战,奖励将士,明行赏罚,

元帝征召广州刺史王琳为湘东刺史，让他带兵入江陵救援。丁酉（十五日），军营的栅栏内失火，烧毁了几千家民房和二十五座城楼，元帝亲临烧毁的城楼察看，远望魏军渡江涌来，四顾孤危，不禁长叹。当天晚上，就住在宫外，宿在老百姓家里，己亥（十七日），移居到祗洹寺内。于谨下令修筑长久围城用的军营，从此，梁朝信使，诏命无法外传，内外联络被切断了。

庚子（十八日），信州刺史徐世谱、晋安王司马任约等在江陵南岸的马头修筑城堡，远远地作为声援。当天晚上，元帝巡视城防，还随口吟出诗来，群臣还有和他诗的。元帝撕裂衣帛写了一封信，催促王僧辩速发援兵，信中说："我忍受着死神的熬煎等你来，现在援兵该来了吧！"壬寅（二十日），回到宫中。癸丑，又出来住入长沙寺。戊申（二十六日），王褒、胡僧祐、朱买臣、谢答仁等人开门出城迎战，都败了回来。己酉（二十七日），元帝移居天居寺。癸丑，移居长沙寺。朱买臣按着宝剑向元帝进言，说："只有杀了宗懔、黄罗汉，才可以平息天下的怨恨！"元帝说："过去不回建康，其实是我的意思，宗懔、黄罗汉有什么罪？"这两个人唯唯退入众人之中。

王琳的军队赶到长沙，镇南府长史裴政要求走小路先把援兵来到的消息报告江陵。裴政走到百里洲时，让西魏人抓获了。梁王萧詧对裴政说："我，是梁武帝的孙子，难道不能当你的君主吗？如果臣服于我，那么富贵可以传给子孙；如果不听，那么你的腰和脖子就要断成两截。"裴政假意回答说："我愿唯命是从。"萧詧把他用锁链系住，推到江陵城下，让他向城里喊话，说："王僧辩听说台城被围，已经自立为皇帝。王琳孤军力弱，不能再来救援了。"但裴政却大声告诉城里，说："救援大军大批赶来了，你们要自奋自励。我因充当报信的密使，被敌军抓获，理当粉身碎骨，报效国家。"监视他的人使劲打他的嘴，萧詧勃然大怒，喝令手下快把他杀了。西中郎参军蔡大业进谏说："这样坚贞不屈的人，使民众仰望而归心。杀了他，那么荆州就攻不下来了。"萧詧这才放了他。裴政是裴之礼的儿子。蔡大业是蔡大宝的弟弟。

当时元帝向四方征兵求援，都没来。甲寅，西魏军队从一百条路线一齐攻城。城里的守军扛着门板作为盾牌，胡僧祐亲自冒着飞箭流石，昼夜督战，对勇敢的将士进行鼓励，严明地厉行赏罚，

众咸致死，所向摧殄，魏不得前。俄而僧祐中流矢死，内外大骇。魏悉众攻栅，反者开西门纳魏师，帝与太子、王褒、谢答仁、朱买臣退保金城，令汝南王大封、晋熙王大圆质于于谨以请和。魏军之初至也，众以王僧辩子侍中颙可为都督，帝不用，更夺其兵，使与左右十人入守殿中。及胡僧祐死，乃用为都督城中诸军事。裴畿、裴机、历阳侯峻皆出降。于谨以机手杀胡文伐，并畿杀之。峻，渊猷之子也。时城南虽破，而城北诸将犹苦战，日暝，闻城陷，乃散。

帝入东阁竹殿，命舍人高善宝焚古今图书十四万卷，将自赴火，宫人左右共止之。又以宝剑斫柱令折，叹曰："文武之道，今夜尽矣！"乃使御史中丞王孝祀作降文。谢答仁、朱买臣谏曰："城中兵众犹强，乘暗突围而出，贼必惊，因而薄之，可渡江就任约。"帝素不便走马，曰："事必无成，只增辱耳！"答仁求自扶，帝以问王褒，褒曰："答仁，侯景之党，岂足可信！成彼之勋，不如降也。"答仁又请守子城，收兵可得五千人，帝然之，即授城中大都督，配以公主。既而召王褒谋之，以为不可。答仁请入不得，欧血而去。于谨征太子为质，帝使王褒送之。谨子以褒善书，给之纸笔，乃书曰："柱国常山公家奴王褒。"有顷，黄门郎裴政犯门而出。帝遂去羽仪文物，白马素衣出东门，抽剑击阖曰："萧世诚一至此乎！"魏军士度堑牵其辔，至白马寺北，夺其所乘骏马，以驽马代之，遣长壮胡人手扼其背以行，逢于谨，胡人牵帝使拜。梁王詧使铁骑拥帝入营，

这样大家都拼死抵抗,所向披靡,敌军纷纷溃败死伤,无法前进。不久,胡僧祐被飞箭射死,内外城军民惊慌失措。西魏军队倾巢而出猛攻栅栏,有反叛的人打开西门迎接魏军进城,元帝和太子、王褒、谢答仁、朱买臣等退却到金城自保,派汝南王萧大封,晋熙王萧大圆为人质,到于谨军中去求和。当魏军刚到的时候,众人认为王僧辩的儿子侍中王颜可以当都督,但元帝不用他,还夺了他率领的士兵,让他和身边卫士十个人到宫殿中守卫。等到胡僧祐死了,才任命他为都督城中诸军事。裴畿、裴机、历阳侯萧峻都出城投降了。于谨用裴机的手杀了胡文伐,然后又把他和裴畿一块儿杀了。萧峻是萧渊猷的儿子。当时城南已被攻破,但城北诸将还在苦战,一直到天黑,听说全城都陷落了,才纷纷逃散。

元帝躲进东阁竹殿,命令舍人高善宝把自己收藏的古今图书十四万卷全部烧毁,他正准备跳到火里去自杀,宫中左右侍从一起阻止了他。元帝又用宝剑砍柱子,宝剑折断,他长叹说:"书烧了,剑折了,文武之道,今天晚上全完了。"于是让御史中丞王孝祀写投降文告。谢答仁、朱买臣进谏说:"城里兵力还算强大,如果乘着黑夜突围而出,贼兵必然惊慌,乘乱大胆靠近敌阵,可以渡过长江去依靠任约的军队。"元帝平时不善于骑马,有点畏难地说:"事情肯定不会成功的,只不过徒增羞辱罢了。"谢答仁要求亲自为元帝牵马护持,元帝问王褒行不行,王褒回答说:"谢答仁,是侯景的党羽,哪里可以相信!靠他逃跑,即使成功了也是成就了他的功勋,还不如投降西魏呢!"谢答仁又要求去防守子城,说收拾残兵还能有五千人,元帝同意他的建议,马上授给他城中大都督的官职,把公主也许配给他。后来又召王褒来谋划这件事,王褒认为不能授权给谢答仁。谢答仁请求入子城防守,但不获批准,气得吐血,只好走了。于谨接到投降书,提出让太子来当人质,元帝派王褒去送太子。于谨的儿子知道王褒书法很好,就给他纸和笔,请他写字,王褒写字后自署:"柱国常山公家奴王褒。"过一阵子,黄门郎裴政冲开门出去了。元帝于是丢掉羽仪饰物,骑着白马,穿着素衣逃出东门,抽出宝剑砍着门扇说:"我萧世诚到了这个地步了吗!"西魏将士跳过沟堑一下子拉住了他乘的白马的辔头,拉到白马寺北边,把他所骑的骏马夺了下来,换了一匹老弱的马给他,派一个高个子的壮健胡人用手扼着他的背押着走,遇到于谨,胡人牵着元帝,让他跪拜。梁王萧詧派铁甲骑兵前后拥着元帝入了军营,

因于乌幔之下,甚为詧所诘辱。乙卯,于谨令开府仪同三司长孙俭入据金城。帝绐俭云:"城中埋金千斤,欲以相赠。"俭乃将帝入城。帝因述詧见辱之状,谓俭曰:"向聊相绐,欲言此耳,岂有天子自埋金乎!"俭乃留帝于主衣库。

帝性残忍,且惩高祖宽纵之弊,故为政尚严。及魏师围城,狱中死囚且数千人,有司请释之以充战士。帝不许,悉令榜杀之,事未成而城陷。

中书郎殷不害先于别所督战,城陷,失其母。时冰雪交积,冻死者填满沟堑,不害行哭于道,求其母尸,无所不至,见沟中死人,辄投下捧视,举体冻湿,水浆不入口,号哭不辍声,如是七日,乃得之。

十二月丙辰,徐世谱、任约退戍巴陵。于谨逼帝使为书召王僧辩,帝不可。使者曰:"王今岂得自由?"帝曰:"我既不自由,僧辩亦不由我。"又从长孙俭求宫人王氏、荀氏及幼子犀首,俭并还之。或问:"何意焚书?"帝曰:"读书万卷,犹有今日,故焚之!"

34　庚申,齐主北巡,至达速岭。行视山川险要,将起长城。

35　辛未,帝为魏人所杀。梁王詧遣尚书傅准监刑,以土囊陨之。詧使以布帊缠尸,敛以蒲席,束以白茅,葬于津阳门外。并杀愍怀太子元良、始安王方略、桂阳王大成等。世祖性好书,常令左右读书,昼夜不绝,虽熟睡,卷犹不释,或差误及欺之,帝辄惊寤。作文章,援笔立就。常言:"我韬于文士,愧于武夫。"论者以为得言。

关在黑帐幕里头,萧詧狠狠地质问羞辱了他一通。乙卯,于谨命令开府仪同三司长孙俭进据金城。元帝骗长孙俭,说:"城里埋着一千斤黄金,我想送给你。"长孙俭就把元帝带进金城。元帝乘便向长孙俭述说他被萧詧侮辱的情状,他对长孙俭说:"我是骗了你了,目的是找个机会向你诉苦,哪里有天子自己埋藏金子的事!"于是长孙俭就把元帝留在主衣库里头。

元帝生性残忍,而且鉴于梁高祖为政过于宽厚放纵的弊病,所以自己为政崇尚威严。到西魏军队围城时,监狱里关的死罪囚犯还有几千人,有关机构建议都释放出来让他们当战士。元帝不允许,命令都用木棍打死,但是还没有来得及执行城已被攻破。

中书郎殷不害早先在别的地方督战,城破之后,失去了母亲。当时冰雪堆积,冻死的人填满了沟壑,殷不害一路上边走边哭,到处寻找母亲的尸体,他找遍了所有的地方,每见到沟里有死人,就跳下去抱起来看看,全身衣服都湿了,冻上了冰,就这样一连找了七天,没喝一口水,哭声不断,才找到了母亲的遗体。

十二月丙辰(初四),徐世谱、任约退守巴陵。于谨逼迫元帝写信招降王僧辩,元帝拒绝了。使者说:"你现在还有拒绝的自由吗?"元帝回答说:"我既然不自由了,王僧辩也不会听我的了。"元帝又向长孙俭要宫人王氏、荀氏和幼子萧犀首,长孙俭都还给了他。有人问元帝:"为什么把书都烧毁?"元帝回答:"我读书万卷,还落得今天亡国的结局,所以干脆烧了它!"

34 庚申(初八),北齐皇帝高洋到北方边境巡视,到了达速岭一带,边走边察看山川险要情形,准备修筑长城。

35 辛未(十九日),元帝被西魏人杀死。梁王萧詧派尚书傅准去监刑,用装土的袋子把他压死。萧詧让人用粗布把尸体缠裹起来,以蒲草织的席子进行收殓,用白茅草牢牢捆住,埋葬在津阳门外。同时把愍怀太子萧元良、始安王萧方略、桂阳王萧大成等都杀了。世祖萧绎天性喜欢书,常常让身边人为他读书,昼夜不停地读,虽然睡着了,手里还拿着书卷,如果读错了或有意漏读欺骗他,他就惊醒过来。他写起文章来,提笔马上就能成篇。平时常说:"我比起文士来更善为文,比起武夫来却有些惭愧。"评论他的人认为他这话说得很恰当。

魏立梁王詧为梁主,资以荆州之地,延袤三百里,仍取其雍州之地。詧居江陵东城,魏置防主,将兵居西城,名曰助防,外示助詧备御,内实防之。以前仪同三司王悦留镇江陵。于谨收府库珍宝及宋浑天仪、梁铜晷表、大玉径四尺及诸法物。尽俘王公以下及选百姓男女数万口为奴婢,分赏三军,驱归长安,小弱者皆杀之。得免者三百馀家,而人马所践及冻死者什二三。

魏师之在江陵也,梁王詧将尹德毅说詧曰:"魏虏贪惏,肆其残忍,杀掠士民,不可胜纪。江东之人涂炭至此,咸谓殿下为之。殿下既杀人父兄,孤人子弟,人尽雠也,谁与为国!今魏之精锐尽萃于此,若殿下为设享会,请于谨等为欢,预伏武士,因而毙之,分命诸将,掩其营垒,大歼群丑,俾无遗类。收江陵百姓,抚而安之,文武群寮,随材铨授。魏人慑息,未敢送死,王僧辩之徒,折简可致。然后朝服济江,入践皇极,晷刻之间,大功可立。古人云:'天与不取,反受其咎。'愿殿下恢弘远略,勿怀匹夫之行。"詧曰:"卿此策非不善也,然魏人待我厚,未可背德。若遽为卿计,人将不食吾馀。"既而阖城长幼被虏,又失襄阳,詧乃叹曰:"恨不用尹德毅之言!"

王僧辩、陈霸先等共奉江州刺史晋安王方智为太宰,承制。

西魏立梁王萧詧为梁朝的天子,给了他荆州管界内缘江一块狭长的土地,宽不超过三百里,他原来拥有的雍州的土地被夺走了。萧詧住在江陵的东城,西魏在江陵设置城防主将,带兵住在西城,名义上叫作助防,对外表示这是帮助萧詧备战御敌,其实完全是为了防备萧詧势力的发展。西魏任命前朝的仪同三司王悦留下镇守江陵。于谨没收了宫廷府库中的珍宝以及宋朝铸的浑天仪,梁朝造的铜晷表,直径四尺的大玉和各种法物。把王公以下的百官和挑选出来的百姓男女共几万人全部俘虏去当奴婢,分赏给三军将士,驱赶回长安,那些幼小体弱的都被杀掉了。有三百多家幸免于死,但被人马踩死、冻死的也有十分之二三。

　　西魏军队在江陵的时候,梁王萧詧的部将尹德毅劝说梁王:"魏国人贪婪无比,残忍本性暴露无遗,杀害抢劫士民,种种罪恶行径数也数不清。江东人民受到这样的灾难,都说是殿下招来的。殿下既然杀了人家的父兄,让人家的子弟变成孤儿,那么人们就都把殿下视为仇敌,谁肯为国家出力! 现在魏军的精锐都集中在这儿了,如果殿下为他们设下宴会,请于谨等人来欢饮,预先埋伏下武士,乘机把他们杀了,分别命令各将领,乘魏人不提防,突然袭击他们的营垒,痛歼这些丑类,一个也别让他们活着。然后再去收服江陵百姓的民心,对他们加以安抚,对手下的文武百官,也根据他们的才能特长授予官职。这样一来,魏人被震慑住,不敢随便动武,而王僧辩及其党羽,写封信就能招他降伏。完成这一切大事,就可以穿戴好朝服渡过长江,回建康登上帝位了。顷刻之间,巨大的功业就可以建立了。古人说:'上天给予的东西你不拿,就反而会受到上天的责怪。'希望殿下弘扬雄才大略,深谋远虑,而不要满足于普通庸人的作为。"萧詧回答说:"您所说的计策并不是不好,然而魏人对待我很好,所以不能背弃人家的恩德。如果突然采用您的计策,人们就会厌弃我,连我的尸体都不屑于吃!"等到后来江陵全城老幼都被俘虏,又失去了襄阳故地之时,萧詧才长叹说:"只恨我当初不采用尹德毅的计策!"

　　王僧辩、陈霸先等人共同侍奉江州刺史晋安王萧方智为太宰,继承梁朝的朝制。

王褒、王克、刘毅、宗懔、殷不害及尚书右丞吴兴沈炯至长安,太师泰皆厚礼之。泰亲至于谨第,宴劳极欢,赏谨奴婢千口及梁之宝物并雅乐一部,别封新野公。谨固辞,不许。谨自以久居重任,功名既立,欲保优闲,乃上先所乘骏马及所著铠甲等。泰识其意,曰:"今巨猾未平,公岂得遽尔独善!"遂不受。

36　是岁,魏秦州刺史章武孝公宇文导卒。

37　魏加益州刺史尉迟迥督六州,通前十八州,自剑阁以南,得承制封拜及黜陟。迥明赏罚,布威恩,绥辑新民,经略未附,华、夷怀之。

王褒、王克、刘毂、宗懔、殷不害和尚事右丞吴兴人沈炯到了长安，太师宇文泰都给予优厚的礼遇。宇文泰亲自到于谨府第，设宴慰劳他远征归来，宴会极为盛大，充满欢乐气氛，又赏给于谨一千个奴婢和梁朝的很多宝物，还有一个奏雅乐的班子，另外又封他为新野公。于谨一再推辞，宇文泰不允许。于谨自己认为在朝廷重要职位上待很久了，功名也建立了，想给自己留点优游闲逸的时间，就献上早先所骑的骏马和所穿的衣甲等。宇文泰识破他想退休的用意，对他说："现在北齐这个大敌还未平定，你怎么能突然就独享善福呢？"

36　这一年，西魏秦州刺史章武孝公宇文导去世。

37　西魏给尉迟迥加官，让他再管辖六个州，加上他以前管的十八个州，这样，从剑阁以南的地区内，他可以按朝制自行封官拜将，有任免之权。尉迟迥赏罚分明，恩威并用，善于宠抚管理新归附的民众，也善于开疆拓土，使还没归附的地区来归附，因此华族、夷族都感怀他。

卷第一百六十六　梁纪二十二

起乙亥(555)尽丙子(556)凡二年

敬皇帝

绍泰元年(乙亥,555)

1　春,正月壬午朔,邵陵太守刘棻将兵援江陵,至三百里滩,部曲宋文徹杀之,帅其众还据邵陵。

2　梁王詧即皇帝位于江陵,改元大定。追尊昭明太子为昭明皇帝,庙号高宗,妃蔡氏为昭德皇后。尊其母龚氏为皇太后,立妻王氏为皇后,子岿为皇太子。赏刑制度并同王者,唯上疏于魏则称臣,奉其正朔。至于官爵其下,亦依梁氏之旧,其勋级则兼用柱国等名。以谘议参军蔡大宝为侍中、尚书令,参掌选事;外兵参军太原王操为五兵尚书。大宝严整有智谋,雅达政事,文辞赡速,后梁主推心任之,以为谋主,比之诸葛孔明;操亦亚之。追赠邵陵王纶太宰,谥曰壮武;河东王誉丞相,谥曰武桓。以莫勇为武州刺史,魏永寿为巴州刺史。

3　湘州刺史王琳将兵自小桂北下,至蒸城,闻江陵已陷,为世祖发哀,三军缟素,遣别将侯平帅舟师攻后梁。琳屯兵长沙,传檄州郡,为进取之计。长沙王韶及上游诸将皆推琳为盟主。

4　齐主使清河王岳将兵攻魏安州,以救江陵。岳至义阳,江陵陷,因进军临江,郢州刺史陆法和及仪同三司宋蒀举州降之。长史江夏太守王珉不从,杀之。甲午,齐召岳还,

敬皇帝

梁敬帝绍泰元年（乙亥，公元 555 年）

1　春季，正月壬午朔（初一），邵陵太守刘棻带兵救援江陵，走到三百里滩，部将宋文徹杀了他，把他的部众带回邵陵据守。

2　梁王萧詧在江陵即皇帝位，改年号为大定。追尊昭明太子萧统为昭明皇帝，庙号为高宗，昭明太子的妃子蔡氏被追尊为昭德皇后。尊母亲龚氏为皇太后，立妻子王氏为皇后，儿子萧岿为皇太子。在赏赐刑罚制度方面，都和称王称帝的体制一样，只有在向西魏上疏的时候自称臣子，用西魏的历法。至于官制爵位等的颁发，也还依照梁朝的旧制，而给有功之臣定的功勋等级，则兼用西魏设置的柱国等名目。任命谘议参军蔡大宝为侍中、尚书令，参与掌管选拔官员的事情；任命外兵参军太原人王操为卫兵尚书。蔡大宝为人严谨整饬有智谋，一向娴熟精通于政事，作文措辞丰沛敏捷，后梁主萧詧推心置腹地信任他，让他做主要的谋臣，把他比为诸葛孔明，王操的地位也次于他。追赠邵陵王萧纶为太宰，谥号为壮武；河东王萧誉为丞相，谥号为武桓。又任命莫勇为武州刺史，魏永寿为巴州刺史。

3　湘州刺史王琳带兵从小桂北下，抵达蒸城，听到江陵已经陷落的消息，便为世祖萧绎发丧，三军都穿白衣丧服，并派别将侯平率领一支水军去攻打后梁。王琳自己屯兵于长沙，向各州郡发布文告，做进取天下的打算。长沙王萧韶和上游诸将都推举王琳为盟主。

4　北齐国主高洋派清河王高岳带兵攻打西魏的安州，以此举救援江陵。高岳进抵义阳，江陵已经陷落，于是挺进到长江边，郢州刺史陆法和与仪同三司宋蒨献出州郡投降。长史江夏太守王珉不顺从，被杀。甲午（十三日），北齐命令高岳回去，

使仪同三司清都慕容俨戍郢州。王僧辩遣江州刺史侯瑱攻郢州,任约、徐世谱、宜丰侯循皆引兵会之。

5 辛丑,齐立贞阳侯渊明为梁主,使其上党王涣将兵送之,徐陵、湛海珍等皆听从渊明归。

6 二月癸丑,晋安王至自寻阳,入居朝堂,即梁王位,时年十三。以太尉王僧辩为中书监、录尚书、骠骑大将军、都督中外诸军事,加陈霸先征西大将军,以南豫州刺史侯瑱为江州刺史,湘州刺史萧循为太尉,广州刺史萧勃为司徒,镇东将军张彪为郢州刺史。

7 齐主先使殿中尚书邢子才驰传诣建康,与王僧辩书,以为:"嗣主冲藐,未堪负荷。彼贞阳侯,梁武犹子,长沙之胤,以年以望,堪保金陵,故置为梁主,纳于彼国。卿宜部分舟舰,迎接今主,并心一力,善建良图。"乙卯,贞阳侯渊明亦与僧辩书求迎。僧辩复书曰:"嗣主体自宸极,受于文祖。明公傥能入朝,同奖王室,伊、吕之任,金曰仰归。意在主盟,不敢闻命。"甲子,齐以陆法和为都督荆雍等十州诸军事、太尉、大都督、西南道大行台,又以宋蒫为郢州刺史,蒫弟簉为湘州刺史。甲戌,上党王涣克谯郡。己卯,渊明又与僧辩书,僧辩不从。

8 魏以右仆射申徽为襄州刺史。

9 侯平攻后梁巴、武二州,故刘棻主帅赵朗杀宋文彻,以邵陵归于王琳。

10 三月,贞阳侯渊明至东关,散骑常侍裴之横御之。齐军司尉瑾、仪同三司萧轨南侵皖城,晋州刺史萧惠以州降之。

派仪同三司清都人慕容俨守卫郢州。王僧辩派江州刺史侯瑱去攻打郢州，任约、徐世谱、宜丰侯萧循等都带兵去会合。

5　辛丑(二十日)，北齐立贞阳侯萧渊明为梁朝的新主，并派上党王高涣带兵送他回南方，徐陵、湛海珍等都被同意跟萧渊明一块回去。

6　二月癸丑(初二)，晋安王萧方智从寻阳来到建康，进入朝堂居住，登上梁王的位置，当时年仅十三岁。他任命太尉王僧辩为中书监、录尚书、骠骑大将军、都督中外诸军事，加封陈霸先为征西大将军，任命南豫州刺史侯瑱为江州刺史，湘州刺史萧循为太尉，广州刺史萧勃为司徒，镇东将军张彪为郢州刺史。

7　北齐国主高洋在送贞阳侯萧渊明回南方前，先派殿中尚书邢子才飞快地沿驿道去建康，给王僧辩送去一封信。信中认为："你们立的嗣位的君主年龄幼小，不能承担治国的重任。而那个贞阳侯，是梁武帝的侄子，长沙王萧懿的后代，就他的年龄资望而言，足可以保障金陵不失，所以我把他立为梁朝的主子，送他回南方就国。你应该安排舟舰，去迎接现在的主子，和他同心协力，好好地筹建美好的未来。"乙卯(初四)，贞阳侯萧渊明也写信给王僧辩要求来迎接他。王僧辩回信对他说："嗣主萧方智的血统来自皇帝，又受命于文祖，他是合法的嗣主。您如果能到朝廷来当官，一起匡扶王室，那么伊尹、吕望的使命，大家都会说应该归于您了。如果您回朝廷来是想当主子，那么我不能听从这样的命令。"甲子(十三日)，北齐任命陆法和为都督荆州、雍州等十州诸军事，太尉，大都督，西南道大行台。又派宋蒇当郢州刺史，宋蒇的弟弟宋簉为湘州刺史。甲戌(二十三日)，上党王高涣攻克谯郡。乙卯(二十八日)，萧渊明又给王僧辩写信去求迎，王僧辩不答应。

8　西魏任命右仆射申徽为襄州刺史。

9　侯平攻打后梁巴州、武州，已故刘菜的主帅赵朗杀了宋文彻，献出邵陵投归王琳。

10　三月，贞阳侯萧渊明到了东关，散骑常侍裴之横带兵防御他。北齐军司尉瑾、仪同三司萧轨向南侵犯皖城，晋州刺史萧惠献出州郡投降了。

齐改晋熙为江州,以尉瑾为刺史。丙戌,齐克东关,斩裴之横,俘数千人。王僧辩大惧,出屯姑孰,谋纳渊明。

11　丙申,齐主还邺,封世宗二子孝珩为广宁王,延宗为安德王。

12　孙场闻江陵陷,弃广州还,曲江侯勃复据有之。

13　魏太师泰遣王克、沈炯等还江南。泰得庾季才,厚遇之,令参掌太史。季才散私财,购亲旧之为奴婢者,泰问:"何能如是?"对曰:"仆闻克国礼贤,古之道也。今郢都覆没,其君信有罪矣,缙绅何咎,皆为皂隶!鄙人羁旅,不敢献言,诚窃哀之,故私购之耳。"泰乃悟曰:"吾之过也!微君,遂失天下之望!"因出令,免梁俘为奴婢者数千口。

14　夏,四月庚申,齐主如晋阳。

15　五月庚辰,侯平等擒莫勇、魏永寿。江陵之陷也,永嘉王庄生七年矣,尼法慕匿之,王琳迎庄,送之建康。

16　庚寅,齐主还邺。

17　王僧辩遣使奉启于贞阳侯渊明,定君臣之礼,又遣别使奉表于齐,以子显及显母刘氏、弟子世珍为质于渊明,遣左民尚书周弘正至历阳奉迎,因求以晋安王为皇太子;渊明许之。渊明求度卫士三千,僧辩虑其为变,止受散卒千人。庚子,遣龙舟法驾迎之。渊明与齐上党王涣盟于江北,辛丑,自采石济江。

北齐把晋熙改名为江州,任命尉瑾当刺史。丙戌(初六),北齐攻克东关,杀了裴之横,俘虏了几千人。王僧辩大惊失色,带兵出城屯驻于姑孰,准备接受萧渊明。

11 丙申(十六日),北齐国主高洋回到邺城,封世宗的两个儿子高孝珩为广宁王,高延宗为安德王。

12 孙玚听说江陵陷落,扔下广州回来了,曲江侯萧勃又占据了广州。

13 西魏太师宇文泰派王克、沈炯等人回江南。宇文泰得了庾季才,给他优厚的待遇,让他参与掌管太史的工作。庾季才拿出自己的私财,为亲朋故旧沦为奴婢的人赎身,宇文泰问:"你怎么能这样仗义疏财?"庾季才回答他说:"我听说攻克一个国家,对那个国家的贤人要予以礼遇,自古以来都是这样做的。现在郢都覆灭了,他们的君主确实有罪,但他手下的官绅士大夫有什么罪呢,竟然都沦为奴隶!我是羁留在这儿的外人,不敢向您进言,但心里私下为他们的命运感到哀怜,所以才用私财为他们赎身。"宇文泰听了才省悟过来,说:"这都是我的过错呀!要不是你提醒,这就要失去天下人的心了!"于是发布命令,免去梁朝的俘虏当奴婢的惩罚,一下子使几千人得到自由。

14 夏季,四月庚申(初十),北齐国主高洋到了晋阳。

15 五月庚辰(初一),侯平等抓住了莫勇、魏永寿。当江陵陷落的时候,永嘉王萧庄正好七岁,尼姑法慕把他藏起来收养着,王琳派人去把他接出来,送到了建康。

16 庚寅(十一日),北齐国主高洋回到了邺城。

17 王僧辩派使者向贞阳侯萧渊明上表,确定君臣之礼。又派另一使者到北齐去上表,派儿子王显和王显的母亲刘氏、弟弟的儿子王世珍到萧渊明那儿去当人质。又派左民尚书周弘正到历阳去奉迎萧渊明,并要求确立晋安王萧方智为皇太子。萧渊明答应了。萧渊明要求自己的三千名卫士跟着去,王僧辩怕这么多卫士会生出变乱来,因此只接受了一千名冗散的士兵。庚子(二十一日),王僧辩派龙船,备法驾去迎接萧渊明。萧渊明和北齐上党王高涣在长江北边盟誓,于辛丑(二十二日),才从采石渡过长江。

于是梁舆南渡，齐师北返。僧辩疑齐，拥楫中流，不敢就西岸。齐侍中裴英起卫送渊明，与僧辩会于江宁。癸卯，渊明入建康，望朱雀门而哭，逆者以哭对。丙午，即皇帝位，改元天成，以晋安王为皇太子，王僧辩为大司马，陈霸先为侍中。

18　六月庚戌朔，齐发民一百八十万筑长城，自幽州夏口西至恒州九百馀里，命定州刺史赵郡王叡将兵监之。叡，琛之子也。

19　齐慕容俨始入郢州而侯瑱等奄至城下，俨随方备御，瑱等不能克。乘间出击瑱等军，大破之。城中食尽，煮草木根叶及靴皮带角食之，与士卒分甘共苦，坚守半岁，人无异志。贞阳侯渊明立，乃命瑱等解围，瑱还镇豫章。齐人以城在江外难守，因割以还梁。俨归，望齐主，悲不自胜。齐主呼前，执其手，脱帽看发，叹息久之。

20　吴兴太守杜龛，王僧辩之婿也。僧辩以吴兴为震州，用龛为刺史，又以其弟侍中僧愔为豫章太守。

21　壬子，齐主以梁国称藩，诏凡梁民悉遣南还。

22　丁卯，齐主如晋阳。壬申，自将击柔然。秋，七月己卯，至白道，留辎重，帅轻骑五千追柔然，壬午，及之于怀朔镇。齐主亲犯矢石，频战，大破之，至于沃野，获其酋长及生口二万馀，牛羊数十万。壬申，还晋阳。

23　八月辛巳，王琳自蒸城还长沙。

24　齐主还邺，以佛、道二教不同，欲去其一，集二家论难于前，遂敕道士皆剃发为沙门。有不从者，杀四人，乃奉命。于是齐境皆无道士。

于是梁朝的车辆南渡,北齐的军队返回北方。王僧辩对北齐军队心存疑惧,把船停在长江中流,不敢靠近西岸。北齐侍中裴英起护送萧渊明南渡,和王僧辩在江宁会面。癸卯(二十四日),萧渊明进入建康,看到朱雀门痛哭失声,去迎接他的群臣也痛哭。丙午(二十七日),萧渊明即皇帝位,改换年号为天成,立晋安王萧方智为皇太子,任命王僧辩为大司马,陈霸先为侍中。

18 六月庚戌朔(初一),北齐征发民工一百八十万人修筑长城,从幽州夏口向西延伸到恒州,共九百多里长,朝廷任命定州刺史赵郡王高叡带兵去监督工程进展。高叡是高琛的儿子。

19 北齐慕容俨刚进入郢州时,侯瑱等人就突然出现在城下,慕容俨按照自己确定的方略进行防备抵御,侯瑱等无法攻克。慕容俨又乘着空隙主动出击侯瑱等人的军队,把他们打得大败。后来城里粮食吃光了,守城军民只好煮草木的根、叶和靴子的皮、衣带的角等来充饥,慕容俨和士卒同甘共苦,坚守了半年,人们没有动摇、离散的想法。贞阳侯萧渊明即位之后,便命令侯瑱等人撤去对郢州的围困,侯瑱便回去镇守豫章。北齐方面因为郢州城在长江以南,难以防守,就把它割让给了梁朝。慕容俨归国后,望着北齐国主高洋,悲伤得不能自抑。北齐国主叫他走近前来,拉着他的手,脱下他的帽看他的头发,叹息了很久。

20 吴兴太守杜龛是王僧辩的女婿。王僧辩把吴兴改为震州,任命杜龛为刺史,又任命自己的弟弟侍中王僧愔为豫章太守。

21 壬子(初三),齐主高洋因为梁国自称藩属,依附于北齐,所以下诏凡是梁朝的百姓都遣送回南方。

22 丁卯(十八日),北齐国主高洋到晋阳。壬申(二十三日),亲自带兵去打柔然。秋季,七月己卯(初一),到达白道,留下军用物资,率领轻装骑兵五千人去追击柔然,于壬午(初四),在怀朔镇追上了柔然。高洋亲自冒着飞箭飞石,频繁地投入战斗,终于把柔然打得大败,一直追到沃野这地方,捉获了柔然的酋长,还抓了两万多人口,数十万头牛羊。壬申,才回到晋阳。

23 八月辛巳,王琳从蒸城回到长沙。

24 北齐国主高洋回到邺城,他因为佛、道二教教义教规都不同,便想除去一个,就把两教中的学者集中在一起,让他们在自己面前互相辩难,于是就敕令道士都剃掉头发当和尚。有人不服从,杀了四人,才都奉行了这道命令,于是北齐境内就没有道士了。

25　初，王僧辩与陈霸先共灭侯景，情好甚笃，僧辩为子
頠娶霸先女，会僧辩有母丧，未成婚。僧辩居石头城，霸先在
京口，僧辩推心待之，頠兄頔屡谏，不听。及僧辩纳贞阳侯渊
明，霸先遣使苦争之，往返数四，僧辩不从。霸先窃叹，谓所
亲曰："武帝子孙甚多，唯孝元能复雠雪耻，其子何罪，而忽废
之！吾与王公并处托孤之地，而王公一旦改图，外依戎狄，援
立非次，其志欲何所为乎！"乃密具袍数千领及锦彩金银为赏
赐之具。

　　会有告齐师大举至寿春将入寇者，僧辩遣记室江旰告霸
先，使为之备。霸先因是留旰于京口，举兵袭僧辩。九月壬
寅，召部将侯安都、周文育及安陆徐度、钱塘杜稜谋之。稜以
为难，霸先惧其谋泄，以手巾绞稜，闷绝于地，因闭于别室。
部分将士，分赐金帛，以弟子著作郎昙朗镇京口，知留府事，
使徐度、侯安都帅水军趋石头，霸先帅马步自江乘、罗落会
之，是夜，皆发，召杜稜与同行。知其谋者，唯安都等四将，外
人皆以为江旰征兵御齐，不之怪也。

　　甲辰，安都引舟舰将趣石头，霸先控马未进，安都大惧，追
霸先骂曰："今日作贼，事势已成，生死须决，在后欲何所望！若
败，俱死，后期得免斫头邪？"霸先曰："安都嗔我！"乃进。安都
至石头城北，弃舟登岸。石头城北接冈阜，不甚危峻，安都
被甲带长刀，军人捧之，投于女垣内，众随而入，进及僧辩卧室。

25　当初,王僧辩和陈霸先共同消灭了侯景,两人感情很是深厚,王僧辩为儿子王颉迎娶陈霸先的女儿,正赶上王僧辩母亲去世,所以没有成婚。王僧辩居住在石头城,陈霸先在京口,王僧辩推心置腹地对待陈霸先,王颉的哥哥王颙多次劝他要有所提防,王僧辩不听。等到王僧辩迎纳贞阳侯萧渊明为帝时,陈霸先派使者苦苦劝阻,争辩不休,使者为此往返了四趟,王僧辩不听。陈霸先私下叹息,对他的亲信说:"梁武帝的子孙很多,只有梁孝元帝萧绎能平定侯景之乱,为祖宗报仇雪耻,他的儿子有什么罪,突然就废了他!我和王公僧辩共同处于先帝托孤的重臣的地位,而王公僧辩现在一下子改变主意,对外依附戎狄之邦,不按次序立天子,他到底想干什么呢?"于是秘密准备战袍几千领和锦彩金银等等作为赏赐部下的物品,准备起事。

正好这时有人来报告,北齐军队进行大调动,已经到达了寿春,将要向南进犯,王僧辩派记室江旰通知陈霸先,让他有所戒备。陈霸先借这个机会把江旰扣留在京口,举兵袭击王僧辩。九月壬寅(二十五日),陈霸先召集部将侯安都、周文育以及安陆人徐度、钱塘人杜稜一起密谋策划。杜稜认为这事很难进行,陈霸先害怕秘密泄露,用手巾绞住杜稜,使他闷绝在地上,然后把他关在另一间屋子里,接着就部署将士,分赐金银布帛,命令自己弟弟的儿子著作郎陈昙朗留下来镇守京口,掌管州府政事,又派徐度、侯安都率领水军直逼石头,陈霸先自己率领骑兵、步兵从江乘、罗落这条路线去与之会合。当天夜里,各路兵马都出发了,并带着杜稜随军同行。知道这次进军的真正目的的人,只有侯安都等四个将领,外人都以为是江旰来征调军队抵抗北齐的进犯,对军队的出动一点也不感到奇怪。

甲辰(二十七日),侯安都指挥舟舰将奔袭石头,陈霸先有意勒马不进,侯安都以为陈霸先临事犹豫,心中大惊,就追上陈霸先大骂:"今天我们做贼,事到临头,已经无法挽回了,是生是死必须做出决断,你迟疑不进,留在后头,存的什么念头!如果失败,咱们都得死,留在后头就能免去砍头吗?"陈霸先一听心中暗自高兴,说:"侯安都在怪我不下决心、生我的气呢!"于是带兵前进。侯安都到了石头城的北边,扔下船上了岸。石头城北边和山冈高坡相连,城墙不太高峻,侯安都披着盔甲,手握长刀,让手下军人把他抬起来扔到城垣内,众人随着他蜂拥而入,一直进到王僧辩卧室。

霸先兵亦自南门入。僧辩方视事,外白有兵,俄而兵自内出。僧辩遽走,遇子颙,与俱出閤,帅左右数十人苦战于听事前,力不敌,走登南门楼,拜请求哀。霸先欲纵火焚之,僧辩与颙俱下就执。霸先曰:"我有何辜,公欲与齐师赐讨?"且曰:"何意全无备?"僧辩曰:"委公北门,何谓无备?"是夜,霸先缢杀僧辩父子。既而竟无齐兵,亦非霸先之谲也。前青州刺史新安程灵洗帅所领救僧辩,力战于石头西门,军败。霸先遣使招谕,久之乃降。霸先深义之,以为兰陵太守,使助防京口。乙巳,霸先为檄布告中外,列僧辩罪状,且曰:"资斧所指,唯王僧辩父子兄弟,其馀亲党,一无所问。"

丙午,贞阳侯渊明逊位,出就邸,百僚上晋安王表,劝进。冬,十月己酉,晋安王即皇帝位,大赦,改元,中外文武赐位一等。以贞阳侯渊明为司徒,封建安公。告齐云:"僧辩阴图篡逆,故诛之。"仍请称臣于齐,永为藩国。齐遣行台司马恭与梁人盟于历阳。

26　辛亥,齐主如晋阳。

27　壬子,加陈霸先尚书令、都督中外诸军事、车骑将军、扬南徐二州刺史。癸丑,以宜丰侯循为太保,建安公渊明为太傅,曲江侯勃为太尉,王琳为车骑将军、开府仪同三司。

28　戊午,尊帝所生夏贵妃为皇太后,立妃王氏为皇后。

29　杜龛恃王僧辩之势,素不礼于陈霸先,在吴兴,每以法绳其宗族,霸先深怨之。及将图僧辩,密使兄子蒨还长城,

陈霸先的队伍也从南门攻入了。王僧辩正在处理军政事务,外面有人说士兵袭击,过一会儿士兵从里头冒了出来。王僧辩急忙逃跑,遇到儿子王颁,和他一起冲出门外,率身边几十人在议事厅前面苦战,力竭不敌,跑到南门楼上,向进逼过来的陈霸先拜请乞求哀怜。陈霸先要放火烧南门楼,王僧辩和王颁都下楼就擒。陈霸先质问说:"我有什么过错,你要和北齐军队一起讨伐我?"而且还问:"北齐军队来犯,你全无戒备,是什么意思?"王僧辩有点莫名其妙,回答说:"派你守京口,扼据建康北门,怎么说我对北齐军队没有戒备?"当天夜里,陈霸先把王僧辩父子两人绞杀了。后来,最终没有发现北齐军队的影子,看来,这也并不是陈霸先玩弄诡计。前青州刺史新安人程灵洗率领所部将士来救王僧辩,在石头西门奋力苦战,终于兵败。陈霸先派使者去诏谕他,过了很久,他才投降了。陈霸先被程灵洗的义气深深感动,任命他为兰陵太守,让他协助防守京口。乙巳(二十八日),陈霸先发布檄文,通告中外,列举王僧辩的罪过,说明为什么要讨伐他。檄文中还说:"我所要讨伐的,只是王僧辩父子兄弟,至于其他王氏亲戚党羽,一概不加问罪。"

丙午(二十九日),贞阳侯萧渊明退位,搬出宫廷回自己的官邸。百官上表给晋安王萧方智,劝他登基。冬季,十月己酉(初二),晋安王萧方智即皇帝位,大赦天下,改换年号为绍泰,对朝廷内外文武百官都赏赐一级官位。任命贞阳侯萧渊明为司徒,封为建安公。派人通报北齐,说:"王僧辩阴谋篡位造反,所以杀了他。"仍然请求向北齐称臣,永远当北齐的附属国。北齐派行台司马恭和梁朝人在历阳订立了盟约。

26 辛亥(初四),北齐国主高洋到了晋阳。

27 壬子(初五),梁朝加封陈霸先为尚书令,都督中外诸军事,车骑将军,扬、南徐二州刺史。癸丑(初六),任命宜丰侯萧循为太保,建安公萧渊明为太傅,曲江侯萧勃为太尉,王琳为车骑将军,开府仪同三司。

28 戊午(十一日),梁朝尊奉皇帝萧方智的生母夏贵妃为皇太后,立妃子王氏为皇后。

29 杜龛依恃王僧辩的权势,一向对陈霸先很不礼貌,在吴兴,他常常对陈霸先宗族中的人绳之以法,陈霸先因此对他深怀怨恨。待到陈霸先要算计王僧辩的时候,便秘密地派他的侄子陈蒨潜回长城县,

立栅以备龛。僧辩死，龛据吴兴拒霸先，义兴太守韦载以郡应之。吴郡太守王僧智，僧辩之弟也，亦据城拒守。陈蒨至长城，收兵才数百人，杜龛遣其将杜泰将精兵五千奄至，将士相视失色。蒨言笑自若，部分益明，众心乃定。泰昼夜苦攻，数旬，不克而退。霸先使周文育攻义兴，义兴属县卒皆霸先旧兵，善用弩，韦载收得数十人，系以长锁，命所亲监之，使射文育军，约曰："十射不两中者死。"故每发辄毙一人，文育军稍却。载因于城外据水立栅，相持数旬。杜龛遣其从弟北叟将兵拒战，北叟败，归于义兴。霸先闻文育军不利，辛未，自表东讨，留高州刺史侯安都、石州刺史杜稜宿卫台省。甲戌，军至义兴，丙子，拔其水栅。

谯、秦二州刺史徐嗣徽从弟嗣先，僧辩之甥也。僧辩死，嗣先亡就嗣徽，嗣徽以州入于齐。及陈霸先东讨义兴，嗣徽密结南豫州刺史任约，将精兵五千乘虚袭建康，是日，袭据石头，游骑至阙下。侯安都闭门藏旗帜，示之以弱，令城中曰："登陴窥贼者斩!"及夕，嗣徽等收兵还石头。安都夜为战备，将旦，嗣徽等又至，安都帅甲士三百开东、西掖门出战，大破之，嗣徽等奔还石头，不敢复逼台城。

陈霸先遣韦载族弟翙赍书谕载，丁丑，载及杜北叟皆降，霸先厚抚之，以翙监义兴郡，引载置左右，与之谋议。霸先卷甲还建康，使周文育讨杜龛，救长城。

修筑营栅以防备杜龛。王僧辩死后,杜龛占据吴兴抗拒陈霸先,义兴太守韦载带他郡中的部队起来响应。吴郡太守王僧智是王僧辩的弟弟,也据城固守以做抗拒。陈蒨到长城县后,召集的士兵才有几百人,杜龛派他的部将杜泰带精兵五千人突然到来,陈蒨的将士们面面相觑,大惊失色。陈蒨却谈笑自若,部署分派军队,越发清楚明确,于是众人才心神安定下来。杜泰昼夜苦攻,持续了几十天,打不下来就退走了。陈霸先派周文育去攻打义兴,义兴所属各县的士卒都是陈霸先的旧部,善于使用弓箭,韦载找出了几十人,用长长的锁链把他们系在一起,派亲信监督他们用箭射周文育的军队,并规定:"谁如果十箭中有两箭没射中,就处死。"所以每发箭出去就射死一个人,周文育的军队这才稍稍退却了。韦载乘势在城外靠水边建立营栅,和周文育相持了几十天。杜龛派他的堂弟杜北叟带兵抗战,杜北叟兵败,回到义兴。陈霸先听到周文育进攻受挫的消息,辛未(二十四日),宣布自己亲自带兵东伐,留下高州刺史侯安都、石州刺史杜稜守卫台省。甲戌(二十七日),陈霸先军队抵达义兴,丙子(二十九日),拔除了韦载修筑的水栅。

谯、秦二州的刺史徐嗣徽的堂弟徐嗣先是王僧辩的外甥。王僧辩死后,徐嗣先逃亡到徐嗣徽处,徐嗣徽干脆献上谯、秦二州,投靠了北齐。待到陈霸先东讨义兴时,徐嗣徽秘密联合南豫州刺史任约,带精兵五千人乘虚偷袭建康,这一天,终于袭击占领了石头,冲在前面的游骑已到了台城宫阙之下。侯安都关上大门,藏起旗帜,有意以此表示自己怯弱,同时告诫城中士兵:"凡登高窥探贼兵者一律处斩。"到天黑,徐嗣徽等人收兵回石头。侯安都夜里做了充分的战斗准备,天快亮时,徐嗣徽等人又来进攻,侯安都率领甲士三百人打开东、西侧门出城迎战,大败敌军,徐嗣徽等人奔逃回石头,再也不敢逼近台城了。

陈霸先派韦载的族弟韦翙携带书信去说服韦载投降,丁丑(三十日),韦载和杜北叟都投降了,陈霸先对待他们很优厚,极力安抚他们,让韦翙监管义兴郡,把韦载安置在自己身边,视为亲信,有事让他参与谋议。陈霸先平定义兴后,就收兵回建康,派周文育去讨伐杜龛,救援长城县。

将军黄他攻王僧智于吴郡，不克，霸先使宁远将军裴忌助之。忌选所部精兵轻行倍道，自钱塘直趣吴郡，夜，至城下，鼓噪薄之。僧智以为大军至，轻舟奔吴兴。忌入据吴郡，因以忌为太守。

十一月己卯，齐遣兵五千渡江据姑孰，以应徐嗣徽、任约。陈霸先使合州刺史徐度立栅于冶城。庚寅，齐又遣安州刺史翟子崇、楚州刺史刘士荣、淮州刺史柳达摩将兵万人于胡墅度米三万石、马千匹入石头。霸先问计于韦载，载曰："齐师若分兵先据三吴之路，略地东境，则时事去矣。今可急于淮南因侯景故垒筑城，以通东道转输，分兵绝彼之粮运，则齐将之首旬日可致。"霸先从之。癸未，使侯安都夜袭胡墅，烧齐船千馀艘。仁威将军周铁虎断齐运输，擒其北徐州刺史张领州。仍遣韦载于大航筑侯景故垒，使杜稜守之。齐人于仓门、水南立二栅，与梁兵相拒。壬辰，齐大都督萧轨将兵屯江北。

30　初，齐平秦王归彦幼孤，高祖令清河昭武王岳养之，岳情礼甚薄，归彦心衔之。及显祖即位，归彦为领军大将军，大被宠遇。岳谓其德己，更倚赖之。岳屡将兵立功，有威名，而性豪侈，好酒色，起第于城南，听事后开巷。归彦谮之于帝曰："清河僭拟宫禁，制为永巷，但无阙耳。"帝由是恶之。帝纳倡妇薛氏于后宫，岳先尝因其姊迎之至第。帝夜游于薛氏家，其姊为其父乞司徒。帝大怒，悬其姊，锯杀之。让岳以奸，岳不服，帝益怒，乙亥，使归彦鸩岳。岳自诉无罪，

将军黄他在吴郡攻打王僧智，打不下来，陈霸先派宁远将军裴忌去帮助他。裴忌挑选部属中的精兵轻装倍速前进，从钱塘直奔吴郡，夜里，抵达城下，大声鼓噪着逼近城墙。王僧智以为大部队来了，急忙乘着小船逃到吴兴去了。裴忌攻占了吴郡，陈霸先任命裴忌为吴郡太守。

十一月己卯(初二)，北齐派兵五千渡过长江占据姑孰，以策应徐嗣徽、任约。陈霸先派合州刺史徐度在冶城修筑栅栏。庚寅(十三日)，北齐又派安州刺史翟子崇、楚州刺史刘士荣、淮州刺史柳达摩带兵一万在胡墅运米三万石、马一千匹到石头城。陈霸先向韦载征询对策，韦载说："齐军如果分兵先占据通往三吴的道路，然后在我们东边的边境攻城占地，那么时局就完了。现在齐军没有这样做，我们可以赶快在淮南一带沿着侯景过去留下的旧垒修筑新城堡，以便打通东边的运输道路，同时分出一支军队去断绝他们运粮的道路，这样，齐将首领的脑袋十天之内就能送来了。"陈霸先听从了他的计策。癸未(初六)，陈霸先派侯安都夜袭胡墅，烧掉了北齐一千多艘兵船。仁威将军周铁虎切断了北齐运输补给的道路，抓住了他们的北徐州刺史张领州。仍然让韦载在大航修筑侯景的故垒，让杜棱去守卫。北齐军队在合门和秦淮河之南修建了两座营栅，与梁兵对抗。壬辰(十五日)，北齐大都督萧轨带兵屯驻在长江北岸。

30　当初，北齐平秦王高归彦幼小时成了孤儿，高祖高欢命令清河昭武王高岳抚养他。高岳对高归彦寡情薄礼，所以高归彦心里很恨他。待到显祖高洋即位，高归彦当了领军大将军，很受宠爱。高岳认为高归彦会感激自己的抚育之恩，所以对他更是倚赖。高岳多次带兵立功，威名赫赫，而又性格豪放奢侈，喜欢醇酒女色，在城南修建了大宅第，并在办公视事的大厅后头开了一条巷子。高归彦在显祖那儿进谗言，说："清河昭武王高岳私自模拟宫禁的建筑式样，修了一条永巷，只是没有修阙门罢了。"显祖从此厌恶高岳。显祖把娼妇薛氏接进后宫，高岳早先曾托薛氏的姐姐把薛氏接到家里。有一天夜里，显祖到薛氏的家里去，薛氏的姐姐替她父亲要求赐给司徒一职。显祖勃然大怒，就把薛氏姐姐吊起来，用锯子锯成了两段。显祖责备高岳奸淫薛氏，高岳不服气，显祖更加生气了，乙亥，派高归彦去毒死高岳。高岳申诉自己没有罪，

归彦曰:"饮之则家全。"饮之而卒,葬赠如礼。

薛嫔有宠于帝,久之,帝忽思其与岳通,无故斩首,藏之于怀,出东山宴饮。劝酬始合,忽探出其首,投于柈上,支解其尸,弄其髀为琵琶,一座大惊。帝方收取,对之流涕曰:"佳人难再得!"载尸以出,被发步哭而随之。

31　甲辰,徐嗣徽等攻冶城栅,陈霸先将精甲自西明门出击之,嗣徽等大败,留柳达摩等守城,自往采石迎齐援。

32　以郢州刺史宜丰侯循为太保,广州刺史曲江侯勃为司空,并征入侍。循受太保而辞不入。勃方谋举兵,遂不受命。

33　镇南将军王琳侵魏,魏大将军豆卢宁御之。

34　十二月癸丑,侯安都袭秦郡,破徐嗣徽栅,俘数百人。收其家,得其琵琶及鹰,遣使送之曰:"昨至弟处得此,今以相还。"嗣徽大惧。丙辰,陈霸先对冶城立航,悉渡众军,攻其水南二栅。柳达摩等渡淮置陈,霸先督兵疾战,纵火烧栅,齐兵大败,争舟相挤,溺水者以千数,呼声震天地,尽收其船舰。是日,嗣徽与任约引齐兵水步万馀人还据石头,霸先遣兵诣江宁,据要险。嗣徽等水步不敢进,顿江宁浦口,霸先遣侯安都将水军袭破之,嗣徽等单舸脱走,尽收其军资器械。

己未,霸先四面攻石头,城中无水,升水直绢一匹。庚申,达摩遣使请和于霸先,且求质子。时建康虚弱,粮运不继,

高归彦说:"你把这毒酒喝下去了,全家就可以保全。"高岳只好把毒酒喝了,他死之后,朝廷按礼仪加以埋葬。

薛嫔很得显祖宠爱,很久之后,显祖忽然想起她曾和高岳通奸,无缘无故就将她斩首,然后把她的头藏在怀里,到东山去宴饮作乐。大家正在互相劝酒应酬,显祖忽然用手探怀,拿出薛氏的头扔到桌上,又把她的尸体肢解开,将她的髀骨充作琵琶弹弄,举座见状大惊。显祖这才把薛氏的头和髀骨收起来,对着它们流下泪来,说:"佳人难再得!"他让人用车把薛氏尸体运出去,自己披散头发,边走边哭地跟着。

31 甲辰(二十七日),徐嗣徽等进攻冶城的营栅,陈霸先率领精兵从西明门出来迎击,徐嗣徽等人大败,留下柳达摩等人守城,自己去采石迎接北齐援兵。

32 梁朝任命郢州刺史宜丰侯萧循为太保,广州刺史曲江侯萧勃为司空,把他们二人一起征召入朝侍奉皇帝。萧循接受了太保之职,但借故推辞不入朝。萧勃正密谋起兵造反,于是不接受任命。

33 镇南将军王琳入侵西魏,西魏大将军豆卢宁带兵抵御他。

34 十二月癸丑(初七),侯安都袭击秦郡,攻破徐嗣徽的营栅,俘获了好几百人。又抄了他的家产,搜得他用的琵琶和养的鹰,派人送到徐嗣徽那里,并说:"昨天到老弟家里得到这点东西,现在特地送去还你。"徐嗣徽看到东西,大惊失色。丙辰(初十),陈霸先在冶城对面的江上把船只连在一起建了一座浮桥,指挥众军全部渡过去,攻击修在秦淮河南边的两座营栅。柳达摩等渡过秦淮河摆开阵势,陈霸先督率战士猛烈进攻,并放火烧栅栏,北齐军队大败,争着上船逃跑,互相拥挤,掉入水中淹死的有上千人,哭喊声震天动地,北齐军队的船舰全部被缴获。当天,徐嗣徽和任约带领北齐水师步兵一万多人退回去据守石头,陈霸先派兵来到江宁,占据了险要之地。徐嗣徽等人的水师步兵都不敢前进,停顿在江宁浦口,陈霸先派侯安都带水军去袭击打败了他们,徐嗣徽等人乘上单人小船逃走,他们的辎重、武器全部被缴获。

己未(十三日),陈霸先从四面包围攻打石头,城中没有水喝,一升水昂贵到值一匹绢。庚申(十四日),柳达摩派使者向陈霸先求和,而且请求以儿子为人质。当时建康实力虚弱,粮草运输跟不上,

朝臣皆欲与齐和,请以霸先从子昙朗为质。霸先曰:"今在位诸贤欲息肩于齐,若违众议,谓孤爱昙朗,不恤国家,今决遣昙朗,弃之寇庭。齐人无信,谓我微弱,必当背盟。齐寇若来,诸君须为孤力斗也!"乃与昙朗及永嘉王庄、丹杨尹王冲之子珉为质,与齐人盟于城外,将士恣其南北。辛酉,霸先陈兵石头南门,送齐人归北,徐嗣徽、任约皆奔齐。收齐马仗船米,不可胜计。齐主诛柳达摩。壬戌,齐和州长史乌丸远自南州奔还历阳。

江宁令陈嗣、黄门侍郎曹朗据姑孰反,霸先命侯安都等讨平之。霸先恐陈昙朗亡窜,自帅步骑至京口迎之。

35 交州刺史刘元偃帅其属数千人归王琳。

36 魏以侍中李远为尚书左仆射。

37 魏益州刺史宇文贵使谯淹从子子嗣诱说淹,以为大将军,淹不从,斩子嗣。贵怒,攻之,淹自东遂宁徙屯垫江。

38 初,晋安民陈羽,世为闽中豪姓,其子宝应多权诈,郡中畏服。侯景之乱,晋安太守宾化侯云以郡让羽,羽老,但治郡事,令宝应典兵。时东境荒馑,而晋安独丰衍,宝应数自海道出,寇抄临安、永嘉、会稽,或载米粟与之贸易,由是能致富强。侯景平,世祖因以羽为晋安太守。及陈霸先辅政,羽求传位于宝应,霸先许之。

39 是岁,魏宇文泰讽淮安王育上表请如古制降爵为公,于是宗室诸王皆降为公。

朝廷中的大臣都想与北齐讲和,纷纷请求用陈霸先的侄子陈昙朗为人质。陈霸先说:"现在在朝廷中的各位贤臣都想和北齐讲和以获得休息,如果我违反众人的意见,大家会说我偏爱陈昙朗,不顾念国家利益,现在我决定派陈昙朗去,就算把他扔在了敌寇的庭院里吧! 北齐人一向不守信用,我答应讲和,他们会认为我们势微力弱好欺负,肯定会背弃盟约再来进犯。北齐强盗如果再来进犯,那时你们可得为我拼死战斗呀!"于是就把陈昙朗和永嘉王萧庄、丹杨府尹王冲的儿子王珉做人质,与北齐人在城外订立了和约,允许追随北齐的将士按自己的意愿选择归居南方或北方。辛酉(十五日),陈霸先在石头南门摆列兵阵,送北齐军队北归,徐嗣徽、任约都投奔了北齐。这一仗,缴获北齐军马、器械、舟船、大米,不可胜数。北齐国主高洋杀了败将柳达摩。壬戌(十六日),北齐和州长史乌丸远从南州奔逃回到历阳。

江宁县令陈嗣、黄门侍郎曹朗占据姑孰谋反,陈霸先派侯安都等人出兵讨伐,平定了他们。陈霸先担心陈昙朗逃跑流窜到别处去,便亲自率领步、骑兵到京口去迎接他。

35　交州刺史刘元偃率领部属几千人去投奔王琳。

36　西魏任命侍中李远为尚书左仆射。

37　西魏益州刺史宇文贵派谯淹的侄子谯子嗣去向谯淹诱降,说是要让谯淹当大将军,谯淹不答应,杀了谯子嗣。宇文贵勃然大怒,派兵去攻打,谯淹从东遂宁移师屯驻垫江。

38　当初,晋安地区的平民陈羽,世世代代为闽中豪门,他的儿子陈宝应颇善权变,为人奸诈,郡中的人都怕他,服从他。侯景之乱时,晋安太守宾化侯云以郡守之职让给陈羽,陈羽年老,只管郡里的政事,让陈宝应分管军事。当时东边闹饥荒,而晋安一带却丰收有馀粮,陈宝应多次从海路出兵,到临安、永嘉、会稽一带抢劫掳掠。有时也运些米粟和这些地区进行贸易,因此就有条件富强起来。侯景之乱平定后,世祖萧绎鉴于这种情况,就任命陈羽为晋安太守。待到陈霸先辅佐梁朝时,陈羽要求把太守职位传给陈宝应,陈霸先答应了。

39　这一年,西魏宇文泰暗示淮安王元育上表给朝廷,要求按照古制,把自己的爵位降为公,他这一带头,于是宗室诸王都降爵为公。

40　突厥木杆可汗击柔然邓叔子,灭之,叔子收其馀烬奔魏。木杆西破嚈哒,东走契丹,北并契骨,威服塞外诸国。其地东自辽海,西至西海,长万里,南自沙漠以北五六千里皆属焉。木杆恃其强,请尽诛邓叔子等于魏,使者相继于道。太师泰收叔子以下三千馀人付其使者,尽杀之于青门外。

41　初,魏太师泰以汉、魏官繁,命苏绰及尚书令卢辩依《周礼》更定六官。

太平元年(丙子,556)

1　春,正月丁丑,魏初建六官,以宇文泰为太师、大冢宰,柱国李弼为太傅、大司徒,赵贵为太保、大宗伯,独孤信为大司马,于谨为大司寇,侯莫陈崇为大司空。自馀百官,皆仿《周礼》。

2　戊寅,大赦,其与任约、徐嗣徽同谋者,一无所问。癸未,陈霸先使从事中郎江旰说徐嗣徽使南归,嗣徽执旰送齐。

3　陈蒨、周文育合军攻杜龛于吴兴。龛勇而无谋,嗜酒常醉,其将杜泰阴与蒨等通。龛与蒨等战败,泰因说龛使降,龛然之。其妻王氏曰:"霸先雠隙如此,何可求和!"因出私财赏募,复击蒨等,大破之。既而杜泰降于蒨,龛尚醉未觉,蒨遣人负出,于项王寺前斩之。王僧智与其弟豫章太守僧愔俱奔齐。

东扬州刺史张彪素为王僧辩所厚,不附霸先。二月庚戌,陈蒨、周文育轻兵袭会稽,彪兵败,走入若邪山中,蒨遣其将吴兴章昭达追斩之。东阳太守留异馈蒨粮食,霸先以异为缙州刺史。

40 突厥木杆可汗袭击柔然邓叔子,把他消灭了。邓叔子收拾剩馀的兵力财物投奔西魏。木杆可汗向西打败哌哒,向东赶跑了契丹,向北吞并了契骨,其威力慑服了塞外各国。于是,他的疆土东边从辽海开始,西边延伸到西海,长达万里,南边从沙漠以北五六千里都归属于他。木杆依恃他实力强大,要求西魏必须把邓叔子等人全部杀掉,派往西魏的使者在路上前后相继。太师宇文泰只好把邓叔子以下三千多人抓起来交给木杆可汗的使者,在青门外把他们全部杀了。

41 当初,西魏太师宇文泰因为汉朝、魏朝官职繁多,便命令苏绰和尚书令卢辩依照《周礼》重新确定了六官的职称。

梁敬帝太平元年(丙子,公元 556 年)

1 春季,正月丁丑(初一),西魏开始建立实行文官六官之制,任命宇文泰为太师、大冢宰,柱国李弼为太傅、大司徒,赵贵为太保、大宗伯,独孤信为大司马,于谨为大司寇,侯莫陈崇为大司空。其馀百官的设置任命,都模仿《周礼》。

2 戊寅(初二),梁朝大赦天下,凡是与任约、徐嗣徽同谋的人,一概不予追究。癸未(初七),陈霸先派从事中郎江旰去劝说徐嗣徽,让他回南方来,徐嗣徽把江旰抓起来送到了北齐。

3 陈蒨、周文育把军队合并在一起在吴兴攻打杜龛。杜龛其人多勇而少谋,又爱喝酒,一天到晚总是醉醺醺的,他的部将杜泰暗地里和陈蒨等挂上了钩。杜龛同陈蒨等人交战失败,杜泰便劝说杜龛投降,杜龛答应了。但是,他的妻子王氏说:"陈霸先和我们王家结仇结得这么深,怎么可以向他求和!"于是拿出私财赏赐招募战士,再一次向陈蒨发动进攻,把陈蒨打得大败。不久杜泰投降了陈蒨,而杜龛还酒醉没醒,陈蒨派人把他背出来,在项王寺前把他斩首了。王僧智和他的弟弟豫章太守王僧愔都投奔北齐。

东扬州刺史张彪一向被王僧辩所宠爱看重,所以不肯归附陈霸先。二月庚戌(初五),陈蒨、周文育派轻装士兵奔袭会稽,张彪兵败,逃入若邪山中,陈蒨派他的部将吴兴人章昭达追上并斩了他。东阳太守留异送粮食给陈蒨,陈霸先任命留异为缙州刺史。

江州刺史侯瑱本事王僧辩,亦拥兵据豫章及江州,不附霸先。霸先以周文育为南豫州刺史,使将兵击溢城,庚申,又遣侯安都、周铁虎将舟师立栅于梁山,以备江州。

4 癸亥,徐嗣徽、任约袭采石,执戍主明州刺史张怀钧送于齐。

5 后梁主击侯平于公安,平与长江王韶引兵还长沙。王琳遣平镇巴州。

6 三月壬午,诏杂用古今钱。

7 戊戌,齐遣仪同三司萧轨、库狄伏连、尧难宗、东方老等与任约、徐嗣徽合兵十万入寇,出栅口,向梁山。陈霸先帐内荡主黄丛逆击,破之,齐师退保芜湖。霸先遣定州刺史沈泰等就侯安都,共据梁山以御之。周文育攻溢城,未克,召之还。夏,四月丁巳,霸先如梁山巡抚诸军。

8 乙丑,齐仪同三司娄叡讨鲁阳蛮,破之。

9 侯安都轻兵袭齐行台司马恭于历阳,大破之,俘获万计。

10 魏太师泰尚孝武妹冯翊公主,生略阳公觉,姚夫人生宁都公毓。毓于诸子最长,娶大司马独孤信女。泰将立嗣,谓公卿曰:"孤欲立子以嫡,恐大司马有疑,如何?"众默然,未有言者。尚书左仆射李远曰:"夫立子以嫡不以长,略阳公为世子,公何所疑!若以信为嫌,请先斩之。"遂拔刀而起。泰亦起,曰:"何至于是!"信又自陈解,远乃止。于是群公并从远议。远出外,拜谢信曰:"临大事不得不尔!"信亦谢远曰:"今日赖公决此大议。"遂立觉为世子。

江州刺史侯瑱原来侍奉王僧辩,所以也拥兵占据豫章和江州,不归附陈霸先。陈霸先任命周文育为南豫州刺史,派他带兵去打湓城。庚申(十五日),又派侯安都、周铁虎率领水军在梁山一带建立营栅,以防备江州。

4　癸亥(十八日),徐嗣徽、任约袭击采石,抓获采石守将明州刺史张怀钧,送他到了齐国。

5　后梁主萧詧在公安袭击侯平,侯平和长沙王萧韶带兵回长沙。王琳派侯平去镇守巴州。

6　三月壬午(初七),梁朝下诏,允许古今钱币混合使用。

7　戊戌(二十三日),北齐派仪同三司萧轨、库狄伏连、尧难宗、东方老等人与任约、徐嗣徽联合成大军十万人南下进犯,军队从栅口出发,直指梁山。陈霸先军帐内的一位善于突击冲锋的主将黄丛率兵迎击,打败了北齐军队,北齐军队只好退保芜湖。陈霸先派定州刺史沈泰等人归侯安都指挥,据守梁山以抵抗北齐军队。周文育带兵攻打湓城,没有攻克,被召回来。夏季,四月丁巳(十三日),陈霸先到梁山去巡视安抚各路兵马。

8　乙丑(二十一日),北齐仪同三司娄叡讨伐鲁阳蛮,打败了他们。

9　侯安都率领轻装士兵在历阳袭击北齐行台司马恭,把司马恭打得大败,俘虏了上万人。

10　西魏太师宇文泰娶了孝武帝的妹妹冯翊公主,生下儿子略阳公宇文觉,姚夫人则生了宁都公宇文毓。宁都公宇文毓在几个儿子中最年长,娶了大司马独孤信的女儿。宇文泰准备确立继承人,对公卿大臣说:"我想立嫡出的儿子为世子,担心大司马对此有疑心,该怎么办好呢?"众大臣默然不作声。尚书左仆射李远说:"从来立世子都是看是否嫡出,不看是否年长,把略阳公宇文觉立为世子,您有什么可疑虑的呢?如果怕独孤信有意见,为此有顾虑,那么可以先把他斩了!"于是就拔出刀要行动。宇文泰忙站起来阻止说:"何至于要这样做!"独孤信也赶快自我陈述辩解,表示并无异议,李远这才停止行动。于是大臣们都听从了李远的建议。退朝后,李远走出宫廷外,向独孤信谢罪说:"面临国家大事不得不这样,请谅解。"独孤信也感谢李远说:"今天亏得您才把这件大事决定下来。"于是就立略阳公宇文觉为世子。

11　太师泰北巡。

12　五月,齐人召建安公渊明,诈许退师,陈霸先具舟送之。癸未,渊明疽发背卒。甲申,齐兵发芜湖,庚寅,入丹杨县,丙申,至秣陵故治。陈霸先遣周文育屯方山,徐度顿马牧,杜稜顿大航南以御之。

13　齐汉阳敬怀王洽卒。

14　辛丑,齐人跨淮立桥栅渡兵,夜至方山,徐嗣徽等列舰于青墩,至于七矶,以断周文育归路。文育鼓噪而发,嗣徽等不能制。至旦,反攻嗣徽。嗣徽骁将鲍砰独以小舰殿军,文育乘单舴艋与战,跳入舰中,斩砰,仍牵其舰而还。嗣徽众大骇,因留船芜湖,自丹杨步上。陈霸先追侯安都、徐度皆还。

癸卯,齐兵自方山进及倪塘,游骑至台,建康震骇,帝总禁兵出顿长乐寺,内外纂严。霸先拒嗣徽等于白城,适与周文育会。将战,风急,霸先曰:“兵不逆风。”文育曰:“事急矣,何用古法!”抽槊上马先进,风亦寻转,杀伤数百人。侯安都与嗣徽等战于耕坛南,安都帅十二骑突其陈,破之,生擒齐仪同三司乞伏无劳。霸先潜撤精卒三千配沈泰渡江,袭齐行台赵彦深于瓜步,获舰百馀艘,粟万斛。

六月甲辰,齐兵潜至钟山,侯安都与齐将王敬宝战于龙尾,军主张纂战死。丁未,齐师至幕府山,霸先遣别将钱明将水军出江乘,邀击齐人粮运,尽获其船米。齐军乏食,杀马驴食之。庚戌,

11　西魏太师宇文泰到北边巡视。

12　五月，北齐人召见建安公萧渊明，假装要答应退兵，陈霸先准备船只要送萧渊明去。癸未(初九)，萧渊明背上痈疽发作死去。甲申(初十)，北齐军队从芜湖出发，于庚寅(十六日)，进入丹杨县，丙申(二十二日)，到达秣陵旧治所。陈霸先派周文育屯驻于方山，徐度驻守马牧，杜稜驻守大航南端，以防御北齐兵。

13　北齐汉阳敬怀王高洽去世。

14　辛丑(二十七日)，北齐军队横跨秦淮河修筑桥梁渡兵，夜里到达方山，徐嗣徽等人把军舰摆在青墩一带，一直摆到七矶，用以切断周文育的退路。周文育指挥士兵大声鼓噪，大举进军，徐嗣徽等人没能抵挡住。到天亮时分，周文育反攻徐嗣徽。徐嗣徽手下骁勇的将领鲍砰单独用小舰当后卫，周文育乘坐一个单人小快船与他近战，纵身跳入小舰中，一刀斩了鲍砰，还把这条小舰拉了回来。徐嗣徽的部众一看吓得要命，于是把船留在芜湖，从丹杨步行上岸。陈霸先把侯安都、徐度追回来以抗击北齐军队。

癸卯(二十九日)，北齐军队从方山挺进到倪塘，游动的前哨骑兵在台城下出现，建康城受到震惊，人心惶惶，梁敬帝带着宫廷卫队出宫驻入长乐寺，内外戒严。陈霸先在白城抗御徐嗣徽等人，正好与周文育的军队会合。将要与北齐兵交战时，风刮得很急，陈霸先说："军队最好不要逆风而进。"周文育说："军情紧急，何必拘泥于古法!"说着便抽出一把槊跃身上马冲向前去，过一会风向也转了，周文育猛冲，杀伤了好几百人。侯安都与徐嗣徽在耕坛南边会战，侯安都率领十二个骑兵冲破徐嗣徽的阵地，打败了徐军，活捉了北齐仪同三司乞伏无劳。陈霸先秘密地撤下三千精锐士兵配合沈泰渡过长江，在瓜步袭击北齐行台赵彦深，缴获战船一百多艘，粮食一万斛。

六月甲辰(初一)，北齐军队偷偷来到钟山，侯安都与北齐将领王敬宝在龙尾交战，军中首领张纂在战斗中阵亡。丁未(初四)，北齐军队抵达幕府山，陈霸先派别将钱明率领水军从江乘出发，截击北齐军队的粮食运输船队，把他们的船队装运的大米全部缴获。这一来，北齐军队没有粮食吃，只好杀战马、驴子充饥。庚戌(初七)，

齐军逾钟山，霸先与众军分顿乐游苑东及覆舟山北，断其冲要。壬子，齐军至玄武湖西北，将据北郊坛，众军自覆舟东移顿坛北，与齐人相对。

会连日大雨，平地水丈馀，齐军昼夜坐立泥中，足指皆烂，悬鬲以爨，而台中及潮沟北路燥，梁军每得番易。时四方壅隔，粮运不至，建康户口流散，征求无所。甲寅，少霁，霸先将战，调市人得麦饭，分给军士，士皆饥疲。会陈蒨馈米三千斛、鸭千头，霸先命炊米煮鸭，人人以荷叶裹饭，媲以鸭肉数脔，乙卯，未明，蓐食，比晓，霸先帅麾下出莫府山。侯安都谓其部将萧摩诃曰：“卿骁勇有名，千闻不如一见。”摩诃对曰：“今日令公见之。”及战，安都坠马，齐人围之，摩诃单骑大呼，直冲齐军，齐军披靡，安都乃免。霸先与吴明彻、沈泰等众军首尾齐举，纵兵大战，安都自白下引兵横出其后，齐师大溃，斩获数千人，相蹂践而死者不可胜计，生擒徐嗣徽及弟嗣宗，斩之以徇，追奔至于临沂。其江乘、摄山、钟山等诸军相次克捷，虏萧轨、东方老、王敬宝等将帅凡四十六人。其军士得窜至江者，缚荻筏以济，中江而溺，流尸至京口，翳水弥岸。唯任约、王僧愔得免。丁巳，众军出南州，烧齐舟舰。

戊午，大赦。己未，解严。军士以赏俘贸酒，一人裁得一醉。庚申，斩齐将萧轨等，齐人闻之，亦杀陈昙朗。霸先启解南徐州以授侯安都。

北齐军队翻越钟山,陈霸先与众军分头驻扎在乐游苑东边和覆舟山北边,切断北齐军队的交通要道。壬子(初九),北齐军队到达玄武湖西北,准备占据北郊的祭祀高坛,众军从覆舟山向东移动,驻扎在坛北,与北齐军队相对摆开阵势。

当时正赶上连日下大雨,平地雨水积有一丈多深,北齐将士白天黑夜或坐或立全都泡在泥水中,脚指头都烂了,做饭得把锅悬挂起来才行,但是皇城和潮沟的北路一带却还干燥,梁朝军队总是能轮替作战。当时四方通往都城的道路都堵塞隔断了,粮食也运不进来,建康一带人民东流西散,无法征收粮赋。甲寅(十一日),天才稍稍放晴,陈霸先准备开战,向商人征调了一些麦子,做成麦饭分给军中士兵,士兵们都已经又饿又疲劳了。正好这时陈蒨送来大米三千斛,鸭子一千只,陈霸先下令蒸米饭煮鸭子,士兵们个个用荷叶包米饭,饭上盖上几片鸭肉,乙卯(十二日),天还没亮,士兵们都坐在草席上用饭,等到天一亮,陈霸先就率领下属将士从莫府山出发。侯安都对他的部将萧摩诃说:"你一向英勇善战,远近闻名,这回可是千闻不如一见,就看你的了。"萧摩诃回答说:"今天就让您看看!"等到交战时,侯安都不慎从马上摔下来了,北齐将士围了上来,萧摩诃举枪匹马,大呼猛进,直向北齐军士冲来,北齐士兵纷纷避开,侯安都这才保住了生命。陈霸先与吴明徹、沈泰等众军头尾一齐冲锋,指挥将士全面出击,猛打猛冲,侯安都又从白下带领一支军队切断了北齐军的后路,北齐军队大败,被杀被俘的有几千人,互相践踏而死的人不可胜计,徐嗣徽和他弟弟徐嗣宗被活捉后杀头示众。梁军追杀败逃的北齐兵,一直追到临沂。梁朝在江乘、摄山、钟山等地的军队也相继获胜,停虏了北齐萧轨、东方老、王敬宝等将帅共四十六人。北齐士兵有逃窜到长江边的,用芦苇扎成筏子想渡江,但到江中心苇筏就被水冲散,士兵也纷纷落入水中,尸体随江水流到京口一带,浮尸覆盖了水面,堆满了江岸。只有任约、王僧愔两个人生还。丁巳(十四日),梁朝众军从南州出发,烧掉了北齐的战船。

戊午(十五日),梁朝大赦天下。己未(十六日),解除戒严。军士们用赏赐所得的战俘去换酒喝,一名战俘只能买得够一次大醉的酒。庚申(十七日),把被俘的北齐将领萧轨等人全杀了,齐国方面闻讯,也杀了陈昙朗作为报复。陈霸先奏请以南徐州授给侯安都管理。

15　侯平频破后梁军,以王琳兵威不接,更不受指麾。琳遣将讨之。平杀巴州助防吕旬,收其众,奔江州,侯瑱与之结为兄弟。琳军势益衰,乙丑,遣使奉表诣齐,并献驯象。江陵之陷也,琳妻蔡氏、世子毅皆没于魏,琳又献款于魏以求妻子,亦称臣于梁。

16　齐发丁匠三十馀万修广三台宫殿。

17　齐显祖之初立也,留心政术,务存简靖,坦于任使,人得尽力。又能以法驭下,或有违犯,不容勋戚,内外莫不肃然。至于军国机策,独决怀抱。每临行陈,亲当矢石,所向有功。数年之后,渐以功业自矜,遂嗜酒淫泆,肆行狂暴。或身自歌舞,尽日通宵;或散发胡服,杂衣锦彩;或袒露形体,涂傅粉黛;或乘驴、牛、橐驼、白象,不施鞍勒;或令崔季舒、刘桃枝负之而行,担胡鼓拍之;勋戚之第,朝夕临幸,游行市里,街坐巷宿;或盛夏日中暴身,或隆冬去衣驰走。从者不堪,帝居之自若。三台构木高二十七丈,两栋相距二百馀尺,工匠危怯,皆系绳自防,帝登脊疾走,殊无怖畏。时复雅儛,折旋中节,傍人见者莫不寒心。尝于道上问妇人曰:"天子何如?"曰:"颠颠痴痴,何成天子!"帝杀之。

15　侯平多次打败后梁的军队,自以为有功,又认为王琳的兵威已经难以为继了,所以更加不受指挥了。于是王琳派将领去讨伐他。侯平杀了巴州协助防守的将领吕旬,把吕旬的部众收归自己指挥,投奔到了江州,侯瑱和他结成了兄弟。王琳的军队势力越来越显得衰落,乙丑(二十一日),派使节带着表示归顺的表章去访问北齐,并献上驯服了的大象。当初江陵陷落于西魏时,王琳的妻子蔡氏、世子王毅都落入西魏人手中,所以王琳又讨好西魏以求得妻子、儿子的释放,同时也向梁朝称臣。

16　北齐动用民工匠人三十多万扩修三台宫殿。

17　北齐文宣帝高洋刚刚立国的时候,很注意研究为政之术,一切政务,力求简便稳定,有所任命,也是坦诚待人,臣子们也得以尽其所能为国服务。又能用法律为准绳来驾驭部下,如果有谁犯了法,即使元勋贵戚也绝不宽容,所以朝廷内外秩序井然。至于军事机要、国家大政方针,则由文宣帝自己拿出决断。文宣帝每次亲临战阵,总是亲自冒着箭石纷飞的危险,所到之处都立功绩。几年以后,文宣帝渐渐以为建立了大功业,就骄傲自满起来,于是就贪杯纵酒,淫逸无度,滥行狂暴之事。有时自己亲自参与歌舞,又唱又跳,通宵达旦;有时披散头发,穿上胡服,披红挂绿;有时却又裸露着身体,涂脂抹粉;有时骑着驴、牛、骆驼、白象,连鞍子和勒绳也不用;有时让崔季舒、刘桃枝背着他走,自己挎着胡鼓用手拍得嘭嘭响;元勋和贵戚之家,他常常不分朝夕驾临,在集市上穿游而行,坐街头睡小巷都是常事;有时大夏天在太阳下晒身子;有时大冬天脱去衣服猛跑。跟从他的人受不了这么折腾,文宣帝却全不当一回事。三台的梁柱高达二十七丈,两柱之间相距二百多尺,工匠上去都感到危险畏惧,在身上系绳子防止出意外,但文宣帝爬上三台的梁脊快步小跑,竟然一点也不害怕。跑着跑着还不时来点雅致的舞蹈动作,又折身子又打旋,居然符合节奏,旁边看的人吓得汗毛直竖,没有不寒心的。有一次,文宣帝在路上问一个妇女说:“咱们的天子怎么样呢?”这妇女不知他就是天子,说:“他成天疯疯癫癫,呆呆痴痴,哪有什么天子样!”文宣帝一听,气得把她杀了。

　　娄太后以帝酒狂,举杖击之曰:"如此父生如此儿!"帝曰:"即当嫁此老母与胡。"太后大怒,遂不言笑。帝欲太后笑,自匍匐以身举床,坠太后于地,颇有所伤。既醒,大惭恨,使积柴炽火,欲入其中。太后惊惧,亲自持挽,强为之笑,曰:"向汝醉耳!"帝乃设地席,命平秦王归彦执杖,口自责数,脱背就罚,谓归彦曰:"杖不出血,当斩汝。"太后前自抱之,帝流涕苦请,乃笞脚五十,然后衣冠拜谢,悲不自胜。因是戒酒,一旬,又复如初。

　　帝幸李后家,以鸣镝射后母崔氏,骂曰:"吾醉时尚不识太后,老婢何事!"马鞭乱击一百有馀。虽以杨愔为相,使进厕筹,以马鞭鞭其背,流血浃袍。尝欲以小刀劙其腹,崔季舒托俳言曰:"老小公子恶戏。"因掣刀去之。又置愔于棺中,载以辒车。又尝持槊走马,以拟左丞相斛律金之胸者三,金立不动,乃赐帛千段。

　　高氏妇女,不问亲疏,多与之乱,或以赐左右,又多方苦辱之。彭城王浟太妃尔朱氏,魏敬宗之后也,帝欲蒸之,不从,手刃杀之。故魏乐安王元昂,李后之姊婿也,其妻有色,帝数幸之,欲纳为昭仪。召昂,令伏,以鸣镝射之百馀下,凝血垂将一石,竟至于死。后啼不食,乞让位于姊,太后又以为言,帝乃止。

娄太后有一次因为文宣帝发酒疯,举起拐杖打他,说:"这样英雄的父亲竟生出这样混账的儿子!"文宣帝竟然说:"看来得把这老母嫁给胡人了。"娄太后勃然大怒,从此就再也不说话,脸上也没有了笑容。文宣帝想让娄太后笑,自己爬到了床底下去,用身子把床抬起来,把坐在床上的太后摔了下来,使太后受了伤。酒醒之后,高洋大感羞惭悔恨,让人堆起柴堆点燃,自己想跳进去烧死。娄太后大吃一惊,害怕极了,赶忙亲自过来又抱又拉,勉强笑着说:"刚才是你喝醉了,我不当真。"文宣帝于是让人铺上地席,命令平秦王高归彦亲自执刑杖,自己口里列数着自己的罪过,脱开衣服露出背部接受杖刑,文宣帝对高归彦说:"你用力打,打不出血来,我就杀了你。"娄太后上前自己抱着他不让打,文宣帝痛哭流涕,最后还是在脚上打了五十下,然后穿上衣服,戴上帽子向娄太后拜谢宽恕之恩,一副悲不自胜的样子。因为这一番酒后失言伤害太后的事,文宣帝下决心戒酒,但刚十天,又嗜酒如命,和原来一样。

文宣帝去李后的家,用带响声的箭射李后的母亲崔氏,边射边大骂,说:"我醉酒的时候连太后都不认识,你这老奴才算个什么!"还挥动马鞭,一口气打了一百多下。文宣帝虽然任命杨愔为丞相,但常轻侮他,让他在自己大便时往厕所递送拭秽的篾片,又用马鞭打他背部,血流下来都湿透了衣袍。又曾经用小刀子在他小腹上划痕,崔季舒一看不是事,就假托说笑话:"这是老公子和小公子恶作剧呢!"乘势把文宣帝手里的刀子拔出来拿开了。又有一次,文宣帝把杨愔放在棺材中,用丧车运着,演习大出殡。还有一次,曾手持一把槊在马上奔驰,三次用槊做向左丞相斛律金胸口刺去的动作,斛律金站着不动,文宣帝夸他勇敢,赏赐他一千段帛。

高氏家族中的妇女,也不管亲疏远近,文宣帝都胡乱和她们发生性关系,还把其中的一些赐给身边亲信,但又想尽方法折腾侮辱人家。彭城王高浟的太妃尔朱氏,是魏敬宗的皇后,文宣帝想奸淫她,她不服从,便亲手用刀杀死。原东魏乐安王元昂,是李后的姐夫,他妻子长得漂亮,文宣帝多次占有她,想把她纳入宫中当昭仪。文宣帝把元昂召来,命令他趴下,用响箭射了他一百多箭,流下的血凝结在一块石板上,血迹斑斑,就这样活活被射死了。李后为此啼哭终日不进食,要求把皇后位置让给姐姐,娄太后又在旁说了话,文宣帝才没有这样做。

又尝于众中召都督韩哲,无罪,斩之。作大镬、长锯、剉、碓之属,陈之于庭,每醉,辄手杀人,以为戏乐。所杀者多令支解,或焚之于火,或投之于水。杨愔乃简邺下死囚,置之仗内,谓之供御囚,帝欲杀人,辄执以应命,三月不杀,则宥之。

开府参军裴谓之上书极谏,帝谓杨愔曰:"此愚人,何敢如是!"对曰:"彼欲陛下杀之,以成名于后世耳。"帝曰:"小人,我且不杀,尔焉得名!"帝与左右饮酒,曰:"乐哉!"都督王纮曰:"有大乐,亦有大苦。"帝曰:"何谓也?"对曰:"长夜之饮,不寤国亡身陨,所谓大苦!"帝缚纮,欲斩之,思其有救世宗之功,乃舍之。

帝游宴东山,以关、陇未平,投杯震怒,召魏收于前,立为诏书,宣示远近,将事西行。魏人震恐,常为度陇之计。然实未行。一日,泣谓群臣曰:"黑獭不受我命,奈何?"都督刘桃枝曰:"臣得三千骑,请就长安擒之以来。"帝壮之,赐帛千匹。赵道德进曰:"东西两国,强弱力均,彼可擒之以来,此亦可擒之以往。桃枝妄言应诛,陛下奈何滥赏!"帝曰:"道德言是。"回绢赐之。帝乘马欲下峻岸入于漳,道德揽辔回之。帝怒,将斩之。道德曰:"臣死不恨,当于地下启先帝,论此儿酗酗颠狂,不可教训。"帝默然而止。他日,帝谓道德曰:

北齐文宣帝还曾经在大庭广众之中召见都督韩哲,也没什么罪就把他斩首。还派人制造大铁锅、长锯子、大铡刀、大石碓之类刑具,摆在宫庭里,每次喝醉了酒,就动手杀人,以此当作游戏取乐。被他杀掉的人大多下令肢解,有的扔到火里去烧,有的扔到水里去。杨愔只好选了一些邺城的死罪囚犯,作为仪仗人员,叫作"供御囚",文宣帝一想杀人,就抓出来应命,如果三个月没被杀掉,就得到宽大处理。

开府参军裴谓之上书极力谏阻文宣帝随意杀人的狂暴行为,文宣帝对杨愔说:"这是个蠢人,他怎么敢这样做!"杨愔回答说:"他大概是想让陛下您杀了他,这样他好在后世成名吧!"文宣帝说:"这个小人! 我权宜不杀,看你怎么出名!"文宣帝和身边亲信饮酒作乐,得意忘形地说:"真快乐呀!"都督王纥在旁说:"有大快乐,也会有大痛苦。"文宣帝问道:"这话怎么说?"王纥回答说:"老是作长夜之饮,酩酊大醉,没等醒过来已经国亡身死,这就是我所说的大痛苦!"文宣帝一听生了气,命人把王纥捆起来,要把他处斩,但想起他过去有救世宗性命的功劳,于是又放了他。

文宣帝去东山游玩欢宴,因为想起关、陇一带尚未平定,便把杯子往地上一摔,大发雷霆,马上把魏收叫到跟前,让他站着写下诏书,向远近四方宣告自己将要向西方采取军事行动。西魏人闻讯感到震动惊恐,于是日常也在筹划防止齐军越过陇地的办法。但实际上文宣帝这一计划并没有实行。有一天,文宣帝流着泪对群臣说:"黑獭不接受我的命令,怎么办呢?"都督刘桃枝回答说:"给我三千骑兵,我就到长安去把他擒拿归来。"文宣帝听了,便称赞他的勇气,赐给他一千匹帛。赵道德走上前说:"魏和齐是西方和东方并立的两个邻国,国势国力强弱是相均等的,你可以把那边的人擒拿归来,对方也可以把你这边的人擒拿过去。刘桃枝口吐狂言,虚妄欺君,应该处死,陛下怎么向他滥施奖赏?"文宣帝听了,说:"道德说得对。"收回给刘桃枝的绢帛赐给赵道德。有一次,文宣帝骑着马想从很高的陡岸跳到漳河里去,赵道德用力拉着马缰绳把他拽回来。文宣帝勃然大怒,要把赵道德处斩。赵道德说:"我为此而死心中没有什么怨恨,到了地下,我要向先帝启奏,把他这个儿子拼命酗酒,疯疯狂乱,不可教训的种种行为告诉他。"文宣帝听了沉默良久,就不杀赵道德了。这以后有一天,文宣帝对赵道德说:

"我饮酒过,须痛杖我。"道德抶之,帝走。道德逐之曰:"何物人,为此举止!"

典御丞李集面谏,比帝于桀、纣。帝令缚置流中,沉没久之,复令引出,谓曰:"吾何如桀、纣?"集曰:"向来弥不及矣!"帝又令沉之,引出,更问,如此数四,集对如初。帝大笑曰:"天下有如此痴人,方知龙逢、比干未是俊物!"遂释之。顷之,又被引入见,似有所谏,帝令将出要斩。其或斩或赦,莫能测焉。

内外慆慆,各怀怨毒。而素能默识强记,加以严断,群下战栗,不敢为非。又能委政杨愔,愔总摄机衡,百度修敕,故时人皆言主昏于上,政清于下。愔风表鉴裁,为朝野所重,少历屯厄,及得志,有一餐之惠者必重报之,虽先尝欲杀己者亦不问。典选二十馀年,以奖拔贤才为己任。性复强记,一见皆不忘其姓名,选人鲁漫汉自言猥贱独不见识,愔曰:"卿前在元子思坊,乘短尾牝驴,见我不下,以方麴障面,我何为不识卿!"漫汉惊服。

18　秋,七月甲戌,前天门太守樊毅袭武陵,杀武州刺史衡阳王护,王琳使司马潘忠击之,执毅以归。护,畅之孙也。

19　丙子,以陈霸先为中书监、司徒、扬州刺史,进爵长城公,馀如故。

"我喝酒喝得过分了,必须狠狠打我一顿。"赵道德真的动手打他,文宣帝跑开了。赵道德追着文宣帝,边追边喊:"你是个什么人物,竟做出这种不成体统的举动!"

典御丞李集当面进谏,甚至把文宣帝比拟为夏桀、商纣。文宣帝下令把他捆起来放到流水中去,让他没入水里很久,再下令把他拽出水面,问他说:"你说,我比夏桀、商纣怎样?"李集回答说:"看来你还比不上他们呢!"文宣帝又下令把他没入水里,拽出来又问,这样折腾了多次,李集的回答一点也没变。文宣帝哈哈大笑说:"天下竟然有这样呆痴的家伙,我这才知道龙逢、比干还不算出色人物呢!"于是释放了他。过了一会儿,李集又被拉着进来见文宣帝,他似乎又想有所进谏,文宣帝下令带出去腰斩。到底是斩了他还是赦免他,文宣帝的意思谁也猜不透。

在文宣帝这种淫威下,宫廷内外,大家都敢怒不敢言,心怀怨恨。但文宣帝对事物一向能够暗暗熟识,牢牢记忆,然后加以严格的裁决判断,所以群臣在他面前惶恐战栗,不敢为非作歹。文宣帝又能把政事委托给杨愔,杨愔善于统一掌握国家枢机的运行,使各个方面的政事都得到修整,所以当时的人都说文宣帝在上头昏头昏脑,但下面的政事却还算清明有序。杨愔颇有风度,仪表整饬,善于鉴识裁断,被朝野各方面人士所看重。他年轻时多次经历困顿灾厄,到了发迹得志之后,凡是他处逆境时对他有施于一餐恩惠的,他也都重重地回报人家。至于早先想杀他的人,他却不再计较。他掌管国家选拔人才的大权达二十多年之久,一向以奖励、提拔人才为己任。他记性特别好,只要和他见了一面的人,他就记住了人家的姓名,再也不会忘记,有一个入选宫庭的人叫鲁漫汉,自己说因为身份低贱杨愔不曾认识他,杨愔提醒他说:"你从前在元子思坊任职,骑着一只短尾巴母驴,在路上遇到我也不下来,用一块黄帕遮住面,假装没看见就走过去,我怎么不认识你鲁漫汉呢!"鲁漫汉一听大吃一惊,心中叹服。

18 秋季,七月甲戌(初一),前天门太守樊毅袭击武陵,杀死了武州刺史衡阳王萧护,王琳派司马潘忠去打樊毅,抓住了樊毅胜利归来。萧护是萧畅的孙子。

19 丙子(初三),梁朝任命陈霸先为中书监、司徒、扬州刺史,加进长城公这一爵位,其他官职、封号保持原样。

20　初,余孝顷为豫章太守,侯瑱镇豫章,孝顷于新吴县别立城栅,与瑱相拒。瑱使其从弟奫守豫章,悉众攻孝顷,久不克,筑长围守之。癸酉,侯平发兵攻奫,大掠豫章,焚之,奔于建康。瑱众溃,奔湓城,依其将焦僧度。僧度劝之奔齐,会霸先使记室济阳蔡景历南上,说瑱令降,瑱乃诣阙归罪,霸先为之诛侯平。丁亥,以瑱为司空。

南昌民熊昙朗,世为郡著姓。昙朗有勇力,侯景之乱,聚众据丰城为栅,世祖以为巴山太守。江陵陷,昙朗兵力浸强,侵掠邻县。侯瑱在豫章,昙朗外示服从而阴图之,及瑱败走,昙朗获其马仗。

21　己亥,齐大赦。

22　魏太师泰遣安州长史钳耳康买使于王琳,琳遣长史席豁报之,且请归世祖及愍怀太子之枢。泰许之。

23　八月己酉,鄱阳王循卒于江夏,弟丰城侯泰监郢州事。王琳使兖州刺史吴藏攻江夏,不克而死。

24　魏太师泰北渡河。

25　魏以王琳为大将军、长沙郡公。

26　魏江州刺史陆腾讨陵州叛獠,獠因山为城,攻之难拔。腾乃陈伎乐于城下一面,獠弃兵,携妻子临城观之,腾潜师三面俱上,斩首万五千级,遂平之。腾,俟之玄孙也。

27　庚申,齐主将西巡,百官辞于紫陌,帝使稍骑围之,曰:

20 当初,余孝顷当豫章太守,侯瑱镇守豫章,余孝顷在新吴县另外建立了城堡栅栏,与侯瑱相对抗。侯瑱派他的堂弟侯奫守卫豫章,自己把全部军队开上去攻打余孝顷,打了很久也没打下,就修筑了一条长长的包围圈把新吴县城看守起来。癸酉,侯平出动军队去攻打侯奫,城陷之后,对豫章城进行了一次大洗劫,放火烧了城,然后投奔了建康。侯瑱的部众溃不成军,逃奔到溢城去依靠他的部将焦僧度。焦僧度劝他干脆投奔齐国,这时正好陈霸先派记室济阳人蔡景历从南方北上来劝说侯瑱,让他投降梁朝,这样侯瑱就投降了,亲自到建康朝廷来服罪,陈霸先为了安抚他,把背叛他先来归降的侯平杀了。丁亥(十四日),任命侯瑱为司空。

南昌城里的居民熊昙朗,世世代代都是郡里有名的大姓。熊昙朗颇有勇气力量,当年侯景作乱的时候,他聚集徒众据守丰城,修了栅栏,梁元帝任命他为巴山太守。江陵沦陷时,熊昙朗兵力渐渐强大起来,开始侵犯掠夺邻近的县。侯瑱镇守豫章,熊昙朗外表上表示服从而暗地里偷偷谋划要算计他,待到侯瑱兵败逃跑时,熊昙朗夺去了他的战马和兵器。

21 己亥(二十六日),齐国大赦天下。

22 西魏太师宇文泰派安州长史钳耳康买为使者去王琳那儿出使,王琳派长史席豁到西魏回访,而且恳求西魏把梁元帝萧绎和愍怀太子萧元良的灵柩送回南方。宇文泰答应了这一恳求。

23 八月己酉(初七),鄱阳王萧循在江夏去世,他弟弟丰城侯萧泰管理郢州的政事。王琳派宛州刺史吴藏攻打江夏,兵败身死。

24 西魏太师宇文泰北渡黄河。

25 西魏封王琳为大将军、长沙郡公。

26 西魏江州刺史陆腾出兵讨伐陵州进行叛乱的獠人,獠人依山修建城堡,极为险峻,很难攻克。陆腾想了一计,把歌伎舞乐队在城下的一面摆开进行表演,獠人一看,扔下兵器,带着妻子儿女登上城墙观看,陆腾的伏兵从另外三面冲上城去,一口气斩下一万五千颗首级,于是就平定了獠人的叛乱。陆腾是陆俟的玄孙。

27 庚申(十八日),北齐文宣帝将要到西边去巡视,文武百官在紫陌为文宣帝送行,文宣帝派手执长矛的骑兵把他们包围起来,说:

"我举鞭,即杀之。"日晏,帝醉不能起。黄门郎是连子畅曰:"陛下如此,群臣不胜恐怖。"帝曰:"大怖邪!若然,勿杀。"遂如晋阳。

28　九月壬寅,改元,大赦。以陈霸先为丞相、录尚书事、镇卫大将军、扬州牧、义兴公。以吏部尚书王通为右仆射。

29　突厥木杆可汗假道于凉州以袭吐谷浑,魏太师泰使凉州刺史史宁帅骑随之,至番禾,吐谷浑觉之,奔南山。木杆将分兵追之,宁曰:"树敦、贺真二城,吐谷浑之巢穴也,拔其本根,馀众自散。"木杆从之。木杆从北道趣贺真,宁从南道趣树敦。吐谷浑可汗在贺真,使其征南王将数千人守树敦。木杆破贺真,获夸吕妻子;宁破树敦,虏征南王。还,与木杆会于青海,木杆叹宁勇决,赠遗甚厚。

30　甲子,王琳以舟师袭江夏;冬,十月壬申,丰城侯泰以州降之。

31　齐发山东寡妇二千六百人以配军,有夫而滥夺者什二三。

32　魏安定文公宇文泰还至牵屯山而病,驿召中山公护。护至泾州,见泰,泰谓护曰:"吾诸子皆幼,外寇方强,天下之事,属之于汝,宜努力以成吾志。"乙亥,卒于云阳。护还长安,发丧。泰能驾御英豪,得其力用,性好质素,不尚虚饰,明达政事,崇儒好古,凡所施设,皆依仿三代而为之。丙子,世子觉嗣位,为太师、柱国、大冢宰,出镇同州,时年十五。

"我一举鞭示意,你们就杀了他们。"太阳快下山了,文宣帝喝得醉醺醺地起不了床。黄门郎是连子畅乘机说:"陛下你这样做,百官群臣害怕得受不了了。"文宣帝说:"他们很害怕吗? 如果是这样,那就别杀他们算了!"于是就出发到晋阳去。

28 九月壬寅(初一),梁朝改换年号为太平元年,实行大赦,任命陈霸先为丞相、录尚书事、镇卫大将军、扬州牧、义兴公。任命吏部尚书王通为右仆射。

29 突厥木杆可汗借路从凉州袭击吐谷浑,西魏太师宇文泰派凉州刺史史宁率领骑兵跟他一起行动,军队到达番禾,吐谷浑发觉了,逃往南山。木杆可汗准备分兵去追击他,史宁建议说:"树敦、贺真两城,是吐谷浑的巢穴,拔掉他的这个老根,其他的部众也就自己溃散了。"木杆可汗采纳了这个建议。商议的结果是:木杆可汗率兵从北边的通道直取贺真,史宁从南边的通道直取树敦。吐谷浑可汗自己驻扎在贺真,派他的征南王带几千人去防守树敦。木杆可汗攻克了贺真,抓获了夸吕的妻子、儿子;史宁攻克了树敦,俘虏了征南王。得胜回师时,史宁与木杆可汗会师于青海,木杆可汗叹服史宁勇猛有决断,对他有很丰厚的馈赠。

30 甲子(二十三日),王琳派水军袭击江夏。冬季,十月壬申(初一),丰城侯萧泰献出州城向他投降。

31 齐国征发山东寡妇两千六百人配婚给军人,其中有丈夫而被当寡妇硬给抢走的占十分之二三。

32 西魏安定文公宇文泰回到牵屯山就病倒了,派驿马传令召见中山公宇文护。宇文护赶到泾州,拜见宇文泰,宇文泰对宇文护说:"我几个儿子都年幼,外面的敌寇都很强大,天下大事就全委托你了,你要努力工作以成就我的素志。"乙亥(初四),病逝于云阳。宇文护回到长安,这才公布消息,给宇文泰发丧。宇文泰生时能够驾驭英俊豪杰,得到他们的努力效劳,他姿性温好,气质朴素,不追求虚荣装饰,处理政事明识练达,尊崇儒家,仰慕远古,举凡施政的一切措施,都依照模仿尧舜禹三代的古制来制定。丙子(初五),世子宇文觉继位,任命为太师、柱国、大冢宰,并镇守同州,这时年仅十五。

中山公护,名位素卑,虽为泰所属,而群公各图执政,莫肯服从。护问计于大司寇于谨,谨曰:"谨早蒙先公非常之知,恩深骨肉,今日之事,必以死争之。若对众定策,公必不得让。"明日,群公会议,谨曰:"昔帝室倾危,非安定公无复今日。今公一旦违世,嗣子虽幼,中山公亲其兄子,兼受顾托,军国之事,理须归之。"辞色抗厉,众皆悚动。护曰:"此乃家事,护虽庸昧,何敢有辞。"谨素与泰等夷,护常拜之,至是,谨起而言曰:"公若统理军国,谨等皆有所依。"遂再拜。群公迫于谨,亦再拜,于是众议始定。护纲纪内外,抚循文武,人心遂安。

33　十一月辛丑,丰城侯泰奔齐,齐以为永州刺史。诏征王琳为司空,琳辞不至,留其将潘纯陀监郢州,身还长沙。魏人归其妻子。

34　壬子,齐主诏以"魏末豪杰纠合乡部,因缘请托,各立州郡,离大合小,公私烦费,丁口减于畴日,守令倍于昔时。且要荒向化,旧多浮伪,百室之邑,遽立州名,三户之民,空张郡目,循名责实,事归焉有。"于是并省三州,一百五十三郡。

35　诏分江州四郡置高州。以明威将军黄法氍为刺史,镇巴山。

中山公宇文护,名望地位一向比较低,虽然被宇文泰所倚重,但各位王公大臣都想执政,谁也不肯服从他。宇文护向大司寇于谨请教对策,于谨说:"我于谨早就蒙受先公宇文泰非同一般的知遇之恩,这恩情深于骨肉之情,今天的国家大事,我一定以生命去争取成功。如果面对各位王公大臣商讨确定国策,您一定不要退让。"第二天,各位王公聚集在一起议论国家大事,于谨说:"过去孝武帝受到高欢胁迫,魏国帝室陷于倾覆的危险之中,要不是安定公迎纳并辅佐了他,国家就没有今天这种局面了。现在安定公突然去世,嗣位的世子虽然幼小,但中山公会把他哥哥的儿子看得很亲,又接受了安定公临危时的顾命之托,军国大事,按理应该归他统一掌握。"于谨讲这番话,声音高亢,神色严厉,众臣都感到惊悚震动。宇文护接着说:"辅政之事,也是我们的家事。我虽然平庸愚昧,但又怎么敢推辞呢?"于谨平时一向处于与宇文泰一样的地位,宇文护常常向他跪拜,到了这时,于谨起身来对宇文护说:"您要是出面统一管理军国大事,我们这些人就都有所依靠了。"于是向他跪拜了两次。各位王公大臣迫于于谨的严厉,也跟着跪拜了两次,于是大家的议论才统一起来。宇文护整顿内外纲纪,安抚文武大臣,人心才就此安定了。

33 十一月辛丑(初一),丰城侯萧泰投奔齐国,齐国任命他为永州刺史,并下诏征召王琳到齐国当司空,王琳推辞不去,留下他的部将潘纯陀监守郢州,自己回长沙去了。西魏把他的妻子儿女送回。

34 壬子(十二日),齐主下诏,认为:"魏末年各方的豪杰纠合乡民,乘着有利的形势和机缘,向有势力的人请求依托,各自建立州郡,有的把大的州郡分离,有的把小的州郡合并,弄得公家和私人都事烦财费,人口比过去大为减少,太守、县令之类的官员比昔日多了一倍。而且边远地区忽而归顺忽而离心,过去有很多是浮名虚报,一百户人家的集镇,匆促中就立起一个州的名号;三户老百姓,也要凭空设立一个郡的名目。如果按照这些州郡的名去考察它们的实际情况,往往会发现这些州郡实在是子虚乌有的幻影。"于是决定实行州郡合并,把三个州撤销,还撤去一百五十三个郡。

35 齐国下诏划分江西四郡为一个州,即高州。任命明威将军黄法氍为刺史,镇守巴山。

36 十二月壬申，以曲江侯勃为太保。

37 甲申，魏葬安定文公。丁亥，以岐阳之地封世子觉为周公。

38 初，侯景之乱，临川民周续起兵郡中，始兴王毅以郡让之而去。续部将皆郡中豪族，多骄横，续裁制之，诸将皆怨，相与杀之。续宗人迪，勇冠军中，众推为主。迪素寒微，恐郡人不服，以同郡周敷族望高显，折节交之，敷亦事迪甚谨。迪据上塘，敷据故郡，朝廷以迪为衡州刺史，领临川内史。时民遭侯景之乱，皆弃农业，群聚为盗，唯迪所部独务农桑，各有赢储，政教严明，征敛必至，馀郡乏绝者皆仰以取给。迪性质朴，不事威仪，居常徒跣，虽外列兵卫，内有女伎，接绳破篾，傍若无人，讷于言语而襟怀信实，临川人皆附之。

39 齐自西河总秦戍筑长城，东至于海，前后所筑东西凡三千馀里，率十里一戍，其要害置州镇，凡二十五所。

40 魏宇文护以周公幼弱，欲早使正位以定人心，庚子，以魏恭帝诏禅位于周，使大宗伯赵贵持节奉册，济北公迪致皇帝玺绶。恭帝出居大司马府。

36　十二月壬申(初二),齐国任命曲江侯萧勃为太保。

37　甲申(十四日),西魏安葬了安定文公。丁亥(十七日),把岐阳之地分封给世子宇文觉,并封他为周公。

38　当初,侯景作乱的时候,临川人周续在郡中起兵夺权,始兴王萧毅把郡让给他,自己跑了。周续部将都是郡中豪门贵族,大都很骄傲横蛮,周续对他们实行制裁,诸将都生怨心,互相串通,杀了周续。周续宗族中有个叫周迪的,他的勇力在军队中号称冠军,被众人推举为主将。周迪过去出身寒微,担心郡中人不服从治理,因为同郡人周敷的家族声望高而显贵,就很谦恭地去与他交为朋友,争取他的协助,周敷对周迪也尽心服事,很是恭谨。周迪据守上塘,周敷据守郡治原来的所在地,梁朝任命周迪为衡州刺史,兼领临川内史。当时人民遭受侯景之乱的祸害,都扔下了耕作务农之业,群聚在一起当强盗,只有周迪所管理的地区还有人民在经营农业、养蚕业,各家各户还有些粮食布帛的盈馀积蓄,政法教令很是严明,政府下令征收分派的赋税都能收到,因此别的州郡凡是粮食布帛发生困难短缺都靠周迪治理的地区来取得补给。周迪天性质朴,不经意于表面上的威严仪表,平素居家常常光着脚,虽然外面排列着卫兵,屋里有女性的歌舞伎,但他从容地搓绳子,破竹篾,旁若无人,他不善于高谈阔论但襟怀诚实质朴,临川人都依附于他。

39　齐国从西河总秦戍一带开始修筑长城,向东一直延伸到大海边,前前后后修筑的长城东西总共有三千多里长,大抵十里就设立一个戍卫点,凡是军事上的险要之地就建立州镇,总共有二十五处。

40　西魏宇文护因为周公宇文觉幼小力弱,想早一点儿让他就正位以安定人心,庚子(三十日),通过魏恭帝下诏书的形式,把西魏政权禅让给周公,派大宗伯赵贵手持节杖,捧着就位的表册,济北公宇文迪献上皇帝的玉玺和印绶。魏恭帝从内廷搬出,住在大司马的府第。

卷第一百六十七　陈纪一

起丁丑(557)尽己卯(559)凡三年

高祖武皇帝
永定元年(丁丑,557)

1　春,正月辛丑,周公即天王位,柴燎告天,朝百官于露门。追尊王考文公为文王,妣为文后。大赦。封魏恭帝为宋公。以木德承魏水,行夏之时,服色尚黑。以李弼为太师,赵贵为太傅、大冢宰,独孤信为太保、大宗伯,中山公护为大司马。

2　诏以王琳为司空、骠骑大将军,以尚书右仆射王通为左仆射。

3　周王祀圜丘,自谓先世出于神农,以神农配二丘,始祖献侯配南北郊,文王配明堂,庙号太祖。癸卯,祀方丘。甲辰,祭大社。除市门税。乙巳,享太庙,仍用郑玄义,立太祖与二昭、二穆为五庙,其有德者别为祧庙,不毁。辛亥,祀南郊。壬子,立王后元氏。后,魏文帝之女晋安公主也。

4　齐南安城主冯显请降于周,周柱国宇文贵使丰州刺史太原郭彦将兵迎之,遂据南安。

5　吐谷浑为寇于周,攻凉、鄯、河三州。秦州都督遣渭州刺史于翼赴援,翼不从。僚属咸以为言,翼曰:"攻取之术,非夷俗

高祖武皇帝
陈武帝永定元年(丁丑,公元 557 年)

1　春季,正月辛丑(初一),北周周公宇文觉就了天王正位,点燃篝火告诉上苍,在朝廷外的大门前接受文武百官的朝拜。追奠天王的父亲文公宇文泰为文王,母亲为文后。大赦天下。封退位的魏恭帝为宋公。新朝奉行五行中的木德,以表示继承西魏的水德,实行古代夏朝的历法,服装的颜色推崇黑色。任命李弼为太师,赵贵为太傅、大冢宰,独孤信为太保、大宗伯,中山公宇文护为大司马。

2　周王宇文觉任命王琳为司空、骠骑大将军,任命尚书右仆射王通为左仆射。

3　周王宇文觉在圜丘祭祀祖先,自称祖先来自古代的神农氏,以神农配享圜丘和方丘,始祖献侯配享南北郊,文王配享明堂,庙号太祖。癸卯(初三),祭祀方丘。甲辰(初四),祭祀大社。又下令免除进入市门者每人交纳一钱税的制度。乙巳(初五),摆供品祭祀太庙的祖先,仍然采用郑玄所注的《礼记》的古义,设立太祖、二昭、二穆,共五庙,其中有德行的祖先另外设立祧庙,不加毁坏。辛亥(十一日),在南郊祭祀。壬子(十二日),立元氏为王后。王后元氏是魏文帝的女儿晋安公主。

4　齐国南安城主冯显要求向北周投降,周朝柱国宇文贵派丰州刺史太原人郭彦率领军队去迎接他,于是就占据了南安城。

5　吐谷浑进犯北周,攻打凉、鄯、河三州。秦州都督派渭州刺史于翼急速去援救三州,于翼不服从命令。于翼的幕僚部属都以为不妥,纷纷劝说他,于翼说:"攻城取地的战术,不是蛮夷

所长。此寇之来，不过抄掠边牧，掠而无获，势将自走。劳师而往，必无所及。翼揣之已了，幸勿复言。"数日，问至，果如翼所策。

6 初，梁世祖以始兴郡为东衡州，以欧阳頠为刺史。久之，徙頠为郢州刺史，萧勃留頠不遣。世祖以王琳代勃为广州刺史，勃遣其将孙盎监广州，尽帅所部屯始兴以避之。頠别据一城，不往谒，闭门自守。勃怒，遣兵袭之，尽收其货财马仗；寻赦之，使复其所，与之结盟。江陵陷，頠遂事勃。二月庚午，勃起兵于广州，遣頠及其将傅泰、萧孜为前军。孜，勃之从子也。南江州刺史余孝顷以兵会之。诏平西将军周文育帅诸军讨之。

7 癸酉，周王朝日于东郊。戊寅，祭太社。

8 周楚公赵贵、卫公独孤信故皆与太祖等夷，及晋公护专政，皆怏怏不服。贵谋杀护，信止之。开府仪同三司宇文盛告之。丁亥，贵入朝，护执而杀之，免信官。

9 领军将军徐度出东关侵齐，戊子，至合肥，烧齐船三千艘。

10 欧阳頠等出南康。頠屯豫章之苦竹滩，傅泰据蹠口城，余孝顷遣其弟孝劢守郡城，自出豫章据石头。巴山太守熊昙朗诱頠共袭高州刺史黄法氍。又语法氍，约共破頠，且曰："事捷，与我马仗。"遂出军，与頠俱进。至法氍城下，昙朗阳败走，法氍乘之，頠失援而走，昙朗取其马仗，归于巴山。

所擅长的。这帮强盗来进犯，不过是为了抢劫边地的牧民，掠夺既无收获，势必自己退走。我们兴师动众地去救援三州，必定追不上这些流窜之贼。我对这情况早已揣摩透了，你们不要再多说了。"过了几天，消息传来，一切果然像于翼所预料的一样。

6　当初，梁世祖把始兴郡改为东衡州，任命欧阳𫖳为东衡州刺史。时间一长，又把欧阳𫖳调去当郢州刺史，萧勃把欧阳𫖳留下不让去。梁世祖任命王琳代替萧勃当广州刺史，萧勃派部将孙瑒去监守广州，自己把所属的部队全部屯驻在始兴以避开王琳。欧阳𫖳另外占据一座城池，不去拜见萧勃，关起城门自己固守。萧勃大怒，派兵去袭击他，把他的货物财产马匹兵器全部没收了，不久又赦免了他，让他回到他所据守的城池去，并和他结为同盟。后来江陵陷落，欧阳𫖳就归顺了萧勃。二月庚午(初一)，萧勃在广州起兵，派欧阳𫖳和他的部将傅泰、萧孜为前头部队。萧孜是萧勃的侄子。南江州刺史余孝顷带兵去与他们会合。梁朝下诏调动平西将军周文育率领各路兵马去征讨他们。

7　癸酉(初四)，周王在东郊朝拜日神。戊寅(初九)，祭祀太社。

8　周楚公赵贵、卫公独孤信过去都和太祖宇文泰享有同等地位，待到晋公宇文护独掌政权时，都快快不乐，很不服气。赵贵谋划要杀害宇文护，独孤信制止了他。开府仪同三司宇文盛告发了他。丁亥(十八日)，赵贵上朝，宇文护把他抓起来杀了，罢了独孤信的官。

9　领军将军徐度从东关出发侵入北齐，戊子(十九日)，抵达合肥，烧毁齐国船只三千艘。

10　欧阳𫖳等从南康出发。欧阳𫖳屯驻在豫章的苦竹滩，傅泰据守在蹠口城，余孝顷派他的弟弟余孝劢守卫郡城，自己从豫章出发据守石头。巴山太守熊昙朗引诱欧阳𫖳一起袭击高州刺史黄法𣰙。却又对黄法𣰙私语，相约一起打败欧阳𫖳，而且说："事情成功后，给我一些马匹兵器就行了。"就这样他出动军队，与欧阳𫖳一起前进。抵达黄法𣰙城下的时候，熊昙朗假装兵败逃跑，黄法𣰙乘势追击，欧阳𫖳失去援军，也败逃了，熊昙朗缴获了他的马匹兵器，回到了巴山。

周文育军少船,余孝顷有船在上牢,文育遣军主焦僧度袭之,尽取以归,仍于豫章立栅。军中食尽,诸将欲退,文育不许,使人间行遗周迪书,约为兄弟。迪得书甚喜,许馈以粮。于是文育分遣老弱乘故船沿流俱下,烧豫章栅,伪若遁去者。孝顷望之,大喜,不复设备。文育由间道兼行,据芊韶,芊韶上流则欧阳頠、萧孜,下流则傅泰、余孝顷营,文育据其中间,筑城缮士,頠等大骇。頠退入泥溪,文育遣严威将军周铁虎等袭頠,癸巳,擒之。文育盛陈兵甲,与頠乘舟而宴,巡蹑口城下,使其将丁法洪攻泰,擒之。孜、孝顷退走。

11　甲午,周以于谨为太傅,大宗伯侯莫陈崇为太保,晋公护为大冢宰,柱国武川贺兰祥为大司马,高阳公达奚武为大司寇。

12　周人杀魏恭帝。

13　三月庚子,周文育送欧阳頠、傅泰于建康。丞相霸先与頠有旧,释而厚待之。

14　周晋公护以赵景公独孤信名重,不欲显诛之,己酉,逼令自杀。

15　甲辰,以司空王琳为湘、郢二州刺史。

16　曲江侯勃在南康,闻欧阳頠等败,军中恟惧。甲寅,德州刺史陈法武、前衡州刺史谭世远攻勃,杀之。

17　夏,四月己卯,铸四柱钱,一当二十。

18　齐遣使请和。

19　壬午,周王谒成陵。乙酉,还宫。

20　齐以太师斛律金为右丞相,前大将军可朱浑道元为太傅,开府仪同三司贺拔仁为太保,尚书令常山王演为司空,

周文育的军队缺少船只,余孝顷在上牢一带有兵船,周文育就派军主焦僧度去袭击他,把兵船全部抢了回来,仍然在豫章修建起营寨栅栏。军队里粮食吃完了,诸将想退兵,周文育不允许,派人走小路给周迪送去一封信,和他相约结为兄弟。周迪得到信很高兴,答应送些粮食给周文育。于是周文育分头派遣老弱人员乘坐旧船,顺流而下,烧掉在豫章的营寨栅栏,假装成好像已经逃跑了的样子。余孝顷远远望见这种情况,不禁大喜,再也不设立防备了。周文育从小路日夜兼程地行进,占据了芊韶,芊韶的上游是欧阳頠、萧孜的军队,下游则有傅泰、余孝顷的军营,周文育占据了这两者的中间,修筑城垣,慰劳将士,欧阳頠等人大惊失色。欧阳頠率军退入泥溪,周文育派严威将军周铁虎等人率军袭击欧阳頠,癸巳(二十四日),捉获了他。周文育把兵甲大量地陈列出来,与欧阳頠一起坐在船上举行酒宴,船只巡行到蹠口城下,派他的部将丁法洪进攻傅泰,捉获了他。萧孜、余孝顷闻讯退却逃跑了。

11 甲午(二十五日),北周任命于谨为太傅,大宗伯侯莫陈崇为太保,晋公宇文护为大冢宰,柱国武川人贺兰祥为大司马,高阳公达奚武为大司寇。

12 北周人杀害了魏恭帝。

13 三月庚子(初一),周文育送欧阳頠、傅泰到建康去。丞相陈霸先与欧阳頠有旧谊,不但释放了他,而且给予优厚的待遇。

14 北周晋公宇文护因为赵景公独孤信名望很大,不愿公开杀他,己酉(初十),逼迫他自杀。

15 甲辰(初五),梁朝任命司空王琳为湘、郢二州的刺史。

16 曲江侯萧勃在南康,听到欧阳頠等兵败的消息,军中顿时人心惊慌。甲寅(十五日),德州刺史陈法武,前衡州刺史谭世远攻打萧勃,杀死了他。

17 夏季,四月己卯(十一日),梁朝铸造四柱钱,一枚当细钱二十枚。

18 北齐派使者来梁朝请求和好。

19 壬午(十四日),周王拜谒成陵。乙酉(十七日),回到宫中。

20 北齐任命太师斛律金为右丞相,前大将军可朱浑道元为太傅,开府仪同三司贺拔仁为太保,尚书令常山王高演为司空,

录尚书事长广王湛为尚书令,右仆射杨愔为左仆射,仍加开府仪同三司。并省尚书右仆射崔暹为左仆射,上党王涣录尚书事。

21　丁亥,周王享太庙。

22　壬辰,改四柱钱一当十。丙申,复闭细钱。

23　故曲江侯勃主帅兰裕袭杀谭世远,军主夏侯明徹杀裕,持勃首降。勃故记室李宝藏奉怀安侯任据广州。萧孜、余孝顷犹据石头,为两城,各据其一,多设船舰,夹水而陈。丞相霸先遣平南将军侯安都助周文育击之。戊戌,安都潜师夜烧其船舰,文育帅水军、安都帅步军进攻之。萧孜出降,孝顷逃归新吴,文育等引兵还。丞相霸先以欧阳颁声著南土,复以颁为衡州刺史,使讨岭南,未至,其子纥已克始兴,颁至岭南,诸郡皆降,遂克广州,岭南悉平。

24　周仪同三司齐轨谓御正中大夫薛善曰:"军国之政,当归天子,何得犹在权门!"善以告晋公护,护杀之,以善为中外府司马。

25　五月戊辰,余孝顷遣使诣丞相府乞降。

26　王琳既不就征,大治舟舰,将攻陈霸先。六月戊寅,霸先以开府仪同三司侯安都为西道都督,周文育为南道都督,将舟师二万会武昌以击之。

27　秋,七月辛亥,周王享太庙。

28　河南、北大蝗。齐主问魏郡丞崔叔瓒曰:"何故致蝗?"对曰:"《五行志》:土功不时,蝗虫为灾。今外筑长城,内兴三台,殆以此乎!"齐主怒,使左右殴之,擢其发,以溷沃其头,曳足以出。叔瓒,季舒之兄也。

录尚书事长广王高湛为尚书令,右仆射杨愔为左仆射,仍加开府仪同三司。并省即并州行台尚书右仆射崔暹为左仆射,上党王高涣为录尚书事。

21　丁亥(十九日),周王祭拜太庙。

22　壬辰(二十四日),梁朝改变四柱钱的币值,一枚当细钱十枚。丙申(二十八日),又停止细钱的流通。

23　原曲江侯萧勃的主帅兰裂袭击并杀死了谭世远,军主夏侯明徹杀了兰裂,拿着萧勃的首级投降。萧勃原来的记室李宝藏拥戴怀安侯萧任据守广州。萧孜、余孝顷还占据着石头,修筑了两座城池,两人各据守一个,造了很多船舰,夹着江水两边摆开。丞相陈霸先派平南将军侯安都协助周文育去攻打他们。戊戌(三十日),侯安都偷偷派部队乘黑夜烧掉了他们的兵船,周文育率领水军,侯安都率领步军协同大举进攻。萧孜出城投降,余孝顷逃回新吴,周文育等人带兵回朝。丞相陈霸先考虑到欧阳頠的声望在南方一带很高,于是又任命欧阳頠为衡州刺史,派他去讨伐岭南。欧阳頠还没抵达岭南,他的儿子欧阳纥已经攻下了始兴。欧阳頠抵达岭南后,岭南诸郡都投降了,于是就攻占了广州,岭南从此全部平定了。

24　北周的仪同三司齐轨对御正中大夫薛善说:"国家的军政大权,都应该归天子掌握,怎么可以至今还在权门显要手中!"薛善把这话报告了宇文护,宇文护杀了齐轨,任命薛善为中外府司马。

25　五月戊辰,余孝顷派使者到丞相府乞求投降。

26　王琳既已不受征召,就大力修造舟舰,准备进攻陈霸先。六月戊寅(十一日),陈霸先任命开府仪同三司侯安都为西道都督,周文育为南道都督,率领水师两万人会师于武昌,对王琳发动进攻。

27　秋季,七月辛亥(十四日),周王祭祀太庙。

28　黄河南岸与北岸发生大规模蝗灾。北齐国主问魏郡丞崔叔瓒:"是什么原因招致了蝗灾?"崔叔瓒回答说:"《五行志》上说:土木工程不按时令兴建,就会导致蝗虫成灾。现在我国在外修筑长城,在内兴建三台,大概蝗灾就是因为这个原因而发生的吧?"北齐国主听了勃然大怒,命令左右殴打崔叔瓒,拔他的头发,用粪汁浇他的头,拽着他的脚拖出去。崔叔瓒是崔季舒的哥哥。

29　八月丁卯,周人归梁世祖之枢及诸将家属千馀人于王琳。

30　戊辰,周王祭太社。

31　甲午,进丞相霸先位太傅,加黄钺、殊礼,赞拜不名。九月辛丑,进丞相为相国,总百揆,封陈公,备九锡,陈国置百司。

32　周孝愍帝性刚果,恶晋公护之专权。司会李植自太祖时为相府司录,参掌朝政,军司马孙恒亦久居权要,及护执政,植、恒恐不见容,乃与宫伯乙弗凤、贺拔提等共谮之于周王。植、恒曰:"护自诛赵贵以来,威权日盛,谋臣宿将,争往附之,大小之政,皆决于护。以臣观之,将不守臣节,愿陛下早图之!"王以为然。凤、提曰:"以先王之明,犹委植、恒以朝政,今以事付二人,何患不成!且护常自比周公,臣闻周公摄政七年,陛下安能七年邑邑如此乎!"王愈信之,数引武士于后园讲习,为执缚之势。植等又引宫伯张光洛同谋,光洛以告护。护乃出植为梁州刺史,恒为潼州刺史,欲散其谋。后王思植等,每欲召之,护泣谏曰:"天下至亲,无过兄弟,若兄弟尚相疑,他人谁可信者!太祖以陛下富于春秋,属臣后事,臣情兼家国,实愿竭其股肱。若陛下亲览万机,威加四海,臣死之日,犹生之年。但恐除臣之后,奸回得志,非唯不利陛下,亦将倾覆社稷,使臣无面目见太祖于九泉。且臣既为天子之兄,位至宰相,尚复何求!愿陛下勿信谗臣之言,疏弃骨肉。"王乃止不召,而心犹疑之。

29　八月丁卯(初一),北周把梁世祖的灵柩和诸将家属一千多人送还给王琳。

30　戊辰(初二),周王祭祀太社。

31　甲午(二十八日),梁朝提升丞相陈霸先为太傅,加赐黄钺、殊礼,进见时无须事先通报,也不必行赞拜礼。九月辛丑(初五),又提升丞相为相国,总领朝政,封为陈公,备九锡,陈国设置百司。

32　北周孝愍帝性格刚强果决,对晋公宇文护的专权很反感。司会李植从太祖时就任相府司录,参与掌管朝政,军司马孙恒也久居权要之位,待到宇文护执政时,李植、孙恒担心不被宇文护容纳,于是就与宫伯乙弗凤、贺拔提等人一起在周王那儿说宇文护的坏话。李植、孙恒说:"宇文护自从杀了赵贵以来,威权越来越盛大,谋臣宿将都争着去依附他,政事无论大小,都是宇文护一个人说了算。依臣等观察,宇文护早晚会不守臣节,图谋篡夺大位,希望陛下早点做出安排,除掉他以绝后患!"周王认为他们说得很对。乙弗凤、贺拔提又说:"我们的先王明察秋毫,尚且把朝政委托给李植、孙恒,可见这两个人的才能和品质了,现在如果把除掉宇文护的事托付给这两个人,还怕事情办不成吗?而且宇文护常常把自己比成周公,臣等听说周公摄政七年之久,陛下怎么能在七年内都怏怏不乐地屈从宇文护专权呢?"周王听了,愈发信赖他们,多次带武士在宫廷后园练习如何捕捉捆绑人。李植等人又勾引宫伯张光洛当同谋,张光洛就把他们的密谋向宇文护告发了。于是宇文护就调李植出任梁州刺史,孙恒出任潼州刺史,想以此来瓦解他们的阴谋。后来周王想念李植等人,总是想召见他们,宇文护痛哭流涕地谏阻说:"天下最亲的也亲不过兄弟,如果兄弟之间还相互怀疑,别的人还有谁是可以信任的!太祖因为陛下年幼,把后事托付给我,我对圣上的忠诚实际上兼有尽责于兄弟之托的亲情与君臣之义,实在愿意尽心竭力,效股肱之劳。如果陛下能够亲自察览万机,威权加于四海,那么,我即使死了,也好像活着一样。但是,恐怕把我除去之后,奸贼小人趁机得志,非但对陛下不利,也将倾覆社稷,危害国家,使我没有面目可见太祖于九泉之下。而且,我既然是天子的叔叔,官位也做到了宰相,还有什么可贪求的呢?愿陛下不要相信谗臣的话,疏远抛弃骨肉之亲。"周王听了,才停止对李植等人的召见,但心里还是对宇文护有怀疑。

凤等益惧,密谋滋甚,刻日召群公入醮,因执护诛之,张光洛又以告护。护乃召柱国贺兰祥、领军尉迟纲等谋之,祥等劝护废立。时纲总领禁兵,护遣纲入宫召凤等议事,及至,以次执送护第,因罢散宿卫兵。王方悟,独在内殿,令宫人执兵自守。护遣贺兰祥逼王逊位,幽于旧第。悉召公卿会议,废王为略阳公,迎立岐州刺史宁都公毓。公卿皆曰:"此公之家事,敢不唯命是听!"乃斩凤等于门外,孙恒亦伏诛。

时李植父柱国大将军远镇弘农,护召远及植还朝,远疑有变,沉吟久之,乃曰:"大丈夫宁为忠鬼,安可作叛臣邪!"遂就征。既至长安,护以远功名素重,犹欲全之,引与相见,谓之曰:"公儿遂有异谋,非止屠戮护身,乃是倾危宗社。叛臣贼子,理宜同疾,公可早为之所。"乃以植付远。远素爱植,植又口辩,自陈初无此谋。远谓植信然,诘朝,将植谒护。护谓植已死,左右白植亦在门。护大怒曰:"阳平公不信我!"乃召入,仍命远同坐,令略阳公与植相质于远前。植辞穷,谓略阳曰:"本为此谋,欲安社稷,利至尊耳!今日至此,何事云云!"远闻之,自投于床曰:"若尔,诚合万死!"于是护乃害植,并逼远令自杀。植弟叔谐、叔谦、叔让亦死,馀子以幼得免。初,远弟开府仪同三司穆知植非保家之主,每劝远除之,远不能用。及远临刑,泣谓穆曰:"吾不用汝言以至此!"

乙弗凤等人见此情状，越发害怕起来，他们的密谋策划也更加紧张和频繁了，终于确定一个日子，要趁召集群公入宫饮宴的机会，把宇文护抓起来杀掉。张光洛又把这密谋报告了宇文护。宇文护于是召集柱国贺兰祥，领军尉迟纲等商量对策，贺兰祥等人劝宇文护废了周王另立皇帝。当时尉迟纲总领宫廷禁兵，宇文护派尉迟纲入宫召集乙弗凤等人商议国事，等他们来了，挨个抓住送到宇文护宅第里，同时把宿卫兵全部撤换、遣散掉了。周王觉察到事情突变，独自躲在内殿，令宫人们手执兵器守护自己。宇文护派贺兰祥进宫逼周王退位，把他幽禁在过去做略阳公时的旧府中。宇文护把全部公卿召集起来开会商议大事，把周王废为略阳公，把岐州刺史宁都公宇文毓迎来立为皇帝。公卿们都说，"这是您的家事，我们岂敢不唯命是听！"于是就把乙弗凤等人斩首于宫门之外，孙恒也伏法被诛。

　　当时李植的父亲柱国大将军李远镇守弘农，宇文护下令召李远和李植回朝廷，李远怀疑朝廷里有非常事变，沉吟了很久，才说："大丈夫宁可做忠臣之鬼，怎么可以做叛臣呢！"于是接受了征召。到了长安之后，宇文护考虑到李远功劳名望一向很高，还想保全他的性命，就把他叫来见面，对他说："您的儿子终于陷入与朝廷异心的阴谋，这种阴谋不只是要杀害我宇文护，而且是要颠覆危害宗庙社稷。对这样的叛臣贼子，我们理所应当一起痛恨，您可以早点为他准备一个处理办法。"于是把李植交给李远处理。李远平时一向喜爱李植，李植又有口才，极力声辩自己本来就没有参与这样的阴谋。李远认为李植的申辩是可信的，第二天早朝，就带着李植去拜谒宇文护。宇文护以为李植已被处死，但身边的人告诉他李植也在门口。宇文护勃然大怒，说："阳平公不相信我！"于是就把李远召进来，仍然让李远和自己同坐，让废王略阳公与李植在李远面前相互对证。李植智竭词穷，对略阳公说："我参与这一次谋反，本来是为了安定社稷，有利于至尊的威权。今天弄到这个地步，还有什么好说的呢！"李远听得真切，自己仆倒在座位上，说："如果是这样，实在是罪该万死！"于是宇文护就杀害了李植，并逼李远让他自杀。李植的弟弟李叔诣、李叔谦、李叔让也被杀死，李远的其他儿子因年幼得到宽免。当初，李远的弟弟开府仪同三司李穆知道李植不是保家的角色，常常劝李远除掉他，李远不能接受这一意见。待到李远临刑时，才哭着对李穆说："我不采纳你的话，才有今天这样的下场！"

穆当从坐，以前言获免，除名为民，及其子弟亦免官。植弟浙州刺史基，尚义归公主，当从坐，穆请以二子代基命，护两释之。

后月馀，护杀略阳公，黜王后元氏为尼。

癸亥，宁都公自岐州至长安，甲子，即天王位，大赦。

33 冬，十月戊辰，进陈公爵为王。辛未，梁敬帝禅位于陈。

34 癸酉，周魏武公李弼卒。

35 陈王使中书舍人刘师知引宣猛将军沈恪勒兵入宫，卫送梁主如别宫，恪排闼见王，叩头谢曰："恪身经事萧氏，今日不忍见此。分受死耳，决不奉命！"王嘉其意，不复逼，更以荡主王僧志代之。乙亥，王即皇帝位于南郊，还宫，大赦，改元。奉梁敬帝为江阴王，梁太后为太妃，皇后为妃。

以给事黄门侍郎蔡景历为秘书监、兼中书通事舍人。是时政事皆由中书省，置二十一局，各当尚书诸曹，总国机要，尚书唯听受而已。

36 丙子，上幸钟山，祠蒋帝庙。庚辰，上出佛牙于杜姥宅，设无遮大会，帝亲出阙前膜拜。

37 辛巳，追尊皇考文赞为景皇帝，庙号太祖，皇妣董氏曰安皇后，追立前夫人钱氏为昭皇后，世子克为孝怀太子，立夫人章氏为皇后。章后，乌程人也。

38 置删定郎，治律令。

李穆本来应当跟着治罪,但因有从前规劝李远的话而获得宽免,只是除去官名,削职为民,他的子弟也都被免去官职。李植的弟弟渐州刺史李基,娶义归公主为妻,本来应当跟着治罪,李穆要求以自己两个儿子的性命来替李基赎死,宇文护把他们连李基全都释放了。

此后过了一个多月,宇文护杀害了略阳公,废黜了王后元氏,让她削发为尼。

癸亥(二十三日),宁都公宇文毓从岐州来到长安,甲子(二十四日),即帝位,大赦天下。

33　冬季,十月戊辰(初三),梁朝给陈公陈霸先封爵为王。辛未(初六),梁敬帝把皇位禅让给了陈王。

34　癸酉(初八),北周魏武公李弼去世。

35　陈王陈霸先派中书舍人刘师知带领宣猛将军沈恪指挥兵士进入皇宫,护送梁敬帝到别宫去居住。沈恪冲开大门拜见陈王,叩头谢罪,说:"我亲自经历过侍奉萧氏的事,今日不忍心看到这种逼宫的场面。违命受死是我的本分,决不能接受这种任命!"陈王嘉勉了他的这种忠心,不再逼他担当此命,另换统领骁骑兵的荡主王僧志代替他。乙亥(初十),陈王陈霸先在南郊即皇帝位,回到宫庭,颁发大赦天下令,又改换年号为永定。封梁敬帝为江阴王,梁太后为太妃,皇后为妃。

陈国任命给事黄门侍郎蔡景历为秘书监,兼中书通事舍人。这个时期国家政事都由中书省决定,中书省设置二十一个局,其职能分头与尚书省各曹相当,总揽国家军政大要,各部尚书只是听受命令而已。

36　丙子(十一日),陈武帝驾临钟山,祭祀蒋帝庙。庚辰(十五日),武帝从杜姥宅请出佛牙,设无遮大会,举办佛事,武帝亲自出来到宫阙前顶礼膜拜。

37　辛巳(十六日),陈武帝追尊皇考陈文赞为景皇帝,庙号太祖,皇妣董氏为安皇后,追立前夫人钱氏为昭皇后,世子陈克立为孝怀太子,夫人章氏立为皇后。章后是乌程人。

38　陈朝设置删定郎,负责修订法律条令。

39　乙酉，周王祀圜丘。丙戌，祀方丘。甲午，祭太社。

40　戊子，太祖神主祔太庙，七庙始共用一太牢，始祖荐首，馀皆骨体。

41　侯安都至武昌，王琳将樊猛弃城走，周文育自豫章会之。安都闻上受禅，叹曰：“吾今兹必败，战无名矣！”时两将俱行，不相统摄，部下交争，稍不相平。军至郢州，琳将潘纯陀于城中遥射官军，安都怒，进军围之。未克，而王琳至弇口，安都乃释郢州，悉众诣沌口，留沈泰一军守汉曲。安都遇风不得进，琳据东岸，安都据西岸，相持数日，乃合战，安都等大败。安都、文育及裨将徐敬成、周铁虎、程灵洗皆为琳所擒，沈泰引军奔归。琳引见诸将与语，周铁虎辞气不屈，琳杀铁虎而囚安都等，总以一长镴系之，置琳所坐舸下，令所亲宦者王子晋掌视之。琳乃移湘州军府就郢城，又遣其将樊猛袭据江州。

42　十一月丙申，上立兄子蒨为临川王，顼为始兴王，弟子昙朗已死而上未知，遥立为南康王。

43　庚子，周王享太庙。丁未，祀圜丘。十二月庚午，谒成陵。癸酉，还宫。

44　谯淹帅水军七千、老弱三万自蜀江东下，欲就王琳，周使开府仪同三司贺若敦、叱罗晖等击之，斩淹，悉俘其众。

45　是岁，诏给事黄门侍郎萧乾招谕闽中。时熊昙朗在豫章，周迪在临川，留异在东阳，陈宝应在晋安，共相连结，

39　乙酉(二十日),周王祭祀圜丘。丙戌(二十一日),祭祀方丘。甲午(二十九日),祭祀太社。

40　戊子,太祖的神主迁入太庙与祖先合祭,七庙开始共用一太牢为祭品,始祖用牛、羊、猪的头做祭品,其馀的用其肢体做祭品。

41　侯安都进抵武昌,王琳的部将樊猛弃城逃跑了,周文育从豫章出发去与侯安都会合。侯安都听到武帝受禅让的消息,叹息说:"我这回一定失败,因为出师无名,不能服众了。"当时侯安都、周文育两个将领一起前进,相互间没有统摄与被统摄的关系,部下相互争执,谁也不服气谁。军队进到郢州时,王琳的将领潘纯陀在城里远远地放箭射向官军,侯安都勃然大怒,指挥军队进击并包围了郢州。郢州还没打下来,而王琳的大军已抵达弇口,于是侯安都就撤了郢州之围,带领全部军队奔沌口,留下沈泰的一支部队守卫汉曲。侯安都遇到大风,不能前进,王琳据守东岸,侯安都据守西岸,两军相持了好几天才交战,侯安都等人大败。侯安都、周文育及其裨将徐敬成、周铁虎、程灵洗都被王琳所擒获,沈泰带着他那一支军队逃回来了。王琳召见被俘的诸将,和他们说话,周铁虎言辞强硬,不屈服,王琳杀了周铁虎,把侯安都等人关押起来,用一根长长的锁链把他们全部系在一起,关在王琳所坐的大船的舱里,令自己信任的宦官王子晋看管监视。王琳于是把在湘州的军府移到郢城,又派他的将领樊猛袭击并占据了江州。

42　十一月丙申(初一),陈武帝立其兄的儿子陈蒨为临川王,陈顼为始兴王,其弟的儿子陈昙朗已经死去,但武帝还不知道,立他为康王。

43　庚子(初五),周王向太庙供献祭品。丁未(十二日),祭祀圜丘。十二月庚午(初六),拜谒成陵。癸酉(初九),回到皇宫。

44　谯淹率领水军七千人,老弱三万人,迫于北周的压力,从蜀江东下,意欲投靠王琳,北周派开府仪同三司贺若敦、叱罗晖等去袭击,谯淹被斩首,其军队全部被俘虏了。

45　这一年,陈朝诏令给事黄门侍郎萧乾去诏谕闽中。当时熊昙朗在豫章,周迪在临川,留异在东阳,陈宝应在晋安,这些人互相连结,

闽中豪帅往往立砦以自保。上患之，使乾谕以祸福，豪帅皆帅众请降，即以乾为建安太守。乾，子范之子也。

46　初，梁兴州刺史席固以州降魏，周太祖以固为丰州刺史。久之，固犹习梁法，不遵北方制度，周人密欲代之，而难其人，乃以司宪中大夫令狐整权镇丰州，委以代固之略。整广布威恩，倾身抚接，数月之间，化洽州府。于是除整丰州刺史，以固为湖州刺史。整迁丰州于武当，旬日之间，城府周备，迁者如归。固之去也，其部曲多愿留为整左右，整谕以朝制，弗许，莫不流涕而去。

47　齐人于长城内筑重城，自库洛枝东至坞纥戍，凡四百馀里。

48　初，齐有术士言"亡高者黑衣"，故高祖每出，不欲见沙门。显祖在晋阳，问左右："何物最黑？"对曰："无过于漆。"帝以上党王涣于兄弟第七，使库直都督破六韩伯升之邺征涣。涣至紫陌桥，杀伯升而逃，浮河南渡。至济州，为人所执，送邺。

帝之为太原公也，与永安王浚皆见世宗，帝有时湢出，浚责帝左右曰："何不为二兄拭鼻！"帝深衔之。及即位，浚为青州刺史，聪明矜恕，吏民悦之。浚以帝嗜酒，私谓亲近曰："二兄因酒败德，朝臣无敢谏者，大敌未灭，吾甚以为忧。欲乘驿至邺面谏，不知用吾不。"或密以白帝，帝益衔之。

闽中土豪的首领往往建立营寨以自我保卫。武帝对此很感不安,派萧乾去用祸福利害关系晓谕他们,土豪的首领都率领部众前来请求投降归顺。武帝便任命萧乾为建安太守。萧乾是萧子范的儿子。

46 当初,梁朝兴州刺史席固献出州郡降了西魏,周太祖任命席固为丰州刺史。过了很久,席固还是习惯于梁朝的法制,不遵守北方的制度,于是北周方面秘密地想派人取代他,但一时又找不到合适的替代人,于是派司宪中大夫令狐整暂时镇守丰州,并把取代席固的策略委托给他。令狐整去了之后,广泛地树威布恩,亲自安抚接见下属,数月之间,使州府上下一片融洽。于是上面任命令狐整为丰州刺史,席固则改任为湖州刺史。令狐整把丰州的州府迁到武当去,十天功夫,新的城府就建设得很周全完备,迁去的人好像回到老家一样安心。席固离开丰州时,他的部下有很多人表示愿意留下来为令狐整效力,令狐整用朝制谕示他们,不允许他们留下。这些人临别时,没有不痛哭流涕、恋恋不舍的。

47 北齐人在长城内又修筑一重城墙,从库洛枝开始,向东直到坞纥戍,共有四百多里长。

48 当初,北齐有一个术士曾说:"将来灭亡高姓政权的人必是穿黑衣服的。"所以高祖高欢每次外出,都不愿碰见和尚。文宣帝高洋在晋阳时,问身边的人:"什么东西最黑?"身边的人回答说:"没有比漆更黑的了。"文宣帝因为上党王高涣在兄弟中排行第七,"七"漆同音,就想除掉他,文宣帝派库直都督破六韩伯升去邺城征召高涣。高涣走到紫陌桥,杀了破六韩伯升逃脱了,坐船向南渡过黄河。逃到济州时,被人抓获,送到了邺城。

文宣帝还当太原公的时候,与永安王高浚一起去见世宗,文宣帝有时鼻涕流淌出来,高浚责备文宣帝身边的人说:"为什么不替二哥擦鼻涕?"文宣帝因此深深地记恨他。待到文宣帝登上皇帝之位后,高浚任青州刺史,他为人聪明,矜持宽恕,官吏百姓都喜欢他。高浚因为文宣帝嗜酒如命,私下对左右亲信说:"二哥因为嗜酒败坏了德行,朝廷里的大臣中没有敢犯颜进谏的人,我很为此担忧。想坐驿车到邺城去当面进谏,不知道他能采纳我的意见不能?"有人把这一番话秘密报告了文宣帝,文宣帝因此更加怀恨高浚了。

浚入朝,从幸东山,帝裸裎为乐。浚进谏曰:"此非人主所宜!"帝不悦。浚又于屏处召杨愔,讥其不谏。帝时不欲大臣与诸王交通,愔惧,奏之。帝大怒曰:"小人由来难忍!"遂罢酒,还宫。浚寻还州,又上书切谏,诏征浚。浚惧祸,谢疾不至,帝遣驰驿收浚,老幼泣送者数千人。至邺,与上党王涣皆盛以铁笼,置于北城地牢,饮食溲秽,共在一所。

二年(戊寅,558)

1 春,正月,王琳引兵下,至溢城,屯于白水浦,带甲十万。琳以北江州刺史鲁悉达为镇北将军,上亦以悉达为征西将军,各送鼓吹女乐。悉达两受之,迁延顾望,皆不就。上遣安西将军沈泰袭之,不克。琳欲引军东下,而悉达制其中流,琳遣使说诱,终不从。己亥,琳遣记室宗虩求援于齐,且请纳梁永嘉王庄以主梁祀。衡州刺史周迪欲自据南川,乃总召所部八郡守宰结盟,齐言入赴;上恐其为变。厚慰抚之。

新吴洞主余孝顷遣沙门道林说琳曰:"周迪、黄法𣰷皆依附金陵,阴窥间隙,大军若下,必为后患。不如先定南川,然后东下,孝顷请席卷所部以从下吏。"琳乃遣轻车将军樊猛、平南将军李孝钦、平东将军刘广德将兵八千赴之,使孝顷总督三将,屯于临川故郡,征兵粮于迪,以观其所为。

2 以开府仪同三司侯瑱为司空,衡州刺史欧阳頠为都督交广等十九州诸军事、广州刺史。

高浚入朝,跟随文宣帝游东山,文宣帝赤身裸体以为游乐,高浚进谏说:"这样做不是当皇帝的人所适宜的!"文宣帝很不高兴。高浚又在隐蔽处召见杨愔,讽刺他不向皇帝进谏。文宣帝当时不愿大臣和诸王有所交流接触,杨愔心里害怕,就把高浚召见他的事奏闻文宣帝。文宣帝勃然大怒说:"这小子如此猖狂,我从来就难以忍受他!"于是就停下酒宴,回皇宫去了。高浚不久回到青州,又上书恳切地进谏,文宣帝下诏书征召高浚。高浚害怕有杀身之祸,推托身体有病,没有应召。文宣帝派人乘驿马来抓高浚,抓走高浚时,老幼哭着送他的有几千人。高浚到了邺城,与上党王高涣一起,都被关在铁笼里,放在北城的地牢中,饮食便溺,都在一个屋里。

陈武帝永定二年(戊寅,公元 558 年)

1 春季,正月,王琳带兵东下,抵达湓城,驻扎在白水浦,他共带有十万甲兵。王琳任命北江州刺史鲁悉达为镇北将军,陈武帝也任命鲁悉达为征西将军,双方都给鲁悉达送去会鼓吹弹唱的女乐。鲁悉达对两边的委任和礼物都接受下来,行动上却拖延观望,两边的官位都不去就任。陈武帝派安西将军沈泰去袭击他,没有打胜。王琳想带兵东下,而鲁悉达的部队控制着长江中流,王琳派使者去劝说引诱,鲁悉达到最后也不服从。己亥(初五),王琳派记室宗虩向北齐求援,而且请求迎纳作为人质滞留在北齐的梁朝永嘉王萧庄来主持梁室的祭祀。衡州刺史周迪想自己占据南川,于是就把所属八郡的太守全部召来结盟,一齐声言要入朝。陈武帝恐怕他们制造变乱,就派人给他们以优厚的慰劳和安抚。

新吴洞主余孝顷派僧人道林去游说王琳,对他说:"周迪、黄法氍都依附了金陵,暗地里却窥伺着机会,您的大军如果东下,这都人必然成为您的后患。不如先平定南川一带,然后东下,我余孝顷请求带着所有的部下去追随您,在您手下效力。"王琳于是就派轻车将军樊猛、平南将军李孝钦、平东将军刘广德带兵八千人去平定南川,让余孝顷总督他们三人,驻扎在临川故郡,同时向周迪征收兵粮,用以观察他的反应动静。

2 陈朝任命开府仪同三司侯瑱为司空;衡州刺史欧阳頠为都督交、广等十九州诸军事,广州刺史。

3　周以晋公护为太师。

4　辛丑，上祀南郊，大赦。乙巳，祀北郊。

5　辛亥，周王耕藉田。

6　癸丑，周立王后独孤氏。

7　戊午，上祀明堂。

8　二月壬申，南豫州刺史沈泰奔齐。

9　齐北豫州刺史司马消难，以齐主昏虐滋甚，阴为自全之计，曲意抚循所部。消难尚高祖女，情好不睦，公主诉之。上党王涣之亡也，邺中大扰，疑其赴成皋。消难从弟子瑞为尚书左丞，与御史中丞毕义云有隙，义云遣御史张子阶诣北豫州采风闻，先禁消难典签家客等。消难惧，密令所亲中兵参军裴藻托以私假，间行入关，请降于周。

三月甲午，周遣柱国达奚武、大将军杨忠帅骑士五千迎消难，从间道驰入齐境五百里，前后三遣使报消难，皆不报。去虎牢三十里，武疑有变，欲还，忠曰："有进死，无退生！"独以千骑夜趣城下。城四面峭绝，但闻击柝声。武亲来，麾数百骑西去，忠勒馀骑不动，俟门开而入，驰遣召武。齐镇城伏敬远勒甲士二千人据东城，举烽严警。武惮之，不欲保城，乃多取财物，以消难及其属先归，忠以三千骑为殿。至洛南，皆解鞍而卧。齐众来追，至洛北，忠谓将士曰："但饱食，今在死地，贼必不敢渡水！"已而果然，乃徐引还。武叹曰：

3　北周任命晋公宇文护为太师。

4　辛丑(初七),陈武帝去南郊祭祀,大赦天下。乙巳(十一日),去北郊祭祀。

5　辛亥(十七日),周王去藉田举行耕种仪式。

6　癸丑(十九日),北周册立独孤氏为王后。

7　戊午(二十四日),陈武帝祭祀明堂。

8　二月壬申(初九),南豫州刺史沈泰投奔北齐。

9　北齐北豫州刺史司马消难看到北齐国主昏昧酷虐越来越厉害,便暗暗谋求自我保全的计策,他用心地安抚稳定自己的部下。司马消难娶的是高祖高欢的女儿,两人感情不睦,公主在北齐国主那里诉说他不好。上党王高涣逃跑时,邺城里一片纷乱惊扰,都怀疑他逃到豫州府所在地成皋去了。司马消难的堂弟司马子瑞任尚书左丞,与御史中丞毕义云有嫌隙,毕义云派御史张子阶到北豫州收集道路传闻,打探消息,去了后先把司马消难的典签官和家客监禁起来。司马消难感到害怕,秘密地命令他所亲信的中兵参军裴藻假托请私假,抄小路入关,向北周请降。

三月甲午(初一),北周派柱国达奚武、大将军杨忠率领骑兵五千人去迎接司马消难来降,他们从小路驰入北齐境内五百里,前后三次派遣使者与司马消难联络,都没有联络上。到距离虎牢三十里的地方,达奚武怀疑情况有异变,想返回,杨忠慨然说:"我们只有前进赴死的责任,没有后退求生的道理!"于是独自带一千骑兵连夜赶到城下。虎牢城四面极为高陡,犹如绝壁,只听得城中传来一阵阵击柝的声音。达奚武亲自赶来,指挥几百骑兵退却西去,杨忠指挥剩下的骑兵原地不动,等城门开了进了城,才派人骑快马去叫达奚武。北齐镇守城池的伏敬远指挥甲士两千人据守东城,点燃烽火,严加警戒。达奚武感到害怕,不想保住城池,于是就大肆掳掠财物,带着司马消难和他的部属先回去,杨忠带三千骑兵殿后。军队行抵洛南,都解开马鞍躺下休息。北齐军队追了过来,到达洛北,杨忠对将士们说:"你们只管吃得饱饱的,现在我们处于必死之地,贼兵怕我们与之拼命,一定不敢渡河来追!"后来果然如杨忠所料,于是才慢慢地引领军队平安回来。达奚武不由感叹地说:

"达奚武自谓天下健儿,今日服矣!"周以消难为小司徒。

10　丁酉,齐主自晋阳还邺。

11　齐发兵援送梁永嘉王庄于江南,册拜王琳为梁丞相、都督中外诸军、录尚书事。琳遣兄子叔宝帅所部十州刺史子弟赴邺。琳奉庄即皇帝位,改元天启。追谥建安公渊明曰闵皇帝。庄以琳为侍中、大将军、中书监,馀依齐朝之命。

12　夏,四月甲子,上享太庙。

13　乙丑,上使人害梁敬帝,立梁武林侯谘之子季卿为江阴王。

14　己巳,周以太师护为雍州牧。

15　甲戌,周王后独孤氏殂。

16　辛巳,齐大赦。

17　齐主以旱祈雨于西门豹祠,不应,毁之,并掘其冢。

18　五月癸巳,余孝顷等屯二万军于工塘,连八城以逼周迪。迪惧,请和,并送兵粮。樊猛等欲受盟而还,孝顷贪其利,不许,树栅围之。由是猛等与孝顷不协。

19　周以大司空侯莫陈崇为大宗伯。

20　癸丑,齐广陵南城主张显和、长史张僧那各帅所部来降。

21　辛丑,齐以尚书令长广王湛录尚书事,骠骑大将军平秦王归彦为尚书左仆射。甲辰,以前左仆射杨愔为尚书令。

22　辛酉,上幸大庄严寺舍身。壬戌,群臣表请还宫。

23　六月乙丑,齐主北巡,以太子殷监国,因立大都督府与尚书省分理众务,仍开府置佐。齐主特崇其选,以赵郡王叡为侍中、摄大都督府长史。

"我达奚武自认为是天下健儿,今天在杨忠面前算是服气了!"北周任命司马消难为小司徒。

10 丁酉(初四),北齐国主从晋阳回到邺城。

11 北齐派兵援助并护送梁朝永嘉王萧庄回到江南,并册拜王琳为梁朝丞相、都督中外诸军、录尚书事。王琳派其兄的儿子王叔宝率领所部十个州的刺史的子弟去邺城为人质。王琳拥戴萧庄登上了皇帝位,改年号为天启。追谥建安公萧渊明为闵皇帝。萧庄任命王琳为侍中、大将军、中书监,其馀官职依照北齐的册命。

12 夏季,四月甲子(初二),陈武帝向太庙供献祭品。

13 乙丑(初三),陈武帝派人杀害了梁敬帝,立梁朝武林侯萧谘的儿子萧季卿为江阴王。

14 己巳(初七),北周任命太师宇文护为雍州牧。

15 甲戌(十二日),北周王后独孤氏去世。

16 辛巳(十九日),北齐大赦天下。

17 北齐国主因为天旱在西门豹祠前祈雨,不灵验,于是毁了西门豹祠,并挖开了他的坟墓。

18 五月癸巳(初一),余孝顷在工塘屯驻了两万军队,结连八城的兵力以逼临周迪的驻地。周迪害怕了,请求和谈,并送兵粮给余孝顷。樊猛等将想接受和好的盟约收兵回去,但余孝顷贪图出兵之利,不许樊猛等退去,树起栅栏围住他们。以此樊猛与余孝顷开始不和。

19 北周任命大司空侯莫陈崇为大宗伯。

20 癸丑(二十一日),北齐广陵南城城主张显和,长史张僧那各自率领所属部队来投降陈朝。

21 辛丑,北齐任命尚书令长广王高湛为录尚书事,骠骑大将军平秦王高归彦为尚书左仆射。甲辰,任命前左仆射杨愔为尚书令。

22 辛酉(二十九日),陈武帝驾临大庄严寺向佛祖舍身。壬戌(三十日),群臣上表请皇上回宫。

23 六月乙丑(初三),北齐国主到北方巡视,委托太子高殷监理国事,因此设立大都督府与尚书省分头处理众多事务,同样开府办公,设置官佐。北齐国主特别看重大都督府的人选,任命赵郡王高叡为侍中、摄大都督府长史。

24　己巳，诏司空侯瑱与领军将军徐度帅舟师为前军以讨王琳。

25　齐主至祁连池。戊寅，还晋阳。

26　秋，戊戌，上幸石头，送侯瑱等。

27　高州刺史黄法氍、吴兴太守沈恪、宁州刺史周敷合兵救周迪。敷自临川故郡断江口，分兵攻余孝顷别城。樊猛等不救而没。刘广德乘流先下，故获全。孝顷等皆弃舟引兵步走，迪追击，尽擒之，送孝顷及李孝钦于建康，归樊猛于王琳。

28　甲辰，上遣吏部尚书谢哲往谕王琳。哲，朏之孙也。

29　八月甲子，周大赦。

30　乙丑，齐主还邺。

31　辛未，诏临川王蒨西讨，以舟师五万发建康，上幸冶城寺送之。

32　甲戌，齐主如晋阳。

33　王琳在白水浦，周文育、侯安都、徐敬成许王子晋以厚赂，子晋乃伪以小船依舸而钓，夜，载之上岸，入深草中，步投陈军，还建康自劾。上引见，并宥之，戊寅，复其本官。

34　谢哲返命，王琳请还湘州，诏追众军还。癸未，众军至自大雷。

35　九月甲辰，周封少师元罗为韩国公以绍魏后。

36　丁未，周王如同州。冬，十月辛酉，还长安。

37　余孝顷之弟孝劢及子公飏犹据旧栅不下。庚午，诏开府仪同三司周文育都督众军出豫章讨之。

24 己巳(初七),陈武帝下诏命令司空侯瑱与领军将军徐度率领水师为前头部队去讨伐王琳。

25 北齐国主到达祁连池。戊寅(十六日),回到晋阳。

26 秋季,七月戊戌(初七),陈武帝驾临石头,送侯瑱等出师。

27 高州刺史黄法氍、吴兴太守沈恪、宁州刺史周敷联合出兵救援周迪。周敷从临川故郡切断江口,分兵攻打余孝顷的别城。樊猛等不去救援,别城陷落。刘广德早先一步乘流而下,所以得到保全。余孝顷等都扔掉船只带兵士步行,周迪发兵追击,把他们全抓获了,余孝顷及李孝钦被送往建康,樊猛则归还了王琳。

28 甲辰(十三日),陈武帝派吏部尚书谢哲去宣谕王琳。谢哲是谢朏的孙子。

29 八月甲子(初三),北周大赦天下。

30 乙丑(初四),北齐国主回到邺城。

31 辛未(初十),陈武帝下诏派临川王陈蒨出兵向西讨伐,共有水军五万人从建康出发,皇上亲临冶城寺为陈蒨送行。

32 北齐国主去晋阳。

33 王琳在白水浦,周文育、侯安都、徐敬成答应给王子晋很厚的贿赂,王子晋于是就假装乘小船靠近大船垂钓,夜里,把周文育等人用小船载上岸,藏入深草丛中,让他们得以步行回去投奔陈朝军队,并回建康请罪自劾。陈武帝接见了他们,并宽宥了他们的兵败之罪,戊寅(十二日),恢复了他们原来的官职。

34 谢哲从王琳处回朝复命,王琳请求回到湘州去,陈朝下诏追回出征的军队。癸未(十七日),众军从大雷回来。

35 九月甲辰(十四日),北周封少师元罗为韩国公以继承魏的香火。

36 丁未(十六日),周王去同州。冬季,十月辛酉(初一),回到长安。

37 余孝顷的弟弟余孝劢及其子余公飔仍然据守旧营栅不投降。庚午(初十),陈武帝诏命开府仪同三司周文育都督众军从豫章出发去讨伐他们。

38 齐三台成,更名铜爵曰金凤,金虎曰圣应,冰井曰崇光。十一月甲午,齐主至邺,大赦。齐主游三台,戏以槊刺都督尉子辉,应手而毙。

常山王演以帝沉湎,忧愤形于颜色。帝觉之,曰:"但令汝在,我何为不纵乐!"演唯涕泣拜伏,竟无所言。帝亦大悲,抵杯于地曰:"汝似嫌我如是,自今敢进酒者斩之!"因取所御杯尽坏弃。未几,沉湎益甚,或于诸贵戚家角力批拉,不限贵贱,唯演至,则内外肃然。演又密撰事条,将谏,其友王晞以为不可;演不从,因间极言,遂逢大怒。演性颇严,尚书郎中剖断有失,辄加捶楚,令史奸慝即考竟。帝乃立演于前,以刀镮拟胁,召被演罚者,临以白刃,求演之短。咸无所陈,乃释之。晞,昕之弟也。帝疑演假辞于晞以谏,欲杀之。王私谓晞曰:"王博士,明日当作一条事,为欲相活,亦图自全,宜深体勿怪。"乃于众中杖晞二十。帝寻发怒,闻晞得杖,以故不杀,髡鞭配甲坊。居三年,演又因谏争,大被殴挞,闭口不食。太后日夜涕泣,帝不知所为,曰:"悦小儿死,奈我老母何!"于是数往问演疾,谓曰:"努力强食,当以王晞还汝。"乃释晞,令诣演。演抱晞曰:"吾气息惙然,恐不复相见!"晞流涕曰:"天道神明,岂令殿下遂毙此舍!至尊亲为人兄,尊为人主,安可与计!

38　北齐建成三台,把铜爵台改名叫金凤台,金虎台改叫圣应台,冰井台改叫崇光台。十一月甲午(初五),北齐国主到了邺城,大赦天下。北齐国主游览三台,戏用槊刺都督尉子辉,一下子就把他刺死了。

常山王高演因为北齐国主文宣帝沉溺于酒,忧愤形于颜色。文宣帝发觉了,说:"只要你在,我为什么不纵情取乐!"高演只有痛哭流涕,拜伏在地,竟一句话也说不出来。文宣帝也大放悲声,把酒杯扣在地上说:"你似乎嫌我这样酗酒,从今以后,谁敢把酒进献到我这儿来就斩首!"于是把自己用的酒杯拿来,全摔坏扔了。但是没过多久,文宣帝酒喝得更凶了。有时在诸贵戚家里边喝酒边摔跤角斗,不分贵贱,但是只要高演一来,则内外肃然,谁也不敢吱声。高演又秘密地撰写了条陈,准备再次进谏,他的朋友王晞以为不可行,高演不听,找到个机会就激动地说了个痛快,于是遭到文宣帝的怒斥。高演性格很严苛,他手下的尚书郎中判断处理事情一有失误,他就下令鞭打,令史们如有作奸犯科就追查到底。文宣帝让高演站在自己面前,用刀环比着他的肋下,威胁着要砍死他。又把高演责罚过的人叫来,用雪亮的刀刃加在他们脖子上,逼他们说出高演的短处。但这些人都表示没有什么可说的,于是就释放了他们。王晞是王昕的弟弟。文宣帝怀疑高演是在王晞那儿学到一些说辞才来进谏的,就想杀了王晞。高演私下对王晞说:"王博士,明天我将做一件事,为了让你活命,也求得我能自全,希望您深切地体会我的苦心,别责怪我。"于是当着众人打了王晞二十杖。文宣帝不久发怒,听说王晞被打,反而不杀他了,只剃掉他的头发,鞭打一顿,配在兵器坊服役。过了三年,高演又因进谏的事和文宣帝争执起来,被狠狠地鞭挞了一顿,高演闭口绝食。太后心疼儿子,日夜哭泣,文宣帝慌了,不知该怎么办,自言自语地说:"如果让这小子死了,那可拿我老母亲怎么办呢?"于是多次去问候高演病体如何,对他说:"你如果努力把饭咽下去,我就把王晞放出来还给你。"于是就释放了王晞,叫他去看望高演。高演抱着王晞说:"我自觉气短乏力,恐怕再也不能相见了。"王晞痛哭流涕说:"天道神明,降福善类,降祸恶人,了了分明,难道会让殿下就这样死在这间屋里!皇上论亲是您兄长,论尊是您主子,怎么能和他计较是非呢!

殿下不食,太后亦不食,殿下纵不自惜,独不念太后乎!"言未卒,演强坐而饭。晞由是免徒,还为王友。及演录尚书事,除官者皆诣演谢,去必辞。晞言于演曰:"受爵天朝,拜恩私第,自古以为不可,宜一切约绝。"演从之。久之,演从容谓晞曰:"主上起居不恒,卿宜耳目所具,吾岂可以前逢一怒,遂尔结舌。卿宜为撰谏草,吾当伺便极谏。"晞遂条十馀事以呈,因谓演曰:"今朝廷所恃者惟殿下,乃欲学匹夫耿介,轻一朝之命!狂药令人不自觉,刀箭岂复识亲疏,一旦祸出理外,将奈殿下家业何,奈皇太后何!"演歔欷不自胜,曰:"乃至是乎!"明日,见晞曰:"吾长夜久思,今遂息意。"即命火,对晞焚之。后复承间苦谏,帝使力士反接,拔白刃注颈,骂曰:"小子何知,是谁教汝?"演曰:"天下噤口,非臣谁敢有言!"帝趣杖,乱捶之数十。会醉卧,得解。帝亵黩之游,遍于宗戚,所往留连。唯至常山第,多无适而去。尚书左仆射崔暹屡谏,演谓暹曰:"今太后不敢言,吾兄弟杜口,仆射独能犯颜,内外深相感愧。"

太子殷,自幼温裕开朗,礼士好学,关览时政,甚有美名。帝尝嫌太子"得汉家性质,不似我",欲废之。帝登金凤台召太子,使手刃囚,太子恻然有难色,再三,不断其首。

殿下不进食,太后亦不进食,殿下即使不爱惜自己的生命,难道就不挂念太后吗?"话还没说完,高演就已经勉力坐起来吃饭了。王晞因此免去配兵器坊服役的徒刑,回到了高演的身边。待到高演任录尚书事的时候,得到官职的人都去拜访高演表示谢意,去就职时也都来向高演辞行。王晞对高演说:"从天朝那儿接受官爵,却到私人第宅去拜谢恩情,自古以来就认为这是不可以的,应该拒绝一切这类的拜会约见。"高演听从了他的意见。过了很久,高演从容地对王晞说:"皇上饮食起居没有规律,您应该多听多看,准备点材料,我怎么可以因为以前遇上一次盛怒,就从此钳口结舌呢? 您得为我起草谏书,我准备寻找机会极力劝谏。"王晞于是就列举了十几件事呈给高演,同时对高演说:"现在朝廷所能依靠的人,也只有殿下您了,而您竟想学匹夫的耿直坦率,轻掷自己一朝的生命!酒这种狂药会让人失去理智,行为鲁莽灭裂而不自知,皇上一旦发酒疯震怒起来,刀箭哪里认得亲和疏! 一旦灾祸出于常理之外而降临,将拿殿下的家业怎么办呢? 将拿皇太后的安危怎么办呢?"高演听了这番话,歔欷感叹,悲不自胜,说:"难道真的到了这种地步了吗?"第二天,高演见了王晞,说:"我昨夜想了一夜,今天终于打消了犯颜极谏的念头。"于是就命人拿火来,当着王晞的面,把进谏的条陈烧了。后来高演又一次乘机会苦苦进谏,文宣帝命令左右力士把高演的双手反剪过来按住,拔出雪白的刀刃搁在他脖子上,骂道:"小子知道个啥? 是谁在背后教你来进谏的?"高演说:"天下都震慑于您的淫威不敢吱声,不是我谁还敢有话!"文宣帝奔过去拿起木杖,对高演乱打了几十下。打着打着正好醉倒了,高演才得到解脱。文宣帝好作淫邪的游幸,凡宗戚之家,他几乎全去遍了,去了一个地方,就耽于淫乐,流连忘返。唯有到常山王家,多半不能尽欢,只好离去。尚书左仆射崔暹屡次进谏,高演对崔暹说:"现在太后不敢说话,我的兄弟们也都闭了嘴,仆射却独能犯颜进谏,宫廷内外对此都深深感动而且感到惭愧。"

太子高殷,自幼温和从容,性格开朗,礼贤下士,笃志好学,关心留意时政,很有美名。文宣帝曾经嫌太子"得了汉人的秉性气质,一点都不像我",想把他废了。一次,文宣帝登上金凤台召见太子,让太子亲手用刀杀一个囚犯,太子心怀怜悯,面有难色,试了好几回,砍不断囚犯的头。

帝大怒，亲以马鞭撞之，太子由是气悸语吃，精神昏扰。帝因酺宴，屡云："太子性懦，社稷事重，终当传位常山。"太子少傅魏收谓杨愔曰："太子，国之根本，不可动摇。至尊三爵之后，每言传位常山，令臣下疑贰。若其实也，当决行之。此言非所以为戏，恐徒使国家不安。"愔以收言白帝，帝乃止。

帝既残忍，有司讯囚，莫不严酷，或烧犁耳，使立其上，或烧车釭，使以臂贯之，既不胜苦，皆至诬伏。唯三公郎中武强苏琼，历职中外，所至皆以宽平为治。时赵州及清河屡有人告谋反者，前后皆付琼推检，事多申雪。尚书崔昂谓琼曰："若欲立功名，当更思馀理。数雪反逆，身命何轻！"琼正色曰："所雪者冤枉耳，不纵反逆也。"昂大惭。

帝怒临漳令嵇晔、舍人李文思，以赐臣下为奴。中书侍郎彭城郑颐私诱祠部尚书王昕曰："自古无朝士为奴者。"昕曰："箕子为之奴。"颐以白帝曰："王元景比陛下于纣。"帝衔之。顷之，帝与朝臣酺饮，昕称疾不至，帝遣骑执之，见方摇膝吟咏，遂斩于殿前，投尸漳水。

齐主北筑长城，南助萧庄，士马死者以数十万计。重以修筑台殿，赐与无节，府藏之积，不足以供，乃减百官之禄，撤军人常禀，

文宣帝勃然大怒,亲自动手用马鞭去抽打他,太子从此受惊吓,说话结巴,神志不清。文宣帝趁着宴会上酒酣时,多次说:"太子性子懦弱,社稷大事很重要,怕他承当不了,看样子最后还是应当传位给常山王高演。"太子的少傅魏收对杨愔说:"太子,是国家的根本,不可以轻易动摇他。皇上喝了三杯酒后,老是说要传位给常山王,以致让臣下惑乱疑虑,怀有二心。如果真的实有其事,就应当果断地实行。这种传位给谁的话可不是闹着玩的,老这样说恐怕会徒然使国家不安定。"杨愔把魏收的话转告文宣帝,文宣帝才停止这样说了。

文宣帝生性既然残忍,上行下效,司法部门审问囚犯,没有不严酷行刑的。有的把铁犁的犁耳烧红,让囚犯站在上面;有的把车轴烧红,让囚犯用手臂从中间的孔中穿过去。囚犯既受不了这种酷刑,就都屈打成招,受诬屈服。只有三公郎中武强人苏琼,在朝廷内外多年历任各种官职,所到之处都以宽和平缓作为治理的法则。当时赵州和清河老是有人告发谋反者,前后多次都交给苏琼推问检查,这些诬告的事最后都得到申明昭雪。尚书崔昂对苏琼说:"你如果想建立功名,那就应当重新想想别的办法。像这样多次为谋反的逆贼洗刷罪名,那你的身家性命就太不值钱了!"苏琼严肃地说:"我所洗刷的是被冤枉的人,从来也不纵容谋反逆贼。"崔昂听了非常惭愧。

文宣帝对临漳令嵇晔、舍人李文思非常恼火,把他们赐给臣下当奴仆。中书侍郎彭城人郑颐私下设圈套陷害祠部尚书王昕,他有意对王昕说:"自古以来,没有朝廷士大夫当奴仆的。"这句话引得王昕说了一句:"商朝的箕子不就当了纣王的奴隶吗?"郑颐把这话拿去报告给文宣帝,对文宣帝说:"王元景把陛下比成纣王。"文宣帝自此对王昕怀恨在心。过了不久,文宣帝与朝廷大臣们设宴畅饮,王昕借口有病没有去参加,文宣帝派骑兵去抓他,骑兵去了一看,王昕正坐在那儿晃着腿吟诗呢,于是把他抓来斩首于宫殿前,尸体被扔入漳河水。

北齐文宣帝在北边修筑长城,在南边兴兵帮助萧庄,士兵战马因此死亡的共有几十万人。此外,还动工修筑台阁宫殿,赏赐臣下也凭一时之高兴,毫无节度,这样一来,弄得内府仓库的积蓄全耗光了,于是就下令减少文武百官的俸禄,撤销对军人平常的供给,

并省州郡县镇戍之职,以节费用焉。

39　十二月庚寅,齐以可朱浑道元为太师,尉粲为太尉,冀州刺史段韶为司空,常山王演为大司马,长广王湛为司徒。

40　壬午,周大赦。

41　齐主如北城,因视永安简平王浚、上党刚肃王涣于地牢。帝临穴讴歌,令浚等和之,浚等惶怖且悲,不觉声颤。帝怆然,为之下泣,将赦之。长广王湛素与浚不睦,进曰:"猛虎安可出穴!"帝默然。浚等闻之,呼湛小字曰:"步落稽,皇天见汝!"帝亦以浚与涣皆有雄略,恐为后害,乃自刺涣,又使壮士刘桃枝就笼乱刺。矟每下,浚、涣辄以手拉折之,号哭呼天,于是薪火乱投,烧杀之,填以土石。后出之,皮发皆尽,尸色如炭,远近为之痛愤。帝以仪同三司刘郁捷杀浚,以浚妃陆氏赐之;冯文洛杀涣,以涣妃李氏赐之,二人皆帝家旧奴也。陆氏寻以无宠于浚,得免。

42　高凉太守冯宝卒,海隅扰乱。宝妻洗氏怀集部落,数州晏然。其子仆,生九年,是岁,遣仆帅诸酋长入朝,诏以仆为阳春太守。

43　后梁主遣其大将军王操将兵略取王琳之长沙、武陵、南平等郡。

三年(己卯,559)

1　春,正月己酉,周太师护上表归政,周王始亲万机;军旅之事,护犹总之。初改都督州军事为总管。

把省、州、郡、县、镇、戍的职官予以合并,想用这种办法来节省费用。

39 十二月戊寅(十九日),北齐任命可朱浑道元为太师,尉粲为太尉,冀州刺史段韶为司空,常山王高演为大司马,长广王高湛为司徒。

40 壬午(二十三日),北周大赦天下。

41 北齐国主文宣帝到北城,顺便到地牢去看永安简平王高浚、上党刚肃王高涣。文宣帝站在地牢边放声唱歌,命令高浚等囚犯应和,高浚等人惶惶然,又恐怖又悲伤,不知不觉声音颤抖起来。文宣帝听了,不禁也悲伤起来,为之流泪,准备赦免他们。长广王高湛平素与高浚有矛盾,见状进言说:“猛虎怎么能放出洞穴?”文宣帝听了默不作声。高浚等人听了,就叫着高湛的小名说:“步落稽呀,皇天看到你今天的作为了!”文宣帝也因为高浚与高涣都有雄才大略,恐怕留下他们将来是个祸害,于是自己抽剑刺向高涣,又让壮士刘桃枝朝囚笼乱刺。刘桃枝的槊每次刺去,高浚、高涣就用手拽住折断它,同时呼天抢地地号哭着,于是随从们用点着的柴禾往里乱扔,把高浚、高涣活活烧死在地牢,再填上泥土石块。后来挖出来,皮肤头发都脱落光了,尸体的颜色和木炭一样,远近的人们看到了,都为之痛哭愤恨不已。文宣帝因为仅同三司刘郁捷动手杀了高浚,就把高浚的妃子陆氏赐给他;因为冯文洛杀了高涣,就把高涣的妃子李氏赐给他。刘郁捷、冯文洛这两个人都是皇帝家的旧家奴。陆氏以不得高浚喜爱为理由,才得免。

42 高凉太守冯宝去世,海边一带发生骚乱。冯宝的妻子洗氏善于怀柔团结部落,几个州安定无事。冯宝的儿子冯仆,才九岁,这一年,洗氏派冯仆率领诸酋长进朝廷觐见皇帝,皇帝下诏任命冯仆为阳春太守。

43 后梁国主派他的大将军王操带兵攻取王琳控制的长沙、武陵、南平等郡。

陈武帝永定三年(己卯,公元 559 年)

1 春季,正月己酉,北周太师宇文护上表表示把政权归还周王,周王开始亲理万机;但军事方面的事务,宇文护还是总揽着。开始把都督州军事这一官职改称总管。

2　王琳召桂州刺史淳于量。量虽与琳合而潜通于陈。二月辛酉,以量为开府仪同三司。

3　壬午,侯瑱引兵焚齐舟舰于合肥。

4　丙戌,齐主于甘露寺禅居深观,唯军国大事乃以闻。尚书左仆射崔暹卒,齐主幸其第哭之,谓其妻李氏曰:"颇思暹乎?"对曰:"思之。"帝曰:"然则自往省之。"因手斩其妻,掷首墙外。

5　齐斛律光将骑一万,击周开府仪同三司曹回公,斩之。柏谷城主薛禹生弃城走,遂取文侯镇,立戍置栅而还。

6　三月戊戌,齐以高德政为尚书右仆射。

7　吐谷浑寇周边。庚戌,周遣大司马贺兰祥击之。

8　丙辰,齐主至邺。

9　梁永嘉王庄至郢州,遣使入贡于齐。王琳遣其将雷文策袭后梁监利太守蔡大有,杀之。

10　齐主之为魏相也,胶州刺史定阳文肃侯杜弼为长史,帝将受禅,弼谏止之。帝问:"治国当用何人?"对曰:"鲜卑车马客,会须用中国人。"帝以为讥己,衔之。高德政用事,弼不为之下,尝于众前面折德政。德政数言其短于帝,弼恃旧,不自疑。夏,帝因饮酒,积其愆失,遣使就州斩之。既而悔之,驿追不及。

11　闰四月戊子,周命有司更定新历。

12　丁酉,遣镇北将军徐度将兵城南皖口。

13　齐高德政与杨愔同为相,愔常忌之。齐主酗饮,德政数强谏,齐主不悦,谓左右曰:"高德政恒以精神凌逼人。"德政惧,

2　王琳召见桂州刺史淳于量。淳于量虽然表面上与王琳合作,但背地里却与陈朝相通。二月辛酉(初三),朝廷任命淳于量为开府仪同三司。

3　壬午(二十四日),侯瑱带兵在合肥烧毁了北齐的兵舰。

4　丙戌(二十八日),北齐国主文宣帝在甘露寺坐禅念经,传令只有发生了军机大事才可以报告他。尚书左仆射崔暹去世,文宣帝到他家里去哭吊,问他的妻子李氏说:"你很想崔暹吗?"李氏回答说:"很想。"文宣帝说:"那么你自己去看望他吧!"于是挥剑斩下李氏的首级扔到墙外头。

5　北齐斛律光带领骑兵一万人,去袭击北周开府仪同三司曹回公,将他斩杀。柏谷城守将薛禹扔下城池逃跑,于是斛律光占领了文侯镇,在那儿建立营栅,留下戍守将士,才回来。

6　三月戊戌(十一日),北齐任命高德政为尚书右仆射。

7　吐谷浑入侵北周边境。庚戌,(二十三日),北周派大司马贺兰祥去抗击。

8　丙辰(二十九日),北齐国主到了邺城。

9　梁永嘉王萧庄抵达郢州,派使者向北齐进贡礼品。王琳派他的将领雷文策去袭击后梁监利太守蔡大有,杀了他。

10　北齐国主文宣帝还在当东魏的宰相时,胶州刺史定阳文肃侯杜弼当长史,文宣帝将要接受禅让时,杜弼曾进谏劝阻他。文宣帝问他:"治理国家应该任用什么样的人?"杜弼回答说:"鲜卑族不过是些驾车骑马的流浪汉,如果要说治理国家,还是应当用中原的汉人。"文宣帝认为他这话是讥笑自己不能治国,对他记恨在心。高德政管政事时,杜弼不服他的气,曾经当着众人的面驳斥高德政的意见。高德政多次在文宣帝面前数说杜弼的短处,杜弼自恃是旧臣,并不怀疑高德政会在文宣帝面前进谗言害自己。夏季,文宣帝乘着酒酣,把他的罪愆过失积累起来清算,派使者到州里去把杜弼斩首。不久后悔了,派驿使去追回成命,已经来不及了。

11　闰四月戊子(初二),北周命令有关部门重新修订新历法。

12　丁酉(十一日),陈朝派镇北将军徐度带兵在南皖口修城。

13　北齐高德政与杨愔同为宰相,杨愔常常忌恨他。北齐国主文宣帝酗酒酣饮,高德政多次激切地进谏,文宣帝不高兴,对身边左右的人说:"高德政经常以盛气欺凌逼迫我。"高德政听说后,心中恐惧,

称疾，欲自退。帝谓杨愔曰："我大忧德政病。"对曰："陛下若用为冀州刺史，病当自差。"帝从之。德政见除书，即起。帝大怒，召德政谓曰："闻尔病，我为尔针。"亲以小刀刺之，血流沾地。又使曳下斩去其足，刘桃枝执刀不敢下，帝责桃枝曰："尔头即堕地！"桃枝乃斩其足之三指。帝怒不解，囚德政于门下，其夜，以毡舆送还家。明旦，德政妻出珍宝满四床，欲以寄人，帝奄至其宅，见之，怒曰："我御府犹无是物！"诘其所从得，皆诸元赂之，遂曳出，斩之。妻出拜，又斩之。并其子伯坚。以司州牧彭城王浟为司徒，侍中高阳王湜为尚书右仆射。乙巳，以浟兼太尉。

14 齐主封子绍廉为长安王。

15 辛亥，周以侯莫陈崇为大司徒，达奚武为大宗伯，武阳公豆卢宁为大司寇，柱国辅城公邕为大司空。

16 乙卯，周诏："有司无得纠赦前事。唯厩库仓廪与海内所共，若有侵盗，虽经赦宥免其罪，征备如法。"

17 周贺兰祥与吐谷浑战，破之，拔其洮阳、洪和二城，以其地为洮州。

18 五月丙辰朔，日有食之。

19 齐太史奏，今年当除旧布新。齐主问于特进彭城公元韶曰："汉光武何故中兴？"对曰："为诛诸刘不尽。"于是齐主悉杀诸元以厌之。癸未，诛始平公元世哲等二十五家，囚韶等十九家。韶幽于地牢，绝食，啖衣袖而死。

托言有病，想引退。文宣帝对杨愔说："我很担忧高德政的病。"杨愔说："陛下如果起用他当冀州刺史，他的病自己就会好的。"文宣帝听从了这个建议。高德政见到任命他为冀州刺史的文书，马上就起来没病了。文宣帝知道后勃然大怒，把高德政召来，对他说："听说你病了，我来给你扎扎针。"亲自拿出小刀刺他，血流下一地。又让人把他拉下去砍去他的双脚，刘桃枝拿着刀不敢下手，文宣帝责骂刘桃枝说："你的头马上就要坠地了！"刘桃枝于是就砍去高德政脚上的三个指头。文宣帝的盛怒还没有缓解，把高德政关在门下省，当天晚上，用铺着毛毡的车子送他回家。第二天早上，高德政的妻子拿出摆满四个坐床的珍宝，想用这些珍宝来托人求情。文宣帝出其不意地到他家，看到了这些珍宝，勃然大怒说："我的御府里还没有这些宝物呢！"追问高家这些珍宝从何处得来，一问才知道都是诸位元姓的贵族贿赂高德政的东西，于是就把高德政拽出来斩首了。高妻出来拜见文宣帝，又被斩首。一起被斩的还有高德政的儿子高伯坚。文宣帝任命司州牧彭城王高浟为司徒，侍中高阳王高湜为尚书右仆射。乙巳（十九日），任命高浟兼太尉一职。

14　北齐国主封儿子高绍廉为长乐王。

15　辛亥（二十五日），北周任命侯莫陈崇为大司徒，达奚武为大宗伯，武阳公豆卢宁为大司寇，柱国辅城公宇文邕为大司空。

16　乙卯（二十九日），北周下诏，规定："有关部门不能随便为罪犯翻案和赦免罪人。只有国家的车马库、粮仓、货栈是海内所共有的财产，如果有侵吞盗窃的人，虽然经过赦免宽大免去罪行，但必须让他依照规定缴纳钱粮作为赔偿。"

17　北周贺兰祥与吐谷浑开战，打败了吐谷浑，攻取了其所属的洮阳、洪和两城，把这两个城的地方合并为洮州。

18　五月丙辰朔，发生日食。

19　北齐的太史奏告皇上，提议今年应当除旧布新。北齐国主问受特别提拔的彭城公元韶说："汉朝光武皇帝为什么能实现中兴大业呢？"元韶回答说："这是因为当时没有把诸刘杀干净。"于是北齐国主把诸元全部杀掉，以此预防类似光武中兴一类的事发生。癸未（二十七日），杀了始平公元世哲等二十五家，把元韶等十九家关起来。元韶关在地牢里，断绝了食物，最后咬嚼衣袖，活活饿死。

20　周文育、周迪、黄法氍共讨余公飏,豫章太守熊昙朗引兵会之,众且万人。文育军于金口,公飏诈降,谋执文育,文育觉之,囚送建康。文育进屯三陂。王琳遣其将曹庆帅二千人救余孝劢,庆分遣主帅常众爱与文育相拒,自帅其众攻周迪及安南将军吴明彻,迪等败,文育退据金口。熊昙朗因其失利,谋杀文育以应众爱,监军孙白象闻其谋,劝文育先之,文育不从。时周迪弃船走,不知所在,乙酉,文育得迪书,自赍以示昙朗,昙朗杀之于坐而并其众,因据新淦城。昙朗将兵万人袭周敷,敷击破之,昙朗单骑奔巴山。

21　鲁悉达部将梅天养等引齐军入城。悉达帅麾下数千人济江自归,拜平南将军、北江州刺史。

22　六月戊子,周以霖雨,诏群臣上封事极谏。左光禄大夫猗氏乐逊上言四事:其一,以为:"比来守令代期既促,责其成效,专务威猛。今关东之民沦陷涂炭,若不布政优优,闻诸境外,何以使彼劳民,归就乐土!"其二,以为:"顷者魏都洛阳,一时殷盛,贵势之家,竞为侈靡,终使祸乱交兴,天下丧败。比来朝贵器服稍华,百工造作务尽奇巧,臣诚恐物逐好移,有损政俗。"其三,以为:"选曹补拟,宜与众共之。今州郡选置,犹集乡闾,况天下铨衡,不取物望,既非机事,何足可密! 其选置之日,

20　周文育、周迪、黄法氍一起讨伐余公飏,豫章太守熊昙朗带兵去与他们会合,这样共有近一万军队。周文育驻扎在金口,余公飏假装投降,密谋着要在周文育受降时抓住他,周文育察觉到这一密谋,反而把余公飏抓住送到建康去。周文育接着进驻三陂。王琳派他的部将曹庆率领两千人去救援余孝劢,曹庆分派主帅常众爱去与周文育相对抗,自己率领队伍攻打周迪和安南将军吴明彻,周迪等败退下来,周文育也退守金口。熊昙朗因周迪、周文育兵败,就谋划杀害周文育以接应常众爱,监军孙白象知道了这一密谋,就劝周文育要先动手,但周文育不听。这时周迪扔下船逃跑了,不知去向,乙酉(二十九日),周文育才得到周迪的信,他亲自带着周迪的信去给熊昙朗看,熊昙朗就在座位上把周文育杀了,吞并了周文育的部众,乘势占据了新淦城。熊昙朗又带兵一万人去袭击周敷,周敷把他打败了,熊昙朗单人匹马逃奔巴山。

21　鲁悉达的部将梅天养等人引领北齐军队入城。鲁悉达自己率领部下几千人渡过长江回去,陈国拜他为平南将军、北江州刺史。

22　六月戊子(初三),北周因为久雨不停,下诏让群臣献上密封的条陈尽力进谏。左光禄大夫猗氏县人乐逊上书说了四件事:其一,认为:"近来太守县令接替的期限太短促,上司又严格责求他们施政的成效,为了表现政绩,他们就专门在威猛上着力。现在关东之民沦陷于水火之中,生灵涂炭,如果不实施比较宽和的政策,让仁政的名声传遍境外,那怎么能使那些劳苦的百姓来投奔我们来呢?"其二,认为:"之前北魏国在洛阳建都,一时间国势盛大,贵族权势之家,比赛着奢华浪费,终于使灾祸动乱交替出现,天下终于破败。同样,近来我国朝廷上的权贵们所用器具、所着服饰也开始奢华起来了,各种工匠们在制造工艺上都争着穷尽奇巧之思,我实在担心这种追逐美器佳物的风气成为一时之好,这会损害政教风俗的。"其三,认为:"遴选官员去补缺或准备升迁,这种人事方面的决定应该和大家共同商讨。现在州郡一级选配官员,还要召集乡间人士征求意见,何况中央政府对官员的考察衡量,是关系天下利弊的大事,竟然不听取社会上的舆论,不按官员在民间的声望来决定,这既然不是什么机密事,有什么可以保密的!官员选拔任用时,

宜令众心明白,然后呈奏。"其四,以为:"高洋据有山东,未易猝制,譬犹棋劫相持,争行先后,若一行不当,或成彼利,诚应舍小营大,先保封域,不宜贪利边陲,轻为举动。"

23 周处士韦敻,孝宽之兄也,志尚夷简,魏、周之际,十征不屈。周太祖甚重之,不夺其志,世宗礼敬尤厚,号曰"逍遥公"。晋公护延之至第,访以政事。护盛修第舍,敻仰视堂,叹曰:"酣酒嗜音,峻宇凋墙,有一于此,未或不亡。"护不悦。

骠骑大将军、开府仪同三司寇儁,赞之孙也,少有学行。家人常卖物,多得绢五匹,儁于后知之,曰:"得财失行,吾所不取。"访主还之。敦睦宗族,与同丰约,教训子孙,必先礼义。自大统中,称老疾,不朝谒。世宗虚心欲见之,儁不得已入见。王引之同席而坐,问以魏朝旧事。载以御舆,令于王前乘之以出,顾谓左右曰:"如此之事,唯积善者可以致之。"

24 周文育之讨余孝劢也,帝令南豫州刺史侯安都继之。文育死,安都还,遇王琳将周炅、周协南归,与战,擒之。孝劢弟孝猷帅所部四千家诣安都降。安都进军至左里,击曹庆、常众爱,破之。众爱奔庐山,庚寅,庐山民斩之,传首。

25 诏临川王蒨于南皖口置城,使东徐州刺史吴兴钱道戢守之。

应该让大家心里明白,然后再向皇帝启奏。"其四,认为:"高洋占据山东一带,不容易马上制伏他,双方的形势,就像下围棋的打劫一样相持不下,互相争着落子的先后,如果一步不妥当,也许就造成了对方的优势。鉴于这种情况,我们的策略应该是舍弃小利,获得大利,先保住自己的封域,不宜为贪图边陲之地而轻举妄动。"

23 北周的处士韦夐是韦孝宽的哥哥,他的志向是崇尚平和淡泊,魏、周之际,曾十次征召他出来做官,他都不屈志服从。周太祖对他很尊重,不强迫他改变素志,周世宗对他的礼遇敬重尤其优厚,称他为"逍遥公"。晋公宇文护把他请到家里,询问他对政事的意见。宇文护把自己的房子修得十分高大漂亮,韦夐进门后仰头看看厅堂,感叹地说:"酗酒纵饮,嗜好靡靡之音,修建高峻的房子,雕绘屋墙,这几样如果占了一样,没有不灭亡的。"宇文护听了很不高兴。

骠骑大将军、开府仪同三司寇儁是寇赞的孙子,自小就有学问,有品行。家里人常常卖东西,有一回卖东西多得了五匹绢,寇儁后来知道了,说:"得到财物,失去品行,这是我所不容之事。"于是寻访到绢的主人,把多得的绢还给了他。寇儁平时与宗族里的人和睦相处,和他们保持同样的生活水平,教育训导子孙,必定先把礼义教给他们。从大统中期开始他就托言老病,不再进朝觐见皇帝。世宗虚心礼贤,想和他见面,寇儁不得已才入朝觐见。周王拉着他,和他同席而坐,问他有关魏朝的旧事。用御用的车子给他乘坐,让他就在自己面前乘上车子出宫,周王看看左右的人,说:"像寇儁今天享受的礼遇,只有积善的人才可以得到。"

24 周文育讨伐余孝劢的时候,陈武帝命令南豫州刺史侯安都带兵去当后备军。周文育被谋害后,侯安都只好回来,路上遇到王琳带着周炅、周协回南方去,就拦住打了一仗,把王琳等人俘获了。余孝劢的弟弟余孝猷率领他管辖的百姓四千家到侯安都那里去请降,侯安都挥兵前进到左里,猛攻曹庆、常众爱,打败了他们。常众爱奔逃到庐山,庚寅(初五),庐山的百姓杀了他,把他的首级拿出来示众。

25 陈武帝下诏让临川王陈蒨在南皖口设立城堡,派东徐州刺史吴兴人钱道戢去驻守。

26　丁酉，上不豫，丙午，殂。上临戎制胜，英谋独运，而为政务崇宽简，非军旅急务，不轻调发。性俭素，常膳不过数品，私宴用瓦器、蚌盘，肴核充事而已。后宫无金翠之饰，不设女乐。

时皇子昌在长安，内无嫡嗣，外有强敌，宿将皆将兵在外，朝无重臣，唯中领军杜稜典宿卫兵在建康。章皇后召稜及中书侍郎蔡景历入禁中定议，秘不发丧，急召临川王蒨于南皖。景历亲与宦者、宫人密营敛具。时天暑，须治梓宫，恐斤斧之声闻于外，乃以蜡为秘器，文书诏敕，依旧宣行。

侯安都军还，适至南皖，与临川王俱还朝。甲寅，王至建康，入居中书省，安都与群臣定议，奉王嗣位，王谦让不敢当。皇后以昌故，未肯下令，群臣犹豫不能决。安都曰：“今四方未定，何暇及远！临川王有大功于天下，须共立之。今日之事，后应者斩！”即按剑上殿，白皇后出玺，又手解蒨发，推就丧次，迁殡大行于太极西阶。皇后乃下令，以蒨纂承大统。是日，即皇帝位，大赦。秋，七月丙辰，尊皇后为皇太后。辛酉，以侯瑱为太尉，侯安都为司空。

27　齐显祖将如晋阳，乃尽诛诸元，或祖父为王，或身尝贵显，皆斩于东市，其婴儿投于空中，承之以矟。前后死者凡七百二十一人，悉弃尸漳水，剖鱼者往往得人爪甲，邺下为之久不食鱼。使元黄头与诸囚自金凤台各乘纸鸱以飞，

26 丁酉(十二日),陈武帝身体不适,丙午(二十一日),病逝。陈武帝每临军机大事都能确定破敌制胜之道,他英勇善谋,独出心裁,而处理政务则崇尚宽和简朴,如不是军旅急务,一般不轻易调发军队。他天性俭朴素,平常膳食只有几样菜而已,私人宴会用瓦器、饰以蚌壳的木盘,酒菜足够应付也就行了。后宫的妃子、宫女没有披金带翠的服饰,也不设女乐。

当时皇子陈昌被俘在长安,陈国国内没有嫡亲的皇位继承人,国外又有强大的敌人,有经验的老将都带兵在外头,朝廷里也没有重臣,只有领军杜稜掌管宫廷宿卫军还在建康。章皇后召杜稜和中书侍郎蔡景历进入宫禁之中商量主意,决定把皇帝去世的消息先封锁起来,暂不发丧,同时紧急从南皖召回临川王陈蒨。蔡景历亲自和宦官、宫人一起秘密地办理装殓尸体的器具。当时天气很热,必须做一个较大的棺材,因为担心斧头砍削木头的声音传出宫外,就用蜡做成一个装尸的秘器。朝廷的一应文书诏敕,仍然按平时的样子该宣布的宣布,该颁行的颁行。

侯安都的军队回朝,正好到达南皖,听到消息,就和临川王陈蒨一起回到朝廷。甲寅(二十九日),临川王到了建康,入朝后住在中书省,侯安都与各位大臣商量,决定拥戴临川王继承皇帝位,临川王表示谦让不敢接受。皇后因为皇子陈昌还活着的缘故,也不肯下这个命令,大臣们议论纷纷,犹豫着不能做出决定。侯安都说:"现在四方都不安定,哪有工夫想得那么远!临川王陈蒨平定东土,为国家立有大功,我们必须共同拥立他为国主。今天的事,迟疑而不立即答应的人一律斩首。"于是手执剑把走上宫殿,要求皇后拿出玉玺,又亲手解开陈蒨的头发,推他站到了丧事中皇位继承人应该站的位置上,并把梓宫迁到太极殿西阶,隆重地为陈武帝发丧。皇后这才下了命令,让陈蒨继承皇帝位。当天,陈蒨就即位,颁布了大赦天下令。秋季,七月丙辰(初一),尊奉皇后为皇太后。辛酉(初六),任命侯瑱为太尉,侯安都为司空。

27 北齐文宣帝将要去晋阳,于是全部杀掉旧朝诸元的子孙,其中有人祖父封过王,有人自己曾经显赫富贵过,都在东市被斩首,他们的婴儿被扔到空中,掉下来时让兵士用槊接住。前后死去的共有七百二十一人,尸体全部扔入了漳河,老百姓剖鱼时往往能见到人的指甲,邺城周围的人因此很久都不再食鱼了。又让元黄头和很多囚犯从金凤台上用草席当翅膀凌空飞下,叫作乘纸鸱飞翔,

黄头独能至紫陌乃堕,仍付御史中丞毕义云饿杀之。唯开府仪同三司元蛮、祠部郎中元文遥等数家获免。蛮,继之子,常山王演之妃父;文遥,遵之五世孙也。定襄令元景安,虔之玄孙也,欲请改姓高氏,其从兄景皓曰:"安有弃其本宗而从人之姓者乎! 丈夫宁可玉碎,何能瓦全!"景安以其言白帝,帝收景皓,诛之。赐景安姓高氏。

28 八月甲申,葬武皇帝于万安陵,庙号高祖。

29 戊戌,齐封皇子绍义为广阳王;以尚书右仆射河间王孝琬为左仆射,都官尚书崔昂为右仆射。

30 周御正中大夫崔猷建议,以为:"圣人沿革,因时制宜。今天子称王,不足以威天下,请遵秦、汉旧制称皇帝,建年号。"己亥,周王始称皇帝,追尊文王曰文皇帝,改元武成。

31 癸卯,齐诏:"民间或有父祖冒姓元氏,或假托携养者,不问世数远近,悉听改复本姓。"

32 初,高祖追谥兄道谭为始兴昭烈王,以其次子顼袭封。及世祖即位,顼在长安未还,上以本宗乏飨,戊戌,诏徙封顼为安成王,皇子伯茂为始兴王。

33 初,周太祖平蜀,以其形胜之地,不欲使宿将居之,问诸子:"谁可往者?"皆不对。少子安成公宪请行,太祖以其幼,不许。壬子,周人以宪为益州总管,时年十六,善于抚绥,留心政术,蜀人悦之。九月乙卯,以大将军天水公广为梁州总管。广,导之子也。

34 辛酉,立皇子伯宗为太子。

落地的人大都摔死了，但元黄头居然能飞到紫陌才落到地上，没有摔死，于是又把他交给御史中丞毕义云看管，最后活活被饿死。在这次大杀戮中，只有开府仪同三司元蛮、祠部郎中元文遥等几家得到赦免。元蛮是元继的儿子，常山王高演的妃子的父亲。元文遥是常山公元遵的五世孙。定襄县县令元景安，是陈留王元虔的玄孙，他想请求改姓高，但是他的堂兄元景皓说："怎么能扔掉自己的本姓而去姓别人的姓呢？大丈夫宁可玉碎，怎么能求瓦全呢？"元景安把他的话向文宣帝告密，文宣帝把元景皓抓起来杀害了。赐元景改姓高氏。

28　八月甲申，陈朝葬陈武帝于万安陵，庙号为高祖。

29　戊戌（十四日），北齐封皇子高绍义为广阳王，任命尚书右仆射河间王高孝琬为左仆射，都官尚书崔昂为右仆射。

30　北周的御正中大夫崔猷提出建议，认为："圣人在政事上的继承或变革，都按照因时制宜的原则来进行。现在我们的天子只称为王，实在不能威慑天下，请遵照秦、汉旧制称为皇帝，建立年号。"己亥（十五日），周王才开始称皇帝，追尊文王为文皇帝，改换年号为武成。

31　癸卯（十九日），北齐诏令："民间百姓中如果有父祖辈的人假冒元氏的姓的，或因为受元氏的携带养育而假托姓元氏的，不管年代远近，一律让他们改复本姓。"

32　当初，陈高祖追谥哥哥陈道谭为始兴昭烈王，让他的第二个儿子陈顼继承封号。等到世祖陈蒨即位，陈顼还被俘在长安没有回来，皇上因为他自己继承了皇位，本宗缺乏主祭的人，于是在戊戌（十四日）那天，下诏改封陈顼为安成王，封皇子陈伯茂为始兴王，让他供奉陈道谭的祭祀。

33　当初，周太祖平定蜀地，考虑到蜀地山高路险，是军事要地，不想让老将去镇守，就问自己的儿子们："谁可以去镇守蜀地？"儿子们都不回答。只有小儿子安成公宇文宪要求去，太祖因为他年幼，没有批准。壬子（二十八日），北周任命宇文宪为益州总管，当时他年仅十六岁，却很善于安抚治理，留心治政之术，蜀地人民很喜欢他。九月，乙卯（初一），任命大将军天水公宇文广为梁州总管。宇文广是宇文导的儿子。

34　辛酉（初七），陈国立皇子陈伯宗为太子。

35　己巳,齐主如晋阳。

36　辛未,周主封其弟辅城公邕为鲁公,安成公宪为齐公,纯为陈公,盛为越公,达为代公,通为冀公,逌为滕公。

37　乙亥,立太子母吴兴沈妃为皇后。

38　周少保怀宁庄公蔡祐卒。

39　齐显祖嗜酒成疾,不复能食,自知不能久,谓李后曰:"人生必有死,何足致惜!但怜正道尚幼,人将夺之耳!"又谓常山王演曰:"夺则任汝,慎勿杀也!"尚书令开封王杨愔、领军大将军平秦王归彦、侍中广汉燕子献、黄门侍郎郑颐皆受遗诏辅政。冬,十月甲午,殂。癸卯,发丧,群臣号哭,无下泣者,唯杨愔涕泗呜咽。太子殷即位,大赦。庚戌,尊皇太后为太皇太后,皇后为皇太后。诏诸土木金铁杂作一切停罢。

40　王琳闻高祖殂,乃以少府卿吴郡孙玚为郢州刺史,总留任,奉梁永嘉王庄出屯濡须口,齐扬州道行台慕容俨帅众临江,为之声援。十一月乙卯,琳寇大雷,诏侯瑱、侯安都及仪同徐度将兵御之。安州刺史吴明彻夜袭湓城,琳遣巴陵太守任忠击明彻,大破之,明彻仅以身免。琳因引兵东下。

41　齐以右丞相斛律金为左丞相,常山王演为太傅,长广王湛为太尉,段韶为司徒,平原王淹为司空,高阳王湜为尚书左仆射,河间王孝琬为司州牧,侍中燕子献为右仆射。

42　辛未,齐显祖之丧至邺。

43　十二月戊戌,齐徙上党王绍仁为渔阳王,广阳王绍义为范阳王,长乐王绍广为陇西王。

35 己巳(十五日),北齐国主去晋阳。

36 辛未(十七日),北周国主封他的弟弟辅城公宇文邕为鲁公,安成公宇文宪为齐公,宇文纯为陈公,宇文盛为越公,宇文达为代公,宇文通为冀公,宇文迪为滕公。

37 乙亥(二十一日),陈国立太子陈伯宗的母亲吴兴人沈妃为皇后。

38 北周少保怀宁庄公蔡祐去世。

39 北齐文宣帝因为嗜酒病重,不能进食,自己知道不能活多久了,便对李后说:"人生必有一死,我对死没有什么可惜的。只是怜悯太子正道年纪还小,恐怕有人会夺他的皇位!"又对常山王高演说:"要夺皇位也只好由你去,但千万不要杀害我儿。"尚书令开封王杨愔、领军大将军平秦王高归彦、侍中广汉人燕子献、黄门侍郎郑颐都接受遗诏承担辅政的责任。冬季,十月甲午(初十),齐文宣帝去世。癸卯(十九日),为其发丧,群臣们都做出号哭的样子,但没有人流泪,只有杨愔涕泪俱下,呜咽不止。太子高殷即皇帝位,大赦天下。庚戌(二十六日),尊称皇太后为太皇太后,皇后为皇太后。下诏命令各种土木金铁杂作之事全部暂停。

40 王琳听到陈高祖去世的消息,便任命少府卿吴郡人孙玚为郢州刺史,让他总揽留守事宜,自己则拥奉梁朝永嘉王萧庄出兵屯驻濡须口,北齐扬州道行台慕容俨率领部众逼近长江,为其声援。十一月乙卯(初二),王琳进犯大雷,陈文帝诏令侯瑱、侯安都和仪同徐度带兵去抵抗。安州刺史吴明彻乘夜袭击湓城,王琳派巴陵太守任忠去进攻吴明彻,把他打得大败,吴明彻只逃出了一条命。王琳乘势引兵东下。

41 北齐任命右丞相斛律金为左丞相,常山王高演为太傅,长广王高湛为太尉,段韶为司徒,平原王高淹为司空,高阳王高湜为尚书左仆射,河间王高孝琬为司州牧,侍中燕子献为右仆射。

42 辛未(十九日),齐文宣帝的灵柩由晋阳移到邺城。

43 十二月戊戌(十五日),北齐改封上党王高绍仁为渔阳王,广阳王高绍义为范阳王,长乐王高绍廉为陇西王。

卷第一百六十八　陈纪二

起庚辰(560)尽壬午(562)凡三年

世祖文皇帝上
天嘉元年(庚辰,560)

1　春,正月癸丑朔,大赦,改元。

2　齐大赦,改元乾明。

3　辛酉,上祀南郊。

4　齐高阳王湜,以滑稽便辟有宠于显祖,常在左右,执杖以挞诸王,太皇太后深衔之。及显祖殂,湜有罪,太皇太后杖之百馀。癸亥,卒。

5　辛未,上祀北郊。

6　齐主自晋阳还至邺。

7　二月乙未,高州刺史纪机自军所逃还宣城,据郡应王琳,泾令贺当迁讨平之。

王琳至栅口,侯瑱督诸军出屯芜湖,相持百馀日。东关春水稍长,舟舰得通,琳引合肥、濡湖之众,舳舻相次而下,军势甚盛。瑱进军虎槛洲,琳亦出船列于江西,隔洲而泊。明日,合战,琳军少却,退保西岸。及夕,东北风大起,吹其舟舰并坏,没于沙中,浪大,不得还浦。及旦,风静,琳入浦治船,瑱等亦引军退入芜湖。

世祖文皇帝上

陈文帝天嘉元年(庚辰,公元 560 年)

1　春季,正月癸丑朔(初一),陈朝大赦天下,改换年号为天嘉。

2　北齐大赦天下,改换年号为乾明。

3　辛酉(初九),陈文帝在南郊祭祀。

4　北齐高阳王高湜,因为善于滑稽说笑、曲意奉承而得到显祖的宠爱,常常跟在显祖左右,拿棍棒殴打诸王,太皇太后对他怀恨很深。待到显祖去世,高湜犯了罪,太皇太后命令打了他一百多棍。癸亥(十一日),伤重而死。

5　辛未(十九日),陈文帝祭祀北郊。

6　北齐国主从晋阳回到邺城。

7　二月乙未(十三日),高州刺史纪机从侯瑱的军队里逃回宣城,占据了郡城呼应王琳,泾县县令贺当迁率兵讨平了他。

王琳的军队抵达栅口,侯瑱督率各路兵马屯驻于芜湖,两军相持一百多天。东关一带春天水位涨高了一些,船舰可以通航了,王琳就带领合肥、濡湖一带的部众,乘兵船沿江排列而下,舳舻首尾相连,军势看去很强大。侯瑱向虎槛洲进军,王琳也派出兵船排列在长江西面,隔着虎槛洲停泊下来。第二天,两军交战,王琳的军队稍稍退却,退到长江西岸以自保。到晚上,东北风猛刮,把他的舟舰全刮坏了,陷进沙子里,江浪很大,回不了江岸。到天亮时,风才平静下来,王琳到江边收拾船只,侯瑱等人也带着军队退入芜湖。

周人闻琳东下,遣都督荆襄等五十二州诸军事、荆州刺史史宁将兵数万乘虚袭郢州,孙玚婴城自守。琳闻之,恐其众溃,乃帅舟师东下,去芜湖十里而泊,击柝闻于陈军。齐仪同三司刘伯球将兵万馀人助琳水战,行台慕容恃德之子子会将铁骑二千屯芜湖西岸,为之声势。

丙申,瑱令军中晨炊蓐食以待之。时西南风急,琳自谓得天助,引兵直趣建康。瑱等徐出芜湖蹑其后,西南风翻为瑱用。琳掷火炬以烧陈船,皆反烧其船。瑱发拍以击琳舰,又以牛皮冒蒙冲小船以触其舰,并熔铁洒之。琳军大败,军士溺死者什二三,馀皆弃船登岸,为陈军所杀殆尽。齐步军在西岸者,自相蹂践,并陷于芦荻泥淖中。骑皆弃马脱走,得免者什二三。擒刘伯球、慕容子会,斩获万计,尽收梁、齐军资器械。琳乘舴艋冒陈走,至湓城,欲收合离散,众无附者,乃与妻妾左右十馀人奔齐。

先是,琳使侍中袁泌、御史中丞刘仲威侍卫永嘉王庄。及败,左右皆散。泌以轻舟送庄达于齐境,拜辞而还,遂来降。仲威奉庄奔齐。泌,昂之子也。樊猛及其兄毅帅部曲来降。

8 齐葬文宣皇帝于武宁陵,庙号高祖,后改曰显祖。

9 戊戌,诏:“衣冠士族、将帅战兵陷在王琳党中者,皆赦之,随材铨叙。”

北周人听到王琳东下进犯陈国的消息,乘机派都督荆、襄等五十二州诸军事、荆州刺史史宁带兵数万人乘虚袭击郢州,孙场环绕城墙设防线而固守。王琳听到消息,担心自己军心不稳,众人溃散,于是加紧率领水师东下,直到离芜湖十里地才停泊下来,军中敲击木柝报时示警的声音,一直传到陈国军队里。北齐仪同三司刘伯球带兵一万多人帮助王琳水战,行台慕容恃德的儿子慕容子会带领两千名铁骑屯驻在芜湖西岸,声援王琳。

　　丙申(十四日),侯瑱下令军队一早就做饭,在寝席上用饭,严阵以待王琳军队进犯。当时西南风刮得又急又猛,王琳自以为得到天公帮助,便带兵径直逼近建康。侯瑱等人慢慢地从芜湖出来跟在王琳兵船后头,结果西南风反而被侯瑱利用了。王琳让士兵扔火炬去烧陈朝军队的兵船,因为逆风,反而烧了自己的兵船。侯瑱命令士兵把战船前后的拍竿拿出来拍击王琳的兵船,又用牛皮蒙着有冲击力的小船去撞他的军舰,并用熔化的铁水泼将过去。王琳军队大败,军士溺水而死的有十分之二三,其馀的都扔下船逃上岸,被陈朝军队拦住,砍杀得几乎一个都不剩了。北齐的步军在西岸也乱成一团,自相践踏,全陷入芦荻泥淖之中了。骑兵都扔下马匹逃跑,幸免于死的只有十分之二三而已。陈朝军队抓获了刘伯球、慕容子会,杀死和俘虏敌军近万人,梁军和北齐军的军用物资和兵器也全被陈朝军队缴获。王琳乘坐舴艋小船冲出敌阵逃跑,抵达溢城,想把散失流离的军士收拢来,但再也没有人愿意归附他了,于是只好带着妻妾、左右亲信十几人去投奔北齐。

　　早先,王琳派侍中袁泌、御史中丞刘仲威去做永嘉王萧庄的侍卫。等到兵败,萧庄左右的人也都逃散了。袁泌用轻舟把萧庄一直送到北齐边境,才拜辞而回,于是就来投降陈朝。刘仲威护卫萧庄逃奔北齐。袁泌是袁昂的儿子。樊猛和他的哥哥樊毅也带着部众前来投降陈朝。

　　8　北齐把文宣皇帝葬在武宁陵,庙号为高祖,后来又改称显祖。

　　9　戊戌(十六日),陈文帝下诏,说:"不论是有身份的士族文官,还是将帅士兵,凡是陷落在王琳党里的,回来了都赦免其罪,按照他们的才能予以选拔任命。"

10　己亥，齐以常山王演为太师、录尚书事，以长广王湛为大司马、并省录尚书事，以尚书左仆射平秦王归彦为司空，赵郡王叡为尚书左仆射。

诏："诸元良口配没入官及赐人者并纵遣。"

11　乙巳，以太尉侯瑱都督湘、巴等五州诸军事，镇溢城。

12　齐显祖之丧，常山王演居禁中护丧事，娄太后欲立之而不果。太子即位，乃就朝列。以天子谅阴，诏演居东馆，欲奏之事，皆先谘决。杨愔等以演与长广王湛位地亲逼，恐不利于嗣主，心忌之。居顷之，演出归第，自是诏敕多不关预。

或谓演曰："鸷鸟离巢，必有探卵之患。今日王何宜屡出？"中山太守阳休之诣演，演不见。休之谓王友王晞曰："昔周公朝读百篇书，夕见七十士，犹恐不足。录王何所嫌疑，乃尔拒绝宾客！"

先是，显祖之世，群臣人不自保。及济南王立，演谓王晞曰："一人垂拱，吾曹亦保优闲。"因言："朝廷宽仁，真守文良主。"晞曰："先帝时，东宫委一胡人傅之。今春秋尚富，骤览万机，殿下宜朝夕先后，亲承音旨。而使他姓出纳诏命，大权必有所归，殿下虽欲守藩，其可得邪！借令得遂冲退，自审家祚得保灵长乎？"演默然久之，曰："何以处我？"晞曰："周公抱成王摄政七年，然后复子明辟，惟殿下虑之！"演曰："我何敢自比周公！"晞曰："殿下今日地望，欲不为周公，得邪？"

10 己亥(十七日),北齐任命常山王高演为太师、录尚书事,任命长广王高湛为大司马、并省录尚书事,任命尚书左仆射平秦王高归彦为司空,赵郡王高叡为尚书左仆射。

皇帝诏令:"凡是诸元的家庭成员被配入官府为奴和赐人为奴的,全部遣还。"

11 乙巳(二十三日),陈国任命太尉侯瑱都督湘、巴等五州诸军事,镇守盆城。

12 在齐显祖丧事之际,常山王高演住在宫禁之中处理丧事,娄太后想立他为帝但没有实现。太子登了皇位之后,高演才到朝廷百官中去就列。因为天子居丧,便下诏让高演居住在东馆,大臣们想启奏皇帝的事,都先到高演那儿请示决定。杨愔等人因为高演与长广王高湛地位很高,与皇帝又是亲属关系,恐怕他们对嗣主产生威胁,所以对他们心怀猜忌。在东馆住了一阵子之后,高演搬出来回自己的宅第,从此之后,有关诏书敕令的事大多不再干预了。

有人对高演说:"凶猛的鸷鸟一旦离开窝巢,必定有被端巢的危险。在如今这种形势之下,大王您怎么可以经常外出呢?"中山太守阳休之去拜见高演,高演托词不见他。阳休之对高演的朋友王晞说:"过去周公早上读一百篇文章,晚上会见七十个名士,还恐怕做得不够。录王避什么嫌疑,竟这样拒绝宾客!"

早先,显祖在的时候,群臣人人不能自保。待到济南王立为皇帝,高演对王晞说:"皇上现在亲自执政了,我们也能托福保住悠闲的日子了。"因此又说:"皇上宽和施仁,真是能继承基业、光大教化的良主啊。"王晞回答说:"先帝时,东宫太子那儿还曾委派一个胡人去辅导他呢。现在皇上年龄还小,骤然承担起处理纷繁的军国大事之重任,殿下正得早晚陪在他身边,亲自听取皇上的言语圣旨。如果放任外姓之人去传递诏命,国家大权必然会旁落,那时殿下即使想守住自己的藩国,还能如愿吗!即使您能如愿以偿,急流勇退,但请想想,高家的国祚还能够千秋万代永在吗?"高演听了,默不作声,想了很久,才问:"那我该怎样自处呢?"王晞进言说:"过去周公曾抱着成王摄政七年,然后才把政权归还成王,明确表示自身引退,希望殿下好好想想!"高演说:"我怎么敢自比为周公呢!"王晞回答说:"以殿下今日的地位声望而言,你想不当周公,能行吗?"

演不应。显祖常遣胡人康虎儿保护太子,故晞言及之。

　　齐主将发晋阳,时议谓常山王必当留守根本之地;执政欲使常山王从帝之邺,留长广王镇晋阳。既而又疑之,乃敕二王俱从至邺。外朝闻之,莫不骇愕。又敕以王晞为并州长史。演既行,晞出郊送之。演恐有觇察,命晞还城,执晞手曰:"努力自慎!"跃马而去。

　　平秦王归彦总知禁卫,杨愔宣敕留从驾五千兵于西中,阴备非常。至邺数日,归彦乃知之,由是怨愔。

　　领军大将军可朱浑天和,道元之子也,尚帝姑东平公主,每曰:"若不诛二王,少主无自安之理。"燕子献谋处太皇太后于北宫,使归政皇太后。

　　又自天保八年已来,爵赏多滥,杨愔欲加澄汰,乃先自表解开府及开封王,诸叨窃恩荣者皆从黜免。由是嬖宠失职之徒,尽归心二叔。平秦王归彦初与杨、燕同心,既而中变,尽以疏忌之迹告二王。

　　侍中宋钦道,弁之孙也。显祖使在东宫,教太子以吏事。钦道面奏帝,称:"二叔威权既重,宜速去之。"帝不许,曰:"可与令公共详其事。"

　　愔等议出二王为刺史,以帝慈仁,恐不可所奏,乃通启皇太后,具述安危。宫人李昌仪,高仲密之妻也,李太后以其同姓,甚相昵爱,以启示之。昌仪密启太皇太后。

高演听了没有应声。显祖常常派胡人康虎儿保护太子,所以王晞的话里提到这件事。

　　北齐国主高殷将从晋阳出发去邺城继位,当时的舆论认为常山王高演必定会留守在晋阳这个宿将劲兵驻守的国家的根本之地;执政者想让常山王跟随齐主废帝去邺城,留下长广王高湛镇守晋阳。不久又对高湛产生了怀疑,于是下令二王都跟从废帝去邺城。朝廷外的人听到这种安排,没有不感到害怕惊愕的。接着又下一道教令,让王晞去当并州长史。高演既已出发,王晞到郊外为他送行。高演恐怕有人暗中窥视监察,命令王晞快回城去,临别,拉着王晞的手说:"望你努力自我保重!"然后跳上马奔跃而去。

　　平秦王高归彦总管禁卫军,杨愔宣布敕令,留下跟随圣驾的五千名精兵在西中,暗中准备对付非常事件。到达邺城几天后,高归彦才知道这种安排,从此对杨愔产生了怨恨之心。

　　领军大将军可朱浑天和,是可朱浑道元的儿子,娶了废帝的姑姑东平公主为妻,他总是说:"如果不杀了二王,少主决不可能平安执政。"燕子献谋划着把太皇太后安置到邺城北宫去,使国家政权归皇太后掌管。

　　另外,自从天保八年以来,官爵赏赐太多太滥,杨愔想加以澄清淘汰,于是带头上表请求解除自己开府及开封王的职务,众多沾光窃取皇恩享受荣华的人都跟着被废黜罢免了。从此那些原来被宠幸但现在失去官职的人,都归心于高演与高湛两位皇叔。平秦王高归彦起初和杨愔、燕子献是一条心,不久中途变志,把杨愔、燕子献疏远猜忌二王的种种迹象全部密告了二王。

　　侍中宋钦道是宋弁的孙子。显祖派他住在东宫,教育太子熟悉吏事。宋钦道当面启奏废帝说:"两位皇叔威权已经很重,应该设法尽快除去他们。"废帝不许可,对他说:"你可以和令公杨愔共同详细了解这件事。"

　　杨愔等人商议把二王派出去当刺史,但考虑到皇帝天性慈爱仁厚,恐怕不会批准他们的奏请,于是就直接启奏皇太后,详尽讲述了二王构成的威胁以及皇上的安危。宫人李昌仪,是高仲密的妻子,李太后因为她和自己同姓,便和她很亲近,十分喜爱她,就把杨愔等人递上来的奏折给她看。李昌仪便秘密地把奏折的内容报告了太皇太后。

　　愔等又议不可令二王俱出，乃奏以长广王湛镇晋阳，以常山王演录尚书事。二王既拜职，乙巳，于尚书省大会百僚。愔等将赴之，散骑常侍兼中书侍郎郑颐止之，曰："事未可量，不宜轻脱。"愔曰："吾等至诚体国，岂常山拜职有不赴之理！"

　　长广王湛，旦伏家僮数十人于录尚书后室，仍与席上勋贵贺拔仁、斛律金等数人相知约曰："行酒至愔等，我各劝双杯，彼必致辞。我一曰'执酒'，二曰'执酒'，三曰'何不执'，尔辈即执之！"及宴，如之。愔大言曰："诸王反逆，欲杀忠良邪！尊天子，削诸侯，赤心奉国，何罪之有！"常山王演欲缓之。湛曰："不可。"于是拳杖乱殴，愔及天和、钦道皆头面血流，各十人持之。燕子献多力，头又少发，狼狈排众走出门，斛律光逐而擒之。子献叹曰："丈夫为计迟，遂至于此！"使太子太保薛孤延等执颐于尚药局。颐曰："不用智者言至此，岂非命也！"

　　二王与平秦王归彦、贺拔仁、斛律金拥愔等唐突入云龙门，见都督叱利骚，招之，不进，使骑杀之。开府仪同三司成休宁抽刃呵演，演使归彦谕之，休宁厉声不从。归彦久为领军，素为军士所服，皆弛仗，休宁方叹息而罢。

　　演入，至昭阳殿，湛及归彦在朱华门外。帝与太皇太后并出，太皇太后坐殿上，皇太后及帝侧立。演以砖叩头，进言曰："臣与陛下骨肉至亲，杨遵彦等欲独擅朝权，威福自己，自天公已下皆重足屏气。共相唇齿，以成乱阶，若不早图，必为宗社之害。臣与湛为国事重，贺拔仁、斛律金惜献武皇帝之业，

杨愔等人又商议说不能让二王都出去当刺史,于是就启奏,请求让长广王高湛镇守晋阳,任命常山王高演为录尚书事。二王拜领了官职以后,便于乙巳(二十三日),在尚书省会见百官。杨愔等人将去赴会,散骑常侍兼中书侍郎郑颐阻止了他们,说:"这事的深浅不可测量,不宜轻易去赴会。"杨愔说:"我等对国家一片至诚,岂有常山王拜职而不去赴会的道理!"

　　长广王高湛,一早就在后室中埋伏了几十个家僮,并对参与宴会的勋贵贺拔仁、斛律金等几个人关照说:"敬酒敬到杨愔等人时,我对他们每个人各劝双杯酒,他们必定起来致辞。我头一次说:'拿酒',第二次说:'拿酒',第三次说'为什么不拿!'你们就动手把他们抓起来!"到了宴会时,果真照计划办理。杨愔被抓时大声说:"诸王造反谋逆,想杀害忠臣良将哪! 我等尊奉天子,削弱诸侯,赤胆忠心为国家,有什么罪!"常山王高演想缓和一点。高湛说:"不行。"于是拳头棍棒乱打,杨愔、可朱浑天和、宋钦道都被打得满头满面流血,每人被十个人按住,一点也动弹不得。燕子献力气大,头发又很少,一下子挣脱,狼狈地推开众人跑出门去,斛律光追上去捉住了他。燕子献长叹说:"大丈夫用计迟了一步,终于落到这般田地!"二王又派太子太保薛孤延等到尚药局去抓郑颐。郑颐说:"这帮人不听智者的话以至于此,这难道不是命吗!"

　　常山王高演、长广王高湛与平秦王高归彦、贺拔仁、斛律金推拥着杨愔等人闯入云龙门,遇见了都督叱利骚,便招呼他过来,他不来,便派骑兵去杀了他。开府仪同三司成休宁抽出刀来呵斥高演,高演派高归彦去说服他,成休宁声色俱厉地抗议,表示绝不服从。高归彦长期以来担任领军,军士们一向对他很敬服,这时都放下兵器不再抵抗,成休宁才叹息着让开了。

　　高演进了皇宫,来到昭阳殿,高湛和高归彦停在朱华门外。皇帝和太皇太后、皇太后一起走出来,太皇太后坐在宫殿上,皇太后和皇帝站在两侧。高演把头抵在殿砖上,边磕头边说:"臣与陛下是至亲骨肉,杨遵彦等人想独自垄断朝廷大权,作威作福,自王公以下的文武百官无不蹑足屏气,莫敢咬声。这帮人互相勾结,串通一气,已经成了动乱的祸根,如果不早日除掉他们,必定会成为宗庙社稷的大害。我与高湛以国家安危为重,贺拔仁、斛律金珍惜献武皇帝开创的事业,

共执遵彦等入宫,未敢刑戮。专辄之罪,诚当万死。"

时庭中及两庑卫士二千馀人,皆被甲待诏。武卫娥永乐,武力绝伦,素为显祖所厚,叩刀仰视,帝不睨之。帝素吃讷,仓猝不知所言。太皇太后令却仗,不退;又厉声曰:"奴辈即今头落!"乃退。永乐内刀而泣。

太皇太后因问:"杨郎何在?"贺拔仁曰:"一眼已出。"太皇太后怆然曰:"杨郎何所能为,留使岂不佳邪!"乃让帝曰:"此等怀逆,欲杀我二子,次将及我,尔何为纵之?"帝犹不能言。太皇太后怒且悲,曰:"岂可使我母子受汉老妪斟酌!"太后拜谢。太皇太后又为太后誓言:"演无异志,但欲去逼而已。"演叩头不止。太后谓帝:"何不安慰尔叔!"帝乃曰:"天子亦不敢为叔惜,况此汉辈!但丐儿命,儿自下殿去,此属任叔父处分。"遂皆斩之。

长广王湛以郑颐昔尝谗己,先拔其舌,截其手而杀之。演令平秦王归彦引侍卫之士向华林园,以京畿军士入守门阁,斩娥永乐于园。

太皇太后临愔丧,哭曰:"杨郎忠而获罪。"以御金为之一眼,亲内之,曰:"以表我意。"演亦悔杀之。于是下诏罪状愔等,且曰:"罪止一身,家属不问。"顷之,复簿录五家。王晞固谏,乃各没一房,孩幼尽死,兄弟皆除名。以中书令赵彦深代杨愔总机务。

所以才共同行动,抓住了杨遵彦等人入宫见皇上,我们未敢对他们擅自施刑杀戮,现交由皇上处治。我等没有事先请示就行事,专断之罪,实在罪该万死。”

当时宫庭中和两边走廊里有卫士两千多人,都披着甲胄、拿着兵器等待皇帝的诏令。武卫娥永乐,武艺力气超群,过去一向为显祖所看重厚待,这时他用手敲着刀刃,抬起头来仰视皇帝,期待他下令,但皇帝有意不看他。皇帝平素就口吃木讷,这时仓促之间更不知该说什么好。太皇太后下令卫兵放下兵器退下,卫士们不退;太皇太后又厉声喝道:“你们这些奴才不听令,立刻就让你们掉脑袋!”卫士们这才退下了。娥永乐把刀插入鞘内痛哭起来。

太皇太后这才发问:“杨郎现在在哪里?”贺拔仁回答说:“他一只眼睛的眼球被打出来了。”太皇太后怆然涕下,说:“杨郎能有什么反抗之力呢,留着他以待任命使唤难道不好吗?”于是责备皇帝,说:“这些人心怀叛逆,想杀害我的两个儿子,接着就将要杀害我,你为什么纵容他们?”皇帝还是失语,说不出话来。太皇太后既非常生气又悲伤难禁,她说:“怎么可以让我们母子受这汉族老太太的算计呢!”皇太后跪下谢罪。太皇太后又为皇太后发誓说:“高演并没有夺位的异志,只是想除去自身的威胁而已。”高演在下面不断磕头。皇太后只好对皇帝说:“还不赶快安慰你叔叔!”皇帝这才说出话来:“天子也不敢为叔叔的事而惜身不前呀,何况这些汉人!只要给侄儿一条命,我自己下殿走开,这些人交给叔叔,由你们处治。”于是把杨愔等人全部斩首了。

长广王高湛因为记恨郑颐过去曾经在皇帝面前进他的谗言,就特别凌虐他,先把他的舌头拔掉,又砍下他的手,然后才杀死他。高演命令平秦王高归彦把原来的侍卫兵士带到华林园去,另换京城一带的军士来宫中担任守卫,娥永乐在华林园被杀害了。

太皇太后亲自参加杨愔的丧事,哭着说:“杨郎是因为忠君才获罪的呀!”她让人用御府的金子做了一只眼睛,亲自放到杨愔眼眶里去,说:“以此来表达我痛惜的心意。”高演也后悔杀了杨愔。于是下诏宣布杨愔等人的罪状时,加上了这样一句:“这些人的罪由他们自己个人负责,家属不予问罪。”过一阵子,又造册登记杨愔、可朱浑天和、燕子献、宋钦道、郑颐等五家的人口。王晞一再劝谏高演不能留祸根,于是五家各抄斩一房,小孩也斩而不留,兄弟们则全被除名。任命中书令赵彦深代替杨愔总理朝廷机要大事。

鸿胪少卿阳休之私谓人曰："将涉千里，杀骐骥而策蹇驴，可悲之甚也！"

戊申，演为大丞相、都督中外诸军、录尚书事，湛为太傅、京畿大都督，段韶为大将军，平阳王淹为太尉，平秦王归彦为司徒，彭城王浟为尚书令。

13　江陵之陷也，长城世子昌及中书侍郎项皆没于长安。高祖即位，屡请之于周，周人许而不遣。高祖殂，周人乃遣昌还，以王琳之难，居于安陆。琳败，昌发安陆，将济江，致书于上，辞甚不逊。上不怿，召侯安都从容谓曰："太子将至，须别求一藩为归老之地。"安都曰："自古岂有被代天子！臣愚，不敢奉诏。"因请自迎昌。于是群臣上表，请加昌爵命。庚戌，以昌为骠骑将军、湘州牧，封衡阳王。

14　齐大丞相演如晋阳，既至，谓王晞曰："不用卿言，几至倾覆。今君侧虽清，终当何以处我？"晞曰："殿下往时位地，犹可以名教出处；今日事势，遂关天时，非复人理所及。"演奏赵郡王叡为长史，王晞为司马。三月甲寅，诏："军国之政，皆申晋阳，禀大丞相规算。"

15　周军初至，鄀州助防张世贵举外城以应之，所失军民三千馀口。周人起土山、长梯，昼夜攻之，因风纵火，烧其内城南面五十馀楼。孙瑒兵不满千人，身自抚循，行酒赋食，士卒皆为之死战。周人不能克，乃授瑒柱国、鄀州刺史，封万户郡公。瑒伪许以缓之，

鸿胪少卿阳休之私下对人说:"这真是将要跋涉千里的时候,却杀掉了骐骥骏马而换上跛足老驴呀,真是太可悲了!"

戊申(二十六日),封高演为大丞相、都督中外诸军、录尚书事,封高湛为太傅、亲镇大都督,封段韶为大将军,平阳王高淹为太尉,平秦王高归彦为司徒,彭城王高浟为尚书令。

13 当初,江陵陷落的时候,长城公的世子陈昌及中书侍郎陈顼都陷落在长安。高祖即皇位后,多次请求北周人把他们放回来,北周人口头上答应了,但却不放人。高祖去世后,北周人才把陈昌放回来了,但是因为王琳占据长江中流,挑起战端,通往建康的路受阻,陈昌只好暂住安陆。王琳兵败后,陈昌从安陆出发,将要渡江时,写了一封信给陈文帝,信里言辞颇傲慢不逊。文帝看了很不高兴,把侯安都叫来,从容不迫地对他说:"太子将要回来就位了,我得另外求得一块封国作为归老的地方。"侯安都说:"自古以来,哪有什么被代替的天子!臣下很愚昧,不敢接受这个诏令。"于是请求自己去迎接陈昌。于是群臣们联名上表,请求文帝给陈昌封爵并任命。庚戌(二十八日),任命陈昌为骠骑将军、湘州牧,封他为衡阳王。

14 北齐大丞相高演到晋阳去,到达之后,对王晞说:"我当初不听您的话,差点被人扳倒。现在君王身旁的坏人虽然已清除掉了,但我到底应当怎样自处呢?"王晞回答说:"殿下过去以自己的地位名望,还可以名教号令天下,进退出处;看如今天下形势,已经是关系到天时天命了,再也不是人间常理可以推测的。"高演奏请任命赵郡王高叡为长史,王晞为司马。三月甲寅(初三),北齐废帝下诏说:"凡是军政大事,都要申报到晋阳去,禀告大丞相规划决策。"

15 北周的军队刚到之时,郢州助防张世贵策动外城的军民去接应北周军队,共走失军民三千多人。北周人堆起土山,架起长梯,日夜不停地攻城,并乘风纵火,烧掉了郢州内城南面的五十多座楼。孙场手下的士兵不足一千人,但他能亲自安抚慰劳士兵,为士兵散酒送食物,士卒们都愿为他死战。北周人攻城不下,于是便授予孙场柱国、郢州刺史之职,封为万户郡公,以诱降他。孙场假装答应归顺,

而潜修战守之备，一朝而具，乃复拒守。既而周人闻王琳败，陈兵将至，乃解围去。玚集将佐谓之曰："吾与王公同奖梁室，勤亦至矣。今时事如此，岂非天乎？"遂遣使奉表，举中流之地来降。

王琳之东下也，帝征南川兵，江州刺史周迪、高州刺史黄法氍帅舟师将赴之。熊昙朗据城列舰，塞其中路，迪等与周敷共围之。琳败，昙朗部众离心，迪攻拔其城，虏男女万馀口。昙朗走入村中，村民斩之。丁巳，传首建康，尽灭其族。

齐军先守鲁山，戊午，弃城走，诏南豫州刺史程灵洗守之。

16　甲子，置沅州、武州，以右卫将军吴明彻为武州刺史，以孙玚为湘州刺史。玚怀不自安，固请入朝，征为中领军。未拜，除吴郡太守。

17　壬申，齐封世宗之子孝珩为广宁王，长恭为兰陵王。

18　甲戌，衡阳献王昌入境，诏主书、舍人缘道迎候。丙子，济江，中流，殒之，使以溺告。侯安都以功进爵清远公。

初，高祖遣荥阳毛喜从安成王顼诣江陵，梁世祖以喜为侍郎，没于长安，与昌俱还，因进和亲之策。上乃使侍中周弘正通好于周。

19　夏，四月丁亥，立皇子伯信为衡阳王，奉献王祀。

以为缓兵之计,而暗地里抓紧修整防御工事,一天之内就修整完备,于是又接着抵抗固守。不久北周人听说王琳兵败,陈国的大军就要过来了,于是就解围走了。孙瑒把将士官佐们集合在一块,对他们说:"我和王琳一起扶助梁室,也够卖力气的了。现在时局发展成这样,难道不是天命吗?"于是就派使者带上表章,表示愿以中流之地来归降陈朝。

当王琳兵船东下的时候,陈文帝下令征召南川的军队抵抗,江州刺史周迪、高州刺史黄法氍率领水军将要赴敌。熊昙朗占据豫章城池,排开军舰,堵塞了周迪等人的进军路线。周迪等人与周敷一起把熊昙朗包围起来。王琳兵败,熊昙朗的部众人心涣散,周迪乘势攻下了豫章城,俘虏男女人口一万多人。熊昙朗逃入村庄之中,村民把他杀了。丁巳(初六),熊昙朗的首级被送到建康,他的家族全部被斩。

北齐的军队原先据守鲁山,戊午(初七)弃城逃跑了,陈文帝下诏派南豫州刺史程灵洗去守该城。

16　甲子(十三日),陈朝设立沅州、武州,任命右卫将军吴明徹为武州刺史,孙瑒为湘州刺史。孙瑒心里觉得不安稳,坚决要求在朝中做官,于是征召他当中领军。后来没有拜职,又改任命他为吴郡太守。

17　壬申(二十一日),北齐封世宗的儿子高孝珩为广宁王,高长恭为兰陵王。

18　甲戌(二十三日),衡阳献王陈昌进入陈朝境内,陈文帝诏令主书、舍人们在道路旁迎接等候。丙子(二十五日),陈昌渡长江,但船到江中就被害死了,使者报告说是淹死了。侯安都因为杀陈昌之功封爵,为清远公。

当初,高祖派荥阳人毛喜跟着安成王陈顼到江陵去,梁世祖任命毛喜为侍郎,也陷没在长安,后来与陈昌一起回来,就向朝廷进献了与北周人和亲的计策。陈文帝便派侍中周弘正去和北周修通友好。

19　夏季,四月丁亥(初六),陈朝立皇子陈伯信为衡阳王,让他承奉献王陈昌的祭祀。

20　周世宗明敏有识量,晋公护惮之,使膳部中大夫李安置毒于糖馄而进之。帝颇觉之。庚子,大渐,口授遗诏五百馀言,且曰:"朕子年幼,未堪当国。鲁公,朕之介弟,宽仁大度,海内共闻。能弘我周家,必此子也。"辛丑,殂。

　　鲁公幼有器质,特为世宗所亲爱,朝廷大事,多与之参议。性深沉,有远识,非因顾问,终不辄言。世宗每叹曰:"夫人不言,言必有中。"壬寅,鲁公即皇帝位。大赦。

21　五月壬子,齐以开府仪同三司刘洪徽为尚书右仆射。

22　侯安都父文捍为始兴内史,卒官。上迎其母还建康,母固求停乡里。乙卯,为置东衡州,以安都从弟晓为刺史。安都子秘,才九岁,上以为始兴内史,并令在乡侍养。

23　六月壬辰,诏葬梁元帝于江宁,车旗礼章,悉用梁典。

24　齐人收永安、上党二王遗骨,葬之。敕上党王妃李氏还第。冯文洛尚以故意,修饰诣之。妃盛列左右,立文洛于阶下,数之曰:"遭难流离,以至大辱,志操寡薄,不能自尽。幸蒙恩诏,得反藩闱,汝何物奴,犹欲见侮!"杖之一百,血流洒地。

25　秋,七月丙辰,封皇子伯山为鄱阳王。

26　齐丞相演以王晞儒缓,恐不允武将之意,每夜载入,昼则不与语。尝进晞密室,谓曰:"比王侯诸贵,每见敦迫,

20　周世宗明帝英明聪敏,有见识有度量,晋公宇文护害怕他,便指使膳部中大夫李安在糖饼里放毒药送上去。明帝食用之后,很觉异样。庚子(十九日),毒药发作,弥留之际,口授遗诏五百多字,而且说:"我的儿子年幼,不能负起治国大任。鲁公,是我的大弟弟,为人宽仁,大度,声望传于海内。能弘扬我家帝业的,一定是这个孩子!"辛丑(二十日),去世。

鲁公自幼就胸怀大志,气度不凡,所以特别受世宗钟爱,凡是朝廷大事,多与他商量。他性格深沉,有远大的识见,不是因为明帝询问,他是不随便说话的。世宗每每慨叹说:"这个人要么不说话,一说就必定有切中事理的精辟见解。"壬寅(二十一日),鲁公宇文邕即皇帝位,颁发了大赦天下令。

21　五月壬子(初二),北齐任命开府仪同三司刘洪徽为尚书右仆射。

22　侯安都的父亲侯文捍任始兴内史,死于任上。陈文帝迎接他的母亲回建康,他母亲坚决要求留在乡里。乙卯(初五),为此在始兴重置东衡州,任命侯安都的堂弟侯晓为东衡州刺史。侯安都的儿子侯秘,才九岁,皇上任命他为始兴内史,并让他在乡下侍奉祖母。

23　六月壬辰(十二日),陈文帝诏令把梁元帝埋葬在江宁,丧事中的车旗礼章,全部采用梁朝旧制。

24　北齐人收集永安、上党二王的遗骨埋葬起来。敕令上党王妃李氏回到王府旧宅。当初李氏被赐给了冯文洛为妾,李氏重回王府之后,冯文洛还以原来的身份,修饰打扮一番去见李妃。李妃把很多身边人排列成阵势,让冯文洛站在台阶下,责骂他说:"我因遭受大难流离失所,才受到这样大的侮辱,我只恨自己志气节操很差,不能自杀殉夫。现在幸亏皇上恩典,能够回到藩王的闺闱。你是什么狗奴才,还想来侮辱我!"下令打了他一百杖,打得他皮开肉绽,血流洒地。

25　秋季,七月丙辰(初七),陈朝封皇子陈伯山为鄱阳王。

26　北齐丞相高演考虑到王晞儒雅,动作迟缓,担心他不称武将们的心,便每夜用车载他进来议事,白天则不和他说话。又曾经把王晞叫进密室,对他说:"近来王侯及诸位贵族每每对我进行敦促逼迫,

言我违天不祥,恐当或有变起。吾欲以法绳之,何如?"晞曰:
"朝廷比者疏远亲戚,殿下仓猝所行,非复人臣之事。芒刺在
背,上下相疑,何由可久!殿下谦退,秕糠神器,实恐违上玄
之意,坠先帝之基。"演曰:"卿何敢发此言,须致卿于法!"晞
曰:"天时人事,皆无异谋,是以敢冒犯斧钺,抑亦神明所赞
耳。"演曰:"拯难匡时,方俟圣哲,吾何敢私议?幸勿多言!"
丞相从事中郎陆杳将出使,握晞手,使之劝进。晞以杳言告
演,演曰:"若内外咸有此意,赵彦深朝夕左右,何故初无一
言?"晞乃以事隙密问彦深,彦深曰:"我比亦惊此声论,每欲
陈闻,则口噤心悸。弟既发端,吾亦当昧死一披肝胆。"因共
劝演。

　　演遂言于太皇太后。赵道德曰:"相王不效周公辅成王,
而欲骨肉相夺,不畏后世谓之篡邪!"太皇太后曰:"道德之言
是也。"未几,演又启云:"天下人心未定,恐奄忽变生,须早定
名位。"太皇太后乃从之。

　　八月壬午,太皇太后下令,废齐主为济南王,出居别宫。
以常山王演入纂大统,且戒之曰:"勿令济南有他也!"

　　肃宗即皇帝位于晋阳,大赦,改元皇建。太皇太后还称
皇太后。皇太后称文宣皇后,宫曰昭信。

　　乙酉,诏绍封功臣,礼赐耆老,延访直言,褒赏死事,追赠
名德。

说我违反天意而不即位,很不吉祥,恐怕这样下去会有变乱发生。我想依法治他们鼓吹篡逆之罪,你以为如何呢?"王晞回答说:"皇上近来对亲戚非常疏远,殿下不久前仓促间所实行的诛灭杨愔等人的举动,并非是为人臣的应该做的事。现在是芒刺在背,上下互相怀疑,这种局面怎么能长久!殿下谦逊退让,视国家神器为秕糠,其实恐怕是违背了上天的旨意,毁坏了先帝留下的基业。"高演有些生气地说:"你怎么敢说这样的话,你这样说是不容于法的!"王晞大着胆子说:"天时人意,对于陛下登基这件事,都没有异见,所以我才敢冒犯斧钺诛戮来进言,这怕也是神明所赞许的吧!"高演说:"拯救国家于危难,匡扶时世,正等待圣哲出现呢,我怎么敢私下议谋呢?你就别再多说了!"丞相从事中郎陆杳将要出使,握着王晞的手,让他去劝进。王晞把陆杳的话告诉了高演,高演说:"如果朝廷内外都有这种意思,赵彦深早晚都在我身边,为什么他一句话也不说?"于是王晞利用公事的间隙悄悄探问赵彦深的意思,赵彦深说:"我近来也为这种想让高演登基的舆论而吃惊,每每想把自己听到的向高演陈述,但临言嗫口,心惊肉跳。现在你既然发端说出来了,我也要冒着一死披露一下肝胆了!"于是与王晞共同向高演劝进。

高演于是就把群臣劝进的话告诉了太皇太后。赵道德在一边说:"相王您不效法周公辅佐成王的往事,而想行骨肉相夺之事,难道不怕后世说您篡逆吗?"太皇太后也说:"赵道德说的话是对的。"过一阵子,高演又去启奏说:"现在天下人心不安定,我担心变乱突然发生,必须早日确定名位。"太皇太后这才答应了。

八月壬午(初三),太皇太后发布敕令,废北齐国主高殷为济南王,让他搬到别宫去住。让常山王高演入朝登基,并且告诫高演说:"可不能让济南王有其他不测之事!"

齐肃宗孝昭帝高演在晋阳即皇位,天下大赦,改换年号为皇建。太皇太后适用皇太后的称号。皇太后则称为文宣皇后,她的宫室叫昭信宫。

乙酉(初六),北齐孝昭帝下诏介绍封赏功臣,优礼厚赐元老,延揽寻访直言之人,褒扬赏励死节之士,一一追赠荣名,彰显他们的道德。

帝谓王晞曰："卿何为自同外客，略不可见？自今假非局司，但有所怀，随宜作一牒，候少隙，即径进也。"因敕与尚书阳休之、鸿胪卿崔劼等三人，每日职务罢，并入东廊，共举录历代礼乐、职官及田市、征税，或不便于时而相承施用，或自古为利而于今废坠，或道德高俊，久在沉伦，或巧言眩俗，妖邪害政者，悉令详思，以渐条奏。朝晡给御食，毕景听还。

帝识度沈敏，少居台阁，明习吏事，即位尤自勤励，大革显祖之弊，时人服其明而讥其细。尝问舍人裴泽，在外议论得失。泽率尔对曰："陛下聪明至公，自可远侔古昔。而有识之士，咸言伤细，帝王之度，颇为未弘。"帝笑曰："诚如卿言。朕初临万机，虑不周悉，故致尔耳。此事安可久行，恐后又嫌疏漏。"泽由是被宠遇。

库狄显安侍坐，帝曰："显安，我姑之子。今序家人之礼，除君臣之敬，可言我之不逮。"显安曰："陛下多妄言。"帝曰："何故？"对曰："陛下昔见文宣以马鞭挞人，常以为非；今自行之，非妄言邪？"帝握其手谢之。又使直言，对曰："陛下太细，天子乃更似吏。"帝曰："朕甚知之。然无法日久，将整之以至无为耳。"又问王晞，晞曰："显安言是也。"显安，干之子也。群臣进言，帝皆从容受纳。

齐孝昭帝对王晞说:"你为什么把自己看得和外客一样,经常也见不到面?从今以后,有所进言不必假手于局司,只要有想法,随时都可以写成书板小简,一有机会就直接送进来。"于是就敕令王晞与尚书阳休之、鸿胪卿崔劼等三人,每天职务上的事结束后,就到东廊共同举列抄录历代在礼乐、职官以及田市、赋税等方面制度沿革的情况,或不适于现今情况却还在继续实行,或自古以来受利而现在却被废除之事,或道德高尚却长久沉沦,或用巧伪言辞眩惑世俗,煽起妖邪之风危害政事之人,让他们详细地列举分析,逐条奏闻上来。早晨和中午都供给御食,天黑后才放他们回家。

齐孝昭帝气度深沉,识见敏锐,自小就生活在台阁之中,对政务之事非常熟悉,即位后尤其勤勉励志,对显祖时代的弊政进行了彻底的革除,当时人们佩服他的明察而讥笑他的琐细。孝昭帝曾经问舍人裴泽外头对他的施政得失有什么议论。裴泽直率地回答说:"陛下耳聪目明,处事极为公道,这方面自然可以比得上远古的圣君。但有识之士,都说您伤于琐细,作为一个帝王的气度,还是不够宏大。"孝昭帝笑着说:"确实像你说的那样。我刚刚亲临万机,老担心不够周到妥帖,所以才造成这种状况。这种过细处事的作风怎么可以久行呢,我会酌情改变的,但恐怕将来又会嫌我处事疏漏了。"裴泽从此深受齐孝昭帝宠爱。

库狄显安有一次侍坐在孝昭帝身边,孝昭帝说:"库狄显安,是我姑姑的儿子。今天咱们以家里人的礼节相待,免去君臣之间的那一套敬畏之礼,你可说说我不足的地方。"库狄显安想了想,说:"陛下老说虚妄不实的话。"孝昭帝问:"为什么呢?"库狄显安回答说:"陛下过去看到文宣帝用马鞭子打人,常常说这是不对的,现在自己也用马鞭子打人,这不是说假话吗?"孝昭帝握住他的手表示感谢。又让他进一步直言,库狄显安说:"陛下太琐细,身为天子,却更像一个具体办事的属吏。"孝昭帝解释说:"我自己也很清楚这一点。然而国家无法制已经很久了,我将整顿它,目的是要达到可以无为而治的地步。"孝昭帝又去问王晞,王晞说:"库狄显安说得对。"库狄显安是库狄干的儿子。朝中群臣进言,孝昭帝都从容地接受采纳。

性至孝，太后不豫，帝行不能正履，容色贬悴，衣不解带，殆将四旬。太后疾小增，即寝伏閤外，食饮药物，皆手亲之。太后尝心痛不自堪，帝立侍帷前，以爪掐掌代痛，血流出袖。友爱诸弟，无君臣之隔。

戊子，以长广王湛为右丞相，平阳王淹为太傅，彭城王浟为大司马。

27　周军司马贺若敦，帅众一万，奄至武陵。武州刺史吴明彻不能拒，引军还巴陵。

28　江陵之陷也，巴、湘之地皆入于周，周使梁人守之。太尉侯瑱等将兵逼湘州。贺若敦将步骑救之，乘胜深入，军于湘川。

九月乙卯，周将独孤盛将水军与敦俱进。辛酉，遣仪同三司徐度将兵会侯瑱于巴丘。会秋水泛溢，盛、敦粮援断绝，分军抄掠，以供资费。敦恐瑱知其粮少，乃于营内多为土聚，覆之以米，召旁村人，阳有访问，随即遣之。瑱闻之，良以为实。敦又增修营垒，造庐舍为久留之计，湘、罗之间遂废农业。瑱等无如之何。

先是土人亟乘轻船，载米粟鸡鸭以饷瑱军。敦患之，乃伪为土人装船，伏甲士于中。瑱军人望见，谓饷船之至，逆来争取，敦甲士出而擒之。又敦军数有叛人乘马投瑱者。敦乃别取一马，率以趣船，令船中逆以鞭鞭之。如是者再三，马畏船不上。然后伏兵于江岸，

齐孝昭帝天性十分孝顺,太后身体不舒适,他急得连走路都歪歪斜斜的,形容憔悴,睡觉也不敢脱衣服,一直守了近四十天。太后病一稍微加重,孝昭帝就睡在阁子外头,食物饮水汤药,都亲手侍候。太后有一次心绞痛,痛得不能忍受,孝昭帝站着侍奉在帷帐之前,以指甲掐自己的手掌,想替太后减轻痛苦,竟至于把手掌掐破,鲜血流出袖子。他对几个弟弟也很友爱,没有君与臣之间常有的那种隔膜。

戊子(初九),齐孝昭帝任命长广王高湛为丞相,平阳王高淹为太傅,彭城王高浟为大司马。

27 北周军司马贺若敦,率领部众一万人,突然进犯到武陵。武州刺史吴明彻不能抵抗,带着兵马退回巴陵。

28 当初江陵陷落的时候,巴州、湘州一带的土地都归属了北周,北周派梁朝旧人去守卫。太尉侯瑱等人带兵逼近了湘州。贺若敦带步兵骑兵去救援,多次打破侯瑱,乘胜挥师深入,在湘川驻扎下来。

九月乙卯(初七),北周将领独孤盛率水军和贺若敦一起挺进。辛酉(十三日),陈朝派仪同三司徐度带兵在巴丘和侯瑱会合。正赶上秋水泛滥,淹没了道路,独孤盛和贺若敦的粮援被切断,只好分散军队去到处抢掠,以供应军队的资费。贺若敦怕侯瑱知道他的粮食少,于是在军营里堆起很多土堆,上面盖上一层米,召集兵营旁边的村人进营,假装找他们了解情况,然后又打发他们走,有意让村人把看到的假米屯说出去。侯瑱听信了,以为贺军中粮食很多。贺若敦又增修了很多营垒,建造很多房屋,做出久留之计。湘州、罗州之间因为战事迁延,农业也都荒废了。侯瑱等也拿他没办法。

在这以前,当地土人多次驾轻捷小船,载米粟鸡鸭以供应侯瑱的军队。贺若敦视此为心腹之患,于是就伪装成当地土人在船上装货,实际上把甲兵埋伏在船舱里。侯瑱的军队远远望见,以为运粮饷的船来了,都迎上来争着取东西,这时,贺若敦的甲兵突然在船上出现,把来取东西的侯军士兵全抓获了。还有,贺若敦的军队多次有叛变的人乘马去投奔侯瑱。贺若敦便另外找来一匹马,牵着它走近船,当马将上船时,就让船上的人迎出来用鞭子抽马。这样再三重复,马见了船就害怕不敢上去。然后在江岸埋下伏兵,

使人乘畏船马以招瑱军,诈云投附。瑱遣兵迎接,竞来牵马,马既畏船不上,伏兵发,尽杀之。此后实有馈饷及亡降者,瑱犹谓之诈,并拒击之。

冬,十月癸巳,瑱袭破独孤盛于杨叶洲,盛收兵登岸,筑城自保。丁酉,诏司空侯安都帅众会瑱南讨。

29　十一月辛亥,齐主立妃元氏为皇后,世子百年为太子。百年时才五岁。

齐主征前开府长史卢叔虎为中庶子。叔虎,柔之从叔也。帝问时务于叔虎。叔虎请伐周,曰:"我强彼弱,我富彼贫,其势相悬。然干戈不息,未能并吞者,此失于不用强富也。轻兵野战,胜负难必,是胡骑之法,非万全之术也。宜立重镇于平阳,与彼蒲州相对,深沟高垒,运粮积甲。彼闭关不出,则稍蚕食其河东之地,日使穷蹙。若彼出兵,非十万以上,不足为我敌。所损粮食咸出关中。我军士年别一代,谷食丰饶。彼来求战,我则不应;彼若退去,我乘其弊。自长安以西,民疏城远,敌兵来往,实自艰难,与我相持,农业且废,不过三年,彼自破矣。"帝深善之。

30　齐主自将击库莫奚,至天池,库莫奚出长城北遁。齐主分兵追击,获牛羊七万而还。

31　十二月乙未,诏:"自今孟春讫于夏首,大辟事已款者,宜且申停。"

让人乘这匹害怕船的马去招呼侯瑱军队,假装说是来投附的。侯瑱派士兵来迎接,都争着来牵马,这马既然害怕船,当然不愿上,这时伏兵冒出来,把来接应的侯军士兵全杀了。从此以后真正要来送粮饷的船和真正来投降的骑兵,侯瑱也以为是诈骗之术,干脆都拒绝接受并予以打击。

冬季,十月癸巳(十五日),侯瑱在杨叶洲打败了独孤盛的军队,独孤盛收拢败兵登上江岸,修筑城垣以自保。丁酉(十九日),陈朝下诏命令司空侯安都率领军队去和侯瑱会合,向南征讨。

29　十一月辛亥(初四),北齐国主册立妃子元氏为皇后,世子高百年为太子。高百年这时才五岁。

北齐国主征召前开府长史卢叔虎为中庶子。卢叔虎是卢柔的堂叔。孝昭帝向卢叔虎询问时局和对策。卢叔虎建议出兵讨伐北周,他说:"我国和北周相比,我强彼弱,我富彼贫,双方实力相差很大。然而长期以来两国干戈不息,我国不能把北周吞并,这都是不善于发挥我国强大富庶的优势的过失。以轻骑兵在原野上游动交战,胜负难以预料,这是胡人骑兵的办法,并不是取胜的万全之策。我认为应该在平阳建立一个军事重镇,与对方的蒲州相对抗,开挖深沟,高筑壁垒,储运军粮,囤积兵甲。如果对方闭关自守不出来交战,我方就可以逐渐吞食他们的河东地区,使他们的地盘日益缩小。如果对方要出兵交战,那没有十万以上兵马,是不够成为我们的敌手的。敌军所需要的粮食,只能全部从关中地区运来。而我军戍守的士兵一年更换一次,粮食是很丰饶的。对方来挑战,我方可以不理睬;对方如果退却,我方可以乘机掩袭。从长安以西,人口稀少,城池相隔很远,敌兵来往,实在很艰难,这样长期和我军相持下去,农业肯定要荒废,超不过三年,敌军一定溃败。"孝昭帝对他这计策深以为善。

30　北齐国主自己带兵去进攻库莫奚,一直打到天池,库莫奚越过长城往北逃窜了。北齐国主分兵几路,穷追猛打,缴获牛羊七万头,获胜归来。

31　十二月乙未(十八日),陈文帝下诏说:"从今年孟春开始到夏首这段时间内,判死刑而且犯人已经服罪的,应该暂时申报停刑。"

32　己亥,周巴陵城主尉迟宪降,遣巴州刺史侯安鼎守之。庚子,独孤盛将馀众自杨叶洲潜遁。

33　丙午,齐主还晋阳。

齐主斩人于前,问王晞曰:"是人应死不?"晞曰:"应死,但恨死不得其地耳。臣闻'刑人于市,与众弃之',殿庭非行戮之所。"帝改容谢曰:"自今当为王公改之。"

帝欲以晞为侍郎,苦辞不受。或劝晞勿自疏。晞曰:"我少年以来,阅要人多矣,得志少时,鲜不颠覆。且吾性实疏缓,不堪时务,人主恩私,何由可保?万一披猖,求退无地。非不好作要官,但思之烂熟耳。"

34　初,齐显祖之末,谷籴踊贵。济南王即位,尚书左丞苏珍芝建议,修石鳖等屯,自是淮南军防足食。肃宗即位,平州刺史嵇晔建议,开督亢陂,置屯田,岁收稻粟数十万石,北境周赡。又于河内置怀义等屯,以给河南之费。由是稍止转输之劳。

二年(辛巳,561)

1　春,正月戊申,周改元保定。以大冢宰护为都督中外诸军事;令五府总于天官,事无巨细,皆先断后闻。

2　庚戌,大赦。
3　周主祀圜丘。
4　辛亥,齐主祀圜丘。壬子,禘于太庙。

32 己亥(二十二日),北周巴陵城主尉迟宪来投降,陈国派巴州刺史侯安鼎去守卫巴陵。庚子(二十三日),独孤盛带着残兵从杨叶洲悄悄地逃跑了。

33 丙午(二十九日),北齐国主回到晋阳。

北齐国主在自己面前把一个人斩首,问王晞说:"这个人应不应该死?"王晞回答说:"应该处死,但可惜死得不是地方罢了。我听说'处死犯人应该在市集上,表示和众人一起抛弃他',宫殿庭院不是杀人的地方。"孝昭帝神色庄重起来,带着歉意和感激说:"从今以后我一定为您改正这种做法。"

孝昭帝想让王晞当侍中,王晞苦苦恳辞不答应。有人劝王晞不要自己和皇帝疏远起来。王晞解释说:"我自少年以来,看到的位居显要的人多了,凡是少年时得志的,很少最后不倒台的。而且我这个人性子其实很疏懒,举止缓慢,受不了繁重的俗务,皇上的私恩,凭什么去确保长盛不衰呢?万一关系破裂,想求个退路都没有地方。不是我不爱做权要之官,不过是把进退出处的利害想得烂熟而已。"

34 当初,齐显祖末年之时,粮食价格昂贵。济南王当了皇帝,尚书左丞苏珍芝提议在石鳖等地修治屯田,从此淮南一带防守的军队有了足够的粮食。齐肃宗孝昭帝即位后,平州刺史嵇晔建议在督亢陂开垦荒地,设置屯田,一年收成稻米几十万石,北方边境的粮食供应也富足了。又在河内一带设置怀义等屯田区,以供给河南粮食消费。从此渐渐停止了粮食转运的麻烦。

陈文帝天嘉二年(辛巳,公元 561 年)

1 春季,正月戊申(初一),北周改换年号为保定。任命大冢宰宇文护为都督中外诸军事;命令地官、春官、夏官、秋官、冬官等五府全部隶属于天官府,事情无论大小,都由宇文护先拍板决定再奏闻皇帝。

2 庚戌(初三),陈朝大赦天下。

3 北周国主在圜丘祭祀。

4 辛亥(初四),北齐国主在圜丘祭祀。壬子(初五),在太庙举行祭祀。

5　周主祀方丘。甲寅,祀感生帝于南郊。乙卯,祭太社。

6　齐主使王琳出合肥,召募伧楚,更图进取。合州刺史裴景徽,琳兄珉之婿也,请以私属为向导。齐主使琳与行台左丞卢潜将兵赴之,琳沉吟不决。景徽恐事泄,挺身奔齐。齐主以琳为骠骑大将军、开府仪同三司、扬州刺史,镇寿阳。

7　己巳,周主享太庙,班太祖所述六官之法。

8　辛未,周湘州城主殷亮降,湘州平。

侯瑱与贺若敦相持日久,瑱不能制,乃借船送敦等渡江。敦虑其诈,不许,报云:“湘州我地,为尔侵逼。必须我归,可去我百里之外。”瑱留船江岸,引兵去之。敦乃自拔北归,军士病死者什五六。武陵、天门、南平、义阳、河东、宜都郡悉平。晋公护以敦失地无功,除名为民。

9　二月甲午,周主朝日于东郊。

10　周人以小司徒韦孝宽尝立勋于玉壁,乃置勋州于玉壁,以孝宽为刺史。

孝宽有恩信,善用间谍。或齐人受孝宽金货,遥通书疏,故齐之动静,周人皆先知之。有主帅许盆,以所戍城降齐,孝宽遣谍取之,俄斩首而还。

离石以南,生胡数为抄掠,而居于齐境,不可诛讨。孝宽欲筑城于险要以制之,乃发河西役徒十万,甲士百人,遣开府仪同三司姚岳监筑之。岳以兵少,惧不敢前。孝宽曰:

5　北周国主在方丘祭祀。甲寅(初七),在南郊祭祀感生帝灵威仰,以祈祷粮食丰收。乙卯(初八),祭太社。

6　北齐国主派王琳从合肥出发,招募粗鄙的楚人,想求得进一步发展。陈国合州刺史裴景徽,是王琳的哥哥王珉的女婿,他以亲属的身份要求为王琳充当向导。北齐国主让王琳和行台左丞卢潜带兵一起去策应裴景徽,王琳为了慎重起见,便借口考虑考虑,一直没有做出决定。裴景徽担心自己求做内应的事泄漏出去,就挺身而出逃奔到北齐。北齐国主任命王琳为骠骑大将军、开府仪同三司、扬州刺史,让他镇守寿阳。

7　己巳(二十二日),北周国主在太庙祭拜祖宗,按太祖所定的六官之法进行排列。

8　辛未(二十四日),北周湘州城主殷亮投降陈国,湘州被平定。

侯瑱与贺若敦两军相持时日越来越长,侯瑱不能取胜,于是就借了一些船只,说是要送贺若敦他们渡过长江回去。贺若敦担心其中有诈,没有同意,派人回答侯瑱说:"湘州原是我们的地盘,现在遭你们的侵略威逼。如果要我退兵回去,你们先离开我军一百里之外。"侯瑱把借来的船留在江岸,自己带兵退走了。贺若敦这才自己拔营北归,军士中病死的有十分之五六。武陵、天门、南平、义阳、河东、宜都郡都平定了。晋公宇文护因为贺若敦既失去土地,又没有战功,便把他撤职黜为平民。

9　二月甲午(十八日),北周国主在东郊朝拜日神。

10　北周因为小司徒韦孝宽曾在玉壁建立过功勋,于是就在玉壁设置勋州,任命韦孝宽为刺史。

韦孝宽为人讲信用,善施恩,也善于利用间谍。有一个北齐人接受了韦孝宽的黄金财物,远远地从北齐寄来情报书信,所以北齐方面的动静,北周人都事先知道得一清二楚。有一个主帅叫许盆,献出他戍守的城池去投降北齐,韦孝宽派间谍去杀他,不久果然把他斩首,顺利归来。

离石郡以南,生胡多次来骚扰掳掠,抢了就跑,而他们住在北齐境内,所以不能越境去征讨。韦孝宽想在险要处修筑城垣来制伏他们,于是征发河西一带民工十万人,兵士一百人,派开府仪同三司姚岳去监督修筑。姚岳因为兵少,心里害怕不敢去。韦孝宽说:

"计此城十日可毕。城距晋州四百馀里,吾一日创手,二日敌境始知。设使晋州征兵,三日方集,谋议之间,自稽二日,计其军行,二日不到,我之城隍,足得办矣。"乃令筑之。齐人果至境上,疑有大军,停留不进。其夜,孝宽使汾水以南傍介山、稷山诸村纵火,齐人以为军营,收兵自固。岳卒城而还。

11　三月乙卯,太尉零陵壮肃公侯瑱卒。

12　丙寅,周改八丁兵为十二丁兵,率岁一月而役。

13　夏,四月丙子朔,日有食之。

14　周以少傅尉迟纲为大司空。

15　丙午,周封愍帝子康为纪国公,皇子赟为鲁公。赟,李后之子也。

16　六月乙酉,周使御正殷不害来聘。

17　秋,七月,周更铸钱,文曰"布泉",一当五,与五铢并行。

18　己酉,周追封皇伯父颢为邵国公,以晋公护之子会为嗣;颢弟连为杞国公,以章武公导之子亮为嗣;连弟洛生为莒国公,以护之子至为嗣;追封太祖之子武邑公震为宋公,以世宗之子实为嗣。

19　齐主之诛杨、燕也,许以长广王湛为太弟。既而立太子百年,湛心不平。帝在晋阳,湛居守于邺。散骑常侍高元海,高祖之从孙也,留典机密。帝以领军代人库狄伏连为幽州刺史,斛律光之弟羡为领军,以分湛权。湛留伏连,不听羡视事。

先是,济南闵悼王常在邺,望气者言:邺中有天子气。平秦王归彦恐济南复立,为己不利,劝帝除之。帝乃使归彦至邺,征济南王如晋阳。

"我估计这座城十天就可以修筑完毕。城址离晋州四百多里地,我们第一天开始动工,第二天敌人境内才会得到消息。假设晋州方面调集军队,三天才能调齐,谋划商议对策,自然得费去两天,计算一下敌军的行军速度,两天是赶不到我们修城的地方的,等他们到来时,我们的城垣壕沟早修成了。"于是就下令开始修筑。北齐军队果然来到边境上探望,因怀疑有大军埋伏在民工后头,就停下来不再前进。当天晚上,韦孝宽让汾水以南靠着介山、稷山的那些村庄故意纵火,北齐人望见火光,以为那就是军营,赶快收兵,回去自守去了。姚岳就这样顺利地把城修好,顺利返回了。

11　三月乙卯(初九),太尉零陵人壮肃公侯瑱去世。

12　丙寅(二十日),北周把境内原来分为八拨而轮番服役的民丁改分为十二拨,平均每拨每年服役一个月。

13　夏季,四月丙子朔(初一),发生日食。

14　北周任命少傅尉迟纲为大司空。

15　丙午,北周封周愍帝的儿子宇文康为纪国公,皇子宇文赟为鲁国公。宇文赟是李后的儿子。

16　六月乙酉(十一日),北周派御正殷不害出使陈朝。

17　秋季,七月,北周重新铸钱,钱币上的字是"布泉",一枚当五枚小钱,与五铢钱一起流通。

18　己酉,北周追封皇伯父宇文颢为邵国公,让晋公宇文护的儿子宇文会为其后嗣;封宇文颢的弟弟宇文连为杞国公,让章武公宇文导的儿子宇文亮为其后嗣;宇文连的弟弟宇文洛生为莒国公,让宇文护的儿子宇文至为其后嗣;追封太祖的儿子武邑公宇文震为宋公,让世宗的儿子宇文实为其后嗣。

19　北齐国主孝昭帝杀杨愔、燕子献等人时,答应让长广王高湛当太弟,将来接他的皇位。后来却立高百年为太子,高湛心中愤愤不平。孝昭帝在晋阳,高湛居住守卫在邺城。散骑常侍高元海,是高祖的堂孙,留下来掌管军机密。孝昭帝任命领军代郡人库狄伏连为幽州刺史,斛律光的弟弟斛律羡为领军,以此来分散高湛的兵权。高湛留下库狄伏连,不让他到幽州去上任,斛律羡来了,又不让他去接管领军的权。

原先,济南闵悼王高殷常住在邺城,一个会望气之术的人说:邺中有天子之气笼罩。平秦王高归彦怕济南王将来又当孝昭帝,对自己很不利,就劝孝昭帝除去济南王。孝昭帝便派高归彦去邺城,征召济南王到晋阳来。

湛内不自安,问计于高元海。元海曰:"皇太后万福,至尊孝友异常,殿下不须异虑。"湛曰:"此岂我推诚之意邪!"元海乞还省,一夜思之,湛即留元海于后堂。元海达旦不眠,唯绕床徐步。夜漏未尽,湛遽出,曰:"神算如何?"元海曰:"有三策,恐不堪用耳。请殿下如梁孝王故事,从数骑入晋阳,先见太后求哀,后见主上,请去兵权,以死为限,不干朝政,必保太山之安。此上策也。不然,当具表云,威权太盛,恐取谤众口,请青、齐二州刺史,沉靖自居,必不招物议。此中策也。"更问下策。曰:"发言即恐族诛。"固逼之。元海曰:"济南世嫡,主上假太后令而夺之。今集文武,示以征济南之敕,执斛律丰乐,斩高归彦,尊立济南,号令天下,以顺讨逆,此万世一时也。"湛大悦。然性怯,狐疑未能用,使术士郑道谦等卜之,皆曰:"不利举事,静则吉。"有林虑令潘子密,晓占候,潜谓湛曰:"宫车当晏驾,殿下为天下主。"湛拘之于内以候之。又令巫觋卜之,多云"不须举兵,自有大庆"。

湛乃奉诏,令数百骑送济南王至晋阳。九月,帝使人鸩之,济南王不从,乃扼杀之。帝寻亦悔之。

20　冬,十月甲戌朔,日有食之。

21　丙子,齐以彭城王浟为太保,长乐王尉粲为太尉。

高湛因为违抗孝昭帝的任命,心里很不踏实,就向高元海询问计策。高元海说:"皇太后健康长寿,福泽绵长,皇上异常地孝顺友爱,殿下不必有什么异样的考虑。"高湛听了不高兴,说:"这难道就是我信任你,对你推诚相待的本意吗!"高元海要求回家省亲,高湛把高元海留在后堂,让他用一个晚上想想计策。高元海到天亮还没有入睡,只是绕着床缓缓踱步。计算时间的夜漏还没有滴完水,高湛突然出来了,问高元海:"你神机妙算得怎样呢?"高元海回答说:"有三条计策,只是恐怕不中用罢了。请殿下效法汉朝梁孝王的故事,带着几个随从到晋阳去,先去拜见太后,求她哀怜,随后再去求见皇上,请皇上削去你的兵权,一直到死也不再干预朝政,这样必定能保住你贵体的安全。这是上策。如果上策不行,那就应该给孝昭帝上表,申述因为自己威权太盛,恐怕遭到众口的毁谤,请求任命自己为青、齐二州刺史,沉默安静地住在那儿,这样做必定不会招来议论。这是中策。"高湛又问下策又如何,高元海回答说:"我说出来怕遭到灭族的灾祸。"高湛再三逼他说出来。高元海这才说:"济南王是先帝的嫡子,主上假托太后的命令夺了他的帝位。现在你不妨把文武大臣召集起来,把皇上征召济南王去晋阳的敕令拿出来让他们看,把斛律丰乐抓起来,把高归彦斩首,尊立济南王为帝,号令天下,以顺讨逆,这是万世一时的大好机会。"高湛听了这下策,非常高兴。但他性格胆怯,犹犹豫豫不能采用,让术士郑道谦等人占卜吉凶,他们都说:"举事是不利的,安安静静才是大吉。"有一个林虑县的县令叫潘子晁,通晓占卜观察天象之术,他偷偷对高湛说:"皇帝很快会驾崩,殿下会成为天下之主。"高湛把他抓来,放在内庭,以验证他的预言。又命令巫觋占卜,大多说"不用举兵,自然会有大喜事临头"。

高湛于是奉诏派数百名骑兵送济南王去晋阳。九月,孝昭帝派人送毒酒去毒死济南王,济南王不肯喝,于是就扼其咽喉,将他卡死。事后孝昭帝又后悔了。

20　冬季,十月甲戌朔,发生日食。

21　丙子(初四),北齐任命彭城王高浟为太保,长乐王尉粲为太尉。

22 齐肃宗出畋，有兔惊马，坠地绝肋。娄太后视疾，问济南所在者三，齐主不对。太后怒曰："杀之邪？不用吾言，死其宜矣！"遂去，不顾。

十一月甲辰，诏以嗣子冲眇，可遣尚书右仆射赵郡王叡谕旨，征长广王湛统兹大宝。又与湛书曰："百年无罪，汝可以乐处置之，勿效前人也。"是日，殂于晋阳宫。临终，言恨不见太后山陵。

颜之推论曰：孝昭天性至孝，而不知忌讳，乃至于此，良由不学之所为也。

23 赵郡王叡先使黄门侍郎王松年驰至邺，宣肃宗遗命。湛犹疑其诈，使所亲先诣殡所，发而视之。使者复命，湛喜，驰赴晋阳，使河南王孝瑜先入宫，改易禁卫。癸丑，世祖即皇帝位于南宫，大赦，改元太宁。

24 周人许归安成王顼，使司会上士杜杲来聘。上悦，即遣使报之，并赂以黔中地及鲁山郡。

25 齐以彭城王浟为太师、录尚书事，平秦王归彦为太傅，尉粲为太保，平阳王淹为太宰，博陵王济为太尉，段韶为大司马，丰州刺史娄叡为司空，赵郡王叡为尚书令，任城王湝为尚书左仆射，并州刺史斛律光为右仆射。娄叡，昭之兄子也。立太子百年为乐陵王。

26 丁巳，周主畋于岐阳。十二月壬午，还长安。

27 太子中庶子馀姚虞荔、御史中丞孔奂，以国用不足，奏立煮海盐赋及榷酤之科，诏从之。

28 初，高祖以帝女丰安公主妻留异之子贞臣，征异为南徐州刺史，异迁延不就。帝即位，复以异为缙州刺史，领东阳太守。异屡遣其长史王澌入朝，澌每言朝廷虚弱。异信之，

22　北齐孝昭帝出外打猎,窜出一只兔子,惊吓了他骑的马,他被掀掉在地上,摔断了肋骨。娄太后来探望他的伤势,再三问起济南王在哪里,齐孝昭帝不回答。娄太后勃然大怒,说:"被你杀了吧? 不听我的话,死了也是活该!"于是盛怒而去,头都不回。

十一月甲辰(初二),北齐国主孝昭帝下诏,说是因为皇太子年纪幼小,可以派尚书右仆射赵郡王高叡传旨,征召长广王高湛来继承皇位。又写了封信给高湛,说:"高百年没有罪过,你可以好好安置他,不要学前人的样子。"这一天,齐孝昭帝死在晋阳宫里。他临终时,说自己最大的遗憾是不能为太后送终。

颜之推评论说:孝昭帝的天性是极孝的,但做事不知忌讳,以致才有这样的下场,这实在是因为不学经典的结果。

23　北齐赵郡王高叡先派黄门侍郎王松年驰马到邺城,宣布齐孝昭帝遗命。高湛还疑心其中有诈,便派自己的亲信先到停放齐孝昭帝灵柩的地方,打开棺木看真切了。使者回来汇报,高湛心中大喜,急忙驰马去晋阳,派河南王高孝瑜先进宫去,把宫禁中卫兵全部换了。癸丑(十一日),齐武成帝在南宫即皇帝位,大赦天下,改换年号为太宁。

24　北周答应送回安成王陈顼,派司会上士杜杲出使陈朝。陈文帝很高兴,马上派使者去回报,并用赠送黔中地及鲁山郡去贿赂周人。

25　北齐任命彭城王高浟为太师、录尚书事,平秦王高归彦为太傅,高尉粲为太保,平阳王高淹为太宰,博陵王高济为太尉,段韶为大司马,丰州刺史娄叡为司空,赵郡王高叡为尚书令,任城王高湝为尚书左仆射,并州刺史斛律光为右仆射。娄叡是娄昭的哥哥的儿子。立太子高百年为乐陵王。

26　丁巳(十五日),北周国主在岐阳打猎。十二月壬午(十一日),回到长安。

27　陈国太子中庶子徐姚人虞荔、御史中丞孔奂,因为国家财政紧张,启奏设立征收煮海盐的赋税和设立官府专利卖酒的机构。文帝下诏采纳了这一建议。

28　当初,陈高祖把陈文帝的女儿丰安公主嫁给留异的儿子留贞臣为妻,征召留异为南徐州刺史,留异拖延着不去就任。陈文帝即位之后,又任命留异为缙州刺史,兼东阳太守。留异多次派他的长史王澌入朝探听情况,王澌常说朝廷其实很虚弱。留异相信了,

虽外示臣节,恒怀两端,与王琳自鄱阳信安岭潜通使往来。琳败,上遣左卫将军沈恪代异,实以兵袭之。异出军下淮以拒恪。恪与战而败,退还钱塘。异复上表逊谢。时众军方事湘、郢,乃降诏书慰谕,且羁縻之。异知朝廷终将讨己,乃以兵戍下淮及建德以备江路。丙午,诏司空、南徐州刺史侯安都讨之。

三年(壬午,562)

1 春,正月乙亥,齐主至邺。辛巳,祀南郊。壬午,享太庙。丙戌,立妃胡氏为皇后,子纬为皇太子。后,魏兖州刺史安定胡延之之女也。戊子,齐大赦。己亥,以冯翊王润为尚书左仆射。

2 周凉景公贺兰祥卒。

3 壬寅,周人凿河渠于蒲州,龙首渠于同州。

4 丁未,周以安成王顼为柱国大将军,遣杜杲送之南归。

5 辛亥,上祀南郊,以胡公配天。二月辛酉,祀北郊。

6 闰月丁未,齐以太宰、平阳王淹为青州刺史,太傅、平秦王归彦为太宰、冀州刺史。

归彦为肃宗所厚,恃势骄盈,陵侮贵戚。世祖即位,侍中、开府仪同三司高元海、御史中丞毕义云、黄门郎高乾和数言其短,且云:"归彦威权震主,必为祸乱。"帝亦寻其反覆之迹,渐忌之,伺归彦还家,召魏收于帝前作诏草,除归彦冀州,使乾和缮写。昼日,仍敕门司不听归彦辄入宫。时归彦纵酒为乐,经宿不知。至明,欲参,至门知之,

外表上虽然显示出当臣子的礼节,但内心常常怀有异心,便和王琳相勾结,经由鄱阳信安岭的一条秘密通路,暗地里常有使者来往。王琳兵败后,文帝派左卫将军沈恪去取代留异之职,实际上是用兵力去袭击他。留异把军队开到下淮去抵抗沈恪。沈恪与留异交战兵败,退回钱塘。留异这才又上表给朝廷表示赔罪。当时陈朝的军队正用在湘、郢战场上,于是只好降诏信给留异,对他加以慰抚晓谕,暂且牵制笼络着他。留异知道朝廷一腾出兵力,终究会来讨伐他,于是就派兵戍守下淮以及建德,控制住长江的通路。丙午,文帝下诏派司空、南徐州刺史侯安都去讨伐他。

陈文帝天嘉三年(壬午,公元562年)

1 春季,正月乙亥,北齐国主武成帝到了邺城。辛巳,在南郊祭祀。壬午,献祭品于太庙。丙戌,立妃子胡氏为皇后,儿子高纬为皇太子。皇后是魏国兖州刺史安定人胡延之的女儿。戊子,北齐大赦天下。己亥,任命冯翊王高润为尚书左仆射。

2 北周凉景公贺兰祥去世。

3 壬寅(初一),北周在蒲州开凿河渠,在同州开凿龙首渠。

4 丁未(初六),北周任命成王陈顼为柱国大将军,派杜杲送他回南方。

5 辛亥(初十),陈文帝在南郊祭天,同时也配祭胡公。二月辛酉,在北郊祭祀。

6 闰月丁未,北齐任命太宰、平阳王高淹为青州刺史,太傅、平秦王高归彦为太宰、冀州刺史。

高归彦受到北齐孝昭帝的厚待,依恃权势,十分骄横,对贵戚王族随意凌辱。北齐武成帝即位后,侍中、开府仪同三司高元海,御史中丞毕义云,黄门郎高乾和多次说他的短处,而且说:“高归彦威权太重,震动天子,必定会成为祸乱之源。”武成帝也寻思着他反复无常的劣迹,便渐渐地对他猜忌起来。一天,乘着高归彦回家去了,武成帝把魏收叫来起草诏书,令高归彦到冀州当地方官,最后让高乾和抄写。天亮后,仍然敕令管门的不放高归彦随便入宫。当时高归彦在家里纵酒寻欢作乐,整宿酣饮,什么也不知道。到天亮想入朝参见皇帝,到宫门口才知道事情有变,自己已被派往冀州了,

大惊而退。及通名谢，敕令早发，别赐钱帛等物甚厚，又敕督将悉送至清阳宫。拜辞而退，莫敢与语，唯赵郡王叡与之久语，时无闻者。

帝之为长广王也，清都和士开以善握槊、弹琵琶有宠，辟为开府行参军。及即位，累迁给事黄门侍郎。高元海、毕义云、高乾和皆疾之，将言其事。士开乃奏元海等交结朋党，欲擅威福，乾和由是被疏。义云纳赂于士开，得为兖州刺史。

7　帝征江州刺史周迪出镇湓城，又征其子入朝。迪趑趄顾望，并不至。其馀南江酋帅，私署令长，多不受召，朝廷未暇致讨，但羁縻之。豫章太守周敷独先入朝，进号安西将军，给鼓吹一部，赐以女妓、金帛，令还豫章。迪以敷素出己下，深不平之，乃阴与留异相结，遣其弟方兴袭敷。敷与战，破之。又遣其兄子伏甲船中，诈为贾人，欲袭湓城。未发，事觉，寻阳太守监江州事晋陵华皎遣兵逆击之，尽获其船仗。

上以闽州刺史陈宝应之父为光禄大夫，子女皆受封爵，命宗正编入属籍。而宝应以留异女为妻，阴与异合。

虞荔弟寄，流寓闽中，荔思之成疾，上为荔征之，宝应留不遣。寄尝从容讽以逆顺，宝应辄引他语以乱之。宝应尝使人读《汉书》，卧而听之，至蒯通说韩信曰"相君之背，贵不可言"，蹶然起坐，曰：

这才大惊失色，退了回去。高归彦通报了姓名要向皇帝谢恩，这时宫中又传出教令，让他早点出发去上任，另外又赏赐了他很多钱帛财物，又敕令督将全部为他送行送到清阳宫。高归彦拜辞之后退了下来，没有人敢和他搭话，只有赵郡王高叡和他说了很久，当时没人听到他们说了什么。

北齐武成帝还当长广王的时候，清都人和士开因为善于博戏、善于弹琵琶而得到当时在位的孝昭帝的恩宠，被征召来当了开府行参军。待到武成帝即位后，和士开多次升迁，已经做到给事黄门侍郎了。高元海、毕义云、高乾和都讨厌他，准备有机会就告他曾得宠于孝昭帝的事。和士开为了报复，就向武成帝汇报高元海等人互相勾通，结为朋党，想垄断政权，以便作威作福，高乾和从此被武成帝疏远。毕义云向和士开进纳贿赂，得到了兖州刺史的职务。

7　陈文帝征召江州刺史周迪出镇湓城，又征召他的儿子进朝廷。周迪趑趄观望，父子两人都不去到任。其馀南江的各位酋长，都私自任命令长之职，也大多不接受朝廷征召，朝廷腾不出手来讨伐，只是对他们采取笼络安抚政策。豫章太守周敷率先受召进朝，朝廷便给了他一个安西将军的封号，给了他一队鼓吹乐班，还赐给他艺妓、金帛，让他还回豫章去。周迪因为周敷一直比自己地位低，而现在受封，所以深感不平，于是暗地里和留异相勾结，派他弟弟周方兴带兵去攻打周敷。周敷与之交战，把周方兴打败了。周迪又派他哥哥的儿子埋伏兵士于船中，假称是商人，想袭击湓城。但还没动手，事情就暴露了，寻阳太守监江州事晋陵人华皎派兵去迎击，把周迪方面的船只兵器全缴获了。

陈文帝任命闽州刺史陈宝应的父亲为光禄大夫，陈宝应的子女也都封爵，而且命令宗正把他们的名字编入官府名册。但陈宝应娶了留异的女儿为妻，因此暗地里和留异合作。

虞荔的弟弟虞寄，寄居在闽中，虞荔因思念他而病了。陈文帝为虞荔特地向闽中征召虞寄回朝，但陈宝应把人扣着不放。虞寄曾经从容不迫地对陈宝应劝谕叛逆和归顺何去何从的道理，但陈宝应一听就把话头引开，打乱虞寄的话。陈宝应曾经让人为他读《汉书》，自己躺着听，当听到蒯通游说韩信时说的话"看你后背的形状，骨相极贵，几乎不便说出"之时，突然坐起来，感叹说：

"可谓智士!"寄曰:"通一说杀三士,何足称智! 岂若班彪《王命》,识所归乎!"

寄知宝应不可谏,恐祸及己,乃著居士服,居东山寺,阳称足疾。宝应使人烧其屋,寄安卧不动。亲近将扶之出,寄曰:"吾命有所悬,避将安往!"纵火者自救之。

8　乙卯,齐以任城王湝为司徒。

9　齐扬州刺史行台王琳数欲南侵,尚书卢潜以为时事未可。上遣移书寿阳,欲与齐和亲。潜以其书奏齐朝,仍上启请且息兵。齐主许之,遣散骑常侍崔瞻来聘,且归南康愍王昙朗之丧。琳于是与潜有隙,更相表列。齐主征琳赴邺,以潜为扬州刺史,领行台尚书。瞻,琛之子也。

10　梁末丧乱,铁钱不行,民间私用鹅眼钱。甲子,改铸五铢钱,一当鹅眼之十。

11　后梁主安于俭素,不好酒色,虽多猜忌,而抚将士有恩。以封疆褊隘,邑居残毁,干戈日用,郁郁不得志,疽发背而殂。葬平陵,谥曰宣皇帝,庙号中宗。太子岿即皇帝位,改元天保;尊龚太后为太皇太后,王后曰皇太后,母曹贵嫔为皇太妃。

12　二月丙子,安成王顼至建康,诏以为中书监、中卫将军。

上谓杜杲曰:"家弟今蒙礼遣,实周朝之惠。然鲁山不返,亦恐未能及此。"杲对曰:"安成,长安一布衣耳,而陈之介弟也,其价岂止一城而已哉! 本朝敦睦九族,恕己及物,上遵太祖遗旨,

"真可称为智士了！"虞寄在一边说："蒯通这一番游说，造成了郦生被烹、田横失败、韩信骄纵亡身的后果，可以说实际上杀害了这三个才俊之士，有什么足以称为智士的呢！这哪比得上班彪在《王命论》中的识见呢！"

虞寄深知陈宝应是劝谏不过来了，担心灾祸降到自己身上，于是就穿上居士服装，住进了东山寺，假称是脚上有毛病。陈宝应派人去烧他所住的房子，虞寄安然躺卧在那儿，一动也不动。身边亲近的人要扶他出来，虞寄说："我的生命悬在人家手里，躲避了火烧，又能再躲到哪儿去呢！"结果是放火的人自己把他救出来了。

8 乙卯，北齐任命任城王高湝为司徒。

9 北齐扬州刺史行台王琳多次想向南进犯，尚书卢潜认为时机未到，不可轻举妄动。陈文帝派人送书信到寿阳，想与北齐和好亲近。卢潜把信呈奏了北齐，仍然启请武成帝允许息兵。北齐国主同意了，派散骑常侍崔瞻来陈朝访问，并把南康愍王陈昙朗的遗体送还给陈朝。王琳从此与卢潜产生了嫌隙，相互之间总是争执不已。北齐国主征召王琳到邺城去，任命卢潜为扬州刺史，领行台尚书。崔瞻是崔㥄的儿子。

10 梁朝末年政败国乱，铁钱不再流通。民间私自流通着鹅眼钱。甲子(二十四日)，改铸五铢钱，一枚五铢钱可兑换十枚鹅眼钱。

11 后梁主习惯于节俭朴素，不好酒色，虽然性多猜忌，但却能体贴将士，广施恩惠。因为自己的国家疆土狭小偏僻，老百姓的住所破败，干戈不断，所以总是郁郁不得志，终于因背疽发作而死。葬在平陵，谥号为宣皇帝，庙号中宗。太子萧岿即皇帝位，改年号为天保；尊龚太后为太皇太后，王后为皇太后，母亲曹贵嫔为皇太妃。

12 二月丙子(初七)，安成王陈顼到达建康，陈文帝下诏封他为中书监、中卫将军。

陈文帝对杜杲说："我弟弟现在承蒙你们以礼相待送回来了，这实在是周朝的恩惠。然而我们要是不奉送鲁山城，你们恐怕也不会这样做的。"杜杲回答说："安成王，不过是长安的一个布衣百姓，但却是陈朝皇帝的大弟弟，他的价值岂止一座城池而已！我们周朝一向和海内九族和睦相处，推己及人地讲求忠恕之道，上遵太祖之遗旨，

下思继好之义，是以遣之南归。今乃云以寻常之土易骨肉之亲，非使臣之所敢闻也。"上甚惭，曰："前言戏之耳。"待杲之礼有加焉。

顼妃柳氏及子叔宝犹在穰城，上复遣毛喜如周请之，周人皆归之。

13　丁丑，以安右将军吴明彻为江州刺史，督高州刺史黄法氍、豫章太守周敷共讨周迪。

14　甲申，大赦。

15　留异始谓台军必自钱塘上，既而侯安都步由诸暨出永康，异大惊，奔桃枝岭，于岩口竖栅以拒之。安都为流矢所中，血流至踝，乘舆指麾，容止不变。因其山势，迮而为堰，会潦水涨满，安都引船入堰，起楼舰与异城等，发拍碎其楼堞。异与其子忠臣脱身奔晋安，依陈宝应。安都虏其妻及馀子，尽收铠仗而还。

异党向文政据新安，上以贞毅将军程文季为新安太守，帅精甲三百轻往攻之。文政战败，遂降。文季，灵洗之子也。

16　夏，四月辛丑，齐武明娄太后殂。齐主不改服，绯袍如故。未几，登三台，置酒作乐，宫女进白袍，帝投诸台下。散骑常侍和士开请止乐，帝怒，挝之。

17　乙巳，齐遣使来聘。

18　齐青州上言河水清，齐主遣使祭之，改元河清。

下思永远和好之信义,因此才放安成王南归。现在您却说是用寻常的土地换回了骨肉至亲,这可不是我所能同意的。"陈文帝听了很觉惭愧,只好自我嘲解地说:"刚才说的是玩笑话。"接待杜果的礼节超过了常规。

陈顼的妃子柳氏和儿子陈叔宝还滞留在穰城,陈文帝又派毛喜到北周去请求放还,北周把他们都送回来了。

13　丁丑(初八),陈朝任命安右将军吴明彻为江州刺史,指挥高州刺史黄法氍、豫章太守周敷一起去讨伐周迪。

14　甲申(十五),陈朝大赦天下。

15　留异开头认为朝廷军队一定会从钱塘江溯江而上,后来侯安都却从陆路经由诸暨从永康而出,留异大吃一惊,奔逃到桃枝岭,在山谷的入口处竖起栅栏进行防御。侯安都在进攻时被飞箭射中,鲜血一直流到脚踝处,但他坐在战车上指挥士兵,神色举止一点也不变。侯安都又依着山势,贴着山根修起了石堰,正好赶上下大雨,雨水涨满了堰坝,侯安都把船只开入堰内,造成楼房式的高层船舰,和留异修的城垣一般高,坐在船上的士兵抄起家伙,捣碎了留异城上的墙堞。留异和他的儿子留忠臣脱身而逃,到晋安去投靠了陈宝应。侯安都俘获了留异的妻子和其馀的儿子,把他的铠甲兵器尽数收缴,得胜回朝。

留异的同党向文政占据着新安,陈文帝任命贞毅将军程文季为新安太守,率领精兵三百名轻装前行,去袭击向文政。向文政战败,于是就投降了。程文季是程灵洗的儿子。

16　夏季,四月辛丑(初二),北齐武明娄太后去世。北齐国主武成帝不改换服装,仍然像往常一样穿着红色袍服。不久,武成帝又登上三台,摆酒奏乐,宫女给他送来了白袍子,但他却把它扔到了台下。散骑常侍和士开请求停止奏乐,武成帝勃然大怒,打了他一记耳光。

17　乙巳(初六),北齐派使者出使陈朝。

18　北齐青州地方官奏闻皇上,说黄河水变清了,北齐国主派使者去祭黄河,并改换年号为河清。

19 先是,周之君臣受封爵者皆未给租赋。癸亥,始诏柱国等贵臣邑户,听寄食他县。

20 五月庚午,周大赦。

21 己丑,齐以右仆射斛律光为尚书令。

22 壬辰,周以柱国杨忠为大司空。六月己亥,以柱国蜀国公尉迟迥为大司马。

23 秋,七月己丑,纳太子妃王氏,金紫光禄大夫周之女也。

24 齐平秦王归彦至冀州,内不自安,欲待齐主如晋阳,乘虚入邺。其郎中令吕思礼告之。诏大司马段韶、司空娄叡讨之。归彦于南境置私驿,闻大军将至,即闭城拒守。长史宇文仲鸾等不从,皆杀之。归彦自称大丞相,有众四万。齐主以都官尚书封子绘,冀州人,祖父世为本州刺史,得人心,使乘传至信都。巡城,谕以祸福。吏民降者相继,城中动静,小大皆知之。

归彦登城大呼云:"孝昭皇帝初崩,六军百万,悉在臣手。投身向邺,奉迎陛下。当时不反,今日岂反邪?正恨高元海、毕义云、高乾和诳惑圣上,疾忌忠良,但为杀此三人,即临城自刎。"既而城破,单骑北走,至交津,获之,锁送邺。乙未,载以露车,衔木面缚。刘桃枝临之以刃,击鼓随之,并其子孙十五人皆弃市。命封子绘行冀州事。

齐主知归彦前谮清河王岳,以归彦家良贱百口赐岳家,赠岳太师。

19　早先,北周的群臣受封爵时都没有给他们邑地的租赋。癸亥(二十四日),才开始下诏规定柱国等享受采邑的贵臣,可以寄食于别的县。

20　五月庚午(初一),北周大赦天下。

21　己丑(二十日),北齐任命右仆射斛律光为尚书令。

22　壬辰(二十三日),北周任命柱国杨忠为大司空。六月己亥(初一),任命柱国蜀国公尉迟迥为大司马。

23　秋季,七月己丑(二十一日),陈朝为太子娶妃子王氏,是金紫光禄大夫王周的女儿。

24　北齐平秦王高归彦到了冀州后,内心很不安定,想等皇帝去晋阳时,乘虚打入邺城。他手下的郎中令吕思礼告发了他。北齐国主下诏派大司马段韶、司空娄叡去讨伐他。高归彦在南边设置了私人驿站以打听消息,听说朝廷大军将到,便关上城门固守抵抗。长史宇文仲鸾等人不服从,都被杀掉了。高归彦自称大丞相,有军队四万人。北齐国主考虑到都官尚书封子绘是冀州人,祖父、父亲世代为冀州刺史,很得人心,就派他乘驿马到了信都。封子绘到信都之后,一边巡视城池,一边对城中吏民晓谕避祸趋福的道理。官吏和民众相继跑出来投降,城里有什么动静,都有人报告,大事小事全都知道。

高归彦登上城头大声呼叫说:"孝昭皇帝刚驾崩时,六路兵马百万馀人,都在我手中控制着。我投身到邺城去,奉迎陛下来就皇位。当时我都没有造反,今日我这样做,是被逼的,难道是造反吗?我恨的是高元海、毕义云、高乾和欺骗迷惑皇上,忌恨忠良,只要杀了这三个人,我就在城头自刎以谢天下。"不久城被攻破,高归彦单人匹马向北逃窜,逃到交津时,被抓住了,用锁链锁上送到了邺城。乙未(二十七日),他被装在没有帷盖的车上,嘴里衔着木棍,被反绑着。刘桃枝用刀刃比试着他,一通击鼓声响,高归彦连同他的子孙十五人全部斩首,弃尸市上。朝廷下令封子绘管理冀州事务。

北齐国主知道高归彦过去陷害过清河王高岳,便把高归彦家里主仆共一百多口人全部赐给了高岳,并赠高岳以太师的称号。

丁酉，以段韶为太傅，娄叡为司徒，平阳王淹为太宰，斛律光为司空，赵郡王叡为尚书令，河间王孝琬为左仆射。

25　癸亥，齐主如晋阳。

26　上遣使聘齐。

27　九月戊辰朔，日有食之。

28　以侍中、都官尚书到仲举为尚书右仆射、丹杨尹。仲举，溉之弟子也。

29　吴明彻至临川攻周迪，不能克。丁亥，诏安成王顼代之。

30　冬，十月戊戌，诏以军旅费广，百姓空虚，凡供乘舆饮食衣服及宫中调度，悉从减削；至于百司，宜亦思省约。

31　十一月丁卯，周以赵国公招为益州总管。

32　丁丑，齐遣兼散骑常侍封孝琰来聘。

33　十二月丙辰，齐主还邺。

齐主逼通昭信李后，曰："若不从我，我杀尔儿。"后惧，从之。既而有娠。太原王绍德至阁，不得见，愠曰："儿岂不知邪！姊腹大，故不见儿。"后大惭，由是生女不举。帝横刀诟曰："杀我女，我何得不杀尔儿！"对后以刀环筑杀绍德。后大哭。帝愈怒，裸后，乱挝之。后号天不已，帝命盛以绢囊，流血淋漓，投诸渠水，良久乃苏，犊车载送妙胜寺为尼。

丁酉(二十九日)，北齐国主任命段韶为太傅，娄叡为司徒，平阳王高淹为太宰，斛律光为司空，赵郡王高叡为尚书令，河间王高孝琬为左仆射。

25　癸亥，北齐国主到了晋阳。

26　陈文帝派使者到齐国修好。

27　九月，戊辰朔(初一)，发生日食。

28　陈朝任命侍中、都官尚书到仲举为尚书右仆射、丹杨尹。到仲举是到溉的弟弟的儿子。

29　吴明彻到临川去攻打周迪，不能取胜。丁亥(二十日)，陈文帝下诏让安成王陈顼去代替他。

30　冬季，十月戊戌(初二)，陈文帝诏令，由于军费开支浩大，老百姓很穷困，所以凡是皇上的车辆饮食衣服以及宫中的日常费用，一概削减；至于朝廷各部门，也应该想到节约。

31　十一月，丁卯(初一)，北周任命赵国公宇文招为益州总管。

32　丁丑(十一日)，北齐派兼散骑常侍封孝琰出使陈朝。

33　十二月丙辰(二十一日)，北齐国主从晋阳回到邺城。

北齐国主逼着要和昭信李后通奸，说："如果不服从我，我就杀了你儿子！"李后害怕了，就屈从了他。不久李后怀了孕。太原王高绍德入宫到了门口，见不到李后，便生气地说："孩儿我难道不知道吗？娘是肚子大了，所以才不出来见儿子。"李后十分惭愧，因此生下了女儿后便弄死了。北齐武成帝横提着刀大骂："你杀了我的女儿，我为什么不杀你儿子！"便当着李后用刀砍杀了高绍德。李后大哭失声。皇帝更加愤怒，把李后的衣服剥光，乱打了一气。李后呼天喊地，号哭不断，北齐武成帝命令人把她装在绢袋里，血沥沥拉拉从袋中渗了出来，连人带绢袋扔到渠水中浸泡，过了很久才苏醒过来，便用牛车把她载送到妙胜寺当了尼姑。

卷第一百六十九　陈纪三

起癸未(563)尽丙戌(566)凡四年

世祖文皇帝下

天嘉四年(癸未,563)

1　春,正月,齐以太子少傅魏收兼尚书右仆射。时齐主终日酣饮,朝事专委侍中高元海。元海庸俗,帝亦轻之。以收才名素盛,故用之。而收畏懦避事,寻坐阿纵,除名。

兖州刺史毕义云作书与高元海,论叙时事,元海入宫,不觉遗之。给事中李孝贞得而奏之,帝由是疏元海,以孝贞兼中书舍人,征义云还朝。和士开复谮元海,帝以马鞭筮元海六十,责曰:"汝昔教我反,以弟反兄,几许不义! 以邺城兵抗并州,几许无智!"出为兖州刺史。

2　甲申,周迪众溃,脱身逾岭,奔晋安,依陈宝应。官军克临川,获迪妻子。宝应以兵资迪,留异又遣子忠臣随之。

虞寄与宝应书,以十事谏之曰:"自天厌梁德,英雄互起,人人自以为得之,然夷凶翦乱,四海乐推者,陈氏也。岂非历数有在,惟天所授乎! 一也。以王琳之强,侯瑱之力,进足以摇荡中原,争衡天下,退足以屈强江外,雄张偏隅;然或命一旅之师,或资一士之说,琳则瓦解冰泮,投身异域,瑱则厥角稽颡,委命阙庭,斯又天假其威而除其患。二也。今将军以藩戚之重,东南之众,尽忠奉上,戮力勤王,

世祖文皇帝下
陈文帝天嘉四年(癸未,公元 563 年)

1　春季,正月,北齐任命太子少傅魏收兼尚书右仆射。当时北齐武成帝整天酗酒,把朝廷的事情专门委托给侍中高元海。高元海鄙陋无能,皇帝也看不起他。因为魏收的才能一向有名,所以任命他。魏收胆小懦弱怕事,不久便以阿谀放纵的罪名,被革职。

兖州刺史毕义云写信给高元海,信里议论时局,高元海在进宫时,不知不觉地把信遗失了。给事中李孝贞得到了这封信,奏报给武成帝,武成帝因此疏远高元海,任用李孝贞兼职中书舍人,召回毕义云。和士开再次对皇帝说高元海的坏话,武成帝命令打高元海六十下马鞭,斥责说:"你以前唆使我反叛,以弟弟反叛兄长,多么不义! 用邺城的兵力抵抗并州,多么愚笨!"贬出朝廷做兖州刺史。

2　甲申(十九日),周迪的部下溃败,他脱身越过东兴岭,逃奔到晋安,投靠陈宝应。官军攻下临川,俘虏了周迪的妻儿。陈宝应派兵援助周迪,留异又派儿子留忠臣跟随周迪。

虞寄写信给陈宝应,举出十件事情规劝他说:"自从上天厌恶梁朝德业不修以来,英雄纷起,人人以为天下非己莫属,然而除凶平乱,天下愿意推戴的,是陈氏。岂不是有天道运命在,是上天所赐给的吗! 这是一。以王琳的强盛,侯瑱的力量,进可以震撼中原地区,在天下争个高低;退足以在长江以外争强,雄踞偏远一角;或者派遣一支军队,或者借助一名说客,王琳就会瓦碎冰融,去异域投身,侯瑱就要叩头俯伏,托命于朝廷,这是借天威而除掉祸患。这是二。现在您将军以藩王亲戚之贵,东南人力之众,尽忠报效朝廷,全力救援皇上,

岂不勋高窦融，宠过吴芮，析珪判野，南面称孤乎！三也。圣朝弃瑕忘过，宽厚得人，至于余孝顷、潘纯陀、李孝钦、欧阳頠等，悉委以心腹，任以爪牙，胸中豁然，曾无纤芥。况将军衅非张绣，罪异毕谌，当何虑于危亡，何失于富贵！四也。方今周、齐邻睦，境外无虞，并兵一向，匪朝伊夕，非刘、项竞逐之机，楚、赵连从之势；何得雍容高拱，坐论西伯哉！五也。且留将军狼顾一隅，亟经摧衄，声实亏丧，胆气衰沮。其将帅首鼠两端，唯利是视，孰能被坚执锐，长驱深入，系马埋轮，奋不顾命，以先士卒者乎！六也。将军之强，孰如侯景？将军之众，孰如王琳？武皇灭侯景于前，今上摧王琳于后，此乃天时，非复人力。且兵革已后，民皆厌乱，其孰能弃坟墓，捐妻子，出万死不顾之计，从将军于白刃之间乎！七也。历观前古，子阳、季孟，颠覆相寻；馀善、右渠，危亡继及。天命可畏，山川难恃。况将军欲以数郡之地当天下之兵，以诸侯之资拒天子之命，强弱逆顺，可得侔乎！八也。且非我族类，其心必异；不爱其亲，岂能及物！留将军身縻国爵，子尚王姬，犹且弃天属而不顾，背明君而孤立，危急之日，岂能同忧共患，不背将军者乎！至于师老力屈，惧诛利赏，必有韩、智晋阳之谋，张、陈井陉之势。九也。北军万里远斗，锋不可当。将军自战其地，人多顾后，众寡不敌，将帅不侔。师以无名而出，事以无机而动，以此称兵，未知其利。十也。为将军计，莫若绝亲留氏，释甲偃兵，一遵诏旨。方今藩维尚少，皇子幼冲，凡豫宗族，皆蒙宠树。况以将军之地，将军之才，将军之名，将军之势，而克修藩服，北面称臣，

功勋岂不比汉朝的窦融高,受宠超过吴芮,得到封爵和领地,能面向南坐称王称侯吗! 这是三。圣明的朝廷不计较人的缺点和过错,以宽厚求得人才,至于像余孝顷、潘纯陀、李孝钦、欧阳颜等人,都把他们当成心腹,予以重任,胸怀开朗,不计较细微的事。况且您将军的过失不如张绣,罪行不同于毕谌,何必顾虑危险存亡,于富贵有什么损失! 这是四。现在周、齐两朝睦邻友好,境外不须疑虑,联合军队对着同一方向,已经有很长时间,不是刘邦、项羽竞争追逐的时机,楚国和赵国合纵连横的形势;怎么能从容不迫无所作为,坐在那里谈论西伯的事! 这是五。况且留异将军在角落里像狼那样窥伺,屡次遭到挫败,名声虚弱丧尽,胆气衰退败落。他的将帅犹豫动摇,只看到自己的私利,谁能穿着铠甲、拿着锐利的武器,长驱直入,系住马匹埋掉车轮,奋勇舍命,身先士卒地战斗! 这是六。将军力量的坚强,比侯景怎样? 将军部下的众多,比王琳如何? 武皇帝灭侯景于前,当今皇帝击败王琳于后,这是天意,不是靠人力。况且争战以后,百姓都讨厌动乱,谁能抛弃故园家乡,舍弃妻儿,想出万死不辞的计谋,追随您将军在刀丛之间效命吗! 这是七。综观以往历史,子阳(公孙述)、季孟(隗嚣),翻来覆去连续不断;馀善、右渠,危急存亡接踵而至。天命可畏,山川地势难以凭借。况且您将军想以几个郡的地方来抵御天下的兵力,以诸侯的才能抗拒天子的命令,强弱逆顺,能没有区别吗! 这是八。不是自己的同类,心思一定不同;不爱自己的亲朋,怎能顾及别的事物! 留异将军身系国家的爵位,儿子娶了皇家的女儿,尚且抛弃上天的眷顾而不惜,背离圣明的君主而孤立,遇到危急的时候,怎么能共同分忧患难与共而不背叛您将军! 等到用兵时间过长,军队疲劳不堪,就会怕死贪财,一定会出现韩、智晋阳那样的智谋,张、陈井陉那样的形势。这是九。北军远从万里来战斗,前锋锐利不可阻挡。您将军在自己的地区打仗,人们多有后顾之忧,众寡不敌,将帅间又不平等。师出无名,做事没有机会而妄动,在这种情况下举兵,不会有好处。这是十。为您将军着想,不如断绝和留氏的亲戚关系,解甲息兵,遵从皇帝的诏旨。现在捍卫和支持朝廷的人还少,皇子年幼,凡是宗族,都受到恩宠扶植。况且以您将军的辖地、才干、名声、势力,能克己修身,服从中央,臣服君王,

宁与刘泽同年而语其功业哉！寄感恩怀德，不觉狂言，斧钺之诛，其甘如荠。"宝应览书大怒。或谓宝应曰："虞公病势稍笃，言多错谬。"宝应意乃小释，亦以寄民望，故优容之。

3　周梁躁公侯莫陈崇从周主如原州。帝夜还长安，人窃怪其故，崇谓所亲曰："吾比闻术者言，晋公今年不利，车驾今忽夜还，不过晋公死耳。"或发其事。乙酉，帝召诸公于大德殿，面责崇，崇惶恐谢罪。其夜，冢宰护遣使将兵就崇第，逼令自杀，葬如常仪。

4　壬辰，以高州刺史黄法氍为南徐州刺史，临川太守周敷为南豫州刺史。

5　周主命司宪大夫拓跋迪造《大律》十五篇。其制罪：一曰杖刑，自十至五十；二曰鞭刑，自六十至百；三曰徒刑，自一年至五年；四曰流刑，自二千五百里至四千五百里；五曰死刑，磬、绞、斩、枭、裂；凡二十五等。

6　庚戌，以司空南徐州刺史侯安都为江州刺史。

7　辛酉，周诏："大冢宰晋国公，亲则懿昆，任当元辅，自今诏诰及百司文书，并不得称公名。"护抗表固让。

8　三月乙丑朔，日有食之。

9　齐诏司空斛律光督步骑二万，筑勋掌城于轵关；仍筑长城二百里，置十二戍。

10　丙戌，齐以兼尚书右仆射赵彦深为左仆射。

11　夏，四月乙未，周以柱国达奚武为太保。

12　周主将视学，以太傅燕国公于谨为三老。谨上表固辞，不许，仍赐以延年杖。戊午，帝幸太学。谨入门，帝

这样您的功业就能和刘泽相提并论了！虞寄感恩戴德,不禁说了这些狂妄的话,要杀要砍,我心甘情愿。"陈宝应看后大怒。有人向陈宝应说:"虞公的病情加重了,所以说话多有错误荒谬。"陈宝应的怒意才稍为平息,又因为虞寄有民望,所以宽容他。

3　北周的梁躁公侯莫陈崇跟随君主去原州。周武帝当晚就回长安,人们私下怀疑其中的原因,侯莫陈崇告诉亲信说:"我近来听方士说,晋公宇文护今年不吉利,皇上今天突然在晚上赶回来,不过是晋公宇文护死了。"有人把这件事告发了。乙酉(二十日),周武帝在大德殿召见了公侯们,当面斥责侯莫陈崇,侯莫陈崇诚惶诚恐地承认有罪。这天晚上,冢宰宇文护派遣使者带领士兵到侯莫陈崇家里,逼他自杀,然后按固有的仪式把他埋葬。

4　壬辰(二十七日),陈朝任命高州刺史黄法氍为南徐州刺史,临川太守周敷为南豫州刺史。

5　北周武帝命令司宪大夫拓跋迪制定《大律》十五篇,规定对犯罪的惩罚:一是杖刑,杖十到五十下;二是鞭刑,鞭打六十到一百下;三是徒刑,刑期从一年到五年;四是流刑,流放二千五百里到四千五百里;五是死刑,分缢死、绞死、斩首、将首级悬挂示众、用车裂尸;一共分二十五等。

6　庚戌(十六日),陈朝任命司空南徐州刺史侯安都做江州刺史。

7　辛酉(二十七日),北周武帝下诏:"大冢宰晋国公,是我的亲兄长,职位是朝廷为首的大臣,今后凡是诏令诰书和所有官署的文书里,不准直呼其名。"宇文护对诏令坚决不服从,表示谦让。

8　三月乙丑朔(初一),出现日食。

9　北齐武成帝高湛诏令司空斛律光督带两万名步骑兵,到轵关建造勋掌城,构筑了二百里的长城,设立十二个戍所。

10　丙戌(二十四日),北齐任命兼尚书右仆射赵彦深为左仆射。

11　夏季,四月乙未(初二),北周任命柱国达奚武为太保。

12　北周武帝巡视学校,任命太傅燕国公于谨为掌管国家教化的"三老"。于谨向朝廷上书坚决推辞,没有得到准许,仍旧赏赐他"延年杖"。戊午(二十五日),武帝驾临太学。于谨进门时,武帝

迎拜于门屏之间,谨答拜。有司设三老席于中楹,南向。太师护升阶,设几,谨升席,南面凭几而坐。大司马豆卢宁升阶,正舄。帝升阶,立于斧扆之前,西面。有司进馔,帝跪设酱豆,亲为之袒割。谨食毕,帝亲跪授爵以酳。有司撤讫,帝北面立而访道。谨起,立于席后,对曰:"木受绳则正,后从谏则圣。明王虚心纳谏以知得失,天下乃安。"又曰:"去食去兵,信不可去。愿陛下守信勿失。"又曰:"有功必赏,有罪必罚,则为善者日进,为恶者日止。"又曰:"言行者,立身之基,愿陛下三思而言,九虑而行,勿使有过。天子之过,如日月之食,人莫不知,愿陛下慎之。"帝再拜受言,谨答拜。礼成而出。

13 司空侯安都恃功骄横,数聚文武之士骑射赋诗,斋中宾客,动至千人。部下将帅,多不遵法度,检问收摄,辄奔归安都。上性严整,内衔之,安都弗之觉。每有表启,封讫,有事未尽,开封自书之云:"又启某事。"及侍宴,酒酣,或箕踞倾倚。常陪乐游园禊饮,谓上曰:"何如作临川王时?"上不应。安都再三言之。上曰:"此虽天命,抑亦明公之力。"宴讫,启借供帐水饰,欲载妻妾于御堂宴饮。上虽许之,意甚不怿。明日,安都坐于御座,宾客居群臣位,称觞上寿。会重云殿灾,安都帅将士带甲入殿,上甚恶之,阴为之备。

及周迪反,朝议谓当使安都讨之,而上更使吴明彻。又数遣台使按问安都部下,检括亡叛。安都遣其别驾周弘实自托于舍人

在大门和屏风之间迎接他,于谨答谢还礼。官员在厅堂中间设下三老席,座位朝南。太师宇文护走上台阶,摆了一张小桌子,于谨入席,面朝南倚着小桌子坐定。大司马豆卢宁走上台阶,把于谨脱下的鞋子放端正。武帝走上台阶,站在绣有斧状图案的屏风前,面朝西。官员送上饮食,武帝跪着放好盛放调料的食器,挽起衣袖为于谨割肉,于谨吃完后,武帝亲自跪着送上盛酒的酒器请于谨漱口。官员撤去饮食器皿,武帝面朝北站着向于谨请教治理国家的道理。于谨起身站在座席后面,回答说:"木材用绳子一量就能知道是否平正,帝王能听从规劝就是圣明。明理的帝王能虚心听取规劝可以知道自己的得失,这样天下就能安定。"又说:"即使失去俸禄和军队,但不能失去信用。希望陛下不要失去信用。"又说:"有功必赏,有罪必罚,那么做好事的人会一天比一天多,做坏事的人会一天比一天少。"还说:"言论和行为,是立身的根本,希望陛下三思以后再说话,多次考虑以后再行动,不要发生过错。天子有了过错,正像日食和月食那样,没有人不知道的,希望陛下一定要谨慎从事。"武帝再次拜谢表示听从,于谨答谢还礼。仪礼结束后武帝离开太学。

13 陈朝的司空侯安都自恃有功骄傲蛮横,屡次纠集文人武士骑射赋诗,住处的宾客,往往多到上千人。部下的将帅,大都不遵纪守法,遇到被检举搜捕捉拿,常常投奔侯安都。陈文帝性格严厉认真,对他含恨在心,而侯安都却毫无觉察。每逢向皇帝上表启事,信已经封好,想到有些事还没有写完,又拆开封口补写:"又启奏某某事。"在侍候皇帝宴会时,酒喝得痛快时,就跪坐且歪斜着身子。他常陪文帝到乐游园举行消灾去邪的仪式,饮酒时对文帝说:"现在比做临川王时如何?"文帝不理他。侯安都却再三提这件事。文帝说:"这虽然是天命,却也是靠您的力量。"宴饮结束,侯安都向文帝借帷帐和彩船,要载上妻妾去皇帝的宫室摆宴饮酒。文帝虽然允准了他的要求,心里却很不高兴。第二天,侯安都坐在皇帝的座位上,宾客们坐在大臣的位子上,举杯为他祝寿。恰巧重云殿发生火灾,侯安都率领将士携带兵器来到重云殿,文帝非常恨他,暗下做了准备。

到了周迪造反时,朝中议论说应该派侯安都去讨伐,但文帝却派了吴明徹。文帝还屡次派御史台的官员审讯侯安都的部下,清查他们逃亡叛乱的事情。侯安都派别驾周弘实投身到中书舍人

并问省中事。景历录其状，具奏之，因希旨称安都谋反。上虑其不受召，故用为江州。

五月，安都自京口还建康，部伍入于石头。六月，帝引安都宴于嘉德殿，又集其部下将帅会于尚书朝堂，于坐收安都，因于嘉德西省，又收其将帅，尽夺马仗而释之。因出蔡景历表，以示于朝，乃下诏暴其罪恶，明日，赐死，宥其妻子，资给其丧。

初，高祖在京口，尝与诸将宴，杜僧明、周文育、侯安都为寿，各称功伐。高祖曰："卿等悉良将也，而并有所短。杜公志大而识暗，狎于下而骄于上；周侯交不择人，而推心过差；侯郎傲诞而无厌，轻佻而肆志。并非全身之道。"卒皆如其言。

14　乙卯，齐主使兼散骑常侍崔子武来聘。

15　齐侍中、开府仪同三司和士开有宠于齐主，齐主外朝视事，或在内宴赏，须臾之间，不得不与士开相见，或累日不归，一日数入。或放还之后，俄顷即追，未至之间，连骑督趣。奸谄百端，宠爱日隆，前后赏赐，不可胜纪。每侍左右，言辞容止，极诸鄙亵。以夜继昼，无复君臣之礼。常谓帝曰："自古帝王，尽为灰土，尧舜、桀纣，竟复何异！陛下宜及少壮，极意为乐，纵横行之。一日取快，可敌千年。国事尽付大臣，何虑不办，无为自勤约也！"帝大悦。于是委赵彦深掌官爵，元文遥掌财用，唐邕掌外、骑兵，信都冯子琮、胡长粲掌东宫。帝三四日一视朝，书数字而已，略无所言，须臾罢入。长粲，僧敬之子也。

蔡景历那里,探听中书省的机密。蔡景历把他的行动一一记录下来,报告了文帝,迎合文帝的意旨说侯安都要谋反。文帝考虑到侯安都不会接受召命,便任命他去江州做官。

五月,侯安都从京口回建康,部下的军队开进石头城。六月,文帝招侯安都到嘉德殿宴饮,又召集侯安都部下的将帅到尚书省的大厅见面,于是逮捕了侯安都,把他囚禁在嘉德西省,又逮捕了侯安都的将帅,没收了他们的马匹兵器后予以释放。还拿出蔡景历所上的奏报,向朝中的官员们出示,随即下诏公布了侯安都的罪恶,第二天,赐他自尽,宽恕了他的妻儿,拨款给他们办丧事。

当初,高祖在京口时曾经和将军们宴会,杜僧明、周文育、侯安都为高祖祝寿,各自夸耀战功。高祖说:"诸位都是良将,但各有不足之处。杜公志向虽大而见识不明,对下轻侮对上骄傲;周侯不能有选择地结交朋友,而且不能推心置腹;侯郎傲慢放诞而贪得无厌,性格轻佻而放纵不羁。这都不是保全身家的行为。"后来果然像他所说的那样。

14 乙卯(二十三日),北齐君主派兼散骑常侍崔子武来陈朝访问。

15 北齐的侍中、开府仪同三司和士开得到武成帝的宠爱,武成帝外出视察,或在宫中宴请时,过不了一会儿,就要召和士开来见面,有时留他好几天,有时一天里召他进宫许多次。有时和士开刚走,又立刻追他回来,在和士开还没回来以前,接二连三派人骑马去催促。由于他各式各样的奸诈谄媚,受到武成帝的日益宠爱,前后赏赐给他的物品,数不胜数。每当在武成帝身边侍候,说话和动作极其卑鄙下流。夜以继日,毫无君臣之礼。他常常告诉武成帝说:"自古以来的帝王,都成了灰土,尧舜和桀纣,有什么两样!陛下应当在少壮时恣意行乐,放纵而不必顾忌。快乐一天,比得上一千年。国事都交给大臣,何必担心他们不去办,不用自己劳累约束自己!"武成帝大喜。于是委托赵彦深掌管封官授爵,元文遥掌管钱财的使用,唐邕掌管外兵和骑兵,信都冯子琮、胡长粲掌管东宫。武成帝三四天才上一次朝,批几个字,也不说什么话,一会儿就退朝进宫。胡长粲是胡僧敬的儿子。

帝使士开与胡后握槊。河南康献王孝瑜谏曰:"皇后天下之母,岂可与臣下接手!"孝瑜又言:"赵郡王叡,其父死于非命,不可亲近。"由是叡及士开共谮之。士开言孝瑜奢僭,叡言"山东唯闻河南王,不闻有陛下"。帝由是忌之。孝瑜窃与尔朱御女言,帝闻之,大怒。庚申,顿饮孝瑜酒三十七杯。孝瑜体肥大,腰带十围,帝使左右娄子彦载以出,鸩之于车,至西华门,烦躁投水而绝。赠太尉、录尚书事。诸侯在宫中者,莫敢举声,唯河间王孝琬大哭而出。

16　秋,七月戊辰,周主幸原州。

17　八月辛丑,齐以三台宫为大兴圣寺。

18　九月壬戌,广州刺史阳山穆公欧阳颁卒,诏子纥袭父爵位。

19　甲子,周主自原州登陇。

20　周迪复越东兴岭为寇,辛未,诏护军章昭达将兵讨之。

21　丙戌,周主如同州。

22　初,周人欲与突厥木杆可汗连兵伐齐,许纳其女为后,遣御伯大夫杨荐及左武伯太原王庆往结之。齐人闻之惧,亦遣使求婚于突厥,赂遗甚厚。木杆贪齐币重,欲执荐等送齐。荐知之,责木杆曰:"太祖昔与可汗共敦邻好,蠕蠕部落数千来降,太祖悉以付可汗使者,以快可汗之意,如何今日遽欲背恩忘义,独不愧鬼神乎?"木杆惨然良久曰:"君言是也。吾意决矣,当相与共平东贼,然后遣女。"荐等复命。

公卿请发十万人击齐,柱国杨忠独以为得万骑足矣。戊子,遣忠将步骑一万,与突厥自北道伐齐,又遣大将军达奚武帅步骑三万,自南道出平阳,期会于晋阳。

武成帝叫和士开和胡后玩"握槊"的赌博游戏。河南康献王高孝瑜规劝说:"皇后是天下人的母亲,怎么可以和臣子的手接触!"又说:"赵郡王高叡,他的父亲死于非命,不可以和他亲近。"因此高叡与和士开一起说高孝瑜的坏话。和士开说高孝瑜生活奢侈超过他的身份,高叡说:"山东只听说有河南王,没有听说有您陛下。"武成帝因此产生了嫉妒。高孝瑜偷偷地和尔朱御女说话,关系暧昧,武成帝听到这事,勃然大怒。庚申(二十八日),一次叫高孝瑜饮了三十七杯酒。高孝瑜身体肥大,腰带十围,武成帝叫在旁边侍候的近臣娄子彦用车送他出去,在车上又给他饮了毒酒,到西华门时,毒性发作烦躁投水而死。追赠太尉、录尚书事。在宫里的诸侯,都不敢出声,只有河间王高孝琬大哭而去。

16 秋季,七月戊辰(初六),北周武成帝驾临原州。

17 八月辛丑(初十),北齐把三台宫改为大兴圣寺。

18 九月壬戌(初一),陈朝的广州刺史阳山穆公欧阳颜去世,下诏他的儿子欧阳纥承袭父亲的爵位。

19 甲子(初三),北周武帝从原州登上陇坂。

20 陈朝周迪又越过东兴岭侵犯,辛未(初十),诏命护军章昭达率领军队去讨伐。

21 丙戌(二十五日),北周武帝去同州。

22 起初,北周要和突厥木杆可汗联军讨伐北齐,答允娶可汗的女儿做皇后,派御伯大夫杨荐和左武伯太原王庆去联系。北齐听了很害怕,也派使者到突厥去求婚,馈赠厚礼。木杆可汗贪图北齐的厚礼,企图捉了杨荐等人送给北齐。杨荐知道后,斥责木杆可汗说:"太祖从前和可汗共同敦守友好相处,柔然部落几千人来投降,太祖把他们全部交给可汗的使者,以满足可汗的要求,为什么今天忽然背恩忘义,唯独不有愧于鬼神吗?"木杆可汗悲痛了很久,说:"您的话很对。我的主意已经决定了,应该和你们一起讨平东面的贼人,然后把女儿送去。"杨荐等人完成使命后回朝复命。

北周的公卿请发兵十万攻打北齐,柱国杨忠认为只要一万名骑兵就足够了。戊子(二十七日),武帝派杨忠率领一万名步骑兵,和突厥从北面的道路讨伐北齐,又派大将军达奚武统帅三万名步骑兵,从南面的道路由平阳出发,约期在晋阳会师。

23　冬,十一月辛酉,章昭达大破周迪。迪脱身潜窜山谷,民相与匿之,虽加诛戮,无肯言者。

24　十二月辛卯,周主还长安。

25　丙申,大赦。

26　章昭达进军,度岭,趣建安,讨陈宝应,诏益州刺史余孝顷督会稽、东阳、临海、永嘉诸军自东道会之。

27　是岁,初祭始兴昭烈王于建康,用天子礼。

28　周杨忠拔齐二十馀城。齐人守陉岭之隘,忠击破之。突厥木杆、地头、步离三可汗以十万骑会之。己酉,自恒州三道俱入。时大雪数旬,南北千馀里,平地数尺。齐主自邺倍道赴之,戊午,至晋阳。斛律光将步兵三万屯平阳。己未,周师及突厥逼晋阳。齐主畏其强,戎服帅宫人欲东走避之。赵郡王叡、河间王孝琬叩马谏。孝琬请委叡部分,必得严整。帝从之,命六军进止皆取叡节度,而使并州刺史段韶总之。

五年(甲申,564)

1　春,正月庚申朔,齐主登北城,军容甚整。突厥咎周人曰:“尔言齐乱,故来伐之。今齐人眼中亦有铁,何可当邪!”

周人以步卒为前锋,从西山下去城二里许。诸将咸欲逆击之,段韶曰:“步卒力势,自当有限。今积雪既厚,逆战非便,不如陈以待之。彼劳我逸,破之必矣。”既至,齐悉其锐师鼓噪而出。突厥震骇,引上西山,不肯战,周师大败而还。突厥引兵出塞,纵兵大掠,自晋阳以往七百馀里,人畜无遗。段韶追之,不敢逼。突厥还至陉岭,冻滑,乃铺毡以度,胡马寒瘦,膝已下皆无毛。比至长城,马死且尽,截稍杖之以归。

23 冬季,十一月辛酉(初一),陈朝章昭达大破周迪。周迪脱身潜伏逃窜到山谷里,老百姓把他隐藏起来,虽然受到诛杀,却没人肯说出来。

24 十二月辛卯(初一),北周武帝回长安。

25 丙申(初六),陈朝大赦全国。

26 陈朝的章昭达进军,经过东兴岭,向建安急进,讨伐陈宝应,文帝诏命益州刺史余孝顷督率会稽、东阳、临海、永嘉等地军队从东路来会合。

27 这一年,陈朝在建康第一次祭祀始兴昭烈王,用天子的祭礼。

28 北周杨忠攻克北齐的二十多座城池。齐人防守陉岭的山口,杨忠攻破这里的防守。突厥的木杆、地头、步离三个可汗率领十万骑兵来会合。己酉(十九日),从恒州分三路一齐进入。当时下了几十天的大雪,南北一千多里,平地积雪几尺。北齐君主从邺城兼程赶去,戊午(二十八日),到晋阳,斛律光率领三万步兵驻守平阳。己未(二十九日),北周军队和突厥逼近晋阳。北齐武成帝对这些强大的军队感到害怕,穿上军服领了宫女打算从东面逃走躲避。赵郡王高叡、河间王高孝琬勒住他的马进行规劝。高孝琬请求把部分军队委托给高叡,可以使军队得到整顿。武成帝采纳了意见,命令六军的行动都受高叡的指挥,派并州刺史段韶总辖。

陈文帝天嘉五年(甲申,公元564年)

1 春季,正月庚申朔(初一),北齐武成帝登上晋阳北城,看到军容非常整齐。突厥埋怨周人说:"你们说齐国混乱,所以来讨伐他们。现在齐人心目中也有戒备,怎么能抵挡啊!"

北周军队以步兵为前锋,从西山下来,离城两里多路。北齐将领们都准备迎击,段韶说:"步兵的兵势,力量很有限。现在积雪很厚,迎战很不方便,不如严阵以待。对方疲劳而我方安逸,一定能打败对方。"北周军队来到,北齐精锐的军队呐喊着全数出击。突厥震动惊怕,领军队上了西山,不肯出战,北周的军队大败而还。突厥带着军队出了塞外,放纵士兵大肆抢劫,从晋阳以北的七百多里地方,人畜被劫掠一空。段韶追赶,但不敢靠近。突厥退到陉岭,地冻路滑,只好在路上铺了毛毡行走,胡地的马受冷病瘦,膝盖以下的毛都没有了。等到了长城,马都快死光了,于是截短矛杆当拐杖挂着回去。

达奚武至平阳,未知忠退。斛律光与书曰:"鸿鹄已翔于寥廓,罗者犹视于沮泽。"武得书,亦还。光逐之,入周境,获两千馀口而还。

光见帝于晋阳,帝以新遭大寇,抱光头而哭。任城王湝进曰:"何至于此!"乃止。

初,齐显祖之世,周人常惧齐兵西渡,每至冬月,守河椎冰。及世祖即位,嬖幸用事,朝政渐紊,齐人椎冰以备周兵之逼。斛律光忧之,曰:"国家常有吞关、陇之志,今日至此,而唯玩声色乎!"

2 辛巳,上祀南郊。

3 二月庚寅朔,日有食之。

4 初,齐显祖命群官刊定魏《麟趾格》为《齐律》,久而不成。时军国多事,决狱罕依律文,相承谓之"变法从事"。世祖即位,思革其弊,乃督修律令者,至是而成,《律》十二篇,《令》四十卷。其刑名有五:一曰死,重者轘之,次枭首,次斩,次绞;二曰流,投边裔为兵;三曰刑,自五岁至一岁;四曰鞭,自百至四十;五曰杖,自三十至十,凡十五等。其流外官及老、小、阉、痴并过失应赎者,皆以绢代金。三月,辛酉,班行之,因大赦。是后为吏者始守法令。又敕仕门子弟常讲习之,故齐人多晓法。

又令民十八受田输租调,二十充兵,六十免力役,六十六还田,免租调。一夫受露田八十亩,妇人四十亩,奴婢依良人,牛受六十亩。大率一夫一妇调绢一匹,绵八两,垦租二石,义租五斗;奴婢准良人之半;牛调二尺,垦租一斗,义租五升。垦租送台,义租纳郡以备水旱。

北周的达奚武到平阳,不知道杨忠已经退走。北齐的斛律光写信给他说:"天鹅已在蓝天翱翔,张网的却还在水草丛生的沼泽地等候。"达奚武见到信,也退走了。斛律光追逐进入北周境内,俘获两千多人就返回了。

斛律光在晋阳朝见武成帝,武成帝因为刚遭到大肆劫掠,抱住斛律光的头痛哭。任城王高湝劝他说:"何至于此!"这才不哭。

当初,齐显祖在世时,北周常常怕北齐军队西渡,每到冬天,守在黄河边凿开冰凌。到齐世祖即位,奸佞小人当权,朝政逐渐混乱,齐人凿冰防备北周军队入侵。斛律光很担忧,说:"国家常有吞并关、陇的志向,到了今天这样的地步,只是喜好声色狗马!"

2 辛巳(二十二日),陈朝皇帝到南郊祭祀。

3 二月庚寅朔(初一),出现日食。

4 当初,齐显祖下令群臣刊定魏朝的《麟趾格》为《齐律》,过了很久还没有完成。这时军务和国家的事情很多,判决案件很少依据法律条文,习惯上叫作"变法从事"。齐世祖即位后,想革除这种弊病,于是督促修定法律条令,这才制定了《律》十二篇,《令》四十卷。刑法的名目有五种:第一是死,罪重的车裂,依次是割下头示众、斩杀、绞死;第二是流,充军到边域;第三是刑,刑期从五年到一年不等;第四是鞭,从一百到四十下不等;第五是杖,从三十到十下不等;一共分十五等。凡是流放去外地的官员以及年老、年幼、太监、痴呆和犯有过失可以赎罪的,都允许用绢代替罚金。三月辛酉(初三),《律》《令》颁布实行,大赦在此以前的犯人。自此以后官吏才按照法律办案。又下令官吏家庭的子弟经常学习,所以齐国人都知道法律。

又命令老百姓中满十八岁的授给田地并交纳赋税,二十岁的当兵,六十岁可以免除劳役,六十六岁时交还田地,免去赋税。男子一人授给八十亩耕地,妇女授给四十亩,奴婢授给同样的亩数,有一头耕牛的增授六十亩。大致一对夫妇的赋税是一匹绢、八两棉,垦租两石,义租五斗;奴婢是平民的一半;一头牛征赋税两尺绢,垦租一斗,义租五升。垦租缴给官署,义租缴给所在郡以防水旱灾年。

5　己巳,齐群盗田子礼等数十人,共劫太师彭城景思王
浟为主,诈称使者,径向浟第,至内室,称敕,牵浟上马,临以
白刃,欲引向南殿。浟大呼不从,盗杀之。

6　庚辰,周初令百官执笏。

7　齐以斛律光为司徒,武兴王普为尚书左仆射。普,归
彦之兄子也。甲申,以冯翊王润为司空。

8　夏,四月辛卯,齐主使兼散骑常侍皇甫亮来聘。

9　庚子,周主遣使来聘。

10　癸卯,周以邓公河南窦炽为大宗伯。五月壬戌,封
世宗之子贤为毕公。

11　甲子,齐主还邺。

12　壬午,齐以赵郡王叡为录尚书事,前司徒娄叡为太
尉。甲申,以段韶为太师。丁亥,以任城王湝为大将军。

13　壬辰,齐主如晋阳。

14　周以太保达奚武为同州刺史。

15　六月,齐主杀乐陵王百年。时白虹晕日两重,又横
贯而不达,赤星见,齐主欲以百年厌之。会博陵人贾德胄教
百年书,百年尝作数敕字,德胄封以奏之。帝发怒,使召百
年。百年自知不免,割带玦留与其妃斛律氏,见帝于凉风堂。
使百年书敕字,验与德胄所奏相似,遣左右乱捶之,又令曳之
绕堂行且捶,所过血皆遍地,气息将尽,乃斩之,弃诸池,池水
尽赤。妃把玦哀号不食,月馀亦卒,玦犹在手,拳不可开。其
父光自擘之,乃开。

16　庚寅,周改御伯为纳言。

5　己巳(十三日),北齐的田子礼等数十名盗贼,要裹胁太师彭城景思王高浟当首领,诈称是使者,去到高浟的宅第,进了内室,说是皇帝的命令,拉高浟上马,用刀对着他,要他领着去皇宫的南殿。高浟大叫不肯服从,被盗贼杀死。

6　庚辰(二十四日),北周第一次令百官上朝时手执"朝笏"。

7　北齐任命斛律光为司徒,武兴王高普为尚书左仆射。高普是高归彦的侄子。甲申(二十八日),任命冯翊王高润为司空。

8　夏季,四月辛卯(初三),北齐国主派兼散骑常侍皇甫亮来陈朝访问。

9　庚子(十二日),北周国主派使者来陈朝访问。

10　癸卯(十五日),北周任命邓公河南窦炽为大宗伯。五月壬戌(初五),封世宗的儿子贤为毕公。

11　甲子(初七),北齐国主回邺城。

12　壬午(二十五日),北齐任命赵郡王高叡为录尚书事,以前的司徒娄叡为太尉。甲申(二十七日),任命段韶为太师。丁亥(三十),任命任城王高湝为大将军。

13　壬辰,北齐国主去晋阳。

14　北周任命太保达奚武为同州刺史。

15　六月,北齐国主杀死乐陵王高百年。当时太阳周围有两道白虹,横贯而不相通,赤星出现,北齐国主想用高百年的性命来驱除灾异现象。恰巧博陵人贾德胄教高百年写字,高百年曾经写了几个"敕"字,贾德胄把它封好奏报给武成帝。武成帝看后大怒,派人召来高百年。高百年自知免不了被治罪,便割下佩带上的玉玦留给妃子斛律氏,在凉风堂见到武成帝。武成帝叫高百年写"敕"字,证实字迹和贾德胄所奏报的相似,于是命令侍从对他乱打,还拖着他绕凉风堂边走边打,经过的地方遍地是血,临断气时,将他杀死,把尸体扔进水池,池水都染红了。妃子拿着玉玦哀叫绝食,一个多月后也死去,玉玦还在手里,紧握成拳无法掰开。她的父亲斛律光亲自去掰,才掰开。

16　庚寅(初三),北周把御伯改为纳言。

17　初，周太祖之从贺拔岳在关中也，遣人迎晋公护于晋阳。护母阎氏及周主之姑皆留晋阳，齐人以配中山宫。及护用事，遣间使入齐求之，莫知音息。齐遣使者至玉壁，求通互市。护欲访求母、姑，使司马下大夫尹公正至玉壁，与之言，使者甚悦。勋州刺史韦孝宽获关东人，复纵之，因致书为言西朝欲通好之意。是时，周人以前攻晋阳不得志，谋与突厥再伐齐。齐主闻之，大惧，许遣护母西归，且求通好，先遣其姑归。

18　秋，八月丁亥朔，日有食之。

19　周遣柱国杨忠会突厥伐齐，至北河而还。

20　戊子，周以齐公宪为雍州牧，宇文贵为大司徒。九月丁巳，以卫公直为大司空。追录佐命元功，封开府仪同三司陇西公李昞为唐公，太驭中大夫长乐公若干凤为徐公。昞，虎之子；凤，惠之子也。

21　乙丑，齐主封其子绰为南阳王，俨为东平王。俨，太子之母弟也。

22　突厥寇齐幽州，众十馀万，入长城，大掠而还。

23　周皇姑之归也，齐主遣人为晋公护母作书，言护幼时数事，又寄其所著锦袍，以为信验。且曰："吾属千载之运，蒙大齐之德，矜老开恩，许得相见。禽兽草木，母子相依。吾有何罪，与汝分离！今复何福，还望见汝！言此悲喜，死而更苏。世间所有，求皆可得，母子异国，何处可求！假汝贵极王公，富过山海，有一老母，八十之年，飘然千里，死亡旦夕，不得一朝暂见，不得一日同处，寒不得汝衣，饥不得汝食，汝虽穷荣极盛，光耀世间，

17　当初,周太祖在关中追随贺拔岳时,曾派人到晋阳迎来晋公宇文护。宇文护的母亲阎氏和北周国主的姑母都留在晋阳,齐人把她们安置在中山宫。宇文护当权以后,派人到北齐去寻找她们,得不到音讯。北齐派使者到玉壁,要求开通和北周之间的贸易来往。宇文护想访求母亲和姑母的下落,便派司马下大夫尹公正去玉壁商谈,北齐的使者非常高兴。勋州刺史韦孝宽捉到关东人,又把他们放掉,还写信给北齐表示北周朝廷愿意和对方友好相处。这时,北周因为以前进攻晋阳没有达到目的,准备联合突厥再次攻打北齐。北齐君主听到后十分害怕,于是答允送回宇文护的母亲,请求双方和好,先把宇文护的姑母送回去。

18　秋季,八月丁亥朔(初一),有日食。

19　北周派柱国杨忠会同突厥讨伐北齐,兵到北河就返回了。

20　戊子(初二),北周任命齐公宇文宪为雍州牧,宇文贵为大司徒。九月丁巳(初二),任命卫公宇文直为大司空。追录当初辅佐君主的元勋功臣,封开府仪同三司陇西公李昞为唐公,太驭中大夫长乐公若干凤为徐公。李昞是李虎的儿子,若干凤是若干惠的儿子。

21　乙丑(初十),北齐国主封儿子高绰为南阳王,高俨为东平王。高俨是太子的同母弟。

22　突厥入侵北齐的幽州,共有十多万人,进入长城,在大肆抢掠后退去。

23　北周国主的姑母回去时,北齐国主派人代晋公宇文护的母亲写了回信,信中说到宇文护年幼时的几件事,还寄去自己穿的锦袍,作为证明。信上说:"我遇到千载难逢的运气,蒙受大齐的恩德,怜悯我年老特别开恩,允许我们母子见面。就是禽兽草木,也都母子相依为命。我犯了什么罪孽,竟会和你分离!现在又这样有福,还能回去和你相见!说到这种悲喜交集的事,如同死而复生。世上所有的东西,只要追求都能得到,母子分处异国,又能向哪里求得团聚!即使你的尊贵超过王公,富有超过山海,但有个年已八十的老母亲,还漂泊在千里之外,生命在旦夕之间,得不到一天短暂的相见,得不到一天的共同生活,寒冷而得不到你的衣服,饥饿而得不到你的饮食,你虽然极其荣华富贵,光辉照耀人间,

于吾何益！吾今日之前，汝既不得申其供养，事往何论；今日以后，吾之残命，唯系于汝尔。戴天履地，中有鬼神，勿云冥昧，而可欺负！"

护得书，悲不自胜。复书曰："区宇分崩，遭遇灾祸，违离膝下，三十五年。受生禀气，皆知母子，谁同萨保，如此不孝！子为公侯，母为俘隶，暑不见母暑，寒不见母寒，衣不知有无，食不知饥饱，泯如天地之外，无由暂闻。分怀冤酷，终此一生，死若有知，冀奉见于泉下耳！不谓齐朝解网，惠以德音，磨敦、四姑，并许矜放。初闻此旨，魂爽飞越，号天叩地，不能自胜。齐朝霈然之恩，既已沾洽，有家有国，信义为本，伏度来期，已应有日。一得奉见慈颜，永毕生愿。生死肉骨，岂过今恩；负山戴岳，未足胜荷。"

齐人留护母，使更与护书，邀护重报，往返再三。时段韶拒突厥军于塞下，齐主使黄门徐世荣乘传赍周书问韶。韶以"周人反覆，本无信义，比晋阳之役，其事可知。护外托为相，其实主也。既为母请和，不遣一介之使。若据移书，即送其母，恐示之以弱。不如且外许之，待和亲坚定，然后遣之未晚。"齐主不听，即遣之。

阎氏至周，举朝称庆，周主为之大赦。凡所资奉，穷极华盛。每四时伏腊，周主帅诸亲戚行家人之礼，称觞上寿。

24　突厥自幽州还，留屯塞北，更集诸部兵，遣使告周，欲与共击齐如前约。闰月乙巳，突厥寇齐幽州。

对我有什么好处！在今天以前，你没有尽供养我的本分，事情已过就不必再说了；从今以后，我的馀生就依赖于你了。天地之间，中有鬼神，不要以为天地冥冥，可以欺骗负心！"

宇文护接到书信，忍不住悲痛。复信说："天下四分五裂，遭遇灾祸，离开母亲，已经三十五年。禀性承受天地自然之气，都知道母子之情，谁像我萨保一般，这样不孝！儿子是公侯，母亲却是被俘虏的奴隶，热天看不见母亲受暑，冷天看不见母亲挨冻，不知道有没有衣穿，不知道吃得饱不饱，踪迹消失在天地以外，无从得到一点音讯。分别怀有冤屈和惨痛，结束一生以后，身后如果有知，希望能在九泉之下侍奉母亲！不意齐朝网开一面，赐给好消息，母亲和四姑母，获得怜悯允许释放。刚听到这道诏旨时，连魂魄都变得清朗而飞升起来，呼天抢地，不由自己。现在受到齐朝雨露般恩泽的滋润，有家庭有国家，应该以信义为根本，估计母亲归来之期，已经不远。一旦能够见到母亲慈祥的面容，永远了却我毕生的愿望。死者复生，白骨长肉，怎能比得上今天这样的恩情；像背负大山高岳，真是担当不起。"

齐人留下宇文护的母亲，再次给宇文护去信，希望得到宇文护的重报，这样往返了好几次。当时段韶在边塞抵御突厥的军队，北齐国主派黄门郎徐世荣乘驿车带了北周的书信去问段韶的意见。段韶表示："周人反复无常，本来就没有信义，比照晋阳之役，事情就明白了。宇文护对外托词说自己是相国，实际上是一国之主。既然为了母亲请求和好，却不派一个使者来。如果根据他送来的书信，就把他的母亲送回去，恐怕会给对方留下我们软弱的印象。不如暂且对外表示答允，等和睦亲善的事完全肯定以后，再把他的母亲送回去也不晚。"北齐国主不听段韶的意见，立即把宇文护的母亲送回长安。

阎氏回到北周，满朝欢庆，北周国主为此在国内大赦。他对阎氏所供奉的一切，美好丰盛到了极点。每逢四季的节日，北周国主带领所有亲戚举行家属般的礼节，举杯祝阎氏长寿。

24　突厥从幽州返回，屯兵在塞北，进一步召集各部落的军队，派使者告诉北周，打算像以前所约定那样共同进攻北齐。闰月乙巳(二十日)，突厥入侵北齐幽州。

晋公护新得其母，未欲伐齐。恐负突厥约，更生边患，不得已，征二十四军及左右厢散隶秦、陇、巴、蜀之兵并羌、胡内附者，凡二十万人。冬，十月甲子，周主授护斧钺于庙庭。丁卯，亲劳军于沙苑。癸酉，还宫。

护军至潼关，遣柱国尉迟迥帅精兵十万为前锋，趣洛阳，大将军权景宣帅山南之兵趣悬瓠，少师杨檦出轵关。

25　周迪复出东兴，宣城太守钱肃镇东兴，以城降迪。吴州刺史陈详将兵击之，详兵大败，迪众复振。

南豫州刺史西丰脱侯周敷帅所部击之，至定川，与迪对垒。迪绐敷曰：“吾昔与弟戮力同心，岂规相害！今愿伏罪还朝，因弟披露心腑，先乞挺身共盟。”敷许之，方登坛，为迪所杀。

26　陈宝应据晋安、建安二郡，水陆为栅，以拒章昭达。昭达与战，不利，因据上流，命军士伐木为筏，施拍其上。会大雨江涨，昭达放筏冲宝应水栅，尽坏之，又出兵攻其步军。方合战，上遣将军余孝顷自海道适至，并力乘之。十一月己丑，宝应大败，逃至莆口，谓其子曰：“早从虞公计，不至今日。”昭达追擒之，并擒留异及其族党，送建康，斩之。异子贞臣以尚主得免，宝应宾客皆死。

上闻虞寄尝谏宝应，命昭达礼遣诣建康。既见，劳之曰：“管宁无恙。”以为衡阳王掌书记。

27　周晋公护进屯弘农。尉迟迥围洛阳，雍州牧齐公宪、同州刺史达奚武、泾州总管王雄军于邙山。

晋公宇文护刚迎来了母亲,不想进攻北齐。但又怕违背了和突厥的约定,反而发生边患,不得已,征召关中的府兵二十四军、左右厢的禁卫兵及其隶属的秦、陇、巴、蜀等地的军队,加上归附的羌人、胡人等,一共二十万人。冬季,十月甲子(初十),北周国主在朝廷授给宇文护斧钺。丁卯(十三日),亲自到沙苑慰劳军队。癸酉(十九日),回宫。

宇文护的军队抵达潼关,派柱国尉迟迥领十万精兵做前锋,向洛阳进发,大将军权景宣率领荆州、襄阳的兵向悬瓠进发,少师杨檦进攻轵关。

25　周迪再次进攻东兴岭,宣城太守钱肃镇守东兴,献出城池向周迪投降。吴州刺史陈详领兵攻击周迪,陈详的军队大败,周迪的部众又振作起来。

南豫州刺史西丰脱侯周敷率领所属部队去攻打周迪,抵达定川,和周迪两军对垒。周迪欺骗周敷说:"我以前和弟弟同心协力,怎会谋划加害于你!现在我愿意认罪归顺朝廷,因此向弟弟披露我心里的想法,先请你挺身而出和我一起盟誓。"周敷答允了,刚走上举行盟誓的土台,就被周迪杀死。

26　陈宝应占据晋安和建安两郡,在水路和陆路修起栅栏,用来抗拒章昭达。章昭达和他打仗,很不顺利,因此占据河的上游,命令军士砍树木造木筏,筏上配备了拍竿。恰巧大雨以后江水猛涨,章昭达放木筏顺流而下,冲撞陈宝应在水中设立的栅栏,把它们全部破坏。又出兵进攻陈宝应的步军。正当双方会战时,陈朝皇帝派将军余孝顷从海路赶到,和章昭达合力围攻。十一月己丑(初五),陈宝应大败,逃到莆口,对儿子说:"如果早听虞公的计谋,不至于像今天这样。"章昭达追到将他捉住,还一并抓获留异和他的族党,解送建康,将他们斩首。留异的儿子留贞臣因为娶公主为妻被免罪,陈宝应的宾客都被处死。

陈文帝听说虞寄曾经规劝过陈宝应,于是命章昭达以礼请虞寄到建康来。见面时,陈文帝慰问他说:"管宁的身体一定健康。"任用他为衡阳王的书记。

27　北周晋公宇文护进屯弘农。尉迟迥包围了洛阳,雍州牧齐公宇文宪、同州刺史达奚武、泾州总管王雄驻军在邙山。

28　戊戌，齐主遣兼散骑常侍刘逖来聘。

29　初，周杨檦为邵州刺史，镇捍东境二十馀年，数与齐战，未尝不捷，由是轻之。既出轵关，独引兵深入，又不设备。甲辰，齐太尉娄叡将兵奄至，大破檦军，檦遂降齐。

权景宣围悬瓠，十二月，齐豫州道行台、豫州刺史太原王士良、永州刺史萧世怡并以城降之。景宣使开府郭彦守豫州，谢彻守永州，送士良、世怡及降卒千人于长安。

周人为土山、地道以攻洛阳，三旬不克。晋公护命诸将堑断河阳路，遏齐救兵，然后同攻洛阳。诸将以为齐兵必不敢出，唯张斥候而已。

齐遣兰陵王长恭、大将军斛律光救洛阳，畏周兵之强，未敢进。齐主召并州刺史段韶，谓曰："洛阳危急，今欲遣王救之。突厥在北，复须镇御，如何？"对曰："北虏侵边，事等疥癣。今西邻窥逼，乃腹心之病，请奉诏南行。"齐主曰："朕意亦尔。"乃令韶督精骑一千发晋阳。丁巳，齐主亦自晋阳赴洛阳。

30　己未，齐太宰平原靖翼王淹卒。

31　段韶自晋阳行，五日济河，会连日阴雾，壬戌，韶至洛阳，帅帐下三百骑，与诸将登邙坂，观周军形势。至太和谷，与周军遇，韶即驰告诸营，追集骑士，结陈以待之。韶为左军，兰陵王长恭为中军，斛律光为右军。周人不意其至，皆悒惧。韶遥谓周人曰："汝宇文护才得其母，遽来为寇，何也？"周人曰："天遣我来，有何可问！"韶曰："天道赏善罚恶，当遣汝送死来耳！"

周人以步兵在前，上山逆战。韶且战且却以诱之。待其力弊，然后下马击之。周师大败，一时瓦解，投坠溪谷死者甚众。

28　戊戌(十四日),北齐国主派遣兼散骑常侍刘逖来陈朝访问。

29　起初,北周杨檦做邵州刺史,镇守捍卫东边国境二十多年,好几次和北齐打仗,战无不胜,因此轻敌。这次出了轵关,独自领兵深入敌方,又不设防。甲辰(二十日),北齐太尉娄叡领兵突然来到,大败杨檦的军队,杨檦便向北齐投降。

权景宣围困悬瓠,十二月,北齐豫州道行台、豫州刺史太原王高士良、永州刺史萧世怡一起献城投降北周。权景宣任命开府郭彦守豫州,谢徹守永州,把高士良、萧世怡和降兵一千人送到长安。

周人筑土山、挖地道攻打洛阳,三十天也没有攻下来。晋公宇文护命令部将们挖掘切断河阳的道路,阻止北齐的援军,然后一同攻打洛阳。部将们以为齐兵一定不敢出城,所以只派人侦察而已。

北齐派兰陵王高长恭、大将军斛律光救援洛阳,因为惧怕北周的兵力强大,不敢前进。北齐国主召见并州刺史段韶,对他说:"洛阳危急,现在派兰陵王去援救。突厥在北面,也要加以防御,怎么办?"段韶回答说:"北虏侵犯边境,只不过像身上长了疥疮皮癣。现在西边的邻国对我们窥测进逼,这才是心腹之患,我愿意奉陛下的诏命到南方去。"北齐国主说:"我的意思也是如此。"于是下令段韶率领一千名精锐的骑兵从晋阳出发。丁巳(初三),北齐国主也从晋阳赶赴洛阳。

30　己未(初五),北齐太宰平原靖翼王高淹去世。

31　段韶从晋阳出发,五天以后渡过黄河,正巧连日来阴天有雾,壬戌(初八),段韶到达洛阳,率领帐下的三百名骑兵,和将领们一同登上邙坂,观察北周军队的形势。到太和谷,和北周军队遭遇,段韶立即派人骑马遍告各营,会集骑士,严阵以待。段韶是左军,兰陵王高长恭是中军,斛律光是右军。周人没有想到段韶等人到来,感到恐惧。段韶远远地向周人说:"你宇文护刚得到母亲,就马上来侵扰,这是为什么?"周人说:"上天派我们来,有什么好问的!"段韶说:"天道是赏善罚恶的,是派你们送死来了!"

周人以步兵在前,上山迎战。段韶且战且退诱敌深入。等对方兵力疲竭,于是下马进攻。北周军队大败,立刻崩溃,坠落在溪流和山谷中而丧生的很多。

兰陵王长恭以五百骑突入周军,遂至金墉城下。城上人弗识,长恭免胄示之面,乃下弩手救之。周师在城下者亦解围遁去,委弃营幕,自邙山至谷水,三十里中,军资器械,弥满川泽。唯齐公宪、达奚武及庸忠公王雄在后,勒兵拒战。

王雄驰马冲斛律光陈,光退走,雄追之。光左右皆散,唯馀一奴一矢。雄按矟不及光者丈馀,谓光曰:"吾惜尔不杀,当生将尔见天子。"光射雄中额,雄抱马走,至营而卒。军中益惧。

齐公宪扞循督励,众心小安。至夜,收军,宪欲待明更战。达奚武曰:"洛阳军散,人情震骇,若不因夜速还,明日欲归不得。武在军久,备见形势。公少年未经事,岂可以数营士卒委之虎口乎!"乃还。权景宣亦弃豫州走。

丁卯,齐主至洛阳。己巳,以段韶为太宰,斛律光为太尉,兰陵王长恭为尚书令。壬申,齐主如虎牢,遂自滑台如黎阳,丙子,至邺。

杨忠引兵出沃野,应接突厥,军粮不给,诸军忧之,计无所出。忠乃招诱稽胡酋长咸在坐,诈使河州刺史王杰勒兵鸣鼓而至,曰:"大冢宰已平洛阳,欲与突厥共讨稽胡之不服者。"坐者皆惧,忠慰谕而遣之。于是诸胡相帅馈输,军粮填积。属周师罢归,忠亦还。

晋公护本无将略,是行也,又非本心,故无功,与诸将稽首谢罪。周主慰劳罢之。

32　是岁,齐山东大水,饥死者不可胜计。

33　宕昌王梁弥定屡寇周边,周大将军田弘讨灭之,以其地置宕州。

兰陵王高长恭以五百名骑兵冲进北周军队的包围圈,到了金墉城下。城上的人不认识他,高长恭脱去甲胄露出自己的面孔,城上派了弓箭手下来救他。在城下的北周军队也解围逃走,丢下营帐,从邙山到谷水的三十里间的川泽之地,都是北周丢弃的兵器辎重。只有齐公宇文宪、达奚武和庸忠公王雄在后面统率兵士抵抗作战。

王雄策马冲入斛律光的阵营,斛律光退走,王雄紧紧追赶。斛律光的左右都走散了,只剩下一名奴仆和一支箭。王雄手按着长矛离斛律光不到一丈多远,对他说:“我可惜你不杀你,要活捉你去见天子。”斛律光放箭射中王雄的额头,王雄用手抱住马颈逃走,到军营时就死去,军中更加恐惧。

齐公宇文宪抚慰激励部下,部众心里稍为平定。夜晚时,他将军队集中起来,准备到天亮时再战。达奚武说:“洛阳的军队都散了,人们的心情震惊害怕,如果不趁晚上迅速退走,只怕明天想走也走不成。我在军队很久了,完全了解这种形势。您年轻没有经历多少事情,怎能把几个营的士兵送进虎口!”于是退兵回去。权景宣也放弃豫州退走。

丁卯(十三日),北齐国主到洛阳。己巳(十五日),任命段韶为太宰,斛律光为太尉,兰陵王高长恭为尚书令。壬申(十八日),北齐国主去虎牢,便从滑台去黎阳,丙子(二十二日),抵达邺城。

杨忠领兵从沃野出发,接应突厥,由于军粮短缺,军中担忧,想不出办法。杨忠便召集诱骗稽胡部落的首长入座,假装叫河州刺史王杰统率士兵敲着战鼓赶到这里,说:“大冢宰已经平定洛阳,准备和突厥共同讨伐稽胡部落那些不服从的人。”在座的首长们都很害怕,杨忠安慰劝说后让他们回去。于是那些胡族部落相继送来粮食,军粮于是充足。北周命令军队罢兵回朝,杨忠也一起返回。

晋公宇文护本来就没有将帅的胆略本领,这次行动,又不是他的本意,所以无功而归,只得和将领们向周武帝叩头请罪。北周国主对他们加以慰劳而作罢。

32 这一年,北齐的山东水灾,饿死的人数不胜数。

33 宕昌王梁弥定屡次进犯北周的边界,北周的大将军田弘将他讨平,在那里设置宕州。

六年（乙酉，565）

1　春，正月癸卯，齐以任城王湝为大司马。

2　齐主如晋阳。

3　二月辛丑，周遣陈公纯、许公贵、神武公窦毅、南阳公杨荐等备皇后仪卫行殿，并六宫百二十人，诣突厥可汗牙帐逆女。毅，炽之兄子也。

4　丙寅，周以柱国安武公李穆为大司空，绥德公陆通为大司寇。

5　壬申，周主如岐州。

6　夏，四月甲寅，以安成王顼为司空。

项以帝弟之重，势倾朝野。直兵鲍僧叡，恃项势为不法，御史中丞徐陵为奏弹之，从南台官属引奏案而入。上见陵章服严肃，为敛容正坐。陵进读奏版，时项在殿上侍立，仰视上，流汗失色。陵遣殿中御史引项下殿。上为之免项侍中、中书监。朝廷肃然。

7　丙午，齐大将军东安王娄叡坐事免。

8　齐著作郎祖珽，有文学，多技艺，而疏率无行。尝为高祖中外府功曹，因宴失金叵罗，于珽髻上得之；又坐诈盗官粟三千石，鞭二百，配甲坊。显祖时，珽为秘书丞，盗《华林遍略》，及有他赃，当绞，除名为民。显祖虽憎其数犯法，而爱其才伎，令直中书省。

世祖为长广王，珽为胡桃油献之，因言"殿下有非常骨法。孝征梦殿下乘龙上天"。王曰："若然，当使兄大富贵。"及即位，擢拜中书侍郎，迁散骑常侍。与和士开共为奸谄。

陈文帝天嘉六年(乙酉,公元 565 年)

1　春季,正月癸卯(二十日),北齐任命任城王高湝为大司马。

2　北齐国主去晋阳。

3　二月辛丑,北周派陈公宇文纯、许公宇文贵、神武公窦毅、南阳公杨荐等准备皇后的仪仗、侍卫、行装,和六宫的一百二十人,到突厥可汗的牙帐迎接可汗的女儿。窦毅是窦炽哥哥的儿子。

4　丙寅(十三日),北周任命柱国安武公李穆为大司空,绥德公陆通为大司寇。

5　壬申(十九日),北周国主去岐州。

6　夏季,四月甲寅(初二),陈朝任命安成王陈顼为司空。

陈顼因为是陈文帝的弟弟而显赫,势力压倒在朝在野的一切人,直兵鲍僧叡依仗陈顼的势力横行不法,御史中丞徐陵上奏章弹劾他,跟随御史台官员的引导经过批阅章奏的几案进入朝廷。文帝见他身穿礼服十分严肃,脸色也严肃起来,端正地坐好。徐陵手持奏版读了奏章,当时陈顼正站在殿上侍候文帝,抬头看着文帝,惊慌得脸上流汗变色。徐陵叫殿中御史领陈顼下殿。文帝因此免去陈顼担任的侍中、中书监的官职。朝廷中对徐陵肃然起敬。

7　戊午(初六),北齐的大将军东安王娄叡因事获罪被免职。

8　北齐著作郎祖珽,有文才,多技艺,但是不拘小节,行为不好。他曾经是齐高祖的中外府功曹,因为宴会时曾经丢失过金酒杯,结果在祖珽的发髻中找到;又因为诈骗盗窃三千石官粟的罪行,曾被鞭打两百下,发配去甲坊服役。齐显祖时,祖珽任秘书丞,偷走《华林遍略》一书,又发现他有其他贪赃行为,本来应该被绞死,后来改判革去官职当老百姓。齐显祖虽然厌恶他常常犯法,但是喜欢他的文才和技艺,所以叫他暂在中书省任职。

齐武成帝早年被封为长广王时,祖珽做了胡桃油献给他,还说:"殿下有非同寻常的骨相。我还梦见殿下乘龙上天。"长广王说:"如果真是这样,当然使您老兄大富大贵。"等到长广王即位做了皇帝,提拔他为中书侍郎,升迁为散骑常侍。他和和士开一起作恶,巴结奉承武成帝。

珽私说士开曰:"君之宠幸,振古无比。宫车一日晚驾,欲何以克终?"士开因从问计。珽曰:"宜说主上云:'文襄、文宣、孝昭之子,俱不得立,今宜令皇太子早践大位,以定君臣之分。'若事成,中宫、少主必皆德君,此万全计也。请君微说主上令粗解,珽当自外上表论之。"士开许诺。

会有彗星见。太史奏云:"彗,除旧布新之象,当有易主。"珽于是上书言:"陛下虽为天子,未为极贵,宜传位东宫,且以上应天道。"并上魏显祖禅子故事。齐主从之。

丙子,使太宰段韶持节奉皇帝玺绶,传位于太子纬。太子即皇帝位于晋阳宫,大赦,改元天统。又诏以太子妃斛律氏为皇后。于是群公上世祖尊号为太上皇帝,军国大事咸以闻。使黄门侍郎冯子琮、尚书左丞胡长粲辅导少主,出入禁中,专典敷奏。子琮,胡后之妹夫也。

祖珽拜秘书监,加仪同三司,大被亲宠,见重二宫。

9 丁丑,齐以贺拔仁为太师,侯莫陈相为太保,冯翊王润为司徒,赵郡王叡为司空,河南王孝琬为尚书令。戊寅,以瀛州刺史尉粲为太尉,斛律光为大将军,东安王娄叡为太尉,尚书仆射赵彦深为左仆射。

10 五月,突厥遣使至齐,始与齐通。

11 六月己巳,齐主使兼散骑常侍王季高来聘。

12 秋,七月辛巳朔,日有食之。

13 上遣都督程灵洗自鄱阳别道击周迪,破之。迪与麾下十馀人窜于山穴中,日月浸久,从者亦稍苦之。后遣人潜出临川市鱼鲑,临川太守骆牙执之,令取迪自效,因使腹心勇士随之

祖珽私下对和士开说:"皇上对我们的宠幸,自古以来无法可比。皇上一旦驾崩,用什么办法来保持我们的结局?"和士开便向他问计。祖珽说:"应当向皇上劝说:'文襄、文宣、孝昭等皇上的太子,都没能立为皇上,现在应当令皇太子早登皇位,决定君臣之分。'如果事情成功,皇后、皇太子一定会感激您,这才是万全之计。请您稍稍劝说皇上使他有所领会,我会从外面向皇上上表说这件事。"和士开便答应了。

正巧天上出现彗星。太史奏报说:"彗星,是除旧更新的迹象,应当有皇帝传位的事发生。"祖珽于是向齐武成帝上书说:"陛下虽然是天子,但还不是极贵,应该传位给皇太子,以顺应天道。"还说了北魏显祖传位给儿子的故事。北齐国主听从了他的意见。

丙子(二十四日),北齐武成帝派太宰段韶手持符节捧着皇帝的玉玺和绶带,传位给太子高纬。太子在晋阳宫即皇帝位,大赦全国,改年号为天统。又下诏封太子的妃子斛律氏为皇后。于是公侯们进奉武成帝以太上皇帝的尊号,军国大事都向他报告。派黄门侍郎冯子琮、尚书左丞相胡长粲辅导年轻的君主,在宫中出入,专门职掌奏章一类的事。冯子琮是胡后的妹夫。

祖珽被授职秘书监,加仪同三司,大受宠信,被皇帝、皇后所看重。

9 丁丑(二十五日),北齐任命贺拔仁为太师,侯莫陈相为太保,冯翊王高润为司徒,赵郡王高睿为司空,河南王高孝琬为尚书令。戊寅(二十六日),任命瀛州刺史尉粲为太尉,斛律光为大将军,东安王娄睿为太尉,尚书仆射赵彦深为左仆射。

10 五月,突厥派使者到北齐,开始和北齐联系。

11 六月己巳(十八日),北齐国主派兼散骑常侍王季高来陈朝访问。

12 秋季,七月辛巳朔(初一),有日食。

13 陈文帝派都督程灵洗从鄱阳经其他道路攻击周迪,将他打败。周迪和部下的十几人逃窜到山洞中,时间一长,跟随他的人也感到有些困苦。后来派人偷偷离开临川买鱼做菜,被临川太守骆牙捉住,命令他们回去捉住周迪来报效,派了亲信的勇士和他们一起

入山。其人诱迪出猎,勇士伏于道傍,出斩之。丙戌,传首至建康。

14 庚寅,周主如秦州。八月丙子,还长安。

15 己卯,立皇子伯固为新安王,伯恭为晋安王,伯仁为庐陵王,伯义为江夏王。

16 冬,十月辛亥,周以函谷关城为通洛防,以金州刺史贺若敦为中州刺史,镇函谷。

敦恃才负气,顾其流辈皆为大将军,敦独未得,兼以湘州之役,全军而返,谓宜受赏,翻得除名,对台使出怨言。晋公护怒,征还,逼令自杀。临死,谓其子弼曰:"吾志平江南,今而不果,汝必成吾志。吾以舌死,汝不可不思。"因引锥刺弼舌出血以诫之。

17 十一月癸未,齐太上皇至邺。

18 齐世祖之为长广王也,数为显祖所捶,心常衔之。显祖每见祖珽,常呼为贼,故珽亦怨之。且欲求媚于世祖,乃说世祖曰:"文宣狂暴,何得称'文'? 既非创业,何得称'祖'? 若文宣为祖,陛下万岁后当何所称?"帝从之。己丑,改谥太祖献武皇帝庙号高祖,献明皇后为武明皇后。令有司更议文宣谥号。

19 十二月乙卯,封皇子伯礼为武陵王。

20 壬戌,齐上皇如晋阳。

21 庚午,齐改谥文宣皇帝为景烈皇帝,庙号威宗。

天康元年(丙戌,566)

1 春,正月己卯,日有食之。

2 癸未,周大赦,改元天和。

进山。这些人回去后引诱周迪到外面打猎,勇士们埋伏在路边,突然奔出将周迪杀死。丙戌(初六),将周迪的首级送到建康。

14　庚寅(初十),北周国主去秦州。八月丙子(二十六日),回长安。

15　己卯(二十九日),陈朝立皇子陈伯固为新安王,陈伯恭为晋安王,陈伯仁为庐陵王,陈伯义为江夏王。

16　冬季,十月辛亥(初二),北周以函谷关的关城为通洛防,任命金州刺史贺若敦做中州刺史,镇守函谷。

贺若敦依仗自己的才能,看不起别人,见到和自己差不多的人都是大将军,而唯独自己不是,加上湘州那次战役,全军都返回没有损失,认为本该受到赏赐,结果反被除名,所以对御史台的使臣口出怨言。晋公宇文护大怒,将他召回,逼他自杀。临死前,他对儿子贺弼说:"我的志向是平定江南,现在没能实现,你一定要完成我的遗愿。我因为口舌不谨慎而死,你不能不深思。"于是用锥子把儿子的舌头扎出血来告诫他。

17　十一月癸未(初五),北齐的太上皇帝到了邺城。

18　齐世祖高湛当长广王时,屡次被显祖用鞭子责打,心中常常衔恨。显祖每次见到祖珽,常常称他为贼,所以祖珽也怨恨他。因为要讨好世祖,便对世祖说:"文宣帝性情粗暴,怎么能称'文'?又没有开创基业,怎么能称'祖'? 如果文宣帝是祖,陛下万岁以后又怎样称呼?"武成帝接受了。己丑(十一日),将高欢的庙号太祖改为高祖,谥号献武皇帝改尊为神武皇帝。献明皇后改称武明皇后。下令有关部门重新商议文宣帝的谥号。

19　十二月乙卯(初七),陈朝封皇子陈伯礼为武陵王。

20　壬戌(十四日),北齐太上皇帝去晋阳。

21　庚午(二十二日),北齐把文宣皇帝的谥号改为景烈皇帝,庙号威宗。

陈文帝天康元年(丙戌,公元 566 年)

1　春季,正月己卯(初二),出现日食。

2　癸未(初六),北周大赦全国,改年号为天和。

3 辛卯,齐主祀圜丘。癸巳,祫太庙。

4 丙申,齐以吏部尚书尉瑾为右仆射。

5 己亥,周主耕藉田。

6 庚子,齐主如晋阳。

7 周遣小载师杜杲来聘。

8 二月庚戌,齐上皇还邺。

9 丙子,大赦,改元。

10 三月己卯,以安成王顼为尚书令。

11 丙午,周主祀南郊。夏,四月辛亥,大雩。

12 上不豫,台阁众事,并令尚书仆射到仲举、五兵尚书孔奂共决之。奂,琇之之曾孙也。疾笃,奂、仲举与司空、尚书令、扬州刺史安成王顼、吏部尚书袁枢、中书舍人刘师知入侍医药。枢,君正之子也。太子伯宗柔弱,上忧其不能守位,谓顼曰:"吾欲遵太伯之事。"顼拜伏泣涕,固辞。上又谓仲举、奂等曰:"今三方鼎峙,四海事重,宜须长君。朕欲近则晋成,远隆殷法,卿等宜遵此意。"孔奂流涕对曰:"陛下御膳违和,痊复非久。皇太子春秋鼎盛,圣德日跻,安成介弟之尊,足为周旦。若有废立之心,臣等愚诚,不敢闻诏。"上曰:"古之遗直,复见于卿。"乃以奂为太子詹事。

臣光曰:夫人臣之事君,宜将顺其美,正救其恶。孔奂在陈,处腹心之重任,决社稷之大计,苟以世祖之言为不诚,则当如窦婴面辩,袁盎廷争,防微杜渐以绝觊觎之心。以为诚邪,则当请明下诏书,宣告中外,

3　辛卯(十四日)，北齐国主到圜丘祭祀。癸巳(十六日)，在太庙对祖先举行祭祀。

4　丙申(十九日)，北齐任命吏部尚书尉瑾为右仆射。

5　己亥(二十二日)，北周国主在藉田举行耕种仪式。

6　庚子(二十三日)，北齐国主去晋阳。

7　北周派小载师杜杲来陈朝访问。

8　二月庚戌(初三)，北齐太上皇帝回邺城。

9　丙子(二十九日)，陈朝大赦全国，改年号为天康。

10　三月己卯(初三)，陈朝任命安成王陈顼为尚书令。

11　丙午(三十日)，北周国主到南郊祭祀。夏季，四月辛亥(初五)，天上出现大虹。

12　陈文帝生病，台阁等官署的事情，令尚书仆射到仲举、五兵尚书孔奂共同决定。孔奂是孔琇之的曾孙。文帝病重，孔奂、到仲举和司空及尚书令、扬州刺史安成王陈顼、吏部尚书袁枢、中书舍人刘师知进宫侍候医病服药。袁枢是袁君正的儿子。太子陈伯宗懦弱，文帝担心他不能守住皇位，对安成王陈顼说："我要像太伯那样把天下让给你。"陈顼流泪拜伏在地，坚决推辞。文帝又对到仲举、孔奂说："现在三方鼎立对峙，天下的事情繁重，需要有个年纪较大的君主。近的，朕准备效法晋成帝，远的，遵照殷朝的法则，把皇位传给弟弟，你们要按朕的意思去做。"孔奂流着泪回答说："陛下因为饮食不当所以身体欠安，不用很久就能康复。皇太子正在盛年，威德一天比一天高，安成王贵为陛下的弟弟，足以承担周公旦那样的责任。陛下如果有废立的想法，我们虽然愚笨，实在不敢听到这样的诏命。"文帝说："古代直道而行的遗风，在你们身上表现出来了。"于是任命孔奂为太子詹事。

　　臣司马光说：作为臣子服事君主，应该顺随他做得对的好事，以正直补救他做得不对的坏事。孔奂在陈朝，负有心腹大臣的重任，决定国家的大计，假如认为世祖的话不是真心实意，就应当像窦婴那样当面辩论、袁盎那样在朝廷上力争，在错误或坏事萌芽的时候及时制止，不使它发展，杜绝非分企图之心。如果认为是真心话，就应当请皇帝明下诏书，向中外宣布，

使世祖有宋宣之美,高宗无楚灵之恶。不然,谓太子嫡嗣,不可动摇,欲保辅而安全之,则当尽忠竭节,如晋之荀息、赵之肥义。奈何于君之存,则逆探其情而求合焉;及其既没,则权臣移国而不能救,嗣主失位而不能死! 斯乃奸谀之尤者,而世祖谓之遗直,以托六尺之孤,岂不悖哉!

13 癸酉,上殂。

上起自艰难,知民疾苦。性明察俭约,每夜刺闺取外事分判者,前后相续。敕传更签于殿中者,必投签于阶石之上,令枪然有声,曰:"吾虽眠,亦令惊觉。"

太子即位,大赦。五月己卯,尊皇太后曰太皇太后,皇后曰皇太后。

14 乙酉,齐以兼尚书左仆射武兴王普为尚书令。

15 吐谷浑龙涸王莫昌帅部落附于周,以其地为扶州。

16 庚寅,以安成王顼为骠骑大将军、司徒、录尚书、都督中外诸军事。丁酉,以中军大将军、开府仪同三司徐度为司空,以吏部尚书袁枢为左仆射,吴兴太守沈钦为右仆射,御史中丞徐陵为吏部尚书。

陵以梁末以来,选授多滥,乃为书示众曰:"梁元帝承侯景之凶荒,王太尉接荆州之祸败,故使官方,穷此纷杂。永安之时,圣朝草创,白银难得,黄札易营,权以官阶,代于钱绢。致令员外、常侍,路上比肩,谘议、参军,市中无数,岂是朝章固应如此! 今衣冠礼乐,日富年华,何可犹作旧意非理望也!"众咸服之。

17 己亥,齐立上皇子弘为齐安王,仁固为北平王,仁英为高平王,仁光为淮南王。

可以使世祖有宋宣公舍子立弟的美德,高宗无楚灵王杀兄自立的恶行。不然,说太子是嫡系王位继承人,不能动摇,要辅佐他,使他没有危险,就应当尽忠全节,像晋国的荀息、赵国的肥义那样。奈何在君主活着时,预先猜度他的想法而迎合他;等到君主死后,权臣动摇国本而不能挽救,继位的君主失位时而不能殉节去死!这就是奸诈奉承到了极点的人,而世祖说他们有古代直道而行的遗风,托付他们辅助未成年而继位的君主,岂不荒谬!

13 癸酉(二十七日),陈文帝死。

文帝出身于艰苦困难之中,知道民间的疾苦。生性目光敏锐、节俭朴实,每晚取来投在宫门的急报,对其中的事情分析判断,前后接连不断。下令传送更签到殿中的人,一定要把竹签投在石阶上,使它发出声音,说:“我虽然睡着了,这样可以使我惊醒。”

太子临海王陈伯宗即皇帝位,大赦全国。五月己卯(初三),尊称皇太后为太皇太后,皇后为皇太后。

14 乙酉(初九),北齐任命兼尚书左仆射武兴王高普为尚书令。

15 吐谷浑龙涸王莫昌率领部落归附北周,在他们的地方设置扶州。

16 庚寅(十四日),陈朝以安成王陈顼为骠骑大将军、司徒、录尚书、都督中外诸军事。丁酉(二十一日),任命中军大将军、开府仪同三司徐度为司空,任命吏部尚书袁枢为左仆射,吴兴太守沈钦为右仆射,御史中丞徐陵为吏部尚书。

徐陵认为梁朝末年以来,选官授职太滥,便写信告诉部属说:“梁元帝继承了侯景叛乱后的残破局面,王太尉接受了荆州被攻破后的灾难衰败,所以造成官职制度的极其混乱复杂。永安年间,陈朝刚建立不久,白银难得,授予官职的文书却容易求取,暂时用官阶代替赏赐的钱币绢帛。以至路上的员外、常侍一个挨一个,街坊间的谘议、参军多到无数,难道朝廷的典章制度本该这样吗!现在官员的衣冠、礼乐规定,一天比一天多,一年比一年浮华,怎能还根据以往这种章法违反常理和民望!”大家都很信服。

17 己亥(二十三日),北齐立太上皇帝的儿子高弘为齐安王,高仁固为北平王,高仁英为高平王,高仁光为淮南王。

18　六月,齐遣兼散骑常侍韦道儒来聘。

19　丙寅,葬文皇帝于永宁陵,庙号世祖。

20　秋,七月戊寅,周筑武功等诸城以置军士。

21　丁酉,立妃王氏为皇后。

22　八月,齐上皇如晋阳。

23　周信州蛮冉令贤、向五子王等据巴峡反,攻陷白帝,党与连结二千馀里。周遣开府仪同三司元契、赵刚等前后讨之,终不克。九月,诏开府仪同三司陆腾督开府仪同三司王亮、司马裔讨之。

腾军于汤口,令贤于江南据险要,置十城,远结涔阳蛮为声援,自帅精卒固守水逻城。腾召诸将问计,皆欲先取水逻,后攻江南。腾曰:"令贤内恃水逻金汤之固,外托涔阳辅车之援,资粮充实,器械精新。以我悬军,攻其严垒,脱一战不克,更成其气。不如顿军汤口,先取江南,翦其羽毛,然后进军水逻,此制胜之术也。"乃还王亮帅众渡江,旬日,拔其八城,捕虏及纳降各千计。遂间募骁勇,数道进攻水逻。蛮帅冉伯犁、冉安西素与令贤有仇,腾说诱,赂以金帛,使为乡导。水逻之旁有石胜城,令贤使其兄子龙真据之。腾密诱龙真,龙真遂以城降。水逻众溃,斩首万馀级,捕虏万馀口。令贤走,追获,斩之。腾积骸于水逻城侧为京观。是后群蛮望之,辄大哭,不敢复叛。

向五子王据石墨城,使其子宝胜据双城。水逻既平,腾频遣谕之,犹不下。进击,皆擒之,尽斩诸向酋长,捕虏万馀口。

信州旧治白帝,腾徙之于八陈滩北,以司马裔为信州刺史。

小吏部陇西辛昂,奉使梁、益,且为腾督军粮。时临、

18　六月,北齐派兼散骑常侍韦道儒来陈朝访问。

19　丙寅(二十一日),陈朝把文皇帝葬在永宁陵,庙号世祖。

20　秋季,七月戊寅(初三),北周修筑武功等城池安置军队。

21　丁酉(二十二日),陈朝立妃子王氏为皇后。

22　八月,北齐太上皇帝去晋阳。

23　北周信州蛮冉令贤、向五子王等据守巴峡叛变,攻陷白帝城,党羽连结有两千多里。北周派开府仪同三司元契、赵刚等前后对他们进行讨伐,都没有攻克。九月,周武帝下诏派开府仪同三司陆腾督带开府仪同三司王亮、司马裔去讨伐。

陆腾把军队驻扎在汤口,冉令贤在长江南面据守险要的地方,设置十个城池,勾结远处的涔阳蛮互为声援,自己率领精兵在水逻城固守。陆腾召集将领们询问对策,都认为先攻取水逻城,后进攻长江南面一带。陆腾说:"冉令贤内部依仗水逻城固若金汤,外部寄托涔阳蛮互相依存的支援,物资和粮食充足,兵器和军械精良。以我方无所依靠的军队,攻打对方严阵以待的军垒,如果不能一仗攻克,会更加助长他们的气焰。不如把军队驻屯在汤口,先攻取长江南面的地方,好比剪掉了他们的羽毛,然后向水逻城进军,这才是克敌制胜的战术。"便派王亮率领军队渡过长江,只用十天,攻下八城,俘虏和投降的分别以千计。于是挑选骁勇的士兵,分几路进攻水逻城。信州蛮的将帅冉伯犁、冉安西素来和冉令贤有仇,陆腾对他们诱说,用金帛贿赂收买,叫他们当向导。水逻城旁边有石胜城,冉令贤叫侄子冉龙真在那里据守。陆腾秘密地劝诱冉龙真,冉龙真便举城投降。水逻城的守众溃散,被杀死一万多人,俘虏了一万多人。冉令贤逃走时被追拿斩杀。陆腾在水逻城旁把尸骸堆成高丘。此后群蛮见到这种惨状,就大哭,不敢再叛乱。

向五子王占据石墨城,叫儿子向宝胜据守双城。水逻城平定后,陆腾不断派人去劝说,还是不肯投降。陆腾于是发起进攻,把他们全部捉到,将姓向的酋长全都杀掉,还捉到一万多个俘虏。

信州的旧治所在白帝城,陆腾把治所迁到八陈滩的北面,任命司马裔为信州刺史。

小吏部陇西辛昂,奉命出使梁州、益州,并且替陆腾操办军粮。当时临、

信、楚、合等州,民多从乱,昂谕以祸福,赴者如归。乃令老弱负粮,壮夫拒战,咸乐为用。使还,会巴州万荣郡民反,攻围郡城,遏绝山路。昂谓其徒曰:"凶狡猖狂,若待上闻,孤城必陷。苟利百姓,专之可也。"遂募通、开二州,得三千人。倍道兼行,出其不意,直趣贼垒。贼以为大军至,望风瓦解,一郡获全。周朝嘉之,以为渠州刺史。

24 冬,十月,齐以侯莫陈相为太傅,任城王湝为太保,娄叡为大司马,冯翊王润为太尉,开府仪同三司韩祖念为司徒。

25 庚申,帝享太庙。

26 十一月乙亥,周遣使来吊。

27 丙戌,周主行视武功等新城。十二月庚申,还长安。

28 齐河间王孝琬怨执政,为草人而射之。和士开、祖珽谮之于上皇曰:"草人以拟圣躬也。又,前突厥至并州,孝琬脱兜鍪抵地,云:'我岂老妪,须著此物!'此言属大家也。又,魏世谣言:'河南种谷河北生,白杨树上金鸡鸣。'河南、北者,河间也。孝琬将建金鸡大赦耳。"上皇颇惑之。

会孝琬得佛牙,置第内,夜有光。上皇闻之,使搜之,得填库矟幡数百,上皇以为反具,收讯。诸姬有陈氏者,无宠,诬孝琬云:"孝琬常画陛下像而哭之",其实世宗像也。上皇怒,使武卫赫连辅玄倒鞭挝之。孝琬呼叔。上皇曰:"何敢呼我为叔!"孝琬曰:"臣神武皇帝嫡孙,文襄皇帝嫡子,魏孝静皇帝之甥,何为不得呼叔!"上皇愈怒,折其两胫而死。

信、楚、合各州的民众很多参加了叛乱,辛昂对他们说明利害关系,参加的人都纷纷回来。于是叫年老体弱的背粮食,身体强壮的男子参加打仗,都愿意为他效力。辛昂完成使命返回时,正遇到巴州万荣郡的百姓造反,进攻包围了郡城,阻断山路。辛昂对徒众说:"乱民凶狡猖狂,如果先报告朝廷,孤城一定陷落。如果对老百姓有利,不如先斩后奏。"便在通、开二州招募壮丁,得到三千人。加倍地赶路,出其不意,直逼贼垒。贼以为大军到来,便望风瓦解,郡城得以保全。北周朝廷嘉奖辛昂,任命他为渠州刺史。

24　冬季,十月,北齐任命侯莫陈相为太傅,任城王高湝为太保,娄叡为大司马,冯翊王高润为太尉,开府仪同三司韩祖念为司徒。

25　庚申(十七日),陈废帝陈伯宗到太庙祭祀。

26　十一月乙亥(初二),北周派使者来陈朝吊丧。

27　丙戌(十三日),北周国主巡行视察武功等新城。十二月庚申(十八日),回长安。

28　北齐河间王高孝琬怨恨太上皇帝,扎了草人当靶子用箭射它。和士开、祖珽向太上皇帝进谗言说:"草人是模拟圣上的。再有,以前突厥到了并州,高孝琬脱下头盔扔在地上,说:'我难道是老太婆,要用这种东西!'这也是针对圣上的。此外,魏世有歌谣说:'河南种谷河北生,白杨树上金鸡鸣。'黄河的南、北,就是河间一带。高孝琬将要设置金鸡,表示要像皇帝那样大赦天下。"太上皇帝心里非常疑惑。

恰逢高孝琬得到佛牙,放在宅第内,佛牙在夜间发光。太上皇帝听后,派人去搜寻,发现在仓库里放着几百件长矛和旗幡,太上皇帝认为这是图谋造反的用具,便逮捕他加以审讯。高孝琬的妾妃中有个陈氏,因为得不到主人的宠爱,就诬告高孝琬说,"高孝琬经常画了陛下的像对着它哭泣",其实所画的是高孝琬父亲文襄皇帝的像。太上皇帝勃然大怒,派武卫赫连辅玄用鞭子粗的一头揍他。高孝琬被打得大叫"叔父"。太上皇帝说:"你怎么胆敢叫我叔父!"高孝琬说:"臣是神武皇帝的嫡孙,文襄皇帝的嫡子,魏孝静皇帝的外甥,为什么不能称你为叔父!"太上皇帝更加发怒,将他的小腿打断因而死去。

安德王延宗哭之,泪赤。又为草人,鞭而讯之曰:"何故杀我兄?"奴告之,上皇覆延宗于地,马鞭鞭之二百,几死。

29　是岁,齐赐侍中、中书监元文遥姓高氏,顷之,迁尚书左仆射。

魏末以来,县令多用厮役,由是士流耻为之。文遥以为县令治民之本,遂请革选,密择贵游子弟,发敕用之。犹恐其披诉,悉召之集神武门,令赵郡王叡宣旨唱名,厚加尉谕而遣之。齐之士人为县自此始。

安德王高延宗听说后大哭,直到哭出血来。高延宗也扎了个草人,对它一面鞭打一面责问说:"你为什么要杀我的哥哥?"奴仆向上检举了这件事,太上皇帝把高延宗掀翻在地,用马鞭鞭打两百,几乎被打死。

29　这一年,北齐赐侍中、中书监元文遥姓高,不久,又升职为尚书左仆射。

魏朝末年以来,多用出身低贱的厮役当县令,因此一般文人都不屑于充当。元文遥认为县令是治理百姓的根本,便请求改变选用县令的办法,秘密挑选没有官职的贵族子弟,发出敕令加以任命。还怕这些人纷纷推辞,把他们都召集到神武门,叫赵郡王高叡宣布圣旨逐个点名,郑重地进行安慰和劝说,然后派遣出去。北齐的文人做县令由此开端。

卷第一百七十　陳紀四

起丁亥(567)尽辛卯(571)凡五年

临海王
光大元年(丁亥,567)

1　春,正月癸酉朔,日有食之。

2　尚书左仆射袁枢卒。

3　乙亥,大赦,改元。

4　辛卯,帝祀南郊。

5　壬辰,齐上皇还邺。

6　己亥,周主耕藉田。

7　二月壬寅朔,齐主加元服,大赦。

8　初,高祖为梁相,用刘师知为中书舍人。师知涉学工文,练习仪体,历世祖朝,虽位宦不迁,而委任甚重,与扬州刺史安成王顼、尚书仆射到仲举同受遗诏辅政。师知、仲举恒居禁中,参决众事,顼与左右三百人入居尚书省。师知见顼地望权势为朝野所属,心忌之,与尚书左丞王暹等谋出顼于外。众犹豫,未敢先发。东宫通事舍人殷不佞,素以名节自任,又受委东宫,乃驰诣相府,矫敕谓顼曰:"今四方无事,王可还东府经理州务。"

顼将出,中记室毛喜,驰入见顼曰:"陈有天下日浅,国祸继臻,中外危惧。太后深惟至计,令王入省共康庶绩,今日之言,必非太后之意。宗壮之重,愿王三思,须更闻奏,无使奸人得肆其谋。

临海王

陈临海王光大元年(丁亥,公元567年)

1　春季,正月癸酉朔(初一),出现日食。

2　陈朝尚书左仆射袁枢死。

3　乙亥(初三),陈朝大赦天下,改年号为光大。

4　辛卯(十九日),陈废帝到南郊祭祀。

5　壬辰(二十日),北齐太上皇帝回邺城。

6　己亥(二十七日),北周国主在藉田举行耕种仪式。

7　二月壬寅朔(初一),北齐国主举行加冠冕的仪式,大赦全国。

8　当初,陈高祖是梁敬帝的丞相,任用刘师知为中书舍人。刘师知学识广博擅长文字,熟悉朝仪礼制,在梁世祖时,虽然为官却得不到升迁,但委任他的事情很重要,他和扬州刺史安成王陈顼、尚书仆射到仲举一起受先皇的遗诏辅政。刘师知、到仲举常常住在宫里,参与决定许多事情,陈顼和三百名身边亲信进驻尚书省。刘师知看到陈顼的门第和权势为朝廷和民间所注目,心中妒嫉,和尚书左丞王暹等策划拟把陈顼排挤出尚书省。大家犹豫不定,不敢率先发难。东宫通事舍人殷不佞,一贯以维护名望气节为己任,加上在东宫任职,是皇帝亲自任命的,于是赶到尚书省假传圣旨对陈顼说:"现在天下无事,安成王可以回自己的东府管理州务。"

陈顼正准备离开尚书省,中记室毛喜赶来见他,说:"陈朝据有天下为时还很短,国家接连遇到大丧事,上上下下都感到担忧害怕。太后经过深思熟虑,才决定叫您安成王进尚书省共同兴举各种事功,殷不佞所说的,一定不是太后的意思。宗室的重任在身,希望您能三思,必须另行向朝廷奏报,不要使邪恶之徒的阴谋得逞。

今出外即受制于人,譬如曹爽,愿作富家翁,其可得邪!"项遣喜与领军将军吴明徹筹之,明徹曰:"嗣君谅暗,万机多阙。殿下亲实周、邵,当辅安社稷,愿留中勿疑。"

项乃称疾,召刘师知,留之与语,使毛喜先入言于太后,太后曰:"今伯宗幼弱,政事并委二郎。此非我意。"喜又言于帝。帝曰:"此自师知等所为,朕不知也。"喜出,以报项。项因囚师知,自入见太后及帝,极陈师知之罪,仍自草敕请画,以师知付廷尉,其夜,于狱中赐死。以到仲举为金紫光禄大夫。王暹、殷不佞并付治。不佞,不害之弟也,少有孝行,项雅重之,故独得不死,免官而已。王暹伏诛。自是国政尽归于项。

右卫将军会稽韩子高,镇领军府,在建康诸将中士马最盛,与仲举通谋。事未发。毛喜请简士马配子高,并赐铁炭,使修器甲。项惊曰:"子高谋反,方欲收执,何为更如是邪?"喜曰:"山陵始毕,边寇尚多,而子高受委前朝,名为杖顺。若收之,恐不即授首,或能为人患。宜推心安诱,使不自疑,伺间图之,一壮士之力耳。"项深然之。

仲举既废归私第,心不自安。子郁,尚世祖妹信义长公主,除南康内史,未之官。子高亦自危,求出为衡、广诸镇;郁每乘小舆,蒙妇人衣,与子高谋。会前上虞令陆昉及子高军主告其谋反。项在尚书省,因召文武在位议立皇太子。平旦,仲举、子高入省,

现在离开尚书省就会受到别人的牵制束缚,比如像曹爽那样,只愿当个富家翁,这怎能如愿!"陈顼派毛喜和领军将军吴明徹商议,吴明徹说:"继位的国君正在居丧,日常纷繁的政务很多还没有着手。殿下亲如周公、召公,应当辅助皇上安定国家,希望殿下留在尚书省,不必疑虑。"

陈顼于是假装生病,请刘师知来,留住他进行谈话,同时派毛喜先向太后禀告。太后说:"现在伯宗皇帝年幼,政事都委托给二郎陈顼。殷不佞所说的不是我的意思。"毛喜又去向皇帝说这件事。皇帝说:"这是刘师知他们自己的所作所为,朕并不知道。"毛喜回来报告给陈顼。陈顼把刘师知囚禁起来,亲自进宫见太后和皇帝,极力陈述刘师知的罪行,自己起草了诏命请皇帝御批,把刘师知交给廷尉,这天夜里,在牢狱中对他赐死。任命到仲举为金紫光禄大夫。王暹、殷不佞一同交送有关部门治罪。殷不佞是殷不害的弟弟,少年时对父母很孝顺,陈顼平素很看重他,所以唯独他没有被处死,只是被罢官而已。王暹被处死。从此以后国家大政都归于陈顼。

右卫将军会稽韩子高,镇守幕府,在建康的诸多将帅中,军队和军马的数目最多,曾经和到仲举联系共谋。这件事没有暴露。毛喜请陈顼选派士兵马匹给韩子高,并赐给他铁和木炭,供他修治兵器盔甲。陈顼感到惊讶说:"韩子高参与谋反,正要把他抓起来,为什么反倒这样?"毛喜说:"帝王的山陵刚修建完毕,边境的盗寇还很多,韩子高受前朝的委用,号称凭倚之才。如果抓他,恐怕不肯降服,或许变成祸患。应当对他推心置腹安抚诱导,使他不产生怀疑,等到有机会再对付他,只要一个壮士的力量就够了。"陈顼非常同意。

到仲举被免职后回到住所,心里很不平静。他的儿子到郁,娶世祖的妹妹信义长公主为妻,授南康内史的官职,他没有赴任。韩子高自己也感到有危险,请求离京镇守衡、广等州;到郁往往坐小车,蒙上妇女的衣服,到韩子高那里去策划。恰巧前上虞令陆昉和韩子高军队的主将检举到郁谋反。陈顼在尚书省,召集在位的文武大臣们商议立皇太子的事。清晨,到仲举、韩子高到尚书省,

皆执之，并郁送廷尉，下诏，于狱赐死，馀党一无所问。

9　辛亥，南豫州刺史余孝顷坐谋反诛。

10　癸丑，以东扬州刺史始兴王伯茂为中卫大将军、开府仪同三司。伯茂，帝之母弟也，刘师知、韩子高之谋，伯茂皆预之。司徒顼恐扇动内外，故以为中卫，专使之居禁中，与帝游处。

11　三月甲午，以尚书右仆射沈钦为侍中、左仆射。

12　夏，四月癸丑，齐遣散骑常侍司马幼之来聘。

13　湘州刺史华皎闻韩子高死，内不自安，缮甲聚徒，抚循所部，启求广州，以卜朝廷之意。司徒顼伪许之，而诏书未出。皎遣使潜引周兵，又自归于梁，以其子玄响为质。

五月癸巳，顼以丹杨尹吴明彻为湘州刺史。

14　甲午，齐以东平王俨为尚书令。

15　司徒顼遣吴明彻帅舟师三万趣郢州，丙申，遣征南大将军淳于量帅舟师五万继之，又遣冠武将军杨文通从安成步道出茶陵，巴山太守黄法慧从宜阳出澧陵，共袭华皎，并与江州刺史章昭达、郢州刺史程灵洗合谋进讨。六月壬寅，以司空徐度为车骑将军，总督建康诸军，步道趣湘州。

16　辛亥，周主尊其母叱奴氏为皇太后。

17　己未，齐封皇弟仁机为西河王，仁约为乐浪王，仁俭为颍川王，仁雅为安乐王，仁直为丹杨王，仁谦为东海王。

18　华皎使者至长安。梁王亦上书言状，且乞师，周人议出师应之。司会崔猷曰："前岁东征，死伤过半。比虽循抚，疮痍未复。今陈氏保境息民，共敦邻好，岂可利其土地，纳其叛臣，违

都被抓起来,连同到郁一并押送廷尉,皇帝下诏,在狱中赐死,他们的馀党一个也不追问。

9　辛亥(初十),陈朝南豫州刺史余孝顷以谋反罪被杀。

10　癸丑(十二日),陈朝任命东扬州刺史始兴王陈伯茂为中卫大将军、开府仪同三司。陈伯茂是废帝的同母兄弟,刘师知、韩子高的阴谋,陈伯茂都曾参与。司徒陈顼恐怕陈伯茂在朝内外煽惑,所以叫他任中卫,专门住在宫里,陪伴废帝出游居住。

11　三月甲午(二十三日),陈朝任命尚书右仆射沈钦为侍中、左仆射。

12　夏季,四月癸丑(十三日),北齐派散骑常侍司马幼之到陈朝访问。

13　陈朝的湘州刺史华皎听说韩子高被处死,内心忐忑不安,便修造盔甲聚集徒众,安抚部下,上奏要求得到广州,以预测朝廷的意思。司徒陈顼假意答允,而没有下诏书。华皎派使者暗中引来北周军队,自己又投奔梁朝,以自己的儿子华玄响作为人质。

　　五月癸巳(二十三日),陈顼任命丹杨尹吴明徹为湘州刺史。

14　甲午(二十四日),北齐任命东平王高俨为尚书令。

15　司徒陈顼派吴明徹率领三万水军进取郢州,丙申(二十五日),派征南大将军淳于量率领五万水军相继跟进,又派冠武将军杨文通从安成陆路向茶陵进兵,巴山太守黄法慧从宜阳进兵澧陵,共同攻袭华皎,并和江州刺史章昭达、郢州刺史程灵洗合谋进讨。六月壬寅(初三),任命司空徐度为车骑将军,总督建康的军队,从陆路进兵湘州。

16　辛亥(十二日),北周国主向母亲叱奴氏上皇太后尊号。

17　己未(二十日),北齐封皇弟高仁机为西河王,高仁约为乐浪王,高仁俭为颍川王,高仁雅为安乐王,高仁直为丹杨王,高仁谦为东海王。

18　华皎的使者到长安。梁王也上书说明情况,请求北周派军队支援,周朝人商议准备派军队答允对方请求。司会崔猷说:"前年东征北齐的洛阳,军队死伤过半。近来虽然加以安抚,但遭受的创伤还没有平复。现在陈朝保境安民,和我们睦邻友好,怎么能贪图它的土地,接纳他们的叛臣,违背和对方

盟约之信,兴无名之师乎!"晋公护不从。闰六月戊寅,遣襄州总管卫公直督柱国陆通、大将军田弘、权景宣、元定等将兵助之。

19　辛巳,齐左丞相咸阳武王斛律金卒,年八十。长子光为大将军,次子羡及孙武都并开府仪同三司,出镇方岳,其馀子孙封侯显贵者甚众。门中一皇后,二太子妃,三公主,事齐贵宠,三世无比。自肃宗以来,礼敬尤重,每朝见,常听乘步挽车至阶,或以羊车迎之。然金不以为喜,尝谓光曰:"我虽不读书,闻古来外戚鲜有能保其族者。女若有宠,为诸贵所嫉;无宠,为天子所憎。我家直以勋劳致富贵,何必藉女宠也!"

20　壬午,齐以东平王俨录尚书事,以左仆射赵彦深为尚书令,并省尚书左仆射娄定远为左仆射,中书监徐之才为右仆射。定远,昭之子也。

21　秋,七月戊申,立皇子至泽为太子。

22　八月,齐以任城王湝为太师,冯翊王润为大司马,段韶为左丞相,贺拔仁为右丞相,侯莫陈相为太宰,娄叡为太傅,斛律光为太保,韩祖念为大将军,赵郡王叡为太尉,东平王俨为司徒。

俨有宠于上皇及胡后,时兼京畿大都督、领军大将军,领御史中丞。魏朝故事:中丞出,与皇太子分路,王公皆遥驻车,去牛,顿轭于地,以待其过。其或迟违,则前驱以赤棒棒之。自迁邺以后,此仪废绝,上皇欲尊宠俨,命一遵旧制。俨初从北宫出,将上中丞,凡京畿步骑、领军官属、中丞威仪、司徒卤簿,莫不毕从。上皇与胡后张幕于华林园东门外而观之,遣中使骤马趣仗。

盟约的信义,出动无名之师?"晋公宇文护不接受意见。闰六月戊寅(二十一日),派襄州总管卫公直督领柱国陆通、大将军田弘、权景宣、元定等率领军队去帮助华皎。

19　辛巳(二十四日),北齐左丞相咸阳武王斛律金死去,终年八十岁。他的长子斛律光为大将军,次子斛律羡和孙子斛律武都封开府仪同三司,出任州的地方长官,其他子孙被封侯而显贵的很多。斛律氏的门第中出了一个皇后,两个太子妃,三个公主,因为服事北齐受到恩宠,三代显贵无比。自肃宗以来,特别礼待尊敬,每当上朝拜见天子,常常准许乘用人推的车辆到宫殿的台阶前,有时用羊拉的车去迎接他上朝。然而斛律金并不为这种待遇而感到高兴,曾经对斛律光说:"我虽然不读书,但听到从古以来帝王的母族、妻族很少有能够保佑自己亲族的。女的如果得到皇帝的宠爱,就会受到公侯权贵们的妒嫉;如果不得宠爱,就会被天子憎恨。我家一直以功勋劳绩而得到富贵,何必依靠女儿受到皇帝的恩宠!"

20　壬午(二十五日),北齐任命东平王高俨为录尚书事,左仆射赵彦深为尚书令,并省尚书左仆射娄定远为左仆射,中书监徐之才为右仆射。娄定远是娄昭的儿子。

21　秋季,七月戊申(二十二日),陈朝立皇子陈至泽为太子。

22　八月,北齐任命任城王高湝为太师,冯翊王高润为大司马,段韶为左丞相,贺拔仁为右丞相,侯莫陈相为太宰,娄叡为太傅,斛律光为太保,韩祖念为大将军,赵郡王高叡为太尉,东平王高俨为司徒。

高俨受到太上皇帝和胡后的恩宠,当时兼任京畿大都督、领军大将军,领御史中丞。魏朝旧时的制度是:中丞外出时,和皇太子分路而行,王公们离他们很远时就要停车,把驾车的牛牵走,把车辕放在地上,等待他们通过。如果行动稍有迟缓就是违法,开道的前驱就用红色的棍棒棒打驱逐。自从迁都到邺城以后,这种仪式已经废除,太上皇帝为了表示对高俨的尊重宠爱,下令恢复这种制度。高俨刚离开北宫,就职中丞,凡是京畿的步骑、领军官属、中丞威仪、司徒卤簿,都在后面跟从,太上皇帝和胡后在华林园东门外设置帷幕观看,派遣使者骑马疾驰到高俨的仪仗队那里。

不得入，自言奉敕，赤棒卒应声碎其鞍，马惊，人坠。上皇大笑，以为善，更敕驻车，劳问良久。观者倾邺城。

俨恒在宫中，坐含光殿视事，诸父皆拜之。上皇或时如并州，俨恒居守。每送行，或半路，或至晋阳乃还。器玩服饰，皆与齐主同，所须悉官给。尝于南宫见新冰早李，还，怒曰："尊兄已有，我何意无！"自是齐主或先得新奇，属官及工人必获罪。俨性刚决，尝言于上皇曰："尊兄懦，何能帅左右！"上皇每称其才，有废立意，胡后亦劝之，既而中止。

23　华皎遣使诱章昭达，昭达执送建康。又诱程灵洗，灵洗斩之。皎以武州居其心腹，遣使诱都督陆子隆，子隆不从。遣兵攻之，不克。巴州刺史戴僧朔等并隶于皎，长沙太守曹庆等，本隶皎下，遂为之用。司徒顼恐上流守宰皆附之，乃曲赦湘、巴二州。九月乙巳，悉诛皎家属。

梁以皎为司空，遣其柱国王操将兵二万助之。周权景宣将水军，元定将陆军，卫公直总之，与皎俱下。淳于量军夏口，直军鲁山，使元定以步骑数千围郢州。皎军于白螺，与吴明彻等相持。徐度、杨文通由岭路袭湘州，尽获其所留军士家属。

皎自巴陵与周、梁水军顺流乘风而下，军势甚盛，战于沌口。量、明彻募军中小舰，多赏金银，令先出当西军大舰受其拍。西军诸舰发拍皆尽，然后量等以大舰拍之，西军舰皆碎，没于中流。

使者不得进入，自称是奉皇帝的命令而来的，手持红色棍棒的兵士应声打碎使者的马鞍，马受到惊吓，把使者颠下来。太上皇帝大笑，以为很好，还下令高俨停车，对他慰问了很久。全邺城的人都出来观看。

高俨在宫里，坐在含光殿办理政事，同宗族的长辈都向他下拜表示尊敬。太上皇帝有时去并州，高俨便常常在宫中留守。给太上皇帝送行时，有时送到半路，有时送到晋阳才回宫。他的用具服饰，都和北齐君主的一般，需用的东西都由官府供给。曾经在北齐君主所住的南宫见到刚送来的冰镇的李子，回去后，勃然大怒说："我的哥哥有这个，我为什么却没有！"从此以后北齐君主比他先得到新奇的东西，属官和工匠一定会获罪。高俨性情刚愎果断，曾对太上皇帝说："哥哥懦弱，怎么能统率左右！"太上皇帝往往称赞他的才能，有废高纬立高俨的意思，胡后也劝他这样做，但不久就中止了这个想法。

23　华皎派使者去劝诱章昭达，被章昭达捉住送到建康。又派使者去劝诱程灵洗，被程灵洗杀死。华皎因为武州是他的心腹要地，派使者去劝诱武州都督陆子隆，陆子隆不肯听从。华皎派军队去进攻，也没有攻克。巴州刺史戴僧朔等都隶属华皎，长沙太守曹庆等人，原先也隶属华皎，因此都为华皎效命。司徒陈顼担心上游一带的郡守地方官都归附华皎，便部分赦免了湘、巴二州。九月，乙巳（初七），把华皎的家属全部处死。

梁朝任命华皎为司空，派柱国王操领兵两万去援助他。北周权景宣率领水军，元定率领陆军，由卫公宇文直总辖，和华皎的军队一起顺流而下。淳于量驻军夏口，宇文直驻军鲁山，元定以几千名步骑兵包围郢州。华皎在白螺驻军，和吴明彻的陈朝军队互相钳制。陈朝的徐度、杨文通从陆路奔袭湘州，把华皎留在湘州的军士家属全部俘虏。

华皎从巴陵与北周、梁朝的水军顺流乘风西下，军势非常强盛，在沌口和陈朝军队发生了战斗。淳于量、吴明彻募集了军队中的小船，赏给许多金银，命令先行出发承受北周、梁朝水军大船上拍竿的攻击。对方船只的拍竿用完，淳于量等便使用大船上的拍竿向对方发起进攻，北周、梁朝的大船都被拍竿击破了，沉没在沌口中游。

西军又以舰载薪，因风纵火，俄而风转，自焚，西军大败。皎与戴僧朔单舸走，过巴陵，不敢发岸，径奔江陵。卫公直亦奔江陵。

元定孤军，进退无路，斫竹开径，且战且引，欲趣巴陵。巴陵已为徐度等所据，度等遣使伪与结盟，许纵之还国。定信之，解仗就度，度执之，尽俘其众，并擒梁大将军李广。定愤恚而卒。

皎党曹庆等四十馀人并伏诛。唯以岳阳太守章昭裕，昭达之弟，桂阳太守曹宣，高祖旧臣，衡阳内史汝阴任忠，尝有密启，皆宥之。

吴明彻乘胜攻梁河东，拔之。

周卫公直归罪于梁柱国殷亮。梁主知非其罪，然不敢违，遂诛之。

周与陈既交恶，周沔州刺史裴宽白襄州总管，请益戍兵，并迁城于羊蹄山以避水。总管兵未至，程灵洗舟师奄至城下。会大雨，水暴涨，灵洗引大舰临城发拍，击楼堞皆碎，矢石昼夜攻之三十馀日。陈人登城，宽犹帅众执短兵拒战。又二日，乃擒之。

24　丁巳，齐上皇如晋阳。山东水，饥，僵尸满道。

25　冬，十月甲申，帝享太庙。

26　十一月戊戌朔，日有食之。

27　丙午，齐大赦。

28　癸丑，周许穆公宇文贵自突厥还，卒于张掖。

29　齐上皇还邺。

30　十二月，周晋公护母卒，诏起，令视事。

北周、梁朝的军队又用船装载了干柴,借风力纵火引向对方,不久风向转变,火烧到自己,北周、梁朝的军队大败。华皎和戴僧朔乘一只船逃走,路过巴陵,不敢靠岸,直奔江陵。卫公宇文直也奔向江陵。

元定的孤军,进退无路,砍断竹子开出道路,且战且退,想退到江陵。这时江陵已经被徐度等所占领,徐度等派使者假装愿意和他结盟,答允放他回北周。元定相信了,解除了武装归顺徐度,徐度捉住他,并俘虏了元定的全部军队,还擒获了梁朝的大将军李广。元定愤怒而死。

华皎的馀党曹庆等四十多人都被杀。只有岳阳太守章昭裕因为是章昭达的弟弟,桂阳太守曹宣是陈朝高祖时的老臣,衡阳内史汝阴任忠曾经向朝廷上过密启,这三人被宽恕免罪。

吴明徹乘胜攻克梁朝的河东郡。

北周卫公宇文直把失败归罪于梁朝的柱国殷亮。梁明帝虽然明白不是殷亮的罪过,因为不敢违抗卫公宇文直的意思,便把他杀死。

北周和陈朝既然关系破裂,互相仇视,北周的沔州刺史裴宽向襄州总管报告,请求增加卫戍的军队,并把城池迁到羊蹄山以远离水边。襄州总管的援军还没到,程灵洗的水军船队已经来到城下。正遇天降大雨,河水猛涨,程灵洗把大船驶到城边用"拍竿"发起攻击,把城上的矮墙都打碎了,又用箭和石块攻打了三十多天。陈朝军队登上城墙,裴宽还率领军队用短兵器抵抗。过了两天,裴宽被擒。

24 丁巳(十九日),北齐太上皇帝去晋阳。山东发生水灾、饥荒,道路上都是尸体。

25 冬季,十月甲申(十七日),陈废帝到太庙祭祀行礼。

26 十一月戊戌朔(初一),出现日食。

27 丙午(初九),北齐大赦全国。

28 癸丑(十六日),北周许穆公宇文贵从突厥回朝,中途死在张掖。

29 北齐太上皇帝回邺城。

30 十二月,北周晋公宇文护的母亲死去,周武帝下诏起用他,叫他就职治事。

31　齐秘书监祖珽,与黄门侍郎刘逖友善。珽欲求宰相,乃疏赵彦深、元文遥、和士开罪状,令逖奏之,逖不敢通。彦深等闻之,先诣上皇自陈。上皇大怒,执珽,诘之,珽因陈士开、文遥、彦深等朋党、弄权、卖官、鬻狱事。上皇曰:"尔乃诽谤我!"珽曰:"臣不敢诽谤,陛下取人女。"上皇曰:"我以其饥馑,收养之耳。"珽曰:"何不开仓振给,乃买入后宫乎?"上皇益怒,以刀环筑其口,鞭杖乱下,将扑杀之。珽呼曰:"陛下勿杀臣,臣为陛下合金丹。"遂得少宽。珽曰:"陛下有一范增不能用。"上皇又怒曰:"尔自比范增,以我为项羽邪?"珽曰:"项羽布衣,帅乌合之众,五年而成霸业。陛下藉父兄之资,才得至此,臣以为项羽未易可轻。"上皇愈怒,令以土塞其口。珽且吐且言,乃鞭二百,配甲坊,寻徙光州,敕令牢掌。别驾张奉福曰:"牢者,地牢也。"乃置地牢中,桎梏不离身。夜,以芜菁子为烛,眼为所熏,由是失明。

32　齐七兵尚书毕义云,为治酷忍,非人理所及,于家尤甚。夜,为盗所杀,遗其刀,验之,其子善昭所佩刀也。有司执善昭,诛之。

二年(戊子,568)

1　春,正月己亥,安成王顼进位太傅,领司徒,加殊礼。

2　辛丑,周主祀南郊。

3　癸亥,齐主使兼散骑常侍郑大护来聘。

4　湘东忠肃公徐度卒。

5　二月丁卯,周主如武功。

31 北齐秘书监祖珽,和黄门侍郎刘逖关系很好。祖珽想做宰相,便上疏陈述赵彦深、元文遥、和士开的罪状,叫刘逖向太上皇帝奏报,刘逖不敢传达。赵彦深等人听到后,自己先到太上皇帝那里申述情况。太上皇帝勃然大怒,把祖珽抓来,亲自审问,祖珽说出和士开、元文遥、赵彦深等人拉帮结党、玩弄权术、出卖官职、办狱受贿的事实。太上皇帝说:"你是在诽谤我!"祖珽说:"臣不敢诽谤,因为陛下娶了他们的女儿。"太上皇帝说:"我因为她们遭受灾荒饥馑,所以才收养她们。"祖珽说:"那为什么不开粮仓赈济粮食,反把她们买到后宫?"太上皇帝更加恼怒,用刀把的铁环凿他的嘴,用鞭子棍子乱打,要把他打死。祖珽大叫说:"陛下不要杀臣,臣能给陛下炼金丹。"这才稍为缓和。祖珽说:"陛下有一个像范增那样的人却不能用他。"太上皇帝又大怒说:"你把自己比作范增,把我比作项羽吗?"祖珽说:"项羽出身布衣,率领乌合之众,用五年时间而成就霸业。陛下靠了父兄的地位、声望,才有今天,臣以为不能轻视项羽。"太上皇帝愈加震怒,叫人用土塞在他嘴里。祖珽边吐边说,被鞭打两百,发配甲坊做工,不久又把他迁到光州,命令他做牢掌。别驾张奉福说:"牢,就是地牢。"便把他囚在地牢里,戴上手铐脚镣。晚上点燃菜籽油代替蜡烛,眼睛被烟火所熏,从此失明。

32 北齐七兵尚书毕义云,治下非常残酷,超乎人理,对家人更是如此。夜晚,被人杀死,现场留下刀子,经过查证,是他儿子毕善昭的佩刀。官府逮捕了毕善昭,将他处死。

陈临海王光大二年(戊子,公元 568 年)

1 春季,正月己亥(初三),安成王陈顼进位太傅,领司徒,加特殊的礼遇。

2 辛丑(初五),北周国主到南郊祭祀。

3 癸亥(二十七日),北齐国主派兼散骑常侍郑大护来陈朝访问。

4 陈朝的湘东忠肃公徐度死。

5 二月丁卯(初二),北周国主去武功。

6 突厥木杆可汗贰于周，更许齐人以婚，留陈公纯等数年不返。会大雷风，坏其穹庐，旬日不止。木杆惧，以为天谴，即备礼送其女于周，纯等奉之以归。三月癸卯，至长安，周主行亲迎之礼。甲辰，周大赦。

7 乙巳，齐以东平王俨为大将军，南阳王绰为司徒，开府仪同三司徐显秀为司空，广宁王孝珩为尚书令。

8 戊午，周燕文公于谨卒。谨勋高位重，而事上益恭，每朝参，所从不过二三骑。朝廷有大事，多与谨谋之。谨尽忠补益，于功臣中特被亲信，礼遇隆重，始终无间。教训诸子，务存静退，而子孙蕃衍，率皆显达。

9 吴明彻乘胜进攻江陵，引水灌之。梁主出顿纪南以避之。周总管田弘从梁主，副总管高琳与梁仆射王操守江陵三城，昼夜拒战十旬。梁将马武、吉徹击明彻，败之。明彻退保公安，梁主乃得还。

10 夏，四月辛巳，周以达奚武为太傅，尉迟迥为太保，齐公宪为大司马。

11 齐上皇如晋阳。

12 齐尚书左仆射徐之才善医，上皇有疾，之才疗之，既愈。中书监和士开欲得次迁，乃出之才为兖州刺史。五月，癸卯，以尚书右仆射胡长仁为左仆射，士开为右仆射。长仁，太上皇后之兄也。

13 庚戌，周主享太庙。庚申，如醴泉宫。

14 壬戌，齐上皇还邺。

15 秋，七月壬寅，周随桓公杨忠卒，子坚袭爵。坚为开府仪同三司、小宫伯，晋公护欲引以为腹心。坚以白忠，忠曰："两姑之间难为妇，汝其勿往！"坚乃辞之。

6 突厥木杆可汗对北周产生二心,答允和北齐联姻,把北周派去迎亲的使者陈公宇文纯等人扣留了好几年不放回去。恰逢天上打雷刮风,木杆可汗所住的毡帐受到破坏,大雷风十天都没有停止。木杆可汗感到惧怕,以为这是上天对他的谴责,于是准备了礼物送女儿去北周,陈公宇文纯等侍奉她归来。三月癸卯(初三),抵达长安,北周君主行亲迎之礼。甲辰(初九),北周大赦全国。

7 己巳(初十),北齐任命东平王高俨为大将军,南阳王高绰为司徒,开府仪同三司徐显秀为司空,广宁王高孝珩为尚书令。

8 戊午(二十三日),北周燕文公于谨死。于谨虽然功勋很高,地位重要,而侍奉皇帝非常恭敬,每逢上朝参拜皇帝,骑马的随从不过两三人。朝廷遇到大事,皇帝都和于谨商量。于谨竭尽忠诚增益帮助,在所有功臣中特别被亲信,赐给他很高的礼遇,君臣间始终没有隔阂。他还教育儿子们一定要恬静谦虚,后来子孙繁衍,都很显贵。

9 吴明徹乘胜进攻江陵,引水淹城。梁朝君主出走驻屯在纪南躲避大水。北周总管田弘跟从梁朝君主,副总管高琳和梁朝仆射王操守卫江陵三城,日夜拒战达一百天。梁朝将领马武、吉徹攻击吴明徹,将他打败。吴明徹退保公安,梁朝君主才得以回朝。

10 夏季,四月辛巳(十七日),北周任命达奚武为太傅,尉迟迥为太保,齐公宇文宪为大司马。

11 北齐太上皇帝去晋阳。

12 北齐尚书左仆射徐之才精通医术,太上皇帝生病,徐之才为他治疗,很快就痊愈了。中书监和士开想不按次序破格提拔,得到升迁,便将徐之才外放为兖州刺史。五月,癸卯(初九),任命尚书右仆射胡长仁为左仆射,和士开为右仆射。胡长仁是太上皇后的哥哥。

13 庚戌(十六日),北周国主到太庙祭祀行礼。庚申(二十六日),去醴泉宫。

14 壬戌(二十八日),北齐太上皇帝回邺城。

15 秋季,七月壬寅(初九),北周随桓公杨忠死,儿子杨坚继承爵位。杨坚是开府仪同三司、小宫伯,晋公宇文护想用他作为自己的心腹。杨坚曾把这件事告诉父亲杨忠,杨忠说:"两个婆婆之间的媳妇最难当,你不能去!"杨坚便推辞了。

16 丙午,帝享太庙。

17 戊午,周主还长安。

18 壬戌,封皇弟伯智为永阳王,伯谋为桂阳王。

19 八月,齐请和于周,周遣军司马陆程聘于齐。九月丙申,齐使侍中斛斯文略报之。

20 冬,十月癸亥,周主享太庙。

21 庚午,帝享太庙。

22 辛巳,齐以广宁王孝珩录尚书事,左仆射胡长仁为尚书令,右仆射和士开为左仆射,中书监唐邕为右仆射。

23 十一月壬辰朔,日有食之。

24 齐遣兼散骑常侍李谐来聘。

25 甲辰,周主如岐阳。

26 周遣开府仪同三司崔彦等聘于齐。

27 始兴王伯茂以安成王顼专政,意甚不平,屡肆恶言。甲寅,以太皇太后令诬帝,云与刘师知、华皎等通谋。且曰:"文皇知子之鉴,事等帝尧;传弟之怀,又符太伯。今可还申曩志,崇立贤君。"遂废帝为临海王,以安成王入纂。又下令,黜伯茂为温麻侯,寘诸别馆,安成王使盗邀之于道,杀之车中。

28 齐上皇疾作,驿追徐之才,未至。辛未,疾亟,以后事属和士开,握其手曰:"勿负我也!"遂殂于士开之手。明日,之才至,复遣还州。

士开秘丧三日不发。黄门侍郎冯子琮问其故,士开曰:"神武、文襄之丧,皆秘不发。今至尊年少,恐王公有贰心者,意欲尽追集于凉风堂,然后与公议之。"士开素忌太尉录尚书事赵郡王叡

16 丙午(十三日),陈废帝到太庙祭祀行礼。

17 戊午(二十五日),北周国主回长安。

18 壬戌(二十九日),陈废帝封弟弟陈伯智为永阳王,陈伯谋为桂阳王。

19 八月,北齐向北周求和,北周派军司马陆程到北齐访问。九月,丙申(初四),北齐派侍中斛斯文略回访。

20 冬季,十月癸亥(初二),北周国主到太庙祭祀行礼。

21 庚午(初九),陈废帝到太庙祭祀行礼。

22 辛巳(二十日),北齐任命广宁王高孝珩为录尚书事,左仆射胡长仁为尚书令,右仆射和士开为左仆射,中书监唐邕为右仆射。

23 十一月壬辰朔(初一),有日食。

24 北齐派兼散骑常侍李谐来陈朝访问。

25 甲辰(十三日),北周国主去岐阳。

26 北周派开府仪同三司崔彦等人到北齐访问。

27 陈朝的始兴王陈伯茂因为安成王陈顼专政,心中不平,经常口出恶言。甲寅(二十三日),陈顼借太皇太后的令诬告废帝,说他和刘师知、华皎等人互通共谋。还说:"文皇帝对儿子的审察,没有传位给他,这事相当于唐尧那样;传位给弟弟的胸怀,又像泰伯那样。现在应当重申文皇帝以前的意向,另立一个贤明的君主。"于是把在位的皇帝废为临海王,以安成王陈顼篡皇帝位。又下命令把陈伯茂贬为温麻侯,安置在正宫以外的官室,安成王陈顼唆使强盗在路上将他截住,把他杀死在车里。

28 北齐太上皇帝生病,派驿使追召徐之才回来,徐之才没能及时赶到。辛未(初十),太上皇帝病得很沉重,把后事委托给和士开,握着他的手说:"你不要辜负我的委托!"还没放开手就死了。第二天,徐之才赶到,又叫他回兖州。

和士开三天秘不发丧。黄门侍郎冯子琮问他什么原因,和士开说:"神武、文襄帝的丧事,都秘而不发。现在皇上年幼,恐怕王公中有对朝廷怀二心的,我想把他们都召集到凉风堂,然后和他们一起商量。"和士开一贯忌恨太尉录尚书事赵郡王高叡和

及领军娄定远,子琮恐其矫遗诏出叡于外,夺定远禁兵,乃说之曰:"大行先已传位于今上,群臣富贵者,皆至尊父子之恩,但令在内贵臣一无改易,王公必无异志。世异事殊,岂得与霸朝相比!且公不出宫门已数日,升遐之事,行路皆传,久而不举,恐有他变。"士开乃发丧。

丙子,大赦。戊寅,尊太上皇后为皇太后。

侍中尚书左仆射元文遥,以冯子琮,胡太后之妹夫,恐其赞太后干预朝政,与赵郡王叡、和士开谋,出子琮为郑州刺史。

世祖骄奢淫泆,役繁赋重,吏民苦之。甲申,诏:"所在百工细作,悉罢之。邺下、晋阳、中山宫人、官口之老病者,悉简放。诸家缘坐在流所者,听还。"

29　周梁州恒棱獠叛,总管长史南郑赵文表讨之。诸将欲四面进攻,文表曰:"四面攻之,獠无生路,必尽死以拒我,未易可克。今吾示以威恩,为恶者诛之,从善者抚之。善恶既分,破之易矣。"遂以此意遍令军中。时有从军熟獠,多与恒棱亲识,即以实报之。恒棱犹豫未决,文表军已至其境。獠中先有二路,一平一险,有獠帅数人来见,请为向导。文表曰:"此路宽平,不须为导。卿但先行慰谕子弟,使来降也。"乃遣之。文表谓诸将曰:"獠帅谓吾从宽路而进,必设伏以邀我,当更出其不意。"乃引兵自险路入。乘高而望,果有伏兵。獠既失计,争帅众来降。

领军娄定远,冯子琮怕和士开假传遗诏把高叡排挤在外,自己夺取娄定远禁兵的军权,于是对他说:"太上皇帝以前已经把皇位传给当今皇帝,群臣所以能够富贵,都是太上皇帝、皇帝父子的恩德,只要使在朝的贵臣能保持他们的地位,王公们一定不会有二心。时代变化而事情也各不相同,怎能和神武、文襄帝的时代相提并论!而且您已经几天没出宫门,太上皇帝驾崩的事,外面都已经传开了,时间过了很久还不举丧,只怕发生别的变化。"和士开于是发丧。

丙子(十五日),大赦全国。戊寅(十七日),给太上皇后上皇太后的尊号。

侍中尚书左仆射元文遥,因为冯子琮是胡太后的妹夫,怕他帮助胡太后干预朝政,和赵郡王高叡、和士开合谋,把冯子琮贬为郑州刺史。

北齐世祖在世时骄奢淫逸,徭役繁多赋税苛重,官吏和百姓都感到困苦。甲申(二十三日),下诏书:"所有从事营建制造等事的工匠和官员都撤销。邺下、晋阳、中山等宫的宫人和宫中年老有病的奴婢,一律放归民间。凡是由于亲属犯罪而遭株连流放在外的,可以回原籍。"

29 北周梁州恒棱的獠人反叛,派总管长史南郑赵文表去讨伐。将领们准备从四面进攻,赵文表说:"四面围攻,他们便没有生路,一定会拼死跟我们对抗,这就不容易攻克。现在我们向他们分别予以严厉惩治和恩惠笼络,对一意作恶的处死,对改恶从善的安抚,这样可以区分善恶,攻破他们就容易了。"便把这个意思传达到军队里。当时有归附北周并参加了军队的獠人,不少和恒棱的獠人沾亲带故,相互认识,便据实告诉他们。恒棱的獠人犹豫不决,赵文表的军队已经到了那里。通向恒棱的道路有两条,一条平坦一条险要,有几个獠人头目来见赵文表,愿意充当向导。赵文表说:"这条路宽敞平坦,不用为我们当向导,你们可以先回去劝慰子弟,希望他们来投降。"便让他们回去。赵文表对将领们说:"獠人的头目以为我们会从宽路前进,一定设下埋伏阻击我们,应当出其不意地行动。"于是率领军队从险路开进。登上高处瞭望,果然发现伏兵。恒棱的獠人计谋未能得逞,争相带领部众来投降。

文表皆慰抚之,仍征其租税,无敢违者。周人以文表为蓬州长史。

高宗宣皇帝上之上
太建元年(己丑,569)

1　春,正月辛卯朔,周主以齐世祖之丧罢朝会,遣司会李纶吊赗,且会葬。

2　甲午,安成王即皇帝位,改元,大赦。复太皇太后为皇太后,皇太后为文皇后;立妃柳氏为皇后,世子叔宝为太子;封皇子叔陵为始兴王,奉昭烈王祀。乙未,上谒太庙。丁酉,以尚书仆射沈钦为左仆射,度支尚书王劢为右仆射。劢,份之孙也。

3　辛丑,上祀南郊。

4　壬寅,封皇子叔英为豫章王,叔坚为长沙王。

5　戊午,上享太庙。

6　齐博陵文简王济,世祖之母弟也,为定州刺史,语人曰:"次叙当至我矣。"齐主闻之,阴使人就州杀之,葬赠如礼。

7　二月乙亥,上耕藉田。

8　甲申,齐葬武成帝于永平陵,庙号世祖。

9　乙丑,齐徙东平王俨为琅邪王。

10　齐遣侍中叱列长叉聘于周。

11　齐以司空徐显秀为太尉,并省尚书令娄定远为司空。

初,侍中、尚书右仆射和士开,为世祖所亲狎,出入卧内,无复期度,遂得幸于胡后。及世祖殂,齐主以士开受顾托,深委任之,威权益盛。与娄定远及录尚书事赵彦深、侍中、尚书左仆射元文遥、开府仪同三司唐邕、领军綦连猛、高阿那肱、度支尚书胡长粲俱用事,时号"八贵"。太尉赵郡王叡、

赵文表对他们劝慰安抚,仍旧向当地征收租税,没有人敢违抗。北周任命赵文表为蓬州长史。

高宗宣皇帝上之上
陈宣帝太建元年(己丑,公元 569 年)

1 春季,正月辛卯朔(初一),北周国主因为齐世祖的丧事停止朝会,派遣司会李纶前往吊唁赠送奠仪,参加丧葬仪式。

2 甲午(初四),安成王陈顼即皇帝位,改年号,大赦全国。恢复太皇太后的皇太后称号,皇太后称文皇后;立妃子柳氏为皇后,世子陈叔宝为太子;封皇子陈叔陵为始兴王,奉昭烈王祀。乙未(初五),陈宣帝谒太庙。丁酉(初七),任命尚书仆射沈钦为左仆射,度支尚书王劢为右仆射。王劢是王份的孙子。

3 辛丑(十一日),陈宣帝到南郊祭祀。

4 壬寅(十二日),陈朝封皇子陈叔英为豫章王,陈叔坚为长沙王。

5 戊午(二十八日),陈宣帝到太庙祭祀。

6 北齐博陵文简王高济,是齐世祖的同母兄弟,任定州刺史,对别人说:"按次序规定应当轮到我做皇帝了。"北齐国主高纬听说后,暗中派人去定州将他杀死,按规定仪式将他埋葬赠送谥号。

7 二月乙亥(十五日),陈宣帝到藉田举行耕种仪式。

8 甲申(二十四日),北齐把武成帝葬在永平陵,庙号世祖。

9 己丑(二十九日),北齐把东平王高俨迁移到琅邪郡为琅邪王。

10 北齐派侍中叱列长叉到北周访问。

11 北齐任命司空徐显秀为太尉,并省尚书令娄定远为司空。

起初,侍中、尚书右仆射和士开,受齐世祖的宠爱亲昵,在皇帝卧室出入,不受限制,因此也得到胡太后的宠爱。齐世祖死后,齐后主高纬因为和士开曾经受齐世祖的顾托之命,所以对他信任重用,威势和权力更大。他和娄定远、录尚书事赵彦深、侍中及尚书左仆射元文遥、开府仪同三司唐邕、领军慕连猛、高阿那肱、度支尚书胡长粲都在朝廷当权,当时号称"八贵"。太尉赵郡王高叡、

大司马冯翊王润、安德王延宗与娄定远、元文遥皆言于齐主，请出士开为外任。会胡太后觞朝贵于前殿，叡面陈士开罪失云："士开先帝弄臣，城狐社鼠，受纳货赂，秽乱宫掖。臣等义无杜口，冒死陈之。"太后曰："先帝在时，王等何不言？今日欲欺孤寡邪？且饮酒，勿多言！"叡等辞色愈厉。仪同三司安吐根曰："臣本商胡，得在诸贵行末，既受厚恩，岂敢惜死！不出士开，朝野不定。"太后曰："异日论之，王等且散！"叡等或投冠于地，或拂衣而起。明日，叡等复诣云龙门，令文遥入奏之，三返，太后不听。左丞相段韶使胡长粲传太后言曰："梓宫在殡，事太匆匆，欲王等更思之！"叡等遂皆拜谢。长粲复命，太后曰："成妹母子家者，兄之力也。"厚赐叡等，罢之。

太后及齐主召问士开，对曰："先帝于群臣之中，待臣最厚。陛下谅暗始尔，大臣皆有觊觎。今若出臣，正是翦陛下羽翼。宜谓叡云：'文遥与臣，俱受先帝任用，岂可一去一留！并可用为州，且出纳如旧。待过山陵，然后遣之。'叡等谓臣真出，心必喜之。"帝及太后然之，告叡等如其言。乃以士开为兖州刺史，文遥为西兖州刺史。葬毕，叡等促士开就路。太后欲留士开过百日，叡不许。数日之内，太后数以为言。有中人知太后密旨者，谓叡曰："太后意既如此，殿下何宜苦违！"叡曰："吾受委不轻。今嗣主幼冲，岂可使邪臣在侧！不守之以死，何面戴天！"遂更见太后，苦言之。太后令酌酒赐叡，叡正色曰："今论国家大事，非为厄酒！"言讫，遽出。

大司马冯翊王高润、安德王高延宗和娄定远、元文遥都对后主说，请后主把和士开调离朝廷去外地任职。适逢胡太后在前殿请朝廷中的亲贵们饮酒，高叡当面陈述和士开的罪过说："和士开是先帝时的亲近狎玩之臣，仗势作恶，接受贿赂，淫乱妃嫔。臣等出于正义不能闭口不说，所以冒死陈述。"胡太后说："先帝在世时，你们为什么不说？今天是不是想欺侮我们孤儿寡母？姑且饮酒，不要多说！"高叡等人的言语和面色更加严厉。仪同三司安吐根说："臣本来是经商的胡人，得以位于诸多亲贵的末尾，既然受到朝廷的厚恩，怎敢怕死！不把和士开从朝廷调走，朝野上下就不安定。"胡太后说："改日再谈，你们都走吧！"高叡等有的把帽子扔在地上，有的甩衣袖离开座位，感到生气。第二天，高叡等再次到云龙门，派元文遥进宫启奏，进出三次，胡太后不听。左丞相段韶派胡长粲传太后的话说："先皇的灵柩还没有殡葬，这件事太匆忙了，望你们再考虑！"高叡等都表示拜谢。胡长粲回宫复命，胡太后说："成就妹妹我母子全家的，是哥哥你的力量。"又给高叡等人优厚的赏赐，事情暂时作罢。

胡太后和后主把和士开召来询问，和士开回答说："先帝在群臣中，待臣最优厚。陛下刚居丧不久，大臣们都怀有非分的企图。现在如果把臣调走，正好比剪掉陛下的羽翼。应该对高叡说：'元文遥与和士开，都是受先帝信任重用的，怎么能去一个留一个！都可以到州里任职，照旧把帝王的诏命向下宣告，把下面的意见向帝王报告，等太上皇帝的陵寝完工，然后派出去。'高叡等以为臣真的被调走，心里一定高兴。"后主和太后认为很对，就按和士开所说的那样告诉高叡。便任命和士开为兖州刺史，元文遥为西兖州刺史。太上皇帝的丧葬结束，高叡等就催促和士开出发就任。胡太后打算留和士开过先皇百日祭再走，高叡不许。几天之内，胡太后说了好几次。有知道胡太后密旨的太监，对高叡说："太后的意思既然这样，殿下何必苦苦反对！"高叡说："我受朝廷的委托责任不轻。现在继位的君主年龄还小，怎么能使奸臣在君主旁边！如果不是以生命来守护，有何面目和这种人在一个天底下生活！"便再次去见胡太后，苦苦陈说。胡太后叫人酌酒赐给他，高叡正颜严色说："我今天来是谈国家大事，并不是为了一杯酒！"说完，立即离去。

士开载美女珠帘诣娄定远,谢曰:"诸贵欲杀士开,蒙王力,特全其命,用为方伯。今当奉别,谨上二女子,一珠帘。"定远喜,谓士开曰:"欲还入不?"士开曰:"在内久不自安,今得出,实遂本志,不愿更入。但乞王保护,长为大州刺史足矣。"定远信之。送至门,士开曰:"今当远出,愿得一辞觐二宫。"定远许之。士开由是得见太后及帝,进说曰:"先帝一旦登遐,臣愧不能自死。观朝贵意势,欲以陛下为乾明。臣出之后,必有大变,臣何面目见先帝于地下!"因恸哭。帝、太后皆泣,问:"计安出?"士开曰:"臣已得入,复何所虑,正须数行诏书耳。"于是诏出定远为青州刺史,责赵郡王叡以不臣之罪。

　　旦日,叡将复入谏,妻子咸止之,叡曰:"社稷事重,吾宁死事先皇,不忍见朝廷颠沛。"至殿门,又有人谓曰:"殿下勿入,恐有变。"叡曰:"吾上不负天,死亦无恨。"入,见太后,太后复以为言,叡执之弥固。出,至永巷,遇兵,执送华林园雀离佛院,令刘桃枝拉杀之。叡久典朝政,清正自守,朝野冤惜之。复以士开为侍中、尚书左仆射。定远归士开所遗,加以馀珍赂之。

　　12　三月,齐主如晋阳。夏,四月甲子,以并州尚书省为大基圣寺,晋祠为大崇皇寺。乙丑,齐主还邺。

　　13　齐主年少,多嬖宠。武卫将军高阿那肱,素以谄佞为世祖及和士开所厚,世祖多令在东宫侍齐主,由是有宠。累迁并省尚书令,封淮阴王。

和士开送美女和珍珠帘子给娄定远,表示感谢说:"那些亲贵们想杀我,蒙您临淮郡王的大力,特地保住了性命,任命为一州之长。现在将要和你分别,特意送上两个女子,一张珠帘。"娄定远大喜,对和士开说:"你还想回朝吗?"和士开答道:"我在朝内心里不安已经很久了,现在得以离开,使本来的志愿能够实现,不愿意再到朝内做官了。但请求您对我加以保护,使我长久做大州的刺史就足够了。"娄定远相信了。把他送到门口,和士开说:"现在我要远出了,很想见见太后和后主向他们告辞。"娄定远答允他的要求。和士开因此见到胡太后和后主,向他们进说道:"先帝去世时,臣惭愧自己没能跟着去死。臣观察朝廷权贵们的意图和架势,想把陛下当作乾明年间的济南王那样对待。我离开朝廷以后,一定有大的变化,我有什么脸面见先帝在九泉之下!"于是哀痛地大哭起来。后主、胡太后也哭,问他:"你有什么计策?"和士开说:"臣已经进来见到你们,还有什么顾虑,只需得到几行字的诏书就行。"于是后主下诏把娄定远调出任青州刺史,斥责赵郡王高叡有僭越的罪过。

　　第二天,高叡要再次进宫直言规劝胡太后,妻儿们都劝他不要去,高叡说:"国事重大,我宁可死去追随先皇,不忍活着见到朝廷动荡变乱。"他到了殿门,又有人告诉他:"殿下不要进去,恐怕有变。"高叡说:"我上不负天,死也无恨。"进入宫殿,见了胡太后,太后重申了自己的旨意,高叡更加固执己见。出宫后,走到深巷,遇到士兵,他捉住送到华林园的雀离佛院,命令刘桃枝将他殴打致死。高叡主管朝廷政事的时间很久,清廉正直注意操守,朝野上下都感到冤枉痛惜。重又任命和士开为侍中、尚书左仆射。娄定远把和士开送给他的东西又还给他,还添了一些别的珍宝对他贿赂。

　　12　三月,北齐国主去晋阳。夏季,四月甲子(初五),以并州尚书省原址改为大基圣寺,晋祠为大崇皇寺。乙丑(初六),国主回邺城。

　　13　在北齐国主年纪很轻时,有不少宠幸的嫔妃。武卫将军高阿那肱,一向以善于花言巧语谄媚受到齐世祖与和士开的厚待,齐世祖常常叫他在东宫侍奉太子,因而深得宠爱。几经升迁担任并省尚书令,封淮阴王。

世祖简都督二十人，使侍卫东宫，昌黎韩长鸾预焉，齐主独亲爱长鸾。长鸾，名凤，以字行，累迁侍中、领军，总知内省机密。

宫婢陆令萱者，其夫汉阳骆超，坐谋叛诛，令萱配掖庭，子提婆，亦没为奴。齐主之在襁褓，令萱保养之。令萱巧黠，善取媚，有宠于胡太后，宫掖之中，独擅威福，封为郡君，和士开、高阿那肱皆为之养子。齐主以令萱为女侍中。令萱引提婆入侍齐主，朝夕戏狎，累迁至开府仪同三司、武卫大将军。宫人穆舍利者，斛律后之从婢也，有宠于齐主。令萱欲附之，乃为之养母，荐为弘德夫人，因令提婆冒姓穆氏。然和士开用事最久，诸幸臣皆依附之以固其宠。

齐主思祖珽，就流囚中除海州刺史。珽乃遗陆媪弟仪同三司悉达书曰："赵彦深心腹深沉，欲行伊、霍事，仪同姊弟岂得平安，何不早用智士邪！"和士开亦以珽有胆略，欲引为谋主，乃弃旧怨，虚心待之，与陆媪言于帝曰："襄、宣、昭三帝之子，皆不得立。今至尊独在帝位者，祖孝徵之力也。人有功，不可不报。孝徵心行虽薄，奇略出人，缓急可使。且其人已盲，必无反心，请呼取，问以筹策。"齐主从之，召入，为秘书监，加开府仪同三司。

士开谮尚书令陇东王胡长仁骄恣，出为齐州刺史。长仁怨愤，谋遣刺客杀士开。事觉，士开与珽谋之，珽引汉文帝诛薄昭故事，遂遣使就州赐死。

14 五月庚戌，周主如醴泉宫。

15 丁巳，以吏部尚书徐陵为左仆射。

齐世祖曾经挑选二十个都督,派去做太子的侍卫,昌黎韩长鸾是其中之一,太子唯独喜欢韩长鸾。长鸾名凤,通常用表字,几经升迁担任侍中、领军,总掌内省机密。

有个名叫陆令萱的宫婢,丈夫是汉阳骆超,因为犯谋叛罪被处死,陆令萱被发配到皇宫中的旁舍当宫婢,儿子骆提婆,也没入官府为奴。北齐国主还是婴儿时,由陆令萱当保姆。陆令萱乖巧狡猾,善于讨好谄媚,所以得到胡太后的宠爱,宫婢之中,唯独她作威作福,被封为郡君,和士开、高阿那肱都是她的干儿子。国主封她为女侍中。陆令萱引荐骆提婆进宫奉侍国主,从早到晚在一起嬉戏亲近,几经升迁到开府仪同三司、武卫大将军。宫人穆舍利,是斛律后的随从奴婢,也得到国主的宠爱。陆令萱为了依附她,就当了她的养母,并引荐她为弘德夫人,因此叫儿子骆提婆冒姓穆。然而和士开在朝廷当权的时间最久,那些受君主宠信的大臣们都依附他,为了可以保住自己受到恩宠的地位。

北齐国主想念祖珽,在他流放囚禁中授职为海州刺史。祖珽给陆令萱的弟弟仪同三司陆悉达去信说:"赵彦深城府很深,想仿效伊尹、霍光那样行事,你们姊弟怎么能够平安,为什么不及早起用谋士们!"和士开也因为祖珽有胆略,想推举他当出谋划策的头,于是抛弃了以前的怨恨,虚心对待,和陆令萱一起对后主说:"文襄、文宣、孝昭三位皇帝的儿子,都没能继承皇位。现在唯独陛下在帝位,是祖珽出的力。人如果有功劳,不能不予以报答。祖珽的心胸虽然狭窄,但有超出常人的奇谋策略,遇到事情紧急时能够发挥作用。而且他已经是个盲人,一定不会有反心,请把他叫回来,听取他的计谋策略。"北齐国主采纳了和士开的意见,召回祖珽,任命他为秘书监,加开府仪同三司的头衔。

和士开向后主进谗言,说尚书令陇东王胡长仁骄横放肆,贬官为齐州刺史。胡长仁对和士开怨恨愤慨,打算派刺客杀死他。事情泄露,和士开和祖珽商量,祖珽以汉文帝诛杀薄昭的事情为例,于是派使者去齐州对胡长仁赐死。

14　五月庚戌(二十二日),北周国主去醴泉宫。

15　丁巳(二十九日),陈朝任命吏部尚书徐陵为左仆射。

16　秋,七月辛卯,皇太子纳妃沈氏,吏部尚书君理之女也。

17　辛亥,周主还长安。

18　八月庚辰,盗杀周孔城防主,以其地入齐。

　　九月辛卯,周遣齐公宪与柱国李穆将兵趣宜阳,筑崇德等五城。

19　欧阳纥在广州十馀年,威惠著于百越。自华皎之叛,帝心疑之,征为左卫将军。纥恐惧,其下多劝之反,遂举兵攻衡州刺史钱道戢。

　　帝遣中书侍郎徐俭持节谕旨。纥初见俭,盛仗卫,言辞不恭。俭曰:"吕嘉之事,诚当已远,将军独不见周迪、陈宝应乎!转祸为福,未为晚也。"纥默然不应,置俭于孤园寺,累旬不得还。纥尝出见俭,俭谓之曰:"将军业已举事,俭须还报天子。俭之性命,虽在将军,将军成败,不在于俭,幸不见留。"纥乃遣俭还。俭,陵之子也。

　　冬,十月辛未,诏车骑将军章昭达讨纥。

20　壬午,上享太庙。

21　十一月辛亥,周鄘文公长孙俭卒。

22　辛丑,齐以斛律光为太傅,冯翊王润为太保,琅邪王俨为大司马。十二月庚午,以兰陵王长恭为尚书令。庚辰,以中书监魏收为左仆射。

23　周齐公宪等围齐宜阳,绝其粮道。

24　自华皎之乱,与周人绝,至是周遣御正大夫杜杲来聘,请复修旧好。上许之,遣使如周。

二年(庚寅,570)

1　春,正月乙酉朔,齐改元武平。

16　秋季,七月辛卯(初四),陈朝皇太子纳沈氏为妃,她是吏部尚书沈君理的女儿。

17　辛亥(二十四日),北周国主回长安。

18　八月庚辰(二十三日),盗贼杀死北周的孔城地方长官,把孔城并入北齐。

九月辛卯(初五),北周派齐公宇文宪和柱国李穆领兵去宜阳,筑起崇德等五座城池。

19　欧阳纥在广州十几年,恩威闻名于百越。自从华皎叛乱以后,陈宣帝对他心存疑虑,征召他为左卫将军。欧阳纥感到恐惧,部下都劝他反叛朝廷,于是发兵攻打衡州刺史钱道戢。

宣帝派中书侍郎徐俭持皇帝的符节和谕旨去见他。欧阳纥初见徐俭时,布置了很多兵器和卫士,说话很不恭敬。徐俭对他说:"汉武帝时吕嘉的故事,虽然离现在已经很远了,您将军唯独看不到周迪、陈宝应不久前因为反叛而被杀的事情! 转祸为福,时间还不晚。"欧阳纥听后沉默不回答,把徐俭安置在孤园寺,过了十几天还不放他回朝。欧阳纥曾经到孤园寺去看他,徐俭对他说:"将军已经行动了,我还要回去向天子报告。我的性命,虽然在将军手里,但是将军的成败,不在于我徐俭,希望你不要扣留我。"于是欧阳纥放徐俭回去。徐俭是徐陵的儿子。

冬季,十月辛未(十五日),陈宣帝下诏派车骑将军章昭达讨伐欧阳纥。

20　壬午(二十六日),陈宣帝到太庙祭祀。

21　十一月辛亥(二十六日),北周鄟文公长孙俭死。

22　辛丑(十六日),北齐任命斛律光为太傅,冯翊王高润为太保,琅邪王高俨为大司马。十二月庚午(初三),任命兰陵王高长恭为尚书令。庚辰(十三日),任命中书监魏收为左仆射。

23　北周齐公宇文宪围困北齐的宜阳,断绝宜阳的粮道。

24　自从华皎之乱起,陈朝和北周绝交,到现在北周才派御正大夫杜杲来访问,请求和陈朝恢复友好关系。陈宣帝同意,派使者去北周。

陈宣帝太建二年(庚寅,公元570年)

1　春季,正月乙酉朔(初一),北齐改年号为武平。

2 齐东安王娄叡卒。

3 丙午,上享太庙。

4 戊申,齐使兼散骑常侍裴谳之来聘。

5 齐太傅斛律光,将步骑三万救宜阳,屡破周军,筑统
关、丰化二城而还。周军追之,光纵击,又破之,获其开府仪
同三司宇文英、梁景兴。二月己巳,齐以斛律光为右丞相、并
州刺史,又以任城王湝为太师,贺拔仁录尚书事。

6 欧阳纥召阳春太守冯仆至南海,诱与同反。仆遣使
告其母洗夫人。夫人曰:"我为忠贞,经今两世,不能惜汝负
国。"遂发兵拒境,帅诸酋长迎章昭达。

昭达倍道兼行,至始兴。纥闻昭达奄至,惶扰不知所为,
出顿洭口,多聚沙石,盛以竹笼,置于水栅之外,用遏舟舰。
昭达居上流,装舰造拍,令军人衔刀潜行水中,以斫笼,篾皆
解,因纵大舰随流突之。纥众大败,生擒纥,送之。癸未,斩
于建康市。

纥之反也,士人流寓在岭南者皆惶骇。前著作佐郎萧引
独恬然,曰:"管幼安、袁曜卿,亦但安坐耳。君子直己以行
义,何忧惧乎!"纥平,上征为金部侍郎。引,允之弟也。

冯仆以其母功,封信都侯,迁石龙太守,遣使持节册命洗
氏为石龙太夫人,赐绣幰油络驷马安车一乘,给鼓吹一部,并
麾幢旌节,其卤簿一如刺史之仪。

7 三月丙申,皇太后章氏殂。

8 戊戌,齐安定武王贺拔仁卒。

9 丁未,大赦。

2 北齐东安王娄叡死。

3 丙午(二十二日),陈宣帝到太庙祭祀。

4 戊申(二十四日),北齐派兼散骑常侍裴谳之到陈朝访问。

5 北齐太傅斛律光,率领三万名步骑兵来救宜阳,屡次打败北周军队,修筑统关、丰化两座城池后就回去了。北周军队在后面追赶,斛律光发起反击,又将他们打败,俘虏北周的开府仪同三司宇文英、梁景兴。二月己巳(十五日),北齐任命斛律光为右丞相、并州刺史,任城王高湝为太师,贺拔仁为录尚书事。

6 欧阳纥召阳春太守冯仆到南海,劝说他一同谋反。冯仆派人告诉母亲冼夫人。冼夫人说:"我们忠贞报国,已经两代,不能因为痛惜你而辜负国家。"于是发兵在境内拒守,并率领部落的酋长迎接章昭达。

章昭达兼程而行,到达始兴。欧阳纥听说章昭达的军队突然来到,惊恐混乱得不知所措,领兵出屯在洭口,用竹笼装满了沙子石块,放在水栅的外面,用来阻止对方船只的进路。章昭达在河的上游,装配船只,制造拍竿,命士兵口里衔刀潜入水中,用刀砍断编竹笼的篾片,随后驾大船顺流而下突破敌军的防守。欧阳纥的部众大败,欧阳纥被活捉,押送回朝。癸未(二十九日),被斩于建康市。

欧阳纥的反叛,使侨居在岭南的士大夫都感到惊恐害怕。前著作佐郎萧引却很坦然,说:"以往历史上的管宁、袁涣遇到变故时,也都是静坐待变。君子自己行为正直行施正义,何必忧虑恐惧!"欧阳纥被平定以后,陈宣帝征召萧引为金部侍郎。萧引是萧允的弟弟。

冯仆由于母亲冼夫人的功劳,被封为信都侯,升迁为石龙太守,朝廷派使者持符节册封冼夫人为石龙太夫人,赐给有彩色帷幔丝质绳网用四匹马拉的坐车一辆,鼓钲箫笳等乐器一套,以及旌旗等物,冼夫人驾车出行时的仪仗和州刺史一样。

7 三月丙申(十三日),陈朝皇太后章氏死。

8 戊戌(十五日),北齐安定武王贺拔仁死。

9 丁未(二十四日),陈朝大赦全国。

10 夏,四月甲寅,周以柱国宇文盛为大宗伯。

11 周主如醴泉宫。

12 辛酉,齐以开府仪同三司徐之才为尚书左仆射。

13 戊寅,葬武宣皇后于万安陵。

14 闰月戊申,上谒太庙。

15 五月壬午,齐遣使来吊。

16 六月乙酉,齐以广宁王孝珩为司空。

17 甲辰,齐穆夫人生子恒。齐主时未有男,为之大赦。陆令萱欲以恒为太子,恐斛律后恨怒,乃白齐主,使斛律后母养之。

18 己丑,齐以开府仪同三司唐邕为尚书右仆射。

19 秋,七月,齐立肃宗子彦基为城阳王,彦忠为梁郡王。甲寅,以尚书令兰陵王长恭为录尚书事,中领军和士开为尚书令,赐爵淮阳王。

士开威权日盛,朝士不知廉耻者,或为之假子,与富商大贾同在伯仲之列。尝有一人士参士开疾,值医云:"王伤寒极重,应服黄龙汤。"士开有难色。人士曰:"此物甚易服,王不须疑,请为王先尝之。"一举而尽。士开感其意,为之强服,遂得愈。

20 乙卯,周主还长安。

21 癸酉,齐以华山王凝为太傅。

22 司空章昭达攻梁,梁主与周总管陆腾拒之。周人于峡口南岸筑安蜀城,横引大索于江上,编苇为桥,以度军粮。昭达命军士为长戟,施于楼船上,仰割其索。索断,粮绝,因纵兵攻安蜀城,下之。

梁主告急于周襄州总管卫公直,直遣大将军李迁哲将兵救之。迁哲以其所部守江陵外城,自帅骑兵出南门,使步出北门,首尾

10　夏季,四月甲寅(初一),北周任命柱国宇文盛为大宗伯。

11　北周国主去醴泉宫。

12　辛酉(初八),北齐任命开府仪同三司徐之才为尚书左仆射。

13　戊寅(二十五日),陈朝将武宣皇后葬在万安陵。

14　闰月戊申(二十五日),陈宣帝到太庙谒告行礼。

15　五月壬午(三十日),北齐派使者来陈朝吊唁武宣皇后。

16　六月乙酉(初三),北齐任命广宁王高孝珩为司空。

17　甲辰(二十二日),北齐穆夫人生下儿子高恒。当时北齐国主没有男孩,因此大赦全国。陆令萱想以高恒为太子,但恐怕遭到斛律后的忌恨恼怒,于是禀告后主,让斛律后当母亲抚养高恒。

18　己丑(初七),北齐任命开府仪同三司唐邕为尚书右仆射。

19　秋季,七月,北齐立肃宗的儿子高彦基为城阳王,高彦忠为梁郡王。甲寅(初三),任命尚书令兰陵王高长恭为录尚书事,中领军和士开为尚书令,赐给淮阳王的爵号。

和士开的声势权力越来越大,朝廷中那些不知廉耻的官吏们,有的投靠他当干儿子,和富商大贾们的行为差不多。曾经有个官员去探视和士开的疾病,正值医生说:"王的伤寒病很重,应当服用黄龙汤。"和士开面有难色。这个人说:"黄龙汤并不难吃,王不必多疑,请让我替您先尝尝。"于是将黄龙汤一饮而尽。和士开感激他的好意,于是勉强服用,病便痊愈。

20　乙卯(初四),北周国主回长安。

21　癸酉(二十二日),北齐任命华山王高凝为太傅。

22　陈朝司空章昭达进攻梁朝,梁朝国主和北周总管陆腾进行抵抗。周人在西陵峡口的南岸兴筑安蜀城,在长江上牵引大绳,编织蒲苇当作桥梁,用来运输军粮。章昭达叫军士制造长戟,配备在楼船上,在船上仰面割断大绳,绳索被割断,周人的军粮运输断绝,便指挥军队攻安蜀城,将城攻克。

梁朝国主向北周的襄州总管卫公宇文直告急,宇文直派大将军李迁哲率领兵众去援救。李迁哲将自己的部众部署防卫江陵的外城,自己率领骑兵突出江陵的南门,派步兵突出江陵的北门,从两头

邀击陈兵,陈兵多死。夜,陈兵窃于城西以梯登城,登者已数百人,迁哲与陆腾力战拒之,乃退。

昭达又决龙川宁朔堤,引水灌江陵。腾出战于西堤,昭达兵不利,乃引还。

23 八月辛卯,齐主如晋阳。

24 九月乙巳,齐立皇子恒为太子。

25 冬,十月辛巳朔,日有食之。

26 齐以广宁王孝珩为司徒,上洛王思宗为司空。复以梁永嘉王庄为开府仪同三司、梁王,许以兴复,竟不果。及齐亡,庄愤邑,卒于邺。

27 乙酉,上享太庙。

28 己丑,齐复威宗谥曰文宣皇帝,庙号显祖。

29 丁酉,周郑桓公达奚武卒。

30 十二月丁亥,齐主还邺。

31 周大将军郑恪将兵平越巂,置西宁州。

32 周、齐争宜阳,久而不决。勋州刺史韦孝宽谓其下曰:"宜阳一城之地,不足损益,两国争之,劳师弥年。彼岂无智谋之士,若弃崤东,来图汾北,我必失地。今宜速于华谷及长秋筑城以杜其意。脱其先我,图之实难。"乃画地形,具陈其状。晋公护谓使者曰:"韦公子孙虽多,数不满百,汾北筑城,遣谁守之!"事遂不行。

齐斛律光果出晋州道,于汾北筑华谷、龙门二城。光至汾东,与孝宽相见,光曰:"宜阳一城,久劳争战。今已舍彼,欲于汾北取偿,幸勿怪也。"孝宽曰:"宜阳,彼之要冲,汾北,我之所弃。我弃彼取,其偿安在!君辅翼幼主,位望隆重,不抚循百姓而极武穷兵,苟贪寻常之地,涂炭疲弊之民,窃为君不取也!"

夹击陈朝军队,陈朝军队很多战死。夜晚,陈朝士兵偷偷地在城西架设梯子登城,上了城头的有几百人,李迁哲和陆腾奋力作战抵抗,打退了陈朝军队的进攻。

章昭达又将龙川的宁朔堤决口,引水倒灌江陵城。陆腾领兵从西堤出战,章昭达的军队战斗失利,只好引兵退走。

23　八月辛卯(初十),北齐国主去晋阳。

24　九月乙巳,北齐立皇子高恒为太子。

25　冬季,十月辛巳朔(初一),有日食。

26　北齐任命广宁王高孝珩为司徒,上洛王高思宗为司空。又任命梁朝的永嘉王萧庄为开府仪同三司、梁王,答允帮助他复国,竟没有成功。等到北齐灭亡,萧庄忧愤抑郁,在邺城死去。

27　乙酉(初五),陈宣帝到太庙祭祀。

28　己丑(初九),北齐恢复威宗的文宣皇帝谥号,庙号显祖。

29　丁酉(十七日),北周的郑桓公达奚武死。

30　十二月丁亥(初八),北齐国主回邺城。

31　北周大将军郑恪领兵平定越嶲,设置了西宁州。

32　北周、北齐争夺宜阳,久而不决。勋州刺史韦孝宽对部下说:"宜阳一城,得和失关系不大,两个国家为此争夺,劳师动众已经一年。对方难道没有智谋之士,如果放弃崤东,来谋取汾水以北一带地方,我们一定会失去国土。现在应当迅速在华谷和长秋修筑城池,以断绝对方的念头。如果对方先于我们行动,我们要改变现状就很困难了。"于是画了地形图,向朝廷陈述了这种情况。晋公宇文护对使者说:"韦公的子孙虽然很多,但数不满百,在汾水北面修筑城池,派谁去守卫!"这件事便没有实现。

北齐的斛律光果然从晋州一路出兵,在汾水北面修筑起华谷、龙门两座城池。斛律光到了汾水以东,和韦孝宽见了面。斛律光说:"宜阳一城,久劳争战。现在我们已经放弃宜阳,准备在汾水以北取得补偿,希望您不要见怪。"韦孝宽说:"宜阳,是你们的交通紧要之地,汾水以北,是我们所放弃的地方。我们所放弃的被你们取走,怎么能说是补偿!您辅佐年幼的君主,地位和威望都很高,不去安抚百姓而穷兵黩武,如果贪图得到一处平常的地方,而使贫困疲惫的百姓遭到涂炭之灾,我为您着想实在不该这样做!"

光进围定阳,筑南汾城以逼之。周人释宜阳之围以救汾北。晋公护问计于齐公宪,宪曰:"兄宜暂出同州以为声势,宪请以精兵居前,随机攻取。"护从之。

三年(辛卯,571)

1 春,正月乙丑,以尚书右仆射徐陵为左仆射。

2 丁巳,齐使兼散骑常侍刘环俊来聘。

3 辛酉,上祀南郊。辛未,祀北郊。

4 齐斛律光筑十三城于西境,马上以鞭指画而成,拓地五百里,而未尝伐功。又与周韦孝宽战于汾北,破之。齐公宪督诸将东拒齐师。

5 二月辛巳,上祀明堂。丁酉,耕藉田。

6 壬寅,齐以兰陵王长恭为太尉,赵彦深为司空,和士开录尚书事,徐之才为尚书令,唐邕为左仆射,吏部尚书冯子琮为右仆射,仍摄选。
子琮素诣附士开,至是,自以太后亲属,且典选,颇擅引用人,不复启禀,由是与士开有隙。

7 三月丁丑,大赦。

8 周齐公宪自龙门渡河,斛律光退保华谷,宪攻拔其新筑五城。齐太宰段韶、兰陵王长恭将兵御周师,攻柏谷城,拔之而还。

9 夏,四月戊寅朔,日有食之。

10 壬午,齐以琅邪王俨为太保。

11 壬辰,齐遣使来聘。

斛律光进军围困定阳,筑起南汾城进逼定阳。北周军队撤去宜阳之围来援救汾水以北地方。晋公宇文护向齐公宇文宪请教计策,宇文宪说:"兄长最好暂时从同州出兵以扩大声势,我可以率领精兵在前,看准时机攻取城池。"宇文护采纳了他的计策。

陈宣帝太建三年(辛卯,公元571年)

1 春季,正月乙丑(十七日),陈朝任命尚书右仆射徐陵为左仆射。

2 丁巳(初九),北齐派兼散骑常侍刘环俊来陈朝访问。

3 辛酉(十三日),陈宣帝到南郊祭祀。辛未(二十三日),到北郊祭祀。

4 北齐斛律光在国境西面修筑十三座城池,是在马上用马鞭指画出来的,虽然开拓了五百里地方,然而不曾夸耀功劳。又和北周的韦孝宽在汾水以北交战,打败了韦孝宽。齐公宇文宪督率将领们在东面抵抗北齐的军队。

5 二月辛巳(初三),陈宣帝到明堂祭祀。丁酉(十九日),到藉田举行耕种的仪式。

6 壬寅(二十四日),北齐任命兰陵王高长恭为太尉,赵彦深为司空,和士开为录尚书事,徐之才为尚书令,唐邕为左仆射,吏部尚书冯子琮为右仆射,仍旧执掌吏部对官吏的铨选。

冯子琮一贯阿谀附和和士开,到这时,自以为是太后的亲属,而且主管选用官吏,于是擅自引荐任命人选,不再向上启奏报告,因此与和士开产生矛盾。

7 三月丁丑(三十日),陈朝大赦全国。

8 北周齐公宇文宪从龙门渡过黄河,北齐斛律光退守华谷,宇文宪攻取了斛律光新筑的五座城池。北齐的太宰段韶、兰陵王高长恭率领军队抵御北周的军队,进攻柏谷城,攻克后就退兵回去了。

9 夏季,四月戊寅朔(初一),有日食。

10 壬午(初五),北齐任命琅邪王高俨为太保。

11 壬辰(十五日),北齐派使者来陈朝访问。

12 周陈公纯取齐宜阳等九城，齐斛律光将步骑五万赴之。

13 五月癸亥，周使纳言郑诩来聘。

14 周晋公护使中外府参军郭荣城于姚襄城南、定阳城西，齐段韶引兵袭周师，破之。六月，韶围定阳城，周汾州刺史杨敷固守不下。韶急攻之，屠其外城。时韶卧病，谓兰陵王长恭曰："此城三面重涧，皆无走路。唯虑东南一道耳，贼必从此出。宜简精兵专守之，此必成擒。"长恭乃令壮士千馀人伏于东南涧口。城中粮尽，齐公宪总兵救之，惮韶，不敢进。敷帅见兵突围夜走，伏兵击擒之，尽俘其众。乙巳，齐取周汾州及姚襄城，唯郭荣所筑城独存。敷，愔之族子也。

敷子素，少多才艺，有大志，不拘小节，以其父守节陷齐，未蒙赠谥，上表申理。周主不许，至于再三，帝大怒，命左右斩之。素大言曰："臣事无道天子，死其分也！"帝壮其言，赠敷大将军，谥曰忠壮，以素为仪同三司，渐见礼遇。帝命素为诏书，下笔立成，词义兼美，帝曰："勉之，勿忧不富贵。"素曰："但恐富贵来逼臣，臣无心图富贵也。"

15 齐斛律光与周师战于宜阳城下，取周建安等四戍，捕虏千馀人而还。军未至邺，齐主敕使散兵，光以军士多有功者，未得慰劳，乃密通表，请遣使宣旨，军仍且进，齐朝发使迟留。军还，将至紫陌，光乃驻营待使。帝闻光军已逼，心甚恶之，亟令舍人召光入见，然后宣劳散兵。

12　北周陈公宇文纯夺取北齐的宜阳等九座城池,北齐斛律光率领五万名步骑兵赶到那里抵抗。

13　五月癸亥(十七日),北周派纳言郑诩来陈朝访问。

14　北周晋公文护派中外府参军郭荣在姚襄城南、定阳城西修筑城池,北齐段韶领兵攻袭北周军队,将他们打败。六月,段韶包围定阳城,由于北周的汾州刺史杨敷坚守而未能攻克。段韶加紧进攻,对定阳的外城进行屠城。当时段韶生病,对兰陵王高长恭说:"这座城池的三面都有两道河壕,无路可走。恐怕只东南有一条路,贼一定会从这里突围。应当挑选精兵专门防守这条道路,这样一定能够捉住他们。"高长恭便派一千多名壮士埋伏在东南涧口。城中的粮食吃尽,齐公宇文宪集中所有的兵力去救援,但是害怕段韶,不敢前进。杨敷率领现有的士兵乘夜突围出城,被高长恭的伏兵攻击,全部俘虏。乙巳(十九日),北齐夺取了北周的汾州和姚襄城,只有郭荣所筑的城得以保全。杨敷是杨愔的族子。

杨敷的儿子杨素,年少时才艺很高,有大志,不拘小节,因为父亲杨敷守节而身陷北齐,没有得到朝廷赠给的谥号,于是向朝廷上表申述理由。北周武帝不答允,杨素接二连三地上表,武帝勃然大怒,命令左右将他斩首。杨素口出大话说:"作为臣子侍奉无道的天子,被杀死是自己的本分!"武帝见他出言豪壮,于是追赠杨敷为大将军,赐给忠壮的谥号,任命杨素为仪同三司,逐渐对他加以礼遇。武帝叫杨素起草诏书,他下笔立成,用词和含义都很好,武帝说:"希望你好好努力,不要担心将来不会富贵。"杨素说:"只怕富贵来逼臣,臣倒无心求取富贵。"

15　北齐斛律光和北周军队在宜阳城下交战,夺得北周的建安等四个戍所,捕捉俘虏一千多人而还。军队还没有到邺城,北齐君主派使者遣散军队。斛律光认为军士中很多人都有功劳,却没有得到朝廷的慰劳,于是秘密地向上呈递表章,请后主派使臣宣读慰劳的旨意,军队仍旧向邺城前进,朝廷派使者命令军队停止前进,就地停留。军队后退,将到紫陌,斛律光便驻扎军营等候朝廷的使者到来。后主听到斛律光军队已经逼近邺城,心里十分厌恶,赶紧派舍人召斛律光入朝觐见,然后宣旨慰劳遣散军队。

16　齐琅邪王俨以和士开、穆提婆等专横奢纵，意甚不平。二人相谓曰："琅邪王眼光奕奕，数步射人，向者暂对，不觉汗出。吾辈见天子奏事尚不然。"由是忌之，乃出俨居北宫，五日一朝，不得无时见太后。

俨之除太保也，馀官悉解，犹带中丞及京畿。士开等以北城有武库，欲移俨于外，然后夺其兵权。治书侍御史王子宜，与俨所亲开府仪同三司高舍洛、中常侍刘辟彊说俨曰："殿下被疏，正由士开间构，何可出北宫入民间也！"俨谓侍中冯子琮曰："士开罪重，儿欲杀之，何如？"子琮心欲废帝而立俨，因劝成之。

俨令子宜表弹士开罪，请禁推。子琮杂他文书奏之，帝主不审省而可之。俨诳领军库狄伏连曰："奉敕，令领军收士开。"伏连以告子琮，且请覆奏，子琮曰："琅邪受敕，何必更奏。"伏连信之，发京畿军士，伏于神虎门外，并戒门者不听士开入。秋，七月庚午旦，士开依常早参，伏连前执士开手曰："今有一大好事。"王子宜授以一函，云："有敕，令王向台。"因遣军士护送。俨遣都督冯永洛就台斩之。

俨本意唯杀士开，其党因逼俨曰："事既然，不可中止。"俨遂帅京畿军士三千馀人屯千秋门。帝使刘桃枝将禁兵八十人召俨，桃枝遥拜，俨命反缚，将斩之，禁兵散走。帝又使冯子琮召俨，俨辞曰："士开昔来实合万死，谋废至尊，剃家家发为尼，臣为是矫诏诛之。尊兄若欲杀臣，不敢逃罪。若赦臣，愿遣姊姊来迎，臣即入见。"姊姊，谓陆令萱也，俨欲诱出杀之。令萱执刀在帝后，闻之，战栗。

16　北齐琅邪王高俨因为和士开、穆提婆等人专横跋扈奢侈放纵，感到愤愤不平。和士开、穆提婆二人互相说："琅邪王的目光奕奕有神，几步路以外就咄咄逼人，以往和他暂时打个照面，不知不觉地就出汗了。我们面见天子奏事时还不致这样。"因此对他忌恨，便将高俨调出住在北宫，五天上朝一次，不准他随时去见太后。

高俨被授职太保时，其馀的官职都被免掉，不过还带有中丞和京畿大都督的职衔。和士开等人因为北城有武器库，想把高俨调移到城外，然后夺取他总督京畿军队的兵权。治书侍御史王子宜，和高俨的亲信开府仪同三司高舍洛、中常侍刘辟疆对高俨劝说道："殿下所以被疏远，正由于和士开从中离间挑拨，您怎能离开北宫住到民间去！"高俨对侍中冯子琮说："和士开罪孽深重，儿打算杀掉他，怎么样？"冯子琮心里想废掉后主另立高俨做皇帝，因此劝高俨这样做。

高俨令王子宜上表弹劾和士开的罪状，请求将他收禁并加以审问。冯子琮又夹杂了其他文书一同上奏，后主没有仔细审阅就批准同意。高俨欺骗领军库狄伏连说："奉到皇上的命令，叫领军收禁和士开。"库狄伏连把这告诉了冯子琮，请他再次向皇上奏报，冯子琮说："琅邪王已经接到皇上的敕令，何必再次奏报。"库狄伏连相信了，于是征调京畿的军士，埋伏在神虎门外，并告诫守门人不要让和士开进神虎门。秋季，七月庚午（二十五日），早晨，和士开按常例到宫中早朝，库狄伏连上前握住他的手说："今天有一件大好事。"王子宜递给和士开一封信，说："皇上有敕令，叫你去高台那里相见。"并派军士一路护送。高俨派都督冯永洛在高台将和士开杀死。

高俨本意只杀死和士开一个人，他的党羽却胁迫高俨说："事情已经如此，不能中止。"高俨便率领京畿的军士三千多人驻扎在千秋门。后主派刘桃枝率领八十名禁兵把高俨召来，刘桃枝离高俨还很远时就惶恐地对他施礼，高俨下令把他反绑起来，要杀死他，禁兵们纷纷走散。后主又派冯子琮去召高俨，高俨推辞说："和士开往昔以来的罪行实在应该万死，他图谋废掉天子，叫亲生母亲剃发当尼姑，臣才假托陛下的诏命将他杀死。老兄如果要杀臣，臣不敢逃避罪责。如果能宽恕我，希望派乳母来迎接，臣就去见陛下。"乳母，是指陆令萱，高俨想骗她出来杀死她。陆令萱手里拿刀躲在后主背后，听到高俨的要求，怕得浑身打颤。

帝又使韩长鸾召俨，俨将入，刘辟彊牵衣谏曰：“若不斩穆提婆母子，殿下无由得入。”广宁王孝珩、安德王延宗自西来，曰：“何不入？”辟彊曰：“兵少。”延宗顾众而言曰：“孝昭帝杀杨遵彦，止八十人。今有数千，何谓少？”

帝泣启太后曰：“有缘，复见家家；无缘，永别！”乃急召斛律光，俨亦召之。

光闻俨杀士开，抚掌大笑曰：“龙子所为，固自不似凡人！”入，见帝于永巷。帝帅宿卫者步骑四百，授甲，将出战，光曰：“小儿辈弄兵，与交手即乱。鄙谚云：‘奴见大家心死。’至尊宜自至千秋门，琅邪必不敢动。”帝从之。

光步道，使人走出，曰：“大家来。”俨徒骇散。帝驻马桥上遥呼之，俨犹立不进，光就谓曰：“天子弟杀一夫，何所苦！”执其手，强引以前，请于帝曰：“琅邪王年少，肠肥脑满，轻为举措，稍长自不复然，愿宽其罪。”帝拔俨所带刀环，乱筑辫头，良久，乃释之。

收库狄伏连、高舍洛、王子宜、刘辟彊、都督翟显贵，于后园支解，暴之都街。帝欲尽杀俨府文武职吏，光曰：“此皆勋贵子弟，诛之，恐人心不安。”赵彦深亦曰：“《春秋》责帅。”于是罪之各有差。

太后责问俨，俨曰：“冯子琮教儿。”太后怒，遣使就内省以弓弦绞杀子琮，使内参以库车载尸归其家。自是太后常置俨于宫中，每食必自尝之。

17　八月己亥，齐主如晋阳。

后主又派韩长鸾去召高俨，高俨准备去见后主，刘辟疆拉住他的衣服劝道："如果不杀掉穆提婆母子俩，殿下不能去。"广宁王高孝珩、安德王高延宗从西面过来，问道："为什么不进去？"刘辟疆说："兵太少。"高延宗环顾周围说："孝昭帝杀杨遵彦时，只有八十人。现在有几千人，怎能说少？"

后主哭着对太后说："如果还有缘分，仍可与母亲相见；没有缘分，就和您永别了！"于是急忙召斛律光，高俨也召斛律光来。

斛律光听说高俨杀了和士开，拍手大笑说："这真是龙子的作为，自然不像一般人！"于是进宫，在长巷见到后主。后主率领在宫中宿卫的步骑兵四百人，授给铠甲，准备出战，斛律光说："小孩子们动干戈，刚一交手就会乱了阵脚。俗话说：'奴仆见主人，心里就沮丧。'陛下应该亲自去千秋门，琅邪王一定不敢行动。"后主便听从了。

斛律光走在前面做前导，派人离开队伍，喊道："天子来了。"高俨一伙怕得纷纷散去。后主在桥上勒住马远远地呼叫他们，高俨还站在那里不敢靠前，斛律光走过去对他说："天子的弟弟杀死一个人，有什么可害怕的！"于是抓住他的手，硬拉着他向前，请求后主说："琅邪王年轻，肠肥脑满，行为轻率，等到年龄大了，自然不会这样，希望能宽恕他的罪过。"后主拔出高俨所带的佩刀，用刀柄对他的头乱凿，过了很久，才放了他。

后主收禁了库狄伏连、高舍洛、王子宜、刘辟强、都督翟显贵，在后园将他们肢解，然后在都城的大街上暴尸示众。后主要把高俨府里的文武官吏全部杀死，斛律光说："这些人都是达官贵人的子弟，杀掉他们，恐怕引起人心不安。"赵彦深也说："《春秋》里说，军队不听从命令，责任在领兵的将帅。"于是区别情况对他们分别判罪。

太后责问高俨，高俨说："是冯子琮教我这样做的。"太后大怒，派使者到宫内用弓弦将冯子琮绞死，派太监用库车拉上尸体送到他家里去。从此以后太后常常把高俨安置在宫中，每次吃饭都亲自先尝一尝，怕人毒死高俨。

17　八月己亥（二十四日），北齐国主去晋阳。

18　九月辛亥，齐以任城王湝为太宰，冯翊王润为太师。

19　己未，齐平原忠武王段韶卒。韶有谋略，得将士死力，出总军旅，入参帷幄，功高望重，而雅性温慎，得宰相体。事后母孝，闺门雍肃，齐勋贵之家，无能及者。

20　齐祖珽说陆令萱，出赵彦深为兖州刺史。齐主以珽为侍中。

陆令萱说帝曰："人称琅邪王聪明雄勇，当今无敌。观其相表，殆非人臣。自专杀以来，常怀恐惧，宜早为之计。"幸臣何洪珍等亦请杀之。帝未决，以食畢密迎珽，问之。珽称"周公诛管叔，季友鸩庆父"。帝乃携俨之晋阳，使右卫大将军赵元侃诱俨执之，元侃曰："臣昔事先帝，见先帝爱王。今宁就死，不忍行此。"帝出元侃为豫州刺史。

庚午，帝启太后曰："明旦欲与仁威早出猎。"夜四鼓，帝召俨，俨疑之。陆令萱曰："兄呼，儿何为不去！"俨出，至永巷，刘桃枝反接其手。俨呼曰："乞见家家、尊兄。"桃枝以袖塞其口，反袍蒙头负出，至大明宫，鼻血满面，拉杀之，时年十四，裹之以席，埋于室内。帝使启太后，太后临哭，十馀声，即拥入殿。遗腹四男，皆幽死。

冬，十月，罢京畿府，入领军。

21　壬午，周冀公通卒。

22　甲申，上享太庙。

23　乙未，周遣右武伯谷会琨等聘于齐。

24　齐胡太后出入不节，与沙门统昙献通，诸僧至有戏呼昙献为太上皇者。齐主闻太后不谨而未之信，后朝太后，见二尼，

18　九月辛亥(初六),北齐任命任城王高湝为太宰,冯翊王高润为太师。

19　己未(十四日),北齐平原忠武王段韶去世。段韶有谋略,将士们都愿意为他效命,出朝能总辖军队,入朝能参与决策,功劳大威望重,性格文雅谨慎温和,具有宰相的气质才能。侍奉继母很孝顺,家中的妇女们和睦严肃,北齐的勋臣贵族之家,没有能及得上的。

20　北齐祖珽劝陆令萱,叫她把赵彦深调出朝廷做兖州刺史。北齐后主任命祖珽为侍中。

陆令萱对后主说:"人称琅邪王聪明勇敢,当今无敌。但看他的相貌,几乎不是臣下。自从他独断专行杀和士开以来,常常怀有恐惧之心,应该及早决定计策。"宠臣何洪珍等人也请后主杀掉高俨。后主犹豫不决,用装运食物的车子把祖珽秘密接来,询问他的意见。祖珽举出"周公诛管叔,季友鸩庆父"两个例子。后主便带高俨去晋阳,派右卫大将军赵元侃诱捕高俨,赵元侃说:"臣以前侍奉先帝,看到先帝喜欢琅邪王。现在我宁愿被杀,不忍心做这种事。"后主便将赵元侃贬为豫州刺史。

庚午(二十五日),后主启禀太后说:"明天准备和仁威一早出外打猎。"夜里四鼓时分,后主召见高俨,高俨产生怀疑。陆令萱说:"兄长叫你,儿为什么不去?"高俨出来,走到长巷,刘桃枝将他的双手反绑起来,高俨高喊道:"让我去见母亲、兄长。"刘桃枝用衣袖塞在他嘴里,把他的袍子翻过来蒙住头,将他背出来,走到大明宫时,高俨的鼻血流了满面,被人手摧折而死,当时才十四岁,将尸体用席子包起来,埋在室内。后主派人启奏太后,太后到那里哭吊,刚哭了十几声,就被人簇拥着回到殿中。高俨有四个遗腹男孩,后来都被囚禁而死。

冬季,十月,撤销京畿府,将京畿兵归领军统率。

21　壬午(初八),北周冀公宇文通死。

22　甲申(初十),陈朝皇帝到太庙祭祀祖先。

23　乙未(十一日),北周派右武伯谷会琨等人到北齐访问。

24　北齐胡太后行为不遵守妇节,和主管僧人的昙献私通,僧人甚至戏称昙献为太上皇帝。北齐君主听说胡太后行为不检点而没有相信,后来有一次去朝见太后时,看到有两个尼姑在旁边,

悦而召之，乃男子也。于是昙献事亦发，皆伏诛。

己亥，帝自晋阳奉太后还邺，至紫陌，遇大风。舍人魏僧伽习风角，奏言："即时当有暴逆事。"帝诈云："邺中有变"，弯弓缠弰，驰入南城，遣宦者邓长颙幽太后于北宫，仍敕内外诸亲皆不得与胡太后相见。太后或为帝设食，帝亦不敢尝。

25　庚戌，齐遣侍中赫连子悦聘于周。

26　十一月丁巳，周主如散关。

27　丙寅，齐以徐州行台广宁王孝珩录尚书事；庚午，又以为司徒。癸酉，以斛律光为左丞相。

28　十二月己丑，周主还长安。

29　壬辰，邵陵公章昭达卒。

30　是岁，梁华皎将如周，过襄阳，说卫公直曰："梁主既失江南诸郡，民少国贫。朝廷兴亡继绝，理宜资赡，望借数州以资梁国。"直然之，遣使言状，周主诏以基、平、鄀三州与之。

因为喜爱而把她们召来,原来都是男子假扮的。于是昌献的事情被暴露,这些人都被处死。

己亥(十五日),齐后主从晋阳奉太后回邺城,途径紫陌,遇到大风。舍人魏僧伽懂得测天观象预卜吉凶,上奏说:"立即会有暴乱叛逆的事情发生。"后主谎称"邺城中有变",于是拉足弓弦绷紧弓弰,疾走进入邺都的南城,派太监邓长颙将太后幽禁在北宫,下令朝廷内外的所有亲属不能去见胡太后。太后有时为后主准备了食物,后主也不敢尝。

25　庚戌(二十六日),北齐派侍中赫连子悦到北周访问。

26　十一月丁巳(十三日),北周国主去散关。

27　丙寅(二十二日),北齐任命徐州行台广宁王高孝珩为录尚书事;庚午(二十六日),又任命他为司徒。癸酉(二十九日),任命斛律光为左丞相。

28　十二月己丑(十六日),北周国主回长安。

29　壬辰(十九日),陈朝的邵陵公章昭达死。

30　这一年,梁朝的华皎将去北周,经过襄阳时,对卫公宇文直说:"梁主已经失去江南的一些郡,百姓少而国家贫穷。朝廷的兴亡继绝,理应资助梁国,希望能借几个州的地方帮助梁国。"卫公宇文直表示赞同,派使者向朝廷说明情况,北周国主下诏将基、平、鄀三个州给予梁朝。

卷第一百七十一　陈纪五

起壬辰(572)尽甲午(574)凡三年

高宗宣皇帝上之下
太建四年(壬辰,572)

1　春,正月丙午,以尚书仆射徐陵为左仆射,中书监王劢为右仆射。

2　己巳,齐主祀南郊。

3　庚午,上享太庙。

4　辛未,齐主赠琅邪王俨为楚恭哀帝以慰太后心,又以俨妃李氏为楚帝后。

5　二月癸酉,周遣大将军昌城公深聘于突厥,司宾李除、小宾部贺遂礼聘于齐。深,护之子也。

6　己卯,齐以卫菩萨为太尉。辛巳,以并省吏部尚书高元海为尚书左仆射。

7　乙酉,封皇子叔卿为建安王。

8　庚寅,齐以尚书左仆射唐邕为尚书令,侍中祖珽为左仆射。初,胡太后既幽于北宫,珽欲以陆令萱为太后,为令萱言魏保太后故事。且谓人曰:"陆虽妇人,然实雄杰,自女娲以来,未之有也。"令萱亦谓珽为"国师""国宝",由是得仆射。

9　三月癸卯朔,日有食之。

10　初,周太祖为魏相,立左右十二军,总属相府。太祖殂,皆受晋公护处分,凡所征发,非护书不行。护第屯兵侍卫,盛于宫阙。诸子、僚属皆贪残恣横,士民患之。周主

高宗宣皇帝上之下

陈宣帝太建四年(壬辰,公元 572 年)

1　春季,正月丙午(初三),陈朝任命尚书仆射徐陵为左仆射,中书监王劢为右仆射。

2　乙巳(初二),北齐国主到南郊祭祀。

3　庚午(二十七日),陈宣帝到太庙祭祀。

4　辛未(二十八日),北齐国主赠琅邪王高俨为楚恭哀帝的谥号以安慰太后的心,又封高俨的妃子李氏为楚帝后。

5　二月癸酉(初一),北周派大将军昌城公宇文深到突厥访问,司宾李除、小宾部贺遂礼到北齐访问。宇文深是宇文护的儿子。

6　己卯(初七),北齐任命卫菩萨为太尉。辛巳(初九),任命并省吏部尚书高元海为尚书左仆射。

7　乙酉(十三日),陈朝封皇子陈叔卿为建安王。

8　庚寅(十八日),北齐任命尚书左仆射唐邕为尚书令,侍中祖珽为左仆射。起先,胡太后被幽禁在北宫,祖珽打算以陆令萱为太后,向陆令萱讲述魏朝保太后的往事,并对别人说:"陆令萱虽然是个妇人,其实是个豪杰,自从女娲以来,还没有这样的人。"陆令萱也称祖珽为"国师""国宝",因而被任命为仆射。

9　三月癸卯朔(初一),有日食。

10　当初,北周太祖在西魏当丞相时,曾经建立左右十二军,隶属相府。太祖死后,受晋公宇文护调度,凡属军队的征发调动,非得有宇文护的文书不可。宇文护的府第驻军守卫,人数超过宫廷,他的儿子和僚属都贪婪残暴恣意横行,士民都深以为患。北周国主

深自晦匿，无所关预，人不测其浅深。

护问稍伯大夫庾季才曰："比日天道何如?"季才对曰："荷恩深厚，敢不尽言。顷上台有变，公宜归政天子，请老私门。此则享期颐之寿，受旦、奭之美，子孙常为藩屏。不然，非复所知。"护沉吟久之，曰："吾本志如此，但辞未获免耳。公既为王官，可依朝例，无烦别参寡人也。"自是疏之。

卫公直，帝之母弟也，深昵于护。及沌口之败，坐免官，由是怨护，劝帝诛之，冀得其位。帝乃密与直及右宫伯中大夫宇文神举、内史下大夫太原王轨、右侍上士宇文孝伯谋之。神举，显和之子;孝伯，安化公深之子也。

帝每于禁中见护，常行家人礼，太后赐护坐，帝立侍于旁。丙辰，护自同州还长安，帝御文安殿见之。因引护入含仁殿谒太后，且谓之曰："太后春秋高，颇好饮酒，虽屡谏，未蒙垂纳。兄今入朝，愿更启请。"因出怀中《酒诰》授之，曰："以此谏太后。"护既入，如帝所戒读《酒诰》。未毕，帝以玉珽自后击之，护踣于地。帝令宦者何泉以御刀斫之，泉惶惧，斫不能伤。卫公直匿于户内，跃出，斩之。时神举等皆在外，更无知者。

帝召宫伯长孙览等，告以护已诛，令收护子柱国谭公会、大将军莒公至、崇业公静、正平公乾嘉及其弟乾基、乾光、乾蔚、乾祖、乾威并柱国北地侯龙恩、龙恩弟大将军万寿、大将军刘勇、中外府司录尹公正、袁杰、膳部下大夫李安等，于殿中杀之。览，稚之孙也。

初，护既杀赵贵等，侯龙恩为护所亲，其从弟开府仪同三司植谓龙恩曰："主上春秋既富，安危系于数公。若多所诛戮以自立威权，

对此一直隐晦退避，不加干涉，别人也猜不到他的深浅。

宇文护问稍伯大夫庾季才说："近日来天文星象怎么样?"季才回答说："受到您深厚的恩泽，怎敢知无不言。刚才上台星有变化，晋公您应该归政给天子，请求回家养老。这样就能享年高寿，受到周公旦、召公奭的美名，子子孙孙常为国家重臣。不然，就不是我所能知道的了。"宇文护沉吟很久，说："我本来的志向就是这样，但是经过推辞没有得到同意。你既然是王室的官员，可以按照朝廷的规定，不用麻烦你特意来见寡人了。"从此以后对他疏远了。

卫公宇文直是北周武帝的同母兄弟，和宇文护的关系非常亲近。后来在沌口打了败仗，被罢免官职，因此怨恨宇文护，劝武帝杀死他，企图自己得到宇文护的职位。武帝便秘密和卫公宇文直、右宫伯中大夫宇文神举、内史下大夫太原王轨、右侍上士宇文孝伯进行策划。宇文神举是宇文显和的儿子。宇文孝伯是安化公宇文深的儿子。

武帝每次在宫中见到宇文护，都行兄弟之礼。太后赐宇文护坐，武帝就站立在一旁。丙辰(十四日)，宇文护从同州回长安，武帝驾临文安殿见他，引导宇文护到含仁殿参见太后，并对他说："母后年纪已高，很喜欢饮酒，我虽然屡次劝她，没有得到采纳。兄长今天参见时，希望您能劝说她。"于是从怀里拿出《酒诰》给宇文护，说："用这个来规劝母后。"宇文护进殿后，像武帝所说那样对太后诵读《酒诰》。还没有读完，武帝便在宇文护背后用玉笏打他，宇文护跌倒在地。武帝命令太监何泉用御刀砍他，何泉心里惶恐惧怕，不敢用劲，没有把宇文护砍伤，卫公宇文直躲在门内，这时跳了出来，将宇文护杀死。当时宇文神举等都在殿外，没有别人知道。

武帝召见宫伯长孙览等人，告诉他们已将宇文护处死，命令拘捕宇文护的儿子柱国谭公宇文会、大将军莒公宇文至、崇业公宇文静、正平公宇文乾嘉，以及他的弟弟宇文乾基、宇文乾光、宇文乾蔚、宇文乾祖、宇文乾威和柱国北地侯龙恩、侯龙恩的弟弟大将军侯万寿、大将军刘勇、中外府司录尹公正、袁杰、膳部下大夫李安等人，在殿中将他们杀死。长孙览是长孙稚的孙子。

当初，宇文护杀了赵贵等人，侯龙恩得到宇文护的信任，他的堂弟开府仪同三司侯植对侯龙恩说："武帝年纪还轻，安危依靠几位公侯。如果对他们诛杀过多来树立自己的威望权力，

岂唯社稷有累卵之危,恐吾宗亦缘此而败,兄安得知而不言!"龙恩不能从。植又承间言于护曰:"公以骨肉之亲,当社稷之寄,愿推诚王室,拟迹伊、周,则率土幸甚!"护曰:"我誓以身报国,卿岂谓吾有他志邪!"又闻其先与龙恩言,阴忌之,植以忧卒。及护败,龙恩兄弟皆死,高祖以植为忠,特免其子孙。

大司马兼小冢宰、雍州牧齐公宪,素为护所亲任,赏罚之际,皆得参预,权势颇盛。护欲有所陈,多令宪闻奏,其间或有可不,宪虑主相嫌隙,每曲而畅之,帝亦察其心。及护死,召宪入,宪免冠拜谢。帝慰勉之,使诣护第收兵符及诸文籍。卫公直素忌宪,固请诛之,帝不许。

护世子训为蒲州刺史,是夜,帝遣柱国越公盛乘传征训,至同州,赐死。昌城公深使突厥未还,遣开府仪同三司宇文德赍玺书就杀之。护长史代郡叱罗协、司录弘农冯迁及所亲任者,皆除名。

丁巳,大赦,改元。

以宇文孝伯为车骑大将军,与王轨并加开府仪同三司。初,孝伯与帝同日生,太祖爱之,养于第中,幼与帝同学。及即位,欲引致左右,托言欲与孝伯讲习旧经,故护弗之疑也,以为右侍上士,出入卧内,预闻机务。孝伯为人,沉正忠谅,朝政得失,外间细事,无不使帝闻之。

帝阅护书记,有假托符命妄造异谋者;皆坐诛。唯得庾季才书两纸,盛言纬候灾祥,宜返政归权,帝赐季才粟三百石,帛二百段,迁太中大夫。

不但国家极其危险,恐怕我们的宗族也因此而遭到失败,堂兄您怎能知而不言!"侯龙恩没有听他的话。侯植又趁机会对宇文护说:"晋公您以骨肉之亲,担当国家对您的寄托,希望以诚意对待王室,按照伊尹、周公的榜样,那么境域之内都会觉得万幸!"宇文护说:"我矢志以身报国,您难道说我有别的企图吗!"又听到他以前和侯龙恩说的话,暗中对他产生忌恨,侯植因此感到忧愁而死去。等到宇文护失败,侯龙恩兄弟都被处死,高祖因为侯植的忠诚,特意赦免了侯植的子孙。

大司马兼小冢宰、雍州牧齐公宇文宪,一向得到宇文护的信任,遇到对别人的赏罚,宇文宪都能参与意见,权势很大。宇文护有什么要向朝廷上言的事,都叫宇文宪向武帝转达奏报,其中有时有不同的意见,宇文宪顾虑武帝和丞相之间猜疑而形成怨仇,都婉转地进行申述,武帝也察觉到他的用心。宇文护死后,武帝召宇文宪进见,宇文宪脱下帽子向武帝拜谢。武帝对他加以安慰勉励,派他到宇文护的住所收取兵符和各种文书簿籍。卫公宇文直素来忌恨宇文宪,坚持请求武帝杀死他,武帝不肯答允。

宇文护的长子宇文训是蒲州刺史,这天晚上,武帝派柱国越公宇文盛乘车去传唤宇文训,到同州,传达了武帝对他赐死的命令。昌城公宇文深出使突厥还没有回来,武帝派开府仪同三司宇文德送去诏书将他就地杀死。宇文护的长史代郡叱罗协、司录弘农冯迁和其他亲信,都被革职除名。

丁巳(十五日),大赦全国,改年号为"建德"。

任命宇文孝伯为车骑大将军,和王轨一同加开府仪同三司的职衔。当初,宇文孝伯和武帝同一天出生,太祖很喜爱他,养在府第里,幼年时和武帝同学。武帝即位后,想任用他作为帮助自己的近臣,假托要和宇文孝伯在一起探讨学习古代的经书,所以宇文护并不怀疑,任命他为右侍上士,在卧室内进进出出,参与机密的事情。宇文孝伯为人深沉正直忠实可信,凡是朝政的得失,外面的小事,没有不使武帝知道的。

武帝翻阅宇文护所写的记事,看到有假托符命妄图制造异谋的,都被处死。唯独看到庾季才所写的两张纸,大谈星象变化的灾难吉祥,应该把朝政大权还给武帝,武帝赏赐给庾季才三百石小米,两百段布帛,提升为太中大夫。

癸亥,以尉迟迥为太师,柱国窦炽为太傅,李穆为太保,齐公宪为大冢宰,卫公直为大司徒,陆通为大司马,柱国辛威为大司寇,赵公招为大司空。

时帝始亲览朝政,颇事威刑,虽骨肉无所宽借。齐公宪虽迁冢宰,实夺之权。又谓宪侍读裴文举曰:"昔魏末不纲,太祖辅政。及周室受命,晋公复执大权。积习生常,愚者谓法应如是。岂有年三十天子而可为人所制乎!《诗》云:'夙夜匪懈,以事一人。'一人,谓天子耳。卿虽陪侍齐公,不得遂同为臣,欲死于所事。宜辅以正道,劝以义方,辑睦我君臣,协和我兄弟,勿令自致嫌疑。"文举咸以白宪,宪指心抚几曰:"吾之夙心,公宁不知!但当尽忠竭节耳,知复何言。"

卫公直,性浮诡贪狠,意望大冢宰。既不得,殊怏怏。更请为大司马,欲据兵权。帝揣知其意,曰:"汝兄弟长幼有序,岂可返居下列!"由是用为大司徒。

11 夏,四月,周遣工部成公建、小礼部辛彦之聘于齐。

12 庚寅,周追尊略阳公为孝闵皇帝。

13 癸巳,周立皇子鲁公赟为太子,大赦。

14 五月癸卯,王劢卒。

15 齐尚书右仆射祖珽,势倾朝野,左丞相咸阳王斛律光恶之,遥见,辄骂曰:"多事乞索小人,欲行何计!"又尝谓诸将曰:"兵马处分,赵令恒与吾辈参论。盲人掌机密以来,全不与吾辈语,正恐误国家事耳。"光尝在朝堂垂帘坐,珽不知,乘马过其前,

癸亥(二十一日),任命尉迟迥为太师,柱国窦炽为太傅,李穆为太保,齐公宇文宪为大冢宰,卫公宇文直为大司徒,陆通为大司马,柱国辛威为大司寇,赵公宇文招为大司空。

当时武帝开始亲政,很注重威令用刑,尽管是骨肉至亲也不宽恕。齐公宇文宪名义上升为冢宰,实际上夺了他的实权。武帝对宇文宪的侍读裴文举说:"从前魏朝末年武帝不能操持朝廷大纲,所以才有太祖辅政。等到周朝建立,晋公宇文护又掌握大权。原只是多年的习惯,后来竟成为法定的常规,笨人还说法度应该如此。哪有年已三十岁的天子还被别人钳制的道理!《诗经》中说:'从早到晚不懈怠,为的侍奉一个人。'一个人,指的是天子。您虽然陪伴侍奉齐公,不能怕得如同他的臣子,老死在侍读的事上。应当以正道去辅助他,用做人的道理去规劝他,使我们君臣和睦,使我们兄弟同心,不要使他自己招致嫌疑。"裴文举把这番话都告诉了宇文宪,宇文宪指着自己的心口拍着小桌子说:"我平素的心思,您难道不知道!只是应该尽忠竭节罢了,你知道了又有什么好说的。"

卫公宇文直性格浮躁诡诈贪婪狠毒,想做大冢宰。没能如愿,心里很不痛快。又请求当大司马,想掌握兵权。武帝猜到他的用意,说:"你们兄弟长幼有序,怎能反而处于下列!"因此任命他为大司徒。

11 夏季,四月,北周派工部成公建、小礼部辛彦之到北齐访问。

12 庚寅(十九日),北周追尊略阳公宇文觉为孝闵皇帝。

13 癸巳(二十二日),北周立皇子鲁公宇文赟为太子,大赦全国。

14 五月癸卯(初二),王劢死。

15 北齐尚书右仆射祖珽,势力可以倾动朝内外,左丞相咸阳王斛律光很厌恶他,远远地见到祖珽,总是骂道:"使国家多事、贪得无厌的小人,想搞什么样的诡计!"又曾对部下的将领们说:"军事兵马的处理,尚书令赵彦深还常常和我们一起商量讨论。这个盲人掌管机密以来,完全不和我们谈起,使人担心会误了国家的大事。"斛律光曾在朝堂上坐在帘子后面,祖珽不知道,骑马经过他的面前,

光怒曰:"小人乃敢尔!"后珽在内省,言声高慢,光适过,闻之,又怒。珽觉之,私赂光从奴问之。奴曰:"自公用事,相王每夜抱膝叹曰:'盲人入,国必破矣。'"

穆提婆求娶光庶女,不许。齐王赐提婆晋阳田,光言于朝曰:"此田,神武帝以来常种禾,饲马数千匹,以拟寇敌。今赐提婆,无乃阙军务也!"由是祖、穆皆怨之。

斛律后无宠,珽因而间之。光弟羡,为都督、幽州刺史、行台尚书令,亦善治兵,士马精强,鄣候严整,突厥畏之,谓之"南可汗"。光长子武都,为开府仪同三司、梁兖二州刺史。

光虽贵极人臣,性节俭,不好声色,罕接宾客,杜绝馈饷,不贪权势。每朝廷会议,常独后言,言辄合理。或有表疏,令人执笔,口占之,务从省实。行兵仿其父金之法,营舍未定,终不入幕。或竟日不坐,身不脱介胄,常为士卒先。士卒有罪,唯大杖挞背,未尝妄杀,众皆争为之死。自结发从军,未尝败北,深为邻敌所惮。周勋州刺史韦孝宽密为谣言曰:"百升飞上天,明月照长安。"又曰:"高山不推自崩,槲木不扶自举。"令谍人传之于邺,邺中小儿歌之于路。珽因续之曰:"盲老公背受大斧,饶舌老母不得语。"使其妻兄郑道盖奏之。帝以问珽,珽与陆令萱皆曰:"实闻有之。"珽因解之曰:"百升者,斛也。盲老公,谓臣也,与国同忧。饶舌老母,似谓女侍中陆氏也。且斛律累世大将,明月声震关西,丰乐威行突厥,女为皇后,男尚公主,谣言甚可畏也。"帝以问韩长鸾,长鸾以为不可,事遂寝。

斛律光大怒说:"这个小人竟敢这样!"后来祖珽在门下省,说话声调既高又慢,正巧斛律光经过那里,听到祖珽说话的腔调,又大怒。祖珽发觉后,私下贿赂斛律光的随从奴仆询问原因,奴仆说:"自从您当权以来,相王每天夜里手抱双膝叹气说:'盲人入朝,国家必毁。'"

穆提婆请求娶斛律光的妾所生的女儿做妻子,没有得到允许。齐王赐给穆提婆晋阳地方的田地,斛律光在朝上说:"这些田地,从神武帝以来一直种稻子,饲养几千匹马,打算对付入寇的外敌。现在赏赐给穆提婆,岂不影响国家的军务!"从此祖珽、穆提婆都怨恨他。

斛律后得不到皇帝的宠爱,祖珽因此离间他们的关系。斛律光的弟弟斛律羡是都督、幽州刺史、行台尚书令,也善于治军,兵士马匹都很精干强壮,设置的要塞瞭望台规范整齐,突厥很怕他,称他为"南可汗"。斛律光的长子斛律武都是开府仪同三司,梁、兖二州的刺史。

斛律光虽然贵极人臣,但生性节俭,不喜欢声色,很少接待宾客,拒绝接受馈赠,不贪图权势。每逢朝廷开会议事,常常在最后发言,说的话总是很符合情理。遇有上表或奏疏,叫人拿了笔,由自己口述,替他写下来,务必简短真实。用兵时仿照他父亲斛律金的办法,军队的营房没有落实,自己不进帐幕。有时整天不坐,身上不脱铠甲,打仗时身先士卒。士兵犯了罪,只用大棒敲打脊背,从不随意杀人,所以部下的士兵争相为他效命。自从年轻时参加军队,没有打过败仗,深为相邻的敌方害怕。北周的勋州刺史韦孝宽私下制造谣言说:"百升飞上天,明月照长安。"又说:"高山不推自崩,槲木不扶自举。"派间谍把谣言传到邺城,叫邺城的小孩在路上歌唱。祖珽接续道:"盲老公背受大斧,饶舌老母不得语。"叫妻兄郑道盖向后主奏报。后主就此问祖珽,祖珽和陆令萱都说:"确实听说有这件事。"祖珽还解释说:"百升,就是斛。盲老公,是指我,和国家同忧愁。饶舌老母,似乎指女侍中陆令萱。况且斛律氏几代都是大将,斛律光字明月,所以说明月声震关西,斛律羡字丰乐,所以说丰乐威行突厥,女儿是皇后,儿子娶公主,谣言令人可畏。"后主又问韩长鸾,韩长鸾以为不可能,这件事才结束。

斑又见帝,请间,唯何洪珍在侧,帝曰:"前得公启,即欲施行,长鸾以为无此理。"斑未对,洪珍进曰:"若本无意则可,既有此意而不决行,万一泄露,如何?"帝曰:"洪珍言是也。"然犹未决。会丞相府佐封士让密启云:"光前西讨还,敕令散兵,光引兵逼帝城,将行不轨,事不果而止。家藏弩甲,僮奴千数,每遣使往丰乐、武都所,阴谋往来。若不早图,恐事不可测。"帝遂信之,谓何洪珍曰:"人心亦大灵,我前疑其欲反,果然。"帝性怯,恐即有变,令洪珍驰召祖斑告之:"欲召光,恐其不从命。"斑请:"遣使赐以骏马,语云:'明日将游东山,王可乘此同行。'光必入谢,因而执之。"帝如其言。

六月戊辰,光入,至凉风堂,刘桃枝自后扑之,不仆。顾曰:"桃枝常为如此事。我不负国家。"桃枝与三力士以弓弦罥其颈,拉而杀之,血流于地,划之,迹终不灭。于是下诏称其欲反,并杀其子开府仪同三司世雄、仪同三司恒伽。

祖斑使二千石郎邢祖信簿录光家。斑于都省问所得物,祖信曰:"得弓十五,宴射箭百,刀七,赐稍二。"斑厉声曰:"更得何物?"曰:"得枣杖二十束,拟奴仆与人斗者,不问曲直,即杖之一百。"斑大惭,乃下声曰:"朝廷已加重刑,郎中何宜为雪!"及出。人尤其抗直,祖信慨然曰:"贤宰相尚死,我何惜馀生!"

齐主遣使就州斩斛律武都,又遣中领军贺拔伏恩乘驿捕斛律羡,仍以洛州行台仆射中山独孤永业代羡,与大将军鲜于桃枝发定州骑卒续进。伏恩等至幽州,门者白:

祖珽又去见后主,请求后主过问这件事,当时只有何洪珍在旁边,后主说:"以前接到你的启奏,就准备执行,韩长鸾认为没有这种道理。"祖珽还没有回答,何洪珍向后主进言说:"如果本来没有这种意思就算了,既然有这种意思而不决定执行,万一泄露出去,怎么办?"后主说:"何洪珍的话说得对。"但是还没有决定。恰逢丞相府佐封士让上密启说:"斛律光以前西征回来,皇上下诏命令将军队解散,斛律光却指挥军队进逼都城,准备进行违反法纪的活动,事情没有成功而停止了。家里私藏弓弩和铠甲,僮仆奴婢数以千计,常常派使者去斛律羡、斛律武都的住所,阴谋往来。如果不趁早谋划,恐怕事情不可预测。"后主便相信了,对何洪珍说:"人心也太灵验,我以前怀疑他要造反,果真如此。"后主性格懦弱胆小,只恐马上有变,叫何洪珍迅速把祖珽召来,告诉他说:"我要召斛律光来,恐怕他不肯服从命令。"祖珽请求说:"派使者赐给他骏马,告诉他:'明天将去东山游玩,王可以骑这匹马和我一同前往。'斛律光一定会来向陛下道谢,趁此机会把他抓起来。"后主就照祖珽所说的那样去做。

六月戊辰,斛律光进宫,到凉风堂,刘桃枝从他背后扑去,没有跌倒。斛律光回头说:"刘桃枝常常做这种事。我没有辜负国家。"刘桃枝和另外三个力士用弓弦缠住他的脖子,用力勒紧将他杀死,鲜血流在地上,经过铲除,血迹始终还在。后主于是下诏说斛律光要造反,将他的儿子开府仪同三司斛律世雄、仪同三司斛律恒伽一并杀死。

祖珽派二千石郎邢祖信对斛律光的家产登记造册。祖珽在尚书都省问起所查到的东西,邢祖信说:"得到十五张弓,聚宴习射时用的箭一百支,七把刀,朝廷赏赐的长矛两杆。"祖珽厉声说:"还得到什么东西?"邢祖信回答说:"得到二十捆枣木棍,准备当奴仆和别人斗殴时,不问是非曲直,先打奴仆一百下。"祖珽大为惭愧,便低声说:"朝廷已经对他处以重刑,郎中不宜为他洗雪!"邢祖信离开尚书都省,有人责怪他过于坦率耿直,他感慨说:"贤良的宰相尚且被杀,我何必顾惜自己的馀生!"

北齐国主派使者到梁州、兖州去,就地将斛律武都处死,又派中领军贺拔伏恩乘驿车去捉拿斛律羡,仍旧以洛州行台仆射中山独孤永业代替斛律羡,和大将军鲜于桃枝征发定州的骑兵继续前进。贺拔伏恩等到幽州,守城门的人告诉斛律羡:

"使人衷甲,马有汗,宜闭城门。"羡曰:"敕使岂可疑拒!"出见之。伏恩执而杀之。初,羡常以盛满为惧,表解所职,不许。临刑,叹曰:"富贵如此,女为皇后,公主满家,常使三百兵,何得不败!"及其五子伏护、世达、世迁、世辨、世酉皆死。

周主闻光死,为之大赦。

祖珽与侍中高元海共执齐政。元海妻,陆令萱之甥也,元海数以令萱密语告珽。珽求为领军,齐主许之,元海密言于帝曰:"孝徵汉人,两目又盲,岂可为领军!"因言珽与广宁王孝珩交结,由是中止。珽求见,自辨,且言:"臣与元海素嫌,必元海谮臣。"帝弱颜,不能讳,以实告之,珽因言元海与司农卿尹子华等结为朋党。又以元海所泄密语告令萱,令萱怒,出元海为郑州刺史。子华等皆被黜。

珽自是专主机衡,总知骑兵、外兵事,内外亲戚,皆得显位。帝常令中要人扶侍出入,直至永巷,每同御榻论决政事,委任之重,群臣莫比。

16　秋,七月,遣使如周。

17　八月庚午,齐废皇后斛律氏为庶人。以任城王湝为右丞相,冯翊王润为太尉,兰陵王长恭为大司马,广宁王孝珩为大将军,安德王延宗为大司徒。

18　齐使领军封辅相聘于周。

19　辛未,周使司城中大夫杜杲来聘。上谓之曰:"若欲合从图齐,宜以樊、邓见与。"对曰:"合从图齐,岂弊邑之利!必须城镇,宜待得之于齐,先索汉南,使臣不敢闻命。"

"来的人内穿衣甲,马身有汗,应当关闭城门。"斛律羡说:"怎能怀疑皇上派来的使者把他们拒之城外!"便出城会见使者。贺拔伏恩将他捉住处死。当初,斛律羡时常为自己的名声太大而惧怕,曾经上表请求解除自己的职务,后主不许。临刑时,他叹息说:"如此富贵,女儿是皇后,满家是公主,日常使用三百名士兵,怎能不败!"他的五个儿子斛律伏护、斛律世达、斛律世迁、斛律世辨、斛律世酋都被处死。

北周国主听到斛律光死去的消息,为此大赦全国表示庆幸。

祖珽和侍中高元海共同执掌北齐的朝政。高元海的妻子,是陆令萱的外甥女,高元海屡次把陆令萱的秘密话告诉祖珽。祖珽要求做领军,北齐后主答允了,高元海秘密向后主说:"祖珽是汉人,双目失明,怎么能做领军!"并且说祖珽和广宁王高孝珩有勾结,因此没有任命。祖珽求见后主,为自己辩白,说:"臣和高元海素来有怨仇,一定是高元海诽谤臣。"后主脸皮薄,不能回避,只得把实话告诉他,祖珽于是说高元海和司农卿尹子华等人结成朋党。又把高元海所泄露的秘密话告诉陆令萱,陆令萱大怒,把高元海贬为郑州刺史。尹子华等人都被罢官。

祖珽从此专门主管朝廷的枢要机关,总辖执掌北齐的骑兵、外兵军务,内外亲戚都得到显要的官职。后主常常叫亲近的太监搀扶祖珽出入,一直送到宫里的长巷,时常同后主在御榻上商量决定朝廷的政事,托付给祖珽的重要任务,是别的臣子所不能比拟的。

16　秋季,七月,陈朝皇帝派使者去北周。

17　八月庚午(初一),北齐废皇后斛律氏为百姓。任命任城王高湝为右丞相,冯翊王高润为太尉,兰陵王高长恭为大司马,广宁王高孝珩为大将军,安德王高延宗为大司徒。

18　北齐派领军封辅相访问北周。

19　辛未(初二),北周派司城中大夫杜果来陈朝访问。皇帝对他说:"如果要和陈朝联合起来谋取北齐,应该把樊、邓二州让给我们。"使者回答说:"联合起来谋取北齐,不是为了得到一些不好的小城池!必须取得大的城镇,应该等到从北齐得到后再说,先要索取汉南一带地方,我作为使臣不敢传达这个要求。"

20　初,齐胡太后自愧失德,欲求悦于齐主,乃饰其兄长仁之女置宫中,令帝见之,帝果悦,纳为昭仪。及斛律后废,陆令萱欲立穆夫人。太后欲立胡昭仪,力不能遂,乃卑辞厚礼以求令萱,结为姊妹。令萱亦以胡昭仪宠幸方隆,不得已,与祖珽白帝立之。戊子,立皇后胡氏。

21　己丑,齐以北平王仁坚为尚书令,特进许季良为左仆射,彭城王宝德为右仆射。

22　癸巳,齐主如晋阳。

23　九月庚子朔,日有食之。

24　辛亥,大赦。

25　冬,十月庚午,周诏:"江陵所虏充官口者,悉免为民。"

26　辛未,周遣小匠师杨勰等来聘。

27　周绥德公陆通卒。

28　乙酉,上享太庙。

29　齐陆令萱欲立穆昭仪为皇后,私谓齐主曰:"岂有男为皇太子而身为婢妾者!"胡后有宠于帝,不可离间,令萱乃使人行厌蛊之术,旬朔之间,胡后精神恍惚,言笑无恒,帝渐畏而恶之。令萱一旦忽以皇后服御衣被昭仪,又别造宝帐,爰及枕度器玩,莫非珍奇。坐昭仪于帐中,谓帝曰:"有一圣女出,将大家看之。"及见昭仪,令萱乃曰:"如此人不作皇后,遣何物人作!"帝纳其言。

甲午,立穆氏为右皇后,以胡氏为左皇后。

30　十一月庚戌,周主行如羌桥,集长安以东诸军都督以上,颁赐有差。乙卯,还宫。以赵公招为大司马。壬申,周主如斜谷,集长安已西都督已上,颁赐有差。丙戌,还宫。

20 　当初,北齐胡太后因为自己行为不好而感到羞愧,为了得到北齐国主的喜欢,于是把哥哥胡长仁的女儿修饰打扮送到宫里,使后主见到她,后主见后果然很喜欢,纳她为昭仪夫人。到斛律后被废掉,陆令萱想立穆夫人为皇后。胡太后想立胡昭仪为皇后,但是力不从心,于是用卑下的言辞和厚礼请求陆令萱,想和她结为姊妹。陆令萱也因为胡昭仪正日益得到后主的宠爱,不得已,和祖珽一起向后主请求立胡昭仪为皇后。戊子(十九日),立皇后胡氏。

21 　己丑(二十日),北齐任命北平王高仁坚为尚书令,特进许季良为左仆射,彭城王高宝德为右仆射。

22 　癸巳(二十四日),北齐国主去晋阳。

23 　九月庚子朔(初一),有日食。

24 　辛亥(十二日),陈朝大赦全国。

25 　冬季,十月庚午(初二),北周诏令:"在江陵俘虏充当官府奴婢的,全部赦免为百姓。"

26 　辛未(初三),北周派小匠师杨勰等来陈朝访问。

27 　北周绥德公陆通死。

28 　乙酉(十七日),陈宣帝到太庙祭祀。

29 　北齐陆令萱想立穆昭仪为皇后,私下对北齐后主说:"难道有儿子是皇太子而自身是婢妾的!"胡皇后正得宠于后主,无法挑拨离间,陆令萱便叫方士施行诅咒人的巫术,仅仅十天到一个月之间,胡皇后精神恍惚,说笑都不正常,后主便逐渐害怕而厌恶她。陆令萱有一天忽然用皇后的衣服给穆昭仪穿着起来,又另外做了华美的帐子,乃至枕席用器和玩赏物品,无不珍贵奇特。叫穆昭仪坐在帐子里,对后主说:"发现一个贤德的女子,请陛下去看看。"后主看到穆昭仪,陆令萱便说:"这样的人不当皇后,还有什么人可当!"后主采纳了陆令萱的意见。

甲午(二十六日),立穆昭仪为右皇后,胡昭仪为左皇后。

30 　十一月庚戌(十二日),北周国主巡行去羌桥,召集长安以东军队中都督以上的官员,分别给予赏赐。乙卯(十七日),回宫。任命赵公宇文招为大司马。壬申,北周国主去斜谷,召集长安以西军队中都督以上的官员,分别给予赏赐。丙戌,回宫。

31　庚寅，周主游道会苑，以上善殿壮丽，焚之。

32　十二月辛巳，周主祀南郊。

33　齐胡后之立，非陆令萱意，令萱一旦于太后前作色而言曰："何物亲侄，作如此语！"太后问其故，令萱曰："不可道。"固问之，乃曰："语大家云：'太后行多非法，不可以训。'"太后大怒，呼后出，立剃其发，送还家。辛丑，废胡后为庶人。然齐主犹思之，每致物以通意。

自是令萱与其子侍中穆提婆势倾内外，卖官鬻狱，聚敛无厌。每一赐与，动倾府藏。令萱则自太后以下，皆受其指麾。提婆则唐邕之徒，皆重足屏气。杀生予夺，唯意所欲。

34　乙巳，周以柱国田弘为大司空。

35　乙卯，周主享太庙。

36　是岁，突厥木杆可汗卒，复舍其子大逻便而立其弟，是为佗钵可汗。佗钵以摄图为尔伏可汗，统其东面；又以其弟褥但可汗之子为步离可汗，居西面。周人与之和亲，岁给缯絮锦彩十万段。突厥在长安者，衣锦食肉，常以千数。齐人亦畏其为寇，争厚赂之。佗钵益骄，谓其下曰："但使我在南两儿常孝，何忧于贫！"

阿史那后无宠于周主，神武公窦毅尚襄阳公主，生女尚幼，密言于帝曰："今齐、陈鼎峙，突厥方强，愿舅抑情慰抚，以生民为念！"帝深纳之。

五年(癸巳，573)

1　春，正月癸酉，以吏部尚书沈君理为右仆射。

31　庚寅，北周国主到道会苑游玩，因为上善殿壮丽，将它焚毁。

32　十二月辛巳（十三日），北周国主到南郊祭祀。

33　北齐册立胡皇后，不是陆令萱的意愿，有一天陆令萱在太后面前生气地说："什么亲侄女，竟说出这种话来！"太后问她什么缘故，陆令萱说："不能说。"坚持问她，才说："胡皇后对皇上说：'太后有许多非法行为，不足为训。'"太后勃然大怒，把胡皇后叫出来，马上剃去她的头发，送她回家。辛丑（初四），废胡皇后为百姓。然而后主还想念她，常常送东西给她表示自己的意思。

从此以后陆令萱和她的儿子侍中穆提婆势力倾动朝廷内外，出卖官职，收受贿赂错断讼案，聚敛钱财贪得无厌。每次赏赐，动辄把官府储存的东西用光。陆令萱对太后以下的人都可以指挥。唐邕一伙对穆提婆怕得不敢出声。这两人可以随心所欲地对别人生杀予夺。

34　乙巳（初八），北周任命柱国田弘为大司空。

35　乙卯（十八日），北周国主到太庙祭祀。

36　这一年，突厥木杆可汗死去，不立他的儿子大逻便而立木杆可汗的弟弟为佗钵可汗。佗钵以摄图为尔伏可汗，统治突厥的东部；又任命弟弟褥但可汗的儿子为步离可汗，统治突厥的西部。北周和突厥和亲，每年送他们丝织的采缯十万段。在长安的突厥人，穿锦吃肉的常以千计。北齐也怕突厥入境骚扰，争着用厚礼贿赂他们。佗钵可汗更加骄傲，对部下说："只要在南面的两个儿子经常孝敬我，我就不怕贫穷！"

阿史那后得不到北周武帝的宠爱，神武公窦毅娶襄阳公主为妻，女儿还小，秘密对武帝说："现在北齐和陈朝鼎足而立，突厥势力正在强盛之际，希望舅父能够忍耐，加以劝慰安抚，把老百姓放在心上！"武帝对他的话深表同意予以采纳。

陈宣帝太建五年（癸巳，公元 573 年）

1　春季，正月癸酉（初六），陈朝任命吏部尚书沈君理为右仆射。

2 戊寅,齐以并省尚书令高阿那肱录尚书事,总知外兵及内省机密,与侍中城阳王穆提婆、领军大将军昌黎王韩长鸾共处衡轴,号曰"三贵",蠹国害民,日月滋甚。

长鸾弟万岁,子宝行、宝信,并开府仪同三司,万岁仍兼侍中,宝行、宝信皆尚公主。每群臣旦参,帝常先引长鸾顾访,出后,方引奏事官。若不视事,内省有急奏事,皆附长鸾奏闻,军国要密,无不经手。尤疾士人,朝夕宴私,唯事潛诉。常带刀走马,未尝安行,瞋目张拳,有啖人之势。朝士咨事,莫敢仰视,动致呵叱。每骂云:"汉狗大不可耐,唯须杀之!"

3 庚辰,齐遣崔象来聘。

4 辛巳,上祀南郊。甲午,享太庙。二月辛丑,祀明堂。

5 乙巳,齐立右皇后穆氏为皇后。穆后母名轻霄,本穆氏之婢也,面有黥字。后既以陆令萱为母,穆提婆为外家,号令萱曰"太姬"。太姬者,齐皇后母号也,视一品,班在长公主上。由是不复问轻霄。轻霄自疗面,欲求见后,太姬使禁掌之,竟不得见。

齐主颇好文学。丙午,祖珽奏置文林馆,多引文学之士以充之,谓之待诏;以中书侍郎博陵李德林、黄门侍郎琅邪颜之推同判馆事,又命共撰《修文殿御览》。

6 甲寅,周太子赟巡省西土。

7 乙卯,齐以北平王坚录尚书事。丁巳,齐主如晋阳。

8 壬戌,周遣司会侯莫陈凯等聘于齐。

9 庚辰,齐主还邺。

2　戊寅(十一日),北齐任命并省尚书令高阿那肱录尚书事,总管外兵和宫内的机密,和侍中城阳王穆提婆、领军大将军昌黎王韩长鸾一同担任朝廷中枢的要职,号称"三贵",祸国殃民,一天比一天厉害。

韩长鸾的弟弟韩万岁,他的儿子韩宝行、韩宝信,都是开府仪同三司,韩万岁仍兼侍中,韩宝行、韩宝信都娶公主为妻。每当群臣早朝,北齐后主常常先领着韩长鸾看看问问,等他出宫后,才让奏事官上朝奏事。后主如果不上朝,宫内有紧急的奏事,都由韩长鸾去向后主奏报,军事和国家的重要机密,没有不经他的手。尤其痛恨文士从早到晚饮宴营私,专门说别人的坏话进谗言。他经常驰马带刀,从不缓步而行,瞪眼伸拳,摆出吃人的架势。朝廷的官员同他商量事情时,不敢抬头看他,动辄遭到他的责骂。每次都骂道:"汉狗使人很不耐烦,只能杀掉他们!"

3　庚辰(十三日),北齐派崔象来陈朝访问。

4　辛巳(十四日),陈宣帝到南郊祭祀。甲午(二十七日),到太庙祭祀。二月辛丑(初五),到近郊东南的明堂祭祀。

5　乙巳(初九),北齐立右皇后穆氏为皇后。穆后的母亲名叫轻霄,原先是穆家的婢女,脸上有刺字。穆后认陆令萱为母亲,以穆提婆为外家,称陆令萱为"太姬"。太姬,是北齐皇后母亲的称号,视为一品,等级在后主的姊妹以上。皇后因此不再理轻霄。轻霄把自己的脸治好,要求见皇后,太姬叫禁卫打她的耳光,结果不能见到。

北齐后主很爱好文学。丙午(初十),祖珽奏请设立文林馆,延揽了许多文学之士到馆里,称为待诏;任命中书侍郎博陵李德林、黄门侍郎琅邪颜之推为同判馆事,又叫他们共同编写《修文殿御览》。

6　甲寅(十八日),北周太子宇文赟巡察西部的疆域。

7　乙卯(十九日),北齐任命北平王高坚录尚书事。丁巳(二十一日),北齐国主去晋阳。

8　壬戌(二十六日),北周派司会侯莫陈凯等人到北齐访问。

9　庚辰,北齐国主回邺城。

10 三月己卯,周太子于岐州获二白鹿以献,周主诏曰:
"在德不在瑞。"

11 帝谋伐齐,公卿各有异同,唯镇前将军吴明彻决策
请行。帝谓公卿曰:"朕意已决,卿可共举元帅。"众议以中权
将军淳于量位重,共署推之。尚书左仆射徐陵独曰:"吴明彻
家在淮左,悉彼风俗。将略人才,当今亦无过者。"都官尚书
河东裴忌曰:"臣同徐仆射。"陵应声曰:"非但明彻良将,裴忌
即良副也。"壬午,分命众军,以明彻都督征讨诸军事,忌监军
事,统众十万伐齐。明彻出秦郡,都督黄法氍出历阳。

12 夏,四月己亥,周主享太庙。
13 癸卯,前巴州刺史鲁广达与齐师战于大岘,破之。

14 戊申,齐以兰陵王长恭为太保,南阳王绰为大司马,
安德王延宗为太尉,武兴王普为司徒,开府仪同三司宜阳王
赵彦深为司空。

15 齐人于秦郡置秦州,州前江浦通涂水,齐人以大木
为栅于水中。辛亥,吴明彻遣豫章内史程文季将骁勇拔其
栅,克之。文季,灵洗之子也。

齐人议御陈师,开府仪同三司王纮曰:"官军比屡失利,
人情骚动。若复出顿江、淮,恐北狄、西寇,乘弊而来。莫若
薄赋省徭,息民养士,使朝廷辑睦,遐迩归心。天下皆当肃
清,岂直陈氏而已。"不从。遣军救历阳,庚申,黄法氍击破
之。又遣开府仪同三司尉破胡、长孙洪略救秦州。

赵彦深私问计于秘书监源文宗曰:"吴贼侏张,遂至于此。
弟往为秦、泾刺史,悉江、淮间情事,今何术以御之?"文宗
曰:"朝廷精兵,必不肯多付诸将,数千已下,适足为吴人之饵。

10 三月己卯(十三日),北周太子在岐州捉到两只白鹿献给武帝,北周武帝下诏说:"在品德不在祥瑞。"

11 陈宣帝计划讨伐北齐,公卿之间意见不一,只有镇前将军吴明彻决策请求行动。宣帝对公卿们说:"朕的主意已经决定,你们可以共同推举元帅。"大家商量认为中权将军淳于量地位最重要,共同签名推选他。唯独尚书左仆射徐陵说:"吴明彻家在淮左,熟悉那里的风俗。将略和才能,当今也没有超过他的。"都官尚书河东裴忌说:"我同意徐仆射的看法。"徐陵应声说:"不但吴明彻是良将,裴忌就是好的副帅。"壬午(十六日),分别命令众军,任命吴明彻为都督征讨诸军事,裴忌为监军事。统率十万军队进攻北齐。吴明彻向秦郡进军,都督黄法氍向历阳进军。

12 夏季,四月己亥(初四),北周国主到太庙祭祀。

13 癸卯(初八),陈朝的前巴州刺史鲁广达和北齐军队在大岘战斗,将北齐军队打败。

14 戊申(十三日),北齐任命兰陵王高长恭为太保,南阳王高绰为大司马,安德王高延宗为太尉,武兴王高普为司徒,开府仪同三司宜阳王赵彦深为司空。

15 北齐在秦郡设置秦州,州前连通长江的水渠通涂水,北齐用大树做栅栏放在水中。辛亥(十六日),吴明彻派豫章内史程文季率领勇猛矫健的兵士拔掉栅栏,攻下秦州。程文季是程灵洗的儿子。

北齐商议怎样抵抗陈朝的军队,开府仪同三司王纮说:"官军近来屡次失利,人们的情绪骚动不安。如果再派军队驻屯长江、淮河一带,只怕北面的突厥和西面的周朝,乘我军的疲劳来进犯。不如轻徭薄赋,与民休息善待士人,使朝廷和睦,远近都从心里归附。天下都应当肃清,岂只陈朝而已。"后主不听。派军队去援救历阳,庚申(二十五日),被陈朝黄法氍打败。后主又派开府仪同三司尉破胡、长孙洪略援救秦州。

赵彦深私下向秘书监源文宗讨教计策说:"吴明彻这个贼子十分嚣张,所以到了这种地步。你以前曾经是秦、泾二州的刺史,熟悉长江、淮河间的情况,现在用什么办法去抵抗他!"源文宗说:"朝廷的精兵,一定不肯多配给将领,人数在几千以下,正好成了陈朝的食饵。

尉破胡人品,王之所知,败绩之事,匪朝伊夕。国家待遇淮
南,失之同于蒿箭。如文宗计者,不过专委王琳,招募淮南三
四万人,风俗相通,能得死力。兼令旧将将兵屯于淮北。且
琳之于项,必不肯北面事之,明矣。窃谓此计之上者。若不
推赤心于琳,更遣馀人掣肘,复成速祸,弥不可为。"彦深叹
曰:"弟此策诚足制胜千里,但口舌争之十日,已不见从。时
事至此,安可尽言!"因相顾流涕。文宗名彪,以字行,子恭之
子也。

文宗子师为左外兵郎中,摄祠部,尝白高阿那肱:"龙见
当雩。"阿那肱惊曰:"何处龙见?其色如何?"师曰:"龙星初
见,礼当雩祭,非真龙也。"阿那肱怒曰:"汉儿多事,强知星
宿!"遂不祭。师出,窃叹曰:"礼既废矣,齐能久乎!"

齐师选长大有膂力者为前队,又有苍头、犀角、大力,其
锋甚锐,又有西域胡,善射,弦无虚发,众军尤惮之。辛酉,战
于吕梁。将战,吴明彻谓巴山太守萧摩诃曰:"若殪此胡,则
彼军夺气,君才不减关羽矣。"摩诃曰:"愿示其状,当为公取
之。"明彻乃召降人有识胡者,使指示之,自酌酒以饮摩诃。
摩诃饮毕,驰马冲齐军。胡挺身出陈前十馀步,彀弓未发,摩
诃遥掷铣锐,正中其额,应手而仆。齐军大力十馀人出战,摩
诃又斩之。于是齐军大败,尉破胡走,长孙洪略战死。

破胡之出师也,齐人使侍中王琳与之俱。琳谓破胡曰:
"吴兵甚锐,宜以长策制之,慎勿轻斗!"破胡不从而败。琳单
骑仅免,还,至彭城,齐人即使之赴寿阳召募以拒陈师,复以
卢潜为扬州道行台尚书。

尉破胡的人品，您是知道的，打败仗的事，不是一天。国家对待淮南，有如将蓬蒿当箭，失去它并不可惜。按照我的想法，不如专门委派王琳，到淮南去招募三四万人，因为风俗习惯相通，能够得到最大的力量。同时派以前的将领带兵驻屯在淮北。况且王琳对陈顼，一定不肯俯伏称臣，这是很清楚的。我以为这是最好的计策。如果不对王琳推心置腹，还派别人去对他予以牵制，反会酿成祸患，更不能这样做。"赵彦深长叹说："您的计策确实能取胜于千里之外，但是争论了十天，已经不被采纳。时局到了这种地步，没有什么可说的了！"两人相视流泪。源文宗名彪，以字号行世，是源子恭的儿子。

源文宗的儿子源师是左外兵郎中，主管祠部，曾经告诉高阿那肱："龙出现了，应当举行求雨的祭祀。"高阿那肱惊问："什么地方有龙出现？它的颜色怎样？"源师说："是龙星刚出现，按礼应当举行求雨的祭祀，并不是真龙出现。"高阿那肱发怒说："汉儿多事，硬充懂得天上星宿的变化！"不举行祭祀。源师出来，私自感叹说："礼都废除了，齐朝能长久吗！"

北齐军队挑选身材高大四肢有力的兵士做前队，又有苍头、犀角、大力等队，这些军队都很锐利，还有西域地方的胡兵，善于射箭，弦无虚发，其他军队特别怕他们。辛酉（二十六日），在吕梁进行战斗。战斗开始前，吴明彻对巴山太守萧摩诃说："如果消灭了这些胡兵，那么对方军队的气焰就被打掉，您的才能就不在关羽以下了。"萧摩诃说："希望能告诉我胡兵的样子，一定替您消灭他们。"吴明彻便召来投降者中能识别胡兵的，叫他向萧摩诃指点，还亲自斟酒给萧摩诃。萧摩诃饮完酒，驰马向北齐军队冲去。胡兵挺身突出阵前十几步路，引满弓弩还没有来得及射箭，萧摩诃远远地向他们投掷铁制的小凿子，正打中他们的额头，应手跌倒在地。北齐军队中的大力队十几人出阵应战，又被萧摩诃斩杀。于是北齐的军队大败，尉破胡逃走，长孙洪略战死。

尉破胡出师时，北齐派侍中王琳和他一齐去。王琳对尉破胡说："吴明彻的士兵很厉害，应该用长远的计策去制服他们，小心谨慎不要轻易和对方战斗！"尉破胡没有听他的意见而遭到失败。只有王琳一个人单骑逃脱。他回到了彭城，北齐立即派他去寿阳招募兵士以抵抗陈朝的军队，又任命卢潜为扬州道行台尚书。

甲子，南谯太守徐楼克石梁城。五月己巳，瓦梁城降。
癸酉，阳平郡降。甲戌，徐楼克庐江城。历阳窘蹙乞降，黄法
毳缓之，则又拒守。法毳怒，帅卒急攻，丙子，克之，尽杀戍
卒。进军合肥，合肥望旗请降，法毳禁侵掠，抚劳戍卒，与之
盟而纵之。

16　丁丑，周以柱国侯莫陈琼为大宗伯，荥阳公司马消
难为大司寇，江陵总管陆腾为大司空。琼，崇之弟也。

17　己卯，齐北高唐郡降。辛巳，诏南豫州刺史黄法毳
徙镇历阳。乙酉，南齐昌太守黄咏克齐昌外城。丙戌，庐陵
内史任忠军于东关，克其东、西二城，进克蕲城。戊子，又克
谯郡城。秦州城降。癸巳，瓜步、胡墅二城降。帝以秦郡，吴
明徹之乡里，诏具太牢，令拜祠上冢，文武羽仪甚盛，乡人
荣之。

18　齐自和士开用事以来，政体隳紊。及祖珽执政，颇
收举才望，内外称美。珽复欲增损政务，沙汰人物，官号服
章，并依故事。又欲黜诸阉竖及群小辈，为致治之方，陆令
萱、穆提婆议颇同异。珽乃讽御史中丞丽伯律，令劾主书王
子冲纳赂。知其事连提婆，欲使赃罪相及，望因此并坐及令
萱。犹恐齐主溺于近习，欲引后党为援，乃请以胡后兄君瑜
为侍中、中领军；又征君瑜兄梁州刺史君璧，欲以为御史中
丞。令萱闻而怀怒，百方排毁，出君瑜为金紫光禄大夫，解中
领军；君璧还镇梁州。胡后之废，颇亦由此。释王子冲不问。

甲子(二十九日),南谯太守徐檬攻克石梁城。五月己巳(初四),瓦梁城向陈朝投降。癸酉(初八),阳平郡投降。甲戌(初九),徐檬攻克庐江城。历阳城处境窘迫乞求向陈朝投降,黄法氍减缓了攻势,历阳却又拒守。黄法氍大怒,率领士兵加紧进攻,丙子(十一日),攻克历阳城,将守城的士兵全部杀死。于是向合肥进军,合肥见到陈朝的军旗便请求投降,黄法氍禁止部下对合肥骚扰抢劫,对守城的士兵加以安抚慰劳,叫他们起誓后便放他们回去。

16 丁丑(十二日),北周任命柱国侯莫陈琼为大宗伯,荣阳公司马消难为大司寇,江陵总管陆腾为大司空。侯莫陈琼是侯莫陈崇的弟弟。

17 己卯(十四日),北齐的北高唐郡向陈朝投降。辛巳(十六日),陈朝皇帝诏令南豫州刺史黄法氍移镇历阳。乙酉(二十日),南齐昌太守黄咏攻克齐昌的外城。丙戌(二十一日),庐陵内史任忠率领军队到东关,攻克东关的东西二城,进而攻克蕲城。戊子(二十三日),又攻克谯郡城。秦州城投降。癸巳(二十八日),瓜步、胡墅二城投降。陈朝皇帝因为秦郡是吴明彻的故乡,下诏当地准备了用作祭祀的猪、牛、羊等牺牲,叫当地到吴明彻的家祠和祖坟祭拜,文武仪仗中用鸟羽装饰的旌旗很多,乡亲们感到很光荣。

18 北齐从和士开掌权以来,朝政体制毁坏紊乱。到祖珽执政时,颇能收罗荐举有才能声望的人,得到内外的美誉。祖珽还准备调整政务,筛选淘汰官员,官号以及标志官吏身份品级的服饰,仍然照旧。又打算罢免宫中的太监和小人之流,作为治理朝政的方法,陆令萱、穆提婆的议论和祖珽不一。祖珽便向御史中丞丽伯律暗示,叫他弹劾主书王子冲接受贿赂。因为知道这件事涉及穆提婆,想把他和贪赃罪联系起来,并希望因此使陆令萱连坐。他还担心君主沉溺于亲近的人之中,所以想引揽后党作为自己的后援,便请齐后主任命胡后的哥哥胡君瑜为侍中、中领军;又征聘胡君瑜的哥哥梁州刺史胡君璧,想任命他为御史中丞。陆令萱听到这些事后心中恼怒,千方百计加以反对诋毁,把胡君瑜调出为金紫光禄大夫,解除中领军的职务;胡君璧回梁州当刺史。后来胡后被废,也由于这个原因。释放王子冲没有问罪。

斑日以益疏,诸宦者更共谮之。帝以问陆令萱,令萱悯默不对,三问,乃下床拜曰:"老婢应死。老婢始闻和士开言孝徵多才博学,意谓善人,故举之。比来观之,大是奸臣。人寔难知,老婢应死。"帝令韩长鸾检按。长鸾素恶斑,得其诈出敕受赐等十馀事。帝以尝与之重誓,故不杀,解斑侍中、仆射,出为北徐州刺史。斑求见帝,长鸾不许,遣人推出柏阁,斑坐,不肯行,长鸾令牵曳而出。

癸巳,齐以领军穆提婆为尚书左仆射,侍中、中书监段孝言为右仆射。孝言,韶之弟也。初,祖斑执政,引孝言为助,除吏部尚书。孝言凡所进擢,非贿则旧,求仕者或于广会膝行跪伏,公自陈请,孝言颜色扬扬,以为己任,随事酬许。将作丞崔成忽于众中抗言曰:"尚书,天下尚书,岂独段家尚书也!"孝言无辞以应,唯厉色遣下而已。既而与韩长鸾共构祖斑,逐而代之。

19　齐兰陵武王长恭,貌美而勇,以邙山之捷,威名大盛,武士歌之,为《兰陵王入陈曲》,齐主忌之。及代段韶督诸军攻定阳,颇务聚敛,其所亲尉相愿问之曰:"王受朝寄,何得如此?"长恭未应。相愿曰:"岂非以邙山之捷,欲自秽乎?"长恭曰:"然。"相愿曰:"朝廷若忌王,即当用此为罪,无乃避祸而更速之乎!"长恭涕泣前膝问计,相愿曰:"王前既有功,今复告捷,威声太重。宜属疾在家,勿预时事。"长恭然其言,未能退。及江、淮用兵,恐复为将,叹曰:"我去年面肿,今何不发!"自是有疾不疗。齐主遣使鸩杀之。

20　六月,郢州刺史李综克湓口城。乙巳,任忠克合州外城。庚戌,淮阳、沭阳郡皆弃城走。

祖珽日益被疏远,那些太监都一起说他的坏话。后主向陆令萱询问,陆令萱忧愁地默不作答,连问三次,才下床向后主叩拜说:"我这个老婢该死。老婢起初听和士开说祖珽博学多才,认为他是个好人,所以才荐举他。近来看他,十足是个奸臣。人的实情难以深知,老婢该死。"后主命令韩长鸾调查核实情况。韩长鸾素来就讨厌祖珽,查出他伪作敕令骗取赏赐等十几件事。后主因为曾经和祖珽立下重誓,所以没有杀他,只解除祖珽侍中、仆射的官职,派出任北徐州刺史。祖珽求见后主,韩长鸾不准,派人将他推出柏阁。祖珽坐在地上,不肯走,韩长鸾叫人把祖珽拉出去。

　　癸巳(二十八日),北齐任命领军穆提婆为尚书左仆射,侍中、中书监段孝言为右仆射。段孝言是段韶的弟弟。当初,祖珽执政,引荐段孝言当助手,授吏部尚书的官职。段孝言所任用提拔的人,不是对他进行贿赂的人就是他的故旧,求官的人或者在大庭广众的场合对段孝言膝行下跪匍伏在地,公开向他陈述请求,段孝言脸色洋洋得意,把这当作自己的责任,随事应酬许诺。将作丞崔成忽然在众人中高声说:"尚书,是天下的尚书,难道是段家的尚书!"段孝言无辞以对,只能厉色叫他下去而已。不久以后段孝言和韩长鸾一起排斥祖珽,逐出祖珽由自己取代。

　　19　北齐兰陵武王高长恭,容貌漂亮而且勇敢,因为邙山一仗的胜利,威名大振,武士们讴歌他,作《兰陵王入陈曲》,北齐君主因此对他产生妒忌。等到高长恭代替段韶督率军队进攻定阳,却聚敛财物,他的亲信尉相愿问他道:"王受到朝廷的重托,怎能这样?"高长恭没有回答。尉相愿说:"岂不是以邙山的大捷,给自己抹黑吗?"高长恭说:"当然。"尉相愿说:"朝廷如果忌恨你,就会用这件事给你定罪名,这不是躲避灾祸而是招来灾祸!"高长恭哭着俯身向他问计,尉相愿说:"王以前既然有功劳,这次打仗又得到胜利,威名太重。最好假托有病在家,不要参与现时的事情。"高长恭同意他的话,但是没有能隐退。等到江、淮用兵,恐怕再次被任命将军,叹息说:"我去年脸上长痛,现在为什么不发出来!"从此有了病不肯医治。北齐君主派使者送去毒酒将他害死。

　　20　六月,陈朝的郢州刺史李综攻克灊口城。乙巳(十一日),任忠攻克合州的外城。庚戌(十六日),淮阳、沭阳郡郡守都弃城逃走。

21　壬子,周皇孙衍生。

22　齐主游南苑,从官赐死者六十人。以高阿那肱为司徒。

23　癸丑,程文季攻齐泾州,拔之。乙卯,宣毅司马湛陀克新蔡城。

24　丙辰,齐使开府仪同三司王纮聘于周。

25　癸亥,黄法氍克合州。吴明彻进攻仁州,甲子,克之。

26　治明堂。

27　秋,七月戊辰,齐遣尚书左丞陆骞将兵二万救齐昌,出自巴、蕲,遇西阳太守汝南周炅。炅留羸弱,设疑兵以当之,身帅精锐,由间道邀其后,大破之。己巳,征北大将军吴明徹军至峡口,克其北岸城。南岸守者弃城走。周炅克巴州。淮北、绛城及谷阳士民,并杀其戍主,以城降。

齐巴陵王王琳与扬州刺史王贵显保寿阳外郭,吴明徹以琳初入,众心未固,丙戌,乘夜攻之,城溃。齐兵退据相国城及金城。

八月乙未,山阳城降。壬寅,盱眙城降。壬子,戎昭将军徐敬辩克海安城。青州东海城降。戊午,平固侯敬泰等克晋州。九月甲子,阳平城降。壬申,高阳太守沈善庆克马头城。甲戌,齐安城降。丙子,左卫将军樊毅克广陵楚子城。

28　壬午,周太子赟纳妃杨氏。妃,大将军随公坚之女也。

太子好昵近小人,左宫正宇文孝伯言于周主曰:"皇太子四海所属,而德声未闻,臣忝宫官,实当其责。且春秋尚少,志业未成,请妙选正人,为其师友,调护圣质,犹望日就月将。如或不然,悔无及矣。"帝敛容曰:"卿世载鲠直,竭诚所事。

21　壬子(十八日),北周的皇孙宇文衍出生。

22　北齐国主到南苑游玩,对六十个随从官员赐死。任命高阿那肱为司徒。

23　癸丑(十九日),陈朝的程文季进攻北齐的泾州,将它攻克。乙卯(二十一日),宣毅司马湛陀攻克新蔡城。

24　丙辰(二十二日),北齐派开府仪同三司王纮到北周访问。

25　癸亥(二十九日),陈朝黄法氉攻克合州。吴明徹进攻仁州,甲子(三十日),将它攻克。

26　陈朝治理明堂。

27　秋季,七月戊辰(初四),北齐派尚书左丞陆骞领兵两万救援齐昌,从巴水、蕲水之间出兵,和陈朝的西阳太守汝南周炅遭遇。周炅留下身体瘦弱的士兵,设疑兵抵挡北齐军队,自己率领精锐的士兵,从小路阻击敌军背后,大败北齐军队。己巳(初五),征北大将军吴明徹的军队到达峡口,攻克峡口这个淮水北岸的城池。防守南岸的人弃城逃走。周炅攻克巴州。淮北、绛城和谷阳的士民,各自杀死驻防军队的长官,献城投降。

北齐巴陵王王琳和扬州刺史王贵显守卫寿阳的外城,吴明徹认为王琳初到这里,人心还不稳定,丙戌(二十二日),乘夜晚攻城,城守崩溃。北齐军队退守相国城和金城。

八月乙未(初二),北齐的山阳城投降。壬寅(初九),盱眙城投降。壬子(十九日),陈朝的戎昭将军徐敬辩攻克海安城。青州的东海城投降。戊午(二十五日),平固侯敬泰等攻克晋州。九月甲子(初一),阳平城投降。壬申(初九),高阳太守沈善庆攻克马头城。甲戌(十一日),齐安城投降。丙子(十三日),陈朝的左卫将军樊毅攻克广陵楚子城。

28　壬午(十九日),北周太子宇文赟纳杨氏为妃。杨妃是大将军随公杨坚的女儿。

太子喜欢和小人亲昵接近,左宫正宇文孝伯对北周国主说:"皇太子受到天下的注目,但没有听到他品德的名声,臣有愧于担任宫官,实在应该由臣负责。况且皇太子年纪还小,志向和学业还不成熟,请陛下精选一个正派人,作为他的良师益友,调理培养皇太子的素质,希望他每天每月有所进步。如果不这样,后悔就来不及了。"北周武帝正容肃然起敬说:"您世代为人耿直,忠于职守。

观卿此言,有家风矣。"孝伯拜谢曰:"非言之难,受之难也。"
帝曰:"正人岂复过卿!"于是以尉迟运为右宫正。运,迥之弟
子也。

帝尝问万年县丞南阳乐运曰:"卿言太子何如人?"对曰:
"中人。"帝顾谓齐公宪曰:"百官佞我,皆称太子聪明睿智。
唯运所言忠直耳。"因问运中人之状。对曰:"如齐桓公是也:
管仲相之则霸,竖貂辅之则乱,可与为善,可与为恶。"帝曰:
"我知之矣。"乃妙选宫官以辅之,仍擢运为京兆丞。太子闻
之,意甚不悦。

29 癸未,沈君理卒。

30 壬辰晦,前鄱阳内史鲁天念克黄城。甲午,郭默
城降。

31 己亥,以特进领国子祭酒周弘正为尚书右仆射。

32 齐国子祭酒张雕,以经授齐主为侍读,帝甚重之。
雕与宠胡何洪珍相结,穆提婆、韩长鸾等恶之。洪珍荐雕为
侍中,加开府仪同三司,奏度支事,大为帝所委信,常呼"博
士"。雕自以出于微贱,致位大臣,欲立效以报恩,论议抑扬,
无所回避,省宫掖不急之费,禁约左右骄纵之臣,数讥切宠
要,献替帷幄,帝亦深倚仗之。雕遂以澄清为己任,意气甚
高,贵幸皆侧目。

尚书左丞封孝琰,隆之之弟子,与侍中崔季舒,皆为祖珽
所厚。孝琰尝谓珽曰:"公是衣冠宰相,异于馀人。"近习闻
之,大以为恨。

会齐主将如晋阳,季舒与张雕议,以为:"寿阳被围,大军出拒
之,信使往还,须禀节度。且道路小人,或相惊恐,以为大驾向并
州,畏避南寇。若不启谏,恐人情骇动。"遂与从驾文官连名进谏。

听到您的这番话,可见您的家风。"宇文孝伯拜谢说:"说这话并不难,难在接受这番话。"武帝说:"正派人哪有超过您的!"于是任命尉迟运为右宫正。尉迟运是尉迟迥的侄儿。

武帝曾经问万年县丞南阳乐运说:"您说皇太子是怎样一种人?"乐运答道:"是中等人。"武帝回头对齐公宇文宪说:"百官花言巧语谄媚我,都说皇太子聪明有特殊的才智。只有乐运的话忠诚坦率。"并向乐运询问中等人的样子。乐运答道:"像齐桓公就是中等人。管仲为相就可以使他成就霸业,竖貂辅政就会使国家混乱,可以使他为善,也可以使他为恶。"武帝说:"我明白了。"于是精选宫官辅助皇太子,提拔乐运当京兆丞。皇太子听说后,心里很不高兴。

29 癸未(二十日),陈朝的沈君理死。

30 壬辰晦,前鄱阳内史鲁天念攻克黄城。甲午(初二),郭默城投降。

31 己亥(初七),陈朝任命特进领国子祭酒周弘正为尚书右仆射。

32 北齐国子祭酒张雕,教授北齐国主经书任侍读,后主对他很器重。张雕和得宠的胡人何洪珍相勾结,穆提婆、韩长鸾等对他很厌恶。何洪珍推荐张雕为侍中,加开府仪同三司,向后主上书奏报国家财政收支的事情,大受后主的信任,常常叫他"博士"。张雕意识到自己出身低贱,做到大臣,要立功报答皇恩,对别人议论褒贬,无所顾忌,节约宫廷中不急需的开支,制止约束后主周围骄横放纵的大臣,常常规劝责备宠臣显贵,对后主议兴议革,后主也很倚仗他。张雕便把澄清朝政作为己任,意气很高,权贵和宠臣对他都很敬畏。

尚书左丞封孝琰,是封隆之的侄儿,和侍中崔季舒,都受到祖珽的厚待。封孝琰曾经对祖珽说:"您是衣冠宰相,和别人不一样。"亲信们听后,大为痛恨。

恰好北齐君主将去晋阳,崔季舒和张雕商议,认为:"寿阳被围困,派遣大军去打仗,信使往返,应该向节度使报告。况且路上的小人,会互相惊恐,以为皇上去并州,是由于害怕而避开南面的敌人。如果不向皇上上奏劝阻,只怕人心惊慌浮动。"便和随驾的文官联名进谏。

时贵臣赵彦深、唐邕、段孝言等，意有异同，季舒与争，未决。长鸾遽言于帝曰："诸汉官连名总署，声云谏幸并州，其实未必不反，宜加诛戮。"辛丑，齐主悉召已署名者集含章殿，斩季舒、雕、孝琰及散骑常侍刘逖、黄门侍郎裴泽、郭遵于殿庭，家属皆徙北边，妇女配奚官，幼男下蚕室，没入赀产。癸卯，遂如晋阳。

33 吴明彻攻寿阳，堰肥水以灌城，城中多病肿泄，死者什六七。齐行台右仆射琅邪皮景和等救寿阳，以尉破胡新败，怯懦不敢前，屯于淮口，敕使屡促之。然始渡淮，众数十万，去寿阳三十里，顿军不进。诸将皆惧，曰："坚城未拔，大援在近，将若之何？"明彻曰："兵贵神速，而彼结营不进，自挫其锋，吾知其不敢战，明矣。"乙巳，躬擐甲胄，四面疾攻，一鼓拔之，生擒王琳、王贵显、卢潜及扶风王可朱浑道裕、尚书左丞李臣验送建康。景和北遁，尽收其驼马辎重。

琳体貌闲雅，喜怒不形于色。强记内敏，军府佐吏千数，皆能识其姓名。刑罚不滥，轻财爱士，得将卒心。虽失地流寓在邺，齐人皆重其忠义。及被擒，故麾下将卒多在明彻军中，见者皆歔欷，不能仰视，争为之请命及致资给。明彻恐其为变，遣使追斩之于寿阳东二十里，哭者声如雷。有一叟以酒脯来祭，哭尽哀，收其血而去。田夫野老，知与不知，闻者莫不流涕。

当时显贵大臣赵彦深、唐邕、段孝言等，和他的意见不一致，崔季舒和他们争辩，没有结果。韩长鸾突然对后主说："那些汉人官员联名上书，声称规劝后主驾临并州，其实未必不想造反，应当对他们加以诛杀。"辛丑(初九)，后主把那些已经签名的人全都召集到含章殿，将崔季舒、张雕、封孝琰和散骑常侍刘逖、黄门侍郎裴泽、郭遵在殿前的庭院中斩杀，他们的家属都被流放到北方边地，妇女配给管理奴隶的官吏为妻，男童被阉割，家财被没收。癸卯(十一日)，后主便去晋阳。

33　陈朝吴明彻进攻寿阳，筑起围堰引肥水灌城，城里的百姓患浮肿和腹泻病的很多，死去的有十分之六七。北齐行台右仆射琅邪皮景和等援救寿阳，因为尉破胡刚打了败仗，胆怯懦弱不敢前进，将军队驻扎在淮口，北齐国主便派使者屡次去催促他进军。皮景和这才渡过淮河，部众有几十万人，距离寿阳还有三十里时，又驻军不敢前进。吴明彻部下的将领都很害怕，说："坚守的城池还没有攻克，齐国增援的大部队就在附近，这怎么办？"吴明彻说："兵贵神速，对方扎营不敢前进，自己挫伤了锋势，我知道对方不敢作战，这已经很明白了。"乙巳(十三日)，士兵们穿戴了铠甲和头盔，从四面发动迅猛的进攻，一鼓作气攻克寿阳，活捉北齐的王琳、王贵显、卢潜和扶风王可朱浑道裕、尚书左丞李骑骖送到建康。皮景和向北逃走，他的骆驼马匹兵器粮草等被全部缴获。

王琳的体态容貌安闲文雅，喜怒不形于色。记忆力强而头脑敏捷，军府里的副职官吏多到上千人，王琳都知道他们的姓名。不滥施刑罚，不重钱财，爱护部下，很得将领和士兵的欢心。虽然失地留居在邺城，北齐人都很敬佩他的忠义。他被捉住以后，以前部下的将士很多在吴明彻的军队里，看到王琳都唉声叹气，不忍抬头看他，争着为他请求保全性命，并送给王琳财物。吴明彻怕他走后生变，派人追到寿阳以东二十里的地方将他杀死，听到这事的人哭声如雷。有一个老人备了酒肉来祭奠他，放声痛哭，收敛他的血而后离去。农夫和民间的老人，不论是否知道王琳，但听到后没有不哭的。

齐穆提婆、韩长鸾闻寿阳陷,握槊不辍,曰:"本是彼物,从其取去。"齐主闻之,颇以为忧,提婆等曰:"假使国家尽失黄河以南,犹可作一龟兹国。更可怜人生如寄,唯当行乐,何用愁为!"左右嬖臣因共赞和之,帝即大喜,酣饮鼓舞,仍使于黎阳临河筑城戍。

丁未,齐遣兵万人至颍口,樊毅击走之。辛亥,遣兵援苍陵,又破之。齐主以皮景和全军而还,赏之,除尚书令。

丙辰,诏以寿阳复为豫州,以黄城为司州。以明彻为都督豫合等六州诸军事、车骑大将军、豫州刺史,遣谒者萧淳风就寿阳册命,于城南设坛,士卒二十万,陈旗鼓戈甲。明彻登坛拜受,成礼而退,将卒荣之。上置酒,举杯属徐陵曰:"赏卿知人。"陵避席曰:"定策圣衷,非臣力也。"以黄法氍为征西大将军、合州刺史。

戊午,湛陀克齐昌城。十一月甲戌,淮阴城降。庚辰,威虏将军刘桃枝克朐山城。辛巳,樊毅克济阴城。己丑,鲁广达攻济南徐州,克之。以广达为北徐州刺史,镇其地。

齐北徐州民多起兵以应陈,逼其州城,祖珽命不闭城门,禁人不得出衢路,城中寂然。反者不测其故,疑人走城空,不设备。珽忽令鼓噪震天,反者皆惊走。既而复结陈向城,珽令录事参军王君植将兵拒之,自乘马临陈左右射。反者先闻其盲,谓其必不能出,忽见之,大惊。穆提婆欲令城陷,不遣援兵,珽且战且守,十馀日,反者竟散走。

诏悬王琳首于建康市。故吏梁骠骑仓曹参军朱玚致书徐陵求其首,曰:"窃以典午将灭,徐广为晋家遗老;当涂已谢,马孚

北齐穆提婆、韩长鸾听到寿阳陷落,仍继续投子下棋,说:"本来是别人的东西,随他拿走好了。"北齐国主听到寿阳陷落,很感忧愁,穆提婆等却说:"假如国家把黄河以南的地方都丢掉了,还可以做一个龟兹国。更可怜人生短暂,应当及时行乐,何必为此忧愁!"后主周围的宠臣都附和赞成他的意见,后主听了大喜,开怀饮酒击鼓起舞,仍旧派人到黎阳沿黄河一带筑城派军队守卫。

丁未(十五日),北齐派一万军队到颍口,被樊毅击退。辛亥(十九日),派兵援救苍陵,又被打败。北齐君主因为皮景和全军回朝,对他加以赏赐,升职为尚书令。

丙辰(二十四日),陈宣帝下诏将寿阳恢复为豫州,以黄城为司州。任命吴明彻为都督豫、合等六州诸军事、车骑大将军、豫州刺史,派使者萧淳风去寿阳对吴明彻册命,在城南建起土坛,二十万士兵,排列了旗鼓戈甲,吴明彻登上土坛拜受了皇帝的册命,仪式结束,走下土坛,将士们都感到光荣。陈宣帝备酒,举杯对徐陵说:"奖赏您能识别人才。"徐陵离开座席说:"这是陛下的圣明决策,不是臣的力量。"任命黄法氍为征西大将军、合州刺史。

戊午(二十六日),陈朝湛陀攻克齐昌城。十一月甲戌(十二日),淮阴城投降。庚辰(十八日),威虏将军刘桃枝攻克朐山城。辛巳(十九日),樊毅攻克济阴城。己丑(二十七日),鲁广达进攻北齐的南徐州,攻克。任命鲁广达为徐州刺史,在这里镇守。

北齐的北徐州百姓纷纷起兵响应陈朝的军队,直逼北徐州的州城,祖珽下令大开城门,禁止人们在大路上行走,城中一片寂静。造反的人猜不出其中缘故,怀疑人走城空,不设防备。祖珽突然叫人击鼓,鼓声震天,造反的都被吓得逃走。不久又重新聚结起队伍向州城进发,祖珽命令录事参军王君植领兵进行抵抗,自己骑马到阵前引弓向左右两边射箭。造反的人早先听说祖珽是盲人,以为他一定不能出来,这时忽然见到祖珽,大为吃惊。穆提婆存心让州城被攻陷,不发救兵,祖珽且战且守,十几天以后,造反的人终于散去。

陈宣帝下诏把王琳的首级挂在建康市示众。以前的官吏梁朝的骠骑仓曹参军朱玚写信给徐陵请求得到王琳的首级,信上说:"私以为司马氏将灭亡时,徐广是晋朝的遗老;魏国将衰败时,司马孚

称魏室忠臣。梁故建宁公琳,当离乱之辰,总方伯之任,天厌梁德,尚思匡继,徒蕴包胥之志,终遭苌弘之眚,至使身没九泉,头行千里。伏惟圣恩博厚,明诏爰发,赦王经之哭,许田横之葬。不使寿春城下,唯传报葛之人;沧洲岛上,独有悲田之客。"陵为之启上。十二月壬辰朔,并熊昙朗等首皆还其亲属。场瘗琳于八公山侧,义故会葬者数千人。场间道奔齐,别议迎葬,寻有寿阳人茅智胜等五人,密送其枢于邺。齐赠琳开府仪同三司、录尚书事,谥曰忠武王,给辒辌车以葬之。

34　癸巳,周主集群臣及沙门、道士,帝自升高坐,辨三教先后,以儒为先,道为次,释为后。

35　乙未,谯城降。

36　乙巳,立皇子叔明为宜都王,叔献为河东王。

37　壬午,任忠克霍州。

诏征安州刺史周炅入朝。初,梁定州刺史田龙升以城降,诏仍旧任。及炅入朝,龙升以江北六州、七镇叛入于齐,齐遣历阳王景安将兵应之。诏以炅为江北道大都督,总众军以讨龙升,斩之。景安退走,尽复江北之地。

38　是岁,突厥求婚于齐。

六年(甲午,574)

1　春,正月壬戌朔,周齐公宪等七人进爵为王。

是魏室的忠臣。已故的梁朝建宁公王琳,正当离乱的时期,担当一方之长的责任,尽管上天讨厌梁朝的失德,但他还想匡正延续梁朝的纲纪,空怀申包胥的志向,最终犯下苌弘那样的错误,以致遭到杀害,首级被送到千里以外。希望陛下的恩德博大宽厚,明文诏示暂缓传送王琳的首级去建康,像司马昭那样宽恕向雄对王经的痛哭,像汉高帝那样准许安葬田横。不要使寿春城下,只传来为报效诸葛诞而死的士兵的消息,沧州岛上,有为田横死难而悲伤的同情者。"徐陵替朱玚向皇帝启奏。十二月壬辰朔(初一),把熊昙朗和王琳的首级都还给他们的亲属。朱玚把王琳埋在八公山的山侧,一起来参加埋葬的王琳的故旧和同情者有几千人。朱玚从偏僻的小路奔到北齐,另外商议派人迎葬的事,不久就有茅智胜等五个寿阳人,秘密地把王琳的灵柩送到北齐的邺城。北齐追赠王琳为开府仪同三司、录尚书事,谥号忠武王,用辒辌车运灵柩去埋葬。

34　癸巳(初二),北周国主召集群臣和僧人、道士,自己登上高坐,辨别三教的先后,以儒教为第一,道教其次,佛教最后。

35　乙未(初四),谯城投降。

36　乙巳(十四日),陈朝立皇子陈叔明为宜都王,陈叔献为河东王。

37　壬午,陈朝的任忠攻克霍州。

陈宣帝下诏征聘安州刺史周炅入朝。当初,梁朝的定州刺史田龙升举城投降,后来陈宣帝下诏叫他仍旧担任原职。等到周炅入朝,田龙升率领长江以北的六个州、七个镇反叛归附北齐,北齐派历阳王高景安率领军队响应。陈宣帝下诏任命周炅为江北道大都督,总辖各路军队对田龙升进行讨伐,将他斩杀。高景安退走,陈朝将长江以北一带地方全部收复。

38　这一年,突厥派人到北齐求婚。

陈宣帝太建六年(甲午,公元 574 年)

1　春季,正月壬戌朔(初一),北周齐公宇文宪等七人封爵为王。

2 己巳,周主享太庙。乙亥,耕藉田。

3 壬子,上享太庙。
4 甲申,广陵金城降。
5 二月壬午朔,日有食之。
6 乙未,齐主还邺。
7 丁酉,周纪国公贤等六人进爵为王。
8 辛亥,上耕藉田。
9 齐朔州行台南安王思好,本高氏养子,骁勇,得边镇人心。齐主使嬖臣斫骨光弁至州,光弁不礼于思好,思好怒,遂反,云“欲入除君侧之恶”。进军至阳曲,自号大丞相。武卫将军赵海在晋阳,苍猝不暇奏,矫诏发兵拒之。帝闻变,使尚书令唐邕等驰之晋阳,辛丑,帝勒兵继进。未至,思好军败,投水死。其麾下二千人,刘桃枝围之,且杀且招,终不降,以至于尽。

先是有人告思好谋反,韩长鸾女适思好子,奏言:“是人诬告贵臣,不杀无以息后。”乃斩之。思好既诛,告者弟伏阙下求赠官,长鸾不为通。

丁未,齐主还邺。甲寅,以唐邕为录尚书事。

10 乙卯,周主如云阳宫。
11 丙辰,周大赦。
12 庚申,周叱奴太后有疾。三月辛酉,周主还长安。癸酉,太后殂。帝居倚庐,朝夕进一溢米。群臣表请,累旬乃止。命太子总厘庶政。

卫王直谮齐王宪于帝曰:“宪饮酒食肉,无异平日。”帝曰:“吾与齐王异生,俱非正嫡,特以吾故,同祖括发。汝当愧之,

2 己巳(初八),北周国主到太庙祭祀。乙亥(十四日),到藉田举行耕种的仪式。

3 壬午(二十一日),陈宣帝到太庙祭祀。

4 甲申(二十三日),广陵金城向陈朝投降。

5 二月壬午朔,有日食。

6 乙未(初五),北齐国主回邺城。

7 丁酉(初七),北周纪国公宇文贤等六人封爵为王。

8 辛亥(二十一日),陈宣帝到藉田举行耕种仪式。

9 北齐朔州行台南安王高思好,原先是高氏的养子,勇猛矫健,很得边镇的民心。北齐国主派宠臣研骨光弁到朔州,他对高思好很不礼貌,高思好大怒,便起来造反,说:"我要去朝廷清除皇上身边的坏蛋。"进军到达阳曲,自称大丞相。在晋阳的武卫将军赵海,仓促间来不及向朝廷启奏,便假借后主的诏命发动军队进行抵抗。北齐后主听说有变,派尚书令唐邕等急驰到晋阳。辛丑(十一日),后主亲自统率军队随后进发。还没到晋阳,高思好的军队失败,只得投水自尽。高部下的两千军队,被刘桃枝包围,一面斩杀一面招降,他们始终不肯投降,直到全军覆没。

当初有人举报高思好预谋造反,韩长鸾的女儿是高思好的儿媳妇,便向朝廷上奏说:"这个人诬告高思好,不把他杀掉就不得安宁。"于是后主将举报人处死。高思好死后,举报人的弟弟伏在宫阙下请求后主授给官职,韩长鸾不肯替他通报。

丁未(十七日),北齐国主回邺城。甲寅(二十四日),任命唐邕为录尚书事。

10 乙卯(二十五日),北周国主去云阳宫。

11 丙辰(二十六日),北周大赦全国。

12 庚申(三十日),北周的叱奴太后生病。三月辛酉(初一),北周国主武帝回长安。癸酉(十三日),叱奴太后死。武帝住在居丧的房子,早晨和晚上只吃很少的饭。群臣上表请求武帝不要缩食,几十天以后才停止。命令太子总管各项政务。

卫王宇文直对武帝说齐王宇文宪的坏话道:"宇文宪饮酒吃肉,和平时一样。"武帝说:"我和齐王是异母所生,都不是正宗嫡传,由于我的缘故,从婴孩到成年一起长大。你应当感到羞愧,

何论得失！汝，亲太后之子，特承慈爱。但当自勉，无论他人。"

13 夏，四月乙卯，齐遣侍中薛孤康买吊于周，且会葬。

初，齐世祖为胡后造珠裙袴，所费不可胜计，为火所焚。至是，齐主复为穆后营之。使商胡赍锦彩三万，与吊使偕往市珠。周人不与，齐主竟自造之。及穆后爱衰，其侍婢冯小怜大幸，拜为淑妃。与齐主坐则同席，出则并马，誓同生死。

14 五月庚申，周葬文宣皇后于永固陵，周主跣行至陵所。辛酉，诏曰："三年之丧，达于天子。但军国务重，须自听朝。衰麻之节，苫庐之礼，率遵前典，以申罔极。百僚宜依遗令，既葬而除。"公卿固请依权制，帝不许，卒申三年之制。五服之内，亦令依礼。

15 庚午，齐大赦。

16 齐人恐陈师渡淮，使皮景和屯西兖州以备之。

17 丙子，周禁佛、道二教，经、像悉毁，罢沙门、道士，并令还俗。并禁诸淫祀，非祀典所载者尽除之。

18 六月壬辰，周弘正卒。

19 壬子，周更铸五行大布钱，一当十，与布泉并行。

20 戊午，周立通道观以壹圣贤之教。

21 秋，七月庚申，周主如云阳，以右宫正尉迟运兼司武，与薛公长孙览辅太子守长安。

初，帝取卫王直第为东宫，使直自择所居。直历观府署，无

谈不到什么得和失！你,是亲太后的儿子,特别受到她的慈爱。你应当自勉,不要去议论别人。"

13 夏季,四月乙卯,北齐派侍中薛孤康买到北周吊唁叱奴太后去世,并参加葬礼。

当初,北齐世祖为胡后做珍珠编的裙裤,所用的钱无法计算,后来这件裙裤被火烧毁。这时,北齐国主又要替穆后做一件。派经商的胡人携带三万段彩色丝绸,和吊唁的使者一起到北周采购珍珠。北周人不肯卖给他们,后主竟自己设法做了一件。后来穆后失宠,穆后的侍婢冯小怜却大受后主的恩宠,被封为淑妃。和后主坐同席,出并马,两人发誓同生共死。

14 五月庚申(初一),北周在永固陵葬文宣皇后,北周国主赤脚走到陵地。辛酉(初二),下诏书说:"三年之丧,天子也要遵守。但是国事军事很繁重,必须亲自上朝听政。但是对丧服的规定,居丧处所的礼仪,一律遵照以前的制度,以表明我对皇后无穷的思念。百官应该遵照过去的规定,皇后埋葬以后就可以脱掉丧服。"王公百卿坚持请求武帝临时修改丧礼的规定,武帝不准,最后重申服丧三年的制度。凡属于丧服之内的亲疏五等,都按丧礼规定的五种服丧时间执行。

15 庚午(十一日),北齐大赦全国。

16 北齐怕陈朝军队渡过淮河,派皮景和屯兵在西兖州戒备。

17 丙子(十七日),北周禁止佛教、道教,把佛、道经典及偶像全部销毁,取缔僧人、道士,命令他们还俗。并禁止所有滥设的祠庙,不是祀典记载中列名的人物,全部废除祭祀。

18 六月壬辰(初三),陈朝的周弘正死。

19 壬子(二十三日),北周改铸五行大布钱,以一当十,和布泉一同流通。

20 戊午(二十九日),北周建立通道观以统一圣贤的政教。

21 秋季,七月庚申(初二),北周国主去云阳,任命右宫正尉迟运兼司武,和薛公长孙览辅助太子镇守长安。

起初,北周武帝征收卫王宇文直的王府为东宫,让宇文直自己去挑选居住的地方。宇文直看了所有府署的房子,没有一处

如意者。末取废陟屺寺,欲居之。齐王宪谓直曰:"弟子孙
多,此无乃褊小?"直曰:"一身尚不自容,何论子孙!"直尝从
帝校猎而乱行,帝对众挞之,直积怨愤,因帝在外,遂作乱。
乙酉,帅其党袭肃章门。长孙览惧,奔诣帝所。尉迟运偶在
门中,直兵奄至,手自阖门。直党与运争门,斫伤运指,仅而
得闭。直不得入,纵火焚门。运恐火尽,直党得进,取宫中材
木及床榻以益火,膏油灌之,火转炽。久之,直不得进,乃退。
运帅留守兵,因其退而击之,直大败,帅百馀骑奔荆州。戊
子,帝还长安。八月辛卯,擒直,废为庶人,囚于别宫,寻杀
之。以尉迟运为大将军,赐赉甚厚。

丙申,周主复如云阳。

22　癸丑,齐主如晋阳。甲辰,齐以高劢为尚书右仆射。

23　九月庚申,周主如同州。

24　冬,十月丙申,周遣御正弘农杨尚希、礼部卢恺来
聘。恺,柔之子也。

25　甲寅,周主如蒲州。丙辰,如同州。十一月甲戌,还
长安。

26　十二月戊戌,以吏部尚书王劢为右仆射,度支尚书
孔奂为吏部尚书。劢,冲之子也。

时新复淮、泗,攻战、降附,功赏纷纭。奂识鉴精敏,不受
请托,事无凝滞,人皆悦服。湘州刺史始兴王叔陵,屡讽有
司,求为三公。奂曰:"衮章之职,本以德举,未必皇枝。"因以
白帝。帝曰:"始兴那忽望公! 且朕儿为公,须在鄱阳王后。"
奂曰:"臣之所见,亦如圣旨。"

中意的。最后选中荒芜的陟岵寺，要在那里居住。齐王宇文宪对宇文直说："弟弟的子孙很多，这个地方岂不小了些？"宇文直说："自己单身一人尚且得不到容纳，还谈什么子孙！"因为宇文直曾经跟随武帝到野外围猎时乱走，被武帝当众鞭打，宇文直积下怨恨，当时武帝在外，他便聚众作乱。乙酉（二十七日），宇文直率领党羽袭击肃章门。长孙览惧怕，奔到武帝住处。尉迟运恰好在肃章门里，宇文直的士兵突然来到，尉迟运用手将门关上。宇文直的党羽和尉迟运争夺大门，用刀砍伤尉迟运的手指，但他还是将门关闭了。宇文直进不了门，便放火焚烧肃章门。尉迟运恐怕火焰熄灭，宇文直的党羽得以进入门内，便取来宫中的木材和床榻投入火中加大火势，还用油脂灌浇，火势越加炽烈。过了很久，宇文直还是无法进入，于是退走。尉迟运率领留守的士兵，见他们退走而追击，宇文直大败，率领百馀名骑兵逃奔荆州。戊子（三十日），武帝回长安。八月辛卯（初三），捉到宇文直，将他废为百姓，囚禁在别的宫里，不久后将他杀死。任命尉迟运为大将军，赏赐他很多东西。

丙申（初八），北周国主再次去云阳。

22　癸丑（二十五日），北齐国主去晋阳。甲寅（二十六日），北齐任命高劢为尚书右仆射。

23　九月庚申（初三），北周国主去同州。

24　冬季，十月丙申（初九），北周派御正弘农杨尚希、礼部卢恺到陈朝访问。卢恺是卢柔的儿子。

25　甲寅（二十七日），北周国主去蒲州。丙辰（二十九日），去同州。十一月甲戌（十八日），回长安。

26　十二月戊戌（十二日），陈朝任命吏部尚书王玚为右仆射，度支尚书孔奂为吏部尚书。王玚是王冲的儿子。

当时陈朝刚收复淮、泗，对攻战有功及投降归附的人论功行赏的事纷纭复杂。孔奂鉴定识别精到敏捷，不受别人的请托，处理事情从不拖拉，人们都心悦诚服。湘州刺史始兴王陈叔陵，屡次向有关部门暗示，要求任命自己为三公。孔奂说："穿衮服的官职，本来是从品德的标准来推举的，未必都是皇帝的亲属。"并把这件事报告皇帝。皇帝说："始兴王怎么突然想做三公！况且朕的儿子当三公，必须排在鄱阳王之后。"孔奂说："臣的想法，和陛下的旨意一样。"

27　齐定州刺史南阳王绰,喜为残虐,尝出行,见妇人抱儿,夺以饲狗。妇人号哭,绰怒,以儿血涂妇人,纵狗使食之。常云:"我学文宣伯之为人。"齐主闻之,锁诣行在,至而宥之。问:"在州何事最乐?"对曰:"多聚蝎于器,置狙其中,观之极乐。"帝即命夜索蝎一斗,比晓,得三二升,置浴斛,使人裸卧斛中,号叫宛转。帝与绰临观,喜噱不已。因让绰曰:"如此乐事,何不驰驿奏闻!"由是有宠,拜大将军,朝夕同戏。韩长鸾疾之,是岁,出为齐州刺史。将发,使人诬告其反,奏云:"此犯国法,不可赦!"帝不忍明诛,使宠胡何猥萨与之手搏,扼而杀之。

27　北齐定州刺史南阳王高绰，生性喜欢做残忍暴虐的事情，曾经外出行走，看到有个怀抱婴儿的妇女，便夺下婴儿喂狗。妇女哭喊，高绰大怒，蘸了婴儿的鲜血涂在妇人身上，放狗去吃妇女。还常常说："我是学文宣伯父的为人。"北齐国主听到后，将他锁住送到后主所在的地方，然后加以饶恕。后主问道："你在州里感到最快乐的是什么事？"高绰回答说："捕捉许多蝎子放在容器里，再放进一只猴子，看蝎螫猴子极其可乐。"后主立即命令在晚上捉一斗蝎子，到第二天清早，才捉到两三升，都放在澡盆里，叫人赤裸身子睡在盆里，这人被螫得大声喊叫。后主和高绰居高临下地观看，不住地嬉笑。后主还责备他说："这样快乐的事，为什么不派驿使赶快来向我报告！"高绰因此得到后主的宠信，拜他为大将军，从早到晚和后主在一起嬉戏。韩长鸾对此很厌恶，这一年，高绰被派出为齐州刺史。临出发前，韩长鸾派人诬告高绰要造反，上奏说："这是违反国法，不能饶赦他！"后主不忍心公开将高绰处死，便叫宠信的胡人何猥萨和高绰徒手角斗，用手把高绰扼死。

卷第一百七十二　陈纪六

起乙未(575)尽丙申(576)凡二年

高宗宣皇帝中之上

太建七年(乙未,575)

1　春,正月辛未,上祀南郊。

2　癸酉,周主如同州。

3　乙亥,左卫将军樊毅克潼州。

4　齐主还邺。

5　辛巳,上祀北郊。

6　二月丙戌朔,日有食之。

7　戊申,樊毅克下邳、高栅等六城。

8　齐主言语涩呐,不喜见朝士,自非宠私昵狎,未尝交语。性懦,不堪人视,虽三公、令、录奏事,莫得仰视,皆略陈大指,惊走而出。承世祖奢泰之馀,以为帝王当然,后宫皆宝衣玉食,一裙之费,至直万匹。竞为新巧,朝衣夕弊。盛修宫苑,穷极壮丽。所好不常,数毁又复。百工土木,无时休息,夜则然火照作,寒则以汤为泥。凿晋阳西山为大像,一夜然油万盆,光照宫中。每有灾异寇盗,不自贬损,唯多设斋,以为修德。好自弹琵琶,为《无愁》之曲,近侍和之者以百数,民间谓之"无愁天子"。于华林园立贫儿村,帝自衣蓝缕之服,行乞其间以为乐。

高宗宣皇帝中之上

陈宣帝太建七年(乙未,公元575年)

1　春季,正月辛未(十六日),陈宣帝到南郊祭祀。

2　癸酉(十八日),北周国主去同州。

3　乙亥(二十日),陈朝左卫将军樊毅攻克潼州。

4　北齐国主回邺城。

5　辛巳(二十六日),陈宣帝到北郊祭祀。

6　二月丙戌朔(初一),出现日食。

7　戊申(二十三日),陈朝樊毅攻克下邳、高栅等六座城池。

8　北齐国主说话迟钝口吃,不喜欢见朝廷的官员,如果不是宠爱亲近的人,从不和别人交谈。性格懦弱,不愿意别人看他,尽管是三公、尚书令、录尚书事等大官向他奏事,不能抬头看他,都是简要地说一些大概情形,便惊恐地离去。后主继承了北齐世祖奢侈过度的馀风,以为这是帝王理所应当的享受,后宫的妃嫔都是锦衣玉食,一条裙子的费用,甚至值一万匹锦帛的价钱。宫人们在衣着的新奇精巧上相互竞赛,早上的新衣服到晚上就被当作旧衣服。大事修建宫室园林,壮丽到了极点。所喜好的反复无常,屡次毁坏后又重新修复。从事土木建筑的百种工匠,没有一时半刻的休息,夜里点起火把照明工作,天冷时用热水和泥。开凿晋阳的西山建成巨大的佛像,一夜间点燃万盆油灯,灯光可以照到宫中。国家有灾异和寇盗,从不谴责自己,只是多设斋饭向僧徒施舍,以为这才是修养自己的品德。喜欢自己弹琵琶,谱成名叫《无愁》的乐曲,周围跟着唱和的侍从多到上百人,民间叫他"无愁天子"。后主在华林园设立贫儿村,自己穿了破烂的衣服,在村中以行乞为乐趣。

又写筑西鄙诸城,使人衣黑衣攻之,帝自帅内参拒斗。

宠任陆令萱、穆提婆、高阿那肱、韩长鸾等宰制朝政,宦官邓长颙、陈德信、胡儿何洪珍等并参预机权,各引亲党,超居显位。官由财进,狱以贿成,竞为奸诐,蠹政害民。旧苍头刘桃枝等皆开府封王,其馀宦官、胡儿、歌舞人、见鬼人、官奴婢等滥得富贵者,殆将万数,庶姓封王者以百数,开府千馀人,仪同无数,领军一时至二十人,侍中、中常侍数十人,乃至狗、马及鹰亦有仪同、郡君之号,有斗鸡,号开府,皆食其干禄。诸嬖幸朝夕娱侍左右,一戏之费,动逾巨万。既而府藏空竭,乃赐二三郡或六七县,使之卖官取直。由是为守令者,率皆富商大贾,竞为贪纵,民不聊生。

周高祖谋伐齐,命边镇益储偫,加戍卒。齐人闻之,亦增修守御。柱国于翼谏曰:"疆埸相侵,互有胜负,徒损兵储,无益大计。不如解严继好,使彼懈而无备,然后乘间,出其不意,一举可取也。"周主从之。

韦孝宽上疏陈三策:
其一曰:"臣在边积年,颇见间隙,不因际会,难以成功。是以往岁出军,徒有劳费,功绩不立,由失机会。何者?长淮之南,旧为沃土,陈氏以破亡馀烬,犹能一举平之。齐人历年赴救,丧败而返。内离外叛,计尽力穷,雠敌有衅,不可失也。今大军若出轵关,方轨而进,兼与陈氏共为掎角,并令广州义旅出自三鸦,又募山南骁锐,沿河而下,复遣北山稽胡,绝其并、晋之路。凡此诸军,

又画下西部边境一些城池的图样,依照图样仿造,派人穿了黑衣模仿北周的士兵进攻城池,后主自己率领宫里的太监假装在城里抵抗作战。

后主宠信任用陆令萱、穆提婆、高阿那肱、韩长鸾等主宰朝政,宦官邓长颙、陈德信、胡人何洪珍等都参与机要的权柄,各自引荐亲戚朋党,高居显赫的官位。向他们奉纳钱财可以做官,进行贿赂可以制造冤狱,相互争着对后主欺诈谄媚,败坏朝政祸害百姓。从前是奴仆的刘桃枝等人都开府封王,其他的宦官、胡人、歌舞艺人、巫师、官府的奴婢等轻易地得到富贵的,大概将近上万人,一般姓氏被封王的有上百人,开府的有一千多人,封为仪同的不计其数,领军一时达到二十人,侍中、中常侍有几十人,甚至狗、马、猎鹰等禽兽也有仪同、郡君的封号,有的斗鸡被封为开府,享受相应等级的俸禄。一些受到宠幸的婢妾和臣子早晚在后主周围侍候取乐,一次游戏的费用,动辄超过一万。很快国库空竭,便赐给这些人两三郡或六七县,让他们出售官爵收取钱财。因此担任守令的,大都成为富商大贾,争相贪污放纵,民不聊生。

北周高祖计划征讨北齐,下令边镇增加储备,增添防守的士兵。北齐听到这一消息,也增加、修整守御点。北周的柱国于翼向北周武帝劝说道:"相互侵犯国界,各有胜负,白白地损失军队的储备,对大计没有益处。不如解严保持友好关系,使对方松懈而没有准备,然后寻找机会,出其不意,就能一举而取。"北周国主听从了他的意见。

韦孝宽上疏周武帝陈述三条计策:

第一是:"臣在边地多年,曾经见到一些空隙,如果不利用时机,难以成功。所以往年军队出征,只有劳累耗费,没有树立功绩,都是由于失掉机会。为什么? 长淮以南,以前是肥沃的地方,陈氏收拾起梁朝破亡后的残馀力量,还能一举将它讨平。齐人每年去那里援救,都遭到失败而归。现在他们内有离心外有叛乱,计尽力穷,仇敌之间有了破绽,这种机会不能失掉。现在大军如果从轵关出发,两车并行地前进,并且与陈氏共同夹击敌人,并下令广州的义军从三鵶出兵,另外征募山南的勇猛锐利之士,沿黄河而下,再派遣北山的稽胡,截断对方通往并州、晋州的通道。以上这些军队,

仍令各募关、河之外劲勇之士,厚其爵赏,使为前驱。岳动川移,雷骇电激,百道俱进,并趋虏庭。必当望旗奔溃,所向摧殄,一戎大定,寔在此机。"

其二曰:"若国家更为后图,未即大举,宜与陈人分其兵势。三鸦以北,万春以南,广事屯田,预为贮积,募其骁悍,立为部伍。彼既东南有敌,戎马相持,我出奇兵,破其疆场。彼若兴师赴援,我则坚壁清野,待其去远,还复出师。常以边外之军,引其腹心之众。我无宿春之费,彼有奔命之劳,一二年中,必自离叛。且齐氏昏暴,政出多门,鬻狱卖官,唯利是视,荒淫酒色,忌害忠良,阖境嗷然,不胜其弊。以此而观,覆亡可待。然后乘间电扫,事等摧枯。"

其三曰:"昔句践亡吴,尚期十载;武王取纣,犹烦再举。今若更存遵养,且复相时,臣谓宜还崇邻好,申其盟约,安民和众,通商惠工,蓄锐养威,观衅而动。斯乃长策远驭,坐自兼并也。"

书奏,周主引开府仪同三司伊娄谦入内殿,从容谓曰:"朕欲用兵,何者为先?"对曰:"齐氏沉溺倡优,耽昏麹糵。其折冲之将斛律明月,已毙于谗口。上下离心,道路以目。此易取也。"帝大笑。三月丙辰,使谦与小司寇元卫聘于齐以观衅。

9 丙寅,周主还长安。

10 夏,四月甲午,上享太庙。

11 监豫州陈桃根得青牛,献之,诏遣还民。又表上织成罗文锦被各二百首,诏于云龙门外焚之。

仍旧命令各自征募函谷关、黄河以外的强壮勇敢之士,给予优厚的爵位和赏赐,派他们作为先驱。山动河移,像雷电般地惊动激烈,从许多道路并头前进,直趋敌人的内庭。敌人一定望旗奔逃溃败,我军所向,定会将他们挫败消灭,一次征伐就能使天下大定,确实在于这次机会。"

第二是:"如果国家进一步为以后谋划,在没有大举进攻以前,最好和陈朝一同分散齐国的兵势。三鸦以北,万春以南一带地方,广为屯田,预先储备军粮,招募勇猛强悍的人组成部队。齐国的东南有陈朝和它为敌,双方的军队对峙着,我方派出奇兵,就能突破齐国的国界。对方如果派军队来增援,我们可以坚壁清野,等他们远去以后,重又出兵。我们经常以边界一带的军队,调动对方心腹之地的军事主力。我方不须准备隔夜的粮草,对方却有疲于奔命的劳累,一两年中,对方内部必定出现离心而叛变。况且齐氏昏庸暴虐,政出多门,鬻狱卖官,唯利是图,荒淫酒色,忌害忠良,全国哀号,不胜其弊。由此看来,灭亡指日可待。然后寻找空隙发起迅雷不及掩耳的攻击,等于摧枯拉朽,腐朽的敌人很容易被打垮。"

第三是:"古代的句践要灭亡吴国,尚且为期十年,周武王征讨商纣,还曾一再出兵。现在如果能在乱世暂时退隐,等待时机,臣认为应当回复到尊重友邻,重申盟约,安抚百姓,和睦大众,互通贸易,优惠工匠,养精蓄锐增加声威,等待机会而行动,这好比是用长长的马鞭远远地驾驭拉车的马匹,可以坐待兼并对方。"

韦孝宽的奏书呈上以后,北周君主把开府仪同三司伊娄谦请到内殿,从容地问他:"朕要用兵,以谁为最先的对象?"伊娄谦答道:"齐国的执政者沉湎在欣赏歌舞杂耍之中,酷嗜饮酒。禁卫军中的折冲将军斛律明月,已经死在谗言之中。上下离心离德,百姓慑于暴政,在路上相见时不敢交谈,只能以目示意。这是最容易攻取的。"武帝大笑。三月丙辰(初二),派伊娄谦和小司寇元卫访问北齐,借此观察有什么可以利用的机会。

9　丙寅(十二日),北周国主回长安。

10　夏季,四月甲午(初十),陈宣帝到太庙祭祀。

11　陈朝的监豫州陈桃根得到青牛,献给皇帝,宣帝下诏还给百姓。陈桃根又上表献上丝织的罗纹锦被两种各两百件,宣帝下诏在云龙门外将锦被全部焚毁。

12　庚子，齐以中书监阳休之为尚书右仆射。

13　六月壬辰，以尚书右仆射王玚为左仆射。

14　甲戌，齐主如晋阳。

15　秋，七月丙戌，周主如云阳宫。

大将军杨坚姿相奇伟。畿伯下大夫长安来和尝谓坚曰："公眼如曙星，无所不照，当王有天下，愿忍诛杀。"

周主待坚素厚，齐王宪言于帝曰："普六茹坚，相貌非常，臣每见之，不觉自失。恐非人下，请早除之！"帝亦疑之，以问来和。和诡对曰："随公止是守节人，可镇一方；若为将领，陈无不破。"

丁卯，周主还长安。

先是周主独与齐王宪及内史王谊谋伐齐，又遣纳言卢韫乘驲三诣安州总管于翼问策，馀人皆莫之知。丙子，始召大将军以上于大德殿告之。

丁丑，下诏伐齐，以柱国陈王纯、荥阳公司马消难、郑公达奚震为前三军总管，越王盛、周昌公侯莫陈崇、赵王招为后三军总管。齐王宪帅众二万趋黎阳，随公杨坚、广宁公薛迥将舟师三万自渭入河，梁公侯莫陈芮帅众二万守太行道，申公李穆帅众三万守河阳道，常山公于翼帅众二万出陈、汝。谊，盟之兄孙；震，武之子也。

周主将出河阳，内史上士宇文㢸曰："齐氏建国，于今累世。虽曰无道，藩镇之任，尚有其人。今之出师，要须择地。河阳冲要，精兵所聚，尽力攻围，恐难得志。如臣所见，出于汾曲，戍小山平，攻之易拔。用武之地，莫过于此。"民部中大夫天水赵煚曰："河南、洛阳，四面受敌，纵得之，不可以守。请从河北直指太原，

12　庚子(十六日),北齐任命中书监阳休之为尚书右仆射。

13　六月壬辰(初九),陈朝任命尚书右仆射王瑒为左仆射。

14　甲戌,北齐国主去晋阳。

15　秋季,七月丙戌,北周国主去云阳宫。

大将军杨坚姿容相貌奇特壮美。畿伯下大夫长安来和曾经对杨坚说:"您的眼睛像晨星,无所不照,当为天下之王,希望您能克制诛杀。"

北周国主一向厚待杨坚,齐王宇文宪对武帝说:"普六茹坚,相貌异常,臣每次看到他,不觉茫无所措。恐怕他不会甘居人下,请及早把他除掉!"武帝也怀疑杨坚,向来和询问,来和却欺骗说:"随公杨坚是个信守名分、注意节操的人,可以镇守一方;如果当将领,可以破阵打胜仗。"

丁卯(十五日),北周国主回长安。

起先北周国主独自和齐王宇文宪、内史王谊策划征伐北齐,又派纳言卢韫乘驿车三次到安州总管于翼那里询问计策,别人都不知道这事。丙子(二十四日),武帝才在大德殿召集大将军以上所有官员并告诉他们。

丁丑(二十五日),北周武帝下诏征讨北齐,任命柱国陈王宇文纯、荥阳公司马消难、郑公达奚震为前三军总管,越王宇文盛、周昌公侯莫陈崇、赵王宇文招为后三军总管。齐王宇文宪率领两万兵众进军黎阳。随公杨坚、广宁公薛迥率领水军三万人从渭水进入黄河,梁公侯莫陈芮率领两万兵众在太行道防守,申公李穆率领三万兵众在河阳道防守,常山公于翼率领两万兵众进军陈州、汝州。王谊是王盟哥哥的孙子。达奚震是达奚武的儿子。

北周国主将进军河阳,内史上士宇文敬说:"齐氏建国至今,已经有好几代。虽说君主无道,但是胜任藩镇职守的,还大有人在。现在出兵,必须选择进攻的地点。河阳地处要冲,是精兵集中的地方,全力加以围攻,恐怕难以达到目的。以臣的看法,汾曲一带地方,北齐防守的军队既少,地势平坦,攻打那里容易攻克。用兵的地点,以这里为最好。"民部中大夫天水赵䌹说:"河南、洛阳,四面容易遭到敌方的攻击,即使得到这些地方,也很难防守。请从河北直指太原,

倾其巢穴,可一举而定。"遂伯下大夫鲍宏曰:"我强齐弱,我治齐乱,何忧不克!但先帝往日屡出洛阳,彼既有备,每有不捷。如臣计者,进兵汾、潞,直掩晋阳,出其不虞,似为上策。"周主皆不从。宏,泉之弟也。

壬午,周主帅众六万,直指河阴。杨素请帅其父麾下先驱,周主许之。

16　八月癸卯,周遣使来聘。

17　周师入齐境,禁伐树践稼,犯者皆斩。丁未,周主攻河阴大城,拔之。齐王宪拔武济,进围洛口,拔东、西二城,纵火焚浮桥,桥绝。齐永桥大都督太安傅伏,自永桥夜入中潬城。周人既克南城,围中潬,二旬不下。洛州刺史独孤永业守金墉,周主自攻之,不克。永业通夜办马槽二千,周人闻之,以为大军且至而惮之。

九月,齐右丞高阿那肱自晋阳将兵拒周师。至河阳,会周主有疾,辛酉夜,引兵还。水军焚其舟舰。傅伏谓行台乞伏贵和曰:"周师疲弊,愿得精骑二千追击之,可破也。"贵和不许。

齐王宪、于翼、李穆,所向克捷,降拔三十馀城,皆弃而不守。唯以王药城要害,令仪同三司韩正守之,正寻以城降齐。

戊寅,周主还长安。

18　庚辰,齐以赵彦深为司徒,斛阿列罗为司空。

19　闰月,车骑大将军吴明彻将兵击齐彭城。壬辰,败齐兵数万于吕梁。

20　甲午,周主如同州。

21　冬,十月己巳,立皇子叔齐为新蔡王,叔文为晋熙王。

捣毁齐国的巢穴,可以一举而定。"遂伯下大夫鲍宏说:"我强齐弱,我治齐乱,何必担心攻不克呢! 但是先帝在世时屡次进军洛阳,因为对方早有防备,所以常常不能取胜。按臣的计策,向汾川、潞川进兵,直扑晋阳,出其不备,似乎是上策。"北周国主不听他们的意见。鲍宏是鲍泉的弟弟。

壬午(三十日),北周国主率领六万人,直指河阴。杨敷的儿子杨素请求率领父亲部下的先头部队,得到国主的准许。

16　八月癸卯(二十一日),北周派使者到陈朝访问。

17　北周军队进入北齐境内,下令禁止砍伐树木践踏庄稼,违反者一律斩首。丁未(二十五日),北周国主进攻河阴大城,攻克。齐王宇文宪攻克武济,进围洛口,攻克东、西二城,放火烧毁浮桥,桥断。北齐的永桥大都督太安傅伏,趁夜晚从永桥进入中潬城。北周攻克南城以后,包围中潬城,二十天也没能攻克。北齐的洛州刺史独孤永业镇守金墉,北周国主亲自进攻,也没有攻克。独孤永业连夜赶制了两千只马槽,北周听说了,以为北齐的大军将要来到,感到畏惧。

九月,北齐右丞高阿那肱从晋阳率军抵御北周的军队。他们到达河阳,正巧北周国主生病,辛酉(初九),晚上,率军回国。北周水军焚烧了自己的船只。傅伏对行台乞伏贵和说:"北周军队疲惫不堪,我愿意率领两千精骑追击他们,可以打败他们。"乞伏贵和不准许。

齐王宇文宪、于翼、李穆,矛头所向都打了胜仗,投降的和攻克的有三十多座城池,然而都弃城不守。唯独王药城地处要害,命令仪同三司韩正在这里镇守,韩正不久就举城向北齐投降。

戊寅(二十六日),北周国主回长安。

18　庚辰(二十八日),北齐任命赵彦深为司徒,斛阿列罗为司空。

19　闰月,陈朝车骑大将军吴明徹率军攻打北齐彭城。壬辰(十一日),在吕梁打败几万齐兵。

20　甲午(十三日),北周国主去同州。

21　冬季,十月己巳(十八日),陈朝立皇子陈叔齐为新蔡王,陈叔文为晋熙王。

22 十二月辛亥朔,日有食之。

23 壬戌,以王瑒为尚书左仆射,太子詹事吴郡陆缮为右仆射。

24 庚午,周主还长安。

八年(丙申,576)

1 春,正月癸未,周主如同州。辛卯,如河东涑川。甲午,复还同州。

2 甲寅,齐大赦。

3 乙卯,齐主还邺。

4 二月辛酉,周主命太子巡抚西土,因伐吐谷浑,上开府仪同大将军王轨、宫正宇文孝伯从行。军中节度,皆委二人,太子仰成而已。

5 齐括杂户未嫁者悉集,有隐匿者,家长坐死。

6 壬申,以开府仪同三司吴明彻为司空。

7 三月壬寅,周主还长安。夏,四月乙卯,复如同州。

8 己未,上享太庙。

9 尚书左仆射王瑒卒。

10 五月壬辰,周主还长安。

11 六月戊申朔,日有食之。

12 辛亥,周主享太庙。

13 初,太子叔宝欲以左户部尚书江总为詹事,令管记陆瑜言于吏部尚书孔奂。奂谓瑜曰:"江有潘、陆之华而无园、绮之实,辅弼储宫,窃有所难。"太子深以为恨,自言于帝。帝将许之,奂奏曰:"江总,文华之士。今皇太子文华不少,岂藉于总!如臣所见,愿选敦重之才,以居辅导之职。"帝曰:"即如卿言,谁当居此?"奂曰:"都官尚书王廓,世有懿德,识性敦敏,

22 十二月辛亥朔（初一），出现日食。

23 壬戌（十二日），陈朝任命王玚为尚书左仆射，太子詹事吴郡陆缮为右仆射。

24 庚午（二十日），北周国主回长安。

陈宣帝太建八年（丙申，公元576年）

1 春季，正月癸未（初四），北周国主去同州。辛卯（十二日），去河东涑川。甲午（十五日），再回同州。

2 甲寅，北齐大赦全国。

3 乙卯，北齐国主回邺城。

4 二月辛酉（十二日），北周国主命太子去西部巡抚，顺便讨伐吐谷浑，上开府仪同大将军王轨、宫正宇文孝伯跟随太子同行。军队的调度，都委托这二人，太子只是坐享其成。

5 北齐搜求因犯罪没官当奴婢的杂户中尚未婚嫁的，全部集中起来，凡是把这种人隐藏起来的，家长处死。

6 壬申（二十三日），陈朝任命开府仪同三司吴明彻为司空。

7 三月壬寅（二十四日），北周国主回长安。夏季，四月乙卯（初七），又去同州。

8 己未（十一日），陈宣帝到太庙祭祀。

9 陈朝的尚书左仆射王玚死。

10 五月壬辰（十五日），北周国主回长安。

11 六月戊申朔（初一），出现日食。

12 辛亥（初四），北周国主到太庙祭祀。

13 当初，陈朝太子陈叔宝要任命左户部尚书江总为太子詹事，派管记陆瑜告诉吏部尚书孔奂。孔奂对陆瑜说："江总有潘岳、陆机那样的文采，却没有园公、绮里季那样的真实才能，如果派江总辅佐太子，我有所为难。"太子对此很痛恨，便自己向皇帝提出要求。宣帝将要答允他，孔奂上奏说："江总，是有才华的人。现在皇太子才华不少，怎能置于江总之下！按臣的看法，希望挑选敦厚稳重的人才，担任辅导皇太子的职务。"宣帝说："按你所说，谁能担任这个职务？"孔奂说："都官尚书王廓，世代都有美德，才识和性格忠厚聪明，

可以居之。"太子时在侧,乃曰:"廓,王泰之子,不宜为太子詹事。"奂曰:"宋朝范晔,即范泰之子,亦为太子詹事,前代不疑。"太子固争之,帝卒以总为詹事。总,敳之曾孙也。

甲寅,以尚书右仆射陆缮为左仆射。帝欲以孔奂代缮,诏已出,太子沮之而止。更以晋陵太守王克为右仆射。

顷之,总与太子为长夜之饮,养良娣陈氏为女。太子亟微行,游总家。上怒,免总官。

14 周利州刺史纪王康,骄矜无度,缮修戎器,阴有异谋。司录裴融谏止之,康杀融。丙辰,赐康死。

15 丁巳,周主如云阳。

16 庚申,齐宜阳王赵彦深卒。彦深历事累朝,常参机近,以温谨著称。既卒,朝贵典机密者,唯侍中、开府仪同三司斛律孝卿一人而已,其馀皆嬖幸也。孝卿,羌举之子,比于馀人,差不贪秽。

17 秋,八月乙卯,周主还长安。

18 周太子伐吐谷浑,至伏俟城而还。

宫尹郑译、王端等皆有宠于太子。太子在军中多失德,译等皆预焉。军还,王轨等言之于周主。周主怒,杖太子及译等,仍除译等名,宫臣亲幸者咸被谴。太子复召译,戏狎如初。译因曰:"殿下何时可得据天下?"太子悦,益昵之。译,俨之兄孙也。

周主遇太子甚严,每朝见,进止与群臣无异,虽隆寒盛暑,不得休息。以其耆酒,禁酒不得至东宫。有过,辄加捶挞。尝谓之曰:"古来太子被废者几人?馀儿岂不堪立邪!"乃敕东宫官属录太子言语动作,每月奏闻。太子畏帝威严,矫情修饰,由是过恶不上闻。

可以担任。"皇太子当时正在旁边,便说:"王廓是王泰的儿子,不宜做太子詹事。"孔奂说:"宋朝的范晔,是范泰的儿子,也是太子詹事,前代也没有因为避讳而产生怀疑。"太子坚持力争,宣帝最终还是任命江总为太子詹事。江总是江敩的曾孙。

甲寅(初七),陈朝任命尚书右仆射陆缮为左仆射。宣帝要孔奂代替陆缮尚书右仆射的职务,诏令已经发出,被太子从中阻止而作罢。改派晋陵太守王克为尚书右仆射。

不久,江总和太子彻夜饮酒,收养女官陈氏为女儿。太子屡次便装外出,到江总家里游玩。宣帝大怒,免掉江总的官职。

14　北周利州刺史纪王宇文康,骄傲而自以为是,没有度量,整修兵器,暗中有造反的阴谋。司录裴融规劝阻止他,宇文康将裴融杀死。丙辰(初九),北周武帝对宇文康赐死。

15　丁巳(初十),北周君主去云阳。

16　庚申(十三日),北齐宜阳王赵彦深死。赵彦深历经几个君主,经常处于机密重要的地位,以温顺谨慎著称。他死之后,朝贵中主管机密的,只有侍中、开府仪同三司斛律孝卿一人而已,其馀的都是受后主宠爱的幸臣。斛律孝卿是斛律羌举的儿子,和别人比较,不那么贪婪秽乱。

17　秋季,八月乙卯(初九),北周国主回长安。

18　北周太子征讨吐谷浑,到达伏俟城以后就返回了。

太子宫尹郑译、王端等人,得到太子的宠爱。太子在军中有许多缺德恶劣的事,郑译等都是参与者。军队还朝,王轨等告诉了北周国主。国主勃然大怒,棒打了太子和郑译等人,将郑译等除名,宫臣和亲幸者都受到谴责。太子重新把郑译召来,一同游玩亲近如初。郑译因此说:"殿下什么时候可以得到天下?"太子听了很高兴,对他更加亲近。郑译是郑俨哥哥的孙子。

北周国主对太子很严格,每当朝见皇帝,行动进退和群臣一样,尽管是严冬盛夏,不能得到休息。因为太子嗜酒,禁止送酒到东宫。太子有过错,动辄用拳头或棍棒责打,曾经对太子说:"自古以来太子被废掉的有多少人?除了你以外我其他的儿子难道不能立为太子吗!"便命令东宫的官员记录太子的言语动作,每月向武帝报告。太子害怕武帝的威严,对自己的真情加以掩饰,因此太子的过失和恶行没有让武帝知道。

　　王轨尝与小内史贺若弼言:"太子必不克负荷。"弼深以为然,劝轨陈之。轨后因侍坐,言于帝曰:"皇太子仁孝无闻,恐不了陛下家事。愚臣短暗,不足可信。陛下恒以贺若弼有文武奇才,亦常以此为忧。"帝以问弼,对曰:"皇太子养德春宫,未闻有过。"既退,轨让弼曰:"平生言论,无所不道,今者对扬,何得乃尔反覆?"弼曰:"此公之过也。太子,国之储副,岂易发言!事有蹉跌,便至灭族。本谓公密陈臧否,何得遂至昌言!"轨默然久之,乃曰:"吾专心国家,遂不存私计。向者对众,良实非宜。"

　　后轨因内宴上寿,捋帝须曰:"可爱好老公,但恨后嗣弱耳。"先是,帝问右宫伯宇文孝伯曰:"吾儿比来何如?"对曰:"太子比惧天威,更无过失。"罢酒,帝责孝伯曰:"公常语我云:'太子无过。'今轨有此言,公为诳矣。"孝伯再拜曰:"父子之际,人所难言。臣知陛下不能割慈忍爱,遂尔结舌。"帝知其意,默然久之,乃曰:"朕已委公矣,公其勉之!"

　　王轨骤言于帝曰:"皇太子非社稷主。普六茹坚貌有反相。"帝不悦,曰:"必天命有在,将若之何!"杨坚闻之,甚惧,深自晦匿。

　　帝深以轨等言为然,但汉王赞次长,又不才,馀子皆幼,故得不废。

19　丁卯,以司空吴明彻为南兖州刺史。

20　齐主如晋阳。营邯郸宫。

21　九月戊戌,以皇子叔彪为淮南王。

王轨曾经和小内史贺若弼说："太子一定不能胜任负荷。"贺若弼很以为然,劝王轨向北周武帝奏明情况。王轨后来因为在武帝身边侍奉,因此对武帝说："皇太子对仁孝之事毫无所知,恐怕他对陛下的家事不了解。愚臣我见识短浅不明,说的话不足为信。陛下一向认为贺若弼有文武奇才,他也常常因这件事而担忧。"武帝便问贺若弼,贺若弼回答道："皇太子在春宫修养自身的品德,没有听到有什么过失。"他退出以后,王轨责备贺若弼说："你平生言论,无所不说,为什么今天面对皇上陈述时,却如此反复无常?"贺若弼说："这就是您的过错了。太子,是国家未来的君主,怎么能随便发言!如果事情有差错,便会遭到灭族的下场。本以为您只是向皇上密陈对太子的意见,怎能公开向皇上明说!"王轨沉默了很久,便说："我一心为了国家,所以没有考虑自己个人的利害得失。以前当着大家说这件事,确实不妥当。"

后来王轨因为参加宫中的饮宴,对武帝祝寿,用手捋着武帝的胡须说："可爱的好老公,只是遗憾继承人太软弱了。"原先,武帝曾经问中宫伯宇文孝伯道："我的儿子近来怎么样?"宇文孝伯答道:"太子近来害怕陛下的天威,更加没有犯过失。"于是武帝停止饮酒,责备宇文孝伯说："您常常对我说:'太子没有过失。'现在王轨对我这样说,可见您是在说谎话。"宇文孝伯再次向武帝下拜说:"父子之间,别人很难说什么。臣知道陛下不能割慈忍爱,所以就不敢说话了。"武帝知道了他的意思,沉默了很久,便说:"朕已经委托给您了,希望您能尽力而为!"

王轨突然对武帝说："皇太子不配做一国之主。普六茹坚面貌有反相。"武帝听了很不高兴,说："这是天命所决定的,那又怎么办!"杨坚听说后,十分害怕,自己竭力隐蔽自己,不出头露面。

武帝深深感到王轨等人的话很对,但是汉王宇文赞是第二个儿子,又缺少才能,其他儿子年纪又小,所以皇太子没有被废掉。

19 丁卯(二十一日),陈朝任命司空吴明彻为南兖州刺史。

20 北齐国主去晋阳。兴建邯郸宫。

21 九月戊戌(二十三日),陈朝封皇子陈叔彪为淮南王。

22　周主谓群臣曰："朕去岁属有疾疢,遂不得克平逋寇。前入齐境,备见其情,彼之行师,殆同儿戏。况其朝廷昏乱,政由群小,百姓嗷然,朝不谋夕。天与不取,恐贻后悔。前出河外,直为掎背,未扼其喉。晋州本高欢所起之地,镇摄要重,今往攻之,彼必来援。吾严军以待,击之必克。然后乘破竹之势,鼓行而东,足以穷其巢穴,混同文轨。"诸将多不愿行。帝曰:"机不可失。有沮吾军者,当以军法裁之!"

冬,十月己酉,周主自将伐齐,以越王盛、杞公亮、随公杨坚为右三军,谯王俭、大将军窦泰、广化公丘崇为左三军,齐王宪、陈王纯为前军。亮,导之子也。

丙辰,齐主猎于祁连池。癸亥,还晋阳。先是,晋州行台左丞张延隽公直勤敏,储偫有备,百姓安业,疆场无虞。诸嬖幸恶而代之,由是公私烦扰。

周主至晋州,军于汾曲,遣齐王宪将兵二万守雀鼠谷,陈王纯步骑二万守千里径,郑公达奚震步骑一万守统军川,大将军韩明步骑五千守齐子岭,焉氏公尹升步骑五千守鼓钟镇,凉城公辛韶步骑五千守蒲津关,赵王招步骑一万自华谷攻齐汾州诸城,柱国宇文盛步骑一万守汾水关。

遣内史王谊监诸军攻平阳城。齐行台仆射海昌王尉相贵婴城拒守。甲子,齐集兵晋祠。庚午,齐主自晋阳帅诸军趣晋州。周主日自汾曲至城下督战,城中窘急。庚午,行台左丞侯子钦出降于周。

22　北周国主对群臣说:"朕去年因为生病,所以没有能平定逃亡在外的盗贼。以前进入齐的国境,见到对方的所有情况,他们指挥军队,简直同小孩子玩游戏那样。何况朝廷昏聩混乱,朝政被一帮小人操纵,老百姓都在哀号,朝不保夕。上天赐给我们机会而我们不去谋取,恐怕以后会后悔。去年进军河阴,只如同用手拍打对方的后背,没有扼住对方的喉咙。晋州原先是高欢起兵发迹的地方,也是镇守统辖要害重地,现在我们去进攻晋州,对方一定要派兵来救援。我们的军队严阵以待,发起攻击后一定可以攻克。然后乘破竹的势头,大张旗鼓地向东进攻,足以捣平他们的巢穴,统一对方。"将领们都不愿意行动。武帝说:"机不可失。凡是阻滞我军事行动的人,一定按军法制裁!"

冬季,十月己酉(初四),北周国主亲自率军队征伐北齐,任命越王宇文盛、杞公宇文亮、随公杨坚为右三军,谯王宇文俭、大将军窦泰、广化公丘崇为左三军,齐王宇文宪、陈王宇文纯为前军。宇文亮是宇文导的儿子。

丙辰(十一日),北齐国主在祁连池狩猎。癸亥(十八日),回晋阳。起先,晋州行台左丞张延隽公正廉明,勤劳聪敏,储备待用的器物很充足,老百姓安居乐业,边境一带不用担忧。一些受后主宠爱亲近的小人由于痛恨张延隽想取而代之,从此公私之间的纠葛纷扰不已。

北周国主抵达晋州,在汾曲驻军,派齐王宇文宪领兵两万在崔鼠谷驻守,陈王宇文纯率步骑兵两万人在千里径驻守,郑公达奚震率步骑兵一万人在统军川驻守,大将军韩明率步骑兵五千人在齐子岭驻守,焉氏公尹升率步骑兵五千人在鼓钟镇驻守,凉城公辛韶率步骑兵五千人在蒲津关驻守,赵王宇文招率步骑兵一万从华谷攻打北齐汾州的一些城池,柱国宇文盛率步骑兵一万人在汾水关驻守。

派遣内史王谊监督各路军队进攻平阳城。北齐的行台仆射海昌王尉相贵据城抵抗。甲子(十九日),北齐军队聚集在晋祠。庚午(二十五日),北齐国主从晋阳率领各路军队向晋州进发。北周国主当天从汾曲来到晋州城下督战,城中情况十分危急。庚午(二十五日),北齐的行台左丞侯子钦出城向北周投降。

壬申，晋州刺史崔景嵩守北城，夜，遣使请降于周，王轨帅众应之。未明，周将北海段文振，杖矟与数十人先登，与景嵩同至尉相贵所，拔佩刀劫之。城上鼓噪，齐兵大溃，遂克晋州，虏相贵及甲士八千人。

齐主方与冯淑妃猎于天池，晋州告急者，自旦至午，驿马三至。右丞相高阿那肱曰："大家正为乐，边鄙小小交兵，乃是常事，何急奏闻！"至暮，使更至，云"平阳已陷"，乃奏之。齐主将还，淑妃请更杀一围，齐主从之。

周齐王宪攻拔洪洞、永安二城，更图进取。齐人焚桥守险，军不得进，乃屯永安。使永昌公椿屯鸡栖原，伐柏为庵以立营。椿，广之弟也。

癸酉，齐主分军万人向千里径，又分军出汾水关，自帅大军上鸡栖原。宇文盛遣人告急，齐王宪自救之。齐师退，盛追击，破之。俄而椿告齐师稍逼，宪复还救之。与齐对陈，至夜不战。会周主召宪还，宪引兵夜去。齐人见柏庵在，不之觉，明日，始知之。齐主使高阿那肱将前军先进，仍节度诸军。

甲戌，周以上开府仪同大将军安定梁士彦为晋州刺史，留精兵一万镇之。

十一月己卯，齐主至平阳。周主以齐兵新集，声势甚盛，且欲西还以避其锋。开府仪同大将军宇文忻谏曰："以陛下之圣武，乘敌人之荒纵，何患不克！若使齐得令主，君臣协力，虽汤、武之势，未易平也。今主暗臣愚，士无斗志，虽有百万之众，实为陛下奉耳。"军正京兆王纮曰："齐失纪纲，于兹累世。

壬申(二十七日),晋州刺史崔景嵩防守北城,晚上,派使者出城向北周请求投降,王轨率领众军响应崔景嵩。天还没有亮,北周将领北海段文振,手持长矛和几十人先行登上城头,和崔景嵩一同到尉相贵那里,拔出佩刀向他砍去。城上呼喊骚乱,齐兵大溃,于是攻克晋州,俘虏了尉相贵和他部下的甲士八千人。

北齐国主正和冯淑妃在天池狩猎,晋州告急的人,从早晨到中午,骑驿马来了三次。右丞相高阿那肱说:"皇上正在取乐,边境有小小的军事行动,这是很平常的事,何必急着来奏报!"到傍晚,告急的使者再次到来,说"平阳已经陷落",这才向君主奏报。北齐国主准备回去,冯淑妃却要求君主再围猎一次,北齐国主答应了她的要求。

北周的齐王宇文宪攻下洪洞、永安两座城池,准备进一步攻取其他地方。北齐焚烧了桥梁据险防守,北周的军队无法前进,便驻屯在永安。派永昌公宇文椿在鸡栖原驻屯,砍伐柏树建造小屋作为军营。宇文椿是宇文广的弟弟。

癸酉(二十八日),北齐国主分出一万军队向千里径进发,又分出军队出汾水关,自己统率大军上鸡栖原。宇文盛派人告急,齐王宇文宪自己率领军队去救援。北齐军队退走,宇文盛在后面追击,将北齐军队打败。不多久宇文椿报告北齐军队逐渐逼近,宇文宪又返回救援。他的军队列阵和北齐军队对峙,到夜晚时还不跟对方作战。恰巧北周国主召宇文宪回去,他便领着军队在晚上撤退。北齐方面看到柏树的小房子还在,所以没有发觉,到第二天,才知道宇文宪的军队撤走了。北齐国主派高阿那肱率领前军先行进发,仍旧节制调度其他军队的行动。

甲戌(二十九日),北周任命上开府仪同大将军安定梁士彦为晋州刺史,留下一万精兵在这里镇守。

十一月己卯(初四),北周国主到平阳。北周国主认为北齐军队刚刚集结,声势很盛,打算向西面回去避开对方的锋芒。开府仪同大将军宇文忻劝说道:"以陛下的圣明威武,乘着敌人的荒淫放纵,何必担心不能攻克他们!如果齐国出现一个好的君主,君臣同心协力,那么就是有商汤、周武王的声势,也不易讨平对方。现在齐国的君主昏庸、臣僚愚蠢,军队没有斗志,虽有百万之众,实际上是送给陛下的。"军正京兆王纮说:"齐国的纲纪败坏,到目前已经有两代了。

天奖周室，一战而扼其喉。取乱侮亡，正在今日。释之而去，臣所未谕。"周主虽善其言，竟引军还。忻，贵之子也。

周主留齐王宪为后拒，齐师追之，宪与宇文忻各将百骑与战，斩其骁将贺兰豹子等，齐师乃退。宪引军渡汾，追及周主于玉壁。

齐师遂围平阳，昼夜攻之。城中危急，楼堞皆尽，所存之城，寻仞而已。或短兵相接，或交马出入，外援不至，众皆震惧。梁士彦慷慨自若，谓将士曰："死在今日，吾为尔先。"于是勇烈齐奋，呼声动地，无不一当百。齐师少却，乃令妻妾、军民、妇女，昼夜修城，三日而就。周主使齐王宪将兵六万屯涑川，遥为平阳声援。齐人作地道攻平阳，城陷十馀步，将士乘势欲入。齐主敕且止，召冯淑妃观之。淑妃妆点，不时至，周人以木拒塞之，城遂不下。旧俗相传，晋州城西石上有圣人迹，淑妃欲往观之。齐主恐弩矢及桥，乃抽攻城木造远桥。齐主与淑妃度桥，桥坏，至夜乃还。

癸巳，周主还长安。甲午，复下诏，以齐人围晋州，更帅诸军击之。丙申，纵齐降人使还。丁酉，周主发长安。壬寅，济河，与诸军合。十二月丁未，周主至高显，遣齐王帅所部先向平阳。戊申，周主至平阳。庚戌，诸军总集，凡八万人，稍进，逼城置陈，东西二十馀里。

先是齐人恐周师猝至，于城南穿堑，自乔山属于汾水；齐主大出兵，陈于堑北，周主命齐王宪驰往观之。宪复命曰：

上天庇护嘉奖我们周王室,经过一战就扼住对方的咽喉。征服并教训这帮家伙,正在今天。放过他们而自己退走,臣实在不能理解。"北周国主虽然认为他的话有理,但还是带领军队返回了。宇文忻是宇文贵的儿子。

北周国主留下齐王宇文宪作为后面的阻击部队,北齐军队追来,宇文宪和宇文忻各领一百名骑兵和他们战斗,杀死北齐的勇将贺兰豹子等人,北齐军队便退走。宇文宪带领军队度过汾水,在玉壁追上了北周国主。

北齐军队便围困了平阳,昼夜发起进攻。城里形势危急,城上的敌楼和矮墙都被夷平,残存的城墙,只有六七尺高。双方或是短兵相接,或是马匹可以随意从城墙上进出,城外的援兵不来,人们都感到震惊害怕。梁士彦慷慨从容,对将士们说:"如果今天战死,我一定先你们而死。"于是大家激昂奋起,喊声动地,无不以一当百。北齐军队稍稍后退,梁士彦下令妻妾、军民、妇女,昼夜修城,三天修好,北周国主派齐王宇文宪率兵六万驻屯在涑川,远远地为平阳声援。北齐挖掘地道进攻平阳,城下陷了好几丈,将士们乘势准备进入城内。北齐国主下令暂时停止,把冯淑妃召来一同观看。冯淑妃穿衣打扮,没有及时到来,北周人用木头堵住了下陷的地方,平阳城便没有被攻克。旧俗相传,晋州城西的石头上有圣人的遗迹,冯淑妃想去那里观看。北齐国主恐怕对方的箭会射到桥上,便抽调用来攻城的大木头在离城较远的地方造了一座桥。北齐国主和冯淑妃过桥时,桥梁损坏,到晚上才返。

癸巳(十八日),北周国主回长安。甲午(十九日),再次下诏,因为北齐围困晋州,又统率军队前往攻打。丙申(二十一日),释放北齐的投降者让他们回去。丁酉(二十二日),北周国主从长安出发。壬寅(二十七日),渡过黄河,和各路军队会合。十二月丁未(初三),北周国主到高显,派齐王宇文宪率领部下的军队先向平阳进发。戊申(初四),北周国主到平阳。庚戌(初六),各路军队一齐集中,有八万人,逐渐向前推进,兵临城下摆开阵势,东西绵延有二十多里地。

起先北齐恐怕北周的军队突然来到,在城南凿通护城河,从乔山连接到汾水;北齐君主派出大批军队,在护城河的北面列阵,北周国主命令齐王宇文宪驰马去那里观察。宇文宪回来报告说:

"易与耳,请破之而后食。"周主悦,曰:"如汝言,吾无忧矣!"周主乘常御马,从数人巡陈,所至辄呼主帅姓名慰勉之。将士喜于见知,咸思自奋。将战,有司请换马。周主曰:"朕独乘良马,欲何之!"周主欲薄齐师,碍堑而止,自旦至申,相持不决。

齐主谓高阿那肱曰:"战是邪?不战是邪?"阿那肱曰:"吾兵虽多,堪战不过十万,病伤及绕城樵爨者复三分居一。昔攻玉壁,援军来即退。今日将士,岂胜神武时邪!不如勿战,却守高梁桥。"安吐根曰:"一撮许贼,马上刺取,掷著汾水中耳!"齐主意未决。诸内参曰:"彼亦天子,我亦天子。彼尚能远来,我何为守堑示弱!"齐主曰:"此言是也。"于是填堑南引。周主大喜,勒诸军击之。

兵才合,齐主与冯淑妃并骑观战。东偏少却,淑妃怖曰:"军败矣!"录尚书事城阳王穆提婆曰:"大家去!大家去!"齐主即以淑妃奔高梁桥。开府仪同三司奚长谏曰:"半进半退,战之常体。今兵众全整,未有亏伤,陛下舍此安之!马足一动,人情骇乱,不可复振。愿速还慰之!"武卫张常山自后至,亦曰:"军寻收讫,甚完整。围城兵亦不动。至尊宜回。不信臣言,乞将内参往视。"齐主将从之,穆提婆引齐主肘曰:"此言难信。"齐主遂以淑妃北走。齐师大溃,死者万馀人,军资器械,数百里间,委弃山积。安德王延宗独全军而还。

齐主至洪洞,淑妃方以粉镜自玩,后声乱,唱贼至,于是复走。先是齐主以淑妃为有功勋,将立为左皇后,遣内参诣晋阳取皇后服御袆翟等。至是,遇于中涂,齐主为按辔,

"这很好对付,请先攻破然后吃饭。"北周国主很高兴,说:"如果像你所说的那样,我就不担心了!"北周国主骑着平时所用的马匹,由几个人跟随来到阵前巡视,所到之处就称呼主帅的姓名予以慰问鼓励。将士们对君主来巡视而且知道他们的姓名感到很高兴,都想奋勇作战。临战前,随从官员请君主换马。北周国主说:"朕独自一人骑着骏马,要到哪里去!"北周国主要逼近北齐军队,由于有护城河的阻碍而停下来,从早上直到下午,双方相持不下。

北齐国主对高阿那肱说:"是打对? 还是不打对?"高阿那肱说:"我们军队的人数虽多,但能作战的不过十万人,其中生病负伤和在城四周打柴做饭的又占三分之一。从前攻打玉壁时,援军一到就马上退走。今天的将士,怎能胜过神武皇帝时代的将士! 倒不如不打,退守高梁桥。"安吐根说:"一小撮贼人,只不过是在马背上刺杀捉住他们,然后扔在汾水中而已!"北齐国主还是犹豫不决。太监们说:"他是天子,陛下也是天子。他尚且能从老远的地方来,我们为什么只是守着护城河表示出怯弱!"北齐国主说:"这话说得对。"于是填塞了护城河把水引向南面。北周国主听到后非常高兴,统率各路军队发起攻击。

双方军队刚接触,北齐国主和冯淑妃一起骑着马去观战。东面的部分军队稍稍后退,冯淑妃害怕说:"我们的军队打败了!"录尚书事城阳王穆提婆说:"皇上快离开! 皇上快离开!"北齐国主就和冯淑妃退奔高梁桥。开府仪同三司奚长向后主劝阻说:"军队半进半退,是作战时的常规。目前士兵们都完全整齐,没有受到挫折伤亡,陛下抛弃了他们又怎么办! 马脚一动,人的情绪就会惊恐混乱,不能重新振作。希望陛下迅速回去安慰他们!"武卫张常山从后面赶到,也说:"军队很快就收拢完毕,非常完整。围城的士兵也没有动摇。天子最好返回。如果不相信我的话,请求天子领太监去巡看。"北齐国主将按他所说的去做,穆提婆却拉着北齐国主的胳膊说:"他的话难以相信。"北齐国主便带冯淑妃向北退走。北齐军队大败溃散,死了一万多人,军用物资器械,遗弃在几百里间,堆积如山。唯有安德王高延宗全军而回。

北齐国主到了洪洞,冯淑妃正对着镜子涂脂抹粉自我欣赏,后面的声音嘈杂,高喊贼已经到来,于是她再次逃走。原先北齐国主以为冯淑妃有功勋,准备立她为左皇后,派太监到晋阳去取皇后所穿的礼服等。这时,他们在途中相遇,北齐国主拉紧马缰绳慢步走,

命淑妃著之,然后去。

辛亥,周主入平阳。梁士彦见周主,持周主须而泣曰:"臣几不见陛下!"周主亦为之流涕。

周主以将士疲弊,欲引还。士彦叩马谏曰:"今齐师遁散,众心皆动,因其惧而攻之,其势必举。"周主从之,执其手曰:"余得晋州,为平齐之基,若不固守,则大事不成。朕无前忧,唯虑后变,汝善为我守之!"遂帅诸将追齐师。诸将固请西还,周主曰:"纵敌患生。卿等若疑,朕将独往。"诸将乃不敢言。癸丑,至汾水关。

齐主入晋阳,忧惧不知所之。甲寅,齐大赦。齐主问计于朝臣,皆曰:"宜省赋息役,以慰民心;收遗兵,背城死战,以安社稷。"齐主欲留安德王延宗、广宁王孝珩守晋阳,自向北朔州,若晋阳不守,则奔突厥,群臣皆以为不可,帝不从。

开府仪同三司贺拔伏恩等宿卫近臣三十馀人西奔周军,周主封赏各有差。

高阿那肱所部兵尚一万,守高壁,馀众保洛女砦。周主引军向高壁,阿那肱望风退走。齐王宪攻洛女砦,拔之。有军士告阿那肱招引西军,齐主令侍中斛律孝卿检校,孝卿以为妄。还,至晋阳,阿那肱腹心复告阿那肱谋反,又以为妄,斩之。

乙卯,齐主诏安德王延宗、广宁王孝珩募兵。延宗入见,齐主告以欲向北朔州,延宗泣谏,不从,密遣左右先送皇太后、太子于北朔州。

丙辰,周主与齐王宪会于介休。齐开府仪同三司韩建业举城降,以为上柱国,封郇公。

叫冯淑妃穿上礼服,然后离去。

辛亥(初七),北周国主进入平阳。梁士彦见到周主,用手握着周主的胡须哭泣说:"臣几乎见不到陛下了!"北周国主也动情流泪。

北周国主由于将士疲乏困倦,准备率军回朝。梁士彦勒住周主的马规劝说:"现在北齐的军队败退逃散,人心浮动,乘他们恐惧时发起进攻,一定可以打败他们。"北周国主听从了他的意见,握住他的手说:"我得到晋州,这是平定齐国的基础,如果不坚决守住,就会大事不成。朕没有前忧,只忧虑后变,你好好为我守住这里!"于是率领将士们追赶北齐军队。将领们坚持请周主西归,北周国主说:"放走乱人,祸患就会发生。你们如果有怀疑,朕将独自前去。"将领们于是不敢再说。癸丑(初九),到了汾水关。

北齐国主进入晋阳,担忧害怕得不知怎么办。甲寅(初十),北齐大赦全国。北齐国主向朝臣们询问计策,朝臣们都说:"应该减少赋税,停止劳役,以安慰民心;收拾残存的士兵,背城拼死作战,以稳定国家。"北齐国主要把安德王高延宗、广宁王高孝珩留下镇守晋阳,自己去北朔州,如果晋阳失守,就投奔突厥,群臣们都认为不能这样,后主不听。

开府仪同三司贺拔伏恩等宿卫近臣三十多人向西投奔北周军队,北周国主对他们分别封赏。

北齐的高阿那肱部下还有一万军队,在高壁镇守,其馀的军队保卫洛女砦。北周国主率领军队指向高壁,高阿那肱望风退走。齐王宇文宪攻打洛女砦,攻克。北齐有军士举告高阿那肱招引西面的北周军队,北齐国主命令侍中斛律孝卿去检查核实,斛律孝卿认为是瞎说。他回到晋阳,高阿那肱的心腹又向他举告高阿那肱谋反,斛律孝卿又认为这是胡说,将举告人杀死。

乙卯(十一日),北齐国主下诏安德王高延宗、广宁王高孝珩征兵。高延宗进见齐主,北齐国主告诉他自己要去北朔州,高延宗哭着劝阻,齐主不听,秘密地派左右先把皇太后、太子送到北朔州。

丙辰(十二日),北周国主和齐王宇文宪在介休会合。北齐开府仪同三司韩建业举城投降,被北周任命为上柱国,封为郧公。

是夜,齐主欲遁去,诸将不从。丁巳,周师至晋阳。齐主复大赦,改元隆化。以安德王延宗为相国、并州刺史,总山西兵,谓曰:"并州兄自取之,儿今去矣!"延宗曰:"陛下为社稷勿动。臣为陛下出死力战,必能破之。"穆提婆曰:"至尊计已成,王不得辄沮!"齐主乃夜斩五龙门而出,欲奔突厥,从官多散。领军梅胜郎叩马谏,乃回向邺。时唯高阿那肱等十馀骑从,广宁王孝珩、襄城王彦道继至,得数十人与俱。

穆提婆西奔周军,陆令萱自杀,家属皆诛没。周主以提婆为柱国、宜州刺史。下诏谕齐群臣曰:"若妙尽人谋,深达天命,官荣爵赏,各有加隆。或我之将卒,逃逸彼朝,无问贵贱,皆从荡涤。"自是齐臣降者相继。

初,齐高祖为魏丞相,以唐邕典外兵曹,太原白建典骑兵曹,皆以善书计、工簿帐受委任。及齐受禅,诸司咸归尚书,唯二曹不废,更名二省。邕官至录尚书事,建官至中书令,常典二省,世称"唐、白"。邕兼领度支,与高阿那肱有隙,阿那肱谮之,齐主敕侍中斛律孝卿总知骑兵、度支。孝卿事多专决,不复询禀。邕自以宿习旧事,为孝卿所轻,意甚郁郁。及齐主还邺,邕遂留晋阳。并州将帅请于安德王延宗曰:"王不为天子,诸人实不能为王出死力。"延宗不得已,戊午,即皇帝位。下诏曰:"武平孱弱,政由宫竖,斩关夜遁,莫知所之。王公卿士,猥见推逼,今祗承宝位。"大赦,改元德昌。以晋昌王唐邕为宰相,齐昌王莫多娄敬显、沭阳王右卫大将军段畅、开府仪同三司韩骨胡等为将帅。敬显,贷文之子也。众闻之,不召而至者,前后相属。延宗发府藏及后宫美女以赐将士,

当天晚上，北齐国主准备逃走，将领们都不肯服从。丁巳（十三日），北周军队到晋阳。北齐国主再次大赦全国，把年号改为隆化。任命安德王高延宗为相国、并州刺史，总辖山西的军队，对他说："并州请兄长自己取走，我现在就要离开这里！"高延宗说："陛下应该替国家着想不要走。臣愿意为陛下拼死作战，一定能把他们打败。"穆提婆说："天子大计已定，安德王不能屡加阻挠！"北齐国主便在晚上破五龙门出走，要投降突厥，随从的官员纷纷散去。领军梅胜郎勒住后主的马加以规劝，这才返回邺城。当时只有高阿那肱等十几人骑马跟随，广宁王高孝珩、襄城王高彦道相继来到，只有几十人和后主在一起。

穆提婆向西投奔北周军队，陆令萱自杀，她的家属都被诛杀。北周国主任命穆提婆为柱国、宜州刺史。下诏告示北齐的群臣说："如果能竭力献计献策，深深通晓天神的意旨，就能授官赏爵，各有所加。如果我们的将领士兵，逃到齐朝，不论贵贱，一律加以扫荡歼灭。"因此北齐官吏都相继向北周投降。

当初，齐高祖高欢是东魏的丞相，任命唐邕主管外兵曹，太原白建主管骑兵曹，两人都因善于文字筹算、精于管理账目册籍而被委任。等到北齐禅受东魏的帝位以后，其他部门都归入尚书省，只有上述二曹没有废除，而是改名外兵省、骑兵省。唐邕当官到录尚书事，白建当官到中书令，常常主管这二省，当时被人称为"唐、白"。唐邕兼管度支省，与高阿那肱有矛盾，高阿那肱便向齐主说唐邕的坏话，北齐国主敕令侍中斛律孝卿总知骑兵省、度支省。斛律孝卿处理事情往往独断专行，不再征求唐邕的意见。唐邕自以为熟悉这二省的事情和情况，因为被斛律孝卿轻视，心里非常抑郁。到北齐国主回到邺城，唐邕便留在晋阳。并州的将帅请求安德王高延宗说："您不当天子，大家实在不能为您安德王出死力。"高延宗不得已，戊午（十四日），即位当皇帝。下诏书说："后主高纬懦弱无能，朝政由宫里的小人把持，破关后在晚上逃遁，不知去了哪里。辱承王公卿士推戴相强，现在只得继承皇帝的宝位。"大赦全国，改年号为"德昌"。任命晋昌王唐邕为宰相，齐昌王莫多娄敬显、沭阳王右卫大将军段畅、开府仪同三司韩骨胡等人为将帅。莫多娄敬显是莫多娄贷文的儿子。大家听到消息，不召而来的人，前后连续不断。高延宗散发王府中的储藏和后宫里的美女赏赐给将士们，

籍没内参十馀家。齐主闻之,谓近臣曰:"我宁使周得并州,不欲安德得之。"左右曰:"理然。"延宗见士卒,皆亲执手称名,流涕呜咽,众争为死。童儿女子,亦乘屋攘袂,投砖石以御敌。

己未,周主至晋阳。庚申,齐主入邺。周师围晋阳,四合如黑云。安德王延宗命莫多娄敬显、韩骨胡拒城南,和阿干子、段畅拒城东,自帅众拒齐王宪于城北。延宗素肥,前如偃,后如伏,人常笑之。至是,奋大稍往来督战,劲捷若飞,所向无前。和阿干子、段畅以千骑奔周军。周主攻东门,际昏,遂入之,进焚佛寺。延宗、敬显自门入,夹击之,周师大乱,争门,相填压,塞路不得进。齐人从后斫刺,死者二千馀人。周主左右略尽,自拔无路。承御上士张寿牵马首,贺拔伏恩以鞭拂其后,崎岖得出。齐人奋击,几中之。城东道厄曲,伏恩及降者皮子信导之,仅得免,时已四更。延宗谓周主为乱兵所杀,使于积尸中求长鬣者,不得。时齐人既捷,入坊饮酒,尽醉卧,延宗不复能整。

周主出城,饥甚,欲遁去,诸将亦多劝之还。宇文忻勃然进曰:"陛下自克晋州,乘胜至此。今伪主奔波,关东响震,自古行兵,未有若斯之盛。昨日破城,将士轻敌,微有不利,何足为怀!丈夫当死中求生,败中取胜。今破竹之势已成,奈何弃之而去!"齐王宪、柱国王谊亦以为去必不免,段畅等又盛言城内空虚。周主乃驻马,鸣角收兵,俄顷复振。

查抄没收了十几家太监。北齐君主听说后，对近臣说："我宁愿让周朝得到并州，不愿让安德王得到它。"左右的近臣说："理当如此。"高延宗看见士兵时，都亲自握住他们的手称呼他们的姓名，众人流泪悲泣出声，争着为他效死。儿童妇女，也都登上房顶挽起衣袖，投掷砖头石块抵抗敌人。

己未（十五日），北周国主到晋阳。庚申（十六日），北齐国主进入邺城。北周军队包围了晋阳，他们的军衣和旗帜都是黑色，所以城的四面就像黑云一般。安德王高延宗命令莫多娄敬显、韩骨胡在城南抵抗，和阿干子、段畅在城东抵抗，自己率领众军在城北抵抗北周的齐王宇文宪。高延宗身体肥胖，前看像仰面朝天，后看像俯伏在地，人们常常取笑他的模样。这时，他挥舞长矛来回督战，强劲有力敏捷得像飞一般，指向哪里，谁也抵挡不住。和阿干子、段畅率领一千骑兵直奔北周的军队。北周国主进攻晋阳的东门，当时天色昏暗，便进到城里，放火焚烧城里的佛庙。高延宗、莫多娄敬显从城门进入，两面夹击，北周军队大乱，争着逃出城门，城门间人群填塞挤压，堵住了道路无法前进。齐人从后刀砍矛刺，北周军队死了两千多人。北周君主左右的人几乎都已死散，自己走投无路。承御上士张寿牵着马头，贺拔伏恩用鞭子抽打马的后部，困难艰险地出了城。齐人奋勇追击，几乎打中了他。晋阳城东的道路狭隘弯曲，贺拔伏恩和投降北周的皮子信在前面带路，这才幸免于死，这时已经是深夜四更。高延宗以为北周国主已经被乱兵所杀，派人在堆积的尸体中寻找留有长胡须的人，没有找到。当时北齐人打了胜仗，到街坊间饮酒，都喝醉了睡在地上，高延宗无法整理队伍。

北周国主出城以后，非常饥饿，想逃走，将领们也多劝他回去。宇文忻发怒变色对君主说："陛下从攻克晋州以来，乘胜到了这里。现在非法窃取皇位的高延宗来回奔波，关东一带响声震天，自古以来用兵，没有像这次的盛大。昨天破城时，由于将士轻敌，所以遭受一点挫折，这又何足挂怀！大丈夫应当从死中求生，败中取胜。现在破竹之势已经形成，为什么要放弃而去！"齐王宇文宪、柱国王谊也认为不能放弃离开，段畅又极力说晋阳城里已经空虚。北周国主于是勒马停止后撤，吹响号角集合军队，不多久军势重新振作。

辛酉,旦,还攻东门,克之。延宗战力屈,走至城北,周人擒之。周主下马执其手,延宗辞曰:"死人手,何敢迫至尊!"周主曰:"两国天子,非有怨恶,直为百姓来耳。终不相害,勿怖也。"使复衣帽而礼之。唐邕等皆降于周。独莫多娄敬显奔邺,齐主以为司徒。

延宗初称尊号,遣使修启于瀛州刺史任城王湝,曰:"至尊出奔,宗庙事重,群公劝迫,权主号令。事宁,终归叔父。"湝曰:"我人臣,何容受此启!"执使者送邺。

壬戌,周主大赦,削除齐制。收礼文武之士。

邺伊娄谦聘于齐,其参军高遵以情输于齐,齐人拘之于晋阳。周主既克晋阳,召谦,劳之。执遵付谦,任其报复。谦顿首,请赦之,周主曰:"卿可聚众唾面,使其知愧。"谦曰:"以遵之罪,又非唾面可责。"帝善其言而止。谦待遵如初。

臣光曰:赏有功,诛有罪,此人君之任也。高遵奉使异国,漏泄大谋,斯叛臣也;周高祖不自行戮,乃以赐谦,使之复怨,失政刑矣!孔子谓以德报怨者何以报德。为谦者,宜辞而不受,归诸有司,以正典刑,乃请而赦之以成其私名,美则美矣,亦非公义也。

23 齐主命立重赏以募战士,而竟不出物。广宁王孝珩请:"使任城王湝将幽州道兵入土门,扬声趣并州,独孤永业将洛州道兵入潼关,扬声趣长安,臣请将京畿兵出滏口,鼓行逆战。敌闻南北有兵,自然逃溃。"又请出宫人珍宝赏将士。齐主不悦。斛律孝卿请齐主亲劳将士,为之撰辞,

辛酉(十七日),早晨,返回攻打东门,终于攻克。高延宗在作战中力量用尽,跑到城北,被北周军队捉住。北周国主下马握住他的手,高延宗辞谢说:"我是死人的手,怎敢靠近天子!"北周国主说:"两个国家的天子,并非有怨仇憎恨,都是为了救老百姓而来的,我终究不会加害于您,不必害怕。"请他重新穿戴起衣帽而待之以礼。唐邕等都投降了北周。只有莫多娄敬显逃奔到邺城,北齐国主任命他为司徒。

高延宗刚称皇帝时,派人写了书札给瀛州刺史任城王高湝,信里说:"天子出奔,国家的事情繁重,我因为王公们的劝说相迫,暂时主持国家的号令。事情安定以后,皇位最终会还给叔父。"高湝说:"我只是一个臣子,怎能容许接受这样的书札!"把使者捉起来送到邺城。

壬戌(十八日),北周国主大赦全国,取消北齐的制度。招收并礼遇文武之士。

当初北周的伊娄谦访问北齐,他的参军高遵把北周将征伐北齐的情报通报北齐,北齐便把伊娄谦扣留在晋阳。北周国主攻下晋阳以后,召见伊娄谦,对他加以慰问。捉了高遵交给伊娄谦,让他进行报复。伊娄谦对北周武帝叩头,请求赦免高遵,武帝说:"您可以召集大家向他脸上吐口水,使他知道羞愧。"伊娄谦说:"以高遵的罪行,不是向脸上吐口水所能责备的。"武帝认为他的话很对而没有责罚高遵。伊娄谦对待高遵一如既往。

臣司马光说:赏有功,诛有罪,这是君主的责任。高遵奉命出使他国,泄漏重大的机密,这就是叛臣;北周高祖不是自己下令加以处死,却把他送给伊娄谦,使他重起怨恨,有失刑赏的教化!孔子所说的以德报怨者用什么来报德。作为伊娄谦,应当推掉而不接受,把高遵送交官府,明正典刑,却请求君主对高遵赦免以取得个人的好名声,美倒是美了,但并不符合公义。

23 北齐国主命令设重赏来征募战士,但总是不拿出东西来。广宁王高孝珩请求:"派任城王高湝率领幽州道的士兵开进土门关,扬言进取并州,独孤永业率领洛州道的士兵开进潼关,扬言进取长安,臣请求率领京畿的士兵出滏口,击鼓前进迎战。敌人听到南北有兵,自然逃走溃散。"又请求取出宫女和珍宝赏给将士。北齐国主很不高兴。斛律孝卿请北齐国主亲自慰劳将士,替国主撰写文辞,

且曰："宜慷慨流涕,以感激人心。"齐主既出,临众,将令之,不复记所受言,遂大笑,左右亦笑。将士怒曰:"身尚如此,吾辈何急!"皆无战心。于是自大丞相已下,太宰、三师、大司马、大将军、三公等官,并增员而授,或三或四,不可胜数。

朔州行台仆射高劢将兵侍卫太后、太子,自土门道还邺。时宦官仪同三司苟子溢犹恃宠纵暴,民间鸡豘,纵鹰犬搏噬取之。劢执以徇,将斩之。太后救之,得免。或谓劢曰:"子溢之徒,言成祸福,独不虑后患邪?"劢攘袂曰:"今西寇已据并州,达官率皆委叛,正坐此辈浊乱朝廷。若得今日斩之,明日受诛,亦无所恨!"劢,岳之子也。甲子,齐太后至邺。

丙寅,周主出齐宫中珍宝服玩及宫女二千人,班赐将士,加立功者官爵各有差。周主问高延宗以取邺之策,辞曰:"此非亡国之臣所及。"强问之,乃曰:"若任城王据邺,臣不能知。若今主自守,陛下兵不血刃。"癸酉,周师趣邺,命齐王宪先驱,以上柱国陈王纯为并州总管。

齐主引诸贵臣入朱雀门,赐酒食,问以御周之策,人人异议,齐主不知所从。是时人情恟惧,莫有斗心,朝士出降,昼夜相属。高劢曰:"今之叛者,多是贵人,至于卒伍,犹未离心。请追五品已上家属,置之三台,因胁之以战,若不捷,则焚台。此曹顾惜妻子,必当死战。且王师频北,贼徒轻我,今背城一决,理必破之。"齐主不能用。望气者言,当有革易。齐主引尚书令高元海等议,依天统故事,禅位皇太子。

并且说:"应该慷慨流泪,以感动激励人心。"北齐国主走出来,面对大家时,却忘记了斛律孝卿告诉他的话,便大笑起来,左右的人也笑。将士们发怒说:"他们自身还这样,我们何必着急!"都没有打仗的心思。于是从大丞相以下,太宰、三师、大司马、大将军、三公等高官,都增加编制授给官职,有的三人有的四人,多到不可胜数。

朔州行台仆射高劢带兵侍卫太后、太子,从土门关一路回到邺城。当时宦官仪同三司苟子溢等人还依仗君主的宠爱放纵横暴,老百姓的鸡猪,被他们放出的猎鹰和猎狗搏击啮咬然后抢走。高劢捉住他们绳之以法,将要把他们处死。太后说情求救,得到赦免。有人对高劢说:"苟子溢之流,说话能使人遭祸得福,你难道不担心后患吗?"高劢捋起衣袖说:"现在西面的敌寇已经占领了并州,显贵的大臣们都弃职叛逃,正因为这帮家伙把朝廷搞得污浊混乱。如果我能在今天把他们杀掉,自己明天被处死,也没有遗憾!"高劢是高岳的儿子。甲子(二十日),北齐太后到邺城。

丙寅(二十二日),北周国主取出北齐宫中的珍宝服用和玩赏的物品以及两千个宫女,颁赐给将士,对立功者按等级加官爵。北周国主向高延宗询问夺取邺城的计策,高延宗推辞说:"这不是亡国之臣所能回答的。"强迫他回答,高延宗才说:"如果是任城王据守邺城,那么臣无法知道。如果是当今齐主自己据守,那么陛下可以不经交锋就取得胜利。"癸酉(二十九日),北周军队进取邺城,命令齐王宇文宪为先驱,任命上柱国陈王宇文纯为并州总管。

北齐国主领着显贵大臣进朱雀门,赐给他们酒食,询问抵御北周的计策,各人的说法不一,北齐国主不知听谁的好。这时人们的心情恐惧,没有打仗的心思。朝中的士官出城投降,白天黑夜接连不断。高劢说:"现在的叛徒,很多是显贵,至于一般的士兵,还没有离心。请追回五品以上官员的家属,安置在三台,并强迫他们参加打仗,如果不能取胜,就焚烧他们家属所在的三台。这种人都顾惜自己的老婆孩子,一定会拼死作战。况且我们的军队频频败北,敌人一定轻视我们,现在背城决一死战,按理一定能打败他们。"北齐国主不采纳高劢的意见。懂星象变化的人说,朝廷将会有变革更易。北齐国主叫来尚书令高元海等人商议,决定按照后主天统元年的做法,把帝位传给皇太子。

卷第一百七十三　陈纪七

起丁酉(577)尽己亥(579)凡三年

高宗宣皇帝中之下
太建九年(丁酉,577)

1　春,正月乙亥朔,齐太子恒即皇帝位,生八年矣。改元承光,大赦。尊齐主为太上皇帝,皇太后为太皇太后,皇后为太上皇后。以广宁王孝珩为太宰。

司徒莫多娄敬显、领军大将军尉相愿谋伏兵千秋门,斩高阿那肱,立广宁王孝珩,会阿那肱自他路入朝,不果。孝珩求拒周师,谓阿那肱等曰:"朝廷不赐遣击贼,岂不畏孝珩反邪?孝珩若破宇文邕,遂至长安,反亦何预国家事!以今日之急,犹如此猜忌邪?"高、韩恐其为变,出孝珩为沧州刺史。相愿拔佩刀斫柱,叹曰:"大事去矣,知复何言!"

齐主使长乐王尉世辩帅千馀骑觇周师,出滏口,登高阜西望,遥见群乌飞起,谓是西军旗帜,即驰还。比至紫陌桥,不敢回顾。世辩,粲之子也。于是黄门侍郎颜之推、中书侍郎薛道衡、侍中陈德信等劝上皇往河外募兵,更为经略。若不济,南投陈国。从之。道衡,孝通之子也。丁丑,太皇太后、太上皇后自邺先趣济州。癸未,幼主亦自邺东行。己丑,周师至紫陌桥。

2　辛卯,上祭北郊。

高宗宣皇帝中之下

陈宣帝太建九年(丁酉,公元 577 年)

1　春季,正月乙亥朔(初一),北齐太子高恒即皇帝位,当时出生才八年。改年号为承光,大赦全国。尊称北齐国主为太上皇帝,皇太后为太皇太后,皇后为太上皇后。任命广宁王高孝珩为太宰。

司徒莫多娄敬显、领军大将军尉相愿预谋在千秋门埋伏士兵,杀死高阿那肱,拥立广宁王高孝珩当皇帝,恰巧高阿那肱从别的路入朝,所以没有成功。高孝珩请求抗拒北周军队,对高阿那肱等人说:"朝廷不赐派我去打击敌人,难道不怕我高孝珩起来造反吗?高孝珩如果打败宇文邕,便到了长安,即便造反也干预不了国家的事情!像今天这样的危急,竟还如此猜忌!"高阿那肱、韩长鸾怕他要叛变,便派高孝珩出任沧州刺史。尉相愿气得拔出佩刀砍柱子,叹息说:"大事已去,还有什么可说的?"

北齐国主派长乐王尉世辩率领一千多骑兵窥测北周军队的情况,出了滏口,登上土山向西面瞭望,远远地看见一群乌鸦腾空而起,以为是北周军队的旗帜,立即驰马返回。到了紫陌桥,还不敢回头看。尉世辩是尉粲的儿子。于是黄门侍郎颜之推、中书侍郎薛道衡、侍中陈德信等劝太上皇帝到黄河以南一带招募士兵,再做策划。如果不成功,就向南投奔陈国。太上皇帝同意了。薛道衡是薛孝通的儿子。丁丑(初三),太皇太后、太上皇后从邺城先去济州。癸未(初九),北齐幼主也从邺城向东进发。己丑(十五日),北周军队到了邺城城外的紫陌桥。

2　辛卯(十七日),陈宣帝到北郊祭祀。

3　壬辰,周师至邺城下。癸巳,围之,烧城西门。齐人出战,周师奋击,大破之。

齐上皇从百骑东走,使武卫大将军慕容三藏守邺宫。周师入邺,齐王、公以下皆降。三藏犹拒战,周主引见,礼之,拜仪同大将军。三藏,绍宗之子也。领军大将军渔阳鲜于世荣,齐高祖旧将也。周主先以马脑酒钟遗之,世荣得即碎之。周师入邺,世荣在三台前鸣鼓不辍,周人执之。世荣不屈,乃杀之。周主执莫多娄敬显,数之曰:"汝有死罪三:前自晋阳走邺,携妾弃母,不孝也;外为伪朝戮力,内实通启于朕,不忠也;送款之后,犹持两端,不信也。用心如此,不死何待!"遂斩之。

使将军尉迟勤追齐主。

甲午,周主入邺。齐国子博士长乐熊安生,博通《五经》,闻周主入邺,遽令扫门。家人怪而问之,安生曰:"周帝重道尊儒,必将见我。"俄而周主幸其家,不听拜,亲执其手,引与同坐。赏赐甚厚,给安车驷马以自随。又遣小司马唐道和就中书侍郎李德林宅宣旨慰谕,曰:"平齐之利,唯在于尔。"引入宫,使内史宇文昂访问齐朝风俗政教,人物善恶。即留内省,三宿乃归。

乙未,齐上皇渡河入济州。是日,幼主禅位于大丞相任城王湝。又为湝诏:尊上皇为无上皇,幼主为宋国天王。令侍中斛律孝卿送禅文及玺绂于瀛州,孝卿即诣邺。

周主诏:"去年大赦所未及之处,皆从赦例。"

3　壬辰(十八日)，北周军队到了邺城城下。癸巳(十九日)，包围了邺城，焚烧邺城的西门。北齐士兵出城作战，北周军队奋勇攻击，大破北齐军队。

北齐太上皇帝由上百名骑兵跟从向东出走，派武卫大将军慕容三藏守卫邺城的宫室。北周军队进入邺城，北齐的王、公以下的官员都向北周投降。慕容三藏还抗拒战斗，北周国主引见他，待之以礼，拜仪同大将军。慕容三藏是慕容绍宗的儿子。领军大将军渔阳人鲜于世荣，是齐高祖时的老将。北周国主先送给他们玛瑙酒杯，鲜于世荣得到后立即将杯子打碎。北周军队进入邺城时，鲜于世荣在三台前不断地击鼓，被北周军队捉住。鲜于世荣不肯屈服，被杀死。北周国主捉到莫多娄敬显，对他数落道："你有三条死罪：以前你从晋阳去邺城，携带小老婆同行而抛弃母亲，这是不孝；表面替齐国效力，实际上从内部向朕送情报，这是不忠；我们向你表示诚意以后，却还在两者之间动摇不定，这是不信。这样的用心，不死还等待什么！"便将他杀死。

派将军尉迟勤追赶北齐国主。

甲午(二十日)，北周国主进入邺城。北齐的国子博士长乐熊安生，博学精通《五经》，听到北周国主到了邺城，马上叫人打扫门庭。家人感到奇怪问他为什么，熊安生说："周帝重道尊儒，一定会来看我。"不多久北周国主亲临熊家，不让熊安生叩拜，亲自搀住他的手，叫熊安生和自己坐在一起。赏赐给他很多东西，还送给他小车和马匹供他乘用。又派小司马唐道和去北齐的中书侍郎李德林的住处宣读圣旨加以慰问，说："讨平齐国后得到帮助，都依仗于您。"带李德林进宫，派内史宇文昂向他请教齐朝的风俗政教，人物的善恶。留他在门下省，住了三个晚上才让他回家。

乙未(二十一日)，北齐太上皇帝渡过黄河到济州。这一天，幼主把皇位让给大丞相任城王高湝。又替高湝下诏：尊称太上皇为无上皇，幼主为宋国天王。命令侍中斛律孝卿把禅位的文书和系有丝带的受命玉玺送到瀛州，斛律孝卿立即前往邺城。

北周国主诏令："去年大赦所没有执行的地方，一律遵照赦例执行。"

齐洛州刺史独孤永业,有甲士三万,闻晋州陷,请出兵击周,奏寝不报,永业愤慨。又闻并州陷,乃遣子须达请降于周,周以永业为上柱国,封应公。

丙申,周以越王盛为相州总管。

齐上皇留胡太后于济州,使高阿那肱守济州关,觇候周师,自与穆后、冯淑妃、幼主、韩长鸾、邓长颙等数十人奔青州。使内参田鹏鸾西出,参伺动静。周师获之,问齐主何在,绐云:"已去,计当出境。"周人疑其不信,捶之。每折一支,辞色愈厉,竟折四支而死。

上皇至青州,即欲入陈。而高阿那肱密召周师,约生致齐主,屡启云:"周师尚远,已令烧断桥路。"上皇由是淹留自宽。周师至关,阿那肱即降之。周师奄至青州,上皇囊金,系于鞍,与后、妃、幼主等十馀骑南走,己亥,至南邓村,尉迟勤追及,尽擒之,并胡太后送邺。

庚子,周主诏:"故斛律光、崔季舒等,宜追加赠谥,并为改葬,子孙各随荫叙录,家口田宅没官者,并还之。"周主指斛律光名曰:"此人在,朕安得至邺!"辛丑,诏:"齐之东山、南园、三台,并可毁撤。瓦木诸物,可用者悉以赐民。山园之田,各还其主。"

4 二月壬午,上耕藉田。
5 丙午,周主宴从官将士于齐太极殿,颁赏有差。

丁未,高纬至邺,周主降阶,以宾礼见之。

北齐的洛州刺史独孤永业有三万名甲士,听到晋州陷落,请求朝廷允许自己发兵攻击北周,但奏章被压下没有上报,独孤永业很愤慨。又听到并州陷落,便派儿子独孤须达向北周请求投降,北周任命独孤永业为上柱国,封应公。

丙申(二十二日),北周任命越王宇文盛为相州总管。

北齐太上皇帝把胡太后留在济州,派高阿那肱镇守济州关,观察北周军队的动静,自己和穆后、冯淑妃、幼主、韩长鸾、邓长颙等几十人逃奔青州。又派太监田鹏鸾去西部,刺探动静。他被北周军队抓获,问他齐国国主在哪里,田鹏鸾骗他们说:"已经离开原地,估计应当出了国境。"北周人怀疑他的话不可信,严刑拷打他。每打断一根棍棒,田鹏鸾的话和脸色就愈加严厉,最后打断了四根棍棒而死去。

北齐太上皇帝到了青州,就要进入陈朝的国境。而高阿那肱秘密和北周军队联络,约定一起活捉北齐国主,却屡次向太上皇帝启奏道:"周朝的军队还离得很远,我已经下令烧桥断路。"太上皇帝因此在青州停留宽慰自己。北周军队到达关隘,高阿那肱就向他们投降。北周军队很快到了青州,北齐太上皇帝高纬用袋子装了金子,系在马鞍上,和皇后、妃子、幼主等乘了十几匹马向南逃走,已亥(二十五日),到南邓村,尉迟勤追上他们,全部活捉,连同胡太后一起送往邺城。

庚子(二十六日),北周国主诏令:"已故的斛律光、崔季舒等,应追加封赠谥号,并将他们改葬,他们的子孙各随门荫按规定的等级次第授给官职,被没收充公的奴婢、田地、房产,一并发还。"北周国主指着斛律光的名字说:"这个人如果还在,朕怎能来到邺城!"辛丑(二十七日),诏令:"齐国的东山、南园、三台,都可以拆除。瓦片木材一类物件,可以利用的全部赏赐给百姓。山园所占用的土地,各还原主。"

4　二月壬午,陈宣帝到藉田举行耕种的仪式。

5　丙午(初三),北周国主在北齐的太极殿宴请随从的官员将士,按等级给予赏赐。

丁未(初四),高纬到邺城,北周国主走下台阶,以对待宾客的礼节接见他。

　　齐广宁王孝珩至沧州,以五千人会任城王湝于信都,共谋匡复,召募得四万馀人。周主使齐王宪、柱国杨坚击之。令高纬为手书招湝,湝不从。宪军至赵州,湝遣二谍觇之,候骑执以白宪。宪集齐旧将,遍示之,谓曰:"吾所争者大,不在汝曹。今纵汝还,仍充吾使。"乃与湝书曰:"足下谍者为候骑所拘,军中情实,具诸执事。战非上计,无待卜疑;守乃下策,或未相许。已勒诸军分道并进,相望非远,凭轼有期。'不俟终日',所望知机也!"

　　宪至信都,湝陈于城南以拒之。湝所署领军尉相愿诈出略陈,遂以众降。相愿,湝心腹也,众皆骇惧。湝杀相愿妻子。明日,复战,宪击破之,俘斩三万人,执湝及广宁王孝珩。宪谓湝曰:"任城王何苦至此!"湝曰:"下官神武皇帝之子,兄弟十五人,幸而独存。逢宗社颠覆,无愧坟陵。"宪壮之,命归其妻子。又亲为孝珩洗疮傅药,礼遇甚厚。孝珩叹曰:"自神武皇帝以外,吾诸父兄弟,无一人至四十者,命也。嗣君无独见之明,宰相非柱石之寄,恨不得握兵符,受斧钺,展我心力耳!"

　　齐王宪善用兵,多谋略,得将士心。齐人惮其威声,多望风沮溃。刍牧不扰,军无私焉。

　　周主以齐降将封辅相为北朔州总管。北朔州,齐之重镇,士卒骁勇。前长史赵穆等谋执辅相迎任城王湝于瀛州,不果,乃迎定州刺史范阳王绍义。绍义至马邑,自肆州以北二百八十馀城皆应之。绍义与灵州刺史袁洪猛引兵南出,欲取并州。至

北齐的广宁王高孝珩到沧州，带领五千人在信都和任城王高湝会合，共同计划复国，征募到四万多人。北周国主派齐王宇文宪、柱国杨坚攻打他们。叫高纬写亲笔信对高湝招降，高湝不服从。宇文宪的军队到赵州，高湝派两名探子去侦察，反被北周的侦察骑兵捉住并报告了宇文宪。宇文宪把原先是北齐的将领召集在一起，将捉到的探子向他们示众，并说："我所争夺的是大目标，不是你们。今天放你们回去，仍旧充当我的使者。"给高湝带去书信，信上说："您的探子被我们的侦察兵捉到，我方军队中的情况，他们会向您报告。和我们打仗不是上策，这不用猜测怀疑；防守是下策，您或许不会同意。我已经统率各路军队分道并进，和您相见已经不远，我扶着兵车上的横木到来指日可待。'不俟终日'，希望您能知道时机，不要拖延日子！"

　　宇文宪到了信都，高湝在城南列阵抗拒。被高湝任命的领军尉相愿假装到阵前巡行，便率领军队向宇文宪投降。尉相愿本来是高湝的心腹，大家为此感到惊恐害怕。高湝便杀掉尉相愿的妻儿。第二天，又进行战斗，被宇文宪打败，俘虏和杀死的有三万人，高湝和广宁王高孝珩被捉住。宇文宪对高湝说："任城王何苦到这种地步！"高湝说："下官是神武皇帝的儿子，十五个兄弟，只有我侥幸活下来，遇到国家被推翻，死而无愧于祖先。"宇文宪佩服他的雄壮豪迈，命令归还他的妻儿。宇文宪又亲自为高孝珩洗疮涂药，礼遇很厚。高孝珩叹道："除神武皇帝以外，我的父辈和兄弟，没有一个能活到四十岁的，这是命运注定的。继位的国君缺乏独到的见解而不明，宰相不能担负国家重任的委托，遗憾的是我不能掌握兵符，授予我兵权，以施展我的用心和能力！"

　　齐王宇文宪善于用兵，足智多谋，得到将士的爱戴。北齐军队害怕他的威名，都望风溃散。北周军队对百姓放牧的牲口不加侵扰，军队遵守纪律。

　　北周国主任命北齐的降将封辅相为北朔州总管。北朔州是北齐的重镇，士兵强悍勇敢。前长史赵穆等人曾预谋捉住封辅相在瀛州迎接任城王高湝，没有成功，便迎接定州刺史范阳王高绍义。高绍义到马邑，肆州以北的两百八十多座城池都起来响应。高绍义和灵州刺史袁洪猛领兵从南面出发，打算夺取并州。到了

新兴,而肆州已为周守,前队二仪同以所部降周。周兵击显州,执刺史陆琼,复攻拔诸城。绍义还保北朔州。周东平公神举将兵逼马邑,绍义战败,北奔突厥,犹有众三千人。绍义令曰:"欲还者从其意。"于是辞去者太半。突厥佗钵可汗常谓齐显祖为英雄天子,以绍义重踝,似之,甚见爱重。凡齐人在北者,悉以隶之。

于是齐之行台、州、镇,唯东雍州行台傅伏、营州刺史高宝宁不下,其馀皆入于周。凡得州五十,郡一百六十二,县三百八十,户三百三万二千五百。高宝宁者,齐之疏属,有勇略,久镇和龙,甚得夷、夏之心。周主于河阳、幽、青、南兖、豫、徐、北朔、定置总管府,相、并二州各置宫及六府官。

周师之克晋阳也,齐使开府仪同三司纥奚永安求救于突厥,比至,齐已亡。佗钵可汗处永安于吐谷浑使者之下,永安言于佗钵曰:"今齐国已亡,永安何用馀生!欲闭气自绝,恐天下谓大齐无死节之臣;乞赐一刀,以显示远近。"佗钵嘉之,赠马七十匹而归之。

梁主入朝于邺。自秦兼天下,无朝觐之礼,至是始命有司草具其事:致积,致饩,设九傧、九介,受享于庙,三公、三孤、六卿致食,劳宾,还贽,致享,皆如古礼。周主与梁主宴,酒酣,周主自弹琵琶。梁主起舞,曰:"陛下既亲抚五弦,臣何敢不同百兽!"周主大悦,赐赉甚厚。

乙卯,周主自邺西还。
三月壬午,周诏:"山东诸军,各举明经干治者二人。若奇才异术,卓尔不群者,不拘此数。"

新兴时,肆州已经被北周军队占领,高绍义的前队中有两名仪同率领部下向北周投降。北周军队向显州进攻,捉住显州刺史陆琼,又向其他城池进攻。高绍义回师保卫北朔州。北周东平公宇文神举领兵逼近马邑,高绍义被打败,向北逃奔突厥,还有三千部众。高绍义下令说:"想回去的人可以听便。"于是超过半数的人都离去了。突厥的佗钵可汗常说齐显祖是英雄天子,因为高绍义的踝关节两侧各有两个骨突,很像齐显祖,所以对他非常喜爱看重。凡是在突厥的北齐人,都由高绍义管理。

于是北齐的行台、州、镇中,只有东雍州行台傅伏、营州刺史高宝宁没有被攻下,其他地方都并入北周。一共得到五十州,一百六十二郡,三百八十县,三百零三万二千五百户。高宝宁是北齐皇室的远支,勇敢有胆略,长久在和龙镇守,很得夷族和汉族的人心。北周国主在河阳、幽、青、南兖、豫、徐、北朔、定各州设置总管府,相、并二州分别设置宫和六府官。

北周军队攻克晋阳时,北齐派开府仪同三司纥奚永安向突厥求救,他刚到突厥,北齐已经灭亡。佗钵可汗把纥奚永安安排在吐谷浑使者之下,纥奚永安对佗钵可汗说:"现在齐国已经灭亡,我何必留此残生!本准备屏气自尽,只怕天下人说我们大齐朝没有殉节而死的臣子,请求给我一刀,死后可以让远近的人都知道我的心迹。"佗钵可汗对他表示赞许,送给他七十匹马让他回去。

梁朝国主到邺城朝见北周君主。自从秦始皇兼并天下以后,朝见礼制久已废缺,这时才开始命令有关部门拟订礼节:如致送薪米、致送活羊,为九个宾相、九个随从安排席位,在宗庙中设宴款待,三公、三孤、六卿向梁主献食,慰劳宾客、还礼、宴享宾客等,都依照古礼。北周国主设宴款待梁朝国主,酒喝到高兴时,北周国主亲自弹琵琶。梁朝国主起立跳舞,说:"陛下既然亲自演奏琵琶,臣子我怎敢不像百兽那样起舞!"北周国主听了大为高兴,赏赐给他很多东西。

乙卯(十二日),北周国主从邺城西回长安。

三月壬午(初九),北周下诏:"山东各州的总管,分别推荐两名通晓经术办事能干的人。如果有特殊的才能,超出寻常、与众不同的人,可以不受人数的限制。"

　　周主之擒尉相贵也,招齐东雍州刺史傅伏,伏不从。齐人以伏为行台右仆射。周主既克并州,复遣韦孝宽招之,令其子以上大将军、武乡公告身及金、马脑二酒钟赐伏为信。伏不受,谓孝宽曰:“事君有死无贰。此儿为臣不能竭忠,为子不能尽孝,人所雠疾,愿速斩之以令天下!”周主自邺还,至晋州,遣高阿那肱等百馀人临汾水召伏。伏出军,隔水见之,问:“至尊今何在?”阿那肱曰:“已被擒矣。”伏仰天大哭,帅众入城,于厅事前北面哀号,良久,然后降。周主见之曰:“何不早下?”伏流涕对曰:“臣三世为齐臣,食齐禄,不能自死,羞见天地!”周主执其手曰:“为臣当如此。”乃以所食羊肋骨赐伏曰:“骨亲肉疏,所以相付。”遂引使宿卫,授上仪同大将军。敕之曰:“若亟与公高官,恐归附者心动。努力事朕,勿忧富贵。”他日,又问:“前救河阴得何赏?”对曰:“蒙一转,授特进、永昌郡公。”周主谓高纬曰:“朕三年教战,决取河阴。正为傅伏善守,城不可动,遂敛军而退。公当时赏功,何其薄也!”

　　夏,四月乙巳,周主至长安,置高纬于前,列其王公于后,车舆、旗帜、器物,以次陈之。备大驾,布六军,奏凯乐,献俘于太庙。观者皆称万岁。戊申,封高纬为温公,齐之诸王三十馀人,皆受封爵。周主与齐君臣饮酒,令温公起舞。高延宗悲不自持,屡欲仰药,其傅婢禁止之。

　　周主以李德林为内史上士,自是诏诰格式及用山东人物,并以委之。帝从容谓群臣曰:“我常日唯闻李德林名,复见其为齐朝作诏书移檄,正谓是天上人,岂言今日得其驱使。”

北周国主捉拿尉相贵时，曾经招降北齐东雍州刺史傅伏，傅伏不肯。北齐任命傅伏为行台右仆射。北周国主攻下并州以后，又派韦孝宽去招降，叫他的儿子送去委任上大将军、武乡公等官职的文凭和用金子、玛瑙制成的酒杯作为凭据。傅伏不肯接受，对韦孝宽说："我侍奉国君除殉死以外没有其他想法。这个儿子作为臣子不能尽忠，作为儿子又不能尽孝，人人憎恨痛骂，希望你赶快把他杀掉以昭示天下！"北周国主从邺城返回时，到了晋州，派高阿那肱等一百多人在汾水边召傅伏来。傅伏派出军队，隔河见到他们，便问："天子现在哪里？"高阿那肱说："已经被捉住了。"傅伏仰天大哭，率领军队进城，在官署的厅堂前面向北方悲伤痛哭，哭了很久，然后向北周投降。北周国主见到他说："为什么不及早投诚？"傅伏流泪回答说："我家三代是齐国的臣子，吃的是齐国的俸禄，没有殉死，羞见天地！"北周国主握住他的手说："做臣子的应当这样。"便把自己食用的羊排骨赏给傅伏，说："骨亲肉疏，所以把骨头交给你。"便派他做宫廷的宿卫，授给上仪同大将军的官职。告诫他说："如果马上让你做高官，怕归附的人人心浮动。你只要努力侍奉朕，不必担心富贵。"另一天，又问他："以前救援河阴时得到什么赏赐？"回答道："蒙皇帝迁调官职一次，授给特进、永昌郡公。"北周国主对高纬说："朕指挥打仗三年，决心攻下河阴。正由于傅伏善于防守，城不可动，便收拾军队退走。你当时对他功劳的赏赐，为什么如此微薄！"

　　夏季，四月乙巳（初三），北周国主到长安，把高纬安排在前面，把北齐的王公排在后面，车辆、旗帜、器物，依次排列。准备好出行的大驾，由公卿奉引，太仆驾车，随从的车子有八十一辆，六军排开队列，高奏凯旋的音乐，到太庙举行献俘仪式。观看的人都高呼万岁。戊申（初六），封高纬为温公，北齐的三十多个王，都受到封爵。北周国主和北齐的君臣一同饮酒，叫温公为大家跳舞。高延宗悲伤到不能克制自己，屡次要服毒自尽，都被周围的婢女劝止。

　　北周国主任命李德林为内史上士，此后凡是武帝的诏语格式和对潼关以东人物的任用，全都委托给他。武帝不慌不忙地对群臣说："我以前只听说李德林的名字，又常见到他为齐朝所写的诏书公文，正认为他是天上的人才，怎么能料到今天能为我所用。"

神武公纥豆陵毅对曰:"臣闻麒麟凤皇,为王者瑞,可以德感,不可力致。麒麟凤皇,得之无用,岂如德林,为瑞且有用哉!"帝大笑曰:"诚如公言。"

6 己巳,周主享太庙。

7 五月丁丑,周以谯王俭为大冢宰。庚辰,以杞公亮为大司徒,郑公达奚震为大宗伯,梁公侯莫陈芮为大司马,应公独孤永业为大司寇,郑公韦孝宽为大司空。

己丑,周主祭方丘。诏以:"路寝会义、崇信、含仁、云和、思齐诸殿,皆晋公护专政时所为,事穷壮丽,有逾清庙,悉可毁撤。雕斲之物,并赐贫民。缮造之宜,务从卑朴。"又诏:"并、邺诸堂殿壮丽者准此。"

臣光曰:周高祖可谓善处胜矣! 他人胜则益奢,高祖胜而愈俭。

8 六月丁卯,周主东巡。秋,七月丙戌,幸洛州。八月壬寅,议定权衡度量,颁之于四方。

初,魏虏西凉之人,没为隶户,齐氏因之,仍供厮役。周主灭齐,欲施宽惠,诏曰:"罪不及嗣,古有定科。杂役之徒,独异常宪,一从罪配,百代不免,罚既无穷,刑何以措! 凡诸杂户,悉放为民。"自是无复杂户。

甲子,郑州获九尾狐,已死,献其骨。周主曰:"瑞应之来,必彰有德。若五品时叙,四海和平,乃能致此。今无其时,恐非实录。"命焚之。

九月戊寅,周制:"庶人已上,唯听衣绸、绵绸、丝布、圆绫、纱、绢、绡、葛、布等九种,馀悉禁之。朝祭之服,不拘此制。"

神武公纥豆陵毅回答说:"臣听说麒麟凤凰,是王者的祥瑞,可用德来感化它们,不能用强力得到它们。麒麟凤凰,得到了也没有用处,怎么像李德林那样,既是祥瑞而且有用!"武帝大笑说:"真是您所说的那样。"

6 己巳(二十七日),北周国主到太庙祭祀。

7 五月丁丑(初五),北周任命谯王宇文俭为大冢宰。庚辰(初八),任命杞公宇文亮为大司徒,郑公达奚震为大宗伯,梁公侯莫陈芮为大司马,应公独孤永业为大司寇,郑公韦孝宽为大司空。

己丑(十七日),北周国主到方丘祭祀。诏告:"天子的寝室会义、崇信、含仁、云和、思齐等殿,都是晋公宇文护专政时所兴建的,穷极壮丽的能事,超过宗庙的规模,可以全部拆毁。雕饰的物件,可以赐给贫民。修缮建造的事宜,务必简单朴素。"又诏告:"并州、邺城的各处壮丽的厅堂宫殿照此办理。"

　　臣司马光说:周高祖可以称得上善于处理得胜后的事情!别人得到胜利后就更加奢侈,周高祖胜利后却更加节俭。

8 六月丁卯(二十六日),北周国主到东部巡视。秋季,七月丙戌(十五日),驾临洛州。八月壬寅(初二),议定度量衡制度,向四方颁布。

当初,北魏俘虏了西凉人,便没入官府当奴隶户,北齐沿袭北魏的做法,奴隶户仍旧为官府服劳役。北周国主灭掉北齐,要对这些人给予宽恕恩惠,下诏说:"犯罪不能株连后代,是古代已有的法律。从事杂役的犯人,唯独异于常法,一旦犯罪发配,百代都得不到赦免,惩罚既然无穷无尽,刑罚怎么会废除!凡属于这类杂户,全都释放为民。"从此以后就没有杂户。

甲子(二十四日),郑州捉到有九尾的狐狸,当时已经死了,于是把骨骼献给君主。北周国主说:"天降祥瑞,一定是显扬世上有德之人。如果五伦常行,天下和平,才能出现此种祥瑞。现在没有这样的时势,恐怕不符合实际。"命令把骨骼烧掉。

九月戊寅(初八),北周制度:"平民百姓以上的人,可以穿用绸、绵绸、丝布、圆绫、纱、绢、绡、葛、布等九种材料做的衣服,其馀的一概禁止。朝祭时的服装,不受这种制度的限制。"

冬,十月戊申,周主如邺。

9 上闻周人灭齐,欲争徐、兖,诏南兖州刺史、司空吴明彻督诸军伐之,以其世子戎昭、将军惠觉摄行州事。明彻军至吕梁,周徐州总管梁士彦帅众拒战,戊午,明彻击破之。士彦婴城自守,明彻围之。

帝锐意以为河南指麾可定。中书通事舍人蔡景历谏曰:"师老将骄,不宜过穷远略。"帝怒,以为沮众,出为豫章内史。未行,有飞章劾景历在省赃污狼籍,坐免官,削爵土。

10 周改葬德皇帝于冀州,周主服缞,哭于太极殿;百官素服。

11 周人诬温公高纬与宜州刺史穆提婆谋反,并其宗族皆赐死。众人多自陈无之,高延宗独攘袂泣而不言,以椒塞口而死。唯纬弟仁英以清狂,仁雅以暗疾得免,徙于蜀。其馀亲属,不杀者散配西土,皆死于边裔。

周主以高湝妻卢氏赐其将斛斯徵。卢氏蓬首垢面,长斋,不言笑。徵放之,乃为尼。齐后、妃贫者,至以卖烛为业。

12 十一月壬申,周立皇子衍为道王,兑为蔡王。

13 癸酉,周遣上大将军王轨将兵救徐州。

14 初,周人败齐师于晋州,乘胜逐北,齐人所弃甲仗,未暇收敛。稽胡乘间窃出,并盗而有之。仍立刘蠡升之孙没铎为主,号圣武皇帝,改元石平。

周人既克关东,将讨稽胡,议欲穷其巢穴。齐王宪曰:"步落稽种类既多,又山谷险绝,王师一举,未可尽除。且当翦其魁首,

冬季,十月戊申(初九),北周国主去邺城。

9 陈宣帝听到北周灭掉了齐国,想和北周争夺徐州、兖州,下诏南兖州刺史、司空吴明徹督率军队进行讨伐,任命吴明徹的长子吴戎昭、将军惠觉代理州事。吴明徹的军队到了吕梁,北周的徐州总管梁士彦率领军队抵抗,戊午(十九日),被吴明徹打败。梁士彦据城自守,被吴明徹的军队包围。

陈宣帝一心认为河南很容易平定。中书通事舍人蔡景历规劝说:"军队疲乏将领骄傲,不宜穷兵远攻。"宣帝大怒,认为是破坏大家的斗志,把蔡景历派出担任豫章内史。他还没有出发,有不知从那里来的奏章弹劾蔡景历在中书省有贪赃行为,声名很坏,因此被免去官职,取消了爵号和封地。

10 北周将德皇帝宇文肱在冀州改葬,北周国主穿了丧服,在太极殿大哭,百官都穿白色的丧服。

11 北周有人诬告温公高纬和宜州刺史穆提婆合谋造反,下令对他们以及他们的宗族赐死。众人都自己申辩没有这件事,高延宗却独自捋起衣袖哭泣而不说话,用辣椒塞在自己的口里而死。只有高纬的弟弟高仁英由于是白痴,高仁雅由于是哑巴而得到赦免,被徙移到四川。其他亲属,不杀的被分散发配到长安西边的州郡,都死在边境。

北周国主把高湝的妻子卢氏赏给将军斛斯徵。卢氏蓬头垢面,一直吃素,不说不笑。斛斯徵便放了她,于是做了尼姑。北齐皇后、贫穷的妃子,甚至以卖蜡烛为业。

12 十一月壬申(初三),北周立皇子宇文衍为道王,宇文兑为蔡王。

13 癸酉(初四),北周派上大将军王轨带兵援救徐州。

14 起初,北周在晋州打败北齐军队,乘胜追逐北上,北齐人所丢弃的盔甲兵器,来不及收罗集中。稽胡钻空子偷偷出动,将丢弃的东西全都盗走。仍旧立刘蠡升的孙子刘没铎为君主,称圣武皇帝,改年号为石平。

北周攻克北齐以后,将要讨伐稽胡,商议要直捣他们的巢穴。齐王宇文宪说:"步落稽的种类很多,又在山谷险峻的地方,只靠朝廷军队的一次行动,不能将他们全部消灭。应当除掉他们的首领,

馀加慰抚。"周主从之,以宪为行军元帅,督诸军讨之。至马邑,分道俱进。没铎分遣其党天柱守河东,穆支守河西,据险以拒之。宪命谯王俭击天柱,滕王逌击穆支,并破之,斩首万馀级。赵王招击没铎,禽之,馀众皆降。

15　周诏:"自永熙三年以来,东土之民掠为奴婢,及克江陵之日,良人没为奴婢者,并放为良。"又诏:"后宫唯置妃二人,世妇三人,御妻三人,此外皆减之。"

周主性节俭,常服布袍,寝布被,后宫不过十馀人。每行兵,亲在行陈,步涉山谷,人所不堪。抚将士有恩,而明察果断,用法严峻。由是将士畏威而乐为之死。

16　己亥晦,日有食之。

17　周初行《刑书要制》:群盗赃一匹,及正、长隐五丁、若地顷以上,皆死。

18　十二月戊申,新作东宫成,太子徙居之。

19　庚申,周主如并州,徙并州军民四万户于关中。戊辰,废并州宫及六府。

20　高宝宁自黄龙上表劝进于高绍义,绍义遂称皇帝,改元武平,以宝宁为丞相。突厥佗钵可汗举兵助之。

十年(戊戌,578)

1　春,正月壬午,周主幸邺。辛卯,幸怀州。癸巳,幸洛州。置怀州宫。

2　二月甲辰,周谯孝王俭卒。

3　丁巳,周主还长安。

4　吴明彻围周彭城,环列舟舰于城下,攻之甚急。

对众人加以慰劳安抚。"北周君主采纳了他的意见，任命宇文宪为行军元帅，督率军队进行讨伐。大军抵达马邑后，分路并进。刘没铎分派党羽天柱防守西河以东，穆支防守西河以西，据险进行抗拒。宇文宪命令谯王宇文俭进攻天柱，滕王宇文逌进攻穆支，将他们都打败，杀死一万多人。赵王宇文招进攻刘没铎，将他活捉，其馀兵众全部投降。

15　北周诏令："自永熙三年以来，东部的百姓被抢走当奴婢，以及攻克江陵时被没入官府当奴婢的平民百姓，都放归民间。"又诏令："后宫只设置妃子两人，女官三人，御女三人，除此以外都减掉。"

北周国主生性节俭，常常穿布袍，睡觉时盖布被，后宫不过十几人。每逢行军作战，亲自在军队里，徒步在山谷里行走，这是别人所不能忍受的。安抚将士给予恩惠，而且明察果断，用法严峻，因此将士们虽然怕他的威严但乐意为他而牺牲。

16　己亥晦（三十日），发生日食。

17　北周开始实行《刑书要制》：凡盗窃一匹赃物，以及同正、里正、族正、保长、党长隐瞒五个丁口、一百亩地以上的，都处死。

18　十二月戊申（初十），陈朝新建的东宫落成，皇太子迁到那里居住。

19　庚申（二十二日），北周国主去并州，将并州的四万户军民迁移到关中地区。戊辰（三十日），废除并州的宫室和六府。

20　高宝宁从黄龙上表劝高绍义当皇帝，高绍义于是做了皇帝，改年号为武平，任命高宝宁为丞相。突厥佗钵可汗举兵帮助高绍义。

陈宣帝太建十年（戊戌，公元 578 年）

1　春季，正月壬午（十四日），北周国主驾临邺城。辛卯（二十三日），驾临怀州。癸巳（二十五日），驾临洛州。设置怀州的宫室。

2　二月甲辰（初七），北周谯孝王宇文俭死。

3　丁巳（二十日），北周国主回长安。

4　陈朝的吴明徹包围彭城，将战船环绕排列在城下，攻城很急。

王轨引兵轻行,据淮口,结长围,以铁锁贯车轮数百,沉之清水,以遏陈船归路。军中恟惧。谯州刺史萧摩诃言于明徹曰:"闻王轨始锁下流,其两端筑城,今尚未立,公若见遣击之,彼必不敢相拒。水路未断,贼势不坚;彼城若立,则吾属必为虏矣。"明徹奋髯曰:"搴旗陷陈,将军事也;长算远略,老夫事也。"摩诃失色而退。一旬之间,水路遂断。

周兵益至,诸将议破堰拔军,以舫载马而去,马主裴子烈曰:"若破堰下船,船必倾倒,不如先遣马出。"时明徹苦背疾甚笃,萧摩诃复请曰:"今求战不得,进退无路。若潜军突围,未足为耻。愿公帅步卒、乘马舆徐行,摩诃领铁骑数千驱驰前后,必当使公安达京邑。"明徹曰:"弟之此策,乃良图也。然步军既多,吾为总督,必须身居其后,相帅兼行。弟马军宜速,在前,不可迟缓。"摩诃因帅马军夜发。甲子,明徹决堰,乘水势退军,冀以入淮。至清口,水势渐微,舟舰并碍车轮,不复得过。王轨引兵围而蹙之,众溃。明徹为周人所执,将士三万并器械辎重皆没于周。萧摩诃以精骑八十居前突围,众骑继之,比旦,达淮南,与将军任忠、周罗睺独全军得还。

初,帝谋取彭、汴,以问五兵尚书毛喜,对曰:"淮左新平,边民未辑。周氏始吞齐国,难与争锋。且弃舟舰之工,践车骑之地,去长就短,非吴人所便。臣愚以为不若安民保境,寝兵结好,斯久长之术也。"及明徹败,帝谓喜曰:"卿言验于今矣。"即日,召蔡景历,复以为征南谘议参军。

北周派王轨领兵轻装前进,占据淮口,结成长长的包围圈,用铁锁连接起几百个车轮,沉在清水河里,用来阻断陈朝船只的归路。军队中动荡不安感到恐惧。谯州刺史萧摩诃对吴明徹说:"听说王轨刚开始封锁清水河的下游,在河的两头筑城,现在还没有建起来,您如果派我去攻击,对方一定不敢抵抗。水路没有阻断,贼势不会牢固;等到他们的城建成,我们就会成为对方的俘虏。"吴明徹气得胡子都翘起来,说:"拔掉敌人的军旗冲锋陷阵,是你将军的事情;长谋远略,是我老夫的事情。"萧摩诃吓得脸上变色退了出来。十天之间,水路终于被阻断。

北周军队越到越多,陈朝的将领们商议破坏堵水的土堤将军队撤离,用船只装载马匹退走,马军主将裴子烈说:"如果破了土堤将马匹放下船,船一定会倾翻,不如先将马匹送出去。"当时吴明徹背上有疾患病得很重,萧摩诃再次向他请求说:"现在求战不得,进退无路。军队如果秘密地突围,也不足为耻。希望您率领步兵、乘马车慢慢地前进,我带领几千名铁骑在前后来往奔驰,一定能使您平安地到达京城建康。"吴明徹说:"您的这个计策,是个好办法。然而步兵很多,我是总督,必须在队伍的后面,率领他们一起行动。您的马军应当行动迅速,走在步兵前面不能迟缓。"萧摩诃因此率领马军在晚上出发。甲子(二十七日),吴明徹决断土堤,乘水势撤退军队,希望从这里进入淮河。到清口时,水越来越浅,水军船只被沉在清水河中的车轮所阻挡,无法通过。王轨带领军队将他们包围起来并加以收缩,陈朝军队溃败。吴明徹被北周捉住,三万将士以及军队的器械物资都被北周吞并。萧摩诃率领八十名精骑兵在前面突围,其馀的骑兵在后面跟随,早晨时,到达淮河南岸,和将军任忠、周罗睺的军队得以生还。

当初,陈宣帝打算夺取彭州、汴州,询问五兵尚书毛喜的意见,毛喜回答说:"淮左平定不久,边地的百姓还不稳定。周国刚刚吞并齐国,很难和对方争高低。况且放弃乘船作战的擅长,来到平原地区骑马乘车打仗,避长就短,这不是南方人所熟习的。以臣的愚见不如安抚百姓守护国境,停止用兵和周国结成友好关系,这才是长久之计。"吴明徹被打败以后,宣帝对毛喜说:"您以前的话现在证实了。"同一天,召见蔡景历,复官任职为征南谘议参军。

周主封吴明徹为怀德公,位大将军。明徹忧愤而卒。

5 乙丑,周以越王盛为大冢宰。

6 三月戊辰,周于蒲州置宫。废同州及长春二宫。

7 甲戌,周主初服常冠,以皂纱全幅向后襆发,仍裁为四脚。

8 丙子,命中军大将军、开府仪同三司淳于量为大都督,总水陆诸军事,镇西将军孙场都督荆、郢诸军,平北将军樊毅都督清口上至荆山缘淮诸军,宁远将军任忠都督寿阳、新蔡、霍州诸军,以备周。

9 乙酉,大赦。

10 壬辰,周改元宣政。

11 夏,四月庚申,突厥寇周幽州,杀掠吏民。

12 戊午,樊毅遣军渡淮北,对清口筑城。壬戌,清口城不守。

13 五月己丑,周高祖帅诸军伐突厥,遣柱国原公姬愿、东平公神举等将兵五道俱入。

癸巳,帝不豫,留止云阳宫。丙申,诏停诸军。驿召宗师宇文孝伯赴行在所,帝执其手曰:"吾自量必无济理,以后事付君。"是夜,授孝伯司卫上大夫,总宿卫兵。又令驰驿入京镇守,以备非常。六月丁酉朔,帝疾甚,还长安;是夕殂,年三十六。

戊戌,太子即位。尊皇后阿史那氏为皇太后。宣帝初立,即逞奢欲。大行在殡,曾无戚容,扪其杖痕,大骂曰:"死晚矣!"阅视高祖宫人,逼为淫欲。超拜吏部下大夫郑译为开府仪同大将军、内史中大夫,委以朝政。

北周国主封吴明彻为怀德公,位于大将军之列。吴明彻怀着忧愁愤怒死去。

5　乙丑(二十八日),北周任命越王宇文盛为大冢宰。

6　三月戊辰(初一),北周在蒲州营建宫室,废除同州和长春二宫。

7　甲戌(初七),北周国主初次戴平日用的帽子,用整幅的黑纱从前向后包扎头发,并裁成四个帽翅。

8　丙子(初九),陈朝任命中军大将军、开府仪同三司淳于量为大都督,总管水路和陆路的军事,镇西将军孙玚都督荆州、郢州的军队,平北将军樊毅都督清口上到荆山沿淮河一带的军队,宁远将军任忠都督寿阳、新蔡、霍州的军队,以防备北周的军事行动。

9　乙酉(十八日),陈朝大赦全国。

10　壬辰(二十五日),北周改年号为宣政。

11　夏季,四月庚申(二十三日),突厥入侵北周的幽州,杀害抢劫当地的官吏百姓。

12　戊午(二十一日),陈朝的樊毅派军队渡过淮河到了北面,对着清口筑城。壬戌(二十五日),清口城失守。

13　五月己丑(二十三日),北周高祖率领军队征讨突厥,派柱国原公姬愿、东平公宇文神举等领兵分五路并进。

癸巳(二十七日),北周武帝生病,留在云阳宫。丙申(三十日),下诏令所有军队停止行动。派驿使到长安召宗师宇文孝伯赶到武帝所在的地方,武帝握住他的手说:"我自己估计不能痊愈了,以后的事都托付给您。"这天晚上,授给宇文孝伯司卫上大夫的职位,总管宿卫兵。又命令他骑上驿马到京城镇守,防备非常事件。六月丁酉朔(初一),武帝病情严重,回长安;在当天夜晚去世,才三十六岁。

戊戌(初二),皇太子宇文赟即位。尊称皇后阿史那氏为皇太后。周宣帝刚即位,便放肆地奢侈纵欲。北周高祖还没有殡葬,他毫无悲伤的样子,抚摸以前被棍棒所打留下的伤痕,大骂道:"死得太晚了!"察看北周高祖后宫的妃子,强迫她们满足自己的淫欲。越级封吏部下大夫郑译为开府仪同大将军、内史中大夫,把朝政委托给他。

己未,葬武皇帝于孝陵,庙号高祖。既葬,诏内外公除,帝及六宫皆议即吉。京兆郡丞乐运上疏,以为:"葬期既促,事讫即除,太为汲汲。"帝不从。

帝以齐炀王宪属尊望重,忌之。谓宇文孝伯曰:"公能为朕图齐王,当以其官相授。"孝伯叩头曰:"先帝遗诏,不许滥诛骨肉。齐王,陛下之叔父,功高德茂,社稷重臣。陛下若无故害之,则臣为不忠之臣,陛下为不孝之子矣。"帝不怿,由是疏之。乃与开府仪同大将军于智、郑译等密谋之,使智就宅候宪,因告宪有异谋。

甲子,帝遣宇文孝伯语宪,欲以宪为太师,宪辞让。又使孝伯召宪,曰:"晚与诸王俱入。"既至殿门,宪独被引进。帝先伏壮士于别室,至,即执之。宪自辩理,帝使于智证宪,宪目光如炬,与智相质。或谓宪曰:"以王今日事势,何用多言!"宪曰:"死生有命,宁复图存!但老母在堂,恐留兹恨耳!"因掷笏于地。遂缢之。

帝召宪僚属,使证成宪罪。参军勃海李纲,誓之以死,终无桡辞。有司以露车载宪尸而出,故吏皆散,唯李纲抚棺号恸,躬自瘗之,哭拜而去。

又杀上大将军王兴,上开府仪同大将军独孤熊,开府仪同大将军豆卢绍,皆素与宪亲善者也。帝既诛宪而无名,乃云与兴等谋反,时人谓之"伴死"。

以于智为柱国,封齐公,以赏之。

14 闰月乙亥,周主立妃杨氏为皇后。

15 辛巳,周以赵王招为太师,陈王纯为太傅。

己未(二十三日),将武皇帝埋葬在孝陵,庙号高祖。葬事刚结束,便下诏朝廷内外脱去丧服,周宣帝和皇后、妃嫔都议论要脱掉丧服。京兆郡丞乐运向周宣帝上疏,以为:"葬期已经很匆促,葬事刚完就不穿丧服,太过着急了。"周宣帝不听。

周宣帝因为齐炀王宇文宪位高望重,对他很忌恨。对宇文孝伯说:"您如果能为朕除掉齐炀王,就把他的官职授给您。"宇文孝伯叩头说:"先帝有遗诏,不许滥杀骨肉至亲。齐炀王是陛下的叔父,功高德重,是国家的重臣,陛下如果无缘无故地杀害他,那么我就是不忠之臣,陛下就是不孝之子了。"周宣帝很不高兴,从此就疏远他了。周宣帝便和开府仪同大将军于智、郑译等人密谋,派于智到宇文宪的家里去伺探,诬告宇文宪有阴谋。

甲子(二十八日),周宣帝派宇文孝伯传话给宇文宪,想任命他为太师,宇文宪表示推辞。又派宇文孝伯召宇文宪,说:"晚上和其他王公一起来。"他们应召刚到殿门,宇文宪被单独领进去。周宣帝预先在别的房子里埋伏了壮士,宇文宪一到,就被捉住。宇文宪为自己辩护说理,周宣帝就叫于智和他对证,宇文宪的目光如火,和于智对质。周宣帝对宇文宪说:"以你今天事情的趋势,何必多说!"宇文宪说:"死生有命,我难道还想活吗!只是老母亲还在,感到遗憾而已!"因此把朝笏扔在地上。宇文宪被绞死。

周宣帝召来宇文宪部下的官吏,要他们证实宇文宪的罪行。参军勃海李纲,以死起誓,始终没有乱说。官吏用没有帷盖的车子载上宇文宪的尸体出了殿门,宇文宪从前的官吏都散走了,只有李纲抚摸着棺木号啕痛哭,亲自将宇文宪埋葬,大哭拜别而去。

周宣帝又杀掉上大将军王兴、上开府仪同大将军独孤熊、开府仪同大将军豆卢绍,他们都是素来和宇文宪亲近友好的人。周宣帝既然杀掉宇文宪而没有罪名,便说他是和王兴等人密谋造反,当时人称之为"伴死"。

任命于智为柱国,封齐公,作为对他的奖赏。

14　闰月乙亥(初三),北周国主宇文赟立妃子杨氏为皇后。

15　辛巳(初九),北周任命赵王宇文招为太师,陈王宇文纯为太傅。

16　齐范阳王绍义闻周高祖殂,以为得天助。幽州人卢昌期,起兵据范阳,迎绍义,绍义引突厥兵赴之。周遣柱国东平公神举将兵讨昌期。绍义闻幽州总管出兵在外,欲乘虚袭蓟,神举遣大将军宇文恩将四千人救之,半为绍义所杀。会神举克范阳,擒昌期,绍义闻之,素衣举哀,还入突厥。高宝宁帅夷、夏数万骑救范阳,至潞水,闻昌期死,还,据和龙。

17　秋,七月,周主享太庙。丙午,祀圜丘。

18　庚戌,周以小宗伯斛斯徵为大宗伯。壬戌,以亳州总管杨坚为上柱国、大司马。

19　癸亥,周主尊所生母李氏为帝太后。

20　八月丙寅,周主祀西郊。壬申,如同州。以大司徒杞公亮为安州总管,上柱国长孙览为大司徒,杨公王谊为大司空。丙戌,以永昌公椿为大司寇。

21　九月乙巳,立方明坛于娄湖。戊申,以扬州刺史始兴王叔陵为王官伯,临盟百官。

22　庚戌,周主封其弟元为荆王。

23　周主诏:"诸应拜者,皆以三拜成礼。"

24　甲寅,上幸娄湖誓众。乙卯,分遣大使以盟誓班下四方,上下相警戒。

25　冬,周主还长安。以大司空王谊为襄州总管。

26　戊子,以尚书左仆射陆缮为尚书仆射。

27　十一月,突厥寇周边,围酒泉,杀掠吏民。

28　十二月甲子,周以毕王贤为大司空。

16　北齐范阳王高绍义听说北周高祖已死,以为得到了上天的帮助。幽州人卢昌期起兵占领范阳,迎接高绍义,高绍义引来突厥兵去那里。北周派柱国东平公宇文神举率军讨伐卢昌期。高绍义听到幽州总管出兵在外,想乘虚袭击蓟州,宇文神举派大将军宇文恩率领四千人去援救,被高绍义杀死一半。恰好宇文神举攻下范阳,生擒卢昌期,高绍义听到噩耗,穿上白色丧服举行哀悼,退回突厥。高宝宁率领夷族和汉族的几万骑兵去救范阳,到潞水时,听到卢昌期已死的消息,返回,占据和龙。

17　秋季,七月,北周国主到太庙祭祀。丙午(十一日),到圜丘祭祀。

18　庚戌(十五日),北周任命小宗伯斛斯徵为大宗伯。壬戌(二十七日),任命亳州总管杨坚为上柱国、大司马。

19　癸亥(二十八日),北周国主对亲生母亲李氏尊称为帝太后。

20　八月丙寅(初二),北周国主到西郊祭祀。壬申(初八),去同州。任命大司徒杞公宇文亮为安州总管,上柱国长孙览为大司徒,杨公王谊为大司空。丙戌(二十二日),任命永昌公宇文椿为大司寇。

21　九月乙巳(十一日),陈朝在娄湖建立方明坛。戊申(十四日),任命扬州刺史始兴王陈叔陵为王官伯,和朝廷百官立盟效忠王室。

22　庚戌(十六日),北周国主封弟弟宇文元为荆王。

23　北周国主诏令:“应当对皇帝朝拜的,都以三拜成礼。”

24　甲寅(二十日),陈宣帝驾临娄湖对众官盟誓。乙卯(二十一日),分派大使将盟誓对全国宣布,使上下互相告诫防备。

25　冬季,十月癸酉(初十),北周国主回长安。任命大司空王谊为襄州总管。

26　戊子(二十五日),陈朝任命尚书左仆射陆缮为尚书仆射。

27　十一月,突厥入侵北周边境,包围酒泉,屠杀抢掠当地官吏百姓。

28　十二月甲子(初二),北周任命毕王宇文贤为大司空。

29　己丑，周以河阳总管滕王逌为行军元帅，帅众入寇。

十一年(乙亥,579)

1　春，正月癸巳，周主受朝于露门，始与群臣服汉、魏衣冠；大赦，改元大成。置四辅官：以大冢宰越王盛为大前疑，相州总管蜀公尉迟迥为大右弼，申公李穆为大左辅，大司马随公杨坚为大后承。

周主之初立也，以高祖《刑书要制》为太重而除之，又数行赦宥。京兆郡丞乐运上疏，以为："《虞书》所称'眚灾肆赦'，谓过误为害，当缓赦之。《吕刑》云：'五刑之疑有赦。'谓刑疑从罚，罚疑从免也。谨寻经典，未有罪无轻重，溥天大赦之文。大尊岂可数施非常之惠，以肆奸宄之恶乎！"帝不纳。既而民轻犯法，又自以奢淫多过失，恶人规谏，欲为威虐，慑服群下。乃更为《刑经圣制》，用法益深，大醮于正武殿，告天而行之。密令左右伺察群臣，小有过失，辄行诛谴。

又，居丧才逾年，辄恣声乐，鱼龙百戏，常陈殿前，累日继夜，不知休息。多聚美女以实后宫，增置位号，不可详录。游宴沉湎，或旬日不出，群臣请事者，皆因宦者奏之。于是乐运舆榇诣朝堂，陈帝八失：其一，以为"大尊比来事多独断，不参诸宰辅，与众共之"；其二，"搜美女以实后宫，仪同以上女不许辄嫁，贵贱同怨"；其三，"大尊一入后宫，数日不出，所须闻奏，多附宦官"；其四，"下诏宽刑，未及半年，更严前制"；其五，"高祖斲雕为朴，崩未逾年，而遽穷奢丽"；其六，"徭赋下民，以奉俳优角抵"；其七，"上书字误者，即治其罪，

29 己丑(二十七日),北周任命河阳总管滕王宇文逌为行军元帅,率众侵犯陈朝。

陈宣帝太建十一年(己亥,公元 579 年)

1 春季,正月癸巳(初一),北周国主在宫室最里面的正门接受百官的朝拜,开始和群臣穿戴汉、魏时代的衣帽;大赦全国,改年号为大成。设置四名辅助皇帝的官职:任命大冢宰越王宇文盛为大前疑,相州总管蜀公尉迟迥为大右弼,申公李穆为大左辅,大司马随公杨坚为大后承。

北周国主刚即位时,认为高祖时的《刑书要制》量刑太重而废除,又几次施行赦罪。京兆郡丞乐运向北周宣帝上疏,以为:“《虞书》中所说的‘眚灾肆赦’,是说因无心的过失而犯罪的,应当宽恕赦免。《吕刑》中说:‘五刑之疑有赦。’是说对判刑有怀疑可以改为处罚,对处罚有怀疑可以改为免罪。我认真地查阅了经典,没有发现对罪行不分轻重,普天下一律大赦的记载。天子怎能几次施行非同寻常的仁慈,使为非作歹的人放肆作恶!”北周宣帝不采纳他的意见。不久以后百姓不怕犯法,北周宣帝自己又因为奢侈有许多过失,痛恨别人的规劝,想用威势和残暴,令下面的人畏惧屈服。于是另行制定《刑经圣制》,用刑更加严厉,在正武殿设坛进行祈祷,祷告上天以后加以实施。秘密地派左右的人窥伺观察群臣,发现犯有小的过失,便任意杀害谴责。

另外,北周宣帝居丧刚过一年,就恣意于音乐歌舞,常常在殿前欣赏鱼龙变化等魔术杂技,连日连夜,不知道休息。又选了许多美女充实后宫,增添了不少名位称号,无法详细记录。游宴酗酒,甚至一连十天不出门,群臣向北周宣帝奏事,都由太监转奏。于是乐运用车拉了棺木到百官议事的朝堂,面陈北周宣帝的八个过失:一,认为“天子近来对大事多独断专行,不和宰相辅臣一同商议”;二,“搜罗美女充实后宫,仪同以上官员的女儿不准出嫁,无论贵贱都对此怨恨”;三,“天子一进后宫,几天都不出来,官员们要奏事,必须通过太监”;四,“下诏放宽刑罚,不到半年,反而比以前的制度更加严厉”;五,“高祖皇帝营建宫室都很简朴,驾崩还不到一年,而天子就竭力追求奢侈壮丽”;六,“叫百姓服劳役纳赋税,用来供养耍杂技演滑稽比角力的艺人”;七,“向天子献书中有错字,就被治罪,

杜献书之路";其八,"玄象垂诫,不能谘诹善道,修布德政。""若不革兹八事,臣见周庙不血食矣。"帝大怒,将杀之。朝臣恐惧,莫有救者。内史中大夫洛阳元岩叹曰:"臧洪同死,人犹愿之,况比干乎!若乐运不免,吾将与之俱毙。"乃诣阁请见,曰:"乐运不顾其死,欲以求名。陛下不如劳而遣之,以广圣度。"帝颇感悟。明日,召运,谓曰:"朕昨夜思卿所奏,实为忠臣。"赐御食而罢之。

2 癸卯,周立皇子阐为鲁王。

甲辰,周主东巡,以许公宇文善为大宗伯。戊午,周主至洛阳。立鲁王阐为皇太子。

3 二月癸亥,上耕藉田。

4 周下诏,以洛阳为东京。发山东诸州兵治洛阳宫,常役四万人。徙相州六府于洛阳。

5 周徐州总管王轨,闻郑译用事,自知及祸,谓所亲曰:"吾昔在先朝,实申社稷至计。今日之事,断可知矣。此州控带淮南,邻近强寇,欲为身计,易如反掌。但忠义之节,不可亏违,况荷先帝厚恩,岂可以获罪嗣主,遽忘之邪!正可于此待死,冀千载之后,知吾此心耳!"

周主从容问译曰:"我脚杖痕,谁所为也?"对曰:"事由乌丸轨、宇文孝伯。"因言轨捋须事。帝使内史杜庆信就州杀轨,元岩不肯署诏。御正中大夫颜之仪切谏,帝不听,岩进继之,脱巾顿颡,三拜三进。帝曰:"汝欲党乌丸轨邪?"岩曰:"臣非党轨,正恐滥诛失天下之望。"帝怒,使阉竖搏其面。轨遂死,岩亦废于家。远近知与不知,皆为轨流涕。之仪,之推之弟也。

杜绝了献书之路";八,"天空的星象出现了告诫的预兆,不能征求询问为善之道,修整实行德政"。"如果不革除这八件事,臣将见到周朝的宗庙不会有杀牲取血的祭祀了。"北周宣帝勃然大怒,要杀死他。朝臣们都很恐惧,没有人敢救他。内史中大夫洛阳元岩叹道:"汉献帝时的陈容愿意和臧洪一起死,使人仰慕,何况比干!如果乐运不免一死,我将和他一起去死。"于是到阁中求见北周宣帝,说:"乐运不顾死活,是为了求名。陛下不如对他慰劳而后放他走,才显出陛下度量宏大。"宣帝稍有点感动省悟。第二天,把乐运召来,对他说:"朕昨天晚上考虑你的奏言,实在是个忠臣。"赐给他御用的食物将他罢免。

2　癸卯(十一日),北周立皇子宇文阐为鲁王。

甲辰(十二日),北周国主东巡,任命许公宇文善为大宗伯。戊午(二十六日),北周国主到洛阳。立鲁王宇文阐为皇太子。

3　二月癸亥(初二),陈宣帝到藉田举行耕种仪式。

4　北周下诏,以洛阳为东京。征调潼关以东各州的士兵修建洛阳宫,平时服劳役的有四万人。把相州的六府迁到洛阳。

5　北周的徐州总管王轨,听到郑译当权,自己知道将有灾祸,对亲近的人说:"我从前在先帝时,真实地叙述了国家最好的计策。现在所发生的事,断然可以知道。这个州控制淮南地方,靠近强敌,如果替自己打算,可说是易如反掌。但是忠义的节操,不敢违背,何况我蒙受先帝的厚恩,怎能因为得罪了当今皇上,就忘掉所受的恩德!正可以在这里等死,希望在千年以后,人们能知道我的忠心!"

北周国主不慌不忙地问郑译说:"我脚上被杖打的伤痕,是谁干的?"答道:"事情的起因是乌丸(王)轨、宇文孝伯。"因此告诉他王轨在宫中宴会时将先帝胡子的事。北周宣帝派内史杜庆信到徐州将王轨处死,内史中大夫元岩不肯在诏书上签名。御正中大夫颜之仪恳切劝阻宣帝,宣帝不听,元岩随后进见宣帝,脱下帽子和头巾叩拜,接连三次进出。宣帝说:"你要袒护王轨吗?"元岩说:"臣不是要偏袒王轨,而是担心乱杀会失掉天下人对陛下的期望。"宣帝大怒,叫太监打元岩的耳光。王轨于是被杀死,元岩也被免职回家。远近各地不论是否知道王轨,都为之流泪。颜之仪是颜之推的弟弟。

周主之为太子也，上柱国尉迟运为宫正，数进谏，不用。又与王轨、宇文孝伯、宇文神举皆为高祖所亲待，太子疑其同毁己。及轨死，运惧，私谓孝伯曰："吾徒必不免祸，为之奈何？"孝伯曰："今堂上有老母，地下有武帝，为臣为子，知欲何之！且委质事人，本徇名义，谏而不入，死焉可逃！足下若为身计，宜且远之。"于是运求出为秦州总管。

他日，帝托以齐王宪事让孝伯曰："公知齐王谋反，何以不言？"对曰："臣知齐王忠于社稷，为群小所潜，言必不用，所以不言。且先帝付嘱微臣，唯令辅导陛下。今谏而不从，实负顾托。以此为罪，是所甘心。"帝大惭，俛首不语，命将出，赐死于家。

时宇文神举为并州刺史，帝遣使就州鸩杀之。尉迟运至秦州，亦以忧死。

6 周罢南伐诸军。

7 突厥佗钵可汗请和于周，周主以赵王招女为千金公主，妻之，且命执送高绍义，佗钵不从。

8 辛巳，周宣帝传位于太子阐，大赦，改元大象，自称天元皇帝，所居称"天台"，冕二十四旒，车服旍鼓皆倍于前王之数。皇帝称正阳宫，置纳言、御正、诸卫等官，皆准天台。尊皇太后为天元皇太后。

天元既传位，骄侈弥甚，务自尊大，无所顾惮，国之仪典，率情变更。每对臣下自称为天，用樽、彝、珪、瓒以饮食。令群臣朝天台者，致斋三日，清身一日。既自比上帝，不欲群臣同己，常自带绶，冠通天冠，加金附蝉，顾见侍臣弁上有金蝉及王公有绶者，并令去之。不听人有"天""高""上"

当北周国主还是皇太子时,上柱国尉迟运担任太子宫正,屡次对皇太子进谏,意见不被采纳。尉迟运和王轨、宇文孝伯、宇文神举都曾受到先帝周高祖亲切的对待,皇太子怀疑尉迟运和他们一同在高祖跟前诽谤自己。王轨死后,尉迟运感到恐惧,私下对宇文孝伯说:"我们这些人一定免不了遭祸,怎么办?"宇文孝伯说:"现在堂上有老母亲,九泉之下有先帝,作为臣子和儿子,怎能知道去哪里!况且作为臣子奉侍君主,本应遵从名义,对君主加以劝阻而不被采纳,怎能避免一死!足下如果为自己考虑,最好暂且躲远一点。"于是尉迟运请求离开朝廷去做秦州总管。

另一天,宣帝假托以齐王宇文宪的事情责备宇文孝伯说:"你知道齐王谋反的事,为什么不说?"答道:"臣知道齐王忠于国家,我由于被一帮小人造谣中伤,说话一定不被陛下采纳,所以不说。况且先帝曾嘱咐微臣,只让我辅导陛下。现在规劝而不被采纳,实在辜负了先帝的委托。以此作为罪名,我心甘情愿。"北周宣帝大为惭愧,低头不语,命令放他出去,赐他在家自尽。

当时宇文神举是并州刺史,北周宣帝派使者去并州赐毒酒将他害死。尉迟运到秦州后,也因忧愁而死。

6 北周停止南征的军事行动。

7 突厥佗钵可汗向北周求和,北周国主将赵王宇文招的女儿封为千金公主,嫁给佗钵可汗为妻,又命令可汗捉住高绍义送回北周,佗钵可汗不服从。

8 辛巳(二十日),北周宣帝将皇位传给皇太子宇文阐,大赦全国,改年号为大象,自称天元皇帝,居住的地方称"天台",皇冠前后悬垂二十四条玉串,车服旗鼓比以前的皇帝增加一倍。皇帝所住的地方称正阳宫,设置纳言、御正、诸卫等官职,都按照天台那样。尊称皇太后为天元皇太后。

天元皇帝传位以后,更加骄纵奢侈,妄自尊大,无所顾忌,国家的典章制度,随意改变,常常对臣子自称为天,饮食时用金、玉制成的食器,命令群臣到天台朝见以前,先素食三天,洁身一天。他自比上帝,不准群臣和他同样穿戴,常常穿配有丝带的衣服,戴通天冠,冠上有金制的蝉作为装饰品,看到侍臣的帽子上有金蝉和王公衣服上配有丝带,都叫他们去掉。不准别人有"天""高""上"

"大"之称,官名有犯,皆改之。改姓高者为"姜",九族称高祖者为"长祖"。又令天下车皆以浑木为轮。禁天下妇人不得施粉黛,自非宫人,皆黄眉墨妆。

每召侍臣论议,唯欲兴造变革,未尝言及政事。游戏无常,出入不节,羽仪仗卫,晨出夜还,陪侍之官,皆不堪命。自公卿以下,常被楚挞。每捶人,皆以百二十为度,谓之"天杖",其后又加至二百四十。宫人内职亦如之,后、妃、嫔、御,虽被宠幸,亦多杖背。于是内外恐怖,人不自安,皆求苟免,莫有固志,重足累息,以逮于终。

9 戊子,周以越王盛为太保,尉迟迥为大前疑,代王达为大右弼。

辛卯,徙邺城《石经》于洛阳。诏:"河阳、幽、相、豫、亳、青、徐七总管,并受东京六府处分。"

三月庚申,天元还长安,大陈军伍,亲擐甲胄,入自青门,静帝备法驾以从。

夏,四月壬戌朔,立妃朱氏为天元帝后。后,吴人,本出寒微,生静帝,长于天元十馀岁,疏贱无宠,以静帝故,特尊之。

乙巳,周主祠太庙。壬午,大醮于正武殿。

五月,以襄国郡为赵国,济南郡为陈国,武当、安富二郡为越国,上党郡为代国,新野郡为滕国,邑各万户;令赵王招、陈王纯、越王盛、代王达、滕王逌并之国。

随公杨坚私谓大将军汝南公庆曰:"天元实无积德;视其相貌,寿亦不长。又,诸藩微弱,各令就国,曾无深根固本之计。羽翮既翦,何能及远哉!"庆,神举之弟也。

"大"等字的称呼,官员的姓名中有以上字样,一律改掉。姓高的改为姓"姜",九族中称高祖的改称"长祖"。又命令天下的车辆用不好的木材做车轮。禁止天下的妇女化妆,以后如果不是宫中的女子,都不准涂脂抹粉画眉毛。

天元皇帝召集侍臣议论,只谈宫室的兴建变革,从不谈论政事。随意游戏,出入没有节制,有仪仗队随从,早出晚归,连陪伴侍奉的官员,都无法忍受。自公卿以下的官员,常常遭到刑杖的拷打。对人拷打时,以一百二十下为准,称为"天杖",以后又增加到两百四十下。宫女和在宫中任职的女官也都这样,后、妃、嫔、御,虽然受到宠幸,也多被拷打背脊。于是内外都感到恐怖,人心惶惶,动摇不定,只求苟安幸免,失去了意志,恐惧到重足而立不敢出气,到死为止。

9 戊子(二十七日),北周任命越王宇文盛为太保,尉迟迥为大前疑,代王宇文达为大右弼。

辛卯(三十日),将邺城的《石经》迁到洛阳。诏令:"河阳、幽、相、豫、亳、青、徐七州的总管,都受东京六府的管辖。"

三月庚申(二十九日),北周天元皇帝回长安时,大张旗鼓地摆开军队的阵容,自己穿戴了铠甲和头盔,从长安的青门进城,静帝备好皇帝的车驾在后跟随。

夏季,四月壬戌朔(初一),天元皇帝立妃子朱氏为天元帝后。天元帝后,是江南吴人,出身低贱,是静帝的生母,比天元皇帝大十几岁,原先被疏远轻视得不到宠爱,因为生了静帝所以赐给尊号。

乙巳,北周国主到太庙祭祀。壬午(二十二日),在正武殿举行祷神除灾的祭祀。

五月,以襄国郡为赵国,济南郡为陈国,武当、安富二郡为越国,上党郡为代国,新野郡为滕国,分别食邑一万户;令赵王宇文招、陈王宇文纯、越王宇文盛、代王宇文达、滕王宇文逌一起去各自的封国。

随公杨坚私下对大将军汝南公宇文庆说:"天元皇帝实在没有积德,看他的相貌,寿命也不长。另外,各个藩王势力都很微弱,叫他们去各自的封国,没有深根固本、不可动摇的长远之计。羽毛都被剪掉了,怎么能飞得远呢!"宇文庆是宇文神举的弟弟。

10　突厥寇周并州。六月,周发山东诸民修长城。

11　秋,七月庚寅,周以杨坚为大前疑,柱国司马消难为大后承。

12　辛卯,初用大货六铢钱。

13　丙申,周纳司马消难女为正阳宫皇后。

己酉,周尊天元帝太后李氏为天皇太后。壬子,改天元皇后朱氏为天皇后,立妃元氏为天右皇后,陈氏为天左皇后,凡四后云。元氏,开府仪同大将军晟之女;陈氏,大将军山提之女也。

八月庚申,天元如同州。

14　丁卯,上阅武于大壮观。命都督任忠帅步骑十万陈于玄武湖,都督陈景帅楼舰五百出瓜步江,振旅而还。

15　壬申,周天元还长安。甲戌,以陈山提、元晟并为上柱国。

16　戊寅,上还宫。

豫章内史南康王方泰,在郡秩满,纵火延烧邑居,因行暴掠,驱录富人,征求财贿。上阅武,方泰当从,启称母疾不行,而微服往民间淫人妻,为州所录。又帅人仗抗拒,伤禁司,为有司所奏。上大怒,下方泰狱,免官,削爵土,寻而复旧。

17　壬午,周以上柱国毕王贤为太师,郇公韩业为大左辅。九月乙卯,以鄪王贞为大冢宰。以郧公孝宽为行军元帅,帅行军总管杞公亮、郕公梁士彦寇淮南。仍遣御正杜杲、礼部薛舒来聘。

18　冬,十月壬戌,周天元幸道会苑,大醮,以高祖配醮。初复佛像及天尊像,天元与二像俱南面坐,大陈杂戏,令长安士民纵观。

10 突厥侵扰北周的并州。六月,北周征调潼关以东各地的百姓修葺北齐所筑的长城。

11 秋季,七月庚寅(初一),北周任命杨坚为大前疑,柱国司马消难为大后承。

12 辛卯(初二),陈朝开始使用大货六铢钱。

13 丙申(初七),北周静帝纳司马消难的女儿为正阳宫皇后。

己酉(二十日),北周对天元帝太后李氏尊号为天皇太后。壬子(二十三日),改天元皇后朱氏为天皇后,立妃子元氏为天右皇后,陈氏为天左皇后,一共有四个后。元氏,是开府仪同大将军元晟的女儿;陈氏,是大将军陈山提的女儿。

八月庚申(初一),天元皇帝去同州。

14 丁卯(初八),陈朝宣帝在大壮观阅兵。命令都督任忠率领十万步骑兵在玄武湖列阵,都督陈景统率五百艘楼船出瓜步江,整顿部队而返。

15 壬申(十三日),北周天元皇帝回长安。甲戌(十五日),任命陈山提、元晟两人为上柱国。

16 戊寅(十九日),陈宣帝回宫。

豫章内史南康王陈方泰,在郡里服官任期已满,纵火焚烧城里的房屋,并进行凶暴的抢掠,驱赶逮捕富人,搜括财富强索贿赂。宣帝阅兵时,方泰应当随从,却启奏说母亲有病不能随同,甚而穿了普通衣服到民间奸污别人的妻子,被州官逮捕。又曾领人带着兵器抗拒官府,打伤禁司,被官吏奏报给宣帝。宣帝勃然大怒,将方泰投入牢狱,免官,取消他的爵号和封地,不久又都恢复如前。

17 壬午(二十三日),北周任命上柱国毕王宇文贤为太师,邺公韩业为大左辅。九月乙卯(二十七日),任命酆王宇文贞为大冢宰。任命郧公韦孝宽为行军元帅,率领行军总管杞公宇文亮、郕公梁士彦入侵淮南。仍派御正杜杲、礼部薛舒到陈朝访问。

18 冬季,十月壬戌(初四),北周天元皇帝驾临道会苑,举行祷神除灾的祭祀,以周高祖配祀。开始恢复佛像和天尊像,天元皇帝的造像和上述两像都是面南而坐,布置了大批杂戏,让长安的士民随意观赏。

19 甲戌，以尚书仆射陆缮为尚书左仆射。

20 十一月辛卯，大赦。

21 周韦孝宽分遣杞公亮自安陆攻黄城，梁士彦攻广陵。甲午，士彦至肥口。

22 乙未，周天元如温汤。

23 戊戌，周军进围寿阳。

24 周天元如同州。

25 诏开府仪同三司、南兖州刺史淳于量为上流水军都督，中领军樊毅都督北讨诸军事，左卫将军任忠都督北讨前军事，前丰州刺史皋文奏帅步骑三千趣阳平郡。

26 壬寅，周天元还长安。

27 癸卯，任忠帅步骑七千趣秦郡。丙午，仁威将军鲁广达帅众入淮。是日，樊毅将水军二万自东关入焦湖，武毅将军萧摩诃帅步骑趣历阳。戊申，韦孝宽拔寿阳，杞公亮拔黄城，梁士彦拔广陵。辛亥，又取霍州。癸丑，以扬州刺史始兴王叔陵为大都督，总水步众军。

28 丁巳，周铸永通万国钱，一当千，与五行大布并行。

29 十二月戊午，周天元以灾异屡见，舍仗卫，如天兴宫。百官上表，劝复寝膳。甲子，还宫，御正武殿，集百官及宫人、外命妇，大列伎乐，初作乞寒胡戏。

30 乙丑，南北兖、晋三州及盱眙、山阳、阳平、马头、秦、历阳、沛、北谯、南梁等九郡民并自拔还江南。周又取谯、北徐州。自是江北之地尽没于周。

31 周天元如洛阳，亲御驿马，日行三百里，四皇后及文武侍卫数百人并乘驲以从。仍令四后方驾齐驱，或有先后，辄加谴责，人马顿仆，相及于道。

19　甲戌(十六日)，陈朝任命尚书仆射陆缮为尚书左仆射。

20　十一月辛卯(初四)，陈朝大赦全国。

21　北周韦孝宽分别派遣杞公宇文亮从安陆进攻黄城，梁士彦进攻广陵。甲午(初七)，梁士彦到肥口。

22　乙未(初八)，北周天元皇帝去骊山的温泉。

23　戊戌(十一日)，北周军队进攻并包围寿阳。

24　北周天元皇帝去同州。

25　陈宣帝诏令开府仪同三司、南兖州刺史淳于量为上流水军都督，中领军樊毅都督北讨诸军事，左卫将军任忠都督北讨前军事，前丰州刺史皋文奏率领三千步骑兵进取阳平郡。

26　壬寅(十五日)，北周天元皇帝回长安。

27　癸卯(十六日)，陈朝的任忠率领七千步骑兵进取秦郡。丙午(十九日)，仁威将军鲁广达率军进入淮河一带。同一天，樊毅率领两万水军从东关进入焦湖，武毅将军萧摩诃率领步、骑兵进取历阳。戊申(二十一日)，北周的韦孝宽攻克寿阳，杞公宇文亮攻克黄城，梁士彦攻克广陵。辛亥(二十四日)，又攻取霍州。癸丑(二十六日)，陈朝任命扬州刺史始兴王陈叔陵为大都督，总辖水、步诸军。

28　丁巳(三十日)，北周铸造永通万国钱，以一当千，和五行大布一并流通。

29　十二月戊午(初一)，北周天元皇帝因为一再出现灾异现象，不用仪仗和护卫，去天兴宫斋戒。朝廷百官对他上表，劝皇帝恢复睡觉用膳。甲子(初七)，天元皇帝回宫，在正武殿召集百官、宫人、宫廷外臣以下的母亲、妻子，摆开了许多杂技歌舞，初次进行西域地方的乞寒游戏。

30　乙丑(初八)，南兖州、北兖州、晋州以及盱眙、山阳、阳平、马头、秦、历阳、沛、北谯、南梁等九郡的百姓一齐离开当地返回长江以南地区。北周又得到谯、北徐州。此后长江以北的地方都并入北周。

31　北周天元皇帝去洛阳，亲自驾驭驿马，一天走三百里，四位皇后以及文武侍卫几百人乘驿马在后面跟从。又命令四位皇后和自己并驾齐驱，走得有先后时，便加以斥责，弄得人困马乏跌倒在地，一路上接连不断出现。

32　癸酉,遣平北将军沈恪、电威将军裴子烈镇南徐州,开远将军徐道奴镇栅口,前信州刺史杨宝安镇白下。戊寅,以中领军樊毅都督荆、郢、巴、武四州水陆诸军事。

33　己卯,周天元还长安。

34　贞毅将军汝南周法尚,与长沙王叔坚不相能,叔坚谮之于上,云其欲反。上执其兄定州刺史法僧,发兵将击法尚。法尚奔周,周天元以为仪同大将军、顺州刺史,上遣将军樊猛济江击之。法尚遣部曲督韩朗诈降于猛,曰:"法尚部兵不愿降北,人皆窃议,欲叛还。若得军来,自当倒戈。"猛以为然,引兵急趋之。法尚阳为畏惧,自保江曲,战而伪走,伏兵邀之,猛仅以身免,没者几八千人。

32 癸酉(十六日),陈朝派平北将军沈恪、电威将军裴子烈镇守南徐州,开远将军徐道奴镇守栅口,前信州刺史杨宝安镇守白下。戊寅(二十一日),任命中领军樊毅都督荆、郢、巴、武四州的水陆军务。

33 己卯(二十二日),北周天元皇帝回长安。

34 陈朝的贞毅将军汝南人周法尚,与长沙王陈叔坚不和,陈叔坚在皇帝面前说周法尚的坏话,说周要谋反。陈宣帝逮捕了周法尚的哥哥定州刺史周法僧,发兵准备讨伐周法尚。周法尚投奔北周,北周天元皇帝任命他为仪同大将军、顺州刺史,陈宣帝派将军樊猛渡过长江去攻打他。周法尚派部曲督韩朗向樊猛假投降,说:"周法尚部下的士兵不愿意向北周投降,人们都私下议论,要叛变他返回陈国。如果能派军队来,就会掉转矛头对周法尚造反。"樊猛认为他的话很对,便率军急攻周法尚。周法尚表面装作畏惧,自保江曲,交战后假装退兵,实际上埋伏了士兵向樊猛拦击,樊猛仅仅单身脱逃,损失的军队几乎有八千人。

卷第一百七十四　陈纪八

庚子(580)一年

高宗宣皇帝下之上

太建十二年(庚子,580)

1　春,正月癸巳,周天元祠太庙。

2　戊戌,以左卫将军任忠为南豫州刺史,督缘江军防事。

3　乙卯,周税入市者人一钱。

4　二月丁巳,周天元幸露门学,释奠。

5　戊午,突厥入贡于周,且迎千金公主。

6　乙丑,周天元改制为天制,敕为天敕。壬午,尊天元皇太后为天元上皇太后,天皇太后为天元圣皇太后。癸未,诏杨后与三后皆称太皇后,司马后直称皇后。

　　行军总管杞公亮,天元之从祖兄也。其子西阳公温妻尉迟氏,蜀公迥之孙,有美色,以宗妇入朝,天元饮之酒,逼而淫之。亮闻之,惧;三月,军还,至豫州,密谋袭韦孝宽,并其众,推诸父为主,鼓行而西。亮国官茹宽知其谋,先告孝宽,孝宽潜设备。亮夜将数百骑袭孝宽营,不克而走。

高宗宣皇帝下之上

陈宣帝太建十二年(庚子,公元580年)

1 春季,正月癸巳(初七),北周天元皇帝到太庙祭祀祖先。

2 戊戌(十二日),南陈朝廷任命左卫将军任忠为南豫州刺史,负责沿江一带的军事防务。

3 乙卯(二十九日),北周朝廷向出入市肆的人每人征税一文钱。

4 二月丁巳(初一),北周天元皇帝驾幸露门学校,陈设酒食祭祀先圣先师。

5 戊午(初二),突厥国派人向北周朝廷进贡,并来迎娶千金公主。

6 乙丑(初九),北周天元皇帝将自己所下的制书改称天制,敕书改称天敕。壬午(二十六日),北周尊称天元皇太后为天元上皇太后,天皇太后为天元圣皇太后。癸未(二十七日),又下诏书令对皇后杨氏与朱氏、元氏、陈氏三位皇后一样都称为太皇后,司马皇后直称皇后。

北周行军总管杞公宇文亮是天元皇帝的从祖堂兄。宇文亮的儿子西阳公宇文温的妻子尉迟氏是蜀公尉迟迥的孙女,容貌美艳,以皇族大夫妇人的身份入朝,天元皇帝强迫她陪酒,进而奸污了她。宇文亮得知此事后,心中恐惧。三月,他率军从淮南返回,军到豫州时,密谋袭击征南行军元帅韦孝宽,把他的部队夺过来,然后再推举自己父辈等人为首领,拥兵击鼓西进。宇文亮的国官茹宽得悉了他的计谋,事先告知了韦孝宽,韦孝宽就暗中做了周密部署。一天夜晚,宇文亮带领数百名骑兵偷袭韦孝宽军营,没有得手,被迫退走。

戊子,孝宽追斩之,温亦坐诛。天元即召其妻入宫,拜长贵妃。辛卯,立亮弟永昌公椿为杞公。

7　周天元如同州,增候正、前驱、式道候为三百六十重,自应门至于赤岸泽,数十里间,幡旗相蔽,音乐俱作,又令虎贲持钑马上,称警跸。乙未,改同州宫为成天宫。庚子,还长安。诏天台侍卫之官,皆著五色及红、紫、绿衣,以杂色为缘,名曰“品色衣”,有大事,与公服间服之。壬寅,诏内外命妇皆执笏,其拜宗庙及天台,皆俛伏如男子。

天元将立五皇后,以问小宗伯狄道辛彦之。对曰:“皇后与天子敌体,不宜有五。”太学博士西城何妥曰:“昔帝喾四妃,虞舜二妃。先代之数,何常之有!”帝大悦,免彦之官。甲辰,诏曰:“坤仪比德,土数惟五,四太皇后外,可增置天中太皇后一人。”于是以陈氏为天中太皇后,尉迟妃为天左太皇后。又造下帐五,使五皇后各居其一,实宗庙祭器于前,自读祝版而祭之。又以五辂载妇人,自帅左右步从。又好倒悬鸡及碎瓦于车上,观其号呼以为乐。

8　夏,四月癸亥,尚书左仆射陆缮卒。
9　己巳,周天元祠太庙。己卯,大雩。壬午,幸仲山祈雨。甲申,还宫,令京城士女于衢巷作乐迎候。

戊子(初三),韦孝宽领兵追击,将宇文亮斩首,宇文温也受牵连被杀。天元皇帝随即把宇文温的妻子召入后宫,册封为长贵妃。辛卯(初六),天元皇帝又立宇文亮的弟弟永昌公宇文椿为杞公。

7 北周天元皇帝巡幸同州,增派负责候望车驾的候正、负责先行安排的前驱以及负责在车驾前面开路的式道候等多达三百六十重,从皇宫应门一直到长安北面的赤岸泽,数十里间,幡旗相连,遮天蔽日,音乐大作,响彻云天。又命令虎贲卫士持戟乘马,沿路戒严,禁止过往行人通行。乙未(初十),天元皇帝下令将他下榻的同州宫改称成天宫。庚子(十五日),天元皇帝回到长安。又下诏书命令在天台内的侍卫官吏,都须穿五色和红色、紫色、绿色衣服,以杂色为边缘装饰,名叫"品色衣",遇到重大事情,可与公服轮换穿戴。壬寅(十七日),天元皇帝又下诏书命令宫廷内外有封号的妇人上朝时都要手持笏板,她们朝拜宗庙或天台时,都要像男人一样俯身跪拜。

天元皇帝准备册立五位皇后,征询小宗伯狄道人辛彦之的意见。辛彦之回答说:"皇后与天子同样尊贵,不应该有五位。"太常博士西城人何妥说:"古时候帝喾有四个妃子,虞舜有两个妃子。可见前代在皇后的数目上,并没有一成不变的规定。"天元皇帝听了何妥的话非常高兴,就罢免了辛彦之的官。甲辰(十九日),天元皇帝下诏书说:"妇人取法大地,土地有五类,所以在四位太皇后之外,可以再增置一位天中太皇后。"于是册封陈氏为天中太皇后,尉迟妃为天左太皇后。天元皇帝又下令建造了五座帐篷,让五位皇后各居住一座。他又将宗庙里的祭祀用具陈列于前,亲自拿着祝版宣读祝文,以祭告祖先。天元皇帝也经常让妇女乘坐玄辂、夏篆、夏缦、墨车和轺车等五种车子,自己带领左右随从步行跟从。他还喜欢倒挂活鸡于车上,或者向车上投掷瓦片,看着那些乘车的妇女吓得呼叫而借以取乐。

8 夏季,四月癸亥(初八),南陈尚书左仆射陆缮去世。

9 己巳(十四日),北周天元皇帝到太庙去祭祀祖先。己卯(二十四日),举行求雨祭祀。壬午(二十七日),天元皇帝又到仲山求雨。甲申(二十九日),天元皇帝从仲山返回皇宫,下令京城百姓在街巷唱歌跳舞迎候车驾。

10　五月癸巳，以尚书右仆射晋安王伯恭为仆射。

11　周杨后性柔婉，不妒忌，四皇后及嫔、御等，咸爱而仰之。天元昏暴滋甚，喜怒乖度，尝谴后，欲加之罪。后进止详闲，辞色不挠，天元大怒，遂赐后死，逼令引诀，后母独孤氏诣阁陈谢，叩头流血，然后得免。

后父大前疑坚，位望隆重，天元忌之，尝因忿谓后曰："必族灭尔家！"因召坚，谓左右曰："色动，即杀之。"坚至，神色自若，乃止。内史上大夫郑译，与坚少同学，奇坚相表，倾心相结。坚既为帝所忌，情不自安，尝在永巷，私于译曰："久愿出藩，公所悉也，愿少留意！"译曰："以公德望，天下归心。欲求多福，岂敢忘也！谨即言之。"

天元将遣译入寇，译请元帅。天元曰："卿意如何？"对曰："若定江东，自非懿戚重臣，无以镇抚，可令随公行，且为寿阳总管以督军事。"天元从之。己丑，以坚为扬州总管，使译发兵会寿阳。将行，会坚暴有足疾，不果行。

甲午夜，天元备法驾，幸天兴宫；乙未，不豫而还。小御正博陵刘昉，素以狡谄得幸于天元，与御正中大夫颜之仪并见亲信。天元召昉、之仪入卧内，欲属以后事，天元喑，不复能言。昉见静帝幼冲，以杨坚后父，有重名，遂与领内史郑译、御饰大夫柳裘、内史大夫杜陵韦谟、御正下士朝那皇甫绩谋引坚辅政，坚固辞，不敢当；昉曰："公若为，速为之；不为，昉自为也。"

10 五月癸丑(初九),南陈任命尚书右仆射晋安王陈伯恭为尚书仆射。

11 北周杨皇后性格柔顺,不妒忌,所以其他四位皇后以及后宫中的九嫔、侍御等都爱戴并敬重她。天元皇帝越来越昏庸暴虐,喜怒无常,曾无故责备杨皇后,想强加给她罪名。但是杨皇后举止安详,言语态度没有屈服的表示,天元皇帝十分愤怒,遂将杨皇后赐死,逼令她自杀。杨皇后的母亲独孤氏闻讯后,急忙进宫,为杨皇后求情,以至叩头流血,杨皇后才免于一死。

杨皇后的父亲杨坚任职大前疑,地位尊崇,深孚众望,天元皇帝一直猜忌他,有一次发怒时对杨皇后说:"我一定要将你家灭族。"于是传令召杨坚进宫,对左右侍从说:"他如果变了脸色,就立即把他杀死。"杨坚来到以后,神色自若,天元皇帝才没有杀他。内史上大夫郑译,少年时与杨坚同学,对杨坚的相貌感到惊奇,于是诚心诚意与他交结。杨坚既已遭到天元皇帝的猜忌,心中老是忐忑不安,有一次在宫中的长巷内碰到郑译,就悄悄地对他说:"我早就想出朝镇守一方,这你是很清楚的,希望你能够为我留心这样的机会!"郑译说:"随公您德高望重,天下归心。我也奢望前程远大,对您托付的事岂敢遗忘!我很快就向皇帝郑重上奏。"

北周天元皇帝将派郑译率军进攻南陈,郑译请求朝廷任命一位元帅。天元皇帝问:"你认为派谁合适?"郑译回答说:"如果要平定江东,不用朝廷懿戚重臣做统帅,难以镇抚,请命令随公杨坚随军前往,担任寿阳总管,负责前线军事。"天元皇帝答应了郑译的请求。己丑(初五),天元皇帝任命杨坚为扬州总管,令郑译调遣军队,与杨坚到寿阳会合。将要出发时,适逢杨坚突然得了脚病,结果没有成行。

甲午(初十)夜,天元皇帝乘坐车驾,临幸天兴宫。乙未(十一日),因病返回。小御正博陵人刘昉一向以狡黠谄媚得到天元皇帝的宠爱,与御正中大夫颜之仪一起受到天元皇帝的信任。天元皇帝召见刘昉、颜之仪到卧室,想向他们托付后事,但因病发音困难,不能再说话。刘昉见静帝年纪幼小,而杨坚是杨皇后的父亲,声名显赫,于是和领内史郑译、御饰大夫柳裘、内史大夫杜陵人韦谟、御正下士朝那人皇甫绩商议,邀请杨坚辅政。杨坚坚辞不接受,刘昉就对他说:"您如果想干,就赶快上任;如果不想干,我就自己干。"

坚乃从之，称受诏居中侍疾。裴，恢之孙也。

是日，帝殂。秘不发丧。昉、译矫诏以坚总知中外兵马事。颜之仪知非帝旨，拒而不从。昉等草诏署讫，逼之仪连署，之仪厉声曰："主上升遐，嗣子冲幼，阿衡之任，宜在宗英。方今赵王最长，以亲以德，合膺重寄。公等备受朝恩，当思尽忠报国，奈何一旦欲以神器假人！之仪有死而已，不能诬罔先帝。"昉等知不可屈，乃代之仪署而行之。诸卫既受敕，并受坚节度。

坚恐诸王在外生变，以千金公主将适突厥为辞，征赵、陈、越、代、滕五王入朝。坚索符玺，颜之仪正色曰："此天子之物，自有主者，宰相何故索之！"坚大怒，命引出，将杀之。以其民望，出为西边郡守。

丁未，发丧。静帝入居天台，罢正阳宫。大赦，停洛阳宫作。庚戌，尊阿史那太后为太皇太后，李太后为太帝太后，杨后为皇太后，朱后为帝太后，其陈后、元后、尉迟后并为尼。以汉王赞为上柱国、右大丞相，尊以虚名，实无所综理。以杨坚为假黄钺、左大丞相，秦王贽为上柱国。百官总己以听于左丞相。

坚初受顾命，使邗国公杨惠谓御正下大夫李德林曰："朝廷赐令总文武事，经国任重。今欲与公共事，必不得辞。"德林曰："愿以死

杨坚这才答应,对外则宣称接到天元皇帝诏命,要他住进宫中侍奉疾病。柳裘是柳惔的孙子。

当天,天元皇帝去世。宫中对外秘而不宣。刘昉、郑译又假传诏命,让杨坚总管朝野内外的军队。颜之仪知道这不是天元皇帝的命令,就拒绝服从诏命。刘昉等人起草好诏书并分别署上自己的名字后,逼颜之仪也签上名字,颜之仪厉声说:"天元皇帝已经升天,继位的静帝还很年幼,总理朝政的重任应该由宗室中有才能的人担任。现今赵王宇文招年纪最大,他既是宗室至亲,又有德行和才干,理当担负辅政重任。你们诸位备受朝廷恩惠,应当考虑怎样才能尽忠报国才是,怎么能够把天下的权柄授予他姓之人呢!我颜之仪宁死也不能欺骗先帝的在天之灵。"刘昉等人知道无法使颜之仪屈从,于是就代替颜之仪签上名字,然后颁行下去。北周负责保卫京师和皇宫的禁卫军各部队既然都接到了天元皇帝的诏命,于是就都接受杨坚的指挥。

杨坚恐怕宗室诸王在地方发动叛乱,就以千金公主将要远嫁突厥为借口,征召赵王宇文招、陈王宇文纯、越王宇文盛、代王宇文达、滕王宇文逌等五王入朝。杨坚索要天元皇帝的兵符玺印,颜之仪严厉地拒绝道:"这是天子使用的东西,自然有职掌机构掌管,宰相凭什么索要天子的兵符印玺呢?"杨坚听了勃然大怒,命令将颜之仪拉出宫去,准备杀了他。后来杨坚考虑到颜之仪在朝廷上下都很有声望,于是就派他去做了西部边疆的郡守。

丁未(二十三日),北周为去世的天元皇帝发丧。周静帝住进天台,下令废除正阳宫的名称。静帝又下令大赦天下罪人,停止修建洛阳宫。庚戌(二十六日),周静帝下诏书令尊称阿史那太后为太皇太后,李太后为太帝太后,杨皇后为皇太后,朱皇后为帝太后。陈皇后、元皇后、尉迟皇后出家为尼姑。又任命汉王宇文赞为上柱国、右大丞相,只不过是尊以虚名,实际上没有任何权力。同时任命杨坚为假黄钺、左大丞相,秦王宇文贽为上柱国。还下令朝中百官都必须率领下属服从左丞相的命令。

起初,杨坚受命辅政时,就派邢国公杨惠对御正下大夫李德林说:"朝廷赐令让我总管文武大权,治理国家的责任重大。我想与你一起谋划大事,你一定不要推辞。"李德林回答说:"我愿意以死

奉公。"坚大喜。始,刘昉、郑译议以坚为大冢宰,译自摄大司马,昉又求小冢宰。坚私问德林曰:"欲何以见处?"德林曰:"宜作大丞相、假黄钺、都督中外诸军事,不尔,无以压众心。"及发丧,即依此行之。以正阳宫为丞相府。

时众情未壹,坚引司武上士卢贲置左右。将之东宫,百官皆不知所从。坚潜令贲部伍仗卫,因召公卿,谓曰:"欲求富贵者宜相随。"往往偶语,欲有去就,贲严兵而至,众莫敢动。出崇阳门,至东宫,门者拒不纳,贲谕之,不去。瞋目叱之,门者遂却,坚入。贲遂典丞相府宿卫。贲,辩之弟子也。以郑译为丞相府长史,刘昉为司马,李德林为府属,二人由是怨德林。

内史下大夫勃海高颎明敏有器局,习兵事,多计略,坚欲引之入府,遣杨惠谕意。颎承旨,欣然曰:"愿受驱驰。纵令公事不成,颎亦不辞灭族。"乃以为相府司录。

时汉王赞居禁中,每与静帝同帐而坐。刘昉饰美妓进赞,赞甚悦之。昉因说赞曰:"大王,先帝之弟,时望所归。孺子幼冲,岂堪大事!今先帝初崩,人情尚扰。王且归第,待事宁后,入为天子,此万全计也。"赞年少,性识庸下,以为信然,遂从之。

坚革宣帝苛酷之政,更为宽大,删略旧律,作《刑书要制》,奏而行之。躬履节俭,中外悦之。

追随您。"杨坚非常高兴。最初,刘昉、郑译商议让杨坚出任大冢宰,郑译自己想担任大司马,刘昉又要求担任小冢宰。杨坚私下问李德林:"你说我应该怎么办?"李德林说:"您应该担任大丞相、假黄钺、都督中外诸军事。如果不这样做,就不能镇服众心。"等到为天元皇帝办完丧事,杨坚就按照李德林所说的去做了。把正阳宫作为丞相府。

当时北周将帅大臣尚未归心于杨坚,杨坚把掌管宫廷宿卫的司武上士卢贲安排在自己的身边。杨坚将要去东宫,朝中百官都不知道该怎么办才好。杨坚一面密令卢贲部署宿卫禁兵,一面召见公卿大臣,对他们说:"想求取富贵的人请追随我。"公卿大臣三三两两私下商议,有的表示愿意追随杨坚,有的则想留在朝廷,这时,卢贲带着全副武装的宿卫禁兵来到,公卿大臣谁也不敢再有离去的表示。杨坚带着朝中百官出了宫廷东门崇阳门,来到东宫,但是守门的禁兵不放杨坚进去,卢贲上前对他们说明情况,禁兵还是不肯撤离。于是卢贲双目圆睁,厉声喝令他们闪开,守门禁兵这才退下,杨坚得以进入东宫。卢贲从此负责掌管丞相府的警卫。卢贲是卢辩弟弟的儿子。杨坚任命郑译为丞相府长史,刘昉为司马,李德林为府属。郑译、刘昉二人从此怨恨李德林。

北周内史下大夫勃海人高颎,聪明敏捷,有度量,懂军事,足智多谋,杨坚想请他进丞相府任职,于是派杨惠去向高颎转达相邀之意。高颎接受了邀请,并欣然回答说:"愿意听从杨公差遣。纵使杨公大业不成,我也不怕遭到灭族之祸。"杨坚于是任命高颎为丞相府司录。

当时汉王宇文赞就住在宫廷中,每天都与周静帝同帐而坐。刘昉就把一些经过打扮的美貌歌女进献给宇文赞,宇文赞非常高兴。刘昉乘机对宇文赞说:"大王您是先帝的弟弟,为众望所归。小皇帝年龄还小,怎能担负起治理天下的重任!只是现在先帝刚刚去世,人心还不稳定,请您暂时先回自己的府第,等待事情安定后,就迎立您为天子,这方是万全之计。"宇文赞年轻,没有远见,相信了刘昉的话,于是就出宫回汉王府第去了。

杨坚执政以后,革除了周宣帝苛刻残暴的政令,为政宽大。他删改旧律,制定《刑书要制》,上奏周静帝颁行天下。他又提倡节俭,并且身体力行,于是得到了朝野内外的称赞。

坚夜召太史中大夫庾季才,问曰:"吾以庸虚,受兹顾命。天时人事,卿以为何如?"季才曰:"天道精微,难可意察。窃以人事卜之,符兆已定。季才纵言不可,公岂复得为箕、颍之事乎!"坚默然久之,曰:"诚如君言。"独孤夫人亦谓坚曰:"大事已然,骑虎之势,必不得下,勉之!"

坚以相州总管尉迟迥位望素重,恐有异图,使迥子魏安公惇奉诏书召之会葬。壬子,以上柱国韦孝宽为相州总管。又以小司徒叱列长义为相州刺史,先令赴邺。孝宽续进。

陈王纯时镇齐州,坚使门正上士崔彭征之。彭以两骑往止传舍,遣人召纯。纯至,彭请屏左右,密有所道,遂执而锁之,因大言曰:"陈王有罪,诏征入朝,左右不得辄动!"其从者愕然而去。彭,楷之孙也。

六月,五王皆至长安。

12　庚申,周复行佛、道二教,旧沙门、道士精志者,简令入道。

13　周尉迟迥知丞相坚将不利于帝室,谋举兵讨之。韦孝宽至朝歌,迥遣其大都督贺兰贵,赍书候韦孝宽。孝宽留贵与语以审之,疑其有变,遂称疾徐行。又使人至相州求医药,密以伺之。孝宽兄子艺,为魏郡守,迥遣艺迎孝宽,孝宽问迥所为,艺党于迥,不以实对。孝宽怒,将斩之,艺惧,悉以迥谋语孝宽。孝宽携艺西走,每至亭驿,尽驱其传马而去,谓驿司曰:"蜀公

杨坚在夜里召见太史中大夫庾季才,问道:"我虽然没有才能,却得到了辅佐幼主的重任。从天时和人事两方面来看,你以为会怎么样呢?"庾季才回答说:"天道精微奥妙,一时难以观察出来。我只从人事方面来预料,觉得符合征兆已定。我即使说天时和人事都对您不利,您难道还能够效法尧帝时代的许由,逃往箕山,洗耳于颍水,而让天下吗!"杨坚沉默了一会,然后说:"事情确实像你所说的那样。"杨坚的夫人独孤氏也对他说:"事情已经到了这一步,骑虎难下,你就努力去做吧!"

杨坚认为相州总管尉迟迥素来地位高,名望大,恐怕他有异图,于是就派他的儿子魏安公尉迟惇持诏书召尉迟迥还京师参加天元皇帝的葬礼。壬子(二十八日),任命上柱国韦孝宽为相州总管。又任命小司徒叱列长义为相州刺史,先令他赶赴邺城。韦孝宽随后跟上。

北周陈王宇文纯当时镇守齐州,杨坚派门正上士崔彭前去征召。崔彭带着两名随从骑兵到了齐州,就住在供使者休息的传舍,派人去叫宇文纯。宇文纯来到后,崔彭请他让左右的侍卫随从退下,说有重要的话私下谈。然后乘机命令用枷锁了宇文纯,并对外大声宣布:"陈王有罪,皇帝下诏征他入朝,随从侍卫都不许乱动。"宇文纯的左右人员听后,都惊愕而散去。崔彭是崔楷的孙子。

六月,北周赵、陈、越、代、滕五王都到达长安。

12 庚申(初六),北周恢复佛、道二教,原来的和尚、道士诚心修行者,下令分别恢复他们的宗教徒身份。

13 北周尉迟迥深知丞相杨坚将会篡夺政权,就密谋起兵讨伐。韦孝宽进至朝歌,尉迟迥派遣部下大都督贺兰贵持他的亲笔信来迎接。韦孝宽把贺兰贵留下来,与他交谈,从贺兰贵的言谈话语中,觉察到尉迟迥可能会有变故,于是就假称有病,缓慢而行。一面派人以寻医买药为名到相州,暗中侦察尉迟迥的动静。韦孝宽的侄子韦艺,当时正在尉迟迥手下任魏郡太守。尉迟迥就派韦艺去迎接韦孝宽,韦孝宽问他关于尉迟迥的情况,韦艺因为是尉迟迥的同党,没有告诉韦孝宽实情。韦孝宽非常愤怒,要把韦艺斩首,韦艺惧怕,就把尉迟迥的密谋全部告诉了韦孝宽。于是韦孝宽带着韦艺向西奔还,每到一个亭驿,就把驿站里供使者换乘的传马全都驱赶而去,又对负责亭驿的驿司说:"蜀公尉迟迥

将至,宜速具酒食。"迥寻遣仪同大将军梁子康将数百骑追孝宽,追者至驿,辄逢盛馔,又无马,遂迟留不进。孝宽与艺由是得免。

坚又令候正破六韩裒诣迥谕旨,密与总管府长史晋昶等书,令为之备。迥闻之,杀昶及裒,集文武士民,登城北楼,令之曰:"杨坚藉后父之势,挟幼主以作威福,不臣之迹,暴于行路。吾与国舅甥,任兼将相。先帝处吾于此,本欲寄以安危。今欲与卿等纠合义勇,以匡国庇民,何如?"众咸从命。迥乃自称大总管,承制置官司。时赵王招入朝,留少子在国,迥奉以号令。

甲子,坚发关中兵,以韦孝宽为行军元帅,郕公梁士彦、乐安公元谐、化政公宇文忻、濮阳公武川宇文述、武乡公崔弘度、清河公杨素、陇西公李询等皆为行军总管,以讨迥。弘度,楷之孙;询,穆之兄子也。

初,宣帝使计部中大夫杨尚希抚慰山东,至相州,闻宣帝殂,与尉迟迥发丧。尚希出,谓左右曰:"蜀公哭不哀而视不安,将有他计。吾不去,惧及于难。"遂夜从捷径而遁。迟明,迥觉,追之不及,遂归长安。坚遣尚希督宗兵三千人镇潼关。

雍州牧毕剌王贤,与五王谋杀坚,事泄,坚杀贤,并其三子,掩五王之谋不问。以秦王贽为大冢宰,杞公椿为大司徒。庚子,以柱国梁睿为益州总管。睿,御之子也。

很快就要到达,赶快准备酒宴招待。"稍后,尉迟迥派遣仪同大将军梁子康带着数百名骑兵追赶韦孝宽,每追到一个驿站,遇到的都是丰盛的酒宴,又没有传马可以替换,于是就不再追赶。韦孝宽和韦艺因此得免于难。

杨坚又命令候正破六韩裒到邺城去,向尉迟迥申述自己并没有异图,同时暗中带着自己的亲笔信给相州总管府长史晋昶等人,要他们防备尉迟迥起兵叛乱。尉迟迥得知此事后,就杀了晋昶和破六韩裒,然后召集相州文武官吏和百姓,登上城北门楼,对他们说:"杨坚凭借着皇后父亲的地位,挟制年幼的天子,作威作福,政由己出,这种不遵守臣道的行为,早已路人皆知。我和太祖文皇帝是舅甥,与国家情同一体,休戚与共,一身担当出将入相的双重大任。先帝让我镇守相州,本来就寄托着国家的安危兴亡。现在我要与你们一起纠合仁义勇敢之士,揭竿而起,以匡扶国家,保护百姓,你们看怎么样?"相州官吏百姓都表示愿意服从尉迟迥的命令。尉迟迥于是自封为大总管,宣称秉承天子之意,设置各种官吏。当时赵王宇文招应朝廷征召入朝,小儿子留在封地襄国。尉迟迥就尊立他为首领,以此号令天下。

甲子(初十),杨坚调发北周在关中的军队,任命韦孝宽为行军元帅,郕公梁士彦、乐安公元谐、化政公宇文忻、濮阳公武川人宇文述、武乡公崔弘度、清河公杨素、陇西公李询等人为行军总管,统率军队讨伐尉迟迥。崔弘度是崔楷的孙子,李询是李穆哥哥的儿子。

当初,北周宣帝派遣计部中大夫杨尚希安抚慰问潼关以东各州郡,杨尚希到了相州,听到宣帝去世的消息,便和尉迟迥在相州为宣帝举行葬礼。杨尚希从葬礼上出来,对左右随从说:"蜀公尉迟迥哭得不悲痛,而且显得神色不安,他一定怀有别的阴谋。我如果不赶快离开此地,恐怕就会陷入祸乱之中。"于是在夜晚抄小路逃离相州。等到天明,尉迟迥方才发觉,已经追赶不上,杨尚希得以回到长安。杨坚遂派遣杨尚希率领家兵三千人镇守潼关。

北周雍州牧毕刺王宇文贤,与赵、陈、越、代、滕五王密谋除掉杨坚,事情败露,杨坚杀了宇文贤和他的三个儿子,而将五王参与密谋的事掩盖了下来,没有追究问罪。任命秦王宇文贽为大冢宰,杞公宇文椿为大司徒。庚子,北周朝廷任命柱国梁睿为益州总管。梁睿是梁御的儿子。

14　周遣汝南公神庆、司卫上士长孙晟送千金公主于突厥。晟，幼之曾孙也。

又遣建威侯贺若谊赂佗钵可汗，且说之以求高绍义。佗钵伪与绍义猎于南境，使谊执之。谊，敦之弟也。秋，七月甲申，绍义至长安，徙之蜀。久之，病死于蜀。

15　周青州总管尉迟勤，迥之弟子也。初得迥书，表送之，寻亦从迥。迥所统相、卫、黎、洺、贝、赵、冀、瀛、沧，勤所统青、齐、胶、光、莒等州皆从之，众数十万。荥州刺史邵公胄，申州刺史李惠，东楚州刺史费也利进，潼州刺史曹孝远，各据本州，徐州总管司录席毗罗据兖州，前东平郡守毕义绪据兰陵，皆应迥。怀县永桥镇将纥豆陵惠以城降迥。迥使其所署大将军石逊攻建州，建州刺史宇文弁以州降之。又遣西道行台韩长业攻拔潞州，执刺史赵威，署城人郭子胜为刺史。纥豆陵惠袭陷钜鹿，遂围恒州。上大将军宇文威攻汴州，莒州刺史乌丸尼等帅青、齐之众围沂州，大将军檀让攻拔曹、亳二州，屯兵梁郡。席毗罗众号八万，军于蕃城，攻陷昌虑、下邑。李惠自申州攻永州，拔之。

迥遣使招大左辅、并州刺史李穆，穆锁其使，封上其书。穆子士荣，以穆所居天下精兵处，阴劝穆从迥，穆深拒之。坚使内史大夫柳裘诣穆，为陈利害，又使穆子左侍上士浑往布腹心。穆使浑奉尉斗于坚，曰："愿执威柄以尉安天下。"又以十三镮金带遗坚。十三镮金带者，天子之服也。坚大悦，遣浑诣韦孝宽述穆意。穆兄子崇，为怀州刺史，初欲应迥。后知穆附坚，慨然太息曰：

14　北周派遣汝南公宇文神庆、司卫上士长孙晟护送千金公主到突厥去完婚。长孙晟是长孙幼的曾孙。

北周又派遣建威侯贺若谊前去贿赂突厥佗钵可汗，并且向他陈说利害，要求将投奔突厥的原北齐宗室范阳王高绍义交还北周。佗钵可汗同意，于是就假装约高绍义到南面边疆打猎，让贺若谊带人抓获了他。贺若谊是贺若敦的弟弟。秋季，七月甲申（初一），高绍义被押送到长安，北周朝廷把他流放到蜀地。很久以后，高绍义病死在蜀地。

15　北周青州总管尉迟勤是尉迟迥弟弟的儿子。起初，他收到尉迟迥的信后，派人把信送到长安，但是不久，又追随了尉迟迥。尉迟迥所统辖的相、卫、黎、洺、贝、赵、冀、瀛、沧等州，尉迟迥所统辖的青、齐、胶、光、莒等州，都追随他们，军队多达数十万人。另外，荥州刺史邵公宇文胄、申州刺史李惠、东楚州刺史费也利进、潼州刺史曹孝远等都各据本州，徐州总管司录席毗罗占据兖州，前东平郡守毕义绪占据兰陵，都起兵响应尉迟迥。怀县永桥镇将纥豆陵惠以城投降了尉迟迥。尉迟迥派遣他所任命的大将军石逊攻打建州，建州刺史宇文弁也以州城投降。尉迟迥又派遣西道行台韩长业攻克潞州，生擒潞州刺史赵威，任命潞州城人郭子胜为刺史。同时，纥豆陵惠攻陷钜鹿，接着又进围恒州。上大将军宇文威攻打汴州，莒州刺史乌丸尼等率领青、齐两州军队围攻沂州，大将军檀让攻克曹、亳二州后，驻军梁郡。席毗罗的军队有八万之众，驻兵蕃城，攻克了昌虑、下邑两县城。李惠自申州进攻永州，攻克了永州城。

尉迟迥派遣使者招附大左辅、并州刺史李穆，李穆将他所派的使者抓起来，连同书信一起送上朝廷。李穆的儿子李士荣认为李穆所统辖的并州是天下精兵所聚之地，暗中劝说李穆响应尉迟迥，李穆坚决拒绝。杨坚派遣内史大夫柳裘到李穆处，向他陈说利害关系，随后又派遣李穆的儿子左侍上士李浑到并州，向李穆转达他以诚相待之意。于是李穆派遣李浑送尉斗给杨坚，对他说："希望你执掌威柄安定天下。"又送给杨坚十三镮金带。十三镮金带是只有天子才能佩带的。杨坚非常高兴，于是又派遣李浑到行军元帅韦孝宽军营，告诉他李穆的态度。李穆哥哥的儿子李崇，当时任怀州刺史，起初想响应尉迟迥。后来得知李穆支持杨坚，慨然叹息说：

"阖家富贵者数十人,值国有难,竟不能扶倾继绝,复何面目处天地间乎!"不得已亦附于坚。迥子谊,为朔州刺史,穆执送长安;又遣兵讨郭子胜,擒之。

迥招徐州总管源雄,东郡守于仲文,皆不从。雄,贺之曾孙;仲文,谨之孙也。迥遣宇文胄自石济,宇文威自白马济河,二道攻仲文,仲文弃郡走还长安,迥杀其妻子。迥遣檀让徇地河南,丞相坚以仲文为河南道行军总管,使诣洛阳发兵讨让,命杨素讨宇文胄。

丁未,周以丞相坚都督中外诸军事。

郧州总管司马消难亦举兵应迥,己酉,周以柱国王谊为行军元帅,以讨消难。

广州刺史于颛,仲文之兄也,与总管赵文表不协。诈得心疾,诱文表,手杀之,因唱言文表与尉迟迥通谋。坚以迥未平,因劳勉之,即拜吴州总管。

赵僭王招谋杀坚,邀坚过其第,坚赍酒殽就之。招引入寝室,招子员、贯及妃弟鲁封等皆在左右,佩刀而立,又藏刃于帷席之间,伏壮士于室后。坚左右皆不得从,唯从祖弟开府大将军弘、大将军元胄坐于户侧。胄,顺之孙也。弘、胄皆有勇力,为坚腹心。酒酣,招以佩刀刺瓜连啗坚,欲因而刺之。元胄进曰:"相府有事,不可久留。"招诃之曰:"我与丞相言,汝何为者!"叱之使却。胄瞋目愤气,扣刀入卫。招赐之酒,曰:"吾岂有不善之意邪!卿何猜警如是?"招伪吐,将入后阁,胄恐其为变,扶令上坐,如此再三。招伪称喉干,命胄就厨取饮,胄不动。会滕王逌后至,坚降阶迎之。胄耳语曰:"事势大异,

"我全家得到富贵者多达数十人，现在遇到了国家有难，竟不能匡扶危难，延续皇室，还有什么面目立于天地之间呢！"不得已，也被迫依附了杨坚。尉迟迥的儿子尉迟谊，当时任朔州刺史，李穆将他抓获，押送长安。李穆又派遣军队讨伐郭子胜，抓获了他。

尉迟迥又招附徐州总管源雄和东郡太守于仲文，二人都不顺从。源雄是源贺的曾孙，于仲文是于谨的孙子。于是尉迟迥派遣宇文胄由石济渡河，宇文威由白马渡河，分两路去攻打于仲文，于仲文被迫放弃东郡城，逃回长安，尉迟迥杀死了他的妻儿。尉迟迥还派遣檀让略地河南，丞相杨坚任命于仲文为河南道行军总管，派他到洛阳征发军队讨伐檀让，同时命令杨素讨伐宇文胄。

丁未（二十四日），北周朝廷命令丞相杨坚总管朝野内外的军队。

北周郧州总管司马消难也举兵响应尉迟迥，己酉（二十六日），北周朝廷任命柱国王谊为行军元帅，统率军队讨伐司马消难。

北周广州刺史于颛是于仲文的哥哥，他与吴州总管赵文表不和。他假称得了心痛病，引诱赵文表来探视，然后亲手杀了他，于是对外宣称赵文表与尉迟迥通谋。杨坚因为尉迟迥尚未平定，因此派人慰勉于颛，并任命他为吴州总管。

北周赵僭王宇文招密谋除掉杨坚，就邀请杨坚到他的府第，杨坚带着酒菜前往。宇文招把杨坚引到自己的寝室，他的儿子宇文员、宇文贯和妻弟鲁封等都在左右陪侍，佩刀而立，宇文招又把兵器暗藏在帷幕与宴席之间，让壮士埋伏于寝室后面。杨坚的左右侍卫都不让随从，只有杨坚的从祖堂弟开府大将军杨弘与大将军元胄坐在寝室的门旁。元胄是元顺的孙子。杨弘与元胄都很有勇力，是杨坚的心腹将领。酒吃到尽兴时，宇文招用佩刀不断地刺瓜送入杨坚口中，想借机刺杀他。元胄见状，上前对杨坚说道："相府有事，不可久留。"宇文招呵斥他说："我正在与丞相谈话，你想干什么！"喝令他退下。元胄双目圆睁，怒气冲冲，提刀站在杨坚身旁。宇文招赏赐元胄酒喝，并且说："我难道会有恶意不成！你为何如此多疑，而加以戒备？"宇文招假装要呕吐，站起身想到后阁房去，元胄恐怕他一离开就会生变，于是多次扶他重新坐好。宇文招又谎称喉咙干渴，命令元胄到厨房取水来，元胄不动。正巧滕王宇文逌迟到，杨坚下台阶迎接他。元胄乘机对杨坚耳语道："情况异常，

可速去!"坚曰:"彼无兵马,何能为!"冑曰:"兵马皆彼物,彼若先发,大事去矣。冑不辞死,恐死无益。"坚复入坐。冑闻室后有被甲声,遽请曰:"相府事殷,公何得如此!"因扶坚下床趋去。招将追之,冑以身蔽户,招不得出。坚及门,冑自后至。招恨不时发,弹指出血。壬子,坚诬招与越野王盛谋反,皆杀之,及其诸子。赏赐元冑,不可胜计。

周室诸王数欲伺隙杀坚,坚都督临泾李圆通常保护之,由是得免。

16　癸丑,周主封其弟衍为叶王,术为郢王。

17　周豫、荆、襄三州蛮反,攻破郡县。

18　周韦孝宽军至永桥城,诸将请先攻之,孝宽曰:"城小而固,若攻而不拔,损我兵威。今破其大军,此何能为!"于是引军壁于武陟。尉迟迥遣其子魏安公惇帅众十万入武德,军于沁东。会沁水涨,孝宽与迥隔水相持不进。

孝宽长史李询密启丞相坚云:"梁士彦、宇文忻、崔弘度并受尉迟迥饷金,军中愕愕,人情大异。"坚深以为忧,与内史上大夫郑译谋代此三人者,李德林曰:"公与诸将,皆国家贵臣,未相服从,今正以挟令之威控御之耳。前所遣者,疑其乖异,后所遣者,又安知其能尽腹心邪!又,取金之事,虚实难明,今一旦代之,或惧罪逃逸;若加縻絷,则自郧公以下,莫不惊疑。且临敌易将,此燕、赵之所以败也。

请赶快离开这里!"杨坚说:"他没有掌握军队,又能有什么作为!"元胄说:"军队本来就是皇室的,他如果先发制人,到那时一切就全完了。我元胄并不怕死,只是怕死而无益。"杨坚没有听从元胄的劝告,仍旧入座。元胄听到寝室后面有士兵穿戴甲胄的声音,立即上前对杨坚说:"相府公事繁忙,您怎么能如此畅饮停留!"于是扶杨坚下坐床快步离去。宇文招想要追赶杨坚,元胄用身体堵在门口,宇文招不得出。等杨坚到了大门口,元胄才从后面赶上。宇文招后悔自己没有及时下手,以至恨得弹指出血。壬子(二十九日),杨坚诬陷宇文招与越野王宇文盛谋反,杀了二人和他们的儿子,并重赏元胄,多得数不过来。

北周宗室诸王多次想乘机除掉杨坚,杨坚的都督临泾人李圆通经常保护他,因此得免于难。

16　癸丑(三十日),北周静帝封其弟宇文衍为叶王,宇文术为郢王。

17　北周豫、荆、襄三州蛮族反叛,攻克了一些郡县。

18　北周行军元帅韦孝宽率军至永桥城,众将领都请求先攻打此城,韦孝宽说:"永桥镇城虽小却很坚固,如果攻而不克,就会挫伤我方军威。如果我们打败了尉迟迥的大军,这个小城还能有什么作为!"于是率军在武陟安营扎寨。尉迟迥派遣他的儿子魏安公尉迟惇率军十万进至武德,在沁水东面安营扎寨。时逢沁水暴涨,韦孝宽就与尉迟迥的军队隔水相持,都不进攻。

韦孝宽元帅府长史李询秘密向杨坚报告说:"梁士彦、宇文忻和崔弘度三位行军总管接受了尉迟迥馈赠的金钱,因此军中不安,人心异动。"杨坚深为担忧,就与内史上大夫郑译商议派谁取代他们三人,李德林说:"您与这些将领本来都是国家重臣,地位平等,他们没有服从您的义务,现在您只是凭借挟天子以令诸侯的权威来控制和驾驭他们罢了。以前所派遣的,您疑心他们怀有异意;那么往后再派遣的,您又怎么能知道他们都会是您的心腹呢!再说,他们三人收取尉迟迥馈赠金钱的事,真假不明,现在如果马上派人替代他们领兵,他们可能会因害怕获罪而逃走;如果把他们都抓起来,那么前线的将帅自郧公韦孝宽以下,就会人人自危,莫不惊慌。况且临战易将,正是战国时期燕国、赵国被齐国、秦国打败的根本原因。

如愚所见，但遣公一腹心，明于智略，素为诸将所信服者，速至军所，使观其情伪。纵有异意，必不敢动，动亦能制之矣。"坚大悟，曰："公不发此言，几败大事。"乃命少内史崔仲方往监诸军，为之节度。仲方，猷之子也，辞以父在山东。又命刘昉、郑译，昉辞以未尝为将，译辞以母老。坚不悦。府司录高颎请行，坚喜，遣之。颎受命亟发，遣人辞母而已。自是坚措置军事，皆与李德林谋之，时军书日以百数，德林口授数人，文意百端，不加治点。

19 司马消难以郧、随、温、应、土、顺、沔、儇、岳九州及鲁山等八镇来降，遣其子为质以求援。八月己未，诏以消难为大都督、总督九州八镇诸军事、司空，赐爵随公。庚申，诏镇西将军樊毅进督沔、汉诸军事，南豫州刺史任忠帅众趣历阳，超武将军陈慧纪为前军都督，趣南兖州。

20 周益州总管王谦亦不附丞相坚，起巴、蜀之兵以攻始州。梁睿至汉川，不得进，坚即以睿为行军元帅以讨谦。

21 戊辰，诏以司马消难为大都督水陆诸军事。庚午，通直散骑常侍淳于陵克临江郡。

22 梁世宗使中书舍人柳庄奉书入周。丞相坚执庄手曰："孤昔开府，从役江陵，深蒙梁主殊眷。今主幼时艰，猥蒙顾托。梁主奕叶委诚朝廷，当相与共保岁寒。"时诸将竞劝梁主举兵，与尉迟迥连谋，以为进可以尽节周氏，退可以席卷山南。梁主疑未决。会庄至，具道坚语，且曰："昔袁绍、刘表、

以我看来,您只要派遣一位既是您的心腹,又通晓智谋,向来为众将领所信服的人,立刻到军中去,监视将领们的举动。纵使他们怀有异意,也肯定不敢轻举妄动;万一他们有异常举动,也必能将其制服。"杨坚大悟,说:"如果不是你讲明这些道理,几乎要败坏大事。"于是命令少内史崔仲方前去监察诸军,并有权节制前方军事行动。崔仲方是崔猷的儿子,以父亲在山东而推辞。杨坚又先后命令刘昉、郑译前往,刘昉以自己没有做过将帅为理由推辞,郑译以母亲年迈需要侍奉为理由推辞。杨坚很不高兴。丞相府司录高颎请求前往,杨坚大喜,即派他去。高颎接受任命后立即出发,只派人向母亲告别。从此以后,杨坚凡是处理军务,都要与李德林商量,当时丞相府收到的军书日以百数,李德林往往同时向几个人口授批文,出口成章,文意多种多样,从不加以修改。

19　北周郧州总管司马消难举郧、随、温、应、土、顺、沔、儇、岳九州和鲁山等八镇投降陈朝,并派他的儿子入朝作为人质,请求援助。八月己未(初六),南陈宣帝下诏书任命司马消难为大都督、总督九州八镇诸军事、司空,并赐爵随公。庚申(初七),又下诏书让镇西将军樊毅督察沔、汉地区的军事,命令南豫州刺史任忠率军向历阳进发,任命超武将军陈慧纪为前军都督,率军向南兖州进发。

20　北周益州总管王谦也不愿意依附杨坚,于是出动巴、蜀地区的军队攻打始州。新任益州总管梁睿到汉川以后,无法再继续前进,杨坚即任命梁睿为行军元帅讨伐王谦。

21　戊辰(十五日),南陈朝廷下诏书任命司马消难为大都督水陆诸军事。庚午(十七日),通直散骑常侍淳于陵率军攻克临江郡。

22　梁世宗派遣中书舍人柳庄带着书信入周朝贡。北周丞相杨坚握着柳庄的手说:"我以前做开府时,曾经随军到过江陵,受到梁国君主的热情款待。时下我们正处在天子年幼、时事艰难的时期,我虽然不才,但受命辅佐朝政。梁国君主几代都忠于朝廷,我们应当共同努力使这种融洽关系永远保持下去。"当时后梁众将帅竞相劝说梁世宗起兵,与尉迟迥联合,认为这样做进可以对北周帝室宇文氏效忠尽节,退可以席卷汉、沔地区。梁世宗犹豫不决。适逢柳庄回来,将杨坚的话转告了梁世宗,并且说:"以前袁绍、刘表、

王凌、诸葛诞,皆一时雄杰,据要地,拥强兵,然功业莫就,祸不旋踵者,良由魏、晋挟天子,保京都,仗大顺以为名故也。今尉迟迥虽曰旧将,昏耄已甚。司马消难、王谦,常人之下者,非有匡合之才。周朝将相,多为身计,竞效节于杨氏。以臣料之,迥等终当覆灭,随公必移周祚。未若保境息民以观其变。"梁主深然之,众议遂止。

高颎至军,为桥于沁水。尉迟惇于上流纵火栰,颎豫为土狗以御之。惇布陈二十餘里,麾兵少却,欲待孝宽军半渡而击之。孝宽因其却,鸣鼓齐进。军既渡,颎命焚桥,以绝士卒反顾之心。惇兵大败,单骑走。孝宽乘胜进,追至邺。

庚午,迥与惇及惇弟西都公祐,悉将其卒十三万陈于城南,迥别统万人,皆绿巾、锦袄,号"黄龙兵"。迥弟勤帅众五万,自青州赴迥,以三千骑先至。迥素习军旅,老犹被甲临陈。其麾下皆关中人,为之力战,孝宽等军不利而却。邺中士民观战者数万人,行军总管宇文忻曰:"事急矣!吾当以诡道破之。"乃先射观者,观者皆走,转相腾藉,声如雷霆。忻乃传呼曰:"贼败矣!"众复振,因其扰而乘之。迥军大败,走保邺城。孝宽纵兵围之,李询及思安伯代人贺娄子幹先登。

崔弘度妹,先适迥子为妻,及邺城破,迥窘迫升楼,弘度直上龙尾追之。迥弯弓,将射弘度,弘度脱兜鍪,谓迥曰:"颇相识不?

王凌、诸葛诞等人都是三国时期有雄才大略的人,他们占据着战略要地,拥有强大的军队,但是都没有能够建立功业,祸难反而紧随而至,其根本原因就是由于魏、晋挟天子以令诸侯,占据着京师,倚仗大顺以讨叛逆,师出有名。现在尉迟迥虽然是一员老将,但是他年老昏庸。而司马消难、王谦又是极普通的人,都没有匡时济世的才干。周朝的将帅大臣,大多数只为自己打算,竞相效忠于杨坚。以我看来尉迟迥等人终当被消灭,随公杨坚必定会夺取北周政权。我们不如保境安民,静观事态的发展变化。"梁世宗非常赞同柳庄的见解,将帅大臣也不再争论了。

北周监军高颎到了前线军中,在沁水上建造桥梁。尉迟惇从上游放流带火的木栈,高颎事先在桥的上游建造了一些被称为"土狗"的土墩以阻挡火栈,使其不能靠近桥梁。尉迟惇布阵二十馀里,指挥军队稍微后退,想等到韦孝宽的军队渡河中间时发起进攻。韦孝宽趁尉迟惇的军队后撤之机,擂鼓齐进。军队过河后,高颎又命令将桥焚毁,断绝了士卒的退路。结果尉迟惇的军队大败,尉迟惇单骑逃走。韦孝宽率军乘胜前进,一直追到邺城。

庚午(十七日),尉迟迥和尉迟惇以及尉迟惇的弟弟西都公尉迟祐,率领全部军队十三万人在城南布阵。尉迟迥亲率一万多人,都戴绿巾、穿锦袄,号称"黄龙兵"。尉迟迥的弟弟尉迟勤统率军队五万人,从青州赶来增援尉迟迥,并亲率三千骑兵先期到达。尉迟迥深谙用兵之道,现在虽然老了,仍然穿戴甲胄,亲自临阵。他的部下虽然都是关中人,但仍然为尉迟迥拼死血战,韦孝宽等将帅的军队因形势不利而被迫后退。邺城百姓出来观战的有数万人,行军总管宇文忻说:"形势已经到了危急关头!我要用奇诈的战法击败敌军。"于是先射击观战的百姓,这些人纷纷逃避,互相推搡践踏,呼声震天。宇文忻于是大声喊道:"叛贼失败了!"韦孝宽的军队很快士气重振,乘纷乱之机发起进攻。结果尉迟迥的军队大败,退保邺城。韦孝宽指挥军队包围了邺城,李询与思安伯代郡人贺娄子幹首先登上城头。

崔弘度的妹妹早先嫁给尉迟迥的儿子为妻,待邺城被攻破后,尉迟迥计穷,登上城楼,崔弘度径直从龙尾道追上去。尉迟迥弯弓搭箭,准备射崔弘度,崔弘度摘下头盔对尉迟迥说:"还认识我吗?

今日各图国事,不得顾私。以亲戚之情,谨遏乱兵,不许侵辱。事势如此,早为身计,何所待也?"迥掷弓于地,骂左丞相极口而自杀。弘度顾其弟弘升曰:"汝可取迥头。"弘升斩之。军士在小城中者,孝宽尽坑之。勤、惇、祐东走青州,未至,开府仪同大将军郭衍追获之。丞相坚以勤初有诚款,特不之罪。李惠先自缚归罪,坚复其官爵。

迥末年衰耄,及起兵,以小御正崔达拏为长史。达拏,暹之子也,文士,无筹略,举措多失,凡六十八日而败。

于仲文军至蓼堤,去梁郡七里。檀让拥众数万,仲文以羸师挑战而伪北,让不设备。仲文还击,大破之,生获五千馀人,斩首七百级。进攻梁郡,迥守将刘子宽弃城走。仲文进击曹州,获迥所署刺史李仲康。檀让以馀众屯成武,仲文袭击,破之,遂拔成武。迥将席毗罗,众十万,屯沛县,将攻徐州。其妻子在金乡,仲文遣人诈为毗罗使者,谓金乡城主徐善净曰:"檀让明日午时至金乡,宣蜀公令,赏赐将士。"金乡人皆喜。仲文简精兵,伪建迥旗帜,倍道而进。善净望见,以为檀让,出迎谒。仲文执之,遂取金乡。诸将多劝屠其城,仲文曰:"此城乃毗罗起兵之所,当宽其妻子,其兵自归。如即屠之,彼望绝矣。"众皆称善。于是毗罗恃众来薄官军,仲文设伏击之,毗罗众大溃,争投洙水死,水为之不流。获檀让,槛送京师,斩毗罗,传首。

韦孝宽分兵讨关东叛者,悉平之。坚徙相州于安阳,毁邺城及邑居。分相州,置毛州、魏州。

今日我们各自都是为了国事，不能顾及私情。念我们有亲戚之情，特地遏制住乱兵，不许对您侵犯欺侮。现在事情已经到了这一步，您应该早为自身考虑，还等待什么呢？"尉迟迥投弓箭于地，尽情大骂左丞相杨坚，然后自杀。崔弘度对弟弟崔弘升说："你可取下尉迟迥的头颅。"于是崔弘升将尉迟迥斩首。在小城中的尉迟迥士卒，都被韦孝宽活埋。尉迟勤、尉迟惇与尉迟祐向东逃往青州，还没有到达，就被开府仪同大将军郭衍率兵追上抓获。丞相杨坚因为尉迟勤开始时曾诚心归顺自己，特下令不予问罪。李惠在尉迟迥失败前就自动归朝请罪，杨坚恢复了他原来的官职和爵位。

尉迟迥晚年衰朽昏聩，起兵后任命小御正崔达拏为大总管府长史。崔达拏是崔暹的儿子，一介文士，没有计谋方略，举动处置多有失误，所以尉迟迥起兵才六十八天即告失败。

北周河南道行军总管于仲文率军进至蓼堤，距梁郡只有七里之遥。檀让拥有军队数万人，于仲文以羸弱之师前去挑战，然后佯装败退，檀让由于胜利而不再设防。于仲文率军杀回，大败檀让的军队，俘虏五千余人，斩首七百级。于仲文接着进攻梁郡，尉迟迥的守将刘子宽弃城逃走。于仲文又进攻曹州，俘虏尉迟迥所委任的刺史李仲康。檀让率领残余部队屯守成武县，于仲文率军袭击，再一次打败檀让，攻克成武城。尉迟迥的将领席毗罗有兵十万，驻扎在沛县，准备进攻徐州。席毗罗的妻儿在金乡，于仲文派人假扮成席毗罗的使者，对金乡城主徐善净说："檀让明天午时来金乡，传达蜀公尉迟迥的命令，并赏赐将士。"金乡人都很高兴。于仲文就挑选精兵，打着尉迟迥的旗号，兼程前往。徐善净望见，以为是檀让，出城迎接。于仲文乘机令人拿下徐善净，于是夺取了金乡城。众将领多劝于仲文屠杀该城兵民，于仲文说："此城是席毗罗起兵的地方，我们应当宽待他们的妻儿，这样他部下的官兵就会自动归降。如果我们屠杀了他们的妻儿家属，他们就会彻底绝望。"大家都赞成于仲文的主张。于是席毗罗依仗着优势兵力来逼近官军，于仲文设下埋伏，纵兵出击，席毗罗的军队惨败，部下争着投洙水而死，以致洙水被堵塞不流。于仲文俘获了檀让，用槛车押送京城，杀了席毗罗，传头颅到长安。

韦孝宽分兵讨伐关东叛军，全部平定。杨坚迁移相州治所于安阳，毁掉邺城及其民房。又分割相州，设置毛州、魏州。

梁主闻迥败,谓柳庄曰:"若从众人之言,社稷已不守矣!"

丞相坚之初得政也,待黄公刘昉、沛公郑译甚厚,赏赐不可胜计,委以心膂,朝野倾属,称为"黄、沛"。二人皆恃功骄恣,溺于财利,不亲职务。及辞监军,坚始疏之,恩礼渐薄。高颎自军所还,宠遇日隆。时王谦、司马消难未平,坚忧之,忘寝与食。而昉逸游纵酒,相府事多遗落。坚乃以高颎代昉为司马。不忍废译,阴敕官属不得白事于译。译犹坐听事,无所关预,惶惧顿首,求解职;坚犹以恩礼慰勉之。

23 癸酉,智武将军鲁广达克周之郭默城。丙子,淳于陵克祐州城。

24 周以汉王赞为太师,申公李穆为太傅,宋王实为大前疑,秦王贽为大右弼,燕公于寔为大左辅。寔,仲文之父也。

25 乙卯,周大赦。

26 周王谊帅四总管至郧州,司马消难拥其众以鲁山、甑山二镇来降。

初,消难遣上开府仪同大将军段珣将兵围顺州,顺州刺史周法尚不能拒,弃城走,消难虏其母弟而南。樊毅救消难,不及,周亳州总管元景山击之,毅掠居民而去。景山与南徐州刺史宇文敬追之,与毅战于漳口,一日三战三捷。毅退保甑山镇,城邑为消难所据者,景山皆复取之。

郧州巴蛮多叛,共推渠帅兰雒州为主,以附消难。王谊遣诸将分讨之,旬月皆平。陈纪、萧摩诃攻广陵,周吴州总管于颢击破之。沙州氏帅杨永安聚众应王谦,大将军乐宁公达奚儒讨之。杨素破宇文胄于石济,斩之。

后梁世宗得知尉迟迥起兵失败,对柳庄说:"当初如果听从了众将领的话,国家就不能保全了。"

北周丞相杨坚起初掌握政权时,对黄公刘昉、沛公郑译礼遇深厚,赏赐的财物不可胜计,并且委以心腹重任,所以朝野上下莫不奉承巴结,称为"黄、沛"。刘、郑二人仗着荐引杨坚有功而骄傲放纵,追求金钱,不理政事。及相继推辞出任监军以后,杨坚开始疏远他们,恩惠礼遇逐渐淡薄。高颎从军回朝后,日益受到杨坚的宠信。当时王谦与司马消难的反叛尚未平定,杨坚为此担忧,常常废寝忘食。而刘昉游玩享乐,纵酒无节,致使相府公事多有耽误。于是杨坚任命高颎代替刘昉为丞相府司马。但还不忍心废黜郑译,就暗中命令各级官吏不得向郑译上报公事文书。郑译虽然仍能出入丞相府,但已不能参与谋划政事。于是郑译惊恐地向杨坚顿首谢罪,请求解除长史职务,杨坚仍然施以恩惠来安慰他。

23 癸酉(二十日),南陈智武将军鲁广达攻克北周郭默城。丙子(二十三日),通直散骑常侍淳于陵攻克北周祐州城。

24 北周朝廷任命汉王宇文赞为太师,申公李穆为太傅,宋王宇文实为大前疑,秦王宇文贽为大右弼,燕公于寔为大左辅。于寔是于仲文的父亲。

25 乙卯,北周朝廷大赦天下罪人。

26 北周行军元帅王谊统领四位总管进至郧州,司马消难率军献鲁山、甑山二镇归降南陈。

起初,司马消难派遣上开府仪同大将军段珣率军围攻顺州,北周顺州刺史周法尚抵御不住,只好弃城出逃,司马消难停获了他的母亲和弟弟向南而去。陈将樊毅率军来援救司马消难,没有赶上,北周亳州总管元景山攻打樊毅,樊毅劫掠百姓之后退去。元景山和南徐州刺史宇文敬合兵追击樊毅,在漳口交战,一日内三战三捷。于是樊毅退保甑山镇,原来由司马消难所占据的地方,都被元景山重新夺取。

郧州巴蛮到处反叛,他们共同推举酋帅兰雒州为首领,响应司马消难。王谊派遣众将领分路讨伐,不到一个月即全部平定。南陈前军都督陈纪、萧摩诃率军进攻广陵,被北周吴州总管于颛击退。沙州氐帅杨永安聚众响应王谦,大将军乐宁公达奚儒率军讨伐。杨素率军于石济击败荣州刺史宇文胄,将宇文胄斩首。

27　周以神武公窦毅为大司马,齐公于智为大司空。九月,以小宗伯竟陵公杨惠为大宗伯。

28　丁亥,周将王延贵帅众援历阳,任忠击破之,生擒延贵。

29　壬辰,周废皇后司马氏为庶人。庚戌,以随世子勇为洛州总管、东京小冢宰,总统旧齐之地。壬子,以左丞相坚为大丞相,罢左、右丞相之官。

30　冬,十月甲寅,日有食之。

31　周丞相坚杀陈惑王纯及其子。

32　周梁睿将步骑二十万讨王谦,谦分命诸将据险拒守,睿奋击,屡破之,蜀人大骇。谦遣其将达奚惎、高阿那肱、乙弗虔等帅众十万攻利州,堰江水以灌之。城中战士不过二千,总管昌黎豆卢勣,昼夜拒守,凡四旬,时出奇兵击惎等,破之。会梁睿至,惎等遁去。睿自剑阁入,进逼成都。谦令达奚惎、乙弗虔城守,亲帅精兵五万,背城结陈。睿击之,谦战败,将入城,惎、虔以城降。谦将麾下三十骑走新都,新都令王宝执之。戊寅,睿斩谦及高阿那肱,剑南平。

33　十一月甲辰,周达奚儒破杨永安,沙州平。

34　丁未,周郧襄公韦孝宽卒。孝宽久在边境,屡抗强敌。所经略布置,人初莫之解,见其成事,方乃惊服。虽在军中,笃意文史,敦睦宗族,所得俸禄,不入私室。人以此称之。

35　十二月庚辰,河东康简王叔献卒。

36　癸亥,周诏诸改姓者,宜悉复旧。

27 北周朝廷任命神武山窦毅为大司马,齐公于智为大司空。九月,又任命小宗伯竟陵公杨惠为大宗伯。

28 丁亥(初五),北周将领王延贵率军增援历阳,被南陈南豫州刺史任忠击败,俘获了王延贵。

29 壬辰(初十),北周朝廷废皇后司马氏为平民。庚戌(二十八日),北周朝廷任命随公杨坚的长子杨勇为洛州总管、东京小冢宰,统辖原北齐王朝所管辖的地区。壬子(三十日),北周朝廷又任命左丞相杨坚为大丞相,废除左、右丞相的官职。

30 冬季,十月甲寅(初二),出现日食。

31 北周丞相杨坚诛杀陈惑王宇文纯和他的儿子。

32 北周行军元帅梁睿统率步、骑兵二十万讨伐王谦,王谦分命众将领占据战略要地,以抵御朝廷的军队。梁睿率军奋勇出击,多次打败王谦军队,蜀地人大为惊骇。王谦派遣部将达奚惎、高阿那肱、乙弗虔等人率军十万攻打利州,筑堰拦嘉陵江水以灌利州城。城中守军士卒不过两千,总管昌黎人豆卢勣率军日夜拒守,相持达四十天,还时常出奇兵袭击达奚惎等人的军队,并取得胜利。正当此时,梁睿率军赶到,达奚惎等人率军逃走。于是梁睿率军从剑阁入川,进逼成都。王谦命令达奚惎、乙弗虔守城,自己亲率精兵五万,背城摆开阵势。梁睿纵兵攻打,王谦战败,将要入城,达奚惎、乙弗虔举城投降。王谦带领部下三十名骑兵逃往新都,被新都县令王宝抓获。戊寅(二十六日),梁睿将王谦和高阿那肱斩首,剑南全部平定。

33 十一月甲辰(二十二日),北周大将军达奚儒率军击败氐帅杨永安,平定了沙州。

34 丁未(二十五日),北周郧襄公韦孝宽去世。韦孝宽曾长期镇守边疆,多次抗击强敌。对于他的战略部署,人们一开始都难以理解,待后来他获得胜利,人们才惊奇和钦佩。韦孝宽虽然戎马一生,但专心于文史,又与宗族和睦,自己所得俸禄,从不独自占有。人们因此而称赞他。

35 十二月庚辰,南陈河东康简王陈叔献去世。

36 癸亥(十二日),北周静帝下诏令在西魏时改姓鲜卑姓氏的人,都应恢复原来的姓氏。

37　甲子,周以大丞相坚为相国,总百揆,去都督中外、大冢宰之号,进爵为王,以安陆等二十郡为随国,赞拜不名,备九锡之礼;坚受王爵、十郡而已。

辛未,杀代奰王达、滕闻王逌及其子。

壬申,以小冢宰元孝规为大司徒。

38　是岁,周境内有州二百一十一,郡五百八。

37 甲子(十三日),北周朝廷任命大丞相杨坚为相国,统辖百官总理国家政事;免去他都督中外诸军事、大冢宰的称号;进爵位为王,以安陆等二十郡作为随王国;特许他在朝见天子时,主持仪式的司仪不得唱呼他的名字,又赐他享有九锡仪礼。杨坚只接受了随王爵位和十郡的封地。

辛未(二十日),北周诛杀了代奰王宇文达、滕闻王宇文逌和他们的儿子。

壬申(二十一日),北周朝廷任命小冢宰元孝规为大司徒。

38 这一年,北周境内有州二百一十一个,郡五百零八个。

卷第一百七十五　陈纪九

起辛丑(581)尽癸卯(583)凡三年

高宗宣皇帝下之下
太建十三年(辛丑,581)

1　春,正月壬午,以晋安王伯恭为尚书左仆射,吏部尚书袁宪为右仆射。宪,枢之弟也。

2　周改元大定。

3　二月甲寅,隋王始受相国、百揆、九锡,建台置官。丙辰,诏进王妃独孤氏为王后,世子勇为太子。

开府仪同大将军庾季才,劝隋王宜以今月甲子应天受命。太傅李穆、开府仪同大将军卢贲亦劝之。于是周主下诏,逊居别宫。甲子,命兼太傅杞公椿奉册,大宗伯赵煚奉皇帝玺绂,禅位于隋。隋主冠远游冠,受册、玺,改服纱帽、黄袍。入御临光殿,服衮冕,如元会之仪。大赦,改元开皇。命有司奉册祀于南郊。遣少冢宰元孝矩代太子勇镇洛阳。孝矩名矩,以字行,天赐之孙也,女为太子妃。

少内史崔仲方劝隋主除周六官,依汉、魏之旧,从之。置三师、三公及尚书、门下、内史、秘书、内侍五省。御史、都水二台,太常等十一寺,左右卫等十二府,以分司统职。又置上柱国至都督十一等

高宗宣皇帝下之下

太建十三年(辛丑,公元581年)

1　春季,正月壬午(初一),南陈朝廷任命晋安王陈伯恭为尚书左仆射,吏部尚书袁宪为尚书右仆射。袁宪是袁枢的弟弟。

2　北周静帝改年号为大定。

3　二月甲寅(初四),隋王杨坚始接受相国、百揆称号和九锡殊礼,并建立台省、设置官吏。丙辰(初六),北周静帝诏令进封隋王妃独孤氏为王后,隋王世子杨勇为太子。

北周开府仪同大将军庾季才劝说隋王杨坚应该在本月甲子日顺应天命,接受皇位。太傅李穆、开府仪同大将军卢贲也向杨坚劝进。于是,周静帝颁下诏书,让位迁居别宫。甲子(十四日),北周静帝命令兼太傅杞公宇文椿捧着册书,大宗伯赵煚捧着皇帝的玺印,禅位于隋王杨坚。隋文帝戴着远游冠,接受了册书、御玺,又改戴白纱帽,穿上黄袍。然后进入临光殿,再戴上冠冕,穿上衮服,按照皇帝每年正月初一朝见百官群臣的元会礼仪登基称帝。隋文帝下令大赦天下,改年号为开皇。并命令有司捧着册书前往南郊祭天,禀告上天隋已承天受命。又派遣小冢宰元孝矩替代太子杨勇镇守洛阳。元孝矩本名元矩,以字行世,是元天赐的孙子,他女儿是太子杨勇的妃子。

少内史崔仲方劝说隋文帝废除北周建立的六官制度,而恢复汉、魏旧制,隋文帝听从了他的建议。于是,隋朝设置了太师、太傅、太保三公和太尉、司徒、司空三公,以及尚书、门下、内史、秘书、内侍五省。御史、都水二台,太常等十一寺,左、右卫等十二府,以分别执掌和统领各类职事政务。又设置了上柱国至都督十一等

勋官,以酬勤劳。特进至朝散大夫七等散官,以加文武官之有德声者。改侍中为纳言。以相国司马高颎为尚书左仆射,兼纳言,相国司录京兆虞庆则为内史监,兼吏部尚书,相国内郎李德林为内史令。

乙丑,追尊皇考为武元皇帝,庙号太祖,皇妣吕氏为元明皇后。丙寅,修庙社。立王后独孤为皇后,王太子勇为皇太子。丁卯,以太尉赵㷖为尚书右仆射。己巳,封周静帝为介公。周氏诸王皆降爵为公。

初,刘、郑矫诏以隋主辅政,杨后虽不预谋,然以嗣子幼冲,恐权在他族,闻之,甚喜。后知其父有异图,意颇不平,形于言色,及禅位,愤惋逾甚。隋主内甚愧之,改封乐平公主,久之,欲夺其志;公主誓不许,乃止。

隋主与周载下大夫北平荣建绪有旧,隋主将受禅,建绪为息州刺史。将之官,隋主谓曰:“且踌躇,当共取富贵。”建绪正色曰:“明公此旨,非仆所闻。”及即位,来朝,帝谓之曰:“卿亦悔不?”建绪稽首曰:“臣位非徐广,情类杨彪。”帝怒曰:“朕虽不晓书语,亦知卿此言不逊!”

上柱国窦毅之女,闻隋受禅,自投堂下,抚膺太息曰:“恨我不为男子,救舅氏之患!”毅及襄阳公主掩其口曰:“汝勿妄言,灭吾族!”毅由是奇之。及长,以适唐公李渊。渊,昞之子也。

虞庆则劝隋主尽灭宇文氏,高颎、杨惠亦依违从之,李德林固争,以为不可,隋主作色曰:“君书生,不足与议此!”

勋爵,用来酬劳勤苦和立功的将帅。设置了特进至朝散大夫七等散官,用来加赠有德行和声望的文武大臣。还将门下省长官侍中改称纳言。任命原相国府司马高颎为尚书左仆射兼纳言,相国府司录京兆人虞庆则为内史监兼吏部尚书,相国府内郎李德林为内史令。

乙丑(十五日),隋文帝诏令追尊皇考杨忠为武元皇帝,庙号太祖,皇妣吕氏为元明皇后。丙寅(十六日),又诏令修建帝室庙社。同时,册立原隋王后独孤氏为皇后,王太子杨勇为皇太子。丁卯(十七日),任命太尉赵照为尚书右仆射。己巳(十九日),封北周静帝为介公。原北周宗室诸王一律降爵改封为公。

起初,刘昉、郑译假传北周天元皇帝诏命引用隋文帝辅政,天元杨皇后虽然没有参与谋划,却因为静帝年幼,恐怕政权落入别族手中,所以听说杨坚辅政非常高兴。后来杨皇后察觉到她父亲怀有异图,密谋篡权,心中愤愤不平,往往从言语态度上表现出来。及至北周静帝禅位于隋文帝,她异常愤怒和悲伤。隋文帝也感到非常对不起女儿,于是改封她为乐平公主。过了一段时间,隋文帝想作主将女儿改嫁,乐平公主誓死不从,隋文帝只好作罢。

隋文帝和原北周载师下大夫北平人荣建绪有交情,在他将要接受禅让时,荣建绪被朝廷任命为息州刺史。在即将赴任时,隋文帝对荣建绪说:"请暂且耽搁一下,当共享富贵荣华。"荣建绪严肃地回答说:"明公的这些话,不是我想听到的。"隋文帝即位后,荣建绪入朝,文帝对他说:"你感到后悔吗?"荣建绪叩头回答道:"我虽然没有处在晋、宋禅让之际东晋秘书监徐广的位置,但和曹魏代汉后的东汉太尉杨彪情状相似。"隋文帝听了发怒说:"朕虽然不晓得书语掌故,但也知道你此言不恭敬!"

原北周上柱国窦毅的女儿得知隋文帝接受了禅让后,气愤得扑倒在殿阶下,捶胸叹息说:"恨我不是个男子,以拯救舅家宇文氏于患难之中!"窦毅和夫人襄阳公主急忙捂住她的嘴说:"你不要乱说,那样会招致灭族之祸的!"窦毅由此对女儿感到惊奇。窦毅女儿长大后,嫁给唐公李渊。李渊是李昞的儿子。

内史监虞庆则劝说隋文帝斩尽杀绝北周帝室宇文氏,尚书左仆射高颎、邳公杨惠也违心赞成,只有内史令李德林苦苦争辩,认为不能那样做,隋文帝变了脸色说道:"你只是一介书生,不值得和你讨论此事!"

于是周太祖孙谯公乾恽、冀公绚,闵帝子纪公湜,明帝子酆公贞、宋公实,高祖子汉公赞、秦公贽、曹公允、道公充、蔡公兑、荆公元,宣帝子莱公衍、郢公术皆死。德林由此品位不进。

4　乙亥,上耕藉田。

5　隋主封其弟邵公慧为滕王,安公爽为卫王,子雁门公广为晋王,俊为秦王,秀为越王,谅为汉王。

6　隋主赐李穆诏曰:"公既旧德,且又父党。敬惠来旨,义无有违。即以今月十三日恭膺天命。"俄而穆入朝,帝以穆为太师,赞拜不名。子孙虽在襁褓,悉拜仪同,一门执象笏者百馀人,贵盛无比。又以上柱国窦炽为太傅,幽州总管于翼为太尉。李穆上表乞骸骨,诏曰:"吕尚以期颐佐周,张苍以华皓相汉,高才命世,不拘常礼。"仍以穆年耆,敕蠲朝集,有大事,就第询访。

美阳公苏威,绰之子也,少有令名,周晋公护强以女妻之。威见护专权,恐祸及己,屏居山寺,以讽读为娱。周高祖闻其贤,除车骑大将军、仪同三司,又除稍伯下大夫,皆辞疾不拜。宣帝就除开府仪同大将军。隋主为丞相,高颎荐之,隋主召见,与语,大悦。居月馀,闻将受禅,遁归田里。颎请追之,隋主曰:"此不欲预吾事耳,置之。"及受禅,征拜太子少保,追封其父为邳公,以威袭爵。

7　丁丑,隋以晋王广为并州总管。三月戊子,以上开府仪同三司贺若弼为吴州总管,镇广陵;和州刺史河南韩擒虎为庐州总管,镇庐江。隋主有并吞江南之志,问将帅

于是,北周太祖宇文泰的孙子谯公宇文乾恽、冀公宇文绚,孝闵帝宇文觉的儿子纪公宇文湜,明帝宇文毓的儿子酆公宇文贞、宋公宇文实,高祖宇文邕的儿子汉公宇文赞、秦公宇文贽、曹公宇文允、道公宇文充、蔡公宇文兑、荆公宇文元,宣帝宇文赟的儿子莱公宇文衍、郢公宇文术,全部被处死。因为这件事,李德林的官品职位再没有升迁过。

4　乙亥(二十五日),南陈宣帝亲自耕种藉田。

5　隋文帝封皇弟邵公杨慧为滕王、安公杨爽为卫王,封皇子雁门公杨广为晋王、杨俊为秦王、杨秀为越王、杨谅为汉王。

6　隋文帝赐给并州总管李穆诏书说:"您既素有德望,并且又是家父的同辈好友。您劝我顺天受命的来函,我不敢违背。已经于本月十三日恭承天命,登上帝位。"不久李穆自并州入朝,文帝即任命李穆为太师,特许他在朝拜时司仪不得唱呼其名。李穆的子孙即使还在襁褓中,也一律授予仪同三司,因此,李穆一门执笏为官者多达一百馀人,贵盛无比。隋文帝又任命上柱国窦炽为太傅,幽州总管于翼为太尉。李穆上表请求辞职归养,隋文帝下诏书说:"古代姜太公吕尚以百岁高龄辅佐周文王、武王成就王业,张苍以白发老人担任汉文帝的丞相,高才伟人佐命当世,不能拘泥于常礼。"于是以李穆年事已高,敕令免除正常朝会。遇有军国大事,朝廷派人到府上征询他的意见。

隋美阳公苏威是苏绰的儿子,少年时即享有盛誉,北周晋公宇文护硬把女儿嫁给他。后来苏威见宇文护专制朝廷,恐怕他一旦失势将会牵连自己,于是就隐居于山寺中,以读书为娱。北周高祖听说他有贤能,就任命他为车骑大将军、仪同三司,不久又任命他为稍伯下大夫,可是苏威称病不接受任命。周宣帝时又任命他为开府仪同大将军。隋文帝担任丞相后,高颎推荐苏威,文帝就召见并与他交谈,非常赏识他。苏威在长安住了一个多月,得悉隋将受禅代周,于是就逃归故里。高颎请求追回苏威,隋文帝回答说:"他这样做是不想参与我的事,暂且别管他。"及至接受禅位后,文帝就征召并任命苏威担任太子少保,追封他的父亲苏绰为邳公,让苏威承袭爵位。

7　丁丑(二十七日),隋朝任命晋王杨广为并州总管。三月戊子,又任命上开府仪同三司贺若弼为吴州总管,镇守广陵;任命和州刺史河南人韩擒虎为庐州总管,镇守庐江。当时隋文帝有吞并江南的志向,访求将帅

于高颎,颎荐弼与擒虎,故置于南边,使潜为经略。

戊戌,以太子少保苏威兼纳言、度支尚书。

初,苏绰在西魏,以国用不足,制征税法颇重,既而叹曰:"今所为者,譬如张弓,非平世法也。后之君子,谁能弛之!"威闻其言,每以为己任。至是,奏减赋役,务从轻简,隋主悉从之,渐见亲重,与高颎参掌朝政。帝尝怒一人,将杀之,威入阁进谏,帝不纳,将自出斩之,威当帝前不去。帝避之而出,威又遮止。帝拂衣而入,良久,乃召威谢曰:"公能若是,吾无忧矣。"赐马二匹,钱十馀万,寻复兼大理卿、京兆尹、御史大夫,本官悉如故。

治书侍御史安定梁毗,以威兼领五职,安繁恋剧,无举贤自代之心,抗表劾威,帝曰:"苏威朝夕孜孜,志存远大,何遽迫之!"因谓朝臣曰:"苏威不值我,无以措其言;我不得苏威,何以行其道。杨素才辩无双,至于斟酌古今,助我宣化,非威之匹也。威若逢乱世,南山四皓,岂易屈哉!"威尝言于帝曰:"臣先人每戒臣云:'唯读《孝经》一卷,足以立身治国,何用多为!'"帝深然之。

高颎深避权势,上表逊位,让于苏威,帝欲成其美,听解仆射。数日,帝曰:"苏威高蹈前朝,颎能推举。吾闻进贤受上赏,宁可

于高颎，高颎向他推荐了贺若弼和韩擒虎，因此隋文帝派遣他们二人驻守在南面边境，让他们暗中加以筹划。

戊戌，隋朝任命太子少保苏威兼任纳言、度支尚书。

当初，苏绰在西魏时，因为国用不足，所以制定的税收很重，颁行后他慨然叹道："我今天所制定的重税法，就譬如张满的弓，只是为了在战乱之世满足国用，并不是治平之世的做法。后世的君子，谁能把弓弦放松呢？"苏威听了父亲的话，就把这件事当作自己的使命。现在他担任了度支尚书，于是奏请减免赋税徭役，尽量从轻从简，隋文帝全部采纳了他的建议。苏威因此逐渐受到隋文帝的信任倚重，和高颎一起掌管朝政。隋文帝曾经恼怒一个人，将要杀死他，苏威来到殿阁进谏，文帝不听，将亲自出去杀掉那人，苏威挡在文帝面前不离开。文帝避开他又想出去，苏威又上前遮挡。于是文帝非常生气，拂衣返回宫中。过了很长时间，文帝才又召见苏威，致歉说："你能够这样做，我就不用担忧了。"并赏赐给他马两匹，钱十馀万，不久，又任命苏威兼任大理寺卿、京兆尹、御史大夫，原来的官职仍旧。

治书侍御史安定人梁毗认为苏威一身兼领五项职务，安于繁务，眷恋显位，没有举荐贤才接替自己的念头，于是就上表弹劾他，隋文帝说："苏威从早到晚孜孜不倦地勤奋工作，而且志向远大，抱负不凡，你为何突然提出要他让贤？"并因此对百官朝臣说："苏威如果没有遇到我，就无法施展他的抱负；我如果没有苏威，又如何能够推行安邦定国之道呢？清河公杨素虽然辩才无双，至于博古通今，辅助我宣扬教化，就远不能和苏威相比。苏威如果遭逢乱世，肯定会像西汉初年的南山四皓那样隐居避世，岂能轻易使他屈服出仕！"苏威曾经对隋文帝说："我的父亲经常告诫我说：'只要熟读《孝经》一书，就足以安身立命，治理国家，哪里用得着读很多的书！"隋文帝深表同意。

尚书左仆射高颎因为畏惧权势，上表请求辞职，让位于苏威，隋文帝想成全他让贤的美名，允许解除他仆射职务。数日后，隋文帝又说："苏威在前朝北周隐居不仕，高颎能够推举他这样的贤才。我听说举荐贤才的人应该得到最高的奖赏，怎么能

使之去官!”命颎复位。颎、威同心协赞,政刑大小,帝无不与之谋议,然后行之。故革命数年,天下称平。

太子左庶子卢贲,以颎、威执政,心甚不平,时柱国刘昉亦被疏忌。贲因讽昉及上柱国元谐、李询、华州刺史张宾等谋黜颎、威,五人相与辅政。又以晋王广有宠于帝,私谓太子曰:“贲欲数谒殿下,恐为上所谴,愿察区区之心。”谋泄,帝穷治其事,昉等委罪于宾、贲。公卿奏二人当死,帝以故旧,不忍诛,并除名为民。

8　庚子,隋诏前代品爵,皆依旧不降。

9　丁未,梁主遣其弟太宰岩入贺于隋。

10　夏,四月辛巳,隋大赦。戊戌,悉放太常散乐为民,仍禁杂戏。

11　散骑常侍韦鼎、兼通直散骑常侍王瑳聘于周。辛丑,至长安,隋已受禅,隋主致之介国。

12　隋主召汾州刺史韦冲为兼散骑常侍。时发稽胡筑长城,汾州胡千馀人,在涂亡叛。帝召冲问计,对曰:“夷狄之性,易为反覆,皆由牧宰不称之所致。臣请以理绥静,可不劳兵而定。”帝然之,命冲绥怀叛者,月馀皆至,并赴长城之役。冲,夐之子也。

13　五月戊午,隋封邘公雄为广平王,永康公弘为河间王。雄,高祖之族子也。

让他去官离职呢?"于是命令恢复高颎的职务。高颎和苏威同心协力,朝中政事无论大小,文帝都先和他们商议,然后才公布实行。所以隋文帝称帝数年来,天下升平,国泰民安。

太子左庶子卢贲因为高颎、苏威执掌朝政,心中愤愤不平。当时柱国刘昉也受到隋文帝的猜忌和疏远。于是卢贲就暗中鼓动刘昉以及上柱国元谐、李询、华州刺史张宾等人密谋废黜高颎、苏威,由他们五人共同辅政。同时,卢贲又因为晋王杨广正受到隋文帝的宠爱,因此私下对太子杨勇说:"我本想常来看望殿下,但恐怕被皇上知道了必定会遭到谴责,愿您明察我的一片诚心。"后来他们的密谋败露,隋文帝下令彻底追查,于是刘昉等三人把罪责全推到张宾和卢贲头上。公卿大臣上奏说张、卢二人应当处死,隋文帝因为这两人都是他的旧交,不忍心将他们处死,而是将他们除官为民。

8 庚子,隋文帝颁下诏令,百官大臣凡在前代北周所受封的官品爵位,都仍旧不予降低。

9 丁未,后梁君主派遣弟弟太宰萧岩入隋庆贺。

10 夏季,四月辛巳(初二),隋朝大赦天下罪人。戊戌(十九日),全部放免隶属于太常寺演奏散乐的乐户为平民百姓,但仍然禁止演出杂戏。

11 南陈派遣散骑常侍韦鼎、兼通直散骑常侍王瑳出使北周。辛丑(二十二日),韦鼎等人到达长安,当时隋朝已接受了北周的禅让,于是隋文帝就把他们送到周静帝受封的介国。

12 隋文帝征召汾州刺史韦冲入朝,任命他为兼散骑常侍。当时征发稽胡族修筑长城,汾州胡人有一千多人在征发途中叛逃。隋文帝召见韦冲问计,韦冲回答说:"夷狄之族反复无常,都是由于州郡长官不称职造成的。我请求前去以理安抚他们,这样可不劳用兵而平定叛乱。"隋文帝认为他说的对,就派遣他前去采用怀柔政策招附叛逃胡人,不出一个月,那些胡人都来归附,并去服役修筑长城。韦冲是韦夐的儿子。

13 五月戊午(初十),隋朝封邗公杨雄为广平王,永康公杨弘为河间王。杨雄是高祖杨坚的族子。

14　隋主潜害周静帝而为之举哀,葬于恭陵,以其族人洛为嗣。

15　六月癸未,隋诏郊庙冕服必依《礼经》。其朝会之服、旗帜、牺牲皆尚赤,戎服以黄,常服通用杂色。秋,七月乙卯,隋主始服黄,百僚毕贺。于是百官常服,同于庶人,皆著黄袍。隋主朝服亦如之,唯以十三环带为异。

16　八月壬午,隋废东京官。

17　吐谷浑寇凉州,隋主遣行军元帅乐安公元谐等步骑数万击之。谐击破吐谷浑于丰利山,又败其太子可博汗于青海,俘斩万计。吐谷浑震骇,其王侯三十人各帅所部来降。吐谷浑可汗夸吕帅亲兵远遁。隋主以其高宁王移兹裒为河南王,使统降众。以元谐为宁州刺史,留行军总管贺娄子幹镇凉州。

18　九月庚午,将军周罗睺攻隋故墅,拔之。萧摩诃攻江北。

19　隋奉车都尉于宣敏奉使巴、蜀还,奏称:“蜀土沃饶,人物殷阜,周德之衰,遂成戎首。宜树建藩屏,封殖子孙。”隋主善之。辛未,以越王秀为益州总管,改封蜀王。宣敏,谨之孙也。

20　隋以上柱国长孙览、元景山并为行军元帅,发兵入寇;命尚书左仆射高颎节度诸军。

21　初,周、齐所铸钱凡四等,及民间私钱,名品甚众,轻重不等。隋主患之,更铸五铢钱,背、面、肉、好皆有周郭,每一千重四斤二两。悉禁古钱及私钱。置样于关,不如样者,没官销毁之。自是钱币始壹,民间便之。

14　隋文帝暗杀了北周静帝,并为他举行了葬礼,把他埋葬在恭陵,然后以静帝的族人宇文洛为他的后代。

15　六月癸未(二十九日),隋文帝诏令内外百官,在郊祀上天和庙祭先祖时,冠冕服饰都必须依据《礼经》。在朝会时所穿的朝服和国家所用的各种旗帜、祭祀所用的牲畜都崇尚红色,将帅兵士的军服使用黄色,官吏平民的常服通用杂色。秋季,七月乙卯(初八),隋文帝首次穿黄色衣服,百官群臣都表示祝贺。于是百官大臣的常服与庶民百姓相同,都穿黄袍。隋文帝的朝服也是一样,唯一不同的是系以十三环金带。

16　八月壬午(初五),隋朝废除东京洛阳的六府官署。

17　吐谷浑侵犯凉州,隋文帝派遣行军元帅乐安公元谐等统率步、骑兵数万人反击吐谷浑。乐谐率军先在丰利山打败吐谷浑军队,又在青海湖打败吐谷浑太子可博汗,共俘虏、斩杀一万多人。于是吐谷浑举国震骇,共有王、侯三十人各自率领部落前来投降。吐谷浑可汗夸吕带领亲兵逃奔远方。隋文帝封吐谷浑高宁王移兹裒为河南王,让他统领归降的吐谷浑部族。又任命元谐为宁州刺史,留下行军总管贺娄子幹镇守凉州。

18　九月庚午(二十四日),南陈将军周罗睺率军攻打隋朝的故墅城,并夺取了它。萧摩诃也率军攻打隋江北地区。

19　隋朝奉车都尉于宣敏奉命出使巴、蜀还朝,上奏说:"蜀地土肥沃,人才辈出,物产丰富,因为周朝衰败,于是王谦得以在那里起兵作乱。所以陛下应该在那里建立藩国,封赐子孙。"隋文帝认为他的建议很好。辛未(二十五日),任命越王杨秀为益州总管,改封蜀王。于宣敏是于谨的孙子。

20　隋朝任命上柱国长孙览、元景山同为行军元帅,发兵攻打南陈;又下令尚书左仆射高颎负责节制协调诸军。

21　当初,北周、北齐官府所铸造的钱币先后共有四种,加上民间私自铸造的钱币,名称和品种很多,轻重也不一样。隋文帝对此深为忧虑,于是下令重新铸造五铢钱,所铸钱的背面、正面、钱身、钱孔的边缘都有凸起的轮廓,每一千枚重四斤二两。完全禁止使用前代古钱和民间私铸钱,在各处关口放置新五铢钱样品,凡发现和样品不符合的钱币,即没收入官予以销毁。从此,隋朝流通的钱币得到统一,民间使用起来非常方便。

22 隋郑译以上柱国归第,赏赐丰厚。译自以被疏,呼道士醮章祈福,为婢所告,以为巫蛊,译又与母别居,为宪司所劾,由是除名。隋主下诏曰:"译若留之于世,在人为不道之臣;戮之于朝,入地为不孝之鬼。有累幽显,无所置之。宜赐以《孝经》,令其熟读。"仍遣与母共居。

23 初,周法比于齐律,烦而不要,隋主命高颎、郑译及上柱国杨素、率更令裴政等更加修定。政练习典故,达于从政,乃采魏、晋旧律,下至齐、梁,沿革重轻,取其折衷。时同修者十馀人,凡有疑滞,皆取决于政。于是去前世枭、轘及鞭法,自非谋叛以上,无收族之罪。始制死刑二,绞、斩;流刑三,自二千里至三千里;徒刑五,自一年至三年;杖刑五,自六十至百;笞刑五,自十至五十。又制议、请、减、赎、官当之科以优士大夫。除前世讯囚酷法,考掠不得过二百;枷杖大小,咸有程式。民有枉屈,县不为理者,听以次经郡及州;若仍不为理,听诣阙伸诉。

冬,十月戊子,始行新律。诏曰:"夫绞以致毙,斩则殊形,除恶之体,于斯已极。枭首、轘身,义无所取,不益惩肃之理,徒表安忍之怀。鞭之为用,残剥肤体,彻骨侵肌,酷均脔切。虽云往古之式,事乖仁者之刑。枭、轘及鞭,并令去之。贵带砺之书,不当徒罚;

22　隋朝郑译以上柱国退休归家养老,隋文帝给予他丰厚的赏赐。郑译自认为被文帝疏远,于是请来道士设坛做法事,为他消灾祈福。事情被他家的婢女告发,被认为是妖妄,郑译又因为和母亲分开居住,也遭到御史台弹劾,隋朝因此削除了郑译的所有官爵。隋文帝还下诏书说:"如果把郑译留在世上,他就成了不守臣道的人;如果把他处死于朝,他到了阴间则成了不孝父母的鬼。看来无论如何处置,都将玷污阴间、阳间两个世界,实在没有地方安置他。应该赐给他一本《孝经》,让他去熟读。"仍然让他和母亲一起居住。

23　当初,北周的法令和北齐相比,条文烦琐而不得要领,于是隋文帝下令高颎、郑译以及上柱国杨素、率更令裴政等人重新加以修订。裴政熟悉前代典故,通晓统治制度,于是汇集魏、晋旧律,下迄南齐、南梁各朝各代的因循变革,轻重宽严,取其量刑适当的做法或规定,编订为新律。当时参与修订的有十余人,凡有疑难的地方,都由裴政裁定。于是废除了前代斩首后挂于木杆上示众的枭刑、车裂于市的轘刑以及鞭打于朝堂的鞭刑。如果不是犯了谋叛以上死罪,不收捕家族连坐治罪。新律所规定的死刑有绞刑和斩刑两等;流刑有自两千里至三千里共三等;徒刑有自一年至三年共五等;杖刑有自六十下至一百下共五等;笞刑有自十下至五十下共五等。又制定了八议、申请减罪、官品减罪、纳铜赎罪、官职抵罪的条款,以优待士大夫。新律也革除了前代审问囚犯经常使用的残酷刑法,规定拷打不能超过两百下;就连刑具、枷杖的大小,也都有一定的规定。同时,还规定平民百姓如果有枉屈而县府不受理的,允许依次向郡、州提出申诉;如果郡、州仍不受理的,允许直接向朝廷提出申诉。

冬季,十月戊子(十二日),隋朝开始执行新律。隋文帝下诏书说:"绞刑可致人毙命,斩刑能使人身首异处,除掉作恶的罪犯,这样做已经是非常严厉了。前代的枭首、轘身等极刑,于道义上讲并不可取,因为它并不具有惩恶肃纪的功能,只不过表现了残忍苛刻的心性。使用鞭刑肆意摧残囚犯的身体,使囚犯痛彻骨肌,其残酷并不亚于脔割肌体。鞭刑虽说是自古代就有的法律科条,但它不是实行仁政的君主所应采用的刑法。因此,枭刑、轘刑以及鞭刑,一律予以废除。同时,在新律中尊崇功臣元勋,不对他们使用徒刑;

广轩冕之荫,旁及诸亲。流役六年,改为五载;刑徒五岁,变从三祀。其馀以轻代重,化死为生,条目甚多,备于简策。杂格、严科,并宜除削。"自是法制遂定,后世多遵用之。

隋主尝怒一郎,于殿前笞之。谏议大夫刘行本进曰:"此人素清,其过又小,愿少宽之。"帝不顾。行本于是正当帝前曰:"陛下不以臣不肖,置臣左右,臣言若是,陛下安得不听;若非,当致之于理。"因置笏于地而退。帝敛容谢之,遂原所笞者。行本,璠之兄子也。

独孤皇后,家世贵盛而能谦恭,雅好读书,言事多与隋主意合,帝甚宠惮之,宫中称为"二圣"。帝每临朝,后辄与帝方辇而进,至阁乃止。使宦官伺帝,政有所失,随即匡谏。候帝退朝,同反燕寝。有司奏称:"《周礼》百官之妻,命于王后,请依古制。"后曰:"妇人与政,或从此为渐,不可开其源也。"大都督崔长仁,后之中外兄弟也,犯法当斩,帝以后故,欲免其罪。后曰:"国家之事,焉可顾私!"长仁竟坐死。后性俭约,帝尝合止利药,须胡粉一两。宫内不用,求之,竟不得。又欲赐柱国刘嵩妻织成衣领,宫内亦无之。

然帝惩周氏之失,不以权任假借外戚,后兄弟不过将军、刺史。帝外家吕氏,济南人,素微贱,齐亡以来,帝求访,不知所在。及即位,始求得舅子吕永吉,追赠外祖双周为太尉,封齐郡公,以永吉

优待乘轩服冕的高官显贵,以及他们的亲属。前代流放六年,改为最多五年;前代徒刑五年,改为最多三年。其馀以轻代重、化死为生的条款,还有很多,在文本中都规定得相当完备。还有前代的杂格、严科等条目,也都一律削除。"自此以后,隋朝法律就固定下来,后世各代也多遵用隋律。

隋文帝曾经恼怒一位郎官,就下令在殿前笞打他。谏议大夫刘行本上奏说:"此人平时为官清廉,现在所犯过错又小,希望能够宽免他。"文帝置之不理。刘行本于是站在文帝面前说:"陛下不以我不肖,把我安置在您的身边任职,我说的如果对,陛下怎能不听从;我说的如果不对,陛下可将我送到大理寺治罪。"说着就把朝会用的笏板扔在地上,想要退朝以示抗议。于是隋文帝郑重向刘行本道歉,赦免了被笞打的郎官。刘行本是刘璠的侄子。

隋文帝皇后独孤氏的家族世代尊贵昌盛,但她性情谦恭,喜欢读书学习,议论政事经常与文帝的意见不谋而合,所以文帝对她是既爱又怕,宫中称帝、后为"二圣"。文帝每日临朝,独孤皇后都乘坐车子与他并排前往,一直陪送到文帝坐朝的大殿门口。她又派遣宦官伺察文帝的行为,如果发现朝政有错,就立即上书劝谏纠正。等文帝退朝后,她又与文帝一起返回寝宫。百官群臣上奏说:"按照《周礼》规定,百官大臣妻子爵位品级的封赏,应该由王后发布,请求依照古代的制度办事。"独孤皇后说:"妇人干政,或许从此就会逐渐盛行,我不能开这个头。"大都督崔长仁是独孤皇后的中表兄弟,犯法应当斩首,隋文帝因为他是皇后的亲戚,打算赦免他的罪行。但是独孤皇后说:"严格执法是国家的大事,怎么能徇私枉法呢?"崔长仁终于被依法处死。独孤皇后秉性俭约,隋文帝曾经配制止泄的药,须用胡粉一两。这种东西平常宫中不用,多方搜求,最后还是没有得到。隋文帝又曾经想赏赐柱国刘嵩妻子一件织成的衣领,宫中也没有。

但是,隋文帝吸取了北周任用外戚而失天下的教训,从不把大权要职授予外戚,独孤皇后的兄弟任职不超过将军、刺史。文帝外家吕氏是济南人,一向贫寒微贱,北齐灭亡以来,文帝虽然多方求访,始终不知道在哪里。直到即位称帝后,才找到舅舅的儿子吕永吉,于是追赠外祖父吕双周为大尉,封齐郡公,让吕永吉

襲爵。永吉从父道贵,性尤顽骏,言词鄙陋,帝厚加供给,而不许接对朝士。拜上仪同三司,出为济南太守,后郡废,终于家。

24 壬辰,隋主如岐州。

岐州刺史安定梁彦光,有惠政,隋主下诏褒美,赐束帛及御伞,以厉天下之吏。久之,徙相州刺史。岐俗质厚,彦光以静镇之,奏课连为天下最。及居相,部如岐州法。邺自齐亡,衣冠士人多迁入关,唯工商乐户移实州郭,风俗险诐,好兴谣讼,目彦光为"著帽饧"。帝闻之,免彦光官。岁馀,拜赵州刺史。彦光自请复为相州,帝许之。豪猾闻彦光再来,皆嗤之。彦光至,发擿奸伏,有若神明,豪猾潜窜,阖境大治。于是招致名儒,每乡立学,亲临策试,褒勤黜怠。及举秀才,祖道于郊,以财物资之。于是风化大变,吏民感悦,无复讼者。

时又有相州刺史陈留樊叔略,有异政,帝以玺书褒美,班示天下,征拜司农。

新丰令房恭懿,政为三辅之最,帝赐以粟帛。雍州诸县令朝谒,帝见恭懿,必呼至榻前,咨以治民之术。累迁德州司马。帝谓诸州朝集使曰:"房恭懿志存体国,爱养我民,此乃上天宗庙之所祐。朕若置而不赏,上天宗庙必当责我。卿等宜师范之。"因擢为海州刺史。由是州县吏多称职,百姓富庶。

承袭爵位。吕永吉的叔父吕道贵性情特别愚钝，言谈话语鄙陋庸俗，文帝虽然给他以优厚的待遇，但不许他与朝士大臣结交往来。又授予他上仪同三司，出朝担任济南太守。后来济南郡被废，吕道贵终老于家。

24 壬辰（十六日），隋文帝驾幸岐州。

岐州刺史安定人梁彦光治理有政绩，隋文帝下诏书予以表扬，并且赏赐给他一束绢帛和一把御伞，以勉励天下的官吏。过了一段时间，又调梁彦光为相州刺史。岐州民风质朴淳厚，梁彦光无为而治，每年上奏报给朝廷的户口、垦田和赋税都是全国第一。及至迁为相州刺史后，仍然采用在岐州的治理办法。但是相州治所邺城自北齐灭亡以来，衣冠士大夫多迁入关中居住，只有那些手工业者、商人、乐户都迁居邺城，因此民风险诈刻薄，人们喜欢造谣诉讼，称梁彦光为"著帽饧"。隋文帝听到了这些传闻，就免了梁彦光的官。一年以后，又任命他为赵州刺史。梁彦光请求再任相州刺史，文帝答应了他。相州的豪强猾吏听说梁彦光再次来相州任职，都纷纷嗤笑他。梁彦光到相州后，惩治不法，审理案件，料事如神，因此豪强猾吏纷纷潜逃，相州境内社会秩序大为好转。梁彦光又招致了一些名儒，在各地建立乡学，亲自主持考试，表扬奖励勤奋用功的学生，并开除那些懒惰不求上进的学生。对于被州郡荐举的秀才，他亲自在邺城郊外设宴为他们送行，并送路费。于是相州的社会风气大变，官吏百姓都非常感激和爱戴梁彦光，再没有打官司的人了。

当时又有相州刺史陈留人樊叔略，因为有特别突出的政绩，隋文帝颁下玺书在全国表扬他，并征召他入朝拜授司农卿。

新丰县令房恭懿的政绩是三辅地区最好的，于是隋文帝赏赐给他粟米绢帛。每当雍州所属县令朝谒天子时，文帝见到房恭懿，一定把他叫到坐榻前，向他征询治理百姓的方略。并多次加以提拔，后任命他为德州司马。隋文帝还对各州朝集使说："房恭懿一心想着国家，爱护黎民百姓，这实在是上天和祖先保佑我大隋王朝。朕如果视而不见，不加奖赏，那么上天和祖先一定会责备我。你们都应该向他学习。"于是提升房恭懿为海州刺史。因此，当时州县官吏大多称职，能够勤政爱民，致使社会安定，百姓富庶。

25 十一月丁卯,隋遣兼散骑侍郎郑㧑来聘。

26 十二月庚子,隋主还长安,复郑译官爵。

27 广州刺史马靖,得岭表人心,兵甲精练,数有战功。朝廷疑之,遣吏部侍郎萧引观靖举措,讽令送质,外托收督赕物,引至番禺,靖即遣子弟入质。

28 是岁,隋主诏境内之民任听出家,仍令计口出钱,营造经像。于是时俗随风而靡,民间佛书,多于《六经》数十百倍。

29 突厥佗钵可汗病且卒,谓其子庵逻曰:"吾兄不立其子,委位于我。我死,汝曹当避大逻便。"及卒,国人将立大逻便。以其母贱,众不服。庵逻实贵,突厥素重之。摄图最后至,谓国人曰:"若立庵逻者,我当帅兄弟事之。若立大逻便,我必守境,利刃长矛以相待。"摄图长,且雄勇,国人莫敢拒,竟立庵逻为嗣。大逻便不得立,心不服庵逻,每遣人詈辱之。庵逻不能制,因以国让摄图。国中相与议曰:"四可汗子,摄图最贤。"共迎立之,号沙钵略可汗,居都斤山。庵逻降居独洛水,称第二可汗。大逻便乃谓沙钵略曰:"我与尔俱可汗子,各承父后。尔今极尊,我独无位,何也?"沙钵略患之,以为阿波可汗,还领所部。又沙钵略从父玷厥,居西面,号达头可汗。诸可汗各统部众,分居四面。沙钵略勇而得众,北方皆畏附之。

隋主既立,待突厥礼薄,突厥大怨。千金公主伤其宗祀覆灭,日夜言于沙钵略,请为周室复雠。沙钵略谓其臣曰:"我,周

25 十一月丁卯(二十三日),隋文帝派遣兼散骑侍郎郑㧑出使南陈。

26 十二月庚子(二十五日),隋文帝返回长安,恢复了郑译的官爵。

27 南陈广州刺史马靖,在岭表地区深得人心,手下兵强马壮,屡立战功。朝廷因此猜疑他,派吏部侍郎萧引前去观察他的动静,并含蓄提出让他向朝廷送交人质,对外假称是督收岭表地区蛮、蜑等部族向朝廷交纳的财物,萧引到达广州治所番禺后,马靖立即遣送子弟入朝为质。

28 这一年,隋文帝下诏听任黎民百姓出家为僧,并下令按人口出钱,营造佛经、佛像。于是社会风气随风而倒,崇尚佛教,民间的佛教书籍,多于《六经》几十、几百倍。

29 突厥佗钵可汗病重将死,对儿子庵逻说:“我哥哥木杆可汗没有立他的儿子大逻便,而传位于我。我死后,你们兄弟应该让位于大逻便。”佗钵可汗去世后,突厥国人将要拥立大逻便为可汗。但是因为他的母亲出身微贱,众人不服。而庵逻的母亲出身高贵,突厥各部落首领素来尊重他。统领东面部落的小可汗摄图最后一个来到,对国人说:“如果拥立庵逻,我就率领兄弟们侍奉他。如果拥立大逻便,我必定坚守边境,与大可汗兵戎相见。”摄图年长,并且雄勇果敢,国人不敢反对他,于是最后立庵逻为大可汗。大逻便没有被立为可汗,心里对庵逻不服,经常派人去辱骂他。庵逻无奈,就让可汗位于摄图。国人都相互议论说:“在四位可汗的儿子中,摄图最为贤能。”于是就共同迎立摄图为大可汗,称为沙钵略可汗,居于都斤山。庵逻让位后居住在独洛水,称为第二可汗。大逻便对沙钵略可汗说:“我与你都是可汗的儿子,各自继承父亲的事业。可是如今你被立为大可汗,位极尊贵,而我却没有任何地位,这是什么道理?”沙钵略有些惧怕,就封他为阿波可汗,归还他所统领的部落。又有沙钵略的叔父玷厥,居住在突厥国西面,称为达头可汗。诸位小可汗各统帅所领部落,分居四面。沙钵略可汗作战勇敢,深得众心,于是北方的各少数民族都因惧怕而臣服于他。

隋文帝即位后,对突厥的礼遇冷淡,突厥非常怨恨。千金公主因为隋朝灭了自己的宗族,日夜向沙钵略进言,请他为北周宇文氏复仇。于是沙钵略对他的大臣们说:“我是北周帝室

之亲也。今隋主自立而不能制,复何面目见可贺敦乎!”乃与故齐营州刺史高宝宁合兵为寇。隋主患之,敕缘边修保障,峻长城,命上柱国武威阴寿镇幽州,京兆尹虞庆则镇并州,屯兵数万以备之。

初,奉车都尉长孙晟送千金公主入突厥,突厥可汗爱其善射,留之竟岁,命诸子弟贵人与之亲友,冀得其射法。沙钵略弟处罗侯,号突利设,尤得众心,为沙钵略所忌,密托心腹阴与晟盟。晟与之游猎,因察山川形势,部众强弱,靡不知之。

及突厥入寇,晟上书曰:“今诸夏虽安,戎虏尚梗,兴师致讨,未是其时,弃于度外,又相侵扰,故宜密运筹策,有以攘之。玷厥之于摄图,兵强而位下,外名相属,内隙已彰。鼓动其情,必将自战。又,处罗侯者,摄图之弟,奸多势弱,曲取众心,国人爱之,因为摄图所忌,其心殊不自安,迹示弥缝,实怀疑惧。又,阿波首鼠,介在其间,颇畏摄图,受其牵率,唯强是与,未有定心。今宜远交而近攻,离强而合弱。通使玷厥,说合阿波,则摄图回兵,自防右地。又引处罗,遣连奚、霫,则摄图分众,还备左方。首尾猜嫌,腹心离阻,十数年后,乘衅讨之,必可一举而空其国矣。”帝省表,大悦,因召与语。晟复口陈形势,手画山川,写其虚实,皆如指掌,帝深嗟异,皆纳用之。遣太仆元晖出伊吾道,诣达头,赐以狼头纛。达头使来,引居沙钵略使上。以晟为车骑将军,

的亲戚,现在隋文帝代周自立,而我却不能制止,还有何面目再见夫人可贺敦呢?"于是突厥与原北齐营州刺史高宝宁合兵来入侵。隋文帝忧惧,就下敕书令沿边境增修要塞屏障,加固长城,又任命上柱国武威人阴寿镇守幽州,京兆尹虞庆则镇守并州,驻守数万军队以防备突厥。

当初,奉车都尉长孙晟奉命送北周千金公主入突厥成婚,突厥可汗爱慕他的箭法,于是留他在突厥整整一年,让自己子弟和部落贵族与长孙晟结交往来,希望能学到他的箭术。沙钵略可汗的弟弟处罗侯称作突利设,非常得民心,因此受到沙钵略的猜忌,就秘密派遣心腹与长孙晟结盟。长孙晟就和他到处游猎,顺便察看突厥的山川形势和部众强弱,全部牢记在心。

及至突厥兴兵入侵,长孙晟上书说:"现在华夏虽然安定,但是北方突厥仍然不遵王命。如果兴兵讨伐,条件还不成熟;如果弃之不理,突厥又时常侵犯骚扰。因此,我们应该周密谋划,制订出一套制胜的办法。突厥达头可汗玷厥相对于沙钵略可汗摄图来说,兵虽强大但地位低下,名义上虽然臣服于摄图,其实内部裂痕已经很深了。只要我们加以煽动离间,他们必定会自相残杀。其次,处罗侯是摄图的弟弟,虽然诡计多端但势力弱小,所以他虚情矫饰以争取民心,得到了国人的爱戴,因此也招致摄图的猜忌,心中忐忑不安,表面上虽然竭力弥缝自己行事的过失,但内心深感恐惧。再者,阿波可汗大逻便首鼠两端,处在玷厥和摄图之间。因为惧怕摄图,受到他的控制,这只是由于摄图的势力强大,他还没有决定依附于谁。因此,目前我们应该远交近攻,离间强大势力,联合弱小势力。派出使节联系玷厥,劝说他与阿波可汗联合,这样摄图必然会撤回军队,防守东部地区。再交结处罗侯,派出使节联络东边的奚、霫民族,这样摄图就会分散兵力,防守西部地区。使突厥国内互相猜忌,上下离心,十多年后,我们再乘机出兵讨伐,必定能一举灭掉突厥。"隋文帝看了长孙晟的奏疏,大为欣赏,因此召见长孙晟面谈。长孙晟又一次一边口中分析形势,一边用手描绘突厥的山川地理,指示突厥兵力分布情况,都了如指掌。文帝十分惊奇,全部采纳了他的建议。于是派遣太仆卿元晖经伊吾道出使达头可汗,赐给他一面上绣有狼头的大旗。达头可汗的使节来到长安,隋朝让他坐在沙钵略可汗使节的前面。又任命长孙晟为车骑将军,

出黄龙道,赍币赐奚、霫、契丹,遣为乡导,得至处罗侯所,深布心腹,诱之内附。反间既行,果相猜贰。

30　始兴王叔陵,太子之次弟也,与太子异母,母曰彭贵人。叔陵为江州刺史,性苛刻狡险。新安王伯固,以善谐谑,有宠于上及太子。叔陵疾之,阴求其过失,欲中之以法。叔陵入为扬州刺史,事务多关涉省阁,执事承意顺旨,即讽上进用之;微致违忤,必抵以大罪,重者至殊死。伯固惮之,乃诡求其意。叔陵好发古冢,伯固好射雉,常相从郊野,大相款狎,因密图不轨。伯固为侍中,每得密语,必告叔陵。

十四年(壬寅,582)

1　春,正月己酉,上不豫,太子与始兴王叔陵、长沙王叔坚并入侍疾。叔陵阴有异志,命典药吏曰:"切药刀甚钝,可砺之!"甲寅,上殂。仓猝之际,叔陵命左右于外取剑。左右弗悟,取朝服木剑以进,叔陵怒。叔坚在侧,闻之,疑有变,伺其所为。乙卯,小敛。太子哀哭俯伏。叔陵抽剉药刀斫太子,中项,太子闷绝于地。母柳皇后走来救之,又斫后数下。乳媪吴氏自后掣其肘,太子乃得起。叔陵持太子衣,太子自奋得免。叔坚手扼叔陵,夺去其刀,仍牵就柱,以其褶袖缚之。时吴媪已扶太子避贼,叔坚求太子所在,欲受生杀之命。叔陵多力,奋袖得脱,突走出

经黄龙道出塞,携带钱财赏赐奚、霫、契丹等民族,让他们做向导,才得以到达处罗侯住地。长孙晟与处罗侯做了推心置腹的交谈,规劝他率领所属部落臣服隋朝。隋朝的这些反间计实行之后,突厥沙钵略可汗与其他部落果然互相猜忌,离心离德。

30　南陈始兴王陈叔陵是太子陈叔宝的二弟,与太子同父异母,他的生母是彭贵人。陈叔陵任江州刺史,性阴险狡诈。新安王陈伯固因为擅长诙谐戏谑,受到陈宣帝和太子的宠爱。陈叔陵因此忌恨他,于是就暗地里搜求他的过失,想将他绳之以法。后来陈叔陵进京担任扬州刺史,政务多关涉到中书、尚书两省,如果谁顺从他的意旨,就劝说皇上提拔他;如果谁稍微违忤不从,就必定设法诬以大罪,以致重者被处死,身首异处。陈伯固因为惧怕遭到陈叔陵的陷害,于是就对他阿谀奉承,投其所好。陈叔陵嗜好发掘古墓,陈伯固喜欢射雉,因此两人经常结伴到郊外田野游玩,亲昵异常,沆瀣一气,进而密谋作乱。当时陈伯固担任侍中,每当听到宫廷秘密,一定告诉陈叔陵。

陈宣帝太建十四年(壬寅,公元582年)

1　春季,正月己酉(初五),南陈宣帝患病,太子陈叔宝与始兴王陈叔陵、长沙王陈叔坚一同入宫侍疾。陈叔陵心怀不轨,对掌管药品的官吏下令说:"切药草的刀太钝了,应该磨一磨。"甲寅(初十),陈宣帝去世。仓促之际,陈叔陵命令左右随从到宫外取剑,随从没有明白他的用意,取来他朝服上作为装饰用的木剑进呈,陈叔陵见了大怒。陈叔坚在一旁,看到了陈叔陵的所作所为,怀疑将有变故,于是就暗中监视陈叔陵的举动。乙卯(十一日),陈宣帝遗体入殓。太子俯伏痛哭。陈叔陵乘机抽出剉刀向太子砍去,砍中了太子的颈项,太子昏倒在地。太子生母柳皇后赶来救护太子,也被陈叔陵砍了数下。太子的奶妈吴氏从后面扯住陈叔陵的胳膊肘,太子才得以爬起。陈叔陵又抓住太子的衣服,太子奋力挣脱,才得免于难。陈叔坚扑上去用手扼住陈叔陵的脖子,夺去他手中的剉刀,然后把他拖到一根柱子旁,就用他的衣袖将他捆在柱子上。当时奶妈吴氏已经扶太子出殿躲避,陈叔坚就去寻找太子,向他请示对陈叔陵如何处置。陈叔陵健壮有力,奋力挣脱衣袖,冲出

云龙门，驰车还东府，召左右断青溪道，赦东城囚以充战士，散金帛赏赐。又遣人往新林追所部兵；仍自被甲，著白布帽，登城西门招募百姓。又召诸王将帅，莫有至者，唯新安王伯固单马赴之，助叔陵指挥。叔陵兵可千人，欲据城自守。

时众军并缘江防守，台内空虚。叔坚白柳后，使太子舍人河内司马申，以太子命召右卫将军萧摩诃入见受敕，帅马步数百趣东府，屯城西门。叔陵惶恐，遣记室韦谅送其鼓吹与摩诃，谓曰："事捷，必以公为台辅。"摩诃绐报之曰："须王心膂节将自来，方敢从命。"叔陵遣其所亲戴温、谭骐骥诣摩诃，摩诃执以送台，斩其首，徇东城。

叔陵自知不济，入内，沉其妃张氏及宠姜七人于井，帅步骑数百自小航渡，欲趣新林，乘舟奔隋。行至白杨路，为台军所邀。伯固见兵至，旋避入巷，叔陵驰骑拔刃追之，伯固复还，叔陵部下多弃甲溃去。摩诃马容陈智深迎刺叔陵僵仆，陈仲华就斩其首，伯固为乱兵所杀，自寅至巳乃定。叔陵诸子并赐死，伯固诸子宥为庶人。韦谅及前衡阳内史彭暠、谘议参军兼记室郑信、典签俞公喜并伏诛。暠，叔陵舅也。信、谅有宠于叔陵，常参谋议。谅，粲之子也。

丁巳，太子即皇帝位，大赦。

2 辛酉，隋置河北道行台于并州，以晋王广为尚书令；置西南道行台于益州，以蜀王秀为尚书令。隋主惩周氏孤弱而亡，故使二子分莅方面。以二王年少，盛选贞良有才望者为之僚佐。以灵州刺史王韶为并省右仆射，鸿胪卿

云龙门,乘车驰还扬州治所东府城。他召集左右随从阻断通向宫廷所在台城的青溪道,又下令赦免东府城囚徒以充战士,散发金帛钱财赏赐战士。又派人前往新林,追还他所指挥的军队;亲自穿上甲胄,戴上白布帽,登上城西门招募百姓。他又征召宗室诸王和将帅,但无人响应,只有新安王陈伯固单枪匹马来投奔,协助他指挥军队。陈叔陵的军队大约有一千人,打算占据东府城自守。

当时南陈军队都被部署在沿江一带防守,台城内兵力空虚。陈叔坚启奏柳皇后,派遣太子舍人河内人司马申以太子的名义征召右卫将军萧摩诃入宫接受敕令,统率步、骑兵数百人进军东府城,部署在城西门外。陈叔陵惶恐不安,派遣记室参军韦谅把他的鼓吹仪仗送给萧摩诃,并对他说:"如果你帮助我举事成功,我一定任命你为辅政大臣。"萧摩诃骗韦谅说:"必须让始兴王的心腹大将亲来说,我才能听从命令。"于是陈叔陵又派亲信戴温、谭骐骥来到萧摩诃军营,被萧摩诃抓起来送到台城,被朝廷斩首后于东府城示众。

陈叔陵自知不能成功,于是回到府内,把妃子张氏和宠妾七人沉入井中溺死,然后率领步、骑数百人从小航渡过秦淮河,想要逃往新林,再乘船投奔隋朝。走到白杨路,遭到台城军队截击。陈伯固看见朝廷大军来到,就躲进街巷想独自逃命,陈叔陵发现后驱马拔刀追赶,陈伯固只好又和他一起返回,陈叔陵的部下丢盔弃甲,纷纷溃逃。萧摩诃的马容陈智深迎面把陈叔陵刺落马下,陈仲华上前就势割下首级,陈伯固则被乱兵杀死,一场混战从寅时开始到巳时才被平息。事后,朝廷将陈叔陵的儿子全部赐死,陈伯固的儿子免死降为平民。陈叔陵的同党记室参军韦谅、前衡阳内史彭暠、谘议参军兼记室郑信、典签俞公喜也一起处死。彭暠是陈叔陵的舅舅。郑信、韦谅是因为受到陈叔陵的宠信,经常参与谋划。韦谅是韦粲的儿子。

丁巳(十三日),南陈皇太子陈叔宝即皇帝位,大赦天下。

2 辛酉(十七日),隋朝在并州设置河北道行台,任命晋王杨广为尚书令;又在益州设置西南道行台,任命蜀王杨秀为尚书令。隋文帝吸取了北周宇文氏孤弱无援而灭亡的教训,所以分派两个儿子各统御一方,以辅弼朝廷。又因为二王年少,于是精心挑选正直贤能、德才兼备的大臣担任他们的僚佐。任命灵州刺史王韶为并州行台右仆射,鸿胪卿

赵郡李雄为兵部尚书,左武卫将军朔方李彻总晋王府军事,兵部尚书元岩为益州总管府长史。王韶、李雄、元岩俱有骨鲠名,李彻前朝旧将,故用之。

初,李雄家世以学业自通,雄独习骑射。其兄子旦让之曰:"非士大夫之素业也。"雄曰:"自古圣贤,文武不备而能成其功业者鲜矣。雄虽不敏,颇观前志,但不守章句耳。既文且武,兄何病焉!"及将如并省,帝谓雄曰:"吾儿更事未多,以卿兼文武才,吾无北顾之忧矣。"

二王欲为奢侈非法,韶、岩辄不奉教,或自锁,或排閤切谏。二王甚惮之,每事谘而后行,不敢违法度。帝闻而赏之。

又以秦王俊为河南道行台尚书令、洛州刺史,领关东兵。

3 癸亥,以长沙王叔坚为骠骑将军、开府仪同三司、扬州刺史;萧摩诃为车骑将军、南徐州刺史,封绥远公,始兴王家金帛累巨万,悉以赐之。以司马申为中书通事舍人。

乙丑,尊皇后为皇太后。时帝病创,卧承香殿,不能听政。太后居柏梁殿,百司众务,皆决于太后,帝创愈,乃归政焉。

丁卯,封皇弟叔重为始兴王,奉昭烈王祀。

4 隋元景山出汉口,遣上开府仪同三司邓孝儒将卒四千攻甗山。镇将军陆纶以舟师救之,为孝儒所败。涢口、甗山、沌阳守将皆弃城走。戊辰,遣使请和于隋,归其胡墅。

赵郡人李雄为兵部尚书，左武卫将军朔方人李徹总管晋王府军事，任命兵部尚书元岩为益州总管府长史。王韶、李雄、元岩都由于为人刚直而负有盛名，李徹是前朝北周的旧将，所以文帝重用他们。

当初，李雄的家族世代都是通过文学儒业而获取功名，只有李雄喜欢练习骑马、射箭。他哥哥李子旦责备他说："骑马、射箭不是士大夫所应从事的事业。"李雄回答说："自古以来的圣贤君子，不具备文武全才而能建功立业的很少。我虽然不聪敏，但也读了不少前代书籍，只是没有墨守章句训诂罢了。我要做到能文能武，兄长为什么要责备我呢？"及至李雄将要赴并州上任，隋文帝对他说："我的儿子杨广经历的事情不多，凭你的文才武略去辅佐他，我就没有北顾之忧了。"

晋王杨广、蜀王杨秀经常想违反制度规定追求奢侈享受，王韶、元岩总是拒绝执行二王的指令，有时自锁请罪，有时叩门进谏。因此二王非常惧怕他们，凡事总是先与他们商议后再去实行，不敢做违法乱纪的事情。隋文帝得知后，就下令奖赏王韶、元岩。

隋朝又任命秦王杨俊为河南道行台尚书令、洛州刺史，统领关东地区的军队。

3　癸亥（十九日），南陈朝廷任命长沙王陈叔坚为骠骑将军、开府仪同三司、扬州刺史，萧摩诃为车骑将军、南徐州刺史，封爵绥远公，并把始兴王陈叔陵的万贯家产全都赏赐给他。又任命司马申为中书通事舍人。

乙丑（二十一日），南陈后主诏令尊称柳皇后为皇太后。当时陈后主伤势很重，居住在承香殿休养，不能临朝听政。于是皇太后就住在柏梁殿，百官大臣禀奏的国事政务，都由皇太后裁决处理。直到陈后主伤势痊愈，皇太后才归政于他。

丁卯（二十三日），南陈后主封弟弟陈叔重为始兴王，奉持昭烈王陈道谈的祭祀。

4　隋朝行军元帅元景山率军出兵汉口，派遣上开府仪同三司邓孝儒率军四千人巩打甑山。南陈镇将军陆纶率领水军前往救援，被邓孝儒打败。于是涢口、甑山、沌阳南陈守将全都弃城逃走。戊辰（二十四日），南陈派遣使者请求和隋朝修好，并把去年夺取的胡墅城归还隋朝。

5　己巳,立妃沈氏为皇后。辛未,立皇弟叔俨为寻阳王,叔慎为岳阳王,叔达为义阳王,叔熊为巴山王,叔虞为武昌王。

6　隋高颎奏,礼不伐丧。二月己丑,隋主诏颎等班师。

7　三月己巳,以尚书左仆射晋安王伯恭为湘州刺史,永阳王伯智为尚书仆射。

8　夏,四月庚寅,隋大将军韩僧寿破突厥于鸡头山,上柱国李充破突厥于河北山。

9　丙申,立皇子永康公胤为太子。胤,孙姬之子,沈后养以为子。

10　五月己未,高宝宁引突厥寇隋平州,突厥悉发五可汗控弦之士四十万入长城。

11　壬戌,隋任穆公于翼卒。

12　甲子,隋更命传国玺曰“受命玺”。

13　六月甲申,隋遣使来吊。

14　乙酉,隋上柱国李光败突厥于马邑。突厥又寇兰州,凉州总管贺娄子幹败之于可洛峐。

15　隋主嫌长安城制度狭小,又宫内多妖异。纳言苏威劝帝迁都,帝以初受命,难之;夜,与威及高颎共议。明旦,通直散骑庾季才奏曰:“臣仰观乾象,俯察图记,必有迁都之事。且汉营此城,将八百岁,水皆咸卤,不甚宜人。愿陛下协天人之心,为迁徙之计。”帝愕然,谓颎、威曰:“是何神也!”太师李穆亦上表请迁都。帝省表曰:“天道聪明,已有征应。太师人望,复抗此请;无不可矣。”丙申,诏高颎等创造新都于龙首山。以太子左庶子宇文恺有巧思,领营新都副监。恺,忻之弟也。

5　己巳（二十五日），南陈后主册立妃子沈氏为皇后。辛未（二十七日），又册封皇弟陈叔俨为寻阳王，陈叔慎为岳阳王，陈叔达为义阳王，陈叔熊为巴山王，陈叔虞为武昌王。

6　隋朝尚书左仆射高颎上疏说，根据礼节，不讨伐有丧事的故国。二月己丑（十五日），隋文帝诏令高颎等人班师回朝。

7　三月己巳（二十五日），南陈朝廷任命尚书左仆射晋安王陈伯恭为湘州刺史，永阳王陈伯智为尚书仆射。

8　夏季，四月庚寅（十一日），隋朝大将军韩僧寿在鸡头山打败突厥军队，上柱国李充在河北山打败突厥军队。

9　丙申（十七日），南陈后主册立皇子永康公陈胤为皇太子。陈胤是孙姬的儿子，沈皇后养为己子。

10　五月己未（十六日），原北齐营州刺史高宝宁带领突厥军队进犯隋朝平州，突厥出动了五可汗的全部军队共四十万人侵入长城以南。

11　壬戌（十九日），隋朝任穆公于翼去世。

12　甲子（二十一日），隋朝改传国玺名为"受命玺"。

13　六月甲申（十二日），隋朝派遣使者到南陈吊唁陈宣帝。

14　乙酉（十三日），隋朝上柱国李光在马邑打败突厥军队。突厥军队又进犯兰州，被隋朝凉州总管贺娄子干在可洛峐打败。

15　隋文帝嫌长安宫城的规模狭小，而且宫中经常出现妖妄怪异现象。纳言苏威劝文帝迁都，文帝因为受命登基不久，不宜轻动，因此感到很为难，于是就在夜里与苏威、尚书左仆射高颎一起商议。第二天早朝，通直散骑常侍庾季才上奏说："我在昨晚仰头观察天象，又俯身对照察看图记，发现一定要迁移都城。况且从汉朝初年营建此城，至今已八百多年，水质变咸，不再适合饮用。希望陛下上应天意，下顺民心，制订出迁都的计划。"隋文帝很吃惊，对高颎、苏威说："这多么灵验啊！"太师李穆也上表请求迁都，文帝看了他的奏疏后说："天道神明，已经出现了迁都的征兆。太师是众望所归，又上表请求。由此看来，没有什么不可以了。"丙申（二十四日），隋文帝下诏令高颎等人负责在龙首山一带建造新宫城。因为太子左庶子宇文恺在建筑方面有巧妙的构思，于是任命他担任营建新城的副监。宇文恺是宇文忻的弟弟。

16 秋,七月辛未,大赦。

17 九月丙午,设无导大会于太极殿,舍身及乘舆御服。大赦。

18 丙午,以长沙王叔坚为司空,将军、刺史如故。

19 冬,十月癸酉,隋太子勇屯兵咸阳以备突厥。

20 十二月丙子,隋命新都曰大兴城。

21 乙酉,隋遣沁源公虞庆则屯弘化以备突厥。

行军总管达奚长儒将兵二千,与突厥沙钵略可汗遇于周槃,沙钵略有众十馀万,军中大惧。长儒神色慷慨,且战且行,为虏所冲,散而复聚,四面抗拒。转斗三日,昼夜凡十四战,五兵咸尽,士卒以拳殴之,手皆骨见,杀伤万计。虏气稍夺,于是解去。长儒身被五疮,通中者二,其战士死者什八九。诏以长儒为上柱国,馀勋回授一子。

时柱国冯昱屯乙弗泊,兰州总管叱列长叉守临洮,上柱国李崇屯幽州,皆为突厥所败。于是突厥纵兵自木硖、石门两道入寇,武威、天水、金城、上郡、弘化、延安,六畜咸尽。

沙钵略更欲南入,达头不从,引兵而去。长孙晟又说沙钵略之子染干诈告沙钵略曰:“铁勒等反,欲袭其牙。”沙钵略惧,回兵出塞。

22 隋主既立,待遇梁主,恩礼弥厚。是岁,纳梁主女为晋王妃,又欲以其子场尚兰陵公主。由是罢江陵总管,梁主始得专制其国。

16　秋季,七月辛未(二十九日),南陈朝廷大赦天下。

17　九月丙午(初五),南陈朝廷在太极殿举行佛教布施天下的无寻大法会,陈后主舍身寺庙并捐献了天子的舆车、衣服。大赦天下。

18　丙午(初五),南陈朝廷任命长沙王陈叔坚为司空,他的骠骑将军、扬州刺史职务仍旧。

19　冬季,十月癸酉(初三),隋朝皇太子杨勇率军驻扎咸阳以防备突厥。

20　十二月丙子(初七),隋朝命名新都为大兴城。

21　乙酉(十六日),隋朝派遣沁源公虞庆则率军驻扎弘化郡以防备突厥。

隋朝行军总管达奚长儒率军两千人,与突厥沙钵略可汗在周槃相遇,沙钵略的军队有十多万人,隋军官兵大为恐惧。达奚长儒神色慷慨激昂,率军边战边行,队伍虽多次被突厥军队冲散,但很快又重新聚合,摆开阵势,四面抗拒。隋军转战三日,昼夜与突厥交锋十四战,后来所有的兵器都已用尽,士卒只好用拳头殴打敌人,手都露出了骨头,总共杀伤敌人一万多人。突厥军队士气逐渐丧失,最后解围退走。达奚长儒身上五处受伤,其中重伤两处,部下士卒死伤十分之八九。隋文帝下诏授予达奚长儒上柱国职务,并将剩馀功勋授予他的一个儿子。

当时隋朝柱国冯昱率军驻扎乙弗泊,兰州总管叱列长叉率军镇守临洮,上柱国李崇率军驻扎幽州,他们都被突厥打败。于是突厥纵兵从木硖、石门分两路入侵,武威、天水、金城、上郡、弘化、延安等郡的牲畜物产都被劫掠一空。

沙钵略可汗还想进一步南侵,达头可汗不从,率部退去。长孙晟又游说沙钵略可汗的儿子染干,染干谎报沙钵略说:"铁勒等部族起兵造反,打算袭击您的牙帐。"沙钵略害怕了,于是回兵出塞退去。

22　隋文帝即位后,对待后梁世宗恩礼更加深厚。这一年,礼聘梁世宗女儿为晋王杨广的妃子,还打算让皇子杨𤩇娶兰陵公主为妻。因此废掉监护后梁的江陵总管,梁世宗才得以全权统治国家。

长城公上

至德元年(癸卯,583)

1　春,正月庚子,隋将入新都,大赦。

2　壬寅,大赦,改元。

3　初,上病创,不能视事,政无大小,皆决于长沙王叔坚,权倾朝廷。叔坚颇骄纵,上由是忌之。都官尚书山阴孔范,中书舍人施文庆,皆恶叔坚而有宠于上,日夕求其短,构之于上。上乃即叔坚骠骑将军本号,用三司之仪,出为江州刺史。以祠部尚书江总为吏部尚书。

4　癸卯,立皇子深为始安王。

5　二月己巳朔,日有食之。

6　癸酉,遣兼散骑常侍贺徹等聘于隋。

7　突厥寇隋北边。

8　癸巳,葬孝宣皇帝于显宁陵,庙号高宗。

9　右卫将军兼中书通事舍人司马申既掌机密,颇作威福,多所谮毁。能候人主颜色,有忤己者,必以微言谮之;附己者,因机进之。是以朝廷内外,皆从风而靡。

上欲用侍中、吏部尚书毛喜为仆射,申恶喜强直,言于上曰:"喜,臣之妻兄,高宗时称陛下有酒德,请逐去宫臣,陛下宁忘之邪?"上乃止。

上创愈,置酒于后殿以自庆,引吏部尚书江总以下展乐赋诗。既醉而命毛喜。于时山陵初毕,喜见之,不怿。

长城公上
陈长城公至德元年(癸卯,公元583年)

1 春季,正月庚子(初一),隋朝将要迁入新都大兴城,大赦天下。

2 壬寅(初三),南陈朝廷大赦天下,改年号为至德。

3 当初,南陈后主由于受伤,不能处理政事,朝廷的大小政事都由长沙王陈叔坚裁决处理,陈叔坚因此权倾朝廷。陈叔坚十分骄横,因此受到陈后主的猜忌。都官尚书山阴人孔范与中书舍人施文庆都厌恶陈叔坚,并且受到陈后主的宠信,所以他们朝夕寻找陈叔坚的过失,然后向陈后主进谗陷害他。于是陈后主就让陈叔坚以骠骑将军的称号,保留尚书、中书、门下三省长官的待遇,出任江州刺史。又任命祠部尚书江总为吏部尚书。

4 癸卯(初四),南陈后主封皇子陈深为始安王。

5 二月己巳朔(初一),出现日食。

6 癸酉(初五),南陈朝廷派遣兼散骑常侍贺徹等人出使隋朝。

7 突厥兴兵侵犯隋朝北部边境。

8 癸巳(二十五日),南陈朝廷葬孝宣皇帝于显宁陵,庙号为高宗。

9 南陈右卫将军兼中书通事舍人司马申掌管机密后,恣意作威作福,经常向陈后主诬陷诽谤别人。他善于观察陈后主的脸色行事,百官大臣如有不顺从自己的,必定进谗言加以诬陷;如有依附于自己的,就会相机加以荐用。因此,朝廷内外随风而倒,莫不奉承巴结司马申。

南陈后主打算任用侍中、吏部尚书毛喜为尚书仆射,司马申因为不喜欢毛喜的刚强正直,于是对陈后主说:"毛喜是我妻子的哥哥,他在高宗宣帝时曾说过陛下酗酒成性的坏话,并请求将我赶出东宫,陛下难道忘了吗?"陈后主于是作罢。

南陈后主伤势痊愈,在后殿置办酒席以示庆贺,让吏部尚书江总以下的公卿大臣赋诗助兴。陈后主酒醉以后,命令毛喜赋诗。当时陈宣帝刚安葬不久,毛喜见陈后主在服丧期间竟如此寻欢作乐,心中很不高兴。

欲谏,则上已醉。喜升阶,阳为心疾,仆于阶下,移出省中。上醒,谓江总曰:"我悔召毛喜,彼实无疾,但欲阻我欢宴,非我所为耳。"乃与司马申谋曰:"此人负气,吾欲乞鄱阳兄弟,听其报仇,可乎?"对曰:"彼终不为官用,愿如圣旨。"中书通事舍人北地傅𬙂争之曰:"不然。若许报雠,欲置先皇何地?"上曰:"当乞一小郡,勿令见人事耳。"乃以喜为永嘉内史。

10 三月丙辰,隋迁于新都。

初令民二十一成丁,减役者每岁十二番为二十日役,减调绢一匹为二丈。周末榷酒坊、盐池、盐井,至是皆罢之。

秘书监牛弘上表,以"典籍屡经丧乱,率多散逸。周氏聚书,仅盈万卷。平齐所得,除其重杂,裁益五千。兴集之期,属膺圣世。为国之本,莫此为先。岂可使之流落私家,不归王府!必须勒之以天威,引之以微利,则异典必臻,观阁斯积。"隋主从之。丁巳,诏购求遗书于天下,每献书一卷,赍缣一匹。

11 夏,四月庚午,吐谷浑寇隋临洮。洮州刺史皮子信出战,败死,汶州总管梁远击走之。又寇廓州,州兵击走之。

12 壬申,隋以尚书右仆射赵煚兼内史令。

13 突厥数为隋寇。隋主下诏曰:"往者周、齐抗衡,分割诸夏,突厥之虏,俱通二国。周人东虑,恐齐好之深,齐氏西虞,惧周交之厚。谓虏意轻重,国遂安危,盖并有大敌之忧,思减一边之

他想要起身劝谏,陈后主已醉得不省人事。于是毛喜就在台阶上假装心病发作,倒在阶下,然后被抬出宫中。陈后主酒醒后,对江总说:"我悔不该招毛喜赴宴,他其实并没有病,只是想阻止我设宴欢乐,反对我的作为罢了。"于是和司马申商议道:"毛喜负气使性,让我难堪,我想听任他的仇家鄱阳王兄弟为其兄长报仇,可以吗?"司马申回答说:"毛喜终究不会为陛下所用,愿按照陛下说的去做。"中书通事舍人北地人傅𬘽争辩说:"不能那样做。如果允许鄱阳王兄弟向毛喜报仇,那么把先皇宣帝置于何地?"陈后主说:"那就把毛喜置在一小郡,不许他再在朝廷参与政事。"于是任命毛喜为永嘉内史。

10　三月丙辰(十八日),隋朝宫廷迁入新都大兴城。

隋朝颁布法令,规定平民百姓二十一岁为成年人,服徭役由每年三十天减为二十天,不服役的纳绢四丈减为两丈。北周末年官府专营酒坊、盐池、盐井的禁令,也全部予以废除。

隋朝秘书监牛弘上表,认为:"官府收藏的典籍屡经丧乱,大多散失民间。原北周朝廷收集的典籍,仅有一万多卷。平定北齐时所得到的典籍,除去重复的以外,只增加了五千卷。大规模汇集典籍,理当在圣明之世。治理国家,没有比此事更为重要的了。岂可使典籍长期流落私家,不归官府朝廷所有!因此,必须借助陛下的威令,迫令献书,并给予献书者一定的酬谢。这样,则各种典籍一定会汇集官府,国家书库就会收藏丰富。"隋文帝接受了他的建议。丁巳(十九日),下诏在全国各地购求散佚书籍,每献书一卷,赏缣一匹。

11　夏季,四月庚午(初三),吐谷浑兴兵侵犯隋朝临洮郡。洮州刺史皮子信率军出战,兵败身亡,汶州总管梁远率军击退了入侵敌军。吐谷浑又兴兵侵犯廓州,廓州兵击退了入侵敌军。

12　壬申(初五),隋朝任命尚书右仆射赵煚兼任内史令。

13　突厥多次兴兵侵犯隋朝,隋文帝下诏书说:"以前北周、北齐两国对峙,分裂华夏,突厥与双方都通使往来,乘机渔利。北周忧虑东面,害怕北齐与突厥交好过深;北齐忧虑西面,害怕北周与突厥联合过紧。都认为突厥的轻重向背,关系着国家的安危,这是因为双方都有把对方当成头号强敌的忧患,想减少北面的

防也。朕以为厚敛兆庶，多惠豺狼，未尝感恩，资而为贼。节之以礼，不为虚费，省徭薄赋，国用有馀。因入贼之物，加赐将士，息道路之民，务为耕织。清边制胜，成策在心。凶丑愚暗，未知深旨，将大定之日，比战国之时，乘昔世之骄，结今时之恨。近者尽其巢窟，俱犯北边，盖上天所忿，驱就齐斧。诸将今行，义兼含育，有降者纳，有违者死，使其不敢南望，永服威刑。何用侍子之朝，宁劳渭桥之拜！"

于是命卫王爽等为行军元帅，分八道出塞击之。爽督总管李充等四将出朔州道，己卯，与沙钵略可汗遇于白道。李充言于爽曰："突厥狃于骤胜，必轻我而无备，以精兵袭之，可破也。"诸将多以为疑，唯长史李彻赞成之，遂与充帅精骑五千掩击突厥，大破之。沙钵略弃所服金甲，潜草中而遁。其军中无食，粉骨为粮，加以疾疫，死者甚众。

幽州总管阴寿帅步骑十万出卢龙塞，击高宝宁。宝宁求救于突厥，突厥方御隋师，不能救。庚辰，宝宁弃城奔碛北，和龙诸县悉平。寿设重赏以购宝宁，又遣人离其腹心；宝宁奔契丹，为其麾下所杀。

14　己丑，郓州城主张子讥遣使请降于隋，隋主以和好，不纳。

15　辛卯，隋主遣兼散骑常侍薛舒、兼散骑常侍王劭来聘。劭，松年之子也。

防御兵力。如今，朕以为重敛百姓，多聚财物以赂突厥，突厥也未曾感恩戴德，反而资助了突厥不断地前来侵犯。所以，朕对突厥按照礼节加以节制，从不虚费钱财，对黎民百姓轻徭薄赋，因此国用有馀。又把原来应馈送给突厥的财物，用来加赐给将士，减省黎民百姓道路奔波之苦，使他们能够专心耕织。清除边患，克敌制胜，朕早已胸有成竹。突厥化外之人，凶恶愚昧，根本不能理解深刻的道理，将天下大定的今日，看作群雄逐鹿的战国之时，凭借前代养成的骄气，结下今日的怨恨。近来又倾巢出动，侵犯我北部边境，这是上天忿恨突厥残暴无道，驱赶他们前来送死。诸位将帅这次受命出征，不可一味杀生，同时也要爱惜突厥百姓，如有投降的就予以接纳，对于反抗的就加以消灭，使突厥不敢再贪心南侵，永远遵从我大隋的威刑。既用不着沙钵略可汗派遣儿子入朝为质，也无须他像汉朝时匈奴呼韩邪单于那样亲自来长安朝拜。"

隋文帝于是任命卫王杨爽等人为行军元帅，兵分八路出塞攻打突厥。杨爽指挥行军总管李充等四将由朔方道出塞，己卯（十二日），与突厥沙钵略可汗在白道相遇。李充对杨爽说："突厥因为近来多次侵犯得胜，必定轻视我军而不加防备，如果我用精兵突然袭击，定能打败敌人。"但众将领多持怀疑态度，只有元帅府长史李彻赞成。于是他和李充带领精锐骑兵五千人突袭突厥军队，大败敌人。沙钵略可汗丢弃所穿的金甲，潜伏于茂草之中才得以逃脱。又突厥军中因为缺粮，只好粉碎尸骨以为粮，加上军中疫病流行，因此死亡极多。

幽州总管阴寿统率步、骑兵十万人出卢龙塞，攻打高宝宁。高宝宁向突厥求救，因为突厥正在全力抵御隋军，不能派兵救援。庚辰（十三日），高宝宁放弃和龙城退往大碛以北，和龙所属各县全部平定。阴寿悬重赏购求高宝宁，又派人离间他的部下心腹，高宝宁众叛亲离，只得逃奔契丹，后来被部下所杀。

14　己丑（二十二日），南陈鄞州守将张子讥派遣使节请求归降隋朝，隋文帝因为两国和好，不予接纳。

15　辛卯（二十四日），隋文帝派遣兼散骑常侍薛舒、王劭出使南陈。王劭是王松年的儿子。

16　癸巳,隋主大雩。

17　甲子,突厥遣使入见于隋。

18　隋改度支尚书为民部,都官尚书为刑部。命左仆射判吏、礼、兵三部事,右仆射判民、刑、工三部事。废光禄、卫尉、鸿胪寺及都水台。

19　五月癸卯,隋行军总管李晃破突厥于摩那度口。

20　乙巳,梁太子琮入朝于隋,贺迁都。

21　辛酉,隋主祀方泽。

22　隋秦州总管窦荣定帅九总管步骑三万出凉州,与突厥阿波可汗相拒于高越原,阿波屡败。荣定,炽之兄子也。

前上大将军京兆史万岁,坐事配敦煌为戍卒,诣荣定军门,请自效,荣定素闻其名,见而大悦。壬戌,将战,荣定遣人谓突厥曰:"士卒何罪而杀之!但当各遣一壮士决胜负耳。"突厥许诺,因遣一骑挑战。荣定遣万岁出应之,万岁驰斩其首而还。突厥大惊,不敢复战,遂请盟,引军而去。

长孙晟时在荣定军中为偏将,使谓阿波曰:"摄图每来,战皆大胜。阿波才入,遽即奔败,此乃突厥之耻也。且摄图之与阿波,兵势本敌。今摄图日胜,为众所崇;阿波不利,为国生辱。摄图必当以罪归阿波,成其宿计,灭北牙矣。愿自量度,能御之乎?"阿波使至,晟又谓之曰:"今达头与隋连和,而摄图不能制,可汗何不依附天子,连结达头,相合为强,此万全计也,岂若丧兵负罪,归就摄图,受其戮辱邪!"阿波然之,遣使随晟入朝。

16　癸巳(二十六日),隋文帝举行祈雨祭祀。

17　甲子,突厥派遣使节出使隋朝。

18　隋文帝改度支尚书为民部,都官尚书为刑部。又令尚书左仆射负责掌管吏、礼、兵三部政务,尚书右仆射负责掌管民、刑、工三部政务。废除光禄、卫尉、鸿胪三寺和都水台。

19　五月癸卯(初六),隋朝行军总管李晃在摩那度口打败突厥军队。

20　乙巳(初八),后梁太子萧琮入隋朝见,祝贺隋朝迁都大兴城。

21　辛酉(二十四日),隋文帝祭祀大泽。

22　隋朝秦州总管窦荣定率领九总管步、骑兵三万人出凉州,与突厥阿波可汗在高越原对峙,阿波可汗屡战屡败。窦荣定是太傅窦炽的侄子。

前上大将军京兆人史万岁,因犯罪被发配到敦煌为戍卒,他来到窦荣定军营,请求效力以立功赎罪,窦荣定早就听说他骁勇善战,见到后非常高兴。壬戌(二十五日),双方将要交战,窦荣定派人对突厥说:"两国交恶,士卒何罪而使其丧命沙场!今天双方可各遣一名壮士以决胜负。"突厥同意,于是派出一名骑将挑战。窦荣定派史万岁出马应战,史万岁驰马斩敌将首级而还。突厥大为吃惊,不敢再战,于是请求和隋军议和,引军退去。

长孙晟当时在窦荣定军中担任偏将,他派人对阿波可汗说:"沙钵略可汗摄图每次率军侵犯,都能获胜。而你刚率军入侵,很快就失败而归,这是突厥的耻辱。再说摄图与你的兵力本来势均力敌。如今摄图经常获胜,为国人所崇敬;而你却一败再败,成为国家的耻辱。如此,摄图必然要把罪名加在你头上,实现他长期的夙愿,灭掉你阿波可汗的北牙。希望你仔细考虑一下,能抵御住摄图吗?"阿波可汗的使节来到隋军,长孙晟又对他说:"现在达头可汗和隋朝联合,摄图无法控制。阿波可汗为何不依附于大隋天子,连结达头可汗,合兵壮大自己的势力,这实在是保全自己的万全之计。这难道不比丧兵负罪,屈就摄图,被他侮辱杀戮好吗?"阿波可汗认为长孙晟说得对,就派遣使节随长孙晟入朝请和。

沙钵略素忌阿波骁悍，自白道败归，又闻阿波贰于隋，因先归，袭击北牙，大破之，杀阿波之母。阿波还，无所归，西奔达头。达头大怒，遣阿波帅兵而东，其部落归之者将十万骑，遂与沙钵略相攻，屡破之，复得故地，兵势益强。贪汗可汗素睦于阿波，沙钵略夺其众而废之，贪汗亡奔达头。沙钵略从弟地勤察，别统部落，与沙钵略有隙，复以众叛归阿波。连兵不已，各遣使诣长安请和求援。隋主皆不许。

23　六月庚辰，隋行军总管梁远破吐谷浑于尔汗山。

24　突厥寇幽州，隋幽州总管广宗壮公李崇帅步骑三千拒之。转战十馀日，师人多死，遂保砂城。突厥围之，城荒颓，不可守御，晓夕力战，又无所食，每夜出掠虏营，得六畜以继军粮，突厥畏之，厚为其备，每夜中结陈以待之。崇军苦饥，出辄遇敌，死亡略尽，及明，奔还城者尚百许人，然多重伤，不堪更战。突厥意欲降之，遣使谓崇曰：“若来降者，封为特勒。”崇知不免，令其士卒曰：“崇丧师徒，罪当万死。今日效命，以谢国家。汝俟吾死，且可降贼，便散走，努力还乡。若见至尊，道崇此意。”乃挺刃突陈，复杀二人，突厥乱射，杀之。秋，七月，以豫州刺史代人周摇为幽州总管。命李崇子敏袭爵。

敏娶乐平公主之女娥英，诏假一品羽仪，礼如尚帝女。既而将侍宴，公主谓敏曰：“我以四海与至尊，唯一婿，当为尔求柱国。若馀官，汝慎勿谢。”及进见，帝授以仪同及开府，皆不谢。帝曰：

沙钵略可汗素来嫌忌阿波可汗骁勇剽悍,他自白道败归途中,听说阿波可汗与隋朝交往,于是先期回国,举兵袭击北边阿波可汗牙帐,大败阿波可汗的部落,杀了他的母亲。阿波可汗还军后,没有归处,于是向西投奔达头可汗。达头可汗勃然大怒,于是就派阿波可汗率军东进攻打沙钵略可汗,阿波可汗的部落纷纷前来归附,将近十万骑兵。于是阿波可汗就与沙钵略可汗交战,多次将他打败,重新收复了失地,兵势更加强盛。突厥贪汗可汗一向与阿波可汗和睦,沙钵略可汗夺了他的部落后将他废黜,贪汗可汗也逃奔达头可汗。沙钵略可汗的从弟地勤察另统有部落,因为和沙钵略可汗有矛盾,就率领部落叛归阿波可汗。于是双方互相攻打,用兵不断,各派使节到长安向隋朝请和求援。隋文帝都不答应。

23 六月庚辰(十四日),隋朝行军总管梁远在尔汗山打败吐谷浑军队。

24 突厥兴兵侵犯幽州,隋朝幽州总管广宗壮公李崇率领步、骑兵三千人抗击敌军。隋军转战十多天,士卒死亡众多,于是退保砂城。突厥军队又围攻砂城,砂城荒凉,城墙颓坏,很难守御,隋军日夜血战,加上没有粮食,只得每天夜里前去劫掠敌军营寨,夺取牛羊等六畜充作军粮。突厥军队害怕了,就加强戒备,每天夜里摆开阵势等待隋军。李崇军队被饥饿所困扰,出城就碰上敌人,以致死亡殆尽,到了天明,奔回城中的还有一百多人,但大多受了重伤,不能再战。突厥想使李崇投降,就派遣使节对他说:"你如果前来投降,就封你为特勒。"李崇料知难免一死,就对部下士卒说:"我失地丧师,罪该万死。今日只有效命战死,以谢国家。你们等我死后,可暂时投降敌军,然后再乘机逃走,争取还乡。如果有人见到皇上,可转告我的话。"于是拔剑冲阵,又杀敌军两人,突厥军队乱箭齐发,将他射死。秋季,七月,隋朝任命豫州刺史代郡人周摇为幽州总管。又命令李崇的儿子李敏承袭父爵。

李敏娶乐平公主的女儿娥英为妻,隋文帝诏令赐予一品羽仪,礼仪和娶皇帝女儿相同。不久将侍宴,乐平公主对李敏说:"我把天下都让与了皇上,现在只有一个女婿,当为你谋求柱国。如果皇上授予你其他勋阶,你千万不要拜谢接受。"李敏进见后,隋文帝先授予他仪同三司和开府仪同三司,李敏都不拜谢。于是文帝说:

"公主有大功于我,我何得于其婿而惜官乎! 今授汝柱国。"敏乃拜而蹈舞。

25　八月丁卯朔,日有食之。

26　长沙王叔坚未之江州,复留为司空,实夺之权。

27　壬午,隋遣尚书左仆射高颎出宁州道,内史监虞庆则出原州道,以击突厥。

28　九月癸丑,隋大赦。

29　冬,十月甲戌,隋废河南道行台省,以秦王俊为秦州总管,陇右诸州尽隶焉。

30　丁酉,立皇弟叔平为湘东王,叔敖为临贺王,叔宣为阳山王,叔穆为西阳王。

31　戊戌,侍中建昌侯徐陵卒。

32　癸丑,立皇弟叔俭为安南王,叔澄为南郡王,叔兴为沅陵王,叔韶为岳山王,叔纯为新兴王。

33　十一月,遣散骑常侍周坟、通直散骑常侍袁彦聘于隋。帝闻隋主状貌异人,使彦画像而归。帝见,大骇曰:"吾不欲见此人。"亟命屏之。

34　隋既班律令,苏威屡欲更易事条,内史令李德林曰:"修律令时,公何不言? 今始颁行,且宜专守,自非大为民害,不可数更。"

河南道行台兵部尚书杨尚希曰:"窃见当今郡县,倍多于古。或地无百里,数县并置;或户不满千,二郡分领。具僚已众,资费日多;吏卒增倍,租调岁减;民少官多,十羊九牧。今存要去闲,并小为大,国家则不亏粟帛,选举则易得贤良。"苏威亦请废郡。帝从之。甲午,悉罢诸郡为州。

"乐平公主对我有大功,我怎么能对她的女婿吝惜爵位呢?现在授予你柱国。"李敏这才跪拜谢恩。

25　八月丁卯朔(初一),出现日食。

26　南陈长沙王陈叔坚还没有到江州赴任,陈后主又留他在京师担任司空,其实夺了他的实权。

27　壬午(十六日),隋朝派遣尚书左仆射高颎出宁州道,内史监虞庆则出原州道,两路攻打突厥。

28　九月癸丑(十八日),隋朝大赦天下。

29　冬季,十月甲戌(初九),隋朝废除河南行台省,任命秦王杨俊为秦州总管,陇右地区各州全部归他统辖。

30　丁酉,南陈后主封皇弟陈叔平为湘东王,陈叔敖为临贺王,陈叔宣为阳山王,陈叔穆为西阳王。

31　戊戌,南陈侍中建昌侯徐陵去世。

32　癸丑,南陈后主封皇弟陈叔俭为安南王,陈叔澄为南郡王,陈叔兴为沅陵王,陈叔韶为岳山王,陈叔纯为新兴王。

33　十一月,南陈朝廷派遣散骑常侍周坟、通直散骑常侍袁彦出使隋朝。陈后主听说隋文帝相貌奇异,与常人不同,就让袁彦画下文帝的像带回。陈后主见像大吃一惊,说:"我不想再看到这个人。"急忙下令去掉画像。

34　隋朝颁布新律令以后,纳言苏威曾多次想修改某些条款,内史令李德林说:"当初制定律令时,您为什么不说话?现在新律令既已颁行,就应该严格遵守,如果不是大害于民的条款,不能轻易更改。"

隋朝河南道行台兵部尚书杨尚希上言:"我发现当今郡县成倍多于古代。有的地方不到百里,却同时设置数县;有的户口不满千人,却分别属于两郡管辖。致使郡县属官僚佐冗员众多,国家开支逐年增加;差役吏卒成倍增加,租调收入逐年减少;官吏几乎比黎民百姓还多,十只羊倒有九个牧人。目前应该保留重要的官职而废除闲散的官职,把小的郡县合并成为大的郡县。这样,不但国家不用多耗费粟帛俸禄,选拔官吏也容易得到贤才俊杰。"纳言苏威也请求废郡。隋文帝接受了他们的建议。甲午,隋朝把郡全都改为州。

35 十二月乙卯,隋遣兼散骑常侍曹令则、通直散骑常侍魏澹来聘。澹,收之族也。

36 丙辰,司空长沙王叔坚免。叔坚既失恩,心不自安,乃为厌媚,醮日月以求福。或上书告其事,帝召叔坚,因于西省,将杀之,令近侍宣敕数之。叔坚对曰:"臣之本心,非有他故,但欲求亲媚耳。臣既犯天宪,罪当万死。臣死之日,必见叔陵,愿宣明诏,责之于九泉之下。"帝乃赦之,免官而已。

37 隋以上柱国窦荣定为右武卫大将军。荣定妻,隋主姊安成公主也。隋主欲以荣定为三公,辞曰:"卫、霍、梁、邓,若少自贬损,不至覆宗。"帝乃止。

帝以李穆功大,诏曰:"法备小人,不防君子。太师申公,自今虽有罪,但非谋逆,纵有百死,终不推问。"

礼部尚书牛弘请立明堂,帝以时事草创,不许。

帝览刑部奏,断狱数犹至万,以为律尚严密,故人多陷罪。又敕苏威、牛弘等更定新律,除死罪八十一条,流罪一百五十四条,徒杖等千馀条,唯定留五百条,凡十二卷。自是刑网简要,疏而不失。仍置律博士弟子员。

38 隋主以长安仓廪尚虚,是岁,诏西自蒲、陕,东至卫、汴,水次十三州,募丁运米。又于卫州置黎阳仓,陕州置常平仓,华州置广通仓,转相灌输。漕关东及汾、晋之粟以给长安。

时刺史多任武将,类不称职。治书侍御史柳彧上表曰:"昔汉光武与二十八将,披荆棘,定天下,及功成之后,无所任职。伏见

35　十二月乙卯(二十二日),隋朝派遣兼散骑常侍曹令则、通直散骑常侍魏澹出使南陈。魏澹是魏收的族人。

36　丙辰(二十三日),南陈司空、长沙王陈叔坚被免官。陈叔坚自从失去了陈后主的恩宠,心中不安,于是用厌媚之术,祭祀日月以祈求福佑。有人上书将他告发,陈后主就传唤陈叔坚,把他囚禁于中书省,准备杀掉他,派遣侍卫近臣宣读敕书,谴责陈叔坚的罪行。陈叔坚回答说:"我本来没有别的想法,只是想亲近讨好陛下。如今我既然触犯了朝廷法令,罪该万死。我死的时候,必定会在阴间见到陈叔陵,我希望向他宣读陛下的诏令,在九泉之下谴责他的谋反行为。"陈后主于是赦免了他的死罪,只罢免了他的官职。

37　隋朝任命上柱国窦荣定为右武卫大将军。窦荣定的妻子是隋文帝的姐姐安成公主。隋文帝本想任命窦荣定为三公,他推辞说:"两汉的卫氏、霍氏、梁氏、邓氏四家外戚,如果能稍微谦恭退让,就不至于覆宗灭族。"隋文帝只得作罢。

隋文帝因为太师李穆有大功劳,下诏书说:"法律是为了防备小人犯罪,不是为了防备正人君子。太师申公从今以后如果有犯罪行为,只要不是谋逆造反,即使有百死之罪,终不追究。"

隋朝礼部尚书牛弘请求建立明堂,隋文帝因为政权初立,百废待兴,没有允许。

隋文帝省阅刑部奏章,发现每年断狱结案仍有数万起,于是认为现行法令还是定得过于严密,所以人们多犯法获罪。因此,又敕令纳言苏威、礼部尚书牛弘等人重新修订新律令,删除了旧律令中的死罪八十一条,流罪一百五十四条,徒、杖等罪一千馀条,只确定保留各种治罪条款五百条,总共十二卷。从此以后,隋朝法律简明切要,疏而不漏。同时,隋朝仍旧设置律学博士及其生徒弟子。

38　隋文帝因为国家仓库空虚,这一年,下诏令西起蒲州、陕州,东至卫州、济州,沿黄河十三州招募丁壮运米。又在卫州建造黎阳仓,陕州建造常平仓,华州建造广通仓,由水路依次转运。漕运潼关以东地区和汾州、晋州的粟米供给长安。

当时隋朝的州刺史多任用武将,因此大都不称职。治书侍御史柳彧上表说:"从前汉光武帝与二十八位大将一起披荆斩棘,平定天下,及至功业成就,安定天下以后,这些将军都没有担任职务。我拜读

诏书,以上柱国和千子为杞州刺史。千子前任赵州,百姓歌之曰:'老禾不早杀,馀种秽良田。'千子,弓马武用,是其所长;治民莅众,非其所解。如谓优老尚年,自可厚赐金帛;若令刺举,所损殊大。"帝善之。千子竟免。

或见上勤于听受,百僚奏请,多有烦碎,上疏谏曰:"臣闻上古圣帝,莫过唐、虞,不为丛脞,是谓钦明。舜任五臣,尧咨四岳,垂拱无为,天下以治。所谓劳于求贤,逸于任使。比见陛下留心治道,无惮疲劳,亦由群官惧罪,不能自决,取判天旨,闻奏过多。乃至营造细小之事,出给轻微之物,一日之内,酬答百司。至乃日旰忘食,夜分未寝,动以文簿忧劳圣躬。伏愿察臣至言,少减烦务,若经国大事,非臣下裁断者,伏愿详决,自馀细务,责成所司。则圣体尽无疆之寿,臣下蒙覆育之赐。"上览而嘉之,因曰:"柳彧直士,国之宝也。"

或以近世风俗,每正月十五夜,然灯游戏,奏请禁之,曰:"窃见京邑,爰及外州,每以正月望夜,充街塞陌,聚戏朋游,鸣鼓聒天,燎炬照地,竭赀破产,竞此一时。尽室并孥,无问贵贱,男女混杂,缁素不分。秽行因此而成,盗贼由斯而起,因循弊风,曾无先觉。无益于化,实损于民,请颁天下,并即禁断。"诏从之。

陛下诏书,任命上柱国和干子为杞州刺史。和干子以前任赵州刺史时,老百姓用歌谣嘲讽他道:'老禾不早杀,馀种秽良田。'和干子是行伍出身,骑马射箭,攻城略地,是他的特长;至于治理民众,听政断狱,则非他所熟。如果说朝廷要优礼老臣,自可多赏赐金帛钱财;如果让他出任州牧刺史,则会误国害民,造成很大损失。"隋文帝很赞成他的意见。和干子终于被免官。

柳彧见隋文帝勤于听政理事,百官大臣奏请过于烦碎,于是上疏谏道:"我听说古代的圣明帝王,没有比得上唐尧、虞舜的,唐尧、虞舜不过问细小的事务,所以被称作圣明君主。虞舜委任禹、稷、契、皋陶、伯益五位大臣处理政务,唐尧则经常向掌管四方的诸侯询问治国方针,都垂拱无为,而天下大治。这就是所谓劳于求贤,逸于任使。近来见陛下留心治国安民之道,不惮辛苦疲劳,这也是由于百官大臣惧怕获罪,遇事不敢自己决定,只好秉承陛下裁决,因此奏请过多。以致像营造等细小事情,支出少量财物等琐碎杂务,也都禀奏陛下。陛下在一日之内,须回复众多大臣的奏请。以致常常天晚忘食,夜半未寝,整日为公文表章操心受累。请求陛下体察我的至理之言,稍微减少一些琐碎事务。如果是经国安邦的大事,不是百官大臣所能裁决的,自然要由陛下详察明断;其馀细务琐事,则责成有关职掌部门长官裁决处理。如此,则陛下劳逸有节,安享无疆之寿;百官大臣亲职任事,蒙受陛下养护之恩。"隋文帝看了他的奏疏后非常称赞,说:"柳彧这样的正直士大夫,乃是国家的宝贵财富。"

柳彧因为近来民间风俗,在每年正月十五日夜里,人们都要点燃灯笼,游戏玩耍,于是上奏请求禁止,说:"我见京师以及外州城乡,每年在正月十五日夜里,人们都要聚集街巷,结朋招友,游戏无度,锣鼓喧天,火炬照地,甚至不惜倾家荡产,竞逐一时的快乐。人们扶老携幼,倾家而出,街上贵贱相聚,男女错杂,僧俗不分。秽行丑事由此而成,盗贼奸徒由此而起,而社会因循沿袭这一敝风陋习,从没有人觉察出它的危害。它不但无益于政教风化,实有害于黎民百姓。请求陛下颁示天下,立即禁止。"隋文帝下诏书采纳了他的建议。

卷第一百七十六　陈纪十

起甲辰(584)尽戊申(588)凡五年

长城公下
至德二年(甲辰,584)

1　春,正月甲子,日有食之。

2　己巳,隋主享太庙;辛未,祀南郊。

3　壬申,梁主入朝于隋,服通天冠、绛纱袍,北面受郊劳。及入见于大兴殿,隋主服通天冠、绛纱袍,梁主服远游冠、朝服,君臣并拜。赐缣万匹,珍玩称是。

4　隋前华州刺史张宾、仪同三司刘晖等造《甲子元历》成,奏之。壬辰,诏颁新历。

5　癸巳,大赦。

6　二月乙巳,隋主饯梁主于灞上。

7　突厥苏尼部男女万馀口降隋。

8　庚戌,隋主如陇州。

9　突厥达头可汗请降于隋。

10　夏,四月庚子,隋以吏部尚书虞庆则为右仆射。

11　隋上大将军贺娄子幹发五州兵击吐谷浑,杀男女万馀口,二旬而还。

长城公下
陈长城公至德二年(甲辰,公元 584 年)

1　春季,正月甲子(初一),出现日食。

2　己巳(初六),隋文帝到太庙祭祀祖先。辛未(初八),隋文帝在长安城南郊举行祭天大礼。

3　壬申(初九),后梁世宗亲自到长安朝见隋天子,头戴通天冠,身穿深红色的纱袍,在郊外受到迎接时站在北面。及进入新都,在大兴殿朝见隋文帝时,隋文帝戴通天冠,穿绛红色纱袍,后梁世宗改戴远游冠,穿朝服,君臣互拜。隋文帝又赏赐后梁世宗缣万匹,以及相当于万匹缣价值的大量珍宝。

4　隋朝前任华州刺史张宾、仪同三司刘晖等人修成《甲子元历》,进呈给隋文帝。壬辰(二十九日),文帝下诏令颁布新的历法。

5　癸巳,南陈朝廷大赦天下。

6　二月乙巳(十三日),后梁世宗回国,隋文帝在灞上设宴为他饯行。

7　突厥苏尼部落男女一万多人归降隋朝。

8　庚戌(十八日),隋文帝驾幸陇州。

9　突厥达头可汗请求降附隋朝。

10　夏季,四月庚子(初九),隋朝任命吏部尚书虞庆则为尚书右仆射。

11　隋朝上大将军贺娄子幹调发河西凉、甘、瓜、鄯、廓五州的军队攻打吐谷浑,斩杀吐谷浑部落男女一万多人,历时二十天才班师还军。

帝以陇西频被寇掠,而俗不设村坞,命子幹勒民为堡,仍营田积谷。子幹上书曰:"陇右、河西,土旷民稀,边境未宁,不可广佃。比见屯田之所,获少费多,虚役人功,卒逢践暴。屯田疏远者请皆废省。但陇右之人以畜牧为事,若更屯聚,弥不自安。但使镇戍连接,烽堠相望,民虽散居,必谓无虑。"帝从之。

以子幹晓习边事,丁巳,以为榆关总管。

12 五月,以吏部尚书江总为仆射。

13 隋主以渭水多沙,深浅不常,漕者苦之,六月壬子,诏太子左庶子宇文恺帅水工凿渠,引渭水,自大兴城东至潼关三百馀里,名曰广通渠。漕运通利,关内赖之。

14 秋,七月丙寅,遣兼散骑常侍谢泉等聘于隋。

15 八月壬寅,隋邓恭公窦炽卒。

16 乙卯,将军夏侯苗请降于隋,隋主以通和,不纳。

17 九月甲戌,隋主以关中饥,行如洛阳。

18 隋主不喜词华,诏天下公私文翰并宜实录。泗州刺史司马幼之文表华艳,付所司治罪。治书侍御史赵郡李谔亦以当时属文,体尚轻薄,上书曰:"魏之三祖,崇尚文词,忽君人之大道,好雕虫之小艺。下之从上,遂成风俗。江左、齐、梁,其弊弥甚:竞一韵之奇,争一字之巧。连篇累牍,不出月露之形,积案盈箱,唯是风云之状。世俗

隋文帝由于陇西一带经常遭到外族侵犯虏掠,而民间从来不建立永久性居住、具有防御能力的村坞,于是命令贺娄子幹强制百姓建造城堡,并屯田积粮。贺娄子幹上书说:"陇右、河西地区地旷民稀,边疆不安定,不可到处建立屯田。我近来发现一些屯田地区,虽然收获不多,但费用开支却很大,白白浪费了许多人力,最终还会遭到入侵者的蹂躏毁坏。因此,凡是疏远的屯田之所,请求全部废掉。只是陇右地区的老百姓一向从事畜牧业,如果强迫他们屯聚而居,会更加惊恐不安。只要能多建立镇、戍等军事要塞和负责瞭望、传达军情的烽火台、堠堡,使其络绎相望,虽然百姓分散居住,也一定能确保他们安居乐业。"隋文帝听从了他的建议。

隋文帝由于贺娄子幹熟悉边疆事务,丁巳(二十六日),任命他为榆关总管。

12 五月,南陈朝廷任命吏部尚书江总为尚书仆射。

13 隋文帝因为渭河多沙,河水深浅不固定,漕运的丁役深以为苦,六月壬子(二十二日),下诏令太子左庶子宇文恺率领民工开凿渠道,引渭水,自新都大兴城向东直到潼关,共三百馀里,名叫"广通渠"。以后漕运和通商,关内都依赖它。

14 秋季,七月丙寅(初六),南陈朝廷派遣兼散骑常侍谢泉等人出使隋朝。

15 八月壬寅(十三日),隋朝邓恭公窦炽去世。

16 乙卯(二十六日),南陈将军夏侯苗请求归降隋朝,隋文帝因为与南陈交好,不予接纳。

17 九月甲戌(十五日),隋文帝由于关内出现饥荒,驾幸洛阳。

18 隋文帝不喜好文章用词华丽,诏令天下公私文书都要写得实实在在。泗州刺史司马幼之的文章奏表浮华艳丽,隋文帝把他交付有关部门治罪。治书侍御史赵郡人李谔也因为当时人们撰写文章,文风崇尚轻薄浮华而上书说:"以前曹魏的武帝、文帝、明帝崇尚文辞优美华丽,忽略治理万民的大道,喜好雕琢词句的小技。下面纷纷起而仿效,遂成一种社会风尚。到了江左东晋和齐、梁之时,这种文风的危害达到了极点。人们热衷于追求一个韵脚的新奇,竞逐一字的巧妙。文章连篇累牍,不过是刻画了月亮升起时的景致;作品积案盈箱,也只是描写了风起云飘的情形。世俗

以此相高,朝廷据兹擢士。禄利之路既开,爱尚之情愈笃。于是闾里童昏,贵游总卯,未窥六甲,先制五言,至如羲皇、舜、禹之典,伊、傅、周、孔之说,不复关心,何尝入耳。以傲诞为清虚,以缘情为勋绩,指儒素为古拙,用词赋为君子。故文笔日繁,其政日乱,良由弃大圣之轨模,构无用以为用也。今朝廷虽有是诏,如闻外州远县,仍踵弊风:躬仁孝之行者,摈落私门,不加收齿;工轻薄之艺者,选充吏职,举送天朝。盖由刺史、县令未遵风教。请普加采察,送台推劾。"又上言:"士大夫矜伐干进,无复廉耻,乞明加罪黜,以惩风轨。"诏以谔前后所奏颁示四方。

19 突厥沙钵略可汗数为隋所败,乃请和亲。千金公主自请改姓杨氏,为隋主女。隋主遣开府仪同三司徐平和使于沙钵略,更封千金公主为大义公主。晋王广请因衅乘之,隋主不许。

沙钵略遣使致书曰:"从天生大突厥天下贤圣天子伊利居卢设莫何沙钵略可汗致书大隋皇帝:皇帝,妇父,乃是翁比。此为女夫,乃是儿例。两境虽殊,情义如一。自今子子孙孙,乃至万世,亲好不绝。上天为证,终不违负!此国羊马,皆皇帝之畜。彼之缯彩,皆此国之物。"

帝复书曰:"大隋天子贻书大突厥沙钵略可汗:得书,知大有善意。既为沙钵略妇翁,今日视沙钵略与儿子不异。时遣大臣往彼省女,复省沙钵略也。"于是遣尚书右仆射虞庆则使于沙钵略,车骑将军长孙晟副之。

以此而互相推崇,朝廷据此来选拔官吏。以擅长雕虫小技求取功名利禄的道路既然已经开通,人们偏爱华丽崇尚轻浮的文风越发厉害。因此,不论是乡间孩童,还是王公子弟,不是首先学习六十甲子而是首先学习如何做五言诗;对于羲皇、虞舜、夏禹的典籍,伊尹、傅说、周公、孔子的学说,不再关心,未曾听闻。把狂傲放诞当作洒脱高雅,把缘情体物当作功勋劳绩,把有德的硕儒看作古朴迂腐之人,把工于辞赋之士当成君子大人。所以文笔日益繁盛,而政治日益混乱,这都是由于统治者抛弃了上古圣贤制定的法式、规则,造作无益于治道的文体来推广使用。如今朝廷虽然颁布了禁绝浮华艳丽文风的诏令,但是我听说一些偏远州县,仍然延续前代的坏风气。躬行仁义孝悌者被排斥摒弃,不加录用;擅长轻薄浮华之雕虫小技者,则被选拔充任官吏,保举荐送朝廷。这都是由于这些州、县的刺史、县令没有执行陛下的诏令。请求陛下普遍派人加以伺察,送御史台推劾治罪。"后来又上书说:"有些士大夫炫耀功绩、出身以谋求进身做官,没有廉耻之心,请求明示其罪,加以黜退,以矫正社会风气。"隋文帝诏令将李谔前后奏言颁布天下。

19　突厥沙钵略可汗数次被隋朝打败,于是请求与隋朝和亲。千金公主宇文氏也请求改姓杨氏,作隋文帝的女儿。于是隋文帝派遣开府仪同三司徐平和出使突厥沙钵略可汗,改封千金公主为大义公主。晋王杨广请求乘突厥内外交困之机出兵讨伐,隋文帝不答应。

沙钵略可汗派遣使者致书隋文帝说:"从天生大突厥天下贤圣天子伊利居卢设莫何沙钵略可汗致书大隋天子:皇帝陛下,您是我夫人的父亲,也就等于是我的父亲。我是您的女婿,自然应该算是您的儿子。我们两国的礼俗虽然不同,但人们的情义却是一样的。自今以后,子子孙孙以至万世,亲好不绝。上天为证,永不违负!我国的牛羊驼马,都是皇帝陛下的牲畜。贵国的缯彩绢帛,也都是我国的财物。"

隋文帝复书沙钵略可汗说:"大隋天子致书大突厥沙钵略可汗:惠书收悉,承蒙你有和好的善意。朕既然是沙钵略可汗的岳父,现在就将沙钵略可汗当作儿子一样看待。朕即刻就派遣大臣到突厥去看望女儿,同时也看望沙钵略可汗。"于是派遣尚书右仆射虞庆则出使突厥沙钵略可汗,车骑将军长孙晟作为副使同行。

沙钵略陈兵列其珍宝,坐见庆则,称病不能起,且曰:"我诸父以来,不向人拜。"庆则责而谕之。千金公主私谓庆则曰:"可汗豺狼性;过与争,将啮人。"长孙晟谓沙钵略曰:"突厥与隋俱大国天子,可汗不起,安敢违意。但可贺敦为帝女,则可汗是大隋女婿,奈何不敬妇翁!"沙钵略笑谓其达官曰:"须拜妇翁!"乃起拜顿颡,跪受玺书,以戴于首。既而大惭,与群下相聚恸哭。庆则又遣称臣,沙钵略谓左右曰:"何谓臣?"左右曰:"隋言臣,犹此云奴耳。"沙钵略曰:"得为大隋天子奴,虞仆射之力也。"赠庆则马千匹,并以从妹妻之。

20 冬,十一月壬戌,隋主遣兼散骑常侍薛道衡等来聘,戒道衡"当识朕意,勿以言辞相折"。

21 是岁,上于光昭殿前起临春、结绮、望仙三阁,各高数十丈,连延数十间,其窗、牖、壁带、县楣、栏、槛皆以沉、檀为之,饰以金玉,间以珠翠,外施珠帘,内有宝床、宝帐,其服玩瑰丽,近古所未有。每微风暂至,香闻数里。其下积石为山,引水为池,杂植奇花异卉。

上自居临春阁,张贵妃居结绮阁,龚、孔二贵嫔居望仙阁,并复道交相往来。又有王、李二美人,张、薛二淑媛,袁昭仪、何婕妤、江修容,并有宠,迭游其上。以宫人有文学者袁大舍等为女学士。仆射江总虽为宰辅,不亲政务,日与都官尚书孔范,散骑常侍王瑳等文士十馀人,侍上游宴后庭,无复尊卑之序,谓之"狎客"。上每饮酒,使诸妃、嫔及女学士与狎客共赋诗,

突厥沙钵略可汗陈列军队，摆放珍宝，坐在座位上接见虞庆则，称身体有病而不能起立，并且说："从我父亲那辈以来，从不跪拜别人。"虞庆则对他加以责备并晓以大义。千金公主私下对虞庆则说："沙钵略可汗豺狼本性，过分与他争执，激怒了他，就会有性命之忧。"长孙晟对沙钵略可汗说："突厥可汗与隋朝皇帝都是大国天子，礼相匹敌，可汗不肯起身跪拜，我们做使节的怎敢违背您的意愿。但是可贺敦是隋文帝的女儿，那么可汗就是大隋天子的女婿，女婿怎么能不尊敬岳父！"沙钵略可汗笑着对属下达官贵人说："看来必须跪拜岳父。"于是起立跪拜，伏地叩头，然后跪着接受了隋文帝玺书，顶在头上。过一会儿，感到非常羞愧，于是与其部下相聚恸哭。虞庆则又指使突厥对隋称臣，沙钵略可汗问左右侍从："什么叫臣子？"左右侍从回答说："隋朝所说的臣子，就是我们所说的奴仆。"沙钵略可汗说："我能够成为大隋天子的奴仆，全仗虞仆射出力成全。"于是馈赠虞庆则马一千匹，并将堂妹嫁给他。

20　冬季，十一月壬戌（初四），隋文帝派遣兼散常侍薛道衡等人出使南陈，并在临行前告诫薛道衡说："你应当明白朕的意思，不要在言辞上与对方争高低。"

21　这年，南陈后主在皇宫光昭殿前修建临春、结绮、望仙三栋楼阁，楼阁各高数十丈，连延数十间，窗户、壁带、悬楣、栏杆等都是用沉木和檀木制成，并用黄金、玉石或者珍珠、翡翠加以装饰，楼阁门窗均外挂珠帘，室内有宝床宝帐，穿戴玩赏的东西瑰奇精美，近古以来没有见过的。每当微风吹来，沉木、檀木香飘数里。阁下堆石成山，引水为池并杂种奇花异草。

陈后主自己居住在临春阁，张贵妃居住在结绮阁，龚、孔两贵嫔居住在望仙阁，通过各楼阁之间的复道互相往来。另外，后宫里还有王美人、李美人、张淑媛、薛淑媛、袁昭仪、何婕妤、江修容，都受到了陈后主的宠爱，也都经常到三座楼阁上游玩宴乐。陈后主又任命宫女中有文才的袁大舍等人为女学士。尚书仆射江总虽然担任宰相，但并不亲自处理政务，每天与都官尚书孔范、散骑常侍王瑳等文士十馀人侍奉后主在皇宫后庭游玩宴乐，不讲君臣尊卑次序，被称之为"狎客"。陈后主每举办酒宴，就使诸位妃、嫔、女学士和江总等狎客一起赋诗，

互相赠答,采其尤艳丽者,被以新声,选宫女千馀人习而歌之,分部迭进。其曲有《玉树后庭花》《临春乐》等,大略皆美诸妃嫔之容色。君臣酣歌,自夕达旦,以此为常。

张贵妃名丽华,本兵家女,为龚贵嫔侍儿,上见而悦之,得幸,生太子深。贵妃发长七尺,其光可鉴,性敏慧,有神彩,进止详华,每瞻视眄睐,光采溢目,照映左右。善候人主颜色,引荐诸宫女。后宫咸德之,竞言其善。又有厌魅之术,常置淫祀于宫中,聚女巫鼓舞。上怠于政事,百司启奏,并因宦者蔡脱儿、李善度进请。上倚隐囊,置张贵妃于膝上,共决之。李、蔡所不能记者,贵妃并为条疏,无所遗脱。因参访外事,人间有一言一事,贵妃必先知白之。由是益加宠异,冠绝后庭。宦官近习,内外连结,援引宗戚,纵横不法,卖官鬻狱,货赂公行,赏罚之命,不出于外。大臣有不从者,因而谮之。于是孔、张之权熏灼四方,大臣执政皆从风谄附。

孔范与孔贵嫔结为兄妹。上恶闻过失,每有恶事,孔范必曲为文饰,称扬赞美,由是宠遇优渥,言听计从。群臣有谏者,辄以罪斥之。中书舍人施文庆,颇涉书史,尝事上于东宫,聪敏强记,明闲吏职,心算口占,应时条理,由是大被亲幸。又荐所善吴兴沈客卿、阳惠朗、徐哲、暨慧景等,云有吏能,上皆擢用之;以客卿为中书舍人。客卿有口辩,颇知朝廷典故,兼掌金帛局。旧制:军人、士人并无关市之税。

互相赠答,然后挑选其中特别艳丽的诗作,谱以新曲,再挑选宫女千余人练习歌唱,分部演出。其歌曲有《玉树后庭花》《临春乐》等,大都是赞美诸位妃、嫔的美丽容貌。君臣饮酒酣歌,昼夜作乐,以为常事。

张贵妃名叫张丽华,家本世代为兵,是龚贵妃的侍女,陈后主对她一见钟情,她得到陈后主的宠幸后,生下了皇太子陈深。张贵妃的一头秀发约长七尺,油光发亮,又聪明颖慧,富有神采,举止优雅,每当她顾盼凝视时,更显得光彩照人,映动左右。张贵妃善于体察陈后主的心意,向后主引荐宫女。因此后宫妃、嫔、宫女都对她感恩戴德,竞相在陈后主面前赞美她。她又擅长祈祷鬼神的厌魅方术,经常在后宫中进行各种不合礼制规定的祭祀,聚集女巫伴着乐声跳舞,装神弄鬼。陈后主懒于处理政事,朝中百官大臣有所启奏,都由宦官蔡脱儿、李善度呈进请示。陈后主靠着松软的靠垫,让张贵妃坐在他的膝盖上,两人一起审批奏表,裁决政事。凡是蔡脱儿、李善度两人所没有记住的,张贵妃都逐条加以分析,没有遗漏。张贵妃经常参访了解皇宫外面发生的事情,外间的一言一事,张贵妃必定事先知道,然后告诉陈后主。因此更加受到陈后主的宠爱,远在后宫诸位妃、嫔之上。陈后主身旁的宦官与亲信内外勾结,朋比为奸,援引宗属亲戚,横行不法,卖官鬻狱,贿赂公行,就连朝廷赏罚的命令,也出于宫掖。外朝大臣有不顺从他们的,就寻找机会加以陷害。于是孔贵嫔、张贵妃的权势炙手可热,执掌朝政的公卿大臣都竞相奉承依附。

都官尚书孔范与孔贵嫔结拜为兄妹。陈后主厌恶听到说自己犯有过失的奏言,所以每当他做错了事,孔范必然设法为他掩饰开脱,并称颂赞美他的圣明,因此陈后主对孔范宠信礼遇有加,言听计从。百官大臣有敢于直言进谏者,孔范都要强加罪名,然后将他斥逐出朝。中书舍人施文庆读书颇多,陈后主为皇太子时他曾在东宫供职,他聪明敏慧,记忆力强,通晓熟谙吏职政务,能心算口占,随时随地能把事情处理得井井有条,因此深得陈后主的亲近和宠幸。施文庆又向陈后主推荐了与他交好的吴兴人沈客卿、阳惠朗、徐哲、暨慧景等人,说他们有担任官吏的才干,陈后主都给予提拔重用,并任命沈客卿为中书舍人。沈客卿能言善辩,懂得朝廷礼仪,兼掌中书省金帛局。按照旧制,军人、官吏都不征收入市关税。

上盛修宫室,穷极耳目,府库空虚,有所兴造,恒苦不给。客卿奏请不问士庶并责关市之征,而又增重其旧。于是以阳惠朗为太市令,暨慧景为尚书金、仓都令史,二人家本小吏,考校簿领,纤毫不差。然皆不达大体,督责苛碎,聚敛无厌,士民嗟怨。客卿总督之,每岁所入,过于常格数十倍。上大悦,益以施文庆为知人,尤见亲重,小大众事,无不委任。转相汲引,珥貂蝉者五十人。

孔范自谓文武才能,举朝莫及,从容白上曰:"外间诸将,起自行伍,匹夫敌耳。深见远虑,岂其所知!"上以问施文庆,文庆畏范,亦以为然,司马申复赞之。自是将帅微有过失,即夺其兵,分配文吏。夺任忠部曲以配范及蔡徵。由是文武解体,以至覆灭。

三年(乙巳,585)

1 春,正月戊午朔,日有食之。

2 隋主命礼部尚书牛弘修五礼,勒成百卷。戊辰,诏行新礼。

3 三月戊午,隋以尚书左仆射高颎为左领军大将军。

4 丰州刺史章大宝,昭达之子也,在州贪纵,朝廷以太仆卿李晕代之。晕将至,辛酉,大宝袭杀晕,举兵反。

5 隋大司徒郢公王谊与隋主有旧,其子尚帝女兰陵公主。帝待之恩礼稍薄,谊颇怨望。或告谊自言名应图谶,相表当王,公卿奏谊大逆不道。壬寅,赐谊死。

陈后主由于大修宫室,极其豪华富丽,因此府库空虚,财用枯竭,再要有所兴造,就经常苦于没钱支付。沈客卿上奏请求不管官吏还是平民,都得交纳入市关税,而且还请求增加征收数额。陈后主于是任命阳惠朗为太市令,暨慧景为尚书金、仓都令史。阳、暨二人本是小吏出身,考校文簿,丝毫不差。但都不识为政大体,督责苛刻繁碎,聚敛从不满足,使得官吏百姓怨声载道。沈客卿总领负责,每年所得收入,超过正常数额几十倍。陈后主非常高兴,愈加感到施文庆有知人之明,特别受到亲信倚重,把朝廷大小事情都交给他处理。施文庆一伙人转相荐引,成为达官显贵的多达五十人。

孔范自以为有文武全才,朝中无人能比,于是神色自若地对陈后主说:"朝外那些带兵的将帅都是行伍出身,只有匹夫之勇。至于深谋远虑,运筹帷幄,岂是他们所能知晓的!"陈后主以此向施文庆征询意见,施文庆因为惧怕孔范的权势,就随声附和,中书通事舍人司马申也表示赞成孔范的见解。自此以后,将帅如果稍有过失,就立刻削夺他们的军队,分配给文职官吏。曾经夺取领军将军任忠的部曲分配给孔范和蔡徵。因此文臣武将都离心离德,终至覆灭。

陈长城公至德三年(乙巳,公元 585 年)

1　春季,正月戊午朔(初一),出现日食。

2　隋文帝命令礼部尚书牛弘撰修吉、凶、军、宾、嘉五礼,编为百卷。戊辰(十一日),诏令颁行新礼。

3　三月戊午(初二),隋朝任命尚书左仆射高颎为左领军大将军。

4　南陈丰州刺史章大宝是章昭达的儿子,他在丰州贪纵不法,朝廷派遣太仆卿李晕接替他的职务。在李晕快要到达的时候,辛酉(初五),章大宝率军袭杀李晕,起兵造反。

5　隋朝大司徒郧公王谊与隋文帝有旧交,他的儿子娶文帝女兰陵公主为妻。后来隋文帝对他的恩宠礼遇稍有淡薄,王谊因此非常怨恨。有人告发王谊说自己名应图谶,有帝王之相,公卿大臣上奏说王谊犯了大逆不道之罪。壬寅,隋文帝将王谊赐死。

6　戊申,隋主还长安。

7　章大宝遣其将杨通攻建安,不克。台军将至,大宝众溃,逃入山,为追兵所擒,夷三族。

8　隋度支尚书长孙平奏"令民间每秋家出粟麦一石以下,贫富为差,储之当社,委社司检校,以备凶年,名曰'义仓'",隋主从之。五月甲申,初诏郡、县置义仓。时民间多妄称老、小以免赋役,山东承北齐之弊政,户口租调,奸伪尤多。隋主命州县大索貌阅,户口不实者,里正、党长远配。大功以下,皆令析籍,以防容隐。于是计帐得新附一百六十四万馀口。高颎请为输籍法,遍下诸州,帝从之,自是奸无所容矣。

诸州调物,每岁河南自潼关,河北自蒲坂,输长安者相属于路,昼夜不绝者数月。

9　梁主岿殂,谥曰孝明皇帝,庙号世宗。世宗孝慈俭约,境内安之。太子琮嗣位。

10　初,突厥阿波可汗既与沙钵略有隙,阿波浸强,东距都斤,西越金山,龟兹、铁勒、伊吾及西域诸胡悉附之,号西突厥。隋主亦遣上大将军元契使于阿波以抚之。

11　秋,七月庚申,遣散骑常侍王话等聘于隋。

12　突厥沙钵略既为达头所困,又畏契丹,遣使告急于隋,请将部落度漠南,寄居白道川。隋主许之,命晋王广以兵援之,给以衣食,赐之车服鼓吹。沙钵略因西击阿波,破之。而阿拔国乘虚掠其

6 戊申,隋文帝从洛阳回到长安。

7 南陈章大宝派遣部将杨通率军攻打建安,没有攻克。这时朝廷的军队快要到达,章大宝部众溃散,自己逃入山中,被追兵擒获,灭了三族。

8 隋朝度支尚书长孙平上奏说:"请下令民间每年秋天一家拿出粟麦一石以下,根据家庭贫富状况订出等级标准,每社民户所交纳的粮食就储存在本社,委派社中官吏负责核查保管,以防备荒年,名叫'义仓'。"隋文帝听从了他的建议。五月甲申(二十九日),隋文帝开始诏令各郡、县都设置义仓。当时百姓多向官府谎报年老或幼小,以逃避赋税徭役,山东地区承袭原北齐王朝的弊政,在户口登记和租调征收方面,犯法作伪的尤其多。隋文帝下令在全国州县逐户逐人当面进行核对,如果户口不实,里正、党长远配边州。堂兄弟以下仍然同居的大家族,都命令他们分家居住,自立门户,以防止出现隐瞒户口人丁的情况。这次普查,户籍簿上新增加了一百六十四万馀人口。高颎又请求实行按所造帐籍征收赋税的输籍法,颁布各州实行,隋文帝也听从了他的建议。自此以后,想犯法作伪逃避赋税的人再也无法藏身了。

隋朝全国各地每年上调给中央的各种物资,黄河以南的经由潼关,黄河以北的经由蒲坂,向长安运输的车辆接连不断,昼夜不停,前后长达数月之久。

9 后梁君主去世,谥号孝明皇帝,庙号世宗。世宗孝顺慈善,俭约爱民,境内因此安定太平。太子萧琮继位。

10 起初,突厥阿波可汗与沙钵略可汗结下怨恨,后来阿波可汗势力逐渐强盛,东抵都斤山,西越金山,这一广大地区的龟兹、铁勒、伊吾各国以及居住在西域的胡人部落都归附了他,号称西突厥。隋文帝也派遣上大将军元契出使阿波可汗,以安抚西突厥。

11 秋季,七月庚申(初六),南陈派遣散骑常侍王话等人出使隋朝。

12 突厥沙钵略可汗既为达头可汗困扰,又畏惧契丹逐渐强大,于是派遣使者到隋朝告急,请求允许他率所属部落迁徙到大漠南面,在白道川一带暂住。隋文帝答应了他的请求,命令晋王杨广发兵接应,并供给他衣服食品,赏赐他车驾服饰及乐器。沙钵略可汗借助隋兵到来的声势,率军向西攻打阿波可汗,打败了他。可是阿拔国乘沙钵略可汗后方兵力空虚之机发兵偷袭,虏走了他的

妻子。官军为击阿拔,败之,所获悉与沙钵略。

沙钵略大喜,乃立约,以碛为界,因上表曰:"天无二日,土无二王,大隋皇帝真皇帝也,岂敢阻兵恃险,偷窃名号!今感慕淳风,归心有道,屈膝稽颡,永为藩附。"遣其子库合真入朝。

八月丙戌,库合真至长安。隋主下诏曰:"沙钵略往虽与和,犹是二国;今作君臣,便成一体。"因命肃告郊庙,普颁远近;凡赐沙钵略诏,不称其名。宴库合真于内殿,引见皇后,赏劳甚厚。沙钵略大悦,自是岁时贡献不绝。

13 九月,将军湛文彻侵隋和州,隋仪同三司费宝首击擒之。

14 丙子,隋使李若等来聘。

15 冬,十月壬辰,隋以上柱国杨素为信州总管。

16 初,北地傅縡以庶子事上于东宫,及即位,迁秘书监、右卫将军兼中书通事舍人,负才使气,人多怨之。施文庆、沈客卿共谮縡受高丽使金,上收縡下狱。

縡于狱中上书曰:"夫君人者,恭事上帝,子爱下民,省嗜欲,远谄佞,未明求衣,日昃忘食,是以泽被区宇,庆流子孙。陛下顷来酒色过度,不虔郊庙大神,专媚淫昏之鬼,小人在侧,宦竖弄权,恶忠直若仇雠,视生民如草芥,后宫曳绮绣,厩马馀菽粟,百姓流离,僵尸蔽野,货贿公行,帑藏损耗,神怒民怨,众叛亲离,臣恐东南王气自斯而尽。"

书奏,上大怒。顷之,意稍解,遣使谓縡曰:"我欲赦卿,卿能改过不?"对曰:"臣心如面,臣面可改,则臣心可改。"

妻儿家小。隋朝军队为沙钵略打败了阿拔军队,并把所缴获的人畜物品全部给予了沙钵略可汗。

沙钵略可汗十分高兴,于是与隋朝订立盟约,以砂碛作为两国的分界,因此上表说:"天无二日,地无二主,大隋皇帝是真正的皇帝,我岂敢再凭恃险隘,阻兵抗命,窃取名号,妄称天子! 今日因羡慕淳朴风俗,归心有道之君,情愿屈膝跪拜,永远做大隋的藩附属国。"于是派遣他的儿子库合真入朝。

八月丙戌(初二),库合真来到长安。隋文帝下诏书说:"突厥沙钵略可汗以往虽然与隋朝和亲交好,仍是两个国家;现在君臣有序,便成了一国。"于是命令举行郊、庙大祀,告知天地、祖先,并命令把此事告知远近国家。凡是赐给沙钵略可汗的诏书,不直呼他的名字。隋文帝还在内殿宴请库合真,并把他引见给独孤皇后,赏赐丰厚。沙钵略可汗非常高兴,从此,每年都向隋朝进贡物品。

13 九月,南陈将军湛文徹侵犯隋朝的和州,隋仪同三司费宝首率军打败南陈军队,俘虏了湛文徹。

14 丙子(二十三日),隋朝派遣李若等人出使南陈。

15 冬季,十月壬辰(初九),隋朝任命上柱国杨素为信州总管。

16 以前,北地人傅縡曾以太子庶子的身份侍奉陈后主于东宫,等后主即位,傅縡晋升为秘书监、右卫将军兼中书通事舍人,由于他恃才傲物,因此百官群臣大都不喜欢他。施文庆与沈客卿一同诬陷说傅縡收了高丽国使者贿赂,陈后主将傅縡收捕下狱。

傅縡在狱中上书说:"做帝王者,应该恭奉上天,爱民如子,减省嗜欲侈靡,疏远谄媚佞臣,天未明就穿衣起床,天已晚还没吃饭。如此才能恩泽布施于天下海内,福庆流传于子孙后代。但是,陛下近来沉湎于酒色,挥霍无度,不虔诚地敬奉郊庙大神,专心媚事淫昏之鬼,小人随侍身边,宦官擅政弄权,厌恶忠直之士如同仇敌,轻视生民之命如同草芥,后宫妃、嫔宫女服饰绮绣锦缎,御用厩马喂食菽粟稻麦,而天下百姓却流离失所,僵尸遍野,朝野上下货贿公行,国家库藏日益耗费。天怒人怨,众叛亲离,我恐怕国家将会灭亡。"

傅縡上书呈奏,陈后主读后勃然大怒。一会儿,后主怒意稍有平息,就派使者对傅縡说:"我打算赦免你,你能改正过错吗?"傅縡回答说:"我的心性就如同我的相貌,如果相貌能够改变,那么我的心性才能改变。"

上益怒,令宦者李善庆穷治其事,遂赐死狱中。

上每当郊祀,常称疾不行,故绰言及之。

17　是岁,梁大将军戚昕以舟师袭公安,不克而还。

隋主征梁主叔父太尉吴王岑入朝,拜大将军,封怀义公,因留不遣。复置江陵总管以监之。

梁大将军许世武密以城召荆州刺史宜黄侯慧纪。谋泄,梁主杀之。慧纪,高祖之从孙也。

18　隋主使司农少卿崔仲方发丁三万,于朔方、灵武筑长城,东距河,西至绥州,绵历七百里,以遏胡寇。

四年(丙午,586)

1　梁改元广运。

2　甲子,党项羌请降于隋。

3　庚午,隋颁历于突厥。

4　二月,隋始令刺史上佐每岁暮更入朝,上考课。

5　丁亥,隋复令崔仲方发丁十五万,于朔方以东,缘边险要,筑数十城。

6　丙申,立皇弟叔谟为巴东王,叔显为临江王,叔坦为新会王,叔隆为新宁王。

7　庚子,隋大赦。

8　三月己未,洛阳男子高德上书,请隋主为太上皇,传位皇太子。帝曰:"朕承天命,抚育苍生,日旰孜孜,犹恐不逮。岂效近代帝王,传位于子,自求逸乐者哉!"

陈后主更加愤怒，命令宦官李善庆彻底追究傅𬘘的罪行，将他赐死在狱中。

陈后主每当举行郊祀的时候，经常称病不亲临现场，所以傅𬘘在上书中提及这件事。

17　这一年，后梁大将军戚昕率水军攻打南陈荆州治所公安，没有攻克而退军。

隋文帝诏令征召后梁国君的叔父太尉吴王萧岑入朝，任命他为大将军，封怀义公，趁机将他留在长安，不让回国。又重新设置江陵总管监视后梁国。

后梁大将军许世武暗中以江陵城招引南陈荆州刺史宜黄侯陈慧纪。密谋泄露，后梁国主杀了许世武。陈慧纪是南陈高祖陈霸先兄弟的孙子。

隋文帝又派遣司农少卿崔仲方征发壮丁三万人，在朔方、灵武一线修筑长城，东起黄河，西至绥州，绵延七百里，用来遏制北方胡人入侵。

陈长城公至德四年(丙午,公元586年)

1　后梁改年号广运。

2　甲子(十三日),党项羌请求降附隋朝。

3　庚午(十九日),隋朝向突厥颁行新历。

4　二月,隋朝下令每年岁末各州刺史以及长史、司马轮流入朝,呈奏本州官吏的当年政绩,由朝廷进行考课黜陟。

5　丁亥(初六),隋文帝又命令崔仲方征发壮丁十五万人,在朔方以东,沿边境的险要地方修筑数十座城堡。

6　丙申(十五日),南陈朝廷立皇弟陈叔谟为巴东王,陈叔显为临江王,陈叔坦为新会王,陈叔隆为新宁王。

7　庚子(十九日),隋朝大赦天下。

8　三月己未(初八),洛阳男子高德上书,请求隋文帝自己做太上皇,将皇位传给皇太子。隋文帝说:"朕承天受命,抚育百姓,早晚孜孜不倦,不敢稍有懈怠,还恐怕不能够尽职尽责。岂能效法近代那些帝王,传位于太子,自求安乐逍遥!"

9　夏,四月己亥,遣周磻等聘于隋。

10　五月丁巳,立皇子庄为会稽王。

11　秋,八月,隋遣散骑常侍裴豪等来聘。

12　戊申,隋申明公李穆卒,葬以殊礼。

13　闰月丁卯,隋太子勇镇洛阳。

14　隋上柱国郕公梁士彦讨尉迟迥,所当必破,代迥为相州刺史。隋主忌之,召还长安。上柱国杞公宇文忻与隋主少相厚,善用兵,有威名。隋主亦忌之,以谴去官,以柱国舒公刘昉皆被疏远,闲居无事,颇怀怨望,数相往来,阴谋不轨。

忻欲使士彦于蒲州起兵,己为内应,士彦之甥裴通预其谋而告之。帝隐其事,以士彦为晋州刺史,欲观其意。士彦忻然,谓昉等曰:"天也!"又请仪同三司薛摩儿为长史,帝亦许之。后与公卿朝谒,帝令左右执士彦、忻、昉于行间,诘之,初犹不伏;捕薛摩儿适至,命之庭对,摩儿具论始末,士彦失色,顾谓摩儿曰:"汝杀我!"丙子,士彦、忻、昉皆伏诛,叔侄、兄弟免死除名。

九月辛巳,隋主素服临射殿,命百官射三家资物以为诫。

15　冬,十月己酉,隋以兵部尚书杨尚希为礼部尚书。隋主每旦临朝,日昃不倦,尚希谏曰:"周文王以忧勤损寿,武王以安乐延年。愿陛下举大纲,责成宰辅。繁碎之务,非人主所宜亲也。"帝善之而不能从。

9　夏季，四月己亥(十九日)，南陈朝廷派遣周磻等人出使隋朝。

10　五月丁巳(初七)，南陈朝廷立皇子陈庄为会稽王。

11　秋季，八月，隋朝派遣散骑常侍裴豪等人出使南陈。

12　戊申(三十日)，隋朝申明公太师李穆去世，用特别隆重的礼节安葬。

13　闰月丁卯(十九日)，隋朝皇太子杨勇出镇洛阳。

14　起初，隋朝上柱国郕公梁士彦讨伐尉迟迥，所战必胜，代尉迟迥为相州刺史。后来隋文帝猜忌他，将他召回长安。隋朝上柱国杞公宇文忻与隋文帝少年时交情深厚，他善于用兵，有威信声望。隋文帝也因此猜忌他，后来由于受到谴责而被免除右领军大将军职务。梁士彦、宇文忻与柱国舒公刘昉都被隋文帝疏远，闲居无事，心怀怨恨，多次相互往来串通，密谋起兵造反。

宇文忻想让梁士彦于蒲州起兵，自己在长安做内应，梁士彦的外甥裴通参与了他们的密谋，又告发了他们。隋文帝把这件事先掩盖下来，任命梁士彦为晋州刺史，打算观察他的意向。梁士彦非常高兴，对刘昉等人说："天意让我们成功！"他又奏请朝廷任命仪同三司薛摩兒为晋州长史，隋文帝也答应了他。后来梁士彦等人与公卿大臣一起朝谒，隋文帝命令左右侍卫人员在朝拜行列中拿下梁士彦、宇文忻、刘昉三人，审问他们，开始他们还不伏罪，这时薛摩兒被捕获带到，隋文帝命他与三人在殿堂上当面对质，薛摩兒全部招供了梁士彦等三人谋反始末，梁士彦大惊失色，对薛摩兒说："是你杀死了我！"丙子(二十八日)，梁士彦、宇文忻、刘昉三人都被处死，他们的叔侄、兄弟免死除名为民。

九月辛巳(初四)，隋文帝身穿白色服装亲临射殿，命令百官大臣用箭射梁士彦等三家的东西，以使他们从中吸取教训。

15　冬季，十月己酉(初三)，隋朝任命兵部尚书杨尚希为礼部尚书。隋文帝每天天一亮就临朝听政，直到天黑也不感到疲倦，杨尚希进谏说："西周文王因为忧勤劳苦而折损寿命，武王则因为安乐颐养而延年益寿。请求陛下制定国家的大政方针，责成宰相负责处理政务。至于繁碎事务，不是帝王应该亲自处理的。"隋文帝虽然赞成他的意见，但是并不能照着去做。

16 癸丑,隋置山南道行台于襄州,以秦王俊为尚书令。俊妃崔氏生男,隋主喜,颁赐群官。

直秘书内省博陵李文博,家素贫,人往贺之,文博曰:"赏罚之设,功过所存。今王妃生男,于群官何事,乃妄受赏也!"闻者愧之。

17 癸亥,以尚书仆射江总为尚书令,吏部尚书谢仙为仆射。

18 十一月己卯,大赦。

19 吐谷浑可汗夸吕在位百年,屡因喜怒废杀太子。后太子惧,谋执夸吕而降。请兵于隋边吏,秦州总管河间王弘请以兵应之,隋主不许。

太子谋泄,为夸吕所杀,复立其少子嵬王诃为太子。叠州刺史杜粲请因其衅而讨之,隋主又不许。

是岁,嵬王诃复惧诛,谋帅部落万五千户降隋,遣使诣阙,请兵迎之。隋主曰:"浑贼风俗,特异人伦,父既不慈,子复不孝。朕以德训人,何有成其恶逆乎!"乃谓使者曰:"父有过失,子当谏争,岂可潜谋非法,受不孝之名!溥天之下皆朕臣妾,各为善事,即称朕心。嵬王既欲归朕,唯教嵬王为臣子之法,不可远遣兵马,助为恶事!"嵬王诃乃止。

祯明元年(丁未,587)

1 春,正月戊寅,大赦,改元。

16　癸丑(初六),隋朝在襄州设立山南道行台,任命秦王杨俊为行台尚书令。杨俊妃子崔氏生了男孩,隋文帝很高兴,于是下令赏赐群臣百官。

隋朝直秘书内省博陵人李文博家中素来贫穷,有人去向他道贺受赏,他说:"朝廷设立赏罚,是为了赏功罚罪。现今王妃生了男孩,与群臣百官有什么关系,而妄求受赏!"听到的人都感到十分羞愧。

17　癸亥(十六日),南陈朝廷任命尚书仆射江总为尚书令,吏部尚书谢伷为尚书仆射。

18　十一月己卯(初三),南陈朝廷大赦天下。

19　吐谷浑可汗夸吕在位长达百年,曾多次因为喜怒无常而废掉或诛杀太子。后来太子惧怕,密谋劫持夸吕可汗降附隋朝。于是派遣使者向隋朝边防官吏请求援兵,秦州总管河间王杨弘向朝廷请求派兵接应,隋文帝不答应。

吐谷浑太子密谋泄露,被夸吕可汗杀掉,夸吕又立他的小儿子觅王诃为太子。隋朝叠州刺史杜粲又向朝廷请求乘机出兵讨伐,隋文帝还是不许。

这一年,吐谷浑太子觅王诃又因为害怕获罪遭杀,密谋率领所属部落一万五千户降附隋朝,派遣使者来到长安,请求隋朝派军队接应。隋文帝说:"吐谷浑风俗败坏,背离人伦天常,做父亲的既然不以慈爱待子,做儿子的也不以孝顺事父。朕以仁德教化百姓,怎么能够助成觅王诃的恶逆行为呢!"于是对觅王诃的使者说:"为子之道,父亲有了过失,儿子应该以死谏诤,怎么能密谋采取违背礼法的行为,落下不孝的罪名! 普天之下,都是朕的臣妾子民,各自努力积善行德就可使朕称心如意。现今觅王诃想归降朕,朕只能教导觅王诃如何做忠臣孝子的道理,决不能远派军队接应,助成觅王诃的恶逆行为。"觅王诃只好作罢。

陈长城公祯明元年(丁未,公元 587 年)

1　春季,正月戊寅(初三),南陈朝廷大赦天下,改年号为祯明。

2 癸巳（十八日），隋文帝到太庙祭祀祖先。

3 乙未（二十日），隋朝规定各州每年向朝廷推荐三位士人。

4 二月丁巳（十二日），隋文帝在东郊举行祭祀太阳的仪式。

5 南陈朝廷派遣兼散骑常侍王亨等人出使隋朝。

6 隋朝征发壮丁十万馀人修筑长城，二十天而止。夏季，四月，隋朝在扬州开凿山阳渎以通漕运。

7 突厥沙钵略可汗派遣他的儿子向隋朝进贡，并请求朝廷允许突厥在恒州、代州之间打猎，隋文帝答应了突厥的请求，并派遣使者赐给沙钵略可汗酒食。沙钵略可汗率领突厥部落跪拜接受赏赐。

不久，沙钵略可汗去世，隋朝为他罢朝三天，以示哀悼，并派遣太常寺卿前去吊唁。

起初，沙钵略可汗因为儿子雍虞闾懦弱，留下遗言令立弟弟叶护处罗侯为可汗。这时，雍虞闾派遣使者前往迎接处罗侯，将拥立他为可汗，处罗侯说："我突厥国自木杆可汗以来，可汗继承多是以弟代兄，以庶夺嫡，违背了祖宗之法，互相不加尊重。你是先可汗嫡子，理当继位，我不在乎跪拜你。"雍虞闾说："叔父与我父亲是一母所生，共根连体。我是晚辈，好比枝叶。怎能使根本反而服从枝叶，叔父屈居于晚辈之下呢！况且这是先父的遗命，又怎么可以违背呢！希望叔父不要再有疑虑。"双方互相派遣使者，相互推让了有五六次之多，处罗侯终于即位，这就是莫何可汗。莫何可汗又任命雍虞闾为叶护。并派遣使者向隋朝上表，禀报即位始末。

隋朝派遣车骑将军长孙晟为使者，持节册拜莫何可汗，并赏赐给他鼓吹、幡旗。莫何可汗智勇双全，他打着隋朝所赏赐的幡旗和鼓吹，向西攻打西突厥阿波可汗。阿波可汗的军队以为莫何可汗得到了隋军的助战，纷纷望风降附。莫何可汗于是生擒阿波可汗，又派遣使者向隋朝上书，请示如何处置他。

隋文帝召集公卿大臣商议此事，乐安公元谐建议将阿波可汗就地斩首示众。武阳公李充建议将阿波可汗押送长安，由朝廷明令处死，以示天下百姓。隋文帝问长孙晟："你认为该怎么处置？"长孙晟回答说："如果阿波可汗是违背朝命，与我大隋作对，理应处以极刑。现今是突厥兄弟之间自相残杀，阿波可汗的罪恶并不是有负于我国。

因其困穷,取而为戮,恐非招远之道。不如两存之。"左仆射高颎曰:"骨肉相残,教之蠹也,宜存养以示宽大。"隋主从之。

8　甲戌,隋遣兼散骑常侍杨同等来聘。

9　五月乙亥朔,日有食之。

10　秋,七月己丑,隋卫昭王爽卒。

11　八月,隋主征梁主入朝。梁主帅其群臣二百馀人发江陵。庚申,至长安。

隋主以梁主在外,遣武乡公崔弘度将兵戍江陵。军至都州,梁主叔父太傅安平王岩、弟荆州刺史义兴王瓛等恐弘度袭之,乙丑,遣都官尚书沈君公诣荆州刺史宜黄侯慧纪请降。九月庚寅,慧纪引兵至江陵城下。辛卯,岩等驱文、武、男、女十万口来奔。

隋主闻之,废梁国。遣尚书左仆射高颎安集遗民,梁中宗、世宗各给守冢十户。拜梁主琮上柱国,赐爵莒公。

12　甲午,大赦。

13　冬,十月,隋主如同州。癸亥,如蒲州。

14　十一月丙子,以萧岩为开府仪同三司、东扬州刺史,萧瓛为吴州刺史。

15　丁亥,以豫章王叔英兼司徒。

16　甲午,隋主如冯翊,亲祠故社。戊戌,还长安。

是行也,内史令李德林以疾不从,隋主自同州敕书追之,与议伐陈之计。及还,帝马上举鞭南指曰:"待平陈之日,以七宝装严公,使自山以东无及公者。"

如果趁阿波可汗困穷危难之时，下令将他诛杀，恐怕不是招抚远方、绥靖边疆所应采取的办法。不如赦免阿波可汗，两存其国。"尚书左仆射高颎也说："骨肉相残，违背伦理纲常，是推行教化的蠹害，应该赦免阿波可汗，留其性命，以示朝廷宽大为怀。"隋文帝听从了他们的建议。

8 甲戌(三十日)，隋朝派遣兼散骑常侍杨同出使南陈。

9 五月乙亥朔(初一)，出现日食。

10 秋季，七月己丑(十六日)，隋朝卫昭王杨爽去世。

11 八月，隋文帝征召后梁国主萧琮入朝。萧琮率领群臣百官二百馀人由江陵出发。庚申(十八日)，到达长安。

隋文帝因为后梁国主离开了国家，就派遣武乡公崔弘度率军戍守江陵。崔弘度军至都州，后梁国主的叔父太傅安平王萧岩、弟弟荆州刺史义兴王萧瓛等人害怕崔弘度趁机袭取江陵，乙丑(二十三日)，萧岩、萧瓛派遣都官尚书沈君公向南陈荆州刺史宜黄侯陈慧纪请求降附。九月庚寅(十八日)，陈慧纪率军抵达江陵城下。辛卯(十九日)，萧岩、萧瓛等人带领后梁国文武官吏、平民百姓共十万人投奔南陈。

隋文帝得知此事，下令废掉后梁。又派遣尚书左仆射高颎前去招抚没有降附南陈的平民百姓，并下令给梁中宗、梁世宗各十户人家守护陵墓。还任命后梁国主萧琮为上柱国，封爵莒公。

12 甲午(二十二日)，南陈朝廷大赦天下罪人。

13 冬季，十月，隋文帝巡幸同州。癸亥(二十二日)，又巡幸蒲州。

14 十一月丙子(初五)，南陈朝廷任命萧岩为开府仪同三司、东扬州刺史，萧瓛为吴州刺史。

15 丁亥(十六日)，南陈朝廷任命豫章王陈叔英兼任司徒。

16 甲午(二十三日)，隋文帝巡幸冯翊，亲自祭祀他出生地的社神。戊戌(二十七日)，返回长安。

隋文帝这次出巡，内史令李德林由于生病没有随行，文帝从同州下敕书召他前去，与他商议讨伐南陈的计划。等回到长安，文帝骑马举鞭指向南方说："待平定南陈时，我将赏赐给你一般帝王才能拥有的七种宝物，使崤山以东的士大夫，没有人能像你那样显贵。"

17 初,隋主受禅以来,与陈邻好甚笃,每获陈谍,皆给衣马礼遣之,而高宗犹不禁侵掠。故太建之末,隋师入寇;会高宗殂,隋主即命班师,遣使赴吊,书称姓名顿首。帝答之益骄,书末云:"想彼统内如宜,此宇宙清泰。"隋主不悦,以示朝臣,上柱国杨素以为主辱臣死,再拜请罪。

隋主问取陈之策于高颎,对曰:"江北地寒,田收差晚;江南水田早熟。量彼收获之际,微征士马,声言掩袭,彼必屯兵守御,足得废其农时。彼既聚兵,我便解甲。再三若此,彼以为常;后更集兵,彼必不信。犹豫之顷,我乃济师。登陆而战,兵气益倍。又,江南土薄,舍多茅竹,所有储积皆非地窖。若密遣行人因风纵火,待彼修立,复更烧之,不出数年,自可财力俱尽。"隋主用其策,陈人始困。

于是杨素、贺若弼及光州刺史高劢、虢州刺史崔仲方等争献平江南之策。仲方上书曰:"今唯须武昌以下,蕲、和、滁、方、吴、海等州,更帖精兵,密营度计;益、信、襄、荆、基、郢等州,速造舟楫,多张形势,为水战之具。蜀、汉二江是其上流,水路冲要,必争之所。贼虽流头、荆门、延洲、公安、巴陵、隐矶、夏首、蕲口、溢城置船,然终聚汉口、峡口,以水战大决。若贼必以上流有军,令精兵赴援者,下流诸将即须择便横渡;如拥众自卫,上江诸军鼓行以前。彼虽恃九江、五湖之险,非德无以为固;徒有三吴、百越之兵,非恩不能自立矣。"隋主以仲方为基州刺史。

17　起初,隋文帝受禅即位以来,与南陈十分友好,每次抓获南陈的间谍,都赠送衣服、马匹,客气地予以遣返,然而南陈高宗还是不断地让军队侵扰隋朝边境。所以在太建末年,隋朝军队对南陈发动了一次进攻,适逢陈高宗去世,隋文帝即下令班师退军,又派遣使者前去吊唁,在给陈后主的信中有"杨坚顿首"之语。陈后主的回信却越发狂妄自大,信末说:"想你统治的区域内安好,这便是天下清平。"隋文帝看了回信很不高兴,并把它展示给朝臣,上柱国杨素认为君主受辱,臣下该死,再一次跪拜叩头请罪。

隋文帝向高颎询问平定南陈的策略,高颎回答说:"长江以北地区天气寒冷,田里庄稼的收获要晚一些;而江南地区水田里庄稼要成熟得早一些。估计在对方的收获季节,我们征集少量军队,声言要袭击江南,他们必定屯兵守御。这样足以使他们耽误农时。等到对方聚集了军队,我们便可以解甲散兵。如此反复,他们就会习以为常;然后我们再调集大军准备进攻,他们必然不会相信。这样,在他们还在犹豫的时候,我们的大军已经渡过了长江。我军渡江登岸与敌军作战,士气就会大增。再说江南水浅土薄,房舍多用茅竹搭成,所有的储积都不是藏在地窖里。如果我们暗中派人借风纵火,焚其储积,等他们重修后,再去焚烧。这样不出数年,对方必定力竭财尽。"隋文帝采纳了高颎的计谋,南陈官府百姓开始感到疲惫不堪。

于是上柱国杨素、吴州总管贺若弼以及光州刺史高劢、虢州刺史崔仲方等人都争献平定南陈的策略。崔仲方上书说:"如今必须自武昌以下,在蕲、和、滁、方、吴、海等州增加精兵,秘密进行部署、筹划;在益、信、襄、荆、基、郢等州立刻建造舟船,同时尽量壮大声势,做水战的准备。蜀、汉二江在长江的上流,是水陆要害,必争之地。陈朝虽然在流头、荆门、延州、公安、巴陵、隐矶、夏首、蕲口、溢城等地置备了船只,但最终还是要聚集大军于汉口、峡口,通过水战来与我们决战。如果陈朝断定我们只在上游部署有重兵,因而命令精锐部队赶赴上游增援,我们在下游的将帅即可率军寻机横渡长江;如果陈朝把精锐部队都部署在下游守卫,我们的上游诸军即可顺流而下,鼓行向前。陈朝虽然有九江、五湖之险可资凭恃,但失德则难以固守;徒有精锐骁勇的三吴、百越之兵,因无恩则不能自立。"于是隋文帝任命崔仲方为基州刺史。

及受萧岩等降,隋主益忿,谓高颎曰:"我为民父母,岂可限一衣带水不拯之乎!"命大作战船。人请密之,隋主曰:"吾将显行天诛,何密之有!"使投其檄于江,曰:"若彼惧而能改,吾复何求!"

杨素在永安,造大舰,名曰"五牙"。上起楼五层,高百馀尺。左右前后置六拍竿,并高五十尺,容战士八百人。次曰"黄龙",置兵百人。自馀平乘、舴艋各有等差。

晋州刺史皇甫绩将之官,稽首言陈有三可灭。帝问其状,曰:"大吞小,一也。以有道伐无道,二也。纳叛臣萧岩,于我有词,三也。陛下若命将出师,臣愿展丝发之效!"隋主劳而遣之。

时江南妖异特众,临平湖草久塞,忽然自开。帝恶之,乃自卖于佛寺为奴以厌之。又于建康造大皇寺,起七级浮图。未毕,火从中起而焚之。

吴兴章华,好学,善属文,朝臣以华素无伐阅,竞排诋之,除太市令。华郁郁不得志,上书极谏,略曰:"昔高祖南平百越,北诛逆虏,世祖东定吴会,西破王琳,高宗克复淮南,辟地千里,三祖之功勤亦至矣。陛下即位,于今五年,不思先帝之艰难,不知天命之可畏;溺于嬖宠,惑于酒色;祠七庙而不出,拜三妃而临轩;老臣宿将弃之草莽,谄佞谗邪升之朝廷。今疆场日蹙,隋军压境,陛下如不改弦易张,臣见麋鹿复游于姑苏矣!"帝大怒,即日斩之。

二年(戊申,588)

1　春,正月辛巳,立皇子恮为东阳王,恬为钱塘王。

及南陈接受后梁萧岩等人投降,隋文帝更加愤怒,对高颎说:"我作为天下百姓的父母,怎么能因为有长江天险而不去拯救他们呢!"于是命令上游各州大造战船。有人建议应该秘密准备,隋文帝说:"我将要大张旗鼓地替天行道,进行讨伐,有什么可保密的呢!"并让造船者把砍削下的碎木片投进江里,使其顺流而下,说:"如果陈朝害怕,改过自新,我还能再要求什么呢!"

杨素率军在永安,建造大船,名叫"五牙"。在船上建五层楼,高一百馀尺。又在船的左右前后设置了六根拍竿,都高五十尺,可乘载战士八百人。次一等战船名叫"黄龙",船上可乘载战士一百人。其馀称作"平乘""舴艋"的舰船大小不等。

隋朝晋州刺史皇甫绩将要赴任,在向隋文帝辞行时叩头行礼上言南陈有三条必然灭亡的理由。隋文帝问具体情况,皇甫绩回答说:"第一是以大国吞并小国。第二是以有道讨伐无道。第三是陈朝接纳叛臣萧岩等人,我们师出有名。陛下如果命将出师,我愿意效微薄之力。"隋文帝对他加以慰劳,然后让他赴晋州上任。

当时江南妖异怪事极多,临平湖久被水草堵塞,此时突然散开。陈后主非常厌恶,于是把自己卖给佛寺为奴隶,想以此来镇住妖异。又下令在建康城中修建大皇寺,在寺中建造七层宝塔。还未完工,佛塔就从中起火被焚毁。

吴兴人章华,好学不倦,工于诗文,朝中群臣因为他门第低微,又缺乏资历,竞相排挤诋毁他,任命他为太市令。章华郁郁不得志,于是上书极言谏诤,大略说:"以前,高祖南面平定百越,北面诛灭了叛逆的侯景;世祖文皇帝东面平定了吴兴、会稽地区,西面打败了王琳;高宗收复了淮南,拓地千里。三位先主的功绩劳苦已到极点。可是自陛下即位以来,至今已有五年,不思先帝创业的艰难,不知天命震怒之可畏;溺爱后宫嫔妃,沉湎酒色宴乐;祭祀天子七庙时托词不出,册封三位妃子时则亲临殿庭;把老臣旧将弃置不用,将谄佞谗邪小人提拔进朝廷。如今边界在日益缩小,隋朝军队大兵压境,陛下如果不能改革自新,我将会看见麋鹿重又在姑苏游荡,国家将会很快灭亡,都城建康将变成一片废墟。"陈后主大怒,当天杀掉了章华。

陈长城公祯明二年(戊申,公元 588 年)

1 春季,正月辛巳(十一日),南陈朝廷立皇子陈恮为东阳王,陈恬为钱塘王。

2 遣散骑常侍袁雅等聘于隋；又遣散骑常侍九江周罗睺将兵屯峡口，侵隋峡州。

三月甲戌，隋遣兼散骑常侍程尚贤等来聘。

戊寅，隋主下诏曰："陈叔宝据手掌之地，恣溪壑之欲，劫夺闾阎，资产俱竭，驱逼内外，劳役弗已；穷奢极侈，俾昼作夜；斩直言之客，灭无罪之家；欺天造恶，祭鬼求恩；盛粉黛而执干戈，曳罗绮而呼警跸；自古昏乱，罕或能比。君子潜逃，小人得志。天灾地孽，物怪人妖。衣冠钳口，道路以目。重以背德违言，摇荡疆场；昼伏夜游，鼠窃狗盗。天之所覆，无非朕臣，每关听览，有怀伤恻。可出师授律，应机诛殄；在斯一举，永清吴越。"又送玺书暴帝二十恶；仍散写诏书三十万纸，遍谕江外。

3 太子胤，性聪敏，好文学，然颇有过失；詹事袁宪切谏，不听。时沈后无宠，而近侍左右数于东宫往来，太子亦数使人至后所，帝疑其怨望，甚恶之。张、孔二贵妃日夜构成后及太子之短，孔范之徒又于外助之。帝欲立张贵妃子始安王深为嗣，尝从容言之。吏部尚书蔡徵顺旨称赞，袁宪厉色折之曰："皇太子国家储副，亿兆宅心，卿是何人，轻言废立！"帝卒从徵议。夏，五月庚子，废太子胤为吴兴王，立扬州刺史始安王深为太子。徵，景历之子也。深亦聪惠，有志操，容止俨然，虽左右近侍未尝见其喜愠。帝闻袁宪尝谏胤，即用宪为尚书仆射。

2　南陈派遣散骑常侍袁雅等人出使隋朝;又派遣散骑常侍九江人周罗睺率军驻扎峡口,侵犯隋朝峡州。

三月甲戌(初五),隋朝派遣兼散骑常侍程尚贤等人出使南陈。

戊寅(初九),隋文帝下诏书说:"陈叔宝盘踞在弹丸之地,却欲壑难填,劫夺乡民百姓,使他们倾家荡产,驱逼天下黎民,劳役不休;穷奢极侈,昼夜寻欢作乐;诛杀直言敢谏之士,族灭无罪之家族;欺瞒上天,作恶多端,却去祭祀鬼神,祈求福佑;与后宫宠爱的妃子出游,侍卫翼从,前呼后拥,清道戒严,自古以来,帝王昏庸腐败,很少有比他更厉害的。使正人君子潜逃归隐,小人奸臣得志弄权。因此天地为之震怒,人妖物怪出没。士大夫钳口结舌,平民百姓侧目而视。再加上违反德义,背弃誓言,犯我边疆,白天隐伏,夜间出游,像鼠窃狗盗那样。普天之下都是朕的臣民,每当听到或省览有关江南百姓受苦受难的奏疏,朕都感到痛苦悲伤。因此,要出师讨伐,以正国法,乘机诛灭暴君。此次一战将会永远扫平吴越地区。"又派遣使者把玺书送给南陈朝廷,历数陈后主二十条罪状。并抄写了三十万份诏书,向江南地区广为传播散发。

3　南陈皇太子陈胤聪明敏慧,喜好文学,但是多有不良行为,太子詹事袁宪恳切进谏,陈胤不听。当时沈皇后失宠,而她身边的近侍随从多次往来东宫,皇太子也多次派人到皇后那里,因此陈后主怀疑他们心怀怨恨,所以十分厌恶他们。张、孔二贵妃又日夜在陈后主面前说皇后和太子的坏话,都官尚书孔范等人又在朝外推波助澜。于是陈后主打算废掉皇太子陈胤,另立张贵妃的儿子始安王陈深为太子,曾经不慌不忙地提出了这件事。吏部尚书蔡徵顺从陈后主的旨意,极力称赞,袁宪正颜厉色反驳他说:"皇太子是国家将来的皇上,万民敬仰,你算什么人,胆敢随便谈说废立大事!"陈后主最终还是听从了蔡徵的建议。夏季,五月庚子,陈后主废掉皇太子陈胤,改封为吴兴王,册立扬州刺史始安王陈深为皇太子。蔡徵是蔡景历的儿子。陈深也很聪明敏慧,有志气,品行端正,仪容举止庄严肃穆,不苟言笑,即便是他的近侍随从,也从未见过他高兴和恼怒。陈后主听说袁宪曾经规谏过陈胤,当即任命他为尚书右仆射。

帝遇沈后素薄,张贵妃专后宫之政,后澹然,未尝有所忌怨,身居俭约,衣服无锦绣之饰,唯寻阅经史及释典为事,数上书谏争。帝欲废之而立张贵妃,会国亡,不果。

4　冬,十月己亥,立皇子蕃为吴郡王。

5　己未,隋置淮南行省于寿春,以晋王广为尚书令。

帝遣兼散骑常侍王琬、兼通直散骑常侍许善心聘于隋,隋人留于客馆。琬等屡请还,不听。

甲子,隋以出师,有事于太庙,命晋王广、秦王俊、清河公杨素皆为行军元帅。广出六合,俊出襄阳,素出永安,荆州刺史刘仁恩出江陵,蕲州刺史王世积出蕲春,庐州总管韩擒虎出庐江,吴州总管贺若弼出广陵,青州总管弘农燕荣出东海,凡总管九十,兵五十一万八千,皆受晋王节度。东接沧海,西拒巴、蜀,旌旗舟楫,横亘数千里。以左仆射高颎为晋王元帅长史,右仆射王韶为司马,军中事皆取决焉。区处支度,无所凝滞。

十一月丁卯,隋主亲饯将士。乙亥,至定城,陈师誓众。

6　丙子,立皇弟叔荣为新昌王,叔匡为太原王。

7　隋主如河东。十二月庚子,还长安。

8　突厥莫何可汗西击邻国,中流矢而卒。国人立雍虞闾,号颉伽施多那都蓝可汗。

9　隋军临江,高颎谓行台吏部郎中薛道衡曰:"今兹大举,江东必可克乎?"道衡曰:"克之。尝闻郭璞有言:'江东分王三百年,复与中国合,'今此数将周,一也。主上恭俭勤劳,

陈后主对待沈皇后一向冷淡，张贵妃在后宫专权当政，沈皇后坦然处之，从没有表示过忌恨不满，躬行俭约，衣着朴素，没有锦绣装饰，每天只是阅读经史书籍和佛经，并且还多次上书向陈后主进谏。陈后主想要废掉沈皇后而立张贵妃，正赶上南陈亡国，没有实现。

4　冬季，十月己亥(初三)，南陈朝廷立皇子陈蕃为吴郡王。

5　己未(二十三日)，隋朝于寿春设立淮南行台，任命晋王杨广为行台尚书令。

陈后主派遣散骑常侍王琬、兼通直散骑常侍许善心出使隋朝，隋朝将他们二人扣留在客馆。王琬等人多次请求回国复命，隋文帝不答应。

甲子(二十八日)，隋文帝要出师讨伐南陈，在太庙祭告祖先，并任命晋王杨广、秦王杨俊、清河公杨素三人都为行军元帅。命令杨广统率军队从六合出发，杨俊统率军队从襄阳出发，杨素统率军队从永安出发，荆州刺史刘仁恩统率军队从江陵出发，蕲州刺史王世积统率军队从蕲春出发，庐州总管韩擒虎统率军队从庐江出发，吴州总管贺若弼统率军队从广陵出发，青州总管弘农人燕荣统率军队从东海出发，共有行军总管九十位，兵力五十一万八千人，都受晋王杨广的节度指挥。东起海滨，西到巴、蜀，旌旗耀日，舟楫竞进，横亘连绵千里。朝廷又任命左仆射高颎为晋王元帅长史，右仆射王韶为司马，前线军中一切事务全由他们裁决处理。他们安排各路军队进退攻守，料理调拨军需供应，十分称职，没有贻误。

十一月丁卯(初二)，隋文帝亲自为出征将士饯行。乙亥(初十)，文帝又驾临定城，举行誓师大会。

6　丙子(十一日)，南陈朝廷立皇弟陈叔荣为新昌王，陈叔匡为太原王。

7　隋文帝驾幸河东。十二月庚子(初五)，返回长安。

8　突厥莫何可汗向西攻打邻国，被流箭射中而死。突厥人拥立雍虞闾，号为颉伽施多那都蓝可汗。

9　隋朝军队进至长江北岸，高颎问行台吏部郎中薛道衡："此次大举出兵伐陈，江东地区必定能攻下吗?"薛道衡回答说："一定能攻下。我听说晋朝著名术士郭璞曾经预言:'江东地区分王立国三百年后，当复与中原统一。'现在三百年的时间已到，这是其一。皇上生活节俭，勤于政事，

叔宝荒淫骄侈,二也。国之安危在所委任,彼以江总为相,唯事诗酒,拔小人施文庆,委以政事,萧摩诃、任蛮奴为大将,皆一夫之用耳,三也。我有道而大,彼无德而小,量其甲士不过十万,西自巫峡,东至沧海,分之则势悬而力弱,聚之则守此而失彼,四也。席卷之势,事在不疑。"颎忻然曰:"得君言成败之理,令人豁然。本以才学相期,不意筹略乃尔。"

秦王俊督诸军屯汉口,为上流节度。诏以散骑常侍周罗睺都督巴峡缘江诸军事以拒之。

杨素引舟师下三峡,军至流头滩。将军戚昕以青龙百馀艘守狼尾滩,地势险峭,隋人患之。素曰:"胜负大计,在此一举。若昼日下船,彼见我虚实,滩流迅激,制不由人,则吾失其便,不如以夜掩之。"素亲帅黄龙数千艘,衔枚而下,遣开府仪同三司王长袭引步卒自南岸击昕别栅,大将军刘仁恩帅甲骑自北岸趣白沙,迟明而至,击之。昕败走,悉俘其众,劳而遣之,秋毫不犯。

素帅水军东下,舟舻被江,旌甲曜日。素坐平乘大船,容貌雄伟,陈人望之,皆惧,曰:"清河公即江神也!"

江滨镇戍闻隋军将至,相继奏闻。施文庆、沈客卿并抑而不言。

初,上以萧岩、萧瓛,梁之宗室,拥众来奔,心忌之,故远散其众,以岩为东扬州刺史,瓛为吴州刺史。使领军任忠出守吴兴郡,以襟带二州。使南平王嶷镇江州,永嘉王彦镇南徐州。

而陈叔宝却荒淫奢侈，昏庸无道，这是其二。国家的安危兴亡在于用人，陈朝任命江总为宰相，而江总只会赋诗饮酒，不理政事，又提拔刻薄小人施文庆，委以政事，又任命萧摩诃、任蛮奴等人为大将，他们只有匹夫之勇而无智谋，这是其三。我们政治清明，地大物博，南陈政治黑暗，地域狭小，估计他们的军队不过十万人，西起巫峡，东至大海，如果分兵则势力孤单弱小，集兵则会顾此而失彼。这是其四。所以，我们席卷江东的形势没有什么可怀疑的。"高颎听后高兴地说道："听了你分析的成败之理，令人豁然开通。我原来只是钦佩你的才学，没料到还能如此运筹帷幄。"

隋朝秦王杨俊督率各部军队进驻汉口，节度指挥上游各军。南陈后主诏令散骑常侍周罗睺负责指挥监督巴峡一带沿江的军事防务，抵抗隋朝军队。

杨素率领水军顺流而下，越过三峡，进至流头滩。南陈将军戚昕率领青龙战船一百馀艘防守狼尾滩，这里地势险要，易守难攻，隋朝将士因而担忧。杨素说："成败在此一举。我军如果白天下船进攻，敌军就会知道我军虚实，加上滩流迅急，船只难以掌握，我们就失去了居于上游的便利条件，不如在夜里突然袭击敌军。"于是杨素亲自率领黄龙舰船数千艘，将士衔枚，悄无声息地顺流而下，又派遣开府仪同三司王长袭率领步兵由长江南岸攻打戚昕别处营垒，大将军刘仁恩率领骑兵由北岸赶赴白沙，黎明各军皆至，于是一起发起进攻。戚昕战败逃走，隋军俘获了全部南陈将士，慰劳后加以遣返，纪律严明，秋毫不犯。

于是杨素率领水军顺流东下，舟舻舰船布满江面，旌旗甲胄鲜明耀日。杨素坐在一只平板大船上，仪表堂堂，南陈人看见后，都心中惧怕，说："清河公真像是长江水神！"

南陈沿江镇戍要塞听说隋军将到，相继飞书奏报朝廷。但是施文庆、沈客卿把奏疏全部压下，没有呈奏天子。

以前，陈后主因为萧岩、萧瓛是后梁宗室，在他们率领江陵军民降附南陈后，心中猜忌他们，于是把随他们而来的军民分散到边远地区，而任命萧岩为东扬州刺史，萧瓛为吴州刺史。遣领军将军任忠镇守吴兴郡，以挟制二州，加以防范。派南平王陈嶷镇守江州，永嘉王陈彦镇守南徐州。

寻召二王赴明年元会，命缘江诸防船舰悉从二王还都，为威势以示梁人之来者。由是江中无一斗船，上流诸州兵皆阻杨素军，不得至。

湘州刺史晋熙王叔文，在职既久，大得人和，上以其据有上流，阴忌之。自度素与群臣少恩，恐不为用，无可任者，乃擢施文庆为都督、湘州刺史，配以精兵二千，欲令西上，仍征叔文还朝。文庆深喜其事，然惧出外之后，执事者持己短长，因进其党沈客卿以自代。

未发间，二人共掌机密。护军将军樊毅言于仆射袁宪曰："京口、采石俱是要地，各须锐兵五千，并出金翅二百，缘江上下，以为防备。"宪及骠骑将军萧摩诃皆以为然，乃与文武群臣共议，请如毅策。施文庆恐无兵从己，废其述职，而客卿又利文庆之任，己得专权，俱言于朝："必有论议，不假面陈。但作文启，即为通奏。"宪等以为然，二人赍启入。白帝曰："此是常事，边城将帅足以当之。若出人船，必恐惊扰。"

及隋军临江，间谍骤至，宪等殷勤奏请，至于再三。文庆曰："元会将逼，南郊之日，太子多从。今若出兵，事便废阙。"帝曰："今且出兵，若北边无事，因以水军从郊，何为不可！"又曰："如此则声闻邻境，便谓国弱。"后又以货动江总，总内为之游说，帝重违其意，而迫群官之请，乃令付外详议。

不久就征召陈巖、陈彦二王回京师参加明年正月的元会,并命令沿江镇防戌守的船只全都跟从二王开返建康,想借机向后梁降附军民显示强大的声势。所以江面上没有一只战船,而上游各州的军队都受到杨素军队的阻拦,无法增援。

南陈湘州刺史晋熙王陈叔文,在职时间长,非常得民心,陈后主因为他据有长江上游,心中暗地里猜忌他。陈后主自觉平时与百官大臣没有情义,恐怕他们不肯为自己卖力,又没有可以放心任用的人,于是提拔中书舍人施文庆为都督、湘州刺史,调给他精兵两千人,打算命令他西上就职,并征召陈叔文回朝。施文庆非常高兴得到这一任命,但又害怕自己出朝之后,秉权执政之人抓住了自己的把柄,于是推荐他的党羽沈客卿代替自己执掌政务。

在施文庆还没有赴任的一段时期内,他与沈客卿两人共同执掌朝政。护军将军樊毅对尚书仆射袁宪说:"京口、采石都是战略要地,各须精兵五千人,还要出动金翅舰船两百艘,沿江上下往来巡查,以为防备。"袁宪和骠骑将军萧摩诃都赞成樊毅的建议,于是与文武群臣共同商议,想奏请按照樊毅的计策部署。施文庆恐怕自己无兵可带,朝廷因而撤销自己出守任职,而沈客卿又认为施文庆出朝任职对自己有利,自己得以专擅朝廷政权,因此,二人就在朝堂上说:"如果有什么议论请求,不一定要当面向皇上陈奏。只要写好书表文启,就立即代为转交呈奏。"袁宪等人表示同意,于是施文庆、沈客卿两人拿着奏疏入宫。二人对陈后主说:"隋朝侵扰,这是常事,边镇将帅足以抵挡。如果从京师调拨军队舰船,恐怕会引起惊扰。"

到了隋军进至长江北岸,江南地区也突然出现了大批间谍探子以后,袁宪等人又多次上奏请求。施文庆对陈后主说:"正月的大朝会即将来临,南郊大祀那天,太子必须率领较多军队。现在如果向京口、采石以及江面派遣军队和舰船,南郊大祀之事就得废省。"陈后主说:"现在暂且派出军队,到时候如果北边战场无事,就顺便使用这支水军跟从到南郊,参加祭祀,又有什么不可以!"施文庆又回答说:"这样做会被邻国知道,隋朝便会认为我国弱小。"后来施文庆又用金银财物贿赂尚书令江总,于是江总又入宫为施文庆游说,陈后主不好违背江总的意见,但又迫于群臣百官再三奏请,于是就下令由朝廷百官大臣再仔细商议决定。

总又抑宪等,由是议久不决。

帝从容谓侍臣曰:"王气在此。齐兵三来,周师再来,无不摧败。彼何为者邪!"都官尚书孔范曰:"长江天堑,古以为限隔南北,今日虏军岂能飞渡邪! 边将欲作功劳,妄言事急。臣每患官卑,虏若渡江,臣定作太尉公矣!"或妄言北军马死,范曰:"此是我马,何为而死!"帝笑以为然,故不为深备,奏伎、纵酒、赋诗不辍。

10　是岁,吐谷浑裨王拓跋木弥请以千馀家降隋。隋主曰:"普天之下,皆是朕臣,朕之抚育,俱存仁孝。浑贼悖狂,妻子怀怖,并思归化,自救危亡。然叛夫背父,不可收纳。又其本意正自避死,今若违拒,又复不仁。若更有音信,但宜慰抚,任其自拔,不须出兵应接。其妹夫及甥欲来,亦任其意,不劳劝诱也。"

11　河南王移兹裒卒,隋主令其弟树归袭统其众。

而江总又利用职权多方压制袁宪等人,所以长时间商议却没有做出决定。

南陈后主曾经若无其事地对侍卫近臣说:"帝王的气数在此地。自立国以来,齐军曾经三次大举进犯,周军也曾经两次大兵压境,但是无不遭到惨重失败。现在隋军来犯又能把我怎么样!"都官尚书孔范附和说:"长江是一道天堑,古人认为就是为了隔绝南方和北方。现在敌军难道能飞渡不成!这都是边镇将帅想建立功勋,所以谎报边事紧急。我常常觉得自己官职低下,如果敌军能越过长江,我一定会建功立业,荣升太尉了。"有人谎报说隋军马匹多死,孔范又口出大言说:"这些军马都是我的马,怎么会死亡呢?"陈后主听后大笑,认为孔范说得很对,所以根本不加以防备,每天奏乐观舞,纵酒宴饮,赋诗取乐不止。

10 这一年,吐谷浑偏王拓跋木弥请求率领所属部落一千馀家降附隋朝。隋文帝说:"普天之下,都是朕的臣民,朕抚育苍生黎民,一律用仁孝之心。吐谷浑可汗夸吕昏聩狂暴,为政苛刻,以致连他的妻儿都心怀恐惧,都想着归顺朝廷,以拯救自己免遭屠戮。但背叛丈夫和父亲,有违忠孝,不能接纳。又因为他们的本意只是逃避死亡,如果加以拒绝,则显得我大隋王朝不仁不义。如果再有音信来,只应该加以慰勉安抚,听任他自己率领所属部落前来归附,不要出兵接应。如果他的妹夫和外甥想来归附,也听任自然,不要进行劝诱。"

11 归附隋朝的吐谷浑河南王移兹裒去世,隋文帝诏令他的弟弟树归承袭王位,统领归附的吐谷浑部落。